개혁주의 목회상담학

개혁주의 목회상담학

이 홍 찬 지음

KSI 한국학술정보[주]

Reformed Pastoral Counseling

- Principles for Effective Biblical Counseling-

by

Hong Charn Rhee, Ph.D

Korea Studies Information CO., LTD
Paju, Korea

2007

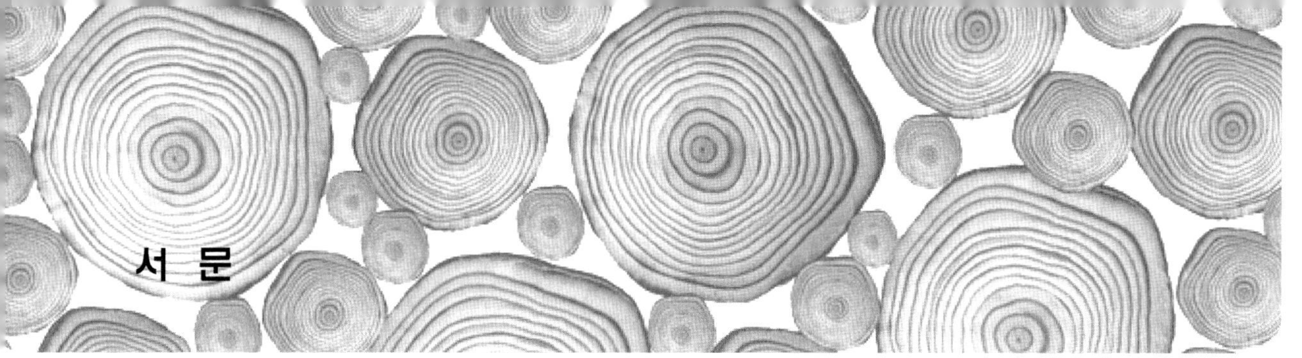

서 문

한국교회는 선교 2세기에 접어든 이후 급격한 사회적 패러다임의 변화와 더불어 여러 가지 상황 속에서 위기와 도전을 맞고 있다. 지금의 목회적 환경은 정보화 사회로의 진입에 따른 가치관 변화, 최첨단 산업사회의 디지털 방식의 기기와 정보문화의 지배적 영향 아래 놓여 있다. 이로 인해 신속하고 정확함을 요구하는 기계주의적 인성과 진정한 인간관계를 상실한 비인격적 실리주의 가치관을 낳았으며, 현대인들에게 정서적 목마름과 영적, 심리적 고통을 안겨주고 있다. 이에 따라 성도들은 영적인 교훈과 보살핌만이 아닌 심리적 치유와 돌봄을 요청하게 되었으며 참된 인격적 교제를 갈망하게 되었다. 또한 현대인들의 긴장된 삶과 황폐화된 인간관계, 가족의 해체, 신앙의 갈등상황은 자연스럽게 목회 분야 중 상담의 비중을 더욱 높여주는 요인으로 증가되고 있다.

이러한 다양한 심리적, 사회적, 신앙적 문제들을 해결 받고 싶어 하는 성도들의 욕구에 대한 치유(Healing), 지탱(Sustaining), 인도(Guiding), 화해(Reconciling)에 이르게끔 할 수 있는 전인적 돌봄의 필요성에 대해 갈망하는 신학도와 목회상담자에게 조금이나마 도움이 되기를 원하는 마음에서 저술을 시작하였다. 본서를 통해서 목회현장에서 성경적 교훈을 적용하려는 목회상담이 시도되어 진정한 상담자이신 성령의 임재하심과 치유하심을 경험하는 상담사역을 통하여 하나님께 무한한 영광을 돌리는 목회상담자가 되기를 바란다.

우둔한 자에게 서울성경신학대학원대학교 선지동산에서 겸손한 자세로 허리를 동이고 성실함으로 "각 사람을 권하고 모든 지혜로 각 사람을 가르침은 각 사람을 그리스도안에서 온전한 자로 세우려 함이니 이를 위하여 나도 내속에서 능력으로 역사하시는 이의 역사를 따라 힘을 다하여 수고하노라"(골1:28-29)하신 말씀을 늘 기억하게 함으로 항상 선하시고 미쁘신 뜻을 생각할 수 있도록 깨우쳐 주시는 주님께 감사와 영광을 돌린다. 또한 여러 모양과 모습으로 부족한 자를 깨우쳐 주시며 이끌어 주시는 동료 교수님들, 그리고 간절한 기도와 잔잔한 격려로 지원해 준 아내 남경우, 듬직한 아들 데이빗, 사랑스러운 딸 에스더의 후원에 감사드린다. 아울러 저자로 하여금 많은 것을 생각하며 연구하도록 끊임없는 질문과 진지함으로 대해 준 학생들에게 진심으로 감사를 드린다. 이 책이 세상에 널리 읽혀질 수 있도록 기회를 허락하신 한국학술정보(주) 채종준 대표이사님과 수고를 아끼지 않았던 직원 여러분께 진심으로 감사드린다.

2007년 3월 5일

서울성경신학대학원대학교 연구실에서 저자 이 홍 찬

목 차

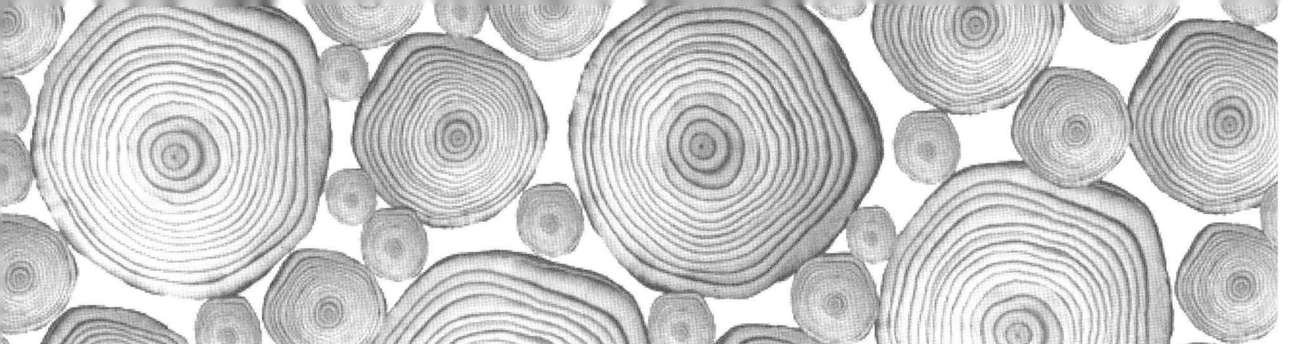

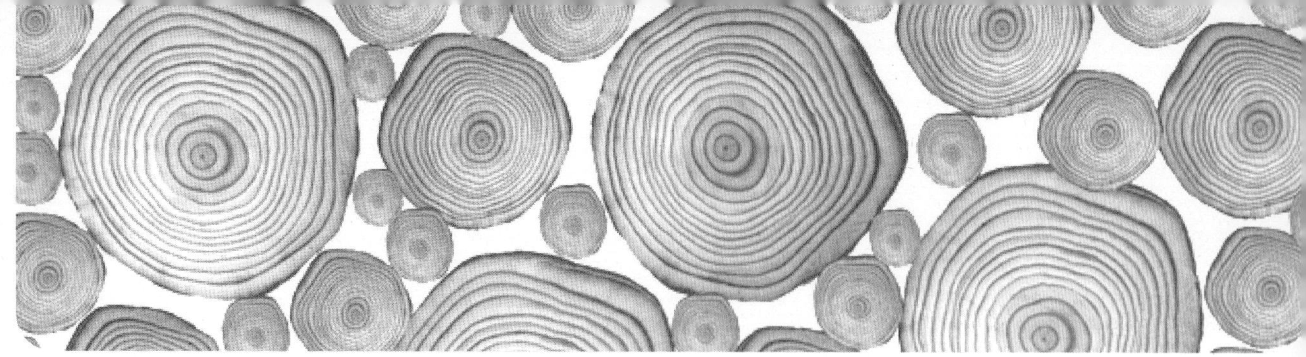

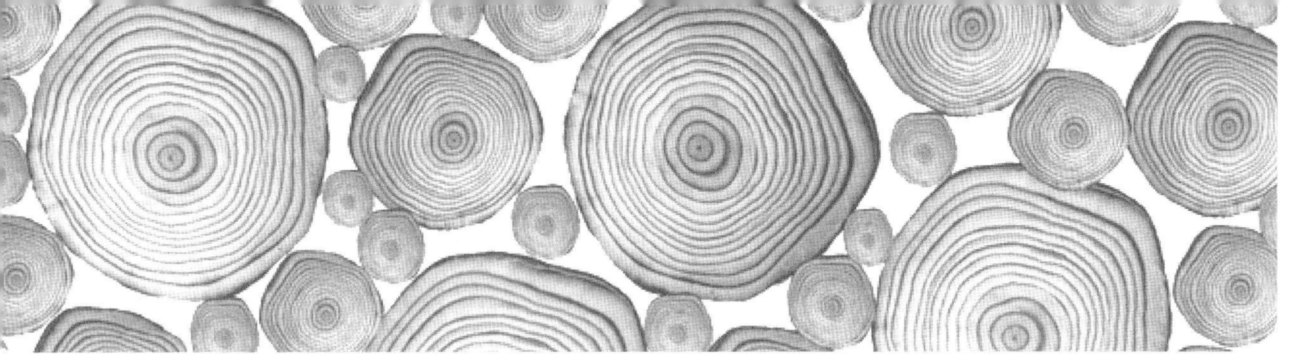

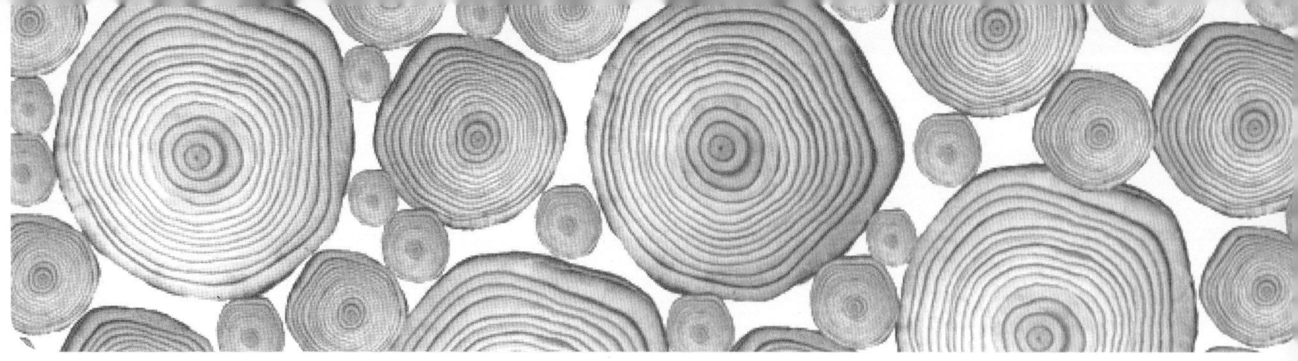

제1장

목회와 상담

제1장 목회와 상담

Ⅰ. 목회상담의 개념

주후 2천년대를 마감하고 제3천년대(Third Millenium)로 들어선 한국교회는 선교 제2세기에 접어들어 종교적으로 모종의 심각한 변화와 함께 여러 가지 상황에서 위기와 도전을 맞고 있다. 지금까지 한국교회는 '크고 많고 빠른 것은 아름답고 가치가 있으며 작고 적은 것은 가치가 없고 추하다'는 산업사회의 물량주의적 가치관이 교회와 목회자의 의식세계를 지배하게 되었다. 이에 따라 지금의 목회적 Paradigm은 '경쟁 목회'라는 말처럼 더 크고 멋진 예배당 건물과 더 많이 모이는 대형교회를 향한 양적인 성장지향 위주의 프로그램이 주류를 이루었다. 하나님께 드리는 그 자체로 순수해야 될 예배와 찬양마저 교회성장을 위한 수단이 되어 버리고 더 나아가 전도와 선교 그리고 설교까지도 진리의 전달이라는 본래적 순수성이 퇴색된 채 상품화된 가치논리에 장단이 맞추어지고 있는 모습에 교회 스스로 놀라고 있다.

오늘날 인간은 정보화 사회로의 진입과 가치관 변화, 최첨단 산업사회의 전자기계와 정보문화의 지배적 영향 아래 놓여 있다. 이는 신속하고 정확함을 요구하는 기계주의적 인성과 진정한 인간관계를 상실한 비인격적 실리주의 가치관을 낳았으며 인간에게 정서적 목마름과 영적, 심리적 고통을 안겨주고 있다. 이에 따라 성장모델의 목회적 Paradigm이 한계에 부딪히게 되었다. 성도들은 교회에서 영적인 지도만이 아닌 심리적 치유와 돌봄을 요청하게 되었으며 참된 인격적 교제를 갈망하게 되었다. 또한 현대인의 긴장된 삶과 황폐화된 인간관계, 신앙의 갈등상황은 자연스럽게 목회자의 역할 중 상담의 비중을 높여주는 요인들이 되고 있다. 다양한 심리적, 사회적 요소들을 해결 받고 싶어하는 욕구를 드러내고 있으며 목회자의 입장에서는 단순히 신앙적 지도만이 아닌 치유(Healing), 지탱(Sustaining), 인도(Guiding), 화해(Reconciling)에 이르게끔 할 수 있는 전인적 돌봄의 필요성을 절감하게 되었다. 더욱이 상상을 초월하는 사회적 변화가 예측되며 이에 따른 사회적 체제와 가치관 변화, 적응해 가지 못하는 사람들의 심리적 불안과 정서적 고통이 더욱 심각해질 것은 불 보듯 뻔한 현상이다. 이러한 21세기 교회의 현실에서 목회자의 기능은 다양성과 전문성을 요구하고 있으며 특별히 목회적 돌봄이나 상처 입은 영혼의 전인적 치유를 위한 상담적 기능이 필수적으로 대두되고 있다.

성경에서 보여주는 목회상담은 비학문적 형태로서 인간의 역사와 함께 늘 있어 왔지만 그것을 학문적인 차원 또는 신학적인 과제로 다루어지며 학문적인 정리를 하기 시작한 것은 그리 오래되지 않았다. 목회상담이란 무엇인가 하는 물음도 그가 가진 신학과 목회학적 입장에 따라 다양한 결론이 내려질 것이며 다른 방법론이 제시될 수 있을 것이다.

1. 목회상담의 일반적인 개념

일반적으로 목회상담은 목회의 한 분야이며 치유(healing), 지탱(sustaining), 인도(guiding), 화해(reconciling)의 목회 영역을 공유한다.[1] 목회상담은 성도들을 치유하며 지탱하며 인도하고 화해하는 목적을 가지고 봉사한다. 목회상담은 인간에게 향한 복음전파, 즉 하나님이 인간에게 말씀하는 하나의 수단인 것이다. 따라서 목회상담은 목회적 대화의 관계를 기초로 하고 있다. 목회자와 개인의 관계를 통하여 인간의 일을 하나님과 하나님의 말씀에 대한 관계에서 보고자하며 개인이 하나님께 말하는 대화의 관계이다. 다시 말하면 목회상담이란 개인의 문제로 도움을 구하는 자와 목사와의 면접 관계에 있어서 문제의 해결을 구하는 개인이 그 문제의 정확한 이해를 얻을 수 있도록 돕고 성령의 사역에 의한 하나님과의 자유로운 관계를 세우며 그 결과 성도의 신앙공동체 안에서 인격의 성장을 경험하게 하는 것을 목적으로 한다. 목회상담의 성경적 근거는 Counsel에 해당하는 구약의 히브리어의 עֵצָה(*'etsah)*가 84회, יָעַץ*(ya'ats)*가 23회 사용되었다.[2] 이 말들의 의미는 조언(advice)을 주고받는 것으로 계획을 수립하기 위하여 받는 하나님의 능력을 의미하는 것이다. 이사야의 메시아 예언 중에 "모략과 재능의 신"(The Spirit of Counsel and Might) 또는 모사(Wonderful Counselor)로 표현하였다.[3] 이런 성경적 근거로 볼 때 목회와 상담 사역은 실로 밀접한 관계가 있는 것이다.

따라서 목회상담과 일반상담은 상담자가 내담자들이 겪고 있는 문제의 해결을 위해 대화라는 의미를 공유한다는 점에서 공통적인 개념을 가지고 있지만 목회상담을 일반상담이나 심리치료

---

1) 일반적으로 목회사역은 치유(healing), 지탱(sustaining), 인도(guiding), 화해(reconciling) 등 네 가지 사역으로 요약할 수 있으나 스워드 힐트너(Seward Hiltner)는 화해(reconciling)를 제외한 3가지 사역을 목회라고 보았다(Hiltner, *Introduction to the Pastoral Theology*, Nashville, TN: Abingdon Press, 1958).

2) Wayne E. Oates, *An Introduction to Pastoral Counseling* (Nashville, Tennessee: Broadman Press, 1959), 3.

3) 사 11: 2, 9: 6.

와 같은 범주에 포함시킬 수 없는 것은 상담의 장이 목회이기 때문이며 또 다른 특징은 신앙 요소의 사용을 통한 치유와 문제해결을 한다는 점에서 일반상담과의 결정적인 차이를 나타낸다. 목회상담에서는 전통적으로 내담자의 문제를 해결하기 위해 '은혜의 방편'(Means of grace)을 사용하게 되는데 그것은 하나님께서 인간에게 은혜를 주시는 수단이며 인간이 하나님을 만나는 통로라고 할 수 있다. 그러므로 내담자를 변화시키는 요인은 상담기법이나 상담이론을 넘어 하나님의 능력으로 인한 변화라는 사고에 근거하지 않는 상담은 본질적으로 목회상담이라고 할 수 없다. 내담자의 신앙을 성장시킴으로써 문제를 극복할 수 있도록 모든 신앙적 요소들을 활용하는 것은 목회상담의 본질에 접근하는 것이다.[4]

Armim W. Schuetze는 목회상담은 내담자들이 당면한 문제들을 개인적으로 돌보는 것이라고 했으며 여기에는 고통, 두려움, 질병 등이 포함된다고 했지만 제이 E. 아담스는 영적, 정신적, 육체적인 모든 문제를 돌보는 것이라고 보았다.[5] 따라서 목회상담이란 영적으로, 정신적으로, 육체적으로 고통, 두려움, 질병 등에 빠져 있는 사람들에게 하나님의 은혜와 신실하신 임재를 인식하게 함으로써 위로를 얻게 하고 이러한 인식 가운데 문제의 회복과 치유를 얻어 더욱 풍성한 삶을 누릴 수 있도록 도와주는 것이다. 다원화된 현대사회에서 상담학이 가지는 비중이 매우 크다고 할 수 있는데 다른 분야에서보다도 목회자가 성도들에게 구체화된 도움을 주는 목회상담학(Pastoral counseling)은 오늘날 더욱 그 의미가 중요시되고 관심이 집중되어 있다고 볼 수 있다.

2. 목회상담의 성경적 기초

목회상담에 대한 성경적인 기초에 대하여 살펴보는 것은 매우 중요한 일이다. 목회상담에 대한 성경적인 기초는 무엇보다 예수님의 공생애 사역에서 상담자로서의 모습이 어떻게 나타나고 있는가? 나아가서 성경에서 목회상담의 요소들을 찾아 볼 수 있는가? 그리고 목회상담의

---

4) Jay E. Adams, *A Theological of Christian Counseling* (Grand Rapids: Zondervan, 1979), 61.

5) Jay E. Adams는 상담의 내용을 1) 간단한 결정 시에 충고, 2) 성가신 질문에 대한 대답, 3) 우울과 양심의 가책, 4) 진로 결정 시에 지도, 5) 좌절, 6) 위기, 7) 실패, 8) 비애, 9) 기괴한 행동, 10) 불안, 근심, 두려움, 11) 다른 불쾌한 감정, 12) 가족과 결혼생활의 문제, 13) 다른 사람과의 갈등 해결, 14) 상호관계의 악화, 15) 마약과 술 문제, 16) 성적 문제. 17) 지각의 왜곡, 18) 심신증 문제, 19) 자살기도, 20) 직장, 학교에서의 문제 등으로 보았다. Jay E. Adams. *The Christian Counselor's Manual* (Grand Rapids: Zondervan, 1995). 277-78.

성경신학적인 전제가 무엇인가? 라는 질문으로 요약될 수 있다.

첫째, 예수님의 공생애 사역에서 상담자의 모습이 나타나고 있는가? Derek Tidball은 말하기를 "현대의 전문적인 상담사역과 밀접하게 부합되는 것이 예수님의 사역에서 거의 없다 하더라도 복음서에는 여전히 예수님께서 사람들의 필요들을 어떻게 다루었는가에 대한 풍부한 자료들이 있다"고 했다.[6] 특히 복음서 가운데는 한 개인과의 대화를 나누시는 예수님의 모습이 잘 나타나 있다. 밤중에 조용히 찾아온 니고데모와 예수님의 대화의 모습, 수가성 우물가에서 만난 사마리아 여인과의 대화의 모습, 그리고 삼십팔 년 된 병자와의 대화의 모습에서 우리들은 각자의 필요에 따라 다른 내용과 접근방법으로 대화를 이끌어 가시는 예수님의 모습을 발견할 수 있다. 요한복음 3장에 나타난 예수님과 니고데모의 대화는 예수님의 상담사역의 중요한 모델이기도 하다. 예수님께서 니고데모와의 만남을 통해 그의 통찰력과 학식을 훨씬 뛰어넘는 권위 있는 말씀으로 시작하여 상담을 이끌어 가셨다. 예수님께서는 니고데모에게 그의 마음이 도달해야 하는 새로운 차원을 보여 주셨고 예수님은 하나님이신 자기 자신에 대한 새로운 시야를 제시하신다. 즉 예수님께서는 니고데모의 현 위치에서부터 출발하여 지적 차원에서 그가 잘 아는 믿음의 새로운 시계(視界)로 그를 이끄셨다. 예수님은 니고데모에게 하나님의 사랑을 알게 하고 놀라운 용기를 갖게 하셨다. 예수님께서는 니고데모와 전혀 다른 사람을 갖고 계셨는데 이것이 그를 생명의 길로 인도하는 요인이 되었다.[7]

간음하다 현장에서 붙잡혀 온 여인의 사건(요 8: 1-11)은 성경적 상담에서 귀중한 교훈을 하고 있다. 예수님은 자신을 올무에 빠뜨리려는 서기관과 바리새인의 마음을 아셨고 모든 죄를 사하시는 권세를 가지신 구세주이심을 나타내 보이셨다. 이러한 예수님의 상황 처리를 Buchanun은 말하기를 첫째로, 예수님은 전혀 정죄하는 태도를 취하지 않으셨다. 이 사건에 나오는 모든 사람들은 여인이 죄를 지었다는 사실을 알고 있었다. 그러나 그들이 알아야 할 것은 죄의 범위였다. 둘째로, 예수님은 종교 지도자들과 여인에게 매우 사랑스럽고 온유한 태도를 취하셨다. 삶과 죽음의 상황에서 그는 생명이셨다. 셋째로, 예수님은 올바른 질문을 함으로 그들로 하여금 진정한 문제가 무엇인지를 알게 하셨다. 넷째로, 부정한 여인은 제 갈 길로 가게 하는 것은 그녀의 행위를 묵인하는 것이 아니라 그녀에게 새 생명의 기회를 주는 것이었다. 이렇게 예수님의 그 상황과 성격을 파악하시고 모든 죄를 하나님의 빛 안에서 취급하셨다.[8]

---

6) Derek Tidball, *Skillful Shepherds: An Introduction to Pastoral Theology* (Inter-Varsity Press, 1991), 83.

7) Duncan Buchanan, *The Counseling of Jesus* (Downers Grove, III: Inter Varsity Press, 1985), 187.

8) *Ibid.*, 189.

서로 높아지려고 다투는 제자들의 사건(막 9: 33-37)에서 제자들 사이에 '누가 가장 크냐?' 라는 심각한 문제가 야기되었다. 제자들 중 일부는 변화산의 기적을 체험하였고(막 9:2-8), 나머지 제자들은 벙어리 귀신 들려서 간질병 증세를 보이는 소년을 고치지 못해 좌절에 빠져 있었으며 예수님께서는 자신의 고난에 관한 두 번째 예언을 하시므로 제자들 사이에는 동요가 일기 시작했다. 이러한 와중에서 '누가 가장 크냐?'라는 논쟁이 제자들 사이에 일어났다. 그들의 논쟁은 아주 유치하고 무익한 것임에도 불구하고 예수님께서는 제자들을 비난하거나 책망하시지 않고 바른 상담의 모델을 보여주셨다. 첫째로, 예수님은 제자들의 표현방법이 보잘것없음에도 불구하고 제자들의 불안을 진지하게 받아들였다. 둘째로, 제자들에게 진정한 문제 즉, 진정한 위대함이 무엇인가를 보여주셨다.[9] 이처럼 주님은 비난과 책망이 아니라 진지함과 사랑의 가르침으로 가장 추악한 자리에서 가장 위대한 자리에 이르는 길을 제시하셨다.

그밖에 바리새인 시몬의 집에 초대되어 대화하시는 예수님의 모습(눅 7: 36-50), 부자 청년과의 대화하시는 예수님의 모습(눅 18:18-23) 등에서 목회상담의 성경적 기초를 찾을 수 있다.

누가복음서의 기자는 예수님의 공생애 사역을 이사야서에서 인용하여 다음과 같이 기록하고 있다. "주의 성령이 내게 임하셨으니 이는 가난한 자에게 복음을 전하게 하시려고 내게 기름을 부으시고 나를 보내사 포로 된 자에게 자유를, 눈먼 자에게 다시 보게 함을 전파하며 눌린 자를 자유케 하고 주의 은혜의 해를 전파하게 하려 하심이라"(눅 4:18). 그의 사역은 전인적인 관심을 표현하는 것이었다. 벳세다 광야에서 주린 자들을 먹이시며 여러 형태의 질병들로 고생하는 이들을 고치시고 뿐만 아니라 영적인 문제들에 관심을 가지시고 죄 사함을 선포하시기까지 하셨다. 그는 하나님의 나라를 선포하셨으며 그의 나라의 역동적인 현재성과 미래성에 대하여 비유를 들어 말씀하셨다. 예수님이 가지셨던 인간에 대한 전인적인 관심은 목회상담의 관심이 되어야만 한다. 내담자의 육체적인 면과 사회적인 면 경제적인 면 감정적인 면 정신적인 면 그리고 영적인 면에 균형 있게 관심을 가질 필요가 있다. "이미 그러나 아직"(Already but not yet)의 하나님의 나라에서 살아가는 내담자들에게 목회상담자는 하나님의 뜻을 분별하며 행하며 살아갈 수 있도록 안내하며 돕는 사역을 해야 한다.

따라서 상담자에게 필요한 자질은 내담자의 상황에 공감(Empathy)할 수 있으며 상대방의 입장에 서서 이해하며 느낄 수 있는 능력이다. 실로 예수님은 "근본 하나님의 본체시나 하나님과 동등 됨을 취할 것으로 여기지 아니하시고 오히려 자기를 비어 종의 형체를 가져 사람들과 같이 되셨다"(빌2:6-7). 그는 인간의 슬픔과 고통, 배고픔과 피곤함을 직접 체휼하셨고 십

9) *Ibid.*, 190.

자가의 고통까지 당하셨다. 히브리서 기자가 기록했듯이 그는 "자기가 시험을 받아 고난을 당하셨은즉 시험받는 자들을 능히 도우시는" 분이시다(히2:18). 나사로의 무덤 앞에서 "예수께서 눈물을 흘리시더라"(Jesus wept)라는 가장 짧은 절에서 볼 수 있듯이 예수님은 슬픔을 당한 마르다와 마리아의 심정에 공감하셨던 훌륭한 상담자이셨다. 이러한 예수님의 인품과 사역에서 우리들은 완벽한 목회적인 상담자의 모습을 여러 곳에서 찾아볼 수 있을 것이다.[10)]

둘째로, 목회상담의 성경적 기초로서 우리는 성경에서 목회상담의 요소들을 찾아볼 수 있는가? 이러한 질문에 대해서 바울의 목회서신들을 살펴보면 목회자로서의 바울의 모습이 매우 잘 나타나 있다. 목양의 네 가지 기능들, 즉 지탱시키기, 인도하기, 치유하기, 그리고 화해하기의 기능들이 그의 목회서신들 가운데 잘 나타나 있다. 한 영혼을 소중히 여기며 우는 자와 함께 울고 웃는 자와 함께 웃으며 비천에 처할 줄도 알며 풍부에 처할 줄도 알고 배고픔과 풍부와 궁핍에도 일체의 비결을 배운 바울이었다(빌4:12 참조). 데살로니가 교회 성도들을 향하여 권면하는 내용 가운데 그의 목회적인 모습을 발견할 수 있다. "또 형제들아 너희를 권면하노니 규모 없는 자들을 권계하며 마음이 약한 자들을 안위하고(Encouraging) 힘이 없는 자들을 붙들어주며(Sustaining) 모든 사람을 대하여 오래 참으라(Being patient)"(살전5:14).바울의 사역은 언제나 그리스도 중심적(Christ-centered)인 사역이었다. 다메섹 도상에서의 예수님과의 만남은 그의 삶과 소명의식을 계속해서 지탱시켜 준 중요한 사건이었다. 어떠한 상황 가운데서도 질그릇과 같이 연약한 그를 지탱시켜 준 것은 보배를 그 질그릇 속에 모시고 있었기 때문이었다(고후4:7 참조). 어려운 상황 속에서 살아갔던 초대교회 성도들에게 바울은 자신의 경험을 통하여 그들을 이해하고 격려하며 지탱시켜 주었다: "우리가 사방으로 우겨쌈을 당하여도 싸이지 아니하며 답답한 일을 당하여도 낙심하지 아니하며 핍박을 받아도 버린바 되지 아니하며 거꾸러뜨림을 당하여도 망하지 아니합니다"(고후 4:8-9). 또한 그는 당시의 성도들에게 영원성 속에서 현재의 고난을 바라볼 수 있도록 하여 소망을 갖게 했던 훌륭한 목회적 상담가였다. 또 고린도후서 1장에서 "위로"라는 단어가 무려 10번씩이나 등장하는 것도 환난 가운데 있는 고린도교회 성도들을 향한 바울의 심정을 잘 표현해주고 있다. 그는 하나님을 "위로의 하나님(the God of all comfort)"이라고 부르고 있다(3절). 목회상담자는 그리스도의 몸을 세우기 위한 목적으로 섬겨야 하며 교회의 유익을 위한 상담사역을 감당하여야 한다.

나아가서 우리는 성경에서 창조 시에 존재하였던 하나님과 인간 사이의 커뮤니케이션이 첫

---

10) 상담자로서의 예수님의 사역에 대하여 더 관심이 있는 독자에게 다음의 책을 추천한다. Duncan Buchanan, *The Counseling of Jesus* (Downers Grove, IL: Inter Varsity Press), 1985.

번째 사람 아담과 하와의 불순종으로 말미암아 단절과 더불어 아담과 하와 사이에도 서로에게 잘못을 전가하는 커뮤니케이션의 단절을 볼 수 있다. 이 단절은 하나님으로부터의 소외(Alienation)로 진행되었고 사람들과 사람들 사이에도 소외가 존재하게 되었다. 이 같은 단절로 인하여 구약시대에는 예수 그리스도의 예표가 되었던 대제사장의 중보사역을 통해서 하나님의 용서와 화해를 경험할 수 있었던 것이다. 그러나 중보자가 되시는 예수 그리스도의 십자가상에서의 대속의 사역으로 말미암아 단번에 제사를 드리심으로 예루살렘 성전의 휘장이 찢어졌고, 예수의 피를 힘입어 그의 보좌 앞에 담대히 나아갈 수 있는 담력을 얻게 되었다(히10:19-20 참조). 또한 그는 막힌 담을 허심으로 하나님과 화해함(Reconciling)을 이루셨고 이웃과의 관계에서도 유대인이나 헬라인이나 종이나 자유자나 그리스도안에서 화목하게 되었다. 이러한 예수 그리스도의 사역은 시편 23편에서 구체적인 기능들이 잘 나타나 있다. "여호와는 나의 목자시니"(Shepherding), "그가 나를 푸른 초장에 누이시며"(Feeding), "쉴 만한 물가로 인도하시는도다", "의의 길로 인도하시는도다"(Guiding), "내 영혼을 소생시키시고"(Care of the soul), "주께서 나와 함께 하심이라"(Being with), "나를 안위하시나이다"(Comforting), "기름으로 내 머리에 바르셨으니"(Blessing) 등이다. 신약에서 예수 그리스도는 자신을 "선한 목자"라고 지칭하시며(요 10 : 14) 선한 목자는 양들을 위하여 목숨까지도 버린다고 말씀하셨다. 또한 한 마리 잃은 양을 찾아 나서는 목자의 비유에서 찾아 볼 수 있다. 또한 부활하신 후 베드로에게 "내 양을 먹이라", "내 양을 치라"는 말씀으로 자신의 사역을 부탁하셨다. 목양의 네 가지 기능인 지탱시키기, 인도하기, 치유하기, 그리고 화해시키기는 모두 Shepherding의 기능 속에 포함될 수 있다. 신약에서는 태초부터 계셨던 성자 예수님께서 말씀이 육신이 되어 우리들 가운데 장막을 치셨다고 요한복음의 기자는 기록하고 있다. 또한 부활하신 주님은 성령님(파라클레테: 상담자)을 보내셔서 성령께서 성도들의 마음에 내주하시며 우리들의 연약함을 도우시며 말할 수 없는 탄식으로 우리를 위하여 친히 간구하신다(롬 8:27). 목회상담은 바로 그 과정에서 내담자로 하여금 하나님과의 관계를 회복하게 하며 하나님의 임재를 경험하게 하며 상담자나 내담자 모두가 하나님의 임재(the presence of God)를 인식하는 것을 기본으로 해야 한다. 그렇게 될 때 목회상담은 Dialogue가 아니라 Ttrialogue가 된다. 즉 단순한 양자간의 대화(Dialogue)가 아니라 하나님의 임재 중에 내담자와 상담자간의 삼위일체적인 대화(Trialogue)가 이루어지는 것이다.

한걸음 더 나아가서 목회상담의 성경신학적인 전제로서 우리들의 삶의 틀을 형성하는 개혁주의 신앙의 원리로서 '하나님 중심', '교회 중심' 그리고 '성경 중심'에서 목회상담의 기초를 찾을 수 있다. 첫째, 목회상담은 하나님 중심적이어야 한다. 크리스천의 삶은 하나님 중심의 삶이다. 인간에게서 출발점을 삼는 상담이 아니라 하나님을 중심에 놓고 시작하는 상담이 목회상담이다. 하나님의 주권성(Sovereignty)과 섭리(Providence)를 통하여 내담자의 당하는 고통과 갈등을 볼 수 있도록 시야를 열어주는 것이 개혁주의적 목회상담 방법이다. 초자연적인 성령의 사역의 조화 속에서 이루어지는 것이 목회상담이 일반상담과 다른 점이다. 하나님의 임재를 상담과정에서 늘 인식하며 인정하며 상담자나 내담자 모두가 성령님의 조명을 간구하며 겸허하게 인도하심을 받는 것이 개혁주의적 목회상담과정이다. 그러므로 상담의 방법과 기술과 그리고 은사의 실행은 하나님의 영광과 하나님의 백성들의 유익을 위해서 하나님께 완전히 복종해서 사용되어야 한다.

둘째, 목회상담은 교회중심적이어야 한다. 목회상담은 교회의(of the Church) 사역이며 교회에 의한(by the Church), 그리고 교회를 위한(for the Church) 사역이 되어야만 한다. 교회 공동체와의 연관성이 끊어진 목회상담은 더 이상 목회상담이라고 할 수 없다. 교회와의 관계성은 목회상담의 윤리적인 책임성(Accountability)이라는 측면에서 매우 중요하다.[11] 목회상담은 그리스도의 지체로서의 교회의 생명력은 하나님과의 관계와 서로 간의 사랑스러운 교제에 있음을 깨닫고 그리스도의 지체인 교회는 모든 구성원으로 하여금 영적 성숙으로 나아가도록 격려하는 '코이노니아 공동체성'의 회복이 성경이 교훈하는 성경적 원리에 따라서 이루어져야 한다. 그리하여 그리스도의 몸인 교회를 세워주며 강건케 하며 하나님의 나라를 확장하는 토탈 선교적 측면까지 나아가는 목회상담이 되어야만 한다.

셋째, 목회상담은 성경 중심적이어야 한다. 신앙과 행위의 정확무오한 유일한 법칙이 되는 성경말씀에 기초하여 상담을 하여야 한다. 목회상담의 토대는 오직 신구약 성경이다. 왜냐하면 인간은 하나님의 영광을 위한 존재로 지음 받았으나 범죄함으로 인해 저주의 자리에 이르렀고 하나님의 영광을 자리에 이르지 못하게 되었다. 인간은 하나님이 만드신 피조물로서 하나님을 예배하고 이웃을 내 몸같이 사랑하는 위치로 돌아가도록 변화시켜야 하는데 이것은 오직 성경말씀을 통해서만 가능하기 때문이다. 그러므로 목회상담은 성경적인 원리에 따라 영적 질서와 창조적 질서의 범위 내에서 타학문들을 비평과 아울러 사용할 수 있는 건전한 일반은총관을 가질 필요가 있다. 심리학적 원리라든가 상담의 기술과 방법들이 잘못된 전제들과 오류들을 담고 있다고 해서 아무런 성찰 없이 무조건 배격하는 태도는 칼빈주의적 문화관에 부합되지 않는다. 그러나 어떠한 경우에 있어서도 우리들이 최상의 권위 있는 것으로 의존해야 할 것은

11) 미국목회상담자협회(American Association of Pastoral Counselor)가 그 회원의 자격조건으로서 지역교회에서 활동하는 등록성도인 동시에 교단의 추천을 받은 자로서 한정하는 이유도 바로 이 교회공동체에 대한 책임성에 기인한다.

특별계시인 성경말씀이라는 점을 명심할 필요가 있다.

3. 목회상담의 역사적 배경

1) 목회상담의 유래

목회자들이 교회 안에서 일어나는 성도들의 문제해결과 신앙 성장을 위해서 영적인 차원에서 상담을 하는 것은 교회의 역사와 더불어 시작된 기능이다. John S. Bonnell은 "교회는 생성 초기부터 목사는 인간의 문제에 대한 지식과 문제를 가진 사람들을 다루는 데 확실한 기술을 요구받아 왔다. 그러나 불행하게도 교회 생성 이래로 목사들은 목회 돌봄(Pastoral care)에서 잘못된 영혼들을 돌보는 영적 도움의 원리나 기법 등에 대해서 거의 기록을 남기지 않았다"라고 말한다.[12] 오늘날 목회상담이라는 용어가 등장하게 된 것은 비교적 최근의 일이지만 학문으로 정립되기 이전부터 이미 시행되었던 목회의 중요한 한 부분을 차지하고 있었다. 광의적인 의미에서 상담을 '문제해결을 위한 대화'라고 정의한다면 이는 창세기 1장과 2장의 고난당하는 인간을 찾아오신 그 현장을 최초 상담의 장으로서 볼 수 있다. 목회상담의 전형은 예수님의 공생애의 삼중 사역(마9:35), 즉 가르치심, 전파하심, 그리고 치유하심의 사역에서 찾아볼 수 있다. 그러나 오늘날의 신학적 입장에서 상담을 목회에 적용하려는 시도는 1656년에 출간된 영국의 청교도 목사였던 리챠드 백스터(Richard Baxter)의 저서 『Reformed Pastor』에서 목회상담의 중요성과 가치를 밝혀 주었다. 그는 목회사역을 통하여 교구 내의 성도들을 가족단위의 유기적인 관계를 통해서 대화의 영역을 넓혀가면서 당면한 문제들과 어려움을 극복하기 위한 구체적인 방안들을 마련하였다. 그는 목회상담의 영역을 확장시켜 정기적으로 성도들과 만나 개인적인 신앙문제와 교회문제에 대하여 대화하였다. 그는 교구 내의 환자들의 돌아보았으며 서신 상담하기도 하였다. 그는 한평생 질병으로 자신의 육체적 고통을 겪으면서 성도들을 돌보았다. 그는 목회사역에 대하여 정의하기를 목사는 의사가 육체를 위해서, 또는 법률가가 재산을 보호하기 위해서 존재하는 것처럼 목사는 단순히 설교만이 아니라 개인의 영혼을 돌보는 상담자로 인식되어야 한다[13]고 하였다.

또 목회사역에서 상담을 실행한 예로는 프랑스의 복스(Vosges)라는 산간 지방에서 다섯 개

12) John Sutherland Bennell, *Psychology for Pastor and people* (New York: Harper & Brothers, 1948), 15.
13) Cf. Autobiography of Richard Baxter (Dutton, 1931), 97.

의 작은 마을을 교구로 하여 50년 이상 목회 하셨던 오벨린(John Frederick Oberlin) 목사의 사역은 목회상담의 모델 제시하고 있다. 그는 교구 내의 성도들의 가계(家系), 신앙의 경향, 행동, 성격 등을 세밀하게 기록하였고 말을 타고 교구를 순회하며 성도들을 치료하며 돌보기도 하였다. 그는 환경이 효과적으로 개선되지 않으면 개인의 삶이 효과적으로 보호할 수 없다고 생각하여 사회개선과 사회개발을 추진하였으며 또 교구민들을 교육하였고 새로운 영농법도 개발하였다.[14)]

목회사역에서 상담을 실천한 또 다른 예로서 스코틀랜드 자유교회의 헨리 드루몬드(Henry Drumond) 목사이다. 그는 설교만으로 성도들을 효과적으로 돌볼 수 없음을 깨닫고 개개인을 돌보아야 한다는 확신을 가졌으며 1893년에 '영적 진단'(Spiritual Diagnosis)이란 글을 읽고 임상적 상담훈련(臨床的 相談訓練)의 필요성을 느끼게 되었다. 그는 건강과 질병 속에서 고통하는 영혼에 대한 탐구는 육체의 건강과 질병에 대한 치료처럼 과학적으로 연구되어야 하며 의사들이 육체에 대한 완전한 지식을 가지고 있는 것처럼 영적인 충고자로서의 목사는 인간의 영혼에 대하여 포괄적으로 알아야 한다는 그 글의 내용에 전폭적으로 찬동하였다. 그는 부흥사 무디(D. L. Moody)의 조수가 되었고 무디의 요청에 의하여 상담사역을 하였다. 그는 설교와 개인상담을 통해 문제해결의 균형을 잡아 나갔다.[15)]

1902년에 출간된 윌리엄 제임스(William James)의 '종교적 체험의 다양성'(The Varieties of Religion Experience)이라는 저서에서 신앙은 죄와 구원뿐만 아니라 건강과 질병에 대한 질문도 중요한다는 점을 지적하면서 학문적 입장에서 심리학 또는 심리치료를 목회에 적용하려는 최초의 시도로 1905년에 시작된 임마누엘 운동(Emmanuel Movement)으로 보는 학자들이 있다. 이 운동은 미국 보스턴에서 조직되었는데 주도자인 성공회 신부인 Elwood Worcester는 예수님의 치료목회가 재건되어야 한다는 확신을 갖고 "교회가 필요하다면 과학을 따라야 한다"고 주장하며 정신과 의사들과 협력하여 교회에서 영혼치료를 위해 심리치료를 시작하였다. 임마누엘 운동은 미국 전역의 주요 도시는 물론 영국, 아일랜드, 호주, 남아프리카, 일본 등지에 소개되었으며 새로운 목회사명을 위해 일어난 초교파적 치유사역 운동으로 역사적 의의가 크다. 임마누엘 운동은 사도 바울과 의사 누가의 선교협력 사역처럼, 종교와 의학의 협력체를 장려하며 기독교의 치유사역을 효과적으로 하려고 하였다. 그러나 임마누엘 운동은 시작단계에서부터 비판을 받게 되였던 것은 교회가 정신적인 치료에 관심을 가지고 개입하는 것은 각자 고유의 영역을 침해하는

---

14) 정정숙, *기독교상담학* (서울: 도서출판 베다니, 1994), 144 참조하라.
15) *Ibid.*

일로 목회자는 인류의 도덕적이고 종교적인 개념을 돕는 것이 본분이라는 주장이 그 이유였다. 또 다른 이유는 종교가 문화의 포로가 되어 개인의 복지를 사회의 복지보다 중요시한다는 것이었다. 이러한 비판에도 불구하고 임마누엘 운동은 '임상목회교육(Clinical Pastoral Education)'의 발달에 큰 영향을 끼쳤다.

미국에서 일어난 가이던스(Guidance)운동은 1908년 이후 직업상담을 위한 상담자 양성이 시작되어 학교에 상담자를 배치하고 교육 측정의 발달에 따라서 교육지도의 하나의 방법으로서 상담이 성행하기 시작하였다. 그러다가 목회상담이라는 용어가 처음으로 사용되기 시작한 것을 1910년 사이로 추정하는 견해가 있다. 그 이유는 Holifield가 그의 저서 『미국의 목회 돌봄의 역사』(History of Pastoral Care in America)라는 책에서 '목회상담'이라는 용어를 처음으로 사용한 것으로 보기 때문이다. 1920년대 이전에 미국 신학교와 교회에서는 경험에 의한 직관적인 인간 이해를 가지고 성경적 지식과 상식을 이용한 전통적인 방법으로 상담을 해왔다.

그 후에 목회상담의 이론과 실제를 교회에 적용하여 이론을 정립하기는 임상목회교육의 선구자 Anton T. Boisen이다. 그는 회중교회 목사로서 수년 동안 정신질환을 경험하면서 로마서 7장에서 언급한 바울의 심적인 갈등과 해결책을 병원에서 제시하지 못하자 사람들의 정신적인 병은 내부 깊숙이 자리한 영적이며 종교적 갈등을 해결하는데 그 해결책이 있다고 확신하였다. 이러한 경험에서 1932년에 시카코 근교 엘진 병원에서 기존신학교육 방법이 '위기에 처해 있는 사람'에게 효율적인 목회가 되지 못하고 있음을 깨닫고, 이를 극복하기 위한 목회방법으로 '임상목회교육'(Clinical Pastoral Education)방법을 제창하였다. 1940년까지 약 2천명의 신학생들이 교육을 받았으며 그 후에 미국의 유니온신학교를 비롯하여 최소 75개 신학교가 연대하여 임상목회교육을 신학교육과정에 포함시켜 교육하기에 이르렀다. 그런데 진보적인 신학교에서만 이 과목이 개설되었고 보수적인 교단에서는 이에 대해 강한 반발을 갖게 되었다. 심지어 신정통주의 신학 계열인 프린스톤신학교에서 목회상담학을 가르치는 Seward Hiltner박사[16]와 드류대학교에서 목회상담학을 담당한 Thomas C. Oden박사와 같은 신학자들까지도 반대했는데 그 이유는 임상목회교육(Clinical Pastoral Education)은 기독교상담 훈련의 근거가 되는 성경보다는 오히려 개인적인 경험에 주된 관심을 두는 경향이 있다는 견해를 피력했다.

---

16) Seward Hiltner 박사는 임상목회의 문제점에 대해 지적하기를 첫째, 임상목회는 기독교상담 훈련의 근거되는 성경보다는 오히려 개인의 경험에 관심을 두는 경향이 있다. 둘째, 이 운동은 무비판적으로 인본주의적 일반심리학을 적용하는 경향이 있다. 셋째, 이 운동에 참여하는 사람들은 보수적인 신학의 입장들을 이해하려고 하지 않는 경향들이 있다는 이유로 반대하였다.(Cf. Seward Hiltner, *The Counselor in Counseling* (New York: Abingdon, 1950), 11.

여러 진통을 겪은 뒤 1963년에 첫 번째 협회가 뉴욕에서 조직되어 '목회상담지'(The Journal of Pastoral Care)가 발간되었다. 1967년에 비로소 미국에서 임상목회교육협회(Association for Clinical Pastoral Education)가 탄생하였다. 보이슨에 의하면 '임상목회교육'(CPE: Clinical Pastoral Education)방법이란 교과서 중심의 교육방법에서 탈피하여 '살아 있는 인간 문헌'(Living human documents)을 통한 산지식의 임상교육훈련을 주장했다. 이는 위기에 처해 있는 사람들을 위해서 현장에서 부딪쳐 피부로 느낄 수 있는 현장 실습을 강조한 것이다. 이 현장 실습을 통해서 목회자나 신학생들은 병원 환자들을 직접 심방하는 목회적 돌봄(Pastoral care)을 주로 실습하게 된다. 이제 C.P.E.가 종래 일반 병원에서만 실시하던 것을 넘어서 정신병동, 형무소, 소년원 등의 특수교육 현장뿐만 아니라 교회 건물 내에서도 임상목회교육의 실습장으로 사용될 정도로 발전하고 있다.

이러한 일련의 운동에 의해 종교와 의학이 파트너가 되어 세계적으로 알려지게 된 것은 노오만 빈센트 필(Norman Vincent Peale)목사와 스마일리 블랜톤(Smiley Blanton)박사팀에 의해 1937년에 뉴욕 마블 칼리지에이트 교회에서 종교-정신과 클리닉을 통해 세계적으로 알려지게 되었다. Peale 목사는 성도들을 상담하는데 한계를 느껴 영적인 건강과 정신적인 문제에 상관관계가 있다고 주장하는 기독교 정신과 의사인 Blanton 박사에게 도움을 구하여 종교-건강 클리닉(Religion-Psychiatric Clinic)이 열리게 된 것이 계기가 되었다. 1951년 초교파적으로 봉사하는 '종교와 정신의학 미국협회'(The American Foundation of Religion & Psychiatry)로 발전하게 되었다.

또 하나의 종교와 정신건강에 커다란 공헌하게 된 그룹은 1942년에 시작된 뉴욕심리학 그룹(NYPG: New York Psychology Group)이다. 최초의 CPE 사무국장이었던 시워드 힐트너(Seward Hiltner)와 에리히 프롬(Erich Fromm)에 의해 신학자, 심리학자, 그리고 정신분석학자 30여명이 종교와 심리학에 관련한 학문적 토론을 통해 심리치료 상담과 기독교 관점을 타협할 수 있는 길을 찾으려고 시도하였다. 이들은 목회상담과 기독교 상담학 분야에 중요한 저서들을 통하여 많은 영향을 끼친 학자들이다. 뉴욕심리학 그룹은 프로이드를 미국 기독교에 소개하면서 종교와 정신건강을 정신분석학적 원리에 기반을 두고 발전하게 되는데 결정적인 역할을 하게 되었다. 이와같이 목회상담의 발전을 가져오게 계기가 되였던 종교와 정신건강운동은 임마누엘운동이 그 길을 열었으며, 보이젠의 CPE에 의해 근거가 제공되었으며 뉴욕심리학 그룹에 의해 합법화되었다고 평가할 수 있을 것이다.

Anton Boisen의 이론을 계승하여 체계화한 종교심리학자 가운데 G. Stanley Hall, Starbuck W.

James, William James, Seward Hiltner 등이 많은 영향을 받았다. 1930년부터 1940년대에 많은 미국신학교에서 이를 도입했으나 보수적인 신학교에서는 부정적인 입장을 나타냈다. Clyde M. Narramore라든지 Henry Brandt 같은 학자들도 C.P.E.에 대해 전혀 동조하지 않았다. 대표적으로 이를 반대했던 사람은 웨스트민스터신학교의 실천신학 교수였던 Jay E. Adams이다. 그는 C.P.E.가 목회상담을 지배하려는 상황을 직시하고 성경적 원리에 의한 권면적 상담방법론을 제시하면서 심리학으로부터 신학을 보호하려고 했다. Adams는 목회상담이 방법론에 치중하다가 결국 성경적인 방법이 무시되고 분석 과학의 결론이나 임상실험의 결론만이 원리로 되어 가는 것을 매우 위험한 일로 여겼다. 그래서 그는 치료 심리적 입장을 전면적으로 거부하고 죄악된 행동에 대항할 것을 촉구하면서 성경적인 입장에서 문제를 해결하려고 시도했다.

그러나 이러한 임상목회교육(Clinical Pastoral Education)방법과는 반대로 미국목회상담자협회(American Association of Pastoral Counselor)는 두 그룹으로 분류할 수 있다. 첫째는, CPE 운동을 모체로 발전해 나가는 CPE그룹은 일반 목회자를 위한 목회활동 과정을 교육하고 있고 또 하나의 교육과정으로는 특수목회 기관(병원, 형무소 등)에서 특수목회를 할 수 있는 기관의 원목 훈련과정과, CPE 감독자 양성과정을 가지고 있다. 한편, CPE운동에서 분리하여 미국의 현대 목회상담학을 주도하고 있는 AAPC 운동은 일반 목회자들을 위한 목회상담 훈련을 제공할 뿐만 아니라 전문적인 목회심리치료 전문가(Pastoral Psycho- therapist)의 훈련과 교육을 목적으로 활동하고 있다.[17] AAPC는 1963년에 창설되어 초대 회장으로는 현대목회상담학자인 하워드 클라인벨 교수이었다. AAPC의 출현으로 미국의 개신교와 신학교는 새로운 변혁을 맞았고 그 결과 목회상담이 기독교 내의 또 다른 특수목회의 자리로서 독립적인 학문 분야로 발전하게 되었다. 또 목회상담학이 심리학이나 심리치료의 이론들을 무비판적으로 수용하여 그 본연의 특성과 의미를 상실한 채 그 주류를 심리학에게 자리를 내 준 것은 사실이지만 반면에 신학적으로 한층 더 보수적인 양상을 띠는 현상이 일어나게 되었다.[18] Charle R. Solomon은 목회상담의 목적은 한 개인이 그리스도의 죽음, 장사 지냄, 그리고 부활에 동참함으로써 과거로부터 해방되어 그리스도 안에서 성숙해 가는 것이 무엇인지를 이해하도록 도움을 주는 것이라고

---

17) 현재 AAPC의 기준에 따르면 전문목회상담자 자격증을 취득하기 위해서는 목회학석사(M.Div)과정을 이수한 사람으로서 상담학 전공의 석사학위를 취득하고 소정의 상담실습 임상경험(최소 1500시간의 인턴과 레지던트)을 가진 후에 상담실기 면접에 합격해야 한다.

18) Jay E. Adams의 '권면적 상담'(Nouthetic counseling), Lawrence J. Crabb의 '성경적 상담'(Biblical counseling), 그리고 Charle R. Solomon의 '영적 치료'(Spirituotherapy) 이론들은 비기독교적인 전제를 바탕으로 한 상담이론을 배격하고 인간이 겪는 모든 문제들을 성경의 조명 아래서 이루어져야 함을 강조한다.

논증했다. 이러한 입장은 1970년대 초반에 목회자들에게 급속도로 파급되었으며 심리학 및 정신분석학의 전문가들에게 넘겨주었던 목회상담학의 영역을 되찾으려는 움직임으로 해석되고 있다. 치료심리학에 관한 모든 문제의 해답을 성경에서만 찾을 수 있다는 것은 성경의 목적을 잘못 반영하는 것이라고 생각하는 경향도 나타나게 되었다. 정신적인 모든 문제들을 명확하고 엄밀하게 해결할 수 있는 것은 바로 성경이 문제를 가장 분명하게 잘 해결할 수 있다는 주장이 너무나 단순한 발상이라는 견해이다. 이런 갈등 상황에서 목회자들이 직면한 바른 목회상담의 입장은 분명히 목회학적이면서도 동시에 심리학적으로도 해답을 얻을 수 있는 상담방법을 찾지 않을 수 없게 되었다.[19] 현대 치료 심리학의 통찰을 통해 목회상담을 위한 정보를 얻어야 할 필요가 있는 반면 이러한 통찰을 적용할 때에는 신학과 목회학의 비평적 입장에서 분석, 평가되어야 할 것이다.

2) 목회상담의 교육

미국 신학교의 목회상담 교육방법론을 크게 네 가지로 구분할 수 있다. 첫째, AAPC 운동을 통해서 전문적인 목회상담자를 양성하는 상담 교육계통의 신학교들이 있다. 가장 대표적으로는 클라인벨 박사가 30여 년간 봉직해 온 로스앤젤레스 근교의 클레어몬트(Claremont) 신학교를 비롯한 여러 신학교들이다. 이 신학교 외에 미국에는 AAPC가 공인한 수백 개의 전문목회상담소와 훈련원이 있어 전문 목회상담자를 훈련하고 양성하는 데 큰 몫을 하고 있다. 그런데 이 AAPC 안에서 목회자만이 자격증을 취득하여 목회상담을 할 수 있는 것인가라는 반발이 있어서 이제는 평신도도 목회석사 과정(M. Div)을 이수하면 목회상담 교육을 받을 수 있도록 허용하였으며 나아가 상담자격증을 취득할 수 있게 하였다.

둘째, 로스앤젤레스에 소재하고 있는 풀러신학대학원에서 채택하고 있는 상담교육방법이다. 풀러신학대학원에서는 전문적인 크리스천 상담자를 양성하기 위해서 심리대학원을 설치하고 일반 심리학 과정 3년, 신학교육과정 1년을 동시에 이수하게 하는 심리학 박사과정(Ph.D.)을 교육한다. 추가된 1년의 신학교육과정은 일반심리학을 기독교적 심리와 상담으로 소화시키기 위한 수단으로 사용한다. 그리고 이 박사과정을 마친 다음엔 다시 주정부의 심리학자 면허증을 취득하면 비로소 개인자격으로 상담소 운영할 수 있게 된다. 핵심적으로 말하면 크리스천 상담자나 심리학자를 양성하는 것이 일반 심리학자를 양성하는 것과 별 차이가 없다고 하겠

---

19) 복음주의실천신학회편, 복음주의실천신학 *개론: 목회상담학* (서울: 도서출판 세복, 1999), 203.

다. 이러한 상담교육방법론은 나름대로 장점을 지니고 있는 것이 사실이나 그보다도 여러 신학적인 문제점을 던져주는 것도 사실이다. 이러한 신학교육계통에서는 크리스천 심리학자 또는 크리스천 상담자라는 명칭을 사용하며 이들 스스로가 목회상담자가 목회상담자들과는 구별하는 경향을 보인다.

세 번째,'성경적 상담'(Biblical counseling)방법을 주장하는 신학자들이다. 이 계통의 대표적인 학자는 아담스(Jay E. Adams) 교수이다. 그 1969년에 처음으로 Neuthetic 또는 Confrontation상담방법론을 주장했다. 인간의 모든 문제는 인간의 타락에 의한 죄에서 기인된 것이기 때문에 상담과정에서 성도들에게 죄를 고백하고 회개하도록 도와주는 상담자의 역할을 강조한다. 성경적 상담방법은 그 이론이 암시하는 대로 일반 심리이론이나 임상교육의 도입을 거부한다. 엄격히 말하면 이 권면적 방법론은 기독교가 과거에 역사적으로 사용해 온 전통적 목회상담 방법과 별 차이가 없다는 이론이다. 이러한 전통적 목회상담방법은 목회상담이나 크리스천 상담 또는 성경적 상담 등으로 혼용하여 불리고 있으나 그 방법론에서 성경적 원리와 방법을 강조한다는 점에서 가장 기초적인 본을 찾아볼 수 있다. 이 계통에서는 교회 내의 상담자만을 중점으로 교육하고 있을 뿐이다.

마지막으로 현대 목회학의 선구자로 불리는 힐트너(S. Hiltner)가 주도하는 목회신학 계통이다. 그는 CPE와는 그 맥락을 같이 하면서도 AAPC 와는 엄연히 그 흐름과 강조점이 다른데 그들은 교회의 목회적 돌봄을 주안점으로 교육한다. 이 계통은 목회 심리치료 전문가의 훈련과 양성을 배격하고 오직 목회신학자를 양성하고 훈련하는 데 집중한다. 그리고 모든 목회적 돌봄 활동은 반드시 신학적 근거와 기관을 동반해야 한다고 주장한다. 이 목회신학 계통으로 대표적인 학자는 힐트너와, 현재 시카고대학교 신학부에 있는 브라우닝(Don Browning) 교수, 드류대학교에 있는 토마스 오든(T. Oden), 프린스톤의 도날드 캡스(Donald Capps) 등이 있다.

3) 목회상담의 이론

목회상담의 이론적 변화의 과정을 살펴보면 첫째, 1920년대부터 제2차 세계대전까지의 시기이다. 이 시기에는 주로 목회상담과 목회적 돌봄을 구별하지 않고 교회 내 목회활동에 그 초점을 두었다. 개념적으로 목회상담은 목회적 돌봄의 범주에서 벗어나지 못했으며 이때는 교육현장으로서 주로 일반병원을 목회 실습장으로 이용하였다. 이때에는 물론 CPE가 훈련의 주축을 이루었고 그 훈련과정은 프로이드의 정신분석(Psycho-analysis)에 의한 병리심리학(Psychopathology)의 이론과 개인의 내적 심리역동에 관한 이론에 의해 깊은 영향을 받았다

두 번째, 1946년부터 1962년까지를 생각할 수 있다. 이 시기는 미국의 현대 목회상담학이 잉태해서 태동하기 직전의 시기이다. 이 시기는 현대 목회상담학계의 이론들이 칼 로저스(Carl Rogers)의 내담자중심 접근(Client-Centered)이론에 절대적으로 영향을 받고 있을 때이다. 또한 미국의 신학교들이 목회상담학과를 개설하여 전임 목회상담학 교수들을 채용하기 시작한 때이기도 하다. 그리고 목회상담학의 학술적 이론 정립을 위해서 CPE 운동의 병원 실습장 영역을 확대해 신학교의 교육장으로까지 옮김으로써 현대 목회상담학의 학문적 연구가 본격적으로 가동된 시기라고 볼 수 있다.

세 번째, 1963에서 1970년대까지로, 이 시기에 AAPC가 출범하면서 일반 목회상담자들뿐만 아니라 목회 심리치료 전문가들을 양성하고 훈련하기 위해서 제도적으로 그 체계를 정립하기 시작했다. 이제 전문 목회상담자를 훈련하고 양성하기 위해서 기존 신학교들의 교단과정에만 의존하던 양태를 벗어나, 가시적 교회 밖의 영역에 설치된 각종 목회상담소와 훈련원을 과감히 활용하고 활성화시킨 것이 바로 이 시기이다. 또한 로저스의 내담자중심의 상담방법론을 벗어나지 못하고 있는 당시에 죤슨과 클라인벨이 등장, 내담자중심의 방법론의 한계점을 지적하면서 목회상담학계에 더욱 다양한 상담이론이 전개되고 수용되었다.[20] 바로 이 시기에 제이 E. 아담스 교수가 내담자중심 이론에 반기를 들고 웨스트민스터신학대학원에서 처음으로 목회상담학 강좌를 개설하고서 성경적 목회상담방법론을 주장하였다. 그리고 풀러신학교 계통에서도 크리스천 상담을 주창하기 위하여 신학교 안에 심리학과(대학원)를 개설한 때도 이 시기의 전후이다.[21]

네 번째, 1970년대 이후의 시기로, 이때의 목회상담학의 관심사는 집단상담과 결혼 및 가정 문제 상담으로 그 강조점이 옮겨졌다. 이때에 부부상담과 가족상담 분야가 크게 각광을 받기 시작했다. 대인관계와 가족관계 상담 문제뿐만 아니라 가족과 결혼 생활을 교육하고 육성하는 각종 예방 프로그램인 결혼과 가정생활 교육 프로그램 등도 개발되면서 목회활동에 많은 기여를 하였다. 그리고 80년대 이후에는 프로이드의 정신분석적 요법에 근거한 '대상관계심리'(Object-relation psychology)와 '자아심리학'(Self-psychology)이론의 도입이 실시되었을 뿐만 아니라 근

20) 로저스의 비지시적 상담이론의 한계를 지적하며 그 대안으로 제시된 이론이 H. Clinebell의 Basic Types of Pastoral Counseling(Nashiville: Abingdon Press, 1966)이며 그 후 이 책은 다시 Basic Types of Pastoral Care and Counseling (Nashiville: Abingdon Press, 1984)으로 영성과 윤리를 강조하면서 개정되었다.

21) 이 시기에 이르러 미국의 복음주의 신학계통 및 보수주의 신학계통의 신학교들이 목회상담학을 도입하기 시작하였다.

래에 그 영향력을 강하게 발휘하고 있는 '인지요법'(Cognitive therapy)이 도입되었다. 그러나 또 한편으로는 심리학의 지나친 영향으로 상담에서 신학의 뿌리를 상실하고 있다는 것에 대한 반동으로 토마스 오든과 같은 학자는 상담을 위한 이론들이 교회의 전통에도 풍부하다고 하며 교회 전통의 회복을 주장하였다. 오든 교수는 오늘날의 목회신학이 얼마나 과거의 전통으로부터 떠났는가를 지적하면서 이제 전통 안에 있는 목회적 돌봄의 풍부한 유산들을 재발견함으로써 이러한 흐름을 바꾸어야 한다고 주장하고 있다. 그의 저서 『Care Souls to the Classic Tradition』(1984)에 잘 나타나며 그의 목회적 돌봄 시리즈로 나오는 모든 저서들이 이러한 영향을 받아 고전에 대한 풍성한 자료를 보여준다. 한편, 클라인벨은 심리학을 이용하되 기독교의 영성과 윤리적인 면을 결코 잃으면 안 된다고 주장하면서 이제는 목회상담이 한 개인을 넘어서서 사회구조, 생태학적 관심에까지 이르러야만 전인적인 회복을 위한 목회상담이 될 수 있음을 말하고 있다. 이것은 그의 최근 저서들인 『Wellbeing』(1992)이나 『Basic Types of Pastoral Care and Counseling』(1984)에 잘 나타나고 있다.

Ⅱ. 목회상담의 특성

1. 목회상담의 전인성

목회상담이 일반 기독교상담과 구별되는 몇 가지 특성을 가지고 있다. 즉 내담자들이 교회 사역자에 대한 역할 기대(Role expectations)는 목회상담의 정황을 상징적으로 나타내는 것들, 즉 교회에 관련된 여러 요소와 밀접한 관계가 있다. 힐트너(Hiltner)와 콜스톤(Colston)은 동등한 조건 하에 두 상담을 서로 다른 정황 속에서 진행시켜 본 결과 교회의 정황 속에서 이루어진 상담이 훨씬 빠르게 진행된다는 것을 발견했다(Hiltner and Colston, 1961). 그들은 이와 같은 이유에 대해 교회를 상징하는 여러 요소들과 교회에 대한 기대감이 목회상담자의 위치를 분명하게 드러내어 주므로 내담자가 상담자와의 신뢰관계가 형성되는 데 별로 오랜 시간이 소요되지 않기 때문이다. 하나님을 만날 수 있는 경건한 장소 등과 같이 교회와 관계된 다른 요소들 역시 상담이 교회 정황 가운데 이루어질 수 있도록 도움을 주는 것으로 밝혀졌다. 그러나 더욱 의미 있는 사실은 교회란 단순히 건물을 의미하는 것이 아니라 신앙공동체라는 것이다. 목회자는 확고하고 신뢰성이 넘치며 서로를 돌보는 이상적인 관계의 기반 위에서 상담을 하는 것이며 이러한 공동체적 배경은 다른 어떠한 전문적 상담가들은 갖고 있지 못한 요소이다. 교회가 실제로 이와 같은 성격을 지닌 공동체라면 목회자는 상처받은 사람들이 교회 내에서 사랑이 넘치고 남을 돕기를 좋아하는 사람들과 교제를 나누게 해줄 수 있다. 이와 같은 상황에서의 목회자는 도움을 찾는 사람들의 모든 요구를 충족시켜야 할 책임과 함께 교회를 통해 치유의 수단을 제시해 주는 역할을 한다고 할 수 있다. 목회상담에서 추구하는 것은 바로 영적인 전인성(wholeness)이다. 이것은 목회상담에 있어서 핵심적인 것이라고 할 수 있다. 그러므로 목회상담은 항상 하나님의 말씀의 정황 가운데서 이루어져야 하며 이것이 목회상담에서 기대되는 것이다.

목회상담은 단순히 개인의 내면적 성장을 도와주고 개인의 잠재력을 개발해서 자아결단을 촉구하도록 하는 것을 목회상담으로 보는 경우가 대부분이다. 그러나 목회의 목적이 영혼 구원에 이르게 해야 함으로 목회상담자는 내담자와 함께 성령의 역사로 말미암아 그리스도에게 인도되어 그 내담자 자신의 결단으로 인도하도록 해야 하는 것이다. 목회상담은 교회라는 신앙공동체에서 일어나며 여기서 모든 성도들이' 하나님의 완전한 상담'(The Whole Counsel of God)을 받아 왔음을 신앙공동체 안에서 찾을 수 있다. 목회 사역은 설교, 교육, 예배, 영적 지도력, 목회행정, 평신도 훈련, 목회 돌봄, 목회상담 등의 주요 기능을 포함하고 있다. 이러한 영역들을 임무에 따라 명확히 구분하기는 어렵지만 이들 사이에는 서로간의 전체적 조화가 이루어져야 한다. 목회상담은 넓게는 목회 돌봄의 한 분야지만 구체적으로 본다면 여러 가지 면에서 차이가 있다. 첫째로, 목회 돌봄에서 형성되는 대부분의 관계는 목회자에 의해 시작되지만 목회상담에서는 성도가 이야기를 시작함으로 관계가 형성된다. 또 하나는, 목회상담은 전형적으로 문제에 더 많은 초점을 두고 있으며 성도들의 생활의 어려움을 해결하기 위한 것이다. 결국 다른 목회 돌봄의 활동에서는 목회자가 적절한 성경적인 이해를 즉각적으로 제시해 줄 수 있는 한편, 목회상담에서는 목회자가 내담자의 이야기를 다 듣고 난 후에야 알맞은 성경적 권면을 줄 수 있게 되므로 이 과정은 목회 돌봄의 관계에서 일반적으로 소요되는 시간보다 훨씬 많은 시간이 요구된다. 그러므로 목회자들에 의해 진행되는 목회상담은 목회 돌봄과 목회 사역의 맥락과 일치하는 것이어야 한다.

나아가서 목회상담이 일반적인 기독교상담과 구별되는 이유는 목회상담에 임하는 목회자가 단순한 상담자 이상의 역할을 하기 때문이다. 목회자는 내담자와 여러 방면으로 관계가 있으며 이러한 관계는 광범위한 목회의 임무들을 수행하는 가운데 형성된 것이다. 임상적 상담가들은 밀려있는 상담예약 때문에 진행하고 있는 상담을 일정한 수준에서 제한할 수밖에 없지만 목회상담자는 그런 불가피한 제한을 둘 필요가 없다는 것이 또 하나의 차이점이다. 목회자는 상담가로서 뿐만 아니라 강단에서, 제직회를 통해서, 심방을 통해서, 교회의 여러 가지 사역 가운데서 여러 방면에서 성도들을 대면하게 된다. 목회상담은 항상 이와 같이 목회라는 차원, 목회 돌봄이라는 맥락에서 이루어지며 하나님의 모든 '은혜의 방편'(Means of grace)을 사용한다는 점에서 그 특징은 더욱 뚜렷한 것이다.[22] 이와 같은 목회상담은 모든 상황에서 도움을 찾는 사람들의 모든 요구를 충족시켜야 할 책임과 함께 상담자로서 교회를 통해 치유의 수단을 제시해 주는 역할을 함으로써 영적인 전인성(wholeness)을 취급하는 특성을 가진다.

2. 목회상담의 요소

1) 성 령

목회상담에서 상담의 주 구성원은 보혜사 성령이시므로 문제해결을 위해 성령의 임재와 개입을 요청하는 것은 필수적인 것이다. 그러므로 목회상담에서 문제의 해결은 상담자, 내담자, 그리고 성령과의 상호관계 속에서 효과적으로 나타날 수 있는데 상담을 역동적으로 이끄는 것은 바로 성령의 사역이라는 것을 상담자와 내담자가 모두 인정해야 한다. David A. Seamands에 따르면 성령이 인간의 마음을 열어 그 껍데기 층을 벗겨냄으로써 진정한 문제가 무엇인지를 발견하도록 도와주신다고 주장했다.[23] 따라서 개혁주의 목회상담에서는 인위적이며 인본적인 상담기술이 우선되어서는 안 되며 성령께서 중심이 되는 상담이 되어야 한다. 그러므로 목회상담의 효과는 하나님의 성령께서 인간 가운데서 역사하고 있다는 사실에서 나타난다. 일반적인 심리치료나 일반상담 또는 인본주의 목회상담은 바로 이러한 점에서 현저한 약점을 드러내고 있는 것이다.[24] 성령의 인도하심은 인간의 부정적이고 파괴적인 감정을 해소시켜 주시며 치료적 역할도 하시는 것이다. 그러므로 상담자와 내담자가 해야 할 일은 성령께서 어떻게 역사해야 할 것인가를 정하는 것이 아니라 단지 성령께서 하시는 일에 협력하는 것뿐이다.[25] 목회상담자는 내담자가 그리스도에게 인도되고 그를 알고 그를 신뢰하고 그에게 배우며 그에게

---

22) David G. Benner, "*Strategic Pastoral Counseling*", [전략적 목회상담학], 전요셉 역 (서울: 은혜출판사, 1995), 20-24.

23) David A. Seamamds, *Healing of Memories* (Wheaton, IL. Victor, 1985), 27.

24) Jay E. Adams, *A Theology of Christian Counseling*, 62.

25) Edward P. Wimberly, *Prayer in Pastoral Counseling*, 11.

모든 것을 고백하고 그로부터 치유의 은혜를 체험하게 되며 그와 더불어 화해하고 그와 합하여 하나가 됨으로써 문제를 극복할 수 있는 결단과 해결을 가져오도록 도와야 하는데 이 모든 것을 역동적으로 가져오게 하는 것은 바로 성령이시다. 성령과 상담의 사역에 대해서는 제2장에서 다시 다루기로 하겠다.

2) 성 경

목회상담의 주요한 요소로서 성경 사용을 학문적으로 논의하기 시작한 것은 1936년 의사인 Richard C. Cabot와 목사인 Russell L. Dicks의 저서인 『The Art of Ministering to the Sick』라는 저서를 출간하면서부터라고 볼 수 있다. 이들은 병원에 입원한 환자들을 돌보며 상담하는 가운데 성경이 환자들의 정신적인 안정과 인격적인 발전, 그리고 질병 치유에 크게 도움이 되었다고 진술한 것이다. 그러나 그들의 저서에는 성경을 상담의 원리로 이해하지 못하고 인간에게 다소간의 유익을 줄 수 있는 참고 도서 정도로만 이해했던 것이다.[26] 그밖에 상담학자들은 목회상담의 자원으로 성경 사용을 주장하였지만 성경을 삶의 기준이나 문제해결 또는 치료의 근간으로 여기는 데는 충분하지 못했다. 그러나 Adams는 하나님께서 그의 백성들에게 성경을 통해 말씀하실 뿐만 아니라 인간의 모든 문제가 성경을 통해서 해결될 수 있기 때문에 반드시 상담에서 성경을 사용해야 한다고 주장했으며 성경에 위배된 모든 상담 원리나 학설들은 배제되어야 한다고 주장했다. 심지어 그는 성경을 무시하거나 성경과 경쟁하는 것은 결국 하나님과 경쟁하는 것이기 때문에 위험한 일이라고 주장했다.[27] 또 성경에 합당치 않은 상담 상황은 없다고 전제하고 성경을 모든 신앙과 인간의 행위의 오류 없는 표준임을 인정하여 성경만이 진정한 상담의 자원으로 사용되어야 한다는 성경의 절대적 권위를 제시하였다.[28]목회상담자는 반드시 성경을 통해 내담자에게 용기를 북돋아 주고 평안함을 더해 줄 수 있는 기회로 삼고 내담자의 삶에 성경을 실제적으로 적용함으로 그들이 성경에 입각하여 문제를 해결하도록 돕는 기회로 삼아야 한다.[29] 상담에서 성경을 사용하는 방법은 매우 다양하다. 상담자가 내담자와 함께 성경을 찾아서 함께 읽는 경우, 성경의 한두 구절을 인용하여 설교처럼 그것을 설명하는 경우, 단순히 내담자에게 성경 구절을 제시하거나 그것을 찾아 읽도록 과제를 주는

---

26) cf. Richard C. Cabot, & Russell L. Dicks, *The Art of Ministering to the Sick*(New York: MacMillan, 1936)
27) Jay E. Adams, *The Use of the Scriptures in Counseling*, 9, cf. *Adams, Competent to Counseling*, 87.
28) Jay E. Adams, *Lectures on Counseling* (Nutley, NJ: Presbyterian & Reformed, 1977), 183.
29) Norman H. Wright, *Crisis Counseling* (San Bernadino, CA: Here's Life, 1986). 222.

경우, 아니면 성경을 읽지는 않았지만 상담자의 권면할 때에 성경에 기초한 내용으로 하는 경우 등을 들 수 있다.

Adams는 성경 활용은 크게 두 가지로 분류했는데 첫째는 성경적인 원리에서 나온 선한 충고와 둘째는 성경 자체의 원리를 분명하게 구별하려고 했다. 그리고 전자와 같은 추론은 잘못될 가능성이 있다고 보았다.[30] 그러나 목회상담에서 성경을 활용한다고 해서 성경만을 읽을 수는 없기 때문에 성경으로부터 추론된 삶의 원리를 내담자에게 권면하며 적용하는 것도 성경 사용의 범주에 포함되어야 한다.

Narramore는 상담에 있어서 성경 사용의 이유와 효용성을 다음과 같이 진술했다.[31] 첫째는, 성경이 인간에게 죄를 선고한다는 것이다. 인간이 안고있는 다양한 문제는 죄로 인해 발생한 것이며 죄가 청산될 때 소멸되는 것이므로 죄를 깨닫게 하고 그것을 선고하는 것은 문제해결에 필수적이며 유일한 길이므로 성경을 통해 죄를 선포해야 한다고 했다. 둘째는 구속의 메시지를 전달해 주는 것이다. 이는 성경 사용을 통한 상담에서 얻을 수 있는 최고의 효용성이며 성경 사용의 이유가 된다. 세 번째로 믿음을 세워 주는 것이다. 인간은 무엇인가 믿지 않고서는 만족할 수 없는 존재이기 때문에 그리스도를 믿도록 하는 것은 상담에서 중요한 일이며 성경을 통해 이것을 일깨워 주어야 한다. 네 번째는 중생으로 인도하며 내담자를 성결하게 해주는 것이며, 다섯째는 삶의 정확한 안내와 문제의 통찰력, 지식을 제공해 준다는 것이다. 성경을 사용하여 내담자로 하여금 문제를 적절하게 대처하고 전인적인 하나님의 사람으로서의 풍성한 삶을 살도록 하며 상담의 목표인 구원과 성숙한 삶에 도달하도록 하기 위함이다. 그러므로 성경을 개인적인 말씀으로 받아 이를 통해 지식과 구원에 이르게 하는 지혜를 얻는 것은 내담자에게 반드시 필요한 것이다.

McMillen은 인간의 마음속에 예수를 모시고 성경을 읽는 사람은 근심이 감소되기 때문에 인류 최대의 정신질환인 정신분열증(Schizophrenia)을 막아 줄 훌륭한 요새를 갖게 되는 것이라고 주장했다. 그는 불안과 근심의 억제와 감소에는 성경을 읽고 자신의 죄를 발견하여 회개하는 것이 중요하며 용서와 사죄의 확신을 가진 사람이면 누구나 죄책감에서 해방될 수 있다고 역설했다.[32]이렇게 내담자가 성경의 교훈을 접하고 그 교훈을 마음에 둘 때 심리적으로 변화된 새사람이 되는 것이며 내담자의 비극적 인생관이나 잘못된 삶의 철학을 수정하게 되어 새로운 인생관과 삶의 철학을 수립하게 된다. 그러므로 하나님의 구원 계시로 주어진 성경은

---

30) Adams, *The Christian Counselor's Manual*, 16.

31) Clyde M. Narramore, *The Psychology of Counseling* (Grand Rapids: Zondervan, 1991), 256.

32) S. I. McMillen, *None of These Diseases* (New York: Pyrmid, 1963), 124.

근본적으로 심리치료를 목적으로 하지는 않지만 심리치료라는 부가적인 효과를 충분히 얻게 되는 것이다.[33)]

3) 기 도

기도는 일반 심리치료에서는 사용하지 않고 목회상담에서만 문제의 해결을 위해 사용되는 독특한 치료방법이다. 목회상담은 그 과정에서 명백하게 신앙적인 방법, 특히 기도에 그 관심과 주의를 쏟아야 하며 그것이 상담의 중심적인 위치를 차지해야 한다.[34)] 그러므로 상담자는 목회상담에서 기도가 필요한 이유에 대해 분명한 인식을 가져야 한다. James A. Joung은 목회상담에서 기도의 근거를 다음과 같이 주장했다. 첫째는 하나님의 임재와 그의 붙드심을 느끼도록 돕기 위해서, 둘째는 기도를 통해 하나님의 사랑을 의지하는 데서 오는 내적 평안과 성령을 통해서 주어지는 확신을 길러 주기 위해서, 세 번째는 자기 자신과 함께 하시는 하나님의 임재하심을 깨닫도록 하기 위해서, 네 번째는 하나님께서는 인간이 영적으로, 심리적으로 그리고 육체적으로 건강을 원하시는데 그중 바람직하지 못한 심리가 자신을 사로잡는 것은 하나님의 뜻이 아님을 알게 하기 위해서 기도해야 한다고 했다. 상담 현장에서 기도하는 이유 가운데 하나는 내담자가 겪는 극도의 불안감의 해소 또는 그것을 완화시키고 심리적 안정을 위해서 한다. 기도는 불안의 근원이 어디에 있는가를 깨닫게 해주며 불안의 문제가 오직 창조주이신 하나님 안에서 해결될 수 있음을 경험하게 한다. Adams는 어떤 신체적인 질병으로부터 회복되기 위해서 약을 사용하는 것과 같이 죄를 고백하는 기도는 심리적이고 영적인 문제 해결에 있어서 중요한 요소라고 하면서 고백의 기도를 통해 죄책감과 불안을 해결할 수 있다고 했으며 고백이란 자기 자신이 범죄를 했다는 것을 스스로 인정하고 하나님께 자백하는 것인데 이렇게 죄를 고백함으로써 죄가 심신에 미치는 억압과 불안의 악영향에서 해방되고 평안을 누리게 되는 것으로 보았다.[35)]

기도는 절대 존재이신 하나님과 인간과의 친밀감을 전제로 개인적인 관계성 속에서 나누는 인격적인 대화라고 할 수 있다. 그러므로 기도의 근본 조건은 하나님에 대한 실존적인 확신에서 비롯된다. 기도생활의 빈도가 높은 자는 근심, 걱정, 염려, 갈등, 공포, 번민, 불안 등의 심리적 문제가 발생될 때 기도를 통해 해소, 극복 또는 승화시킬 것이다. 하지만 본질적으로 기도는 심

---

33) 복음주의실천신학협회 편, 복음주의실천신학, 121-22.
34) Jay E. Adams, *A Theology of Christian Counseling*, 61.
35) Jay E. Adams, *Competent to Counsel* (Grand Rapids: Zondervan, 1970), 188.

리치료를 목적으로 하는 것이 아니며 기도를 통해서 얻어지는 마음의 평안은 부수적인 효과라고 할 수 있다. 기도를 통한 마음의 평안은 하나님과의 긴밀한 관계가 형성되는 것을 전제로 하고 있다. 기도를 통해 인간은 성경에 계시된 하나님의 임재를 경험하게 되고 그를 의지함으로써 죄악된 본성을 깨닫고 영적인 문제의 해결을 얻을 수 있기 때문이다. 하나님께서는 인간의 필요에 대한 모든 것을 아시는 전지성(Omniscience)을 가지지만 그분은 기도를 은혜의 수단으로 정하셨다(마 5:8). 하나님께서 인간의 문제를 치유하시고 성장해 나갈 수 있도록 그 역사에 내 맡기기 위해서 기도해야 하는 것이다.[36]

3. 목회상담의 독특성

1) 목회상담의 상담관계

목회상담의 기본적인 독특성은 목회상담의 상담관계에 있다고 하겠다. 일반적인 상담은 상담자와 내담자의 쌍방 관계에서 상담이 이루어지고 있다. 그러나 목회상담에서는 상담자가 내담자와 함께 상담을 목적으로 대화하는 중에 하나님께서 상담대화의 참여적 제3자(The third person)로 임재하신다. 윌리엄스(Daniel D. Williams, 1961)는 상담대화의 제3자(The third person)로 예수 그리스도께서 상담자와 내담자가 대화를 나누는 가운데 친히 오셔서 대화를 들으시며 상담자와 내담자를 도우시며 내담자를 치유하시는 참여적 제3자가 되신다고 하였다. 이러한 목회상담의 독특성을 가리켜 C. W. 브리스터(C. W. Brister '현대인의 절망과 희망')는 '삼자대화'(Trialogue)의 관계에서 목회상담자를 가리켜 하나님의 임재의 상징이라고 하였다. 목회상담은 상담자와 내담자가 대화의 방법을 사용하여 내담자를 문제를 극복하려고 노력하는 중에 참여적 제3자로 임재하신 하나님께서 내담자가 가지고 있는 문제를 도우신다는 것이다. 여기에서 우리는 목회상담의 관계에 있어서의 독특성을 발견할 수 있다. 즉 목회상담은 상담자와 내담자의 쌍방관계가 아닌 하나님을 중심으로 한 삼각관계라는 것이다. 따라서 목회상담의 특성은 목회상담자는 예비적 관심을 가지고 내담자를 수평적 삶의 문제의 극복을 위해 도우려 하지만 참여적 3자이신 하나님은 내담자의 삶의 문제를 극복하고 더 나아가 궁극적인 질문에 대답하시며 내담자의 전인적인 회복을 도모하려고 하기 때문이라고 하겠다.

---

36) Edward P. Wimberly, *Prayer in Pastoral Counseling* (Louisville: Westminster, 1990), 11.

2) 목회상담의 자원

일반적으로 상담을 받으려는 사람들은 대체로 내면적인 문제들과 습관성의 행동과 사고들, 그리고 대인 관계의 갈등으로 고통을 당하는 사람들이다. 이러한 사람들을 도와주는 상담자들은 그들과 객관적인 입장에서 대화를 나눈다. 내담자들은 현재 고통에 빠져 있기 때문에 자기의 상황이 어떠하며 무엇이 문제인가를 객관적으로 보지 못한다. 실제로 내담자는 객관적인 각도에서 문제를 보지 못하기 때문에 내담자가 스스로 '나에게 문제가 있다'라고 느끼는 것을 문제 상황이라고 말한다. 그러므로 상담자는 내담자를 대신하여 내담자의 문제를 객관적으로 보고 내담자와 대화하면서 그 문제를 있는 그대로 볼 수 있게 내담자를 돕는다. 상담자가 언제나 마음을 써야 할 것은 내담자의 문제에 압도되거나 그 문제 상황에 빠지지 말고 객관성을 유지해야 한다는 것이다. 그러나 동시에 상담자들은 내담자의 감정과 생각과 시각에 적극적으로 공감한다. 내담자는 자기의 상황을 있는 그대로 보면서도 자기의 아픔과 혼란과 절망하는 감정들과 시각들을 함께 느끼고 함께 생각하고 함께 보는 상담자 앞에서 자기를 볼 수 있는 눈을 열게 된다. 만일 상담자가 내담자를 공감적으로 이해하고 적극적으로 그것을 내담자에게 전달하는 공감 형성을 하지 못한다면 내담자는 자기의 문제 상황을 명료하게 볼 수 없을 것이다. 그러므로 상담자는 내담자의 삶에 참여하려고 노력하는 주관성을 유지해야 한다. 이처럼 상담자와 내담자 간에는 객관적이면서도 주관성을 유지해야 하는 독특한 상담관계가 필요하다. 이러한 친밀한 상담관계 가운데서 대화하는 가운데 치유(Therapy)가 일어난다. 즉 치유의 대화가 일어나는 맥락이 곧 상담관계라고 할 것이다. 상담자는 이러한 상담관계에서 내담자의 필요에 초점을 맞춘다. 이러한 상담관계는 길어질 수도 있고 짧을 수도 있다. 그러나 분명한 시작이 있고 끝이 있는 관계이며 시작과 끝의 사이에 상담과정이 있다는 데서 모든 상담관계는 공통점을 갖는다. 상담자는 이 상담과정을 통하여 내담자의 문제해결을 도와주며 치유의 사역을 수행한다. 이러한 상담은 상담자의 훈련과 전문성에 따라서 여러 종류로 나누어진다. 즉 상담은 수많은 전문가들에 의해서 각기 전문화된 상담을 하고 있다. 예컨대 직업지도 상담자들은 가장 적합한 직업 선택을 도와주기 위하여 성취도 테스트, 직업선호 테스트, 심리성향 테스트 등에 관심을 갖는다. 정신과 의사들은 긴장완화, 대인관계 기술계발, 심리적 평정 유지 등에 관심을 가지고 상담한다. 양호교사, 상담교사, 교수, 변호사, 의사, 심리학자, 대민 봉사자들도 자기 나름대로의 전문성을 가지고 상담한다. 그러면 목회상담자의 전문성은 무엇일까? 모든 상담은 상담이라고 불릴 수 있는 공통성을 갖는 게 사실이다. 그러면서도 전문성에 따라 각기 다른 상담을 한다. 그럼 모든 종류의 상담자들로부터 목회상담자를 구별시키는 목회상담자의 독특성은 무엇일까?

(1) 기독교 전통과 유산

목회상담은 심리학적인 원리와 임상적인 지혜와 구체적 상담의 기술만으로는 총체적인 인간 회복에 어려움이 있다. 목회상담자는 이러한 임상적인 자원의 준비가 없이 상담하려고 하면 여러 가지 장애를 만날 때 그것을 극복하는 방법을 알지 못하기 때문에 상담의 목적을 이루기가 어렵다. 그러므로 목회상담자들은 임상적인 자원을 가지도록 훈련을 받는 것이 필수적이다. 목회상담자는 임상적인 자원과 함께 교회공동체로부터 주어진 자원들을 충분히 사용해야만 한다. 시워드 힐트너는 목회상담의 독특한 자원으로 성경, 기도, 기독교 교리, 성례전 등 기독교 신앙 전통이 물려준 유산들이 목회상담의 중요한 자원이라고 주장한다. 힐트너는 그의 저서 「목회 카운슬링」에서 목회상담만이 가지고 있는 독특한 자원은 크게 두 가지로 나누었다. 그 하나는 기도, 성경, 교리, 성례전 등 기독교 신앙 전통이 물려준 유산들을 상담의 자원으로 사용하는 것이며, 두 번째는 기독교 공동체라는 자원이다. 이 중에 첫 번째 자원인 성경말씀은 얼마나 목회상담에 중요한가를 알고 있다. 또한 기도의 자원은 세 가지의 중요한 역할을 한다. 첫째는 상담자가 내담자를 이해하고 있다는 사실을 내담자에게 전달하는 최상의 방법이다. 목회상담자는 상담을 시작하기 전에 그분께서 상담 중에 임재하기를 간구한다. 그리고 상담 후에 내담자의 이야기 내용을 요약하고 내담자의 감정을 그대로 내담자가 하나님께 간구하고 싶어하는 바로 그것을 상담자가 기도하면 내담자는 상담자와 하나되는 것을 경험한다. 즉 기도는 상담자의 공감을 전달하는 최상의 수단이 된다. 둘째로 기도는 내담자의 문제와 상황과 아픔과 혼란 등 내담자를 있는 그대로 하나님께 드리는 상담자의 중보적 기도이다. 이것은 상담자가 영적 제사장이 되어 내담자를 위하여 하나님께 기도드리는 것이다. 중보적 기도의 특별한 점은 내담자의 기도를 상담자가 대신하는 것이요, 내담자는 상담자를 통하여 하나님께 기도드리는 것이다. 중보적 기도는 하나님께서 인간에게 위로와 능력과 생명을 흐르게 하는 통로이다. 세 번째는 기도는 성령의 능력과 성령의 역사의 통로가 된다. 즉 상담자가 내담자를 위해 기도하는 곳에 하나님은 생명과 은혜로 내담자를 만족하게 하신다. 이상에서 보는 바와 같이 기도의 자원은 목회상담자만이 사용할 수 있는 독특한 자원이다. 이처럼 목회상담자는 기독교 유산에서 발견하는 여러 가지 자원들을 사용하여 상담한다는 데서 그 독자성이 있다.[37]

---

37) 오성춘, *목회상담학* (서울: 한국장로교출판사, 1991), 378.

(2) 교회 공동체

목회상담만이 가지는 두 번째 독특한 자원은 교회 공동체이다. 목회상담자는 엄밀한 의미에서 목회상담의 주체가 아니다. 지금 고난 당하는 내담자를 돌보기를 원하시는 분은 바로 하나님이시다. 하나님께서 목회상담의 주체이시다. 목회상담의 주체이신 하나님은 교회에게 그 직무를 위탁하셨다. 그러므로 교회가 하나님의 뜻을 순종하여 하나님께서 원하시는 대로 고통당하는 내담자를 상담한다. 목회상담자를 선택하고 훈련시켜 목회상담을 위임하고 그 과정을 지도 감독하며 그 결과를 평가하는 자는 바로 그리스도의 몸인 교회이다. 그러므로 목회상담자는 교회공동체를 떠나 목회상담을 한다는 것은 불가능하다. 따라서 교회는 목회상담자를 지원하며 격려하며 지도하며 필요한 자원들을 공급하며 돕는 목회상담의 진정한 자원이 된다. 다시 말하면 상담자와 내담자를 감싸고 있는 하나님과 교회라는 2중적 구조 하에 상담자와 내담자가 목회적 대화 중에 하나님께서 임재하셔서 내담자를 도우신다. 따라서 목회상담자가 상담을 통해 내담자를 도울 때 하나님과 교회가 동시에 그 내담자를 돕는다. 그러므로 목회상담자는 언제든지 교회의 자원을 사용할 수 있어야 한다. 그러므로 목회상담의 독특성은 기독교 신앙 전통이 물려준 자원들, 즉 성경, 기도, 교리, 성례전 그리고 교회공동체라는 자원이다. 따라서 목회상담자는 이 두 종류의 자원에 근거해서 임상적인 자원을 충분하게 사용할 수 있도록 훈련을 받아야 한다. 이러한 독특한 자원을 임상적 자원과 조화 있게 사용될 때 최고의 가치가 될 것이다.[38]

3) 목회상담의 특성에 대한 제 견해

(1) C. W. Brister의 견해

미국 서남침례교신학대학 목회상담학 교수인 브리스터 박사는 그의 저서 *The Promise of Counseling*[39]에서 그는 성경에서 계시된 언약이라는 주제에 초점을 맞추어 목회상담에 대한 그의 견해를 전개하고 있다. 그는 상담에 있어서 약속에 대한 그의 지론을 구약의 출애굽사건과 신약의 부활사건을 희망적인 기대감을 통하여 인간의 속박으로부터 구속되는 것에 연결시킴으로써 상담과정을 설명하려고 한다(p.63). 목회상담에 있어서 상담자와 내담자 사이에서 존재하

38) *Ibid.*, 379-80.

39) C. W. Brister, *The Promise of Counseling*, 민병소, 「카운슬링과 정신의학의 대화」(서울: 성광문화사, 1981), 63.

는 약속이 의미하는 다섯 가지의 역동적인 실재들에 대하여 언급하기를 "함께 함"(Presence)의 약속, 신앙적인 관점의 약속, 하나님의 섭리의 약속, 전문적인 능력(Competence)에 대한 약속, 그리고 개인적인 책임성(Accountability)의 약속 (pp. 8-10)이다. Brister는 상담을 "인류를 향한 하나님의 구속 목적의 틀 속에서의 하나의 만남"이라고 정의한다(p.125). Brister는 그의 책 제4장 「목회상담의 독특성」에서 목회상담의 구별되는 면들을 분명하게 밝히고 있다. 그는 상담가의 특별히 유대기독교적인 종교적 전통과 신학적인 입장, 윤리적인 동기, 믿음의 공동체, 성경의 가르침에 대한 특별한 지식, 기도와 종교적인 자원을 이용하는 것, 하나님의 대표자로서의 목사의 아이덴티티, 회중, 그리고 역사적인 전통이 목회상담을 목회적으로 만드는 것이라고 믿고 있다(pp.4-5, p.62 참조). 실제적으로 그는 이 책에서 목회상담의 목회적인 아이덴티티를 세속적인 심리치료와 비교하여 재주장하려고 부단히 노력하고 있다. 동시에 그는 모든 형태의 상담에 존재하는 공통점들을 강조하고 있다. 희망, 변화에 대한 기대감, 신뢰감, 감정적인 관계, 감정적인 표현을 원활하게 함, 카타르시스, 정보를 받는 것 등(p.57 참조)이다.

그는 목회상담을 교회의 하나의 사역으로 보았다. "나는 목회상담이 복음을 삶의 환경들 속에서 분명하게 하려고 노력하는 것에서 그것이 교회의 하나의 사역이라고 보고 있다"(p. 11). 그는 또한 교회를 하나님의 치유적인 능력이 경험으로 되는 목회상담의 컨텍스트로 보고 있다(p. 8). 그러나 그에게 있어서 목회상담이란 목사 또는 평신도 사역자가 자기 성도들과 나누는 목회적인 대화만을 의미하고 있다. 이러한 의미에서 그는 Seward Hiltner가 목회상담에 대하여 취했던 입장과 같이 한다. 목회상담을 단지 목사의 여러 기능들 중의 하나로서만 이해하는 Brister의 견해는 다음 글에서 분명하게 드러난다. 목회상담자는 심리치료적인 일에 전문화될 사치를 누릴 여유가 없다. 회중을 인도하도록 지정된 사람은 유능한 행정가로서의 기술을 가지고 있어야 하며 복음의 효과적인 전달자가 되어야 한다"(p.5). 그는 심지어 목회상담이 전문화되어 가는 운동에 대하여 강한 반감을 표현하고 있다. "어떤 목사들은 도덕적인 안내를 하며 신앙을 유도하는 능력을 갖고 있는 강단으로부터 등을 돌리고 상담을 부전공으로 선택하였다"(p.17). "수많은 목사들이 강단을 버리고 전문화된 행동과학 교육을 받았으며 심리치료사, 임상심리학자, 그리고 사회사업가들로 자격증을 받게 되었다"(p.44). 그는 계속하여 "목회상담은 하나의 독특한 직업으로서 여겨져서는 안 된다. 그것은 다른 목회활동과 함께 하는 크리스천 목사에 의한 하나의 사역이다"(p.62)라고 전문화된 목회상담가들을 향하여 비판하고 있다.

목회상담에 있어서 하나님의 임재를 Brister는 강조한다. "목회상담은 신적인 것이므로, 거기에는 하나님의 강력하며 치유하시는 임재에 대한 인식이 있다"(p. 8), "목회상담자는 하나님과 인간과의 대화(Dialogue)를 의식한다. 단순한 대화(Dialogue)가 아니라 하나님의 임재를 인식하는 것은 상담자와 내담자와 함께 하나의 삼자 대화(Trialogue)를 형성한다"(p. 63). 따라서 그의 이와 같은 주장을 통해서 볼 때 상담에 있어서 하나님의 임재와 간섭을 인식하는 것이 목회상담을 목회적으로 만드는 것이라고 할 수 있다. 기독론이 Brister의 목회상담에 대한 사상의 핵심 부분에 위치한다. 그는 잃어버린 한 마리 양을 찾기 위하여 아흔 아홉 마리의 양을 두고 찾아 나서는 목자로서의 그리스도의 모습을 언급한다(p.43). 예수 그리스도의 성육신과 부활사건이 도움이 필요한 개인 또는 그룹에 함께 해주는 상담자의 임재와 절망 속에서조차도 헤어 나올 수 있는 가능성들에 대칭적으로 비유되고 있다(p. 21, 30 참조).

개인적인 성장과 대인관계에 있어서의 능력이 Brister에게는 내담자를 향한 목회상담의 목표가 되고 있다(p. 37 참조). 그는 또한 영적인 온전성과 능력을 사람들이 계발하려고 지향해야 할 목표로 본다(p. 96). 그에게 있어서 온전성(Wholeness)이란 신앙 공동체의 모든 사람들과의 인격적인 온전성을 의미한다(p. 98). Generalists로서의 목회상담자들의 아이덴티티에 대한 Brister의 견해는 '크리스천의 만인제사장설'에 기초하고 있다. 그의 말에 의하면 목회상담은 반드시 목회자만이 하는 것이 아니라는 인상을 주고 있다. 그는 말하기를 "상담은 크리스천 사역자들 사이에서 분담되어져야만 한다. 교사들, 사회사업가들, 의사들을 포함하는 일부 평신도 사역자들은 잘 훈련된 상담가들이다"(p. 24), "그 같은 도움을 주는 것은 안수 받은 목사의 책임만 되어서는 안 된다. 하나님의 모든 백성들이 돌보도록 부름을 받고 있다"(p.2). 이러한 그의 견해는 목회상담자(Pastoral counselor)의 의미와 크리스천 상담자(Christian counselor)의 의미를 구분하지 않고 있는 것이다. Brister의 목회상담의 독특성을 요약하자면 다음의 몇 가지로 요약할 수 있겠다: 하나님의 섭리로서도 이해될 수 있는 하나님의 약속에 대한 관계성, 교회, 즉 신앙공동체의 사역, 기도를 포함하는 종교적인 자원을 사용함, 상담에 있어서의 하나님의 임재, 그리고 개인적인 성숙과 대인관계를 맺을 수 있는 능력과 영적인 성숙이다.

(2) C. W. Brister와 John Patton의 견해

C. W. Brister박사는 그의 저서 *The Promise of Counseling*에서 목회상담학자 John Patton의 견해에 대하여 긍정적인 측면과 부정적인 측면에서 두 번 언급하고 있다. 목회상담에 있어서 관계의 중요성에 대하여 그가 언급할 때 그는 Patton과 의견을 같이 한다. John Patton은 말하기를 "상담 방법들은 상담과정에서 드러나는 관계의 질과 인간적인 특성에 의하여 가장 적절하게 평가된다"(p. 14). 그러나 목회상담의 전문화에 대해서는 Patton의 견해에 대하여 반대하고 있

다. The Georgia Association for Pastoral Care의 John Patton은 "목회상담의 방법은 그 방법에 있어서 주요한 이슈로서……감정전이(Transference)에 초점을 맞춘다는 점에서…… 하나의 심리 치료적 이해를 시사한다"라고 그가 썼을 때 비슷한 논리를 따르고 있다. 나는 역으로 목회상담은 그것을 독특하게끔 하는 풍부한 유산과 신학적인 의식, 그리고 특이한 관점을 갖고 있다고 주장한다(p.54).

그러나 Brister와 Patton 사이에는 몇 가지 유사점을 발견할 수 있다. 첫째로 목회상담에 있어서 책임성(accountability)을 강조한 점이다. 개인적인 책임성(Brister, pp. 9, 10, 33), 전문가적인 능력, 다른 전문가들과의 자문의 중요성(Brister, pp. 64-65, Patton, pp. 69-73), 그리고 임상적인 책임성(Patton, pp. 67-69) 등이다. 둘째로 그들은 목회상담의 컨텍스트가 교회의 진정한 사역임을 주장하며 교회와의 연관성을 강조한다(Brister, p. 4, 8, 11, 18, Patton, pp. 9-10, p. 59). 특히 Patton은 목회상담을 교회의 하나의 선교라는 관점에서 파악하고 있다(Patton, p. 14). 그는 목회상담이 불신자들과 교회를 이어줄 수 있는 가교와 같은 역할을 할 수 있다고 본다. 셋째로 그들은 그리스도의 스토리가 목회상담에서 중요한 역할을 한다는 것에 의견을 같이 한다. Brister에게 있어서는 기독론, Patton에게 있어서는 그리스도의 성육신, 삶, 죽음, 그리고 부활이라는 그리스도의 스토리(Brister, p.8, 30, Patton, p. 22, 25)가 목회상담에서 중요한 역할을 강조한다.

(3) C. W. Brister와 Edward P. Wimberly의 견해

에드워드 P. 윔벌리(Edward P. Wimberly)는 조지아주의 애틀랜타에 소재한 초교파적 신학센터(Interdenominational Theological Center)의 목회적 돌봄과 상담분야의 재니라 리(Jerana Lee) 석좌 교수이다. C. W. Brister와 Wimberly 사이에는 몇 가지 목회상담에 있어서의 유사점을 발견할 수 있다. 첫째, 그들은 목회상담의 독특성으로서 유대기독교적인 전통의 중요성을 지적한다(Brister, p. 62, Wimberly, pp. 22-23). 둘째, 그들은 목회상담에 있어서 그리고 내담자의 삶에 있어서의 하나님의 임재의 중요성에 대하여 강조하고 있다(Brister, p. 63, Wimberly, p. 13). Brister에게 있어서 하나님의 임재란 약속, 소망, 그리고 하나님의 섭리를 포함하는 것이다. 셋째, 그들은 목회상담에 있어서 기도의 중요성을 인정하고 있다(Brister, p. 61, Wimberly, p. 15). Wimberly는 목회상담에 있어서 지나칠 정도라는 느낌이 들 정도로 기도의 중요성을 매우 강조한다.

한 가지 차이점을 Brister와 Wimberly 사이에서 지적한다면 상담자와 내담자 사이에 이루어

지는 관계를 지적할 수 있겠다. Brister는 상담자와 내담자 사이의 상호성(Mutuality)을 강조한다면, Wimberly는 상담자가 내담자의 영적인 지도자(Spiritual director)로서의 역할을 할 것을 강조함으로써 상담자가 보다 높은 위치를 차지하도록 권하는 듯한 인상을 주고 있다(Brister, p. 7, Wimberly, p. 14).

(4) C. W. Brister, John Patton, & Edward P. Wimberly의 견해

Brister, Patton, 그리고 Wimberly 모두가 목회상담의 신학적인 전통의 중요성과 교회와의 관계성을 주장하고 있다는 점은 흥미롭다. 신학과 심리학의 균형있는 종합화 과정(Integration process)이 없이 어느 한쪽으로 쏠리게 되는 목회상담과 교회의 공동체와는 아무런 관계를 맺고 있지 않은 목회상담은 약점들을 내포하고 있음을 알아야 한다. 이들의 목회상담에 있어서 하나님의 임재와 활동을 강조하고 있지만 구분하자면 Brister의 경우는 보다 하나님의 섭리에(성부 하나님의 사역), Patton의 경우는 그리스도의 스토리와 관계적인 인간성(Relational humanness)에(성자 하나님의 사역), 그리고 Wimberly의 경우에는 기도를 통한 성령의 중보(성령 하나님의 사역)를 강조함으로써 목회상담에 임하는 삼위 하나님의 사역을 상호 보완해 주고 있다고 할 수 있다.

Brister는 '목회상담자'(Pastoral counselor)라는 용어를 사용할 때 Generalist로서의 의미와 Specialist로서의 의미를 별 구분 없이 사용함으로써 때때로 그 의미가 분명하지 못한 경우들이 있다(p.39 참조). 또한 그는 Pastoral counseling을 Pastoral care와 분명하게 구별하지 않고 사용하고 있다. 이것은 그가 목회상담을 목회자의 일반적인 목회활동으로서만 이해하려는 데 기인한다고 볼 수 있겠다.

Patton의 경우는 비록 그의 저서 서문에서 밝히고 있기는 하지만 그의 저서에서 목회상담의 교차 문화적인 국면들에 대하여는 전혀 언급하고 있지 않다는 점을 약점으로 지적할 수 있겠다. 그가 이해하고 있는 목회상담은 중류계층 이상의 삶을 영위하는 백인 위주의 내담자들을 벗어나고 있지 못하고 있는 듯하다. 이를 보완해주는 것이 그 자신이 African-American인 Wimberly의 이해인데 그는 미국에서 소외계층에 속하는 African-Americans의 신앙과 생활 양태를 이해하며 그것을 그의 책에서 투영하고 있다. Brister는 교차 문화적인 관심을 보이고 있는데 그의 목회상담의 관심의 범위를 타 종교인들에게까지 넓히고 있다는 점에서 주목할 만하며 또한 비평의 요소를 담고 있기도 하다. "크리스천 목회자의 매력을 끄는 것은 하나님이 그토록 사랑하셔서 독생자까지 주신 세상에 있다. 그 세상의 전체 즉 지식이 많은 자와 지식이 부족한 자, 흑인과 백인, 도시사람과 농촌사람, 크리스천, 유대교인, 불교인, 그리고 회교인까지"(pp.37-38)이다. 결론적으로 목회상담자인 목회자로서의 아이덴티티와 목회적인 관심, 삼위하나님의 상담과정에서의 임재와 역사, 기도를 포함하는 기독교적인 자산의 활용 등 상담의 컨텍스트로서의 교회와의 관계, 육체적, 심리적, 사회적, 그리고 영적인 성숙을 지향하는 전인적인 성숙을 상담의 목표로 집약될 수 있겠다.[40]

Ⅲ. 목회상담의 목적

1. 목회상담의 정의

목회상담은 목회와 상담이라는 낱말의 합성어가 보여주듯이 그 학문적인 배경으로서 신학과 심리학의 두 개의 학문 전통이 서로 만나 상호 긴장과 갈등, 그리고 상호 보완 관계를 통해서 그 깊이와 폭을 넓혀 가고 있는 비교적 새로운 학문의 분야이다. 일반적으로 말해 '목회상담'이라고 부를 때 그것은 목회자의 '목회적인 돌봄'(Pastoral care)이라는 큰 틀 속에 포함되는 부분적인 영역을 가리키는데 크게 두 가지로 분류할 수 있다.[41] 첫째는 '일반적인' 목회상담으로서 모든 목회자들이 해야만 하는 목회사역의 한 분야로서 Generalists로서의 목회자들이 주로 성도들을 대상으로 하는 단기적이며 보편적인 상담을 지칭한다. 또 다른 하나는 '전문적인' 목회상담으로서 신학적인 훈련과 아울러 심리학의 이론적 배경을 이해하며 실제적으로 임상훈련을 거친 Specialists로서의 목회자들이 '전문적인 사역'(Professional ministry)으로서 한 인간 또는 가정을 대상으로 상담하는 것이다. Dictionary of Pastoral Care and Counseling은 다음과 같이 "Pastoral care"의 의미를 설명하고 있다. "현재 미국에서 사용할 때 Pastoral care라는 용어는 넓고 포괄적인 의미에서 인간들과 대인관계들을 지지하며 양육하는 것과 관련된 모든 목회적인 활동을 지칭하는데 이것은 다양한 목회적 활동과 관계들 속에서 일어날 수 있는 돌봄과 관심의 일상적 표현들을 포함하는 것이다".[42] 왜냐하면 목회자의 역할이 단순히 전문상담자의 역할만을 요구하는 것이 아니며 또한 상담사역을 하나의 은사적 개념 즉 모든 목회자가 전문상담자로 부름 받지는 않았기 때문이

40) cf. 신학지남 1994년 가을. 겨울호, 이관직, *무엇이 목회상담을 목회적인 것으로 만드는가?*

41) "목회적 돌봄"이라고 번역할 수 있는 "Pastoral care"라는 용어는 미국에서 널리 사용되고 있으며 "Pastoral counseling"을 포함하는 보다 넓은 영역의 신학의 한 분야이다. "목회상담"이 전문화되기 이전에는 종종 "Pastoral care"라는 용어와 "Pastoral counseling"이라는 용어를 혼용하기도 하였다.

42) R. J. Hunter, *Pastoral Care and Counseling* (Comparative Terminology), *in Dictionary of Pastoral Care and Counseling*, Rodney J. Hunter, ed.(Nashville: Abingdon Press, 1990), 845.

다. 목회상담은 학문간(Interdisciplinary)의 통합적 노력을 계속해야 하고 어느 편에 더 중점을 두느냐에 따라서 다양한 입장이 있기 때문에 그 정의도 간단하지는 않다.[43)]

또한 데이빗 G. 베너는 말하기를 목회상담은 고통당하는 사람들에게 하나님의 은혜와 신실하신 임재를 인식하게 함으로써 위로를 얻게 하여 주고 이러한 인식 가운데서 더욱 풍성한 삶을 누릴 수 있도록 계획된 시간 속에서 이루어지는 관계 확립이라고 정의하였다. 즉 목회상담은 고통에 처한 사람을 상처, 투쟁, 걱정 등으로부터 위대한 상담자이신 하나님과 역동적인 치유의 접촉을 갖게 하는 것이며 이것은 목회자인 상담자가 할 수 있는 가장 중요한 일이다. 하나님과 직접적이고 역동적인 접촉을 갖도록 도와주는 일이라면 상담에서 목회자가 제공하는 도움은 문제의 특성에 대한 정교한 공식이나 숙달된 상담 기술, 대화 요령 등과 같이 상담자의 능력의 정도에 의해 크게 좌우되는 것이 아니다. 오히려 내담자와 하나님과의 사이에서 중재자로서의 역할을 훌륭하게 하고 있느냐의 문제가 중요한 관건이 된다.[44)]

이런 관점에서 필자는 목회상담이란 "목회자와 내담자의 목회적 돌봄의 관계에서 영적이며 정신적이며 육체적인 모든 관계적인 문제들을 성령의 은사와 인도하심을 따라 성경에 계시하신 바와 같이 하나님의 뜻과 완전한 조화를 이루어 가는 과정"이라고 하겠다.

2. 목회상담의 목적

던컨 부캐넌(Duncan Buchanan)은 "상담의 유일한 목표는 오직 내담자로 하여금 그 자신을 발견하고 예수를 바라보도록 함으로써 치유하시는 그리스도의 임재를 체험하도록 하는 것과 동시에 그 과정에서 구원에 이르는 첫걸음을 내딛도록 도와주는 것이다"라고 하였다. 그는 또한 상담자의 역할은 세례요한의 역할과 같다고 설명하면서 "나의 말한바 나는 그리스도가 아니요, 그의 앞에 보내심을 받은 자라고 한 것을 증거할 자는 너희니라. 신부를 취하는 자는 신랑이나 서서 신랑의 음성을 듣는 친구가 크게 기뻐하나니 나는 이러한 기쁨이 충만하였노라. 그는 흥하여야 하겠고 나는 쇠하여야 하리라(요 3:28-30)"는 입장에서 상담을 이루어 나가야 한다고 하였다.[45)] (Ibid., p. 156.) 즉 내담자가 예수 그리스도의 말씀을 통하여 반응함으로써 영생을 얻도록 하여 하나님 한 분만을 신뢰하는 참된 관계를 세우도록 하라는 것이다.

---

43) *Ibid.*
44) *Ibid.*, 45-47.
45) Duncan Buchanan, 천정웅 역, 「*예수의 상담과 실제*」(서울: 아가페출판사, 1998), 179.

따라서 목회상담의 목적은 영적인 성장을 돕는 것이며 이를 통해 사람들이 하나님과의 관계 속에서 자신의 문제와 삶을 이해하도록 도우므로 계속적인 관계를 지속하면서 더욱 충만한 신앙생활을 하도록 도와주는 역할이 포함된다. 상담을 실시하기 전에 목회자는 영적인 성장이 모든 전인성(Wholeness)의 밑바탕이 됨과 동시에 다른 국면의 전인성과도 관계가 있다는 것을 전제해 두어야 한다. 목회상담의 주안점이 영적인 성장을 도모하는 데 있다는 말은 상담에서 이것만이 유일한 관심사가 되거나, 영적인 것과 관계있는 문제들만 중요시한다는 뜻이 아니다. 삶 자체가 신앙적이거나 영적인 것이므로 영적인 요소는 모든 문제들에 함축되어 있다. 더욱이 영적인 문제들은 매일의 생활에서 겪는 경험과 갈등 속에서 가장 뚜렷하게 드러나게 마련이며 이러한 일상적인 일들이야말로 상담에서 일반적으로 논의되는 주제들이다. 이러한 영적인 초점을 맞추기 위해서는 목회자의 기술이 중요하다. 특수한 경험이나 문제들에 대해서 먼저 영적인 의미를 찾아내야 하며 내담자에게 친절하게 확인시켜 주어야 한다. 이를 위해 상담자로서의 목회자는 진정한 상담자이신 성령을 분명히 인식하고 있어야 한다(Oates, 1962). 치유란 능숙한 상담 기술이나 생활 자체를 통해 이루어지는 것이 아니라 우리의 삶의 중심에 거하시고 바람직한 변화와 성장의 근원이 되시는 하나님께로 말미암는다는 사실을 알고 있는 목회자라도 항상 성령을 의지해야 한다는 사실을 인지하고 있어야 한다(Brister, 1964).[46]

3. 목회상담의 과제

1) 목회상담의 한계점

목회상담이 일반상담의 형태와 관계가 있으면서도 이들과는 확연히 구분되는 독특성과 한계점을 동시에 보여준다.[47] 주된 점은 목회자가 신학적으로 훈련되어 있으며 영적인 분별력, 신앙적 요소의 활용, 목회자로서의 신뢰감, 성도들의 다양한 생활들을 참고하여 적용할 수 있는 기회, 상담의 관계를 형성하는 데 있어서 주도권을 가질 수 있는 기회, 비용에 구애받지 않고 상담을 할 수 있다는 점이다. 그러나 목회상담에도 한계도 있다. 그중 한 가지가 시간의 제약

---

46) *Ibid.*, 40-41.

47) 상담은 일반적으로 인격성장과 인격 개발을 촉진시키고 인간을 불행하게 만드는 여러 가지 정신적인 장애와 부적응의 행동과 습관화된 부정적인 행동과 삶의 스타일, 사고방식들을 고치도록 도와주며 삶의 상실과 좌절에 빠져 고통당하는 사람들을 지탱시키고 그들에게 지혜를 제공하며 삶의 고난을 극복하려는 데 있다.(Cf. 오성춘, op. *cit.*, 166)

이다. 상담을 필요로 하는 성도들을 모두 만날 수 있는 목회자는 거의 없다. 돌봄과 상담을 주된 임무로 맡고 있는 목사라 할지라도 그들의 시간은 짧을 수밖에 없으며 다른 일들에 대한 부담 때문에 위기에 처한 사람들만 만날 수 있을 것이다. 이 때문에 목회상담이 가지는 신속한 전개와 예방 위주의 상담의 장점이 제대로 발휘되지 못한다는 점이다. 그러나 모든 목회자들이 공감하듯이 사역의 요구는 끊임없는 압박으로 다가오고 있으며 상담에 관한 시간을 제한하고 대부분의 상담이 짧은 대화로 끝나게 된다. 두 번째 한계는 목회자들이 일반적으로 교육받는 상담학 과정과 관련이 있다. 일부 목회상담의 모델은 인성(Personality)과 심리치료의 이론에 대한 상당한 지식을 전제한 것이므로 단기 과정의 심리학이나 상담학을 이수한 목회자들이 제대로 활용할 수 있을지 의문이 생기기도 한다. 대부분의 목회자들은 인성에 대한 이론이나 치료심리학(Psychotherapeutic psychology)에 대한 배경적인 지식을 갖추지 못하고 있기 때문에 충분한 심리치료를 수행할 수 없다. 뿐만 아니라 심리 진단(Psychodiagnostics)이나 정신병리학(Psychopathology)에 대한 사전 교육도 받지 못하였으므로 극심한 고통을 당하는 사람들에게는 전반적인 치료를 제공할 수 없다. 그러므로 상담자는 자신의 능력의 한계를 인식하여야 하며 상담 중에 이러한 한계에 부딪힐 경우에는 이것을 기꺼이 말해 줄 수 있어야 한다. 그러나 목회상담이 다른 의학적, 심리학적 치료의 대용으로 사용되어서는 안 된다. 이러한 요법들은 나름대로 필요한 것이며 목회상담 역시 나름대로 도움이 되는 뚜렷한 가치를 제공해 주는 요소이기 때문이다. 세 번째 한계는 목회자가 여러 가지 다른 역할과 모습으로 성도들에게 다가가는 가운데 발생하는 갈등과 관계의 문제이다. 전문상담자와는 달리 목회상담자는 사무실 밖에 줄을 서서 기다리고 있는 내담자들과의 만남을 제한할 정도의 여유를 부릴 만한 상황에 있지 않다. 심리치료가들이 이처럼 접촉을 제한하는 이유는 이것이 치료를 복잡하게 만들고 때로는 장해 요인으로 작용하기 때문이다. 심리치료에서는 상담자와 내담자의 만남을 이러한 규정에 따라 진행함으로써 치료의 목적을 쉽게 달성하도록 하는 것이다. 여기에서의 관계는 사회적 관계나, 사업상의 관계, 가족 관계와는 성격이 다르다. 어쨌든 목회상담자들은 상담을 위해 찾아 온 사람들과 다양한 역할들 속에서 일정한 관계를 맺고 있는 입장이기 때문에 장기간의 상담에서는 목회자와 내담자가 상담의 신뢰관계를 계속 유지하기가 어렵다. 네 번째 한계는 상담자가 상담 비용을 지불하지 않는다는 점에서 나타나는 문제이다. 물론 이 점은 재정적으로 어려운 사람들에게도 상담자가 쉽게 도움을 줄 수 있다는 장점도 있지만 비용을 받지 않기 때문에 성도들은 상담의 시간에 대한 애착심이나 책임감이 상대적으로 적다는 것이다. 또한 성도들이 부담 없이 상담에 임하기 때문에 비능률적인 방법으로 상담에 참여할 가능성이 커지고 결과적으로 목회자의 시간만 허비하는 경우가 많아진다. 이처럼 흔히 비용이 없이 진행되는 대부분의 목회상담은 장점과 동시에 약점을 가지고 있다. 이러한 사항들을 고려해 볼 때 목회상담은 간결하고도 명확한 초점을 제시함으로써 최적의 임무 수행을 하는 것 같다. 시간적으로 제한을 받는 대부분의 목회자들이 장기간 동안 진지한 치료를 진행한다는 것은 권장할 만한 방법이 아닐뿐더러 목회자들은 이와 같은 상담을 적절하고 생산적으로 수행해 낼만큼 충분한 훈련이나 심리학적 배경 지식을 가지고 있지도 못하다. 또한 단기간의 상담은 성격상 주로 장기간의 상담관계에서 자주 나타나는 복잡한 문제에로의 전이현상(Transference complications)을 어느 정도 피할 수 있게 해준다. 목회상담이 간결성을 갖추기 위해서는 상담의 주목적인 영적 성장과 관련한 사항에 고도로 초점이 맞추어져야 한다.

2) 목회상담학과 신학의 관계성

개혁주의 신학적 전통을 견지하는 목회상담학은 하나님 중심, 교회 중심, 그리고 성경 중심의 사상을 그 학문의 기초로서 삼는다. 그것은 인본주의적 상담학과 대조적으로 신본주의적 상담학이 되어야 한다. 하나님이 친히 상담의 과정에 임재하시고 역사하심을 고백하며 인정하는 토대 위에서 상담이 진행될 때 상담은 목회적인 상담이 될 수 있다. 하나님은 자신을 상담자(the Counselor)로서 계시하시고 자신의 백성들을 친히 위로하시고 격려하시고 인도하시며 싸매시며 치료하시며 화해하시는 분으로 계시하셨다. 또한 개혁주의 목회상담학은 목회상담 활동이 교회의(of the Church), 교회를 위한(for the Church), 교회에 의한(by the Church) 교회중심적인 상담학이 되어야 한다. 왜냐하면 목회상담은 교회가 감당해야 할 중요한 사역 가운데 하나이기 때문이다. 목회상담학은 교회와 연관성을 맺고 있는 실천적인 학문으로서 유기적인 교회공동체를 세워 가는 데 도움을 주는 학문이 되어야 한다. 그리고 목회상담학의 연구 과정과 목회상담의 적용 과정에 있어서 하나님의 영감으로 기록된 정확무오한 특별계시로서 "교훈과 책망과 바르게 함과 의로 교육하기에 유익한" 것(딤후 3: 16 참조)으로서 상담과정에 있어서 성경의 권위를 높일 때 개혁주의 신학의 정신에 입각한 목회상담학이 될 수 있다. 목회상담자는 일반 상담사와는 구별되게 신학교육이라는 독특한 교육경험과 자질을 소유한 자들이다. 뿐만 아니라 목회상담은 내담자가 갈등하는 문제점과 그에 대한 해결책을 신학적인 틀을 통하여 바라볼 수 있는 안목을 갖추고 있어야 한다. 성경말씀에 대한 깊은 이해 없이는 올바른 인간 이해를 할 수 없고 삶의 다양한 어려움에 처한 내담자들에게 성경말씀을 분별력 있게 소개하며 적용할 수 없기 때문이다.

3) 목회상담과 주변 학문의 관계

개혁주의 신학은 특별계시에 대한 강조와 아울러 일반계시 혹은 일반은총에 대하여도 무시하지 않는다. 하나님의 주권과 통치를 강조하는 개혁주의 신학의 '하나님의 나라' 사상은 일반 세속 문화에 대해서 방어적이며 수구적인 태도보다는 변혁적이며 적극적인 자세를 갖고 있다. 비록 타락한 세상이지만 그 세상은 여전히 하나님의 구속을 탄식하며 기다리는 곳이다(롬 8: 21-24 참조). 하나님은 악인과 선인에게 햇빛과 비를 골고루 주시는 은총을 베푸신다(마 5: 45 참조). 다른 신학의 분야들과 마찬가지로 개혁주의 신학에 바탕을 둔 목회상담학은 주변 학문들을 성경말씀의 빛 속에서 비평하면서도 그것이 갖고 있는 장점들과 통찰력들을 무시하지 않고 활용한다. 목회상담학은 주변 학문들 중에서도 심리학과 정신의학과 밀접한 관계를 갖고 있는데 그것들이 한계점과 약점을 갖고 있다고 해서 통째로 무시하고 배격하지 않는다. 크리스천 심리학자 로렌스 크랩은 기독교상담과 심리학과의 관계를 설명하면서 이스라엘 백성들이 출애굽 할 때 애굽인들로부터 금, 은, 패물을 탈취한 것으로써 광야에서 성막을 짓는 데 사용했음을 예로 들었다. 즉 비록 세속문화를 상징하는 애굽인들의 물자였지만 불 속에서 제련된 후에 그 물질로서 하나님의 성막을 짓는 재료로 사용했던 것처럼 세속적인 심리학이라고 할지라도 성경말씀의 권위 아래에서 걸러내어질 때 하나님의 나라의 백성들을 돕는 데 유용하게 사용할 수 있다는 것이다. 아울러 그 재료로써 금송아지 우상도 만들었음을 명심할 필요가 있다. 하나님의 나라의 틀 속에서 세상 학문을 어떻게 적용할 수 있을지를 깊이 생각하지 않으면 안 된다. 목회상담학은 심리학과 정신의학과 밀접한 관계를 맺고 있으면서도 그것들의 한계점들을 뛰어넘어 하나님의 존재와 초자연성과 신비의 영역을 인정한다. 따라서 유물론적이며 진화론적이며 결정론적이며 환원주의적인 그 어떤 심리학의 접근도 하나님이 창조하신 인간의 공통적이면서도 독특하며 다양한 인간성을 이해하는 데 매우 제한적인 것이라고 비평한다. 개혁주의적인 목회상담학은 한 이론을 우상화하거나 절대화하지 않고 인간의 전인적인 면을 고려하면서 현재의 인간 이해 이론들의 한계를 겸손히 인정하면서 적용해가며 계속 연구해 가는 자세를 요구한다.

4) 목회상담학의 방법론

개혁주의적 목회상담학은 하나님의 피조물로 지음받은 인간이 범한 죄의 심각성을 주장한다. 하나님과의 관계가 단절됨으로써 인간은 하나님으로부터 소외되었고 인간과 인간 사이에 그리고 인간과 자연 사이에도 소외와 반목이 생기게 되었으며 여러 형태의 병리적인 모습들을 드러내어 왔다. 이 같은 모습들로부터의 궁극적인 회복과 구원은 예수 그리스도를 통해서만 일어날 수 있다. 목회상담학은 일반상담학과 심리학, 그리고 정신의학의 이론적이며 실제적인 접근으로부터 도움을 받기도 한다. 각각의 이론들이 갖고 있는 장점들과 단점들을 정확하게 평가하고 분별할 수 있는 능력을 갖출 수 있을 만큼 이론적으로 섭렵하는 것이 필요하다. 단편적으로 아는 것으로 마치 전체를 다 알고 있는 것처럼 비평하는 것은 학문적인 태도가 아니라고 할 수 있다. 더 나아가 목회상담학은 학문의 성격상 이론적일 뿐만 아니라 매우 실제적이다. 따라서 예비 목회상담자에게 임상적인 목회상담 훈련을 제공함으로써 이론과 실제가 접목되는 효과적인 목회상담을 제공할 수 있을 것이다. 임상적인 목회상담 훈련이 문제점이 없는 것은 아니지만 심리학과 사회학의 발전이 가져온 적극적인 결과들을 목회의 실제적인 문제에 적용하여 급변하는 시대 상황에 부응하고 인간의 내면적 문제들을 해결함에 있어 일반 심리학적인 배경이 아닌 성경적 원리에 따른 상담교육의 구체화를 위해 필요하다. 예비 목회상담자는 물론 기존 목회상담자들에게도 이론적인 교육과 더불어 임상적인 교육을 제공하는 병원이나 상담센터와의 연계성을 확보하는 것도 해결해 가야 할 과제라고 생각한다.

제2장

성령과 목회상담

제2장 성령과 목회상담

Ⅰ. 성령의 사역으로서의 목회상담

하나님의 성자, 예수 그리스도께서 성령의 인격으로 지금도 그의 교회 안에 불가시적으로 거하시며 교회의 머리가 되신다. 예수님께서는 제자들을 떠나시기 전에 아버지께서 그들에게 또 다른 보혜사(Counselor)를 보내시리라고 확증하셨다. 요한복음에서 보혜사(Comforter) 즉 '파라클레토스'*(Parakletos)*를 변호자(Advocate) 혹은 상담자(Counselor), 중재자(Intercessor)로 번역하고 있다.[1] 사도 요한은 보혜사(Counselor)를 성령 즉 진리의 영으로 동일시하였다(요 14:16,17))라고 확증하셨다. 그러므로 상담은 제3위이신 성령의 사역이다. 유능한 상담자는 성령을 떠나서는 상담을 할 수 없다. 성령은 그리스도가 그의 제자들에게 하셨던 것과 같은 종류의 다른 상담자로 오셔서 그리스도의 자리에 계시는 보혜사라고 명명되는 분이다. 구원받지 못한 상담자들은 성령을 알지 못하기 때문에 성령의 상담 활동에 대해서 무지하여 성령의 지시와 성령의 능력을 경험하지 못한다. 크리스천에게 있어서 상담이란 성령의 중생케 하시는 사역과 성화시키시는 사역의 조화 속에서 이루어져야 하는 것이다. 성령은 성령의 본성과 사역으로 인하여 거룩히 여김을 받으신다. 모든 거룩함은 인간의 삶 속에 역사하시는 성령의 활동으로부터 나온다. 퍼스낼러티(Personality)의 모든 것은 내담자들에게 성령의 '열매' 즉 사역의 결과라고 말씀하신 사랑과 희락과 화평과 오래 참음과 자비와 양선과 충성과 온유와 절제를 성장을 위한 근본적인 목표라고 제시해야만 하는 특징을 가지고 있다. 불신자와 심지어는 크리스천 상담자들까지도 성령을 떠나서 상담을 하려고 노력하는데 이러한 시도는 무익할 뿐만 아니라 사실상 이런 방법은 근본적으로 인간의 자율성에다 기초를 두는 것으로 결국은 하나님께 반항하는 것이다. 성령을 무시하는 것은 인간의 부패를 부정하는 것이며 인간의 선천적인 선함을 긍정하는 것이다. 은혜와 그리스도의 구원 사역의 필요성을 제거해 버린다면 내담자에게는 성령의 능력과 생명의 힘을 던져 버리는 것이 되기 때문에 궁극적으로는 절망으로 인도하는 율법적인 의(義)라는 껍질만 남게 된다. 성령은 믿는 자의 성화(Sanctification)를 포함한 모든 참된 퍼스낼러티(Personality)의 변화를 가져오게 하는 근원이다.

---

1) Walter W. *Wessel in Baker's Dictionary of Practical Theology* (Grand Rapids: Baker Book House, 1960), 30.

성령은 또한 진실로 멸망할 수밖에 없는 죄인에게 생명을 주시는 분이다. 성령은 은혜라는 방법을 통해서 믿는 자들의 삶에 그의 특수한 사역으로 영향을 준다. 성령은 그러한 변화를 가져오게 하는 원리적인 전달 수단으로써 하나님의 말씀으로 봉사하는 것과 성찬식과 기도 그리고 하나님의 백성들과 교제 등을 사용하신다. 은혜라는 방편이 제거된 상담에서 오직 은혜 안에서만 성장이 가능한 영구적인 변화를 어떻게 기대할 수 있는가?[2)]

1. 주권적 성령에 의한 상담사역

성령은 힘이나 법이 아니라 인격이시다. 성령은 성경에 계시하신 바와 같이 항상 그의 뜻을 따라서 그의 뜻과 완전히 조화를 이루게 사역하시는 반면에 그의 사역을 하시기 위하여 때와 수반과 기회를 선택하신다. 성령은 그의 사역을 하시기 위해서 그가 기뻐하시는 때와 장소와 방법을 선택하신다. 성령은 우리와 함께 하시는 하나님이시다. 상담자와 내담자는 모두 똑같이 성령의 주권을 존중해야 한다. 상담자는 상담을 어떻게 하느냐 하는 상담방법에 관계없이 성령이 어떻게 역사하시는가를 기대하면서 상담을 한다면 상담의 방법으로 인해서 연약해질 수는 없는 것이다.

성령은 주로 상담자에게 주신 은사의 적절한 활동과 함께 역사하신다. 이것은 성령이 교회에서 봉사하는 은사들을 주심으로 분명히 나타내신 바와 같이 인간을 통해서 역사하시는 방법을 선택하셨기 때문이다. 성령은 사용하지 않을 은사를 어리석게 주시지는 않는다. 그러므로 상담에서 인간을 사용하시는 사실이 성령의 사역을 무시하시는 것은 아니다. 이와는 반대로 성령이 인간을 사용하시는 것은 성령이 역사하시는 원리적이고 통상적인 수단이다. 그러나 갈라디아서 3장에서 바울이 말한 바와 같이 성령의 능력을 인정하지 않거나 성령의 능력에 인도함을 받지 않는 인간 활동은 반항적으로 성령을 속이는 것이며 오직 성령을 통해서만 가져 올 수 있는 가장 효과적인 능력을 상실하는 것이다.[3)]

---

2) Jay E. Adams, *Competent Counseling*, 『*목회상담학*』, 정정숙 역 (서울: 총신대학출판사, 1981), 95-100.

3) *Ibid.*

2. 성령의 인도에 의한 상담사역

크리스천 상담자는 성령과 내담자에 대한 비통한 범죄행위를 행하지 않을지라도 성령을 떠나서는 상담을 수행할 수가 없다. 성령께서는 사도들에게 예수 그리스도의 말씀과 역사를 한 치의 오류도 없이 기억하는 능력을 부여하시고 또한 그들로 하여금 틀림없는 계시 형태로 동일한 말씀의 역사를 재현하도록 도우시면서 사도들을 독특하게 권면하시면서 상담하셨다. 지금도 성령께서는 그리스도의 지체들 가운데서 선포되고 읽혀지고 설명되고 적용된 기록된 계시를 사용하심으로 그분의 상담을 수행하신다. 세상은 여러 얽힌 관계에서 많은 기회와 선택할 것을 제시하고 있다. 사람들은 어떻게 결정할지를 몰라서 인도받기를 원한다. 성령의 인도는 성경의 교훈과 섭리적 지도로 나눌 수 있다.[4)]

1) 성령에 의한 인도

첫째, 성령은 하나님의 말씀을 통하여 당면한 도덕적 문제에서 인도하신다.

성령은 성도에게 그의 생활에서 하나님의 뜻을 가르치시는 인도자이다(요16:13,14:26, 롬8:14). 그런데 성령은 그분의 영감으로 기록되어 정확무오한 하나님의 말씀인 성경에 의해서 여러 경우에서 어떠한 길을 택해야 할 것을 우리에게 알려주신다. 성경은 우리를 향한 교훈으로 가득하여 많은 경우에 어떻게 해야 할 것을 분명히 가르친다(딤후3:16-17). 그러므로 우리가 성령의 인도를 찾으려면 성령의 조명에 의해 성경의 넓이와 길이를 철저히 알아야 한다. 이리하여 성경은 우리 생활의 모든 도덕적 결정에 대하여 충족한 인도자가 된다.

둘째, 옳고 그른 문제가 아닌 선한 일의 양자 가택의 경우를 인도하신다.

때로는 옳고 그른 문제가 아닌 두 가지 선한 것에서 하나를 선택해야 하는 양자 가택(Adiaphora)[5)]의 경우가 있다. 이 경우에 우리가 해야 할 세 가지가 있는데 선택의 대상을 둘러싼 모든 요소들을 조사하는 데 우리의 전 기능을 동원할 것, 동시에 선한 결정을 하도록 성

---

4) 박형룡, *교의신학: 구원론* (서울: 한국기독교교육연구원, 1977), 63-68.

5) 성경에는 인간의 모든 행위에 대하여 구체적으로 자세하게 언급되지 않은 부분도 있다. 이로 인하여 어떤 행위에 대해서 '무엇이 잘못인가?'라는 논쟁을 가져오게 되는데 이것을 가리켜 '아디아포라 논쟁'이라고 한다. '아디아포라'는 헬라어 '아디아폴론'의 복수형으로 '대수롭지 않은 것들'이라는 의미를 가지고 있으며 기독교에서 이 용어는 '성경에서 명하지도 금하지도 않은 행동들'을 일컫는 말로 사용된다. 즉 '아디아포라'란 본질적으로 선악과 관련되지 않은 것으로 성도 각 개인이 자신의 판단과 양심의 자유에 따라 행하는 문제들을 가리킨다.

령께서 우리의 이상과 판단과 상식의 힘을 강건케 하여 주시기를 기도할 것, 우리가 실제로 최선의 방향으로 움직이도록 하나님께서 모든 생의 환경들을 통제하셔서 협력하여 선을 이루게 하시기를 기도하는 것이다.

그러나 하나님의 섭리적 지로에 관한 그릇된 견해들을 가진 자들이 많다. 첫째는 현재 일의 오해이다. 어떤 성도들은 섭리상의 사건들을 정확히 관찰함으로 하나님이 그들의 미래에 기대하시는 일들을 결정할 수 있다고 주장한다. 우리가 택해야 할 행동의 진로를 지시하기 위하여 하나님께서 징조를 주신다는 증거는 성경에 없다. 둘째는 과거 일에 오해이다. 우리는 과거의 섭리의 사건에 기초하여 하나님이 우리에게 과거에 무엇하기를 원하셨다고 잘라 말할 수 없다. 지나간 일이 실패인지 행복인지는 하나님이 말씀하지 않으신 것이니 우리가 판단을 내리기 어렵다. 우리의 소원대로 된 일을 들어 그런 사건들은 우리의 선택에 하나님이 호의를 보여 주시는 증거라고 강하게 주장하는 것도 모험이다. 성경이 역사의 의미를 지시하지 않는 한 하나님의 전반적인 경영의 한 부분을 따서 거기 기초하여 하나님의 인도를 안다고 지시하는 것은 독단이요 주관적인 일일 것이다.[6]

2) 섭리적 지로

전능하신 창조주 하나님께서 세계 만사 즉 역사의 대사건, 국가의 흥망, 대전쟁, 과학 예술의 발달, 정치적 지도자들의 선택 등에 하나님이 지도하실 뿐만 아니라 우리에게 사소하게 보이는 일들도 친히 지도하신다. 그러므로 인생으로서 하나님의 섭리적 사건들의 의의를 이해하여 자기 생활에 적용하는 것은 극히 어려운 일이기도 하다. 우리가 성령의 인도를 받는 데 지켜야 할 법칙이 있다.[7]

첫째, 성령의 유일 인도서인 성경을 깊이 읽고 밝히 알아 거기 가득 차 있는 교훈들을 우리의 모든 선택의 표준으로 삼는 것이다.

둘째, 우리가 죄로 어두워 있으니 성령에 의해서 점점 더 조명을 받아 거룩해지도록 계속하여 기도하는 것이다.

셋째, 하나님이 우리에게 주신 모든 능력을 최대한도로 사용하여 모든 문제와 모든 자료를 이해하면서 사리 판단을 해야 한다(cf. Edwin H. Palmer, The Holy Spirit, Ch. 9.)

그러므로 성령은 상담자가 그의 말씀 즉 성경을 사용하는 것을 기대하신다. 우리는 성령의

---

6) *Ibid.*, 67-68.
7) *Ibid.*

이러한 목적을 위해서 주신 말씀과 그 목적을 위해서 사용했을 때 능력이 있다는 말씀을 성경에서 찾을 수 있다(딤후3:16,17). 성령에 의한 상담사역(Counseling work)은 하나님의 말씀의 봉사를 통하여 이루어진다. 성령의 인도하심을 받는 것(갈 5:18)은 성경을 떠난 인도하심이 아니라 성령에 의하여 인도하심을 받는가는 의미이다. 인도함을 받는다는 말은 내적 감정이나 육감이라는 말이 아니라 비전이나 특별한 성경적 계시(extra- biblical revelation)를 의미하는 것이다. 이것은 성령이 죄인들을 구원하시는 원리적인 도구로 성경을 사용하고 있기 때문이며 상담도 성경을 사용하지 않고서는 효과적일 수 없기 때문이다. 그러므로 상담에서 성령의 사역은 마찬가지로 성경의 현존을 내포하고 있다. 이러한 근본적인 관계는 상담상황(Counseling situation)을 통하여 주의 깊게 생각하는 크리스천을 위해서는 결정적인 관계이다.[8] 성경을 떠난 상담은 성령을 인도하심을 거역하는 상담이라고 할 수 있다. 그러므로 특히 목회상담에 있어서 성령의 인도하심을 무시하거나 혹은 성경의 사용을 회피하는 것은 자율적인 반역행위와 동등한 범죄행위이다.

3) 성령의 공작

성경에 의하면 성령의 공작은 만사만물에 넓게 진행하여 자연과 인생의 세속계와 타락한 인류를 죄에서 건져내는 구속계(救贖界)를 아울러 포괄한다. 그 가운데 자연 인생계에게 하나님의 영은 생명, 능력, 도덕의 공작자로 제시되었다. 특히 비상한 강력, 지력, 기술, 재능이 모두 성령의 부여하신 것으로 제시되었다. 사사들의 비상한 강용, 지인들의 탁월한 통찰력, 성막, 성의의 공인들의 빼어나는 기술, 위정자들의 출중한 정치적 재능이 모두 성령의 권능에 의지하였다.

또한 성령은 자연계에서 유기적 지능적 모든 생활에 각종 능력을 공급하실 뿐만 아니라 인간사회의 도덕적 질서의 유지에 사역하신다. 성령의 사역은 개인들과 사회생활에 죄의 파괴적 세력을 억제하고 사람들로 하여금 능히 공공생활에 일정한 질서와 예의를 유지하며 상호관계에 외면적으로 선하고 바른 것을 행하게 하며 그들이 천성적으로 타고난 도덕적 재능들을 발전하게 한다(창6:3).[9] 이러한 제3위의 사역의 공작에 의해 상담은 성령의 사역임이 자명한 일이다. 셋째는 어떤 이들은 하나님의 인도를 환경으로 찾을 뿐만 아니라 성령으로 말미암은 직접 계시로도 찾는다. 우리의 마음을 작정하기 위하여 표적과 직접계시를 찾는 것은 비성경적일 뿐만 아

---

8) *Ibid.*
9) *Ibid.*, 46.

니라, 우리 자신의 욕망을 거룩하게 가장(假裝)하려는 것이며 성령의 인도하심을 예감, 충동, 인상으로 대신하려는 잘못된 처사이다.

Ⅱ. 목회상담과 성령의 사역

1. 상담의 주체

그러면 누구에 의해서 상담 상황이 구성되는가? 진정한 상담자는 누구여야 하는가? 이 질문에 대한 기독교적인 대답은 성경의 진정한 상담 상황은 상담자와 내담자의 쌍방관계가 아니라 상담자와 내담자 그리고 하나님 즉 제3위 성령과의 삼위일체적 관계이어야 한다. 예수 그리스도의 공생애 동안 "모사"(Counselor)라고 불릴 것이라는 이사야의 예언의 성취하심에 있어서 예수님께서 제자들을 인도하시고 명령하시고 꾸짖으시고 격려하시고 가르치셨다(슥 6:13 참조). 물론 예수님께서는 공생애 사역 가운데 많은 다른 개개인들과 상담하셨다. 예수님께서 제자들을 떠나시기 전에 예전에 행하셨던 것처럼 그들을 가르치고 인도하시기 위해서 그들과 함께 거할 주님 자신과 같은 '또 다른 보혜사(Counselor)…… 진리의 영'(요14: 16,17)을 보내시리라 확증하셨다.[10)] 보혜사(Comforter)라는 번역은 위클리프(Wycliffe)에게서 기인한다. 그러나 요한복음서에서 '파라클레토스'*(Parakletos)*를 변호자(Advocate) 혹은 상담자(Counselor), 중재자(Intercessor)로 번역하고 있다. 사도 요한은 이 상담자(Counselor)를 성령 즉 진리의 영으로 동일시하였다(요14:16,17 참조). 상담자로서의 성령은 가르치심과 진리 가운데로 인도하심에 의해서 상담과 관계하시기 때문에 그는 특별히 진리의 영으로 명명되신다(요14:17, 16:13 참조) 성령에 의한 예수님의 상담의 역사는 모든 기독교상담을 위한 규범이 된다.

1) 성령은 '재창조의 영'(Spirit of Recreation)이시다.

구약성경의 시편104:30에서 "주의 영을 보내어 저희를 창조하사 지면을 새롭게 하셨나이다" 성령께서는 창조의 사역에 참여하셨다는 증거이다. 또한 성령께서는 재창조의 역사를 하고 계

10) 요한은 그리스도를 유일자(the Unique One), 기묘자(Wonderful Counselor, Isaiah 9: 6, NASB) 독생자(only begotten: *monogenes*라는 어휘는 독생자라기보다는 그 종류의 유일자-only one of its kind)를 의미한다.

신다(요3:1-8). 천지만물을 창조하실 때, 하나님의 형상으로 인간을 창조하실 때, 그리고 죄인을 중생시키는 재창조의 사역을 하실 때에는 성부 하나님은 밖에서 역사하시고 성령 하나님은 내부에서 역사하신다.11)

성령의 역사는 하나님의 백성들의 인격을 변화시키는 능력과 힘이라고 성경은 말씀하신다. 성령의 역사가 나타나는 곳마다 사람들은 변화되었다. 성경은 "우리 주 예수 그리스도의 은혜와 지식 안에서 자라가라"고 말씀하신다. 정적인 사람과 정적인 결정과 정적인 인격은 성경적인 새로운 생명과 모순된다. 생명이 있는 곳에는 성장이 있으며 성장은 변화를 의미한다. 또 성장은 성숙을 의미한다. 크리스천은 더욱 그리스도를 닮기 위해서 변화해야만 한다. 성장은 그리스도의 장성한 분량이 충만한 데까지 이르도록 성장하는 것을 의미한다. 재창조의 영(Spirit of Recreation)으로서의 성령은 '성화의 영'(Spirit of sanctification)이시다. 성령께서 어느 곳에서 역사하시든지 간에 변화는 불가피하며 변화가 일어나는 곳에는 성화의 영이신 성령에 의한 거룩하게 하시는 역사가 일어나기 마련이다. 성령의 거룩하게 하시는 역사로 말미암아 비롯되는 하나님의 백성의 거룩함은 성령께서 하나님의 말씀을 통해서 역사하기 때문에 전적으로 성령께 기인되어야 한다. 성령의 열매는 바로 그와 같은 거룩함인데 그것은 성령의 역사의 결과이다. 만약 상담이 그 본질에 있어서 성화(Sanctification)의 역사의 한 측면이라면 중생한 성도를 거룩하게 하시는 으뜸가는 중요한 역사를 가지신 성령께서는(겔 36:25-27 참조) 상담 상황(Counseling context)에서 가장 중요한 구성원으로 간주되어야 한다. 분명히 성령께서는 진정한 상담자(Counselor)로 간주되어야 한다. 크리스천 상담자들은 성령과 내담자에 대한 범죄행위를 행하지 않을지라도 성령을 떠나서는 상담하거나 조언할 수 없다. 그 자체를 이러한 요소들로부터 분리시키는 어떤 상담 상황은 비록 그것이 기독교적인 것이라고 불릴 수 있거나 혹은 그의 기독교 신앙을 그의 상담 원리와 기술로부터 분리시키고자 했던 그 자신이 크리스천인 상담자에 의해서 구성될 수 있을지라도 분명히 비기독교적 상담 상황이다. 예수님께서 성령의 강림을 선포하셨을 때 제자들에게 너희는 내가 했던 일보다 더 큰 일을 행하도록 사명을 부여받을 것이라고 말씀하셨다. 예수님께서는 말씀하시기를 오직 그가 그들을 떠나시고 그리고 그분의 직무를 대신 수행하실 성령께서 강림하실 때에만이 이러한 보다 더 큰 일이 성취될 수 있다고 하셨다.

2) 성령은 '상담의 목적'을 수행하신다

일반상담에서는 과거에 초점을 맞추기도 하는데 과거에 초점을 맞출 경우에 변화를 가져오

11) 김성환, *칼빈주의 해설* (서울: 도서출판 엠마오, 1987), 114.

기가 어렵다. 왜냐하면 과거를 변화시킬 수 없기 때문이다. 실재로 과거는 더 이상 존재하지 않는다. 내담자가 변화를 해야 하는 것은 바로 현재의 그 자신이다. 과거는 현재에 성취해야만 하는 용서, 개선, 화해 그리고 다른 변화들에 의해서 오직 현재 가운데서 취급될 수 있다. 그러므로 기독교상담자의 의무는 내담자를 성령에 의해 회개로 나아가도록 돕는 것이다. 그것은 변화로의 부름이며 삶의 변화로 인도하는 마음의 변화이다. 진정한 회개 가운데서 성령께서는 항상 변화를 성취하신다.

성령께서 사도들에게 예수 그리스도의 말씀과 역사를 한 점의 오류도 없이 기록하는 능력을 부여하시고 또한 그들로 하여금 틀림없는 계시 형태로 동일한 말씀과 역사를 재현하도록 도우시면서 사도들을 독특하게 권면하시고 상담하셨다. 이러한 독특한 종류의 상담은 그것의 목적이 단번에 성취된 신약성경 정경의 완결과 더불어 끝났다. 그러나 주님의 교회의 지체들 가운데서 선포되고 읽혀지고 설명되고 적용된 이러한 기록된 계시의 사용하심을 통해서 성령께서는 오늘날 그분의 상담 역사를 수행하신다. 선택된 자를 중생시키고 그에게 신앙을 주시는 분은 성령이시며(고전 12: 3), 또한 성도로 하여금 성경에 계시된 하나님의 뜻을 이해하는 능력을 부여하시고(고전 2: 9-16), 그리고 그 뜻에 따라서 살도록 능력을 부여하시는 분도 성령이시다. 전 세계 선교의 두 가지 공동 목적은 복음화(Evangelism)와 건덕(Edification)의 역사를 의미하듯이(마28:19,20) 이 두 가지 목적(구원, 성화)들은 성경의 목적들로 선포된다(딤후 3:15,16). 모든 신실한 성도들은 중생 때에 성령세례 또는 기름부음을 받으며 그러므로 성령에 의한 상담의 혜택을 받는다(요일2:20,27).[12]

2. 상담의 수행

1) 상담자는 누구여야 하는가!

목회상담자에 있어서 상담자는 누구여야 하는가? 먼저 교회공동체에 속한 성도들을 대상으로 목회적 책임을 다해야 하는 특별한 소명으로서의 목회상담은 목회자에게 할당되기도 한다.[13] 하나님의 부르심에 의해 세워진 목사는 하나님의 양 떼들을 의의 길로 인도하고 그들을

---

12) Jay E. Adams, *The Christian Counselor's Manual*, (Phillipsburg, NJ: Presbyterian and Reformed Publishing Co., 1973), 27-31.

13) 일반적으로 목회사역은 치유(healing), 지탱(sustaining), 인도(guiding), 그리고 화해(reconciling) 등 네 가지의 사역을 말하여 목회상담은 목회사역의 한 분야라고 할 수 있다.

하나님의 입으로부터 나오는 모든 말씀으로 먹이는 목자이며 교사이어야 한다. 특히 피곤하고 상하고 굶주리고 방황에 지친 양 떼들이 우리에서 안전하게 거하게 되는 것은 설교와 상담의 방법을 통하여 수행하게 된다. 기독교상담자가 의지하는 자원들은 하나님의 말씀과 성령과 교회이다.

그러나 하나님의 부르심에 의해 세워진 목사처럼 모든 성도들도 각 사람을 권하고 모든 지혜로는 각 사람을 가르치는 사역에서 제외되지 않았다(골1:28 참조). 모든 성도들은 다른 사람 특히 믿음의 가정들에게 격려하고 돕는 사역자로 부름을 받았다. 모든 지교회의 성도들이 서로 상담을 수행하도록 즉 서로 사랑하고 서로 기도하며 서로 다른 사람의 짐을 지도록 도전하고 격려하며 돕는 것이 필요하다. 그리스도의 살아 있는 지체인 성도들이 서로 자신과 다른 사람에게 더욱 민감하게 하고 다른 지체가 당하는 고통을 치료하는 데 그리스도의 충족성을 효과적으로 적절하게 사용하도록 발전시켜야 한다.[14)]

특히 목사로 안수받은 목회상담자는 그 훈련과 전문성에 있어 기독교상담자들과 구별되는 특수성을 가지고 있다. 하나님의 말씀을 선포하는 설교 사역과 정규적 목회 실제가 예비한 예방적 사역을 행하는 기회를 가진다. 상담과 설교는 목사와 교사라는 두 명칭과 부합된다. 그러므로 주님의 교회를 사역하는 목사가 상담자요, 교사라고 말하는 것은 그가 교회에서 그러한 사명을 행하도록 소명 받음을 의미한다. 그것은 모든 기독교인의 입장에서 그의 특별한 은총과 소명에 부수적으로 일어나는 많은 가르침, 권면, 상담 등을 배제하지 않는다. 그러나 모든 성도들도 각 사람을 권하고 모든 지혜로 각 사람을 가르치는 역사에서 제외되지 않았다.[15)]

2) 상담자의 자질

저명한 기독교상담학자인 제이 E. 아담스는 그의 저서『Competent to Counselling』에서 기독교상담자의 자격을 세 가지로 요약하고 있다. 첫째, 하나님의 뜻에 대한 성경의 지식(롬15:14, 골3:16)을 가진 자여야 한다. 둘째, 타인들과의 관계에서 하나님의 지혜(골3:16)를 가진 자여야 한다. 셋째, 그리스도의 몸의 다른 지체들을 위한 선한 뜻과 관심을 가진 자여야 한다. 즉 광범위한 성경 지식, 신앙적인 지혜, 그리고 타인을 위한 선한 뜻으로 요약할 수 있다.[16)]

---

14) Lawrence J. Crabb, *Effective Biblical Counseling*, 「성경적 상담학」, 정정숙 역 (서울: 총신대학출판부, 1999), 15-16.
15) *Ibid.*, 34-38.
16) Jay E. Adams, *op. cit.*, 9-15.

제이 E. 아담스는 그의 저서 『Competent to Counselling』에서 위에서 언급한 상담자의 세 가지 기본 자격 이외에도 다음과 같은 점을 첨가하고자 한다. 즉 상담자는 신앙과 소망의 사람이어야 한다. 신앙의 사람으로서 상담자는 하나님의 약속들을 믿을 것이다. 성경에 보면 하나님께서는 그들의 죄를 회개하고 하나님의 계명에 따라 거하는 자들을 변화시키신다고 약속하신다. 신앙의 사람으로서의 목사는 또한 소망의 사람이어야 한다. 소망이 없이는 많은 내담자들이 필요로 하는 소망과 격려를 전달해 주지 못한다. 또한 상담자는 성경이 진리의 말씀이며 확신을 가지고 그 약속들을 다른 사람들에게 지시할 준비가 되어 있고 또한 지시할 수 있다는 사실을 확신해야 한다. 이것은 상담자의 상담 진행 방향은 단지 인간의 문제로가 아니라 하나님의 해결책으로 향할 것이라는 사실을 의미한다.[17)]

3) 상담자의 권위

성경적 상담에서는 신적인 권위를 소유한다. 안수받은 목사로서의 상담자는 그리스도께서 조직된 교회에 부여하신 상담을 위해서 권위를 행사한다(살전5:12,13). 모든 기독교인들은 서로 권면해야 한다는 점에서(골3:16, 롬15:14),그리스도께서 그들에게 부여하신 권위를 행사한다. 권위의 오용은 상담에 있어서뿐만 아니라 삶의 모든 측면에 있어서 수많은 문제들의 근원이기 때문에 성경적 권위의 기능과 한계들에 관한 어떤 사실을 이해하는 것이 중요하다. 여기서 성경은 두 가지 종류의 권위를 대조시킨다는 점을 주목해 보자. 그것은 하나님의 권위와 인간의 권위이다(행5:29). 하나님께서 교회와 가정, 그리고 국가에 권위를 부여하셨기 때문에 이러한 권위들이 서로 충돌과 모순 가운데 있었다고 생각해서는 안 된다. 하나님께서 부여하신 합법적인 권위를 그들 자신들의 권위에 입각해서 행동해서는 안 된다. 하나님의 권위를 행사하는 상담자들은 자신들의 권리를 위한 정사들이 아니라 비록 그들이 하나님께서 그들에게 부여하신 권위를 사용해야 할지라도 그들은 그 권위의 성경적 한계를 초과해서는 안 된다. 또한 그들은 그들의 권위에 의해서 하나님께서 국가나 가정에 부여하신 정당한 권위와 충돌해서도 안 된다. 불법적 행동을 권면하거나 혹은 부모들을 불명예스럽게 하라고 자녀들을 가르치는 상담자들은 하나님의 권위에 따라서 행동한다기보다는 하나님의 권위를 위반하는 것이다. 성경적 상담은 성경의 명령에 속하며 그 자체에 대한 법이 아니다. 하나님의 권위를 사용하는 것이 상담이다. 성경적 상담자들은 성경의 원리들에서 발생한다고 그들이 생각한 좋은 충고와

---

17) *Ibid.*, 41-42.

그 원리들 자체를 명백하게 구별하는 것을 배워야 한다.[18]

3. 상담의 대상

목회상담에 있어서 내담자에 대한 성경적 이해는 매우 중요하다. 상담자는 내담자를 바로 이해하여야 상담의 문제점을 바로 지적하며 상담과정을 통하여 하나님의 말씀과 성령의 역사하심으로 내담자의 변화를 초래할 수 있다. 내담자 이해가 바르게 되지 못하면 성경의 가르침보다 인본주의의 사고에 따라서 상담하는 일이 생기게 된다. 여기서 내담자의 인간 이해에 관하여 살펴보려고 한다.[19]

1) 하나님의 형상으로 지음받은 내담자

성경이 가르치는 인간은 '하나님의 형상으로 지음받은 인간'이라는 사실이다(창 1: 26). 첫 사람인 아담이 어떤 존재였는가라는 점을 살펴보면 인간의 본질적 모습이 어떠한지 알 수 있다. 타락 이전의 아담의 창조 모습에 대하여 아담스는 다음과 같이 규정하고 있다.

첫째는 물질적 존재로 창조된 인간이다. 성경은 아담이 '흙'으로 만들어졌다(창2:7)고 가르치고 있는데 이것은 인간의 물질적 성격을 말한다. 인간은 창조 시에 이 세상과 조화가 되며 연속성을 갖도록 창조되었다. 하나님께서는 물질적 존재인 인간을 창조하시고 '좋다'라고 말씀하셨다. 그러나 물질적 피조물이 인간의 범죄로 인하여 저주를 받게 되었다는 사실을 기억해야 한다. 인간에게 있어서 물질은 '열등한' 부분이고. 영적인 것은 '고등한' 부분이 아니다.

둘째는 영적 존재로 창조된 인간이다. 하나님이 흙으로 인간을 만드시고 코에 생기를 불어넣으니 생령이 되었다(창2:7)는 사실은 인간 창조의 독특성을 설명한다. 즉 인간은 물질적 존재이면서 또한 영적 존재라는 사실이다. 인간의 이러한 이중적 구조는 기독교상담학에서 매우 중요한 의미를 가진다. 이분설(Dichotomy)인가 삼분설(Trichotomy)인가라는 문제는 교의신학만의 문제가 아니라 상담학에서도 중요한 위치를 차지한다. 일부 기독교상담학자들이 삼분설을 주장하기도 하지만 성경이 강조하는 것은 심신 양면이 통합된 이분설이다(창2:7, 마10:28, 고전7:34, 고후7:1 등).

---

18) *Ibid.*, 44-45.

19) Jay E. Adams, *More Than Redemption*, 정정숙, 기독교상담학 (서울: 도서출판 베다니, 1994), 73-78.

셋째는 도덕적 존재로 창조된 인간이다. 인간이 하나님의 형상으로 지음 받았다는 사실을 여러 각도에서 설명할 수 있으나 인간이 다른 동물과는 다르게 지음 받았으며 지적이며 도덕적으로 책임을 져야 하는 피조물이란 점에는 의견이 일치한다. 인간은 도덕적 존재로 지음 받았기에 자신의 행동에 책임을 져야 한다. 일부 상담학자들은 인간의 책임성을 인정하지 않으려고 하지만 하나님은 인간에게 자유의지를 주시고 아울러 책임도 주셨다.

넷째는 사회적 존재로 창조된 인간이다. 최초의 인간 아담은 혼자 고립된 존재로 지음 받은 것이 아니라 하나님과 커뮤니케이션을 하는 존재이며 하와가 지음 받은 후 가정을 이루며 살아가게 하였다. 여기서 인간은 사회적 속성을 가지게 되었고, 이것이 사회생활로 연결되게 하였다. 하나님은 '가정'을 통하여 사회적 삶을 영위하게 하였고 이 영역을 확장하여 사회적 관계를 형성케 하였다. 인간의 사회적 소외에 대한 크리스천의 응답은 크리스천의 교제와 결혼에 있어서의 친밀성이다. '성도의 교제'를 고백하는 성도로서 바른 사회관계의 형성의 필요성을 깨달아야 한다.

다섯째, 노동하는 존재로 창조된 인간이다. 하나님은 창조된 아담에게 '노동'하게 하셨다. 이 노동은 다양한 특성을 가지고 있으며 창조적이고 생산적 능력을 내포하고 있다. 노동은 죄로 인한 저주의 결과가 아니라 하나님의 명령이다. 하나님의 백성은 항상 노동을 한다. 엿새 동안 열심히 일하고 거룩한 주일은 안식하는 원리가 성경의 가르침이다. 골로새서 3:22-4:1에서 '노동의 윤리'는 크리스천의 삶의 기본된 자세를 제시하여 준다. 노동이란 하나님의 백성의 축복이며 특권이다.

2) 죄로 타락한 내담자

인간론을 다룸에 있어서 타락한 인간의 모습은 중요한 주제이다. 성경은 아담의 죄로 인하여 인류가 죄책과 오염에 처하게 되었다고 말한다. 이것은 '전적 부패'이며 완전한 타락을 의미한다. 이러한 전적 부패가 다른 모든 죄악의 원천이 되며 인간은 죄를 지었기 때문에 죄인이 되는 것이 아니라 죄인이기 때문에 죄를 짓는 본질상 죄인이다(시51:3, 5). 인간은 죄책을 가지고 태어난다. 아담의 죄는 인류를 대표하는 자의 죄였다(롬 5장). 아담의 범죄로 인하여 모두가 죄인이 되었다(롬 5:19). 죄의 값은 사망이며(롬 6:23), 아담의 범죄로 인하여 모든 사람이 사망에 이르게 되었다. 죄의 결과는 사망과 비참함이다. 이러한 비참과 고통은 하나님께서 자신의 주권적인 목적을 위하여 정하신 것이며 그리스도의 대속적 죽음 외에는 이 고통에서 해방시킬 방법이 없다. 죄악된 인간의 본성은 옛사람의 모습대로 살아가는 습관을 가지게 하며 인간의 가치관을 변질시켰다. 인간의 사고와 행동이 죄의 영향을 받으며 인간 본위의 삶을 살아가게 한다. 이러한 인간의 모습을 바울은 다음과 같이 묘사하고 있다. "……하나님을 알되 하나님으로 영화롭게도 아니하며 감사치도 아니하고 오히려 그 생각이 허망하여지며 미련한 마음이 어두워졌나니 스스로 지혜 있다 하나 우준하게 되어 썩어지지 아니하는 하나님의 영광을 썩어질 사람과 금수와 버러지의 우상으로 바꾸었느니라(롬 1:21,22)." 인간의 타락은 인간의 모든 분야에서 이루어졌고 죄가 인간의 사고에도 작용하여 생각의 본질 자체가 부패하여진 존재가 인간이다. 그러므로 상담에 있어서의 내담자는 원죄와 자범죄로 인하여 전적으로 부패한 존재이며 인간의 마음으로는 하나님을 섬길 수도, 경배할 수도 없는 존재임을 바로 알아야 한다.[20]

3) 성령의 역사로 변화할 수 있는 내담자

죄로 인하여 전적으로 타락하고 부패한 인간이지만 성령의 역사로 점진적 변화가 가능하다. 비록 죄악의 본성과 죄악된 삶의 유형을 가진 내담자이지만 성령의 역사에 의하여 급격한 변화, 즉 중생과 성화를 통해서 변화할 수 있다. 변화란 인간의 노력에서 오는 것이 아니라 성령의 역사로 말미암아 가능하다. 하나님은 인간의 변화를 약속하였고 하나님이 약속하신 모든 변화는 가능하다. 인간의 연령이나 사회적 신분이 변화의 방해 요소가 될 수 없다. 변화의 원천은 하나님이 준비하시고 공급하신다. 상담자는 상담사역에서 내담자의 어떠한 죄악된 습성이나 삶의 태도 혹은 문제들도 하나님의 역사 안에서 변화될 수 있다는 믿음을 가져야 한다. 이것은 내담자의 이해만이 아니라 기독교상담의 중요한 방향을 제시하는 관건이다. 변화를 지속시키기 위하여 훈련을 통한 경건이 필요하다. 그러나 이것은 부차적인 것이요, 하나님의 인도하심에 따라 말씀으로 살아가는 삶의 훈련이 있어야 한다.[21]

---

20) *Ibid.*
21) *Ibid.*

제3장

성경과 목회상담

제3장 성경과 목회상담

Ⅰ. 목회상담과 성경 사용

1. 목회상담에서의 성경의 필수성

목회상담에서 성경은 가장 중요한 도구이며 필수적인 자원이다. 성령께서는 사도들에게 예수 그리스도의 말씀과 역사를 한 치의 오류도 없이 기억하는 능력을 부여하셨다. 그리고 그들로 하여금 틀림없는 계시 형태로 동일한 말씀의 역사를 재현하도록 도우시면서 사도들을 독특하게 권면하시면서 상담하셨다. 지금도 성령께서는 그리스도의 지체들 가운데서 선포되고 읽혀지고 설명되고 적용된 기록된 계시를 사용하심으로 그분의 상담을 수행하고 계신다. 성령께서는 상담자가 그의 말씀 즉 성경을 사용하는 것을 기대하신다. 그러므로 목회상담자는 성령이 죄인들을 구원하시는 원리적인 도구로 성경을 사용하고 있기 때문이며 상담에서도 성경을 사용하지 않으면 효과적일 수 없다. 특히 목회상담에 있어서 성경의 사용을 회피하는 것은 성령의 인도를 거부하는 행위이다. 그러므로 우리는 목회상담을 통하여 하나님의 구원과 생명이 내담자에게 나타나기를 원한다면 상담자가 하나님의 말씀을 사용하여 상담하지 않을 수 없다. 성경은 하나님께서 그의 종들에게 말씀하시고 하나님의 종들이 그 말씀에 의지하여 순종할 때마다 하나님의 구원이 나타나고 있다는 사실을 증거하고 있다. 성경에는 하나님의 말씀을 증거하는 곳마다 성령 충만의 역사, 하나님의 구원의 역사, 고난 당하는 자들이 생명을 얻는 역사가 끊임없이 일어나고 있다. 따라서 목회상담자는 개혁주의 신학에 의한 올바른 성경관의 확립하여 성경의 사용의 필요성을 깊이 인식해야 할 것이다.

1) 객관적 계시(客觀的 啓示)의 규범

현대 자유주의자와 신정통주의자의 성경에 대한 근본적 태도는 동일한 부분이 많은데 그 중의 하나는 성경에 대한 무오성(無誤性)을 부정하는 것과 계시의 주관성(主觀性)만을 강조한다는 데 있다. 그래서 칼 바르트는 단순히 책으로서의 성경과 하나님 말씀으로서의 성경을 구별

짓는 요소는 인간의 반응이라고 하였다. 따라서 바르트와 부룬너는 완성되어 이제 객관적으로 존재하는 계시를 믿지 않는다. 그들은 강조하기를 계시는 단순히 하나님께서 말씀하시는 것이며 동시에 창조적으로 사람에게서 소원된 응답을 이끌어 내는 것이라고 하였다. 또한 계시의 말씀은 옛적에 선지자들과 사도들에게 전해졌으며 또한 여전히 오늘날까지 사람들에게 전달되고 있는데 그런 의미에서 지속적(Continuos) 혹은 아마도 더욱 낫게는 반복적(Frequentative)이라고 불릴 수 있다. 계시는 결코 완성되지 않으며 결코 사람이 파악할 수 있는 객체가 되지 않는다 라고 하여 계시의 객관성을 부인하였다. 그래서 그들은 계시 자체와 계시의 증거를 구분 짓는다. 그러나 16세기의 위대한 종교개혁자들에 의하면 하나님의 특별계시는 성경에서 영구적인 형태로 주어졌다고 하였다. 그리하여 칼빈주의 교회는 성경의 객관성과 성령의 조명에 의한 주관적 요소를 동시에 강조해 왔다. 웨스트민스터 신앙고백서 1장 제5절에는 "성경의 권위와 신적 온전성에 대한 수납과 확신의 주관적인 면을 고백하고 있다.……성경의 무오한 진리와 신적 권위에 대한 우리의 온전한 납득과 확신은 우리의 마음속에서 그 말씀에 의하여 그리고 그 말씀으로 증거하시는 성령의 내적 사역에 달려 있는 것이다"고 하였다. 이렇게 개혁교회는 성경의 객관성과 성령의 조명에 의한 주관성을 동시에 주장해 왔음을 알 수 있다.

칼빈은 그의 기독교 강요에서 성경을 떠나 직접 계시를 주장하는 자들에 대해 광란에 사로잡힌 자들이라고 비난하여 말하기를 "……왜냐하면 최근에 경솔한 사람들이 더러 생겨서 아주 거만하게 마치 성령의 가르침을 직접 받는 것처럼 자랑하면서 성경 읽는 것을 전적으로 멸시하는 한편, 그들의 표현대로 죽은 그리고 죽이는 문자를 아직도 따르는 사람들의 그 단순성을 비웃고 있기 때문이다. 그러나 성경의 교리를 감히 유치하고 천한 것이라고 멸시할 만큼 그들을 높은 자리에까지 오르게 한 그 영이란 도대체 어떤 영인가 라고 묻고 싶다고 반문하며 성경의 객관적 계시를 떠나 주관주의의 환상에 빠져 있는 자들을 공박하였다.

더욱이 성경의 객관성은 오늘날 더욱 강조되어야 하는데 그 이유는 새로운 신적 계시를 받았다는 주장과 함께 자유주의적 주관주의와 신비주의, 그리고 탈성경적 행태들이 난무하고 있기 때문이다. 작금의 한국교회는 사실에 있어서 이와 같은 신학적 문제와 관련하여 깊은 혼돈을 경험하고 있는 것은 아닌지 우리로 하여금 심각한 우려를 갖게 한다. 말씀을 외면하고 성령의 역사만을 강조하는 신비주의적 경향과 또한 다른 편에는 배타적인 강조점을 두면서 성령의 조명을 간과하는 지성(知性)주의적 정통주의적인 합리주의 경향을 목도하면서 올바른 방향 설정에 대한 상황적 요청을 강하게 느끼게 된다. 이러한 시대 속에 성경을 하나님의 영감에 의해 기록된 정확무오한 하나님의 말씀으로 믿는 칼빈주의 성경관의 확립은 목회상담자에게 매우 중요한 것이다.

2) 신앙과 행위의 유일의 법칙

웨스트민스터 신조와 대소 요리문답은 신구약 성경이 성도의 신앙과 행위의 유일한 법칙이라고 가르친다. 대한예수교장로회「신앙고백서」제1장도 "신구약 성경은 신앙과 행위의 정확무오한 유일의 법칙"이라고 선언하고 있다. 따라서 대한예수교장로회에 속한 교회들이나 웨스트민스터 신조와 교리문답을 받아들이는 모든 교회는 신구약 성경에 기초하여 목회를 실행해야 할 것이다. 신조와 신앙고백은 신구약 성경이 우리의 신앙과 행위의 정확무오한 유일의 법칙이라고 선언하면서 실제로 성도들의 신앙과 행위를 지도하고 훈련하는 목회사역을 인간의 지혜나 경험에 근거하여 실천한다면 그것은 모순이다. 그렇다면 목회상담자들은 신구약 성경을 정확무오한 유일의 법칙으로 받아들여서 성경만을 사용하여 상담할 것인가? 성도들의 신앙과 행위에 관한한 심리학적인 원리라든지 상담의 기술이나 방법들을 사용해서는 안 되는가? 목회상담자는 상담을 할 때에 상담해야 하는 문제들과 내용들을 엄격히 분별해서 신앙과 행위에 관해서는 신구약 성경을 유일의 증거로 삼아야 할 것이다. 그밖에 수많은 문제들은 현대과학이 개발한 방법들을 사용할 것인가? 만일 그렇다면 어떻게 사용해야 할 것인가? 어떤 문제는 신앙과 행위의 문제요, 어떤 문제는 신앙과 행위의 문제가 아니라고 판단할 기준은 무엇인가?

3) 하나님의 섭리(Providence)의 관할

섭리는 하나님께서 창조하신 세상을 보존하시고 통치하시는 것을 말한다. 웨스트민스터 소교리문답 제11문은 "하나님의 섭리의 일들이 무엇입니까?"라는 질문에 대해 "하나님의 섭리의 일들은 그의 모든 피조물들과 그들의 모든 행위들에 대한 그의 가장 거룩하고 지혜롭고 능력 있는 보존하심과 통치하심입니다"라고 대답한다. 웨스트민스터 신앙고백 5: 1은 "만물의 크신 창조자 하나님은 그의 가장 지혜롭고 거룩한 섭리에 의해 그의 무오(無誤)한 예지(豫知)와 그 자신의 뜻의 자유롭고 불변적인 계획을 따라 모든 피조물들과 그 행위들과 일들을 가장 큰 것부터 가장 작은 것까지 붙드시고 지도하시고 처리하시고 통치하셔서 그의 지혜와 능력과 의와 선과 자비의 영광을 찬송케 하십니다."라고 하였다.

하나님의 섭리하심의 두 요소는 보존하심과 통치하심이다. 하나님의 보편적 섭리는 성경의 기초적 가정이다. 성경은 세계와 인생의 모든 방면에서의 하나님의 섭리적 관할을 가르치고 있다.

먼저 우주전체를 주관하시며(시103:19; 단5:35; 엡1:11) 물리적 세계를 주관하시며(욥 37:5,10; 시104:14,135:6,7; 마5:45) 동물계를 주관하시며(시104:21,28; 마6:26, 10:29) 열방 만민을 주관하시며(욥12:23; 시22:28, 66:7; 행17:26), 사람의 출생과 운명을 주관하시며(삼상16:1; 시139:16; 사45:5; 갈1:15,16) 인생의 외면적 성공과 실패를 주관하시며(시75:6,7; 눅1:52) 의외적이며 무의미한 듯한 사물들을 주관하시며(잠16:33; 마10: 30) 의인의 보호하심(시4:8, 5:12, 63:8; 롬 8:28), 사람의 마음의 심리적 반동을 주관하시며(시76:12, 119:76; 잠16:3,9, 21:1, 17:17; 요16:8-11) 하나님의 백성의 수요(需要)를 공급함을 주관하시며(창22:8,14; 신8:3; 빌4:19) 기도의 응답(삼상1:19; 사20:5,6; 대하33: 13; 시65:2; 마7:7; 눅18:7,8)과 악의 폭로와 형벌(시7:12, 11:6) 등 인생의 삶의 모든 영역이 하나님의 섭리적 관할 아래 있음을 가르치고 있기 때문이다.[1]

하나님의 보존하심과 통치하심은 모든 사람과 그들의 행위들과 일들을 가장 큰 것부터 가장 작은 것까지 붙드시고 인도하시고 처리하시고 통치하신다. 하나님께서는 자연법칙과 자연적 수단들을 사용하여 섭리하신다. 이와 같이 태초에 하나님께서 천지를 창조하시고 하나님의 형상대로 인간을 창조하셨을 때에 질서를 만드셨다.[2] 인간은 하나님께 지음을 받고 다스리고(Dominion,창1:26,28) 정복하고(Subdue,창1:28) 다스리고 지키라(창2:15)는 '문화적 명령'을 받았다. 또한 하나님께서 주신 동산의 모든 실과를 먹되 오직 선악을 알게 하는 나무의 열매는 먹지 말라는 '생명의 언약'을 맺었다.[3] 창조-타락-구속의 삼중 구조의 함의에 의해 예수 그리스도에 의해서 이루어진 구속은 우주적인 구속이다. 즉 그것은 전 피조계와 인간 모두와 관련되는 것이다. 바로 이런 이유 때문에 예수 그리스도의 사역은 인간의 영혼뿐만 아니라 온 피조계의 주관자이시다. 따라서 인간의 삶의 전 영역에서 하나님과 교제하며 하나님께 영광을 돌리도록 하나님의 말씀이 지배하는 영적인 질서가 있다. 또한 하나님께서 인간에게 땅을 다스리고 정복하고 지키라는 문화 명령의 감당하는 데 지켜야 할 자연법칙인 창조의 질서를 주셨다. 이것은 인간이 하나님의 말씀에 순종하며 신령한 지혜를 사용하여 감당해야 하는 것이다. 특히 우리는 정신건강과 정서적인 안정과 인간관계의 유지, 사회복지, 자연 회복 등을 논

---

1) 박형룡, *박용형박사저작접집(제2권: 교의신학신론)* (서울: 한국기독교교육연구원, 1977), 425-27.

2) "하나님이 자기 형상 곧 하나님의 형상대로 사람을 창조하시되 남자와 여자를 창조하시고 하나님이 그들에게 복을 주시며 그들에게 이르시되 생육하고 번성하여 땅에 충만하라, 땅을 정복하라, 바다의 고기와 공중의 새와 땅에 움직이는 모든 생물을 다스리라 하시니라."(창 1: 27-28)

3) "여호와 하나님이 그 사람을 이끌어 에덴동산에 두사 그것을 다스리며 지키게 하시고 여호와 하나님이 그 사람에게 명하여 가라사대 동산 각종나무의 실과는 네가 임의로 먹되 선악을 알게 하는 나무의 실과는 먹지 말라. 네가 먹는 날에는 정녕 죽으리라 하시니라." (창2 : 15-17)

하면서 이러한 차원에 하나님이 주신 독특한 질서가 있다는 사실을 인식한다. 그러므로 자연법칙은 하나님과 분리된 자율적인 질서가 아니라 하나님이 창조하신 질서요, 하나님의 섭리하시는 질서요, 하나님의 목적을 가진 질서요, 하나님의 절대적 주권 하에 있는 질서이다. 그러므로 자연법칙에도 하나님의 말씀의 원리와 방법이 적용되어야 한다.[4)]

2. 성경 사용의 신학적 기초

목회상담을 할 때 하나님의 말씀을 사용하면 놀라운 유익을 얻을 수 있는 것은 무엇인가? 그것들은 그 수에 있어서 모든 인간이 필요한 만큼이나 많이 있다. 세상의 모든 시대, 모든 민족에게 퍼지는 동안에 하나님의 말씀은 그 마음에 스며들며 모든 사람들에게 도움을 주게 된다. 상담 영역이 어느 것이든지 간에 그것은 개의치 않는다. 하나님의 말씀을 증거할 때 우리는 능력 있는 힘을 사용하게 되는 것이다. 성경을 사용하는 데 실패한 상담자는 세상에서 가장 중요한 요소를 지나쳐 버리는 잘못을 범하는 것이다.

1) 하나님의 섭리의 성질

첫째는 하나님의 섭리의 보편성에 근거한다. 하나님의 섭리의 보편성은 성경 전체를 통해서 자연의 법칙들, 역사의 진정(進程), 개인들의 다양 화복(多樣禍福)이 항상 하나님의 섭리적 관할에 돌려졌다. 하늘과 땅의 만물이, 심지어 주님 보좌 곁의 스랍(Seraphim)들로부터 작은 원자에 이르기까지 그의 끊임없는 섭리에 의해 된다. 하나님과 만유 전체와의 관계는 너무나 밀접하여 조심성 없는 성경 독자는 범신론적 결론들에 향해 끌려가기 쉽다. 하나님은 우리 인류의 각 개인이 어느 때 어느 곳 어떤 정상아래 나고 살고 죽을는지를, 그가 남자 혹 여자, 백인 혹 흑인, 지혜로운 자 혹 미련한 자가 될는지를 결정하신다는 것은 거의 보편적으로 시인된다. 그는 행복과 불행을 사람들에게 분배하신다. 개인 자신의 선택의 결과가 아닌 이 외면정상(外面情狀)들은 대부분 그 인물의 생활 진정(生活進程)과 영원한 운명을 결정한다. 이러한 하나님의 섭리의 보편성을 증거하는 성경은 목회상담에서의 신학적 기초가 된다.

둘째, 하나님의 섭리의 주밀성(周密性)에 근거한다.

하나님의 섭리는 사람의 일과 자연의 진정(進程)에 포함된 모출 세목(繼目)에 밀접한 관련

---

4) 오성춘, *목회상담학* (서울: 한국장로교출판부, 1991), 102-07.

을 가진다. 찰스 하지(Charles Hodge)는 말하되 "어느 것은 너무 커서 그의 관할에 포괄되지 않는다거나 어느 것은 심히 작아서 그의 주목을 피한다고 추측하는 것 즉 세목들의 무한은 능히 그의 주의를 견제할 수 있다고 추측하는 것은 하나님이 무한하시다는 것을 잊어버림이다…… 태양은 빛을 온 공간에 퍼뜨리는 것을 어느 한 점에 하는 것과 똑같이 쉽게 한다. 하나님은 한 곳에만 계시거나 주위의 한 대상만을 가진 것과 마찬가지로 매 곳에 임재하시며 매 것에 함께 하신다"고 하였다.

셋째 하나님의 섭리의 주권성(主權性)에 근거한다. 성경과 일상 경험은 하나님이 행복의 분배에 있어서 다른 사람들에게는 주지 않는 것을 어떤 사람들에게는 주신다는 것을 우리에게 가르쳐 준다. 그는 왜 이렇게 하시는가, 그는 왜 모든 사람들을 구원하지 않으시는가 라고 묻는다면 "옳소이다. 이렇게 된 것이 아버지의 뜻이나이다."(마11:26)라는 성경의 답변이 있을 뿐이다. 사람의 도덕적 책임과 의뢰의 감성, 또는 위험의 때에 하나님에게 본능적 호소는 하나님이 세계와 모든 인간사변(人間事變)들을 주관하신다는 확신이 얼마나 보편적이며 본유적(本有的)이라는 것을 보여 주고 있다.[5] 이러한 하나님의 섭리의 성질에 의한 인도하심을 보여주는 성경말씀은 목회상담에 있어서 절대 필요한 것이다.

2) 성경의 적응성의 기초

성경은 그 내용이 서로 조화되어 엄장한 통일을 형성하는 것은 한 하나님의 마음의 산물이기 때문이다. 성경을 만드신 한 마음은 영혼을 만드신 마음과 동일함은 성경이 영혼에게 신기하게 적응(適應)함을 말한다. 첫째는 성경은 영혼을 잘 안다. 성경은 영혼을 익숙히 잘 알고 그것의 모든 부분에 향해 발언한다. 사람의 이성을 위하여 율법과 서신들이 있고 그의 애정을 위하여 시편과 복음서들이 있고 그의 상상을 위하여 선지서들과 계시록이 있다. 이러므로 성경의 다양성이 사람들을 끈다. 성경은 법률, 문학, 예술이 모두다 성경의 모형적 감화를 보여주고 있다.

둘째, 성경은 영혼을 판단한다. 성경은 영혼의 정욕을 대적하며 그 죄책을 폭로하며 그 교만을 낮춘다. 인생 성질의 산물은 이렇게 인생 성질을 내려다보고 정죄(定罪)하지 못하였을 것이다. 성경은 높은 수준에서 우리에게 말한다. "내가 행한 모든 일을 내게 말한 자가 성경이다"(요4:19)라고 주님은 말씀하셨다.

---

5) 박형룡, *op. cit.*, 430-32.

셋째, 성경은 영혼의 깊은 수요에 응수한다. 성경은 영혼의 난제들을 해결하여 하나님의 성격을 개진하며 사죄의 방도를 계시하며 생(生)과 사(死)에 위안과 약속을 줌으로 영혼의 가장 긴 수요에 응수(應酬)한다. 성경은 자연이 가르치지 못하는 것을 우리에게 가르쳐 주는 것이니 즉 하나님의 창조주(創造主)되심, 악의 기원, 회복(回復)의 방법, 내세의 확실성, 거기 있을 상급과 형벌적 원리 등이다. 이는 다 하나님만이 아실 수 있는 사건들을 성경이 가르쳐 주고 있다.

넷째, 성경은 모든 영혼에 적응한다. 성경의 사신은 매 시대, 매 지역, 매 계급, 매 영혼에게 동등으로 적응한다. 이 사신(使信)을 수납하여 속죄 구령(贖罪 救靈)의 은혜를 누리는 일에는 빈부와 귀천의 구별이 없으며 노소와 남녀의 차이도 없다. 누구든지 생(生)의 종말에 얼굴을 벽으로 향하고 사망의 음침한 골짜기를 들여다볼 때에는 성경의 사신(使臣)이 가장 적응하게 된다. 이러한 성경교훈의 독특성은 목회상담에 있어 절대 필요한 것이다.

3) 성경윤리의 우월성과 실천적 효능

성경의 도덕적 교훈은 성경 계시의 신적 기원(神的 起源)을 지시하는 또 하나의 혁혁한 내증이기도 하다. 성경윤리의 이 같은 증거적 가치는 이것이 세계에 나타난 모든 윤리보다 크게 우월하다는 점에 있다.

첫째, 성경윤리는 세계에 알려진 모든 윤리 중에 가장 고상하다.

십계명과 산상보훈에 그 기초적 원리가 진술되었고 율법과 선지(先知)의 대강령(大綱領)인 대계명(마22:37-40)에 그 중심사상이 요약되어 있다.

둘째, 성경윤리는 인생의 모든 의무를 다 포함하고 있다.

심지어 가장 일반적으로 오해되며 등한시되는 것까지 인생의 모든 의무가 포함되어 있다. 동시에 이 체계는 악(惡)이란 무엇이든지 허용하지 않는다. 불교는 가정생활을 천대한다. 고대 철학자들 가운데는 자살을 추천하는 자가 적지 않았다. 고전적 시기들에는 겸손이 멸시를 받았다. 그리나 성경은 가정과 생명을 귀중히 여기며 자살을 엄금하고 겸손을 장려한다. 성경은 신앙의 실천과 승리를 장려한다(딤전 6:12, 롬8:37). 기독교 윤리는 한 알의 쭉정이도 포함하지 않는다…… 전부가 알곡이다.(E. G. Robinson)

셋째, 성경윤리는 정신적이며 철저하다. 성경의 윤리는 정신적이며 철저함에 비류(比類)가 없다. 바른 교훈에 외면적 일치만은 수양되지 않고 모든 행동을 그것의 근원인 사상과 동기에 의하여 판단한다. 산상보훈은 그 고찰이 얼마나 정신적이며 철저한지 그것은 인생 심정의 자연적 충동에 직접 반대함으로 공상적(空想的)이며 가히 실행할 수 없는 교훈이라는 선고(宣

告)를 흔히 받기에 이르렀다.

넷째, 성경윤리는 규칙들을 부과하기보다는 단순한 원리를 가르친다. 성경윤리는 원리들을 가르치며 그 원리들을 한 유기적 체계로 만들고 이 체계를 종교와 연결하여 모든 인생의 의무를 하나님과 사람에 향한 사랑의 대계명(大誡命)으로 개괄한다. 회교에서는 사람이 바름(正)을 행하여야 할 경우 6만 5천을 기록하였다 한다. 바리새인이나 예수회원들도 번잡한 규칙들의 법전을 가지고 있었다. 그러나 성경의 윤리는 장황한 규칙들의 법전으로 제시되지 않는다.

다섯째, 성경윤리는 실천력 효능이 우월하다. 성경윤리는 종교적 동기와 하나님의 권능에 의뢰하기 때문에 실천적 효능에서 다른 어떤 윤리체계보다도 크게 우월하다. 이 윤리는 사람의 부패가 그의 자력으로 수법(守法)함을 불가능하게 함을 선언하나 예수 그리스도의 무죄 완전한 생활을 최고 도덕적 모범으로 계시하며 율법 순종의 동기들을 제공하는 동시에 성령의 신적(神的) 조력으로 순종의 가능함을 가르친다. 성경 계시는 두 방면을 가지고 있으니 즉 도덕률과 범(犯)한 도덕률을 성취하는 방법이다. 또한 신약의 윤리 체제는 단순히 율법이 아니라 은혜이다(요1:17). 이러한 성경윤리의 실천적 효능의 우월성은 목회상담의 목표에 부합하는 것이므로 목회상담에 있어 절대 필요하다.[6]

4) 하나님 말씀의 효능

상담심리학자 클라이드 M. 내래모어(Clyde M. Narramore)는 성경 사용의 중요성을 다음과 같이 지적하였다.[7] 첫째, 하나님의 말씀은 죄의 문제를 해결한다. "모든 사람이 죄를 범하였으매 하나님 영광에 이르지 못하더니"(롬3:23). 아담의 범죄 이후에 인간은 정상적이 아니며 하나님의 궤도에서 벗어났다. 이 엄청난 멸망은 인간의 마음과 정신에까지도 미치게 되었다. 인간 각자가 자기 죄로 인해 얽매이게 되는 것은 피할 수 없는 것이다. 인간이 이 사실을 알게 되기 전에는 자기 스스로 죄의 상태를 기만하고 있는 것이다. 죄는 하나의 실제이다. 그리고 그것은 실제적인 방법으로 취급해야만 한다. 죄가 발견되어 고백되어지고 그리스도에게 용서함을 받기 전에는 건강한 인체를 좀 먹는 암세포처럼 끈덕지게 달라붙어 있는 것이다. 이런 것이 바로 인간이 왜 자신을 좋은 방향으로 이끌어 나가지 못하는가 하는 이유인 것이다. 기독교상담자들은 모든 심각한 문제들이 죄에서부터 시작된다는 것을 알아야 할 것이다. 이런

---

6) 박형룡, *박형룡저작전집 제1권(교의신학. 서론)*, 243-46.

7) Clyde M. Narramore, *The Psychology of Counseling*, 『상담심리학』, 양승달 역 (서울: 성암사, 1976), 285-298.

죄의 근원들이 하나님의 용서하시는 은혜로 옮겨지기 전에는 문제들이 점점 더 생기게 되며 죄의 희생물인 인간을 더욱 괴롭힐 것이다. 하나님의 말씀만이 진정한 치료의 효능을 가진다.

둘째, 하나님의 말씀은 구속의 메시지를 전달한다. 상담에 있어서 성경을 사용하는 이유는 구속의 메시지를 전달하기 위함이다. 그 말씀은 기름 부음을 받은 메시아이신 주 예수님이 세상의 구주 되신다는 절대적인 통보를 말하고 있다. 하나님이 시내산에서 모세에게 율법을 전달했으나 그것은 단지 인간의 완전한 실패를 나타낼 뿐이다. 그러나 하나님의 표준은 바뀔 수 없다. 그래서 하나님은 그의 독생자를 하늘로부터 율법 아래에 나게 했는데 그 방법은 하나님이 요구하시는 완전한 율법을 충족시키는 것이다. 오직 예수 그리스도는 인간이 율법을 범한 모든 죄로부터 구속하시기 위해 십자가 위에서 죽으셨다. 성경은 "다른 이로서는 구원을 얻을 수 없나니 천하 인간에 구원을 얻을 만한 다른 이름을 우리에게 주신 일이 없음이니라."(행4:12)고 말씀하고 있다. 그러므로 믿음으로 구원받은 자는 그리스도안에서 새로운 피조물이 되었다. 하나님의 말씀은 다음과 같이 선포한다. "그런즉 누구든지 그리스도 안에 있으면 새로운 피조물이라 이전 것은 지나갔으니 보라 새 것이 되었도다."(고후5:17)

셋째, 하나님의 말씀은 믿음을 일으킨다. 모든 심리학자들과 정신분석학자들은 일반적으로 인간은 믿음이 필요하다는 데 동의한다. 그들은 "믿음은 전체적으로 잘 통합된 인격의 발전에 있어서 필요한 요소"라고 말한다. 그러면 그 믿음은 어디에서 오는가? 성경이 우리에게 다음과 같이 대답해 준다. "그러므로 믿음은 들음에서 나며 들음은 그리스도의 말씀으로 말미암았느니라."(롬10:17) 인간들은 무엇인가 믿지 않고는 만족할 수 없다. 그러나 그들이 하나님의 말씀을 통해 그리스도를 영접하기 전에는 결코 완전히 행복해질 수 없다. 상담에 있어서 우리는 사람들이 믿음의 기본적인 필요성을 깨닫도록 도와줄 수 있다. 하나님의 말씀을 통해서 우리는 그리스도를 믿을 수 있는 것이다.

넷째, 하나님의 말씀은 중생으로 인도한다. "진실로 네게 이르노니 사람이 거듭나지 아니하면 하나님 나라를 볼 수 없느니라"(요3:3). 그러면 중생은 어떻게 이루어지는가? 하나님이 나타내신 그 대답은 인간 자신의 노력과는 아무런 관계도 없다는 것이다. 그것은 하나님 주권적인 뜻이다. "저희가 거듭난 것이 썩어질 씨로 된 것이 아니요 썩지 아니할 씨로 된 것이니 하나님의 살아 있고 항상 있는 말씀으로 되었느니라."(벧전1:23). 두말할 여지도 없이 상담에 있어서 성경을 사용한 최선의 방법은 중생의 방편이 되기 때문이다. "내가 저희에게 영생을 주노니 영원히 멸망치 아니할 터이요, 또 저희를 내 손에서 빼앗을 자가 없느니라. 저희를 주신 내 아버지는 만유보다 크시매 아무도 아버지의 손에서 빼앗을 수 없느니라."(요10:28,29) 분명하게 그리스도 안에서 인격적인 믿음과 함께 시작되는 새 생명은 우리를 괴롭히는 문제들을 대항하는 능력을 가진다. 중생은 하나님을 향한 인간의 흐려진 감식력을 도로 찾은 것이다. 하나님의 말씀을 사용함으로 상담자가 하나님의 주시는 영생의 축복을 얻도록 돕는 역할을 할 수 있다는 것은 신기하나 그것은 진리인 것이다.

다섯째, 하나님의 말씀은 성도를 깨끗하게 한다. 성도는 구원받은 후에도 비록 자기가 하나님으로부터 새 성품을 받기는 했지만 자기의 옛 본성 즉 구습을 싸워 물리치지 않으면 안 된다는 것을 알아야 한다. 하나님의 말씀은 죄로부터 성도를 하나님과 다시 새로워지며 하나님과 열매를 풍성히 맺는 교제를 가지게 한다. "나의 자녀들아 내가 이것을 너희에게 씀은 너희로 죄를 범치 않게 하려 함이라. 만일 누가 죄를 범하면 아버지 앞에서 우리에게 대언자가 있으니 곧 의로우신 예수 그리스도시라."(요일2:1) 기독교상담자는 하나님의 말씀을 사용함으로써 내담자가 그리스도로 인해 사죄함을 받고 그리스도와 교제할 수 있도록 인도해 줄 수 있는 것이다.

여섯째, 하나님의 말씀은 성도를 정확하게 안내한다. 하나님은 인간을 마치 길을 잃고 헤매는 양과 같다고 말씀하셨다. 친교, 결혼, 자녀, 교육, 휴가, 종교, 부모, 성, 죽음 등 수많은 문제들이 산적되어 있다. 부자로부터 가난한 자에게까지, 출생에서 죽음에까지, 모든 사람들은 조언을 필요로 하고 있다. 그렇지만 인간은 자신의 방향을 알 수 있는 능력이 없다. 그의 판단은 불확실하고 공중의 권세 잡은 사탄의 영향을 받는다. 바른 길로 인도 받는 것은 하나님으로부터 오며 그것은 오류 없는 하나님의 말씀에 귀속된다. 하나님의 인도는 하나님의 상담을 받아들이는 자에게는 쉽게 확신되는 것이다. 누가 감히 그런 약속의 유익성을 반대할 수 있을까? 기록되기를 "나 여호와가 항상 너를 인도하여 마른 곳에서도 네 영혼을 만족케 하며 네 뼈를 견고케 하리니 너는 물 댄 동산 같겠고 물이 끊어지지 아니하는 샘 같을 것이라."(사58:11) 성경을 사용하여 확실한 방향을 제시하는 것은 목회상담자의 비길 데 없는 특권인 것이다.

일곱째, 하나님의 말씀은 통찰력을 제공한다. 선과 악, 선한 것과 나쁜 것을 분별하는 것은 참으로 어렵다. 성경은 마지막 날에 혼돈이 있는 것을 말한다. "거짓 그리스도들과 거짓 선지자들이 일어나 큰 표적과 기사를 보여 할 수만 있으면 택한 자들도 미혹하게 하리라."(마24:27) 하나님의 말씀은 또 많은 거짓 종교들이 일어나서 번성할 것을 경고한다. "때가 이르리니 사람이 바른 교훈을 받지 아니하며 귀가 가려워서 자기의 사욕을 좇을 스승을 많이 두고 또 귀를 진리에서 돌이켜 허탄한 이야기를 좇으리라."(딤후4:3-4) 그러나 기독교상담자는 성경이 거짓과 옳은 것을 결정하는 영원한 표준이 됨을 안다. 그리고 이 표준은 세상의 어떤 상황들에 의해서도 변하지 않는다는 것도 안다. 그것은 하나님이 주신 것이다. "그러나 진리의 성령이 오시면 그가 너희를 모든 진리 가운데로 인도하시리니"(요16:13)라고 말씀하셨다.

여덟째, 하나님의 말씀은 참된 지식을 제공한다. 지금 이 시대는 더 많이 알아야 하고 더 많이 생각해야 할 지식기반 사회와 지식정보화 시대로 인간을 던지고 있다. 그러나 사람의 지식이 참된 만족을 주지는 못한다. 사람이 성경 밖에 어디서 이런 지혜를 얻겠는가? 성경은 모든 지혜와 지식에 대한 보물들이 하나님과 그리스도 안에 귀속되어 있음을 말한다. "이는 너희로 마음에 위안을 받고 사랑 안에서 연합하여 원만한 이해의 모든 부요에 이르러 하나님의 비밀인 그리스도를 깨닫게 함이라 그 안에는 지혜와 지식의 모든 보화가 감추어 있느니라."(골2:2,3) 목회상담자가 성경으로 돌아갈 때 그는 내담자에게 최상의 빛을 전해 줄 수 있게 된다. "주의 말씀을 열므로 우둔한 자에게 비취어 깨닫게 하나이다."(시119:130) 이것은 월요일 아침에 우울함을 비춰주는 광선이나 국내외의 사건들의 어두운 전망을 뚫는 광선이 아니다. 그것은 "나는 세상의 빛이라"(마5:4)고 스스로 말씀하신 분으로부터 비치는 영광스러운 빛이다. 이것이야말로 참 지식이다. 뿐만 아니라 이 지식은 충족시켜 주는 지식, 기쁨의 생활, 승리의 생활을 하기 위한 기초가 되는 지식이다.

아홉째, 하나님의 말씀은 죄로부터 보호한다. 모든 세상을 가장 어지럽게 하는 요소는 죄이다. 그것은 낙담, 실패, 공포, 곡해, 좌절, 혼란, 질투와 모든 악한 생각들을 가져온다. 죄는 존재하고 있을 뿐 아니라 세상에 편만되어 있다. 그리고 모든 인간은 건전한 삶을 유지하기 위해서는 죄에서 지켜주기를 구해야 한다. 예수님은 광야에서 시험을 받으실 때 '기록되었으되' 즉 하나님의 말씀으로 사탄을 물리치셨다. 목회상담자는 구구한 해설을 부치지 않고서 성경말씀 자체만을 사용해서 사탄의 세력을 방어할 수도 있다. 성경은 모든 악의 세력과 바로 그 지옥의 문들을 대항하는 갑옷인 것이다. 성경말씀이 그 마음에 거할 때, 그것이 완전한 방어를 하게 된다. 많은 기독교인들이 빈번히 상담자에게 가지고 오는 문제들은 그들의 생활에서 얻어지는 죄의 결과이다. 이 문제들과 싸우는 방법은 성령의 검 곧 하나님의 말씀(엡6:17)으로 죄와 싸우는 것이다. 인간의 삶에서 일어나는 문제들로부터 내담자들을 확신케 하는 방법은 하나님의 말씀의 순수성을 그가 확신케 하는 것이다. "내가 주께 범죄치 아니하려 하여 주의 말씀을 내 마음에 두었나이다."(시119:11) 하나님의 말씀은 죄를 이기는 능력이 있다.

열째, 하나님의 말씀은 좋은 상담자가 되게 한다. 목회상담자는 하나님의 말씀을 깊이 깨닫고 정확하게 적용할 수 있어야 한다. 또 하나님의 말씀이 조금도 거리낌 없이 그의 내면 가장 깊은 곳에 존재해야만 한다. 내담자는 결코 신학적 견해의 고상한 교리를 필요로 하지 않는다. 그는 오직 하나님의 말씀을 순종할 필요가 있다. 그러므로 목회상담자는 하나님의 말씀을 깊-

이 깨달아야만 하고 또 그 생애에 그 말씀을 인격적으로 적응시켜야 한다. 디모데후서 2:15에서 "네가 진리의 말씀을 옳게 분별하며 부끄러운 것이 없는 일꾼으로 인정된 자로 자신을 하나님 앞에 드리기를 힘쓰라." 해가 지나감에 따라 그 말씀이 당신의 삶을 변화시키는 것을 볼 것이다. 목회상담자는 순수하게 그 말씀의 도우심 안에서 그 개인적인 만족에 의해서만이 다른 사람에게 그 말씀을 제공할 수 있다.

3. 성경 사용의 이유

제이 E. 아담스는 그의 저서 『*The Christian Counselor's Manual*』에서 목회상담에서 성경을 사용해야만 하는 명백한 이유들을 제시하고 있다. 그는 이유를 제시하기 전에 성경은 명백하게 선포하기를 "그의 신기한 능력으로 생명과 경건에 속한 모든 것을 우리에게 주셨으니" (벧후 1:3). 여기 '모든 것'이라는 말을 주의하라. 또한 디모데후서 3:15-17의 말씀은 사도 바울이 성경의 사용에 관해서 말하는 것으로 하나님께서 성경에 생기를 불어 넣으셨기 때문에 그 성경의 말씀은 유용하다고 말한다. 하나님께서는 성경을 그의 말씀으로 생기를 불어넣으셨다. 성경은 인간에 대한 하나님의 계시이기 때문에 그것은 목사가 의로운 방법으로 교육, 증거, 정정, 그리고 선도를 위해서 준비하는 데 도움이 된다. 성경은 네 가지 사실들을 행하는 권능을 가지는데 첫째는 가르치는 능력 즉 신앙자 삶을 위한 규범 설정, 둘째는 견책하는 능력, 셋째는 정정하는 능력(정정하다-*epanorthosin*은 '똑바로 일으켜 세우다'를 의미), 넷째는 의로운 훈련 등이다(딤전4:7 참조). 성경 사용의 이러한 네 가지 사실들은 설교에 의해서뿐만 아니라 상담에서 가지는 개인적인 선포에 의해서 전달되는데(골1:28) 이것은 곧 성경적 상담 가운데 포함된 네 가지 기본적 활동들을 명백하게 말해 준다.[8)]

1) 심판하시는 활동

첫째, 심판하는 활동이 있다. 이것은 마태복음 7:1 이하에 나타나는데 그것은 잘못되고 죄성 있는 선입관, 자만심 등의 근거에서 비롯된 것이 아니라 항상 내담자의 복지와 행복을 가지며 그리고 상담자가 친숙한 방법으로 내담자를 다루도록 하는 *nouthetic* 권면의 자비심을 베푸는

---

8) Jay E. Adams, *The Christian Counselor's Manual*, 김용순역, *기독교상담교본* (서울: 보이스사, 1982), 192-98.

목적으로 향하는 견해를 가진 성경적 규범들에 의해서 비롯된다. 오늘날에는 수많은 문제들이 격렬하게 야기되는데 예를 들어서 많은 크리스천들은 동성연애가 병인지 혹은 죄인지에 관해서 확신을 하지 못한다. 성경은 동성연애는 분명히 죄라고 말하고 있기 때문이다. 따라서 성경적 크리스천은 그러한 문제는 자연히 해결하게 된다.

2) 유죄를 증명하는 활동

둘째, 유죄를 증명하는 활동이 있다. 상담에서 유죄를 증명하는 활동은 내담자가 그 죄에 대해서 깨닫지 못하거나 여전히 회개하지 않을 경우에 추구되어야 한다. 많은 내담자들은 오직 그 범죄적인 삶의 양식의 결과들로부터 해방과 안위를 얻기 위해서 상담을 청해 온다. 그들은 단순히 그들의 곤궁에 대한 인정이 아니라 그들의 죄를 인정하는 데로 인도되어야 한다. 진정한 행복과 해방과 안위는 항상 부산물이다. 그것은 그것을 직접적으로 찾음에 의해서는 얻어질 수 없다. 모든 내담자는 먼저 하나님의 나라와 그 의를 찾든지 혹은 유죄를 증명시키는 성령의 선고에 의해서 바로 깨닫게 해야 한다(요16:8).

3) 변화시키는 활동

셋째, 변화시키는 활동이 있다. 성경은 끊임없이 인간이 범죄할 때 무엇을 행해야 하는가, 해로운 습관을 어떻게 깨뜨려야 하는가, 그리고 실패와 나약함을 어떻게 극복해야 하는가 등에 관해서 주의를 기울이도록 명령한다. 성경은 우리에게 우리의 죄를 증명해 줄 뿐만 아니라 또한 그 죄로부터 회복하는 법을 말해준다. 그리하여 우리의 죄를 확신시킨 이후에 다시 우리가 우리의 길을 걷도록 해주며 의로운 방향으로 나아가도록 인도하며 그리고 우리에게 그렇게 행할 수 있도록 박차를 가해 준다.

상담자들은 성경을 실제적으로 사용하는 법을 배워야 한다. 왜냐하면 성경은 그렇게 사용되도록 의도되었기 때문이다.

4) 구상하는 활동

넷째, 구상하는 활동이 있다. 사도 바울은 하나님의 사람은 모든 선한 일을 위해서 완전하며 완벽하게 준비된다(엡2:10)는 말에 사용된 어휘는 배를 건조하기 위해서 들이는 노력을 묘사했던 어휘이며 선주는 장차 항해 중에 만나게 될 가능한 문제들을 예측하고 그것을 감안해서

배를 건조했다. 사도 바울은 하나님의 사람이 성경에 의해서 적절하게 준비되지 않는 어떠한 상담상황도 존재하지 않는다고 말한다.

상담자와 내담자가 위에서 언급한 네 가지 포괄적 활동을 추구하기 위해서 필요한 모든 대답들은 성경 가운데 나타나 있다. 크리스천 상담자에게는 절충주의는 필요 없다. 우리가 다른 사람들을 돕고 그리고 우리 자신들을 돕기 위해서 기본적인 기초와 체계로서 필요한 모든 것은 우리에게 주어졌다는 사실을 명백하게 말해 준다. 기독교상담자가 자료들을 가지고 있다. 그 자료들은 외부 전문가들의 수중에 들어 있지 않고 그리고 내담자에게도 들어 있지 않으며 또한 우리 자신들 가운데도 들어 있지 않다. 그 자료들은 하나님 말씀에 기록되어 있다. 그것은 성경의 대답이다. 그러므로 그것은 반드시 크리스천의 관점이어야 한다. 하나님은 자비스럽게 모든 자료들을 그의 말씀 가운데서 충만하게 우리에게 부여하셨다.

성경에는 모든 삶의 문제를 다루는 원리들이 들어 있다. 물론 우리는 그것들을 모두 알지 못하며. 그것들을 하나로 모으지도 못한다. 그 이유의 하나는 크리스천들은 그들이 당연히 해야 하는 그런 방법을 가지고 여기서 행하고 있지 않았기 때문이다. 그 대신에 그러한 모든 종류의 사실들을 성경과 연결시키고자 하는 비극적인 경향이 있었다. 이제는 우리가 하나님의 지식의 자료들을 사용하기 위해서 하나님의 말씀을 연구하는 어려운 과업에 몰입할 때이다. 또한 이제는 우리가 단순히 학문적인 것이 아니라 목회적이고 실질적으로 성경을 주석하는 문제에다가 우리의 모든 마음과 정신과 능력을 투입할 때이다. 우리는 또한 성경 밖의 세상과 성경 안의 두 세상이 어떻게 성경적으로 적절하게 어울리는가를 발견하기 위해서 성경의 관점에서부터 밖의 세상을 유심히 관찰할 필요가 있다. 우리는 인간들의 문제를 깨달아야 하며 그리고 그 문제들에 대한 하나님의 대답을 발견해야 한다.

4. 성경 사용을 반대하는 견해

목회상담자의 손에 든 가장 훌륭한 도구요 치료 기구는 성경이다. 그러나 어떤 목회자들은 의학, 심리학 등 관련된 분야가 급격히 발전함에 따라 갈피를 못 잡고 있다. 그들은 전문적인 상담에 성경을 많이 사용하는 것이 좋을지 의심하는 것이다. 그들은 건전한 기술이나 가치 있는 과학적 발견은 결코 성경과 모순되지 않는다는 사실과 또한 하나님의 말씀의 계시가 없이 그와 같은 과학적 업적이 완성될 수 없다는 사실을 알 필요가 있다. 성경은 결코 시대에 뒤떨어지는 법이 없다. 성경은 단순히 수납되고 이해되고 즐겨진다고 해서 하나님의 말씀은 아니다. 성경은 이런 것들을 초월한다. 심리학이나 정신분석학이나 그 외의 전문적인 분야에서도 그들이 상담에 성경을 철저히 인용하는 사람들이 있다. 그들은 성경이 모든 세대에나 어느 나라에나 상담자들 손에 든 가장 좋은 도구요, 치료 기구라는 것을 증거한다. 그런데 어떤 이들은 상담하는 데 왜 하나님의 말씀을 사용하지 않을까?

1) 신비주의 성경관

헬라어의 어원적 해석에 의하면 '신비가'란 신비를 지식하는 자, 은밀한 사물의 계시를 받은 자이다. 좀 더 종교적인 언사(言辭)로 표시한다면 신비가란 직각적 또는 내(內)계시적으로 하나님과 영적 사물을 직접 관찰하는 자이다. 그러므로 기독교 신비가는 하나님이나 성령의 직접 지도 아래 있노라고 혹은 하나님과 융합하는 경험을 가지노라고 자천하는 자들이다. 그러나 학술상 신비주의라는 명사가 사용되는 경우는 단일하지 않은 것이다.

첫째, 철학상 신비주의자로서 하나님과 영혼의 동일성 또는 무한신(無限神)의 직관적 감촉을 가르치는 모든 철학체계를 다 포함한다. 불교인의 범신론, 수피인(Sufis)과 애급인의 접신철학(接神哲學), 그 외에 헬라철학 등의 여러 형식이 이 의미에서 신비적이요, 근세에 스피노자의 철학도 이와 비슷한 것이다. 쿠장(Cousin)에 의하면 철학적 신비주의는 하나님이 어떤 중간물의 유도(誘導)가 없이 직접 지식될 수 있다는 신념이다.

둘째, 감정적 신비주의로서 감정으로 지식의 원천을 삼는 사상체계를 철학적이나 종교적임을 물론하고 신비적이라 칭한다. 모렐의 해설에 의하면 슐라이에르마허의 사상체계의 근본원리는 종교가 지성이나 의지 혹은 동적 능력에 자리잡는 것이 아니라 감성에 자리잡는 것이며 종교는 감정의 한 형식 또는 절대귀의(絶對歸依)의 느낌이라고 한다. 다시 말하면 영감은 종교적 감정의 흥분된 상태에서 영원한 진리를 직각함이라고 주장한다. 이 같은 그릇된 신비주의자들은 성경이나 통상적 은혜의 방편을 떠나서 영적 지식과 영적 생활을 하나님으로부터 자기 영혼에 직접 전달받는다고 자처하는 자들이다.

그러나 진정한 신비주의 즉 복음적 신비주의는 모든 성도들의 마음속에 성령의 조명(照明)이 있다. 그러나 성령은 진리의 새 계시를 주시지 않고 오직 이미 계시된 진리를 기구로 사용하시는 것뿐이다. 그러므로 성령의 조명 작업은 오직 사람의 마음을 개방하여 성경을 이해하게 하심이다. 진정한 신비주의는 성령이 성경을 방편으로 사용하여 주시는 그 고등한 지식과 하나님과의 교제에 있는 것이다(cf. 요16:13, 엡3:9, 고전2:10).

그러나 그릇된 신비주의는 하나님의 직접 시달에 의하여 또는 사람의 활동을 하나님의 동작에 수동적으로 흡수시킴에 의해서 하나님의 지식을 획득한다고 주장하고 있다. 이것은 부분적으로 혹은 전적으로 계시의 외면적 기관인 성경을 무시하는 것이며 모든 종교적 지식의 수납에 사람의 능력들의 활동을 무시하는 것이며 하나님 앞에서의 사람의 인격 곧 하나님의 인격을 무시하는 처사이다. 이러한 그릇된 신비주의적 성경을 가진 자들에게 목회상담에서의 성경사용의 방도를 찾지 못한다.[9)]

2) 이성론의 성경관

이성론(理性論) 혹은 합리론(Rationalism)은 경험의 모든 영역에서의 인생 이성의 지상권(至上權)과 충족성(充足性)을 이성 자체에 있음을 단언한다. 즉 이성만이 사람의 성질과 운명에 관한 모든 난제들을 해결함에 충족하다고 하는 견해이다. 그러나 인성이 모든 문제들의 해답이 되며 모든 난제들을 모두 해결한다는 것이 아니라 만일에 해결이 발견될 터이라면 이성만이 그 발견의 기구라는 것을 의미한다. 이들은 성경에 있는 계시 진리 다수는 불합리하다 하여 배제한다. 이성론의 이 같은 합당하지 못한 태도에 대하여 묵과할 수 없다.

먼저, 이들은 종교의 사건에 이성에게 과도한 권위를 돌려주는 체계 또는 이론을 의미한다 (Charles Hodge, Systematic Theology I, p.34). 이것은 이성의 병적 악화이며 부정당한 사용이다. 이성은 진리가 알려진 후에 그것을 능히 인식하나 그것을 스스로 발견하지는 못한다. 이성론은 인생 지성을 모든 진리의 척도로 여기는 것은 피조물인 인간의 발광적인 참람함을 들어내는 것이다.

둘째, 이들은 성경의 특별계시를 검시하여 취사를 감행하는 것으로 계시의 권위에 역행하고 있다. 죄가 세상에 들어온 후로 하나님의 일반계시는 몽롱화하고 사람의 이해력은 흑암화하여 자연에 쓰신 하나님의 글을 읽고 해석하기가 불능하였고 구속의 진리를 아는 것은 불가능하였기 때문에 하나님의 특별계시가 성경을 통하여 나타난 것이다. 그런데 타락한 인생 이성으로 성경의 특별계시를 검시하여 취사를 감행한다는 것은 상하 질서를 무시하는 동작이다. 하늘에서 온 하나님의 계시에 신비함과 난해(難解)한 바 있을지라도 인생 이성은 그것을 권위에 의하여 수납할 것이요, 반항하여 배척할 수 없는 것이다. 중생자의 이성이 성령의 감화하심과 조명에 의해 수납하고 조직화하는 것은 가능한 일이다. 그러나 성령의 지도 없는 자연인의 이성이 계시의 권위에 역행하여 진리를 판단하는 것은 천만부당한 것이다.

---

9) 박형룡, *박형룡저작전집 제1권* (교의신학. 서론), 293-95.

셋째, 이들은 이성의 그릇된 사색으로 인해 성경과 충돌함으로 신임할 만한 권위를 갖지 못한다. 하나님은 우리의 성질과 천지의 창조주시니 무엇이든지 우리의 성질의 법칙이나 외면적 세계의 사실이 참되다고 인증하는 것은 하나님의 계시의 말씀과 충돌할 수 없다. 성경과 충돌하는 것은 자연인의 이성의 그릇된 사색의 결과이다. 성경의 권위를 부인하는 현대주의, 자유주의, 신신학, 다원주의 신학사상은 이성론에 입각하여 성경을 무시하기를 자유자재로 이끈다. 이 학설들은 현재 우리 마음속에 그리스도를 경험하기만 하면 그에 관한 사실이 성경에 어떻게 기록되었든지 무관하다고 주장한다. 나아가서 그들은 그리스도의 복음에 기재된 교훈 전부를 그대로 접수하지 않고 게다가 자유로운 비평을 가하여 그들의 주적 원리에 부합하는 몇 마디 말만을 취사선택하여 그것을 역사적으로 진정한 그리스도의 말씀이라고 한다. 그런즉 그들의 진정한 권위는 그리스도가 아니라 그의 말씀을 자유로 비평하는 신학 자체의 이성론(理性論)적 원리인 것이다.[10] 이러한 그릇된 이성론의 성경관이나 합리론의 성경관을 가진 자들에게는 목회상담에서 성경 사용은 기대하기 어렵다.

3) 영적 미성숙한 상담자

상담심리학자 클라이드 M. 내러모어(Clyde M. Narramore)는 목회상담자가 성경의 사용을 하지 않는 이유를 다음과 같이 지적하였다.[11]

(1) 영적 소경의 상태

중생하지 않은 상태에 머물러 동안에 기술을 익히고 학문을 연구함으로 전문적으로 숙달되는 것이 가능하다는 것이다. 이런 일들은 예수님의 인격과 사역 그리고 그 말씀들을 영적으로 소홀히 취급하는 데 기인한다. 중생하지 않은 상태에서 영적 화해에 대해 소경 같거나 결핍한 상태에 있는 것에 관해 성경은 다음과 같이 말한다. "육에 속한 사람은 하나님의 성령의 일을 받지 아니 하나니 저희에게는 미련하게 보임이요, 또 깨닫지도 못하나니 이런 일은 영적으로라야 분별함이니라."(고전2:14) 이런 상태에 있는 사람의 치료법은 예수님이 유대 율법사 니고데모와 상담한 가운데 잘 나타난다. 그것은 "그는 거듭나야 하리라"는 것이다.

---

10) *Ibid.*, 298-302.

11) Clyde M. Narramore, *The Psychology of Counseling*, 『상담심리학』, 양승달 역 (서울: 성암사, 1976), 281-84.

(2) 의의 말씀을 경험하지 못한 상태

상담자가 실제로 주님을 구주로 알고 있으나 그가 성장하는 동안 실제 생활에 하나님의 말씀을 사용함에 있어서 경험이 없다는 것이다. 이런 상태는 하나님의 말씀을 조롱하는 것보다 오히려 더 영양실조에 걸린 영적인 결핍과 같다. 바울은 '젖'으로만 양육 받은 자와 같은 사람에 대해 다음과 같이 연민의 정과 함께 설명한다. "내가 너희를 젖으로 먹이고 밥으로 아니하였노니 이는 너희가 감당치 못하였음이거니와 지금도 못하리라"(고전3:2). 영적으로 성숙되었을 때 상담자는 다른 사람들을 돕는 위치에 있게 된다.

(3) 자신의 능력으로 과신하려는 태도

상담자들이 하나님의 말씀을 사용하지 않는 이유는 그들 자신의 능력으로 초인적인 일을 해보려는 데 있다. 이런 일은 수레바퀴에 기름을 쳐서 달에까지 끌고 가려는 것과 같이 답답한 일이다. 성경은 여러 세기에 걸쳐 다양한 사람이 기록했음에도 불구하고 완전한 조화를 이루니, 이 조화는 인간적인 계획이나 공모에서 온 것이 아니라 바로 하나님의 역사인 것이다. 바울은 디모데에게 "모든 성경은 하나님의 감동으로 된 것으로 교훈과 책망과 의로 교육하기에 유익하니"(딤후3:16,17)라고 했다. 그러므로 기독교상담자들은 가장 힘있고 위대한 원리를 소유하고 있으니 우리를 구원하시고 우리의 근본적인 요구들과 만나게 하는 주도권을 잡으신 이가 하나님이시며 순전하고 완전하며 인간의 다음에 스며들어 그 마음에 평화를 가져다주는 하나님의 말씀은 상담자의 위대한 자원인 것이다.

5. 성경 사용을 지지하는 견해

성경의 완전한 영감과 무오(無誤)를 믿는 것은 기독교회의 태고로부터 내려오는 중요한 교리이다. 그러나 성경 비평가들의 안목에는 자연현상에 관설(關說)한 구절들은 현대 과학에 틀리는 설명들이며 모든 초자연적 요소들은 과학적으로 잘못된 사상이라고 비난하며 특히 목회상담에 있어 성경 사용을 반대하고 있으니 사실을 공정히 고찰하여 보면 결코 그렇지 아니하다.

1) 과학적 오류가 없다

(1) 성경은 과학적 설명이 아니다.

자연현상에 관한 성경의 언급 통속적, 시적, 인상적(印象的) 표현이요, 과학적 설명이 아니다. 보통 사람의 마음은 사물의 추상적 묘사와 과학적 상설(詳說)에 보다는 외관적인 언사(言辭)와 개괄적인 표시에 더 잘 지각을 가졌기 때문에 성경은 자주 통속적, 시적, 인상적인 표현을 사용하였다. 예를 들어 욥기의 '부은 거울 같은 견고한 궁창'(37:18)이라는 어구는 천공을 고체로 가리키는 비과학적 언사라고 지적되나(Harry Emerson Fusdick: "The Modern Use of the Bible", 1924, pp.33, 60), 사실인즉 이 말씀은 천공(天空)의 외관(外觀)을 시적(詩的), 인상적(印象的)으로 묘사함이요, 과학적 설명을 뜻한 것이 아니다.

(2) 과학적 상식으로 탁월하다.

성경 저자들은 마음에 당시의 유치한 과학적 지식을 분참(分參)하였을 것이나 그들이 자연현상에 관설할 때에 과학적 오류를 나타내지 않았다. 그러므로 성경은 중국, 인도, 파사, 헬라, 회교 등 이교 세계의 미신적 내지 망상적 자연관에 비하면 과학적 상식으로 크게 탁월하다. 성경에는 별들이 태양에 불을 준다든가, 태양은 빛을 다른 데서 받는다든가의 기록이 없으며 헬라 사람과 같이 태양은 큰 철괴(鐵塊)요, 지구는 산이라거나 아리스토틀과 같이 하늘은 고체요, 별들은 거기 고착하여 있다는 표현도 있지 않다. 모세는 애굽의 학술을 통달하였음에도 불구하고 애굽 사람처럼 태양과 별들이 이지(理智)를 가졌다거나 별들에 사람의 운명을 좌우하는 능력이 있다는 기록을 성경에 남기지 않았다. 또 갈대아, 바벨론 사람의 과학에 접촉하여 여러 가지 오류를 내심(內心)에 수납하였을 듯한 다른 선지자들도 성경을 기록할 때에는 진리에 조화되는 사상만을 진술하였다. 이 사실은 아마도 성경 기록의 작업에 성령의 지도와 관할이 있은 증거가 아닐 수 없다.

(3) 과학의 사색과 추론을 경계할 것이다.

과학의 확증된 사실들과 성경의 교훈 사이에는 아무런 충돌이 없으나 과학의 사색과 추리들은 반(反)성경적 태도를 취하는 때 많으니 경계해야 한다. 예를 들어 말하면 진화론은 과학의 사색에 의한 일종의 가설로서 초자연을 제외하여 성경의 창조 교리와 계시 역사와 충돌하며 기타 과학의 명의를 빙자하는 여러 가지 추론이 초자연을 싫어하여 성경의 중요 교리들을 부정하려 한다. 과학의 사색과 추론을 중시하는 인물들의 자연심(自然心)은 성경이 자체의 교훈에게 인생 이성의 절대 복종을 요구하는 사실에 반감을 품고 초자연에 반대의 태도를 취하게 된다. 성경에 대하여 반초자연적 태도의 영향으로 파괴적 비평가들은 성경의 내용을 계시의 결과로 보다도 자연 진화(自然 進化)의 소치로 연역적으로 인정하여 초자연적 창조를 부정할 뿐 아니라 성경 역사의 많은 사변들과 사실들의 배치된 순서를 오류로 본다. 그리하여 모세의 율법은 이스라엘의 국가적 존재의 시초의 기관으로 되고 역대기는 비역사적으로 보이며 예수는 특별히 역사적 수수께끼로 된다. 그러나 과학의 사색과 추론들은 확증 없는 가설이요, 시대와 사람을 따라 전동하는 것이니 그것을 과학 자체와 같이 존중하여 성경 해석의 지도원리로 삼는 것은 단연 불가하다.

2) 역사적 오류가 없다

(1) 오류같이 된 원인이 있다.

성경이 역사적으로 잘못되었다는 기록들의 그 잘못같이 된 원인을 자세히 고찰하여 보면 어떤 것은 단순히 등사하는 사람의 실수에 있고 어떤 것은 세속 역사의 불충분 혹은 오류에 있다. 특히 수의 표시에 있어서 히브리 사람은 본래 인근 민족들과 같이 부호를 사용하였을 터인데 후대에 어떤 서기관이 성경에 사용된 표시 방법의 유전상 불안전함을 느끼어 부호를 포기하고 문자를 대입하면서 잘못 기록하지 아니했나 하는 추상이 있다. 또 군대의 수를 논하면 당시의 군대는 손에 무기를 잡을 수 있는 모든 남자로 구성되었으니 사실상 심히 큰 수로 나타났을 수도 있었을 것이다. 가령 역대상 22:14의 '금 십만 달란트와 은 일백만 달란트'와 역대하 13:3,17의 '군사 사십만…… 팔십만…… 오십만……'이 요세푸스의 역사에는 각기 10분지 1수로 기록되었는데 전자를 과대한 숫자라 하여 오류로 인정한다면 그것은 성경 등사하는 사람의 잘못 기록한 것으로 말미암았을 것이다.

(2) 역사적 고고학적 발견은 성경 역사의 정확성을 증명한다.

역사적 고고학적 발견은 파괴적 비평의 비난에 대항하여 성경의 역사적 보도를 시인하여 온다. 예를 들어 하무라비, 사르곤 2세, 헷족속, 벨사살은 역사가에게 난제를 제출하지 않는다. 또한 구레뇨(눅2:2)는 두 번 수리아 총독이었는데(BC 16-12년, 6-4년) 누가가 언급한 것은 둘째 임기였다는 것이 줌트(Zumpt)의 언명에 의해 알려졌다. 루사니아가 헤롯가의 통치자들과 함께 분봉왕이었다고(눅3:1), 구브로가 총독 정치 아래 있었다고 기록된(행13:7) 성경 진술들을 진정한 것으로 믿는 자들은 비평가들의 비소를 받아 왔으나 근년의 고고학적 발견은 이 진술들의 정확함을 증명하였다.

3) 도덕적 오류가 없다

성경에 도덕적 오류가 있다고 하는 비판도 비평가들의 과장과 오해에 의한 것이요 혹 오착이 있는 듯한 경우에라도 그 사실들을 상세히 검토하여 보면 우리는 다시 진리라고 수긍하게 되는 것이다.

(1) 기록과 재가(裁可)는 다른 것이다.

성경 기사 중에 선한 인물을 묘사함에 있어서 그의 악한 언행까지도 기록하였다고 해서(창9:20-27, 19:30-38, 27:124, 삼하11:1-4, 마26:69) 그 악한 언행이 하나님의 재가를 받았다는 의미는 아니다. 다만 선한 사람의 실수를 사실대로 기록한 것뿐이다. 어떤 때에는 악행이 하나님의 재가를 받았다는 듯이 기록된 경우도 있다(수2:1-24, 히11:31, 삿4:17-22). 그러나 흔히 거기 포함된 목적이나 부수(附隨)한 미덕을 시험삼아 하려거나 그 악행 자체를 옳다고 함이 아니다.

(2) 그 시대의 도덕적 정도를 보아서 임시 용인된 것이 있다.

후대에 부도덕하게 보이는 행위가 고대에 용인된 것은 그 시대의 도덕적 정도를 보아 임시 처변된 것이다. 다처(多妻), 이혼, 노예, 보복, 음주 같은 악습들은 임시 용인의 좋은 예이다. 구약성경은 이런 악습들을 임시 용인하면서 이것들의 부정, 유해함을 율법, 교훈, 사변 등으로 표시하여 후대의 정당한 해결을 위한 기초적 원리들을 세워 두었다(신 24:1과 마 5:31-32, 19:7-9 / 출21:24과 마5:38-39, 출 21:2, 잠 20:1을 보라).

(3) 하나님의 공의의 발동인 언론, 사변, 교리들이 있다.

하나님의 공의로운 무상권은 시인으로 하여금 악인의 비운을 예고하게 하였고(적을 저주한 시편에서와 같이) 이스라엘 사람으로 하여금 죄악이 관영한 가나안 종족을 진멸하게 하였다. 십자가의 대속과 지옥의 영벌도 하나님의 응보적 공의의 발동에 의한 것이다. 하나님은 선하사 만민에게 긍휼을 베푸시나 또한 공의로우사 선을 상 주심과 동시에 악을 벌하심을 엄정히 하신다는 것은 신·구약이 공통된 진리이다. 이 진리에 입각하여 관찰하면 앞에 말한 언론, 사변, 교리들은 결코 도덕적 오류들이 아니다.

4) 인용 및 해석에 오류 없다

(1) 영감된 성구를 영감에 의하여 해석함이다.

신약에서 구약 성구들을 인용 혹은 해석할 때에 성구들의 본 의미와는 다르게 하였다고 하는 예들은 일반적으로 영감에 의한 성구의 영감에 의한 해석으로 볼 수 있는 것이다. 예를 들어 에베소서5:14에 “잠자는 자여 깨어서 죽은 자들 가운데서 일어나라 그리스도께서 네게 비취시리라 하셨느니라” 한 말씀은 이사야 60:1의 “일어나라 빛을 발하라 이는 네 빛이 이르렀고”라는 말씀의 직접적 인용이라고 하면 부정확하여 보일 것이나 그 말씀의 영감된 해석으로서 훌륭한 것이다.

이 밖에 두 선지자의 말을 종합하여 인용하면서 한 선지자의 이름만을 밝힌 것(막1:2-3은 말3:1과 사40:3의 종합), 구약성경의 문자들만을 사용하여 신약적 관념들을 표현하고 그 성구 자체를 해석하지 않은 것(롬10:7-8은 신30:12-14로부터), 일반적으로 예표적이라고 인정되지 않은 성구에서 예표적인 요소를 지적하여 낸 것(마2:14는 호11:1로부터) 등은 영감된 신약 저자들이 자유로 할 수 있는 일이었다.

(2) 현저한 오역문도 원문의 충만한 의미의 일부를 표시한다.

70인경의 현저한 오역문(誤譯文)도 영감된 원문에 포함된 충만한 의미를 적어도 부분적으로 표현하기 때문에 그것의 인용에 영감의 재가(裁可)가 주어진 것이다.

5) 보도의 불통일에 오류가 없다.

(1) 진술의 자세함과 간단함으로 인한 차이뿐이다.

숫자의 약술, 서사의 약술과 상술 등으로 인하여 자구(字句)의 차이는 생겼으나 내용 의미의 상충은 없다. 예를 들어 말하면 민수기 25:9에 ‘염병으로 죽은 자가 이만 사천 명이었더라’ 한 것이 고린도전서 10:8에 ‘이만 삼천 명’으로 된 것은 두 기록 중에 어느 하나가 오보(誤報)

인 때문이 아니라 둘이 다 중간에 있는 실수를 어떤 이는 옳다 하고 어떤 이는 그런 일이 있을 수 있다는 사실을 약술한 결과일 것이다. 혹은 전자는 그 염병으로 죽은 자의 총수를 말하고 후자는 '하루 동안에' 죽은 자의 수만을 말한 것임으로 두 숫자가 같지 않을 수도 있다. 부활주일 아침에 성묘의 돌문이 이전된 데 대하여 마가, 누가, 요한은 그것이 이전되었다고만 말하고 마태는 그것이 지진에 의하여 이전되었다고 한다. 전자는 약술이요, 후자는 상술인 상이는 있으나 내용 의미의 상충은 없어 둘이 다 진실하다.

(2) 진술의 부분적임에 의한 차이뿐이다.

같은 사건의 어떤 부분들만이 진술된 결과로 기록의 문맥에 차이가 보이나 그 기록들을 종합하여 보면 서로 보충하여 충분하고 원만한 보도를 구성하니 어느 편에든지 오류가 없다. 예를 들어 예수의 십자가 위에 붙인 죄패의 기문을 마가(15:26)는 "유대인의 왕이라", 누가(23:38)는 "이는 유대인의 왕이라", 마태(27:37)는 "이는 유대인의 왕 예수라", 요한(19:19)은 "나사렛 예수 유대인의 왕이라"라고 조금씩 차이 있게 보도하였다. 동일한 죄패에 기문을 사복음서에 이렇게 통일 없이 보도하게 된 원인은 다름 아니라 그것이 본래 라틴, 헬라, 히브리 세 방언으로 기록되었기 때문에 그 원문에 통일이 없었을 수 있다. 그것이 사실인 경우에 마가와 누가의 기록은 실질적으로 같으니 아마 동일한 원문의 역술(譯述)로서 두 사람 중의 한 사람이 조금 자유로운 역술을 하였다고 보일 것이다. 혹은 그 죄패의 원문은 "이는 나사렛 예수 유대인의 왕이라" 한 것인데 사복음 저자가 각각 부분적 역술을 하고 그 전문을 충분히 취하지 않은 때문에 이런 문구적 차이가 생겼을 것이다. 그러나 저서자(著書者)들이 문원(文源)의 이록(移錄)을 부분적으로 하거나 전체적으로 하거나 자유로 할 수 있으니 그 어느 편에든지 오류는 없다.

(3) 진술의 형식으로 변한 결과의 차이뿐이다.

저자가 동일한 사상을 재진술할 때에 이전의 진술보다 다른 형식으로 하였기 때문에 기록의 차이가 생겼으나 어느 한 진술에 오류가 있음은 아니다. 가령 십계명의 진술이 출 20:3-17에서와 신 5:7-21에서 약간의 지구상 차이를 보이는 것은 동일한 사상이 영감에 의하여 초술(初述)될 때와 재술(再述)될 때에 형식을 약간 달리한 때문이나 그 사상에 변이는 없다.

(4) 특징적인 것의 차이뿐이다.

요한복음은 예수 행적의 설술(說述)이 공관복음의 그것보다 다르다 하여 비역사적이라고 선언되었으나 소위 다른 점이라는 것은 여러 복음의 특수한 성격과 목적에 비추어 설명될 수 있는 것이다. 요한복음은 공관복음에 보충이라는 특수한 성격과 목적을 가진 고로 보다 더 깊은 통찰과 새로운 설명들을 포함한다. 요한복음의 저자가 독자들이 공관복음의 설화(說話) 혹은 유전을 이미 아는 줄로 인정하였다는 것은 일반적으로 동의를 받는 사실이다. 만일 그가 예수의 형상에 어떤 새로운 설명, 혹은 그의 인격과 사역에 대한 더 깊은 통찰을 할 것이 있었더라면 다른 복음서를 다시 기록하지 않았을 것이다. 이 사실은 공관복음과 제4복음 사이에 어떠한 다른 점이 있게 된 원인을 설명하는 동시에 후자도 전자같이 참될 것을 기대케 한다. 만약 예수의 언행과 자천(自薦)과 의식에 관한 공관복음의 기사가 참이라면 요한복음에 발견되는 바와 같은 보충도 또한 기대되는 바다. 우리는 공관복음에 발견되는 것보다 혹은 좀 더 많이 혹은 좀 더 적게 요한복음에서 발견한 바를 기대한다.

6) 남은 난관에 오류가 없다

오류로 지적된 모든 난관들의 해명이 성경 주석에서 일일이 시도되었으니 이상에 들어 논한 이외의 어떠한 난관이든지 우려는 그것을 오류라고 판단하기 전에 먼저 견실한 성경 주석을 찾아가서 해명에 노력할 것이다. 성경 주석에서 모든 난관이 하나도 빠짐없이 전부 해명되는 것은 아니다. 성경은 우리 현재 지식으로는 충분히 해명할 수 없는 요소들이 얼마를 포함하여 있다. 우리의 히브리어와 헬라어의 지식은 결코 완전하지 못하다. 예를 들면 어떤 단어들과 숙어들은 성경에 몇 번만 나타나는 것으로서 그 말들의 정확한 의미에 대하여 최선한 학자들의 동의가 없는 때 종종 있다. 그러나 남아 있는 난관들에 대해서도 우리는 감히 오류라는 선언을 발할 것이 아니라 우리의 무식을 자백하고 경건한 태도로써 미래의 해결을 기다릴 것이다.

(1) 과거를 보아서 미래 해결을 대망할 것이다.

수십 년 전에 회의주의자들과 무신론자들이 자신 있게 과시하던 소위 '성경적 오류'들의 대다수는 학구와 고고학적 발견이 진행됨에 따라 이미 해명되었다. 금일에는 그 오류의 밝은 목록의 작은 단편이 남아 있을 뿐이다. 그리고 역대 인물들의 많은 무자비한 공격과 근대 비평의 모든 가열한 탐조광선(探照光線)이 성경에 집중되었으되 성경 어느 부분에 '단 한 건의 오류가 존재한다는 것도 확실히 증명되지 못하였다'는 것은 우리에게 대만족이다. 성경의 난관들이 과거에 이렇게 성공적으로 해결된 사실을 보아서 우리는 학구와 발전이 보다 더 진보될 미래에 그것들의 보다 더 많은 해결이 있을 것을 기대할 수 있다.

(2) 사소한 난관들이다.

아직까지 남아 있는 얼마의 난관들은 성질상 극히 사소하니 우리는 이 때문에 과히 고민할 이유 없는 것이다. 이것들은 아무 중요한 교리나 역사적 사변에 대해서도 문제를 일으키지 않는다. 보다 더 충분한 광명이 오면 이것들은 백주에 요괴(妖怪)같이 그림자를 감추고 말 것이다. 전체로 보아 성경에 이만한 난관들의 임재는 마치 큰 대리석제의 전당 외벽에 약간의 모래알 같은 것이 붙어 있음과 같은 정도에 불과한 것이다. 성경이 몇 경우에서 우리가 우리의 현재 지식의 방편으로 만족히 설명하기 불능한 상위들을 포함한다는 것을 시인하더라도 그것들은 성경의 무오성을 부인할 합리적 근거를 제공하지 못한다. 성도는 성경의 현재 상태에서 그것에 대해 설명하지 못할 어떤 것들이 있을지라도 성경의 완전 영감에 대한 그의 신앙을 포기할 필요 없다.(Charles Hodge, "Systematic Theology", 1872, Vol. I, p. 170).

7) 경외의 정신과 변증적 태도를 가져라

경외의 정신과 변증의 태도는 하나님의 특별계시인 성경에 대하여 우리가 가질 적정한 정신과 태도다. 이 정신과 태도를 가지는 자는 성경에 난관이 있음을 인정하되 그것을 오류라고 단정하지 않고 자기의 무식을 한탄하며 힘이 미치는 한 그것의 해명에 노력한다. 반면에 이 정신과 태도를 가지지 않는 자는 성경의 난해한 곳을 볼 때마다 즉시 오류로 단정하고 자유자재로 파괴적 비평을 가한다.

(1) 경외의 정신.

여호와를 경외하는 것이 지식의 근본이니(잠1:7, 9:10) 모든 지식의 추구와 명철의 생활에서 하나님을 경외하는 것은 주도적 원리요, 중심적 요소이다. 여기서 떠날 때에 인생의 마음은 문득 자아 구경성(自我 究竟性)을 단언하고 암흑과 미로에 방황하여 받은 바 교훈에서 아무 유익도 얻지 못한다. 반면에 하나님을 경외하고 또 그를 노엽게 할까 두려워하여 매사에 조심하는 사람들은 실로 참 지식을 얻는 도상에 있다. 하나님의 말씀에 대한 경외의 정신은 하나님의 특별계시인 성경에 향한 경외를 매우 중요할 부분으로 포함할 것이다. 그러므로 유대인은 대(大)성경의 제일 면에 쓰기를 "두렵도다, 이곳이여…… 하나님의 전이요 이는 하늘의 문이로다"(창 28:17)고 하였다.

(2) 변증적 태도.

경건의 정신으로 성경을 대하는 자는 성경에 난관이 발견될 때마다 이를 변증하여 해명하고 해명이 곤란하거든 자기의 무식을 자백하고 장차 해명될 때가 오기를 대망한다. 역대의 경건한 성도들은 이 같은 태도를 취하여 성경의 난해한 곳이 세월이 흘러감에 따라 한 건 두 건 해명됨을 보고 마음속에 만족하며 성경의 무오한 권위에 대하여 회의하지 않았다. 성경 비평의 역사는 장차 지식의 진보가 성경의 무오를 자증(自證)하리라는 추상을 지원한다.

8) 성령의 조명을 위해 기도하라

성경은 하나님의 말씀이다. 이것은 교회의 성경관을 대표하는 정의이다. 이렇게 성경과 하나님의 말씀을 동일시하는 이유는, 성경은 하나님의 직접적인 자기 시달의 유일(唯一) 문서라는 것이다. 성경은 하나님의 계시, 즉 말씀의 작용을 속행하고 있다는 것 등을 열거할 수 있다. 그러나 가장 중요한 이유는 성경은 그 전부가 성령의 감동을 받기 때문에 전체적으로 하나님의 사상을 전달함에서 '하나님의 말씀'이라는 것이다.

(1) 성령은 성경의 저작자이시다

성경이 하나님의 말씀임은 이것은 사람들의 마음에 성령의 공작(工作)이 행하여 산출한 문서이기 때문이다. 성령은 성경의 저작자이시라는 것은 첫째로 성경 자체의 교훈이 명시하는 사실이다. 예수께서 시편 101편을 인용하시면서 "다윗은 성신에 감동하여 말하되"라고 말씀하신 것은 시편 내지 구약성경의 성령으로 인하여 만들어진 작품 됨을 긍정하심이 아닐 수 없는 것이다(막12:36). 사도바울은 "모든 성경은 하나님의 감동으로 된 것으로…… 유익하니"(딤후 3:16)라고 말하여 성경 전체의 신적 저작권을 선언하였다. 바울의 이 선언은 주후 68년경의 발언이니 그의 염두에 둔 '모든 성경'은 구약을 주로 하되 신약의 대부분을 또한 포함하였을 수 있는 것이다. 바울의 선언과 제휴하여 베드로후서 1장 21절의 베드로의 말씀도 특별히 주의를 끌고 있으니 즉 "예언은 언제든지 사람의 뜻으로 낸 것이 아니요 오직 성령의 감동하심을 입은 사람들이 하나님께 받아 말한 것임이니라" 하였다.(성경 다른 곳에서 성경 전체를 가리켜 예언이라고 말하였으니 이 구절에서 베드로가 말한 예언도 구약성경 전부에 관련하여 말하고 있는 것으로 보는 것이 타당하다(B. B. Warfiled: "Revelation and Inspiration", p. 82.).

(2) 성령은 성경의 해석자이시다

성경이 하나님의 말씀이라는 것은 성령을 해석자이심을 받아들일 때 정해(正解)되기 때문이다. 사람의 심중에 성령의 공작(工作)이 행하여야 성경말씀을 정해할 수 있는 것이다. 사람은 먼저 성령의 중생을 받고 계속하여 성령의 내주와 교도(敎導)를 얻는 때에 능히 하나님의 신령한 진리를 이해할 수 있다. 교회 역대에 성경보다 지나치는 불행한 운동들의 긴 목록은 다 성령의 조명 없이 성경을 해석한 결과이다. 성경과 그것의 해석자로서의 성령을 분리할 때에는 성경은 바로 이해되지 못하고 오류가 발생한다. 오늘날에 있어서 우리는 지식의 결핍보다도 신적 지혜, 즉 영적 성격을 갖은 지식의 결핍에서 고통을 보나니 우리는 성령을 해석자로 모시고 성경을 상고하기에 주력할 것이다. 구약의 시인은 "나의 마음은 주의 말씀만 경외하나이다"(시편119:1,6)하여 하나님의 말씀만을 경외함을 고백하였다.

Ⅱ. 성경 사용의 원리와 유형

1. 성경 사용의 역사적 배경

목회상담에서 성경의 사용을 논하기 시작한 것은 1936년 캐봇(Richard C. Cabot)과 딕스(Russell L. Dicks)의 저서 「환자목회의 기술」(The Art of Ministering to the Sick)의 출간에서부터라고 할 수 있다. 이들은 병원에 입원해 있는 환자들을 돌보며 상담하는 가운데 기도와 성경말씀이 환자들의 정신적인 안정과 인격적인 발전, 그리고 질병의 치유에 크게 도움이 되었다. 그들은 목사들이 병원 목회를 할 때 성경의 사용을 권장하고 있다. 그 이후에 신학대학원에서 상담학을 가르치던 힐트너(Seword Hiltner, Pastoral Counseling), 오우츠(Wayne E. Oates, The Bible in Pastoral Care), 와이즈(Carrall A. Wise, Psychiatry and Bible) 등이 목회상담의 자원으로 성경을 논하고 성경의 사용이 목회상담에 중요한 도움을 준다고 주장했다.

이들의 공통된 첫 번째 특징은 성경을 사용하되 상담의 원리에 맞추어 사용해야 성경이 내담자에게 도움을 준다는 것이다. 그렇지 않을 경우에는 성경말씀이 내담자의 생각과 감정을 억압하여 상담을 어렵게 한다는 것이다. 두 번째 특징은 성경의 경험들에 비추어 내담자의 경험을 스스로 성찰하고 자기의 경험들을 더욱 분명하게 파악할 수 있다는 것이다.

이와 같이 1960년대까지의 상담학자들의 특징은 상담의 원리와 방법을 먼저 적용하여 상담하는 가운데 성경말씀을 첨가하여 상담하면 더 좋은 결과가 나올 수 있다는 것이다. 이러한 목회상담의 흐름에 대해 1960년대의 혼란을 거쳐 1970년대가 되면서 급격한 반작용이 일어나기 시작했다. 그것은 제이 E. 아담스(Jay E. Adams)를 효시로 하는 권면적 상담의 주장이었다. 제이 E. 아담스는 1972년에 「Competent to Counseling」을 출간하여 성경에 합당치 않는 상황은 없으며 성경만이 진정한 상담 자원이 되어야 한다고 주장했다. 그는 오늘의 심리학적 방법들은 정죄하고 성경에 근거한 성경적 상담을 해야 한다고 주장했다. 이보다 과격하지는 않지만 게리 콜린스(Gary Collins, Effective counselling), 크랩(Lawrence J. Crabb), 내러모어(S. Bruce Narramore) 등도 성경적 상담의 필요성을 역설하고 성경적 상담방법들을 제시하였다.

그러나 이렇게 보수주의적인 경향을 가진 학자들의 방법을 반대하고 인간 치유에는 인간 자체 속에 숨겨진 질서를 발견하여 그 질서 안에서 인간을 치유하되, 궁극적으로 성경을 사용하여 하나님과 관계를 회복시키고 치유 자체를 촉진시키는 것이 바람직하다는 중도적인 입장이 생겨났다. 존 B. 코브(John B. Cobb Jr)는 「신학과 목회」(Theology and Pastoral Care)에서 성경의 체험으로 내담자의 체험을 조명하여 내담자가 깨닫지 못했던 자기의 체험들을 발견하여 치유에 도움을 줄 수 있다고 주장했다. 목회자요 상담학 교수이기도 한 데이빗 스위쩌(David Switzer)는 「목사, 설교자, 인격자」(Pastor, Preacher, Person)라는 그의 저서에서 성경말씀은 상담관계 형성, 재교육, 내담자 진단 등에 유익한 하나의 자원으로 다루고 있다. 위의 학자들의 상담학 저서 가운데 한 부분을 성경의 사용에 대해 논한 점에서 공통적이다. 그러나 오글스비(William B. Oglesby), 오덴(Thomas C. Oden), 그리고 갭스(Donald Capps) 등은 성경을 목회상담에 어떻게 사용할 것인가에 대해 단행본을 출간하였다. 이 가운데 오덴은 로저스(Carl R. Rogers)의 내담자중심 상담의 개념을 어떻게 성경적으로 이해할 것인가를 논하여 개념 정립에 노력을 경주했으나 오글스비와 갶스는 목회상담의 원리와 방법뿐 아니라 목회상담의 절차까지도 성경에서 발견하여 사용할 수 있다고 주장한다. 그리고 구체적으로 어떻게 성경을 상담의 절차에까지 적용할 수 있는지를 분석하며 논하고 있다.[12]

12) 오성춘, *op.cit.*, 110-11.

2. 성경 사용의 원리

목회상담자가 상담하는 동안에 내담자에게 필요한 성경 구절을 읽는 것은 순수한 생명의 떡을 주는 것이다. 내담자는 상담자가 다른 여러 말로써 상담하는 것보다 성경말씀으로 권면할 때 더욱 빨리 반응을 보이게 되는 것이다. 그럼 하나님의 말씀을 내담자가 더 오래 기억할 수 있도록 하는 방법은 무엇인가? 목회상담을 통하여 하나님의 구원과 생명이 내담자에게 나타나기를 원한다면 상담자가 하나님의 말씀을 사용하여 상담하지 않을 수 없다. 목회상담자에게 성경은 가장 훌륭한 도구요 치료 기구가 되기 위해서는 성경말씀을 어떻게 사용할 것인가? 그러나 성경말씀을 어떻게 상담에 사용할 것이냐에 대해서는 상담학자들 사이에 의견이 여러 가지로 나누어져 있다.

1) 제이 E. 아담스의 견해

제이 E. 아담스(Jay E. Adams)는 그의 저서『Competent Counseling』(1972)과『The Use of the Scriptures in Counseling』(1977)에서 목회상담에서 성경의 사용에 관한 중요한 원리와 방법을 제시하였다. 아담스의 주장하는 성경적 접근(Biblical approach)에 따르면 성경적 상담이란 ① 성경에 의하여 그 동기가 찾고 ② 성경에 공고히 기초해야 하며 ③ 성경의 목표와 목적에 따라서 구성되어야 하며 ④ 성경에 모델로 주어지고 성경이 가르치는 원리와 실제들을 조직적으로 발전시켜 사용하여야 한다고 주장한다.[13] 아담스가 제시한 성경의 사용의 원리의 배경에는 현대 심리학의 원리와 방법을 거절하는 그의 개혁주의 성경신학의 배경에 의해 교의신학과 상담신학과의 연결을 시도하였다. 그는 성경만이 오직 유일한 신적 권위(Divine authority)를 가진 정확무오한 하나님의 말씀으로 믿고 이것을 신앙과 행위의 유일한 규범으로 적용시키며 상담에도 적용되어야 한다는 원리에 의해 인간이 겪는 모든 문제들을 성경의 조명 아래서 이루어져야 하며 성경은 상담자의 유일한 교과서임을 강조하였다.[14] 이러한 견해를 가진 아담스는 상담은 하나님의 구원의 과정 즉 은혜와 믿음, 복음과 성화의 과정을 따르고 반영해야 한다고 주장하였다.[15]

---

13) Jay E. Adams, *The Use of the Scriptures in Counseling* (Nutley, NJ: Presbyterian & Reformed Publishing Co, 1975), 181-82.

14) *Ibid.*

15) Jay E. Adams, *Competent to Counseling*, 152.

그러나 이러한 아담스의 주장의 배경에는 목회상담에 있어서 무엇보다 기독교적 전제가 필요하지만 그동안 상담학 분야에 새로운 혁명을 일으키고 있던 로저스(Carl R. Rogers)의 비지시적 상담이론, 프로이드(Sigmund Freud)의 정신분석적 요법, 혹은 스키너(Skinner)의 비기독교적 전제에서 출발된 상담이론과 방법이 목회상담의 이론과 실제에 소개되고 있는 상황에 대한 정면적 도전과 배격으로서 성경적 방법을 통해 상담이론을 제시한 것이었다. 또한 아담스는 프로이드학파나 로저스학파 상담자들이 상담할 때 순수하게 그들의 상담이론과 전제의 바탕 위에서 상담하고 다른 상담학파의 이론과 원리들을 혼합하여 사용하지 않는 것처럼 목회상담은 상담자나 내상담자의 상황이나 자세를 기준으로 할 것이 아니라 교훈과 책망과 바르게 함과 의로 교육하기에 유익한 하나님의 말씀(딤후3:16, 17)인 오직 성경을 기준하여 순수한 성경적 상담의 원리를 제시하려는 시도였다.[16)]

그의 견해에 따르면 성경에는 인간 이해에 관한 모든 것이 다 들어있기 때문에 성경 이외 다른 자원들을 상담에 사용할 필요가 없다는 것이다. 아담스에 따르면 인간의 모든 상황은 성경에 가장 잘 기록되었기 때문에 어떠한 내담자이든지, 어떠한 문제이든지, 어떠한 상황이든지 상관없이 성경을 사용해야 한다는 것이다. 그는 말하기를 "하나의 상담원리가 성경에서 가르치는 것들과 다르거나 성경에 없는 것이라면 그것은 잘못된 것이요, 만약 성경이 가르치는 것이 같다고 한다면 그것은 꼭 사용할 필요가 없다."(1977) 따라서 그는 최근의 상담 심리학이나 정신의학적인 방법론을 언급하면서 이러한 방법론은 성경의 신념과 일치하지 않으며 성도의 신앙과 배치된다고 주장한다. 이러한 잘못된 방식으로 상담에 임하는 모든 심리치료자들은 실제로 자신들을 하나님과 성경에 대등한 자리에 올려놓는 잘못을 범하고 있는데 이것이 바로 상담심리학이나 정신의학이 성경과 통합될 수 없는 분명한 이유라고 주장한다.[17)] 그러나 불신자들은 사람에게 삶의 방식이나 개인적인 문제들을 다루는 방법을 가르치기 위해 구원이나 성화, 즉 예수 그리스도가 도외시된 새로운 방법을 개발하기에 이르렀는데 이것이 심리치료들이라는 것이다.

그러나 이러한 아담스의 주장과는 달리 게리 콜린스(Gary Collins)의 견해는 그의 저서 「효과적인 상담」(Effective Counseling)에서 성경의 사용을 권장하지만 상담에서 사용하는 성경의 정도에 관해서는 상담자와 내담자와 문제의 성격에 따라서 다르게 적용되어야 한다고 주장한다. 그는 자기의 경험을 통해서 어떤 내담자들에게 기도와 성경의 사용은 강화시키며 촉진시

---

16) *Ibid.*, 51.

17) Jay E. Adams, *The Sovereignty of God and Counseling: in What About Nouthetic Counseling?* (Nutley NJ: Presbyterian & Reformed, 1976), 41.

키는 효과가 있었으나 다른 내담자들에게는 불안과 억압의 요인이 되었다고 한다. 그러므로 상담자는 상황과 내담자의 특성을 고려하고 어떻게 사용하느냐, 언제 사용하느냐 등을 신중하게 고려하여 성경을 사용해야 한다고 말한다. 콜린스의 입장은 성경을 무분별하게 사용해서는 안 되며 반드시 분별력 있게 사용해야 한다는 것이다.[18)]

또한 제이 E. 아담스의 주장에 대해 오성춘 교수는 그의 저서 『목회상담학』에서 제이 E. 아담스에 따르면 인간의 모든 상황은 성경에 가장 잘 기록되었기 때문에 어떠한 내담자이든지, 어떠한 문제이든지, 어떠한 상황이든지 반드시 성경을 사용해야 한다. 그러나 아담스의 저술 가운데 언급하는 문제들이나 사례들도 대부분 하나님과 인간과의 관계 상실과 회복의 측면에서 다루고 있음을 본다. 우리는 하나님과 관계의 문제는 영적 질서에 속한 것이기 때문에 하나님의 말씀이 지배한다. 그러므로 아담스의 주장은 하나님과의 관계 문제를 집중적으로 다루는 경우에 합당한 주장이다. 하나님은 인간의 육체와 정신과 정서, 그리고 인간관계 등에 그 나름대로의 자연 질서를 주셨기 때문에 우리 인간은 이러한 자연 질서를 탐구하여 그 질서의 법칙대로 자연을 회복시키는 인간의 책임을 면할 수 없다. 육체의 문제에 하나님의 초자연적인 능력의 개입과 치유의 가능성을 우리는 믿지 않을 수 없다. 동시에 육체의 기능과 작용에는 그 나름대로의 법칙이 있어서 우리는 그것을 연구 조사하고 육체의 문제를 치유하는 데 도움을 줄 수 있다. 이것은 정신적인 문제, 정서적인 문제, 인간관계의 문제 등에도 꼭 같이 적용될 수 있다.[19)]

나아가서 아담스의 견해에 대해 클라인벨의 주장하기를 성경은 목회와 상담에서 전인성을 제한하는 방법으로 잘못 사용될 수도 있음을 지적한다. 목사가 자기의 약화된 권위를 지지하고 내담자를 조종하여 엄격한 도덕주의에 일치시키며 성과 이혼과 같은 문제들에 대하여 삶을 억압하는 자세들을 정당화시키는 율법주의적 방법으로 성경을 인용할 수 있다는 것이다. 클라인벨은 아담스의 접근방법을 이러한 예로 든다. 아담스는 모든 심리적인 문제의 원인을 죄와 무책임한 삶으로 환원시키고 있으며 인간 상황에 대한 심리학적 이해들은 '인본주의적이요, 비성서적'이라고 거절한다. 그 방법은 배타적으로 대결 중심이어서 자신의 죄를 보게 하고 성경을 사용하여 성경의 가르침에 율법주의적으로 일치하도록 밀고 나간다(클라인벨, 목회상담신론, p.202). 계속하여 아담스의 성경적 접근방법에 대해 클라인벨은 지적하기를 첫째, 이 방법은 성경의 지혜를 인간 과학들과 심리치유방법들로부터 배운 현 시대의 지혜에 통합시키지 못

---

18) 오성춘, *op. cit.*, 115.
19) *Ibid.*, 115-16.

하기 때문에 빈약한 상담방법이다. 둘째로, 아담스의 접근방법은 성경의 권위를 재강화시키면서 권위주의적인 충고를 권장하고 있다. 이렇게 함으로써 내담자의 의존성이 증가되고 영적 성숙이 저해된다. 셋째로, 이 접근방법의 엄격한 성경주의는 사람들로 하여금 성경의 생명력을 발견하지 못하게 하여 그들이 당하고 있는 특별한 상황을 변화시키는 능력으로서의 성경의 사용을 저해한다[20]는 주장이다.

따라서 성경의 가르침과 심리학적인 방법론이나 원리들이 서로 상충되는 것이 많이 있다. 그러나 이것은 근본적으로 인간의 문제 상황이 다양하여 한 가지 원리나 방법으로 다 포괄할 수 없을 만큼 크다는 것을 이야기한다. 그러므로 목회상담자는 여러 가지 발견들과 이론들과 방법들을 배우고 그것이 필요한 상황들을 연구하여 다양한 목회현장 가운데 활용하여 목회를 해야 할 것이다. 그러나 동시에 목회상담자는 인간의 상황들 가운데 하나님과의 관계 상실이나 회복이 그 상황들에 중대한 영향이 있다는 사실도 감안하여 그러한 상황들에도 신중하게 분별하여 성경을 사용하여야 할 것이다.

2) 클라이드 M. 내러모어의 견해

클라이드 M. 내러모어 박사는 『Psychological For Living』의 편집장이며 캘리포니아 주 로즈메드에 위치한 정신건강센터인 내러모어 기독교 재단의 설립자이자 총재를 역임하고 있다. 저명한 가정상담가이기도 한 그는 법무장관 직속의 가정폭력특별대책위원회에서 책임을 맡아 수고하기도 했다. 그는 가정생활과 감정의 안정에 대한 여러 권의 책을 저술하였으며 미국 전역에 걸쳐서 라디오방송 상담을 하고 있다. 상담심리학자 클라이드 M. 내러모어(Clyde M. Narramore)는 목회상담에서 성경 사용의 원리를 다음과 같이 가르치고 있다.[21]

첫째는 내담자가 손에 성경을 들고 지적하는 성경을 직접 읽도록 하는 것이다. 많은 실례에서 볼 수 있듯이 성경을 내담자의 손에 들고 그 구절을 직접 읽게 하는 것은 새롭고 독특한 인상을 줄 것이다. 즉 하나님이 그 읽는 자에게 하나님의 주장을 강하게 촉구하는 것으로 사용하신다. 상담자가 내담자에게 성구나 그 일부분을 암기하도록 제안한다면 그 효과는 무엇보다도 더욱 클 것이다. 작살이 고래의 몸속에 박혀 들듯 하나님의 말씀은 이전에 구주를 받아들이지 않으려던 사람의 마음에 뚫고 들어가 변화를 일으켜 왔다.

둘째는 상담자가 먼저 성경 구절을 읽은 후에 내담자에게 반복하게 하거나 다시 읽을 것을

---

20) *Ibid.*, 116.
21) Jay E. Adams, *op. cit.*, 200-203.

요구하는 것이다. 이런 식으로 하면 두 배의 강조의 효과가 있으며 또 그 말씀이 마음속에 영원히 거할 수 있는 효과를 거둘 수 있을 것이다. 또한 그렇게 함으로써 건성으로 아무렇게나 하는 독서습관을 속독하는 습관으로 고칠 수도 있다. 성령은 또한 다른 방법을 통하여 내담자의 마음에 성구를 심어주고 적용시키시기도 한다.(행16:31절 참조)

셋째로 내담자에게 성경으로 권면하는 가장 좋은 방법은 그 성경말씀을 내담자 자신에게 직면시키는 것이다. 목회상담자는 조심스럽게 성경을 선택해야 한다. 모든 성경이 하나님의 말씀인 것은 틀림없지만 에스겔서 한쪽 귀퉁이에 있는 성구가 구원의 필요성과 확실함을, 요한복음 3장 16절이나 혹은 전체 성경의 중요한 뜻을 함축시켜 놓은 어떤 중요한 구절만큼 잘 나타내 주는 것은 아니기 때문이다. 그러므로 먼저 목회상담자는 인용할 성경의 분량을 조절해야 한다. 내담자가 수용할 수 있는 한계가 있다는 것을 기억하고 제공하고자 하는 것만 간단명료하게 전달해야 할 필요가 있다. 전하려는 중요한 성구에 다른 구절들을 자꾸 덧붙여서 뜻이 흐려지게 해서는 안 된다. 또한 목회상담자는 성구를 잘 분석하여 내담자가 이해할 수 있도록 하고 그에게 적용시킬 수 있도록 해야 한다는 뜻이다. 성경을 잘 모르는 사람들에게는 성경에 나오는 중요할 구절에 주를 달아 줄 필요가 있다. 성경에 나오는 기호나 주(註) 같은 것은 가정의 가구처럼 편리한 것이다. 주(註)를 달아서 잘 해석해 줌으로써 성경과 친숙해질 수 있으며 성경이 한 개인에게 귀중한 책이 될 수 있는 것이다.

나아가서 목회상담자는 어떤 성경 부분을 반복해서 상고함으로써 큰 효과를 얻을 수 있다. 중요한 성구를 반복해서 읽는다든지 암기하든지 주해를 함으로써 큰 효과를 얻을 수 있다. 그렇게 하면 이전에 상담했던 문제들을 다시 상기할 수 있으며 일련의 상담과정이 밀접한 관계를 유지할 수 있도록 함으로 영적 진전 과정도 검토할 수 있는 기회를 가질 수 있다. 다시 성경을 복습하게 함으로써 진지하며 탐구하는 태도로 성경적인 해답을 찾아내도록 할 수 있는 것이다.

3) 존 B. 코브의 견해

1970년대 초반에 미국 목회상담학계의 경향은 보수적인 입장이 강했다. 제이 E. 아담스를 비롯하여 부르스 M. 내러모어, 로렌스 J. 크렙, 게리 R. 콜린스 등의 성경적 상담을 표방하고 나서면서 70년대 초반 미국 목회상담학계에 크게 영향을 주었다. 그러나 70년대 후반에 들어오면서 중도적인 입장이 다시 살아나기 시작하였다. 1977년에 존 B. 코브(John B. Cobb Jr.)는 「신학과 목회」(Theology and Pastoral Care)를 출간하면서 70년대에 일어나기 시작한 성경 언어의 회복이 성경의 무분별한 사용을 불러올 가능성이 있으며 더욱이 부적절한 성경의 사용으로 목회상담에 장애를 초래할 가능성이 있다고 우려하였다. 그에 따르면 오늘 이 시대의 언어와 성경의 언어를 조화시키는 것은 필요한 일이지만 그러기 위해서는 ① 성경의 본래 의미를 잃지 않아야 하고 ② 성경에서 계시하는 인간의 근본 목적뿐 아니라 기독교 전통이 전달해 주는 경험들을 목회상담에 적용할 수 있어야 하며 ③ 현대인들에게 거부되거나 모호하게 변해 버린 경험들을 성경의 조명을 받아 다시 발견할 수 있어야 하며 ④ 목회상담자는 성경을 사용하되 그 용어만을 사용하는 것이 아니라 성경의 경험을 자기 속에 내면화시켜 자기 자신의 용어로 성경의 경험을 표현할 수 있어야 한다고 주장하였다.[22] 조직신학자인 존 B. 코브(John B. Cobb)의 주장은 이론에 머물고 실천적인 방법론은 제시하지 않았다. 그러나 그는 목회상담에 성경을 사용해야 한다고 강력히 주장하면서도 무분별하고 부적절한 성경의 사용은 주의해야 하며 성경을 사용하되 제한을 가지고 사용해야 한다고 암시한다. 이것은 아담스나 로렌스, 콜린스 등 보수적인 입장을 가진 목회상담학자들과는 현저하게 다르다.[23]

4) 데이빗 스위쩌의 견해

데이빗 스위쩌(David Switzer)는 그의 저서 「Pastor, Preacher, Person, 1979)」에서 보수주의 입장과 현저하게 다른 성경의 사용을 입장을 취한다. 그는 성경의 사용이 기본적인 상담의 원리들을 따라야 한다고 주장한다. 그는 로버트 카크허프(Robert Carkhuff)의 연구조사 결과를 그대로 수용한다. 카크허프는 상담이 정말 효과가 있는가 하는 연구조사를 하는 과정에서 어떤 내담자는 상담 결과가 현저하게 좋아졌으나 어떤 내담자는 이전보다 더 나빠진 것을 발견했다. 그리고 현저하게 좋은 결과를 가져온 상담들을 조사하는 가운데 거기에는 몇 가지 상담 원리들을 잘 지키고 있다는 것을 발견하였다. 그것들은 정확한 공감, 내담자에 대한 존중, 구체성, 순수성, 상담자의 자기 노출, 대결(Confrontation), 즉각성 등의 원리들이었다. 스위처는 카크허프의 연구 결과를 그대로 수용하여 위와 같은 상담 원리들은 효과적인 상담의 기본 요소들이기 때문에 성경을 사용하되 상담의 원리들을 따라야 한다고 주장했다. 스위처의 견해에서 분명히 1970년대 초반의 분위기와 다른 목회상담을 볼 수 있다. 목회상담에 성경의 사용은 필수적이지만 효과적인 상담의 기본 원리들과 조화 있게 사용해야 하는 제한이 제시되었다. 스위처도 코프와 같이 성경을 사용하되 분별력을 가지고 민감한 상황 판단과 함께 사용할 것

---

22) 오성춘, *op. cit.*, 117.
23) *Ibid.*

을 주장하였다. 그러나 목회상담자는 성경을 사용할 때에는 상담의 기본원리를 지켜야 한다는 원칙을 주장하였다.[24)]

5) 윌리엄 B. 오글스비의 견해

존 B.코브의 「신학과 목회」가 출간된 3년 후, 그리고 스위쩌의 「목사, 설교자, 인격자」가 출간된 1년 후에 출간된 윌리엄 오글스비(William B. Oglesby Jr.)의 저서 「목회의 성경적 주제들」*(Biblical Themes for Pastoral Care)*은 그 전체 내용을 목회상담에서의 성경의 사용을 논한 저서이다. 그는 먼저 세 가지 유형의 정신치유*(Psychotherapy)*의 원리들을 논한다(Oglesby, 1980, Ch.1). 그 세 가지는 깨달음(Knowing)을 중시하는 정신 치유, 행함(Doing)을 중시하는 정신 치유, 그리고 존재(Being)를 중시하는 정신 치유이다. 프로이드의 정신분석과 에릭 버언의 대인관계 분석은 깨달아 아는 것을 중시하는 정신 치유의 예이고 윌리엄 글래써의 현실요법은 행동을 중시하는 치유의 대표적인 예이고 칼 로저스의 내담자중심 상담과, 프리츠 퍼얼즈의 형태요법은 관계중심 또는 존재중심의 치유이다. 오글스비는 이 세 가지 방법과 이론들을 약술한 후에 성경은 이 세 가지 치유방법들을 모두 인정하지만 그 중에서도 존재(Being) 중심, 또는 관계 중심의 치유가 핵심이라고 주장한다.[25)]

오글스비는 이처럼 먼저 정신 치유를 유형별로 정리하고 그 특성들을 밝힌 다음에 그것들을 성경의 관점에서 평가하고 다시 성경의 근본 주제는 존재, 즉 하나님과 인간과의 관계라고 논술하면서 정신 치유의 존재와 성경의 관계를 연결시킨다. 오글스비에 따르면 성경은 여러 가지 다양한 사건들과 내용들을 다양한 형태로 기록하고 있지만 이러한 다양성 속에는 분명한 통일성이 있다. 성경에 통일성을 부여하는 근본 주제는 죄의 문제로, 이것은 하나님과 인간 사이의 관계가 단절된 것이요, 성경의 하나님은 단절되어 있는 하나님과 인간 사이를 화해시켜 관계를 회복시키려고 하신다. 그러므로 성경에 기록된 내용과 사건들이 다양하고 쓰인 형태들도 다르지만 그 근본 주제는 죄와 화해의 문제, 즉 관계의 문제라고 오글스비는 결론을 내린다.

오글스비는 다시 성경의 근본 주제를 반영해 주는 소주제들이 있는데 이니시어티브와 자유, 두려움과 신앙, 복종과 배반, 죽음과 중생, 위기와 구속 등이라고 말한다. 그리고 이러한 소주제들을 다루고 있는 성경말씀들이 많이 있지만 그것들을 정리하여 검토해 보면 그 뿌리에는 하나님으로부터의 단절, 즉 죄에서 하나님과의 관계 회복 즉 화해라는 근본 주제로 귀결된다는 것이다.

---

24) *Ibid.*, 118.
25) *Ibid.*, 119-21.

이러한 오글스비의 주장이 어떻게 목회상담에서 성경의 사용과 관계가 있으며 어떤 의미에서 중도적인 입장을 대표한다고 할 수 있을까? 요약하면 오글스비는 성경말씀 그 자체에 관심을 집중하기보다는 성경말씀을 통해서 상담 가운데 임재하시는 하나님에게 집중하고 있다. 그리고 그는 하나님과의 관계 수립에 성경말씀 사용의 중요성을 주장하면서도 상담 원리에 합당하게 그 말씀이 사용되어야 한다는 것을 암시하고 있다. 또한 그는 일반상담 원리와 성경의 주제들 사이에 서로 모순이나 충돌이 없다는 사실도 인식하고 있다.[26)]

3. 성경 사용의 유형

목회상담에 성경만을 사용해야 한다는 주장에서부터 성경의 사용은 필수적이라고 하는 견해, 그리고 성경 사용은 유익하다고 보는 견해에 이르기까지 다양한 주장들을 살펴보았다. 이제는 우리가 목회상담에서 성경을 사용할 때 어떠한 방법으로 사용할 수 있을 것인지 유형별로 나누어 설명하고자 한다.

1) 내담자의 성찰을 위한 수단

(1) 러셀 L. 딕스의 주장

러셀 L. 딕스는 목회상담에서 성경의 사용을 내담자의 자기 성찰의 수단으로 사용할 수 있다는 주장이다. 이러한 주장은 목회상담에서 성경의 사용을 처음으로 언급한 딕스(Russell L. Dicks, 1936, Ch.17)는 병원에 입원해 있는 환자들의 사례를 통하여 다음과 같이 자기 성찰의 기회로 만들 수 있다고 하였다. ① 고통 중에 있는 환자들이 삶과 죽음의 문제 등 인생의 근본 문제들을 생각하기 원할 때 적절한 성경말씀을 사용하면 그 말씀으로 자기의 삶을 성찰하면서 삶의 목적과 방향을 재정립할 수 있었다. ② 환자들에게 합당한 성경말씀을 들려줄 때 그들은 그 말씀 가운데서 새로운 관점을 발견하고 인생을 좀 더 견고한 기초 위에 세울 수 있었다. ③ 고통하는 환자들은 성경말씀을 들을 때에 자기의 삶을 다시 정리할 수 있는 새로운 시각을 얻었다 ④ 환자들은 성경말씀에서 특히 고통당하는 하나님의 종들의 이야기를 들으면서 자기의 고난을 연단과 성별의 기회로 삼고 하나님 앞에 올바로 설 수 있었다는 주장이다.[27)]

26) *Ibid.*
27) *Ibid.*, 124.

(2) 시워드 힐트너의 주장

시워드 힐트너(Seword Hiltner)의 주장도 성경말씀은 내담자의 삶을 다시 한번 성찰하여 자기 속에 어떠한 감정들과 경험들이 숨겨져 있는지 발견할 수 있게 도와준다고 한다. 그는 아크라이트라는 내담자가 시편 38편을 읽는 동안에 마음 가운데 와 닿은 느낌을 상담자 휩 목사와 함께 나누는 사례를 소개한다(Hiltner, 1949, Ch.9). 시워드 힐트너는 아크라이트의 사례에서 성경말씀은 인간의 내면을 조명하여 자기 속에 어떠한 감정이 들어있는지를 볼 수 있게 만들어 준다고 하였다. 아크라이트는 성경을 읽으면서 자기 속에 있는 부정적인 감정들을 통찰하고 이 감정들은 이웃과의 관계 단절에서 왔고 그 관계의 단절로 더욱 심화되어 왔다는 것을 발견하였으며 이 통찰로부터 그는 결국 자기 기분의 저기압은 자기가 만든 것임을 깨닫고 뭔가 스스로 해야 하겠다고 다짐한다. 시워드 힐트너는 아크라이트 사례로부터 성경의 사용은 자기 속에 숨어 있는 부정적인 감정을 보게 하여 그것을 긍정적으로 전환하는 계기로 삼을 수 있다는 데 초점을 모으고 있다.[28]

(3) 기 타

캐롤 와이즈(Carroll Wise)도 힐트너와 같이 시편 38편을 분석하면서 성경의 사용은 내담자의 속에 깊숙이 자리잡고 있는 감정들을 성찰하게 만드는 능력이 있다고 한다고 주장한다(Wise, 1956, 5장). 웨인 E. 오우츠(Wayne E. Oates), 존 코프(John B. Cobb), 스위쩌 (David Switzer) 등도 성경은 우리의 내면을 성찰하여 우리 속에 감추어진 생각들과 감정들을 발견하게 만들어 주며 우리의 삶을 비추어 보아 새로운 전환의 계기로 삼을 수 있게 도와준다고 주장한다.[29] 자기 성찰에 도움을 주는 성경 사용은 인간 내면에 숨어 있는 부정적인 감정을 발견하고 자기 삶의 정황을 성경에 비추어 보며 그리고 자기의 고통이나 문제들을 다른 각도에서 볼 수 있도록 새로운 관점을 제공하게 된다. 따라서 우리는 성경말씀을 사용하여 인간의 내면을 성찰하고 숨겨진 인간의 감정들, 경험들, 관점들을 발견하려고 할 때에는 상담의 원리에 따라서 신중하게, 그리고 분별력 있게 말씀을 사용할 때 효과적인 목회상담이 이루어질 것이다.

---

28) *Ibid.*, 125.
29) *Ibid.*, 127.

2) 내담자의 진단, 교육, 위로의 수단

1953년에 「목회와 성경」(The Bible in Pastoral Care)이란 저서를 출간한 웨인 E. 오우츠(Wayne E. Oates)는 목회상담에서 성경을 사용하는 것이 옳은가에 관해서 논쟁하던 1950년대 초반에 그의 저술을 통하여 앞으로 목회상담에서 어떻게 성경을 사용할 것인지에 관한 기초석을 놓았다. 오우츠도 당시의 상황에 영향을 받아 목회상담에 성경을 사용하되 ① 권위의 상징으로나 ② 성경을 우상화시키거나 ③ 억압적인 성경의 사용을 경계하고 상담의 원리와 조화해서 성경을 사용할 때에 유익이 있다고 경고했다. 그리고 그는 성경의 세 가지 사용을 제안했다. 첫 번째는 내담자의 진단을 위하여 성경을 사용할 것이며 두 번째로는 교훈과 교육을 위한 사용, 세 번째는 위로와 소망을 주기 위한 성경의 사용이다.[30)]

(1) 진단을 위한 성경의 사용

웨인 E. 오우츠는 전통적으로 성경을 내담자에게 확신과 위로를 주기 위한 수단으로 성경을 사용해 왔으나 그보다는 진단을 위한 수단으로 성경을 사용해야 하며 이것을 많이 연구해야 한다고 강조한다. 그는 진단을 위해 어떻게 성경을 사용해야 하는지를 설명하기 위하여 몇 가지 임상 사례를 제시한다. 그는 임상 사례들이 환자들의 병의 원인과 그들의 사용하는 성경 구절들 사이에 필연적인 연관 관계를 증거해 주고 있다고 보았다. 그러므로 진단을 위해 성경을 사용하는 경우에는 신중히 해야 하며 율법주의적으로 성경을 사용하지 말고 내담자의 내면을 들여다볼 수 있도록 통찰력을 주며 성경의 경험과 자기 경험을 동일할 수 있도록 성경을 재해석해 주어야 한다. 그리고 성경말씀으로 자기 이야기를 표현하게 해야 한다는 것이다.

(2) 교훈과 교육을 위한 성경의 사용

웨인 E. 오우츠가 제안하는 또 하나의 중요한 성경의 사용은 교훈과 교육을 위한 사용이다. 특별히 목회상담의 경우에 대부분의 내담자들은 어느 정도 성경의 내용을 알고 있다. 그런데 그들 가운데는 그 내용을 이해하였기 때문에 고민하고 있는 경우가 있다. 이런 경우에 성경을 교훈적으로 사용하는 것은 매우 중요하다. 그리고 내담자들이 스스로 자기 문제를 비추어 볼 수 있는 구절들을 소개해 줌으로써 그 문제에 대한 이해를 바로 하고 시각을 바로 가지게 만들 수도 있다고 주장한다. 그는 성경말씀 가운데서도 특히 잠언과 예수님의 비유의 말씀들과

30) *Ibid.*, 128-38.

교훈들이 성경의 교훈적 사용에 매우 유익하다고 말한다. 이 말씀들은 날카롭게 다듬어진 낚시 바늘 같아서 사람의 마음을 끌어올리는 데 용이하다는 것이다.

또한 권면적 상담을 주장하는 제이 E. 아담스의 경우에도 내담자가 당면한 문제를 언어적 수단에 의해서 권면적으로 해결해야 한다고 말한다. 권면이란 깊은 관심과 사랑의 동기에서 나온 것이며 내담자로 하여금 하나님께 영광을 돌리기 위하여 언어적 수단을 통해 상담하고 징계하고 바로잡는 것이라고 주장했다. 이러한 아담스의 권면적 상담은 권면적으로 개입하기 위해서는 엄중한 중립이란 있을 수 없으며 상담자가 적극적으로 개입하여 하나님의 말씀을 가르치고 훈계하고 근면해야 함으로 성경의 교훈적, 교육적 사용은 매우 중요하게 취급한다. 이러한 아담스의 권면적 상담은 교육적이요, 교훈적이라 할 수 있을 것이다. 그런 의미에서 우리는 아담스의 성경 사용의 유형을 교육적, 교훈적 방법이라고도 말할 수 있다.

(3) 위로를 위한 성경의 사용

웨인 E. 오우츠가 제안하는 세 번째 성경의 사용은 내담자에게 위로와 소망을 주는 것이다. 내담자가 특별한 위기에 빠져 고통을 당할 때, 또는 지탱이 필요한 경우 상황에 적합한 말씀의 사용은 내담자에게 소망과 위로를 주어 새 삶을 시작할 수 있게 도와준다고 한다. 웨인 E. 오우츠는 「성경과 목회」(Oates, 1953) 제5장에서 성경은 위로의 책이라고 제목을 붙이고 성경이 위로를 위해 사용하는 의미와 실제를 기술하고 있다. 그는 성경이 단순히 궁지에 빠져 고통 당하는 사람들을 도와 곤경에 적응할 수 있게 한다는 의미의 위로만 제공하는 것이 아니라고 강조한다. 성경은 내담자에게 책임을 받아들이고 자기의 사명을 감당하는 데 꼭 필요한 심리적 에너지를 자극시키고 생산하게 하는 수단이라고 한다. 그러므로 성경은 치유의 수단이 된다는 것이다. 즉 성경은 사람들에게 새로운 영적 에너지를 유출시켜 그들에게 구원과 치유에 필요한 능력을 얻게 한다. 이러한 성경 사용은 세속 심리학에서 계발한 지탱 치유(Supportive therapy)와 유사하다. 그러나 심리 치유에서는 메마르고 차가운 면담 대화를 통해 새로운 통찰을 얻고 결심을 하게 만드는 것에 불과하다. 성경은 내담자에게 영감과 능력을 주어 자기의 삶을 새 출발을 하게 하는 강력한 수단이라는 주장이다. 이런 의미에서 위로를 위한 성경의 사용이라는 말은 성경이 내담자에게 새로운 영적인 에너지를 솟아나게 하여 내담자로 적극적인 삶을 출발할 수 있게 도와준다는 것을 의미한다.

웨인 E. 오우츠의 위로의 과정을 순서대로 정리하면 ① 내적 감정 갈등에 초점을 맞춘다. ② 부정적인 감정을 정화시킨다. ③ 자기의 감정에 대한 통찰 ④ 긍정적인 에너지의 유출 ⑤

적극적으로 삶을 재출발함 등이다. 웨인 E. 오우츠에 따르면 이러한 성경말씀의 사용에서 가장 유의할 것은 첫째로 내담자의 문제와 말씀의 일치, 둘째는 적절한 순간에 사용, 셋째는 많은 말보다 합당한 아이디어를 생산시킬 수 있는 말, 넷째는 자연스럽게 사용할 수 있는 성경 용어와 구절들이라고 하였다.

3) 내담자를 위한 패러다임의 수단

목회상담에서 성경을 사용할 때 패러다임으로서 성경을 사용한다는 말은 성경의 사건을 이야기함으로 내담자는 그 사건에 비추어 이제까지 희미하게만 보이던 자기의 상황을 분명하게 보고 그 사건을 통해 역사하시는 하나님을 경험케 하는 것이다. 성경말씀을 패러다임으로 사용한다는 것은 성경의 사건을 있는 그대로 분석하여 그 내용을 상담자와 함께 나누는 동안에 내담자는 성경의 사건 속에서 숨겨져 있던 자기의 문제와 억압시켜 왔던 자기의 감정 등을 발견하며 그 사건 속에서 역사하시는 하나님의 역사를 내담자로 하여금 경험하게 하려는 것이다.

(1) 화버와 에벨의 주장

화버와 에벨(Heije Faber & Ebel van der Schoot, 1965)이 1965년에 출간한 「목회 대화의 기술」이라는 책에서 성경의 사용에 대해 설명하고 있다. 그들은 성경을 패러다임으로의 사용하는 데 전제되는 중요한 개념을 다루고 있다. 그들은 목회상담자인 목사와 성도인 내담자가 함께 상담할 때에 처음에는 불균형의 관계가 지배한다는 것이다. 내담자는 목사에게 상담을 요청하여 찾아왔고 목사는 내담자를 상담하는 입장에 선다. 그러므로 목사와 내담자와의 관계는 처음에 도움을 받는 자와 도와주는 관계로 불균형이 된다. 그런데 목사가 성경을 읽게 되면 이 불균형의 관계가 균형의 관계로 바꾸어진다. 목사가 성경을 읽을 때 목사와 내담자는 모두 하나님 말씀 앞에 서게 된다. 일단 성경말씀이 들려지기 시작하면 거기에는 목사의 권위가 사라지고 하나님의 말씀의 권위가 목사와 내담자를 동시에 사로잡게 되고 목사와 내담자는 하나님 앞에서 동등한 입장이 된다는 것이다. 그들이 연구한 바에 따르면 결국 상담과정에서 성경을 읽게 되면 하나님의 권위가 목사의 권위를 대신해서 상담관계를 지배하게 된다는 것이다. 그러나 이때에도 성경말씀 그 자체가 권위를 제공하는 것이 아니라 그 말씀의 적합성이 권위의 척도가 된다고 한다. 즉 성경의 형식적 권위가 아니라 그 상황에 적합하게 선택된 구절이 권위의 소재가 된다고 한다. 이러한 화버와 에벨의 연구 결과는 패러다임으로서 성경의 사용은 전인적 치유가 된다. 그 이유는 목회상담에서 성경을 사용하게 되면 성경은 상담자와 내담자를 동시에 지배하는 권위가 되어서 그 말씀으로 내담자 자신의 상황을 발견하고 거기에 임재하시는 하나님께 순종할 수 있게 만들기 때문이다. 즉 성경을 사용할 때 다른 자료들의 사용과 같이 그 속에서 특별한 권위가 발견되지 못하면 성경은 우리의 삶의 심층을 뚫고 들어오는 힘을 가질 수 없는 것이다. 패러다임으로서의 성경의 사용은 이처럼 우리의 상황 속으로 뚫고 들어오는 말씀의 권위를 전제한다.

(2) 에드워드 투르나이젠의 주장

패러다임으로서 성경의 사용을 가장 심도 있게 다룬 학자는 에드워드 투르나이젠(Edward Thurneysen, 1962)이라고 할 수 있다. 그는 1962년에 「목회신학」을 발표하였다. 그의 저서에서 목회상담에서 하나님의 말씀 사용의 중요함을 거듭 강조하고 있다. 투르나이젠에 의하면 목회상담은 하나님의 말씀에서 출발하여 하나님의 말씀으로 인도하는 대화이다. 그러나 이러한 말씀의 대화는 우선적으로 성경말씀의 내용을 취급하지 않는다. 중요한 것은 지금 하나님의 말씀이 내담자에게 어떠한 질문을 제기하고 있는가에 있다. 내담자가 성경말씀이 제기하는 질문을 마음에 품고 상담을 통해 성경말씀이 대답하는 대답을 발견하는 것이 곧 말씀의 대화이다. 그러므로 투르나이젠에게 말씀의 내용이 어떠하냐, 또는 어떤 구절을 사용하는가 하는 것은 중요하지 않다. 중요한 것은 성경이 제기하는 질문을 내담자도 가지고 있는가? 그리고 내담자는 성경이 주는 대답을 발견하고 있는가? 그러므로 성경을 인용한다든가 또는 성경 구절을 찾아 읽은 것은 중요하지 않고 함께 나누는 성경말씀이 내담자에게 패러다임으로 사용되고 있느냐가 중요하다.

이러한 패러다임으로서의 말씀의 사용은 문자주의에서 해방되어 말씀의 본래적인 의미를 전달하게 하며 하나님의 말씀을 통하여 말씀이 선포되고 그 말씀을 나누는 가운데 임재하셔서 용서와 평화를 베푸시는 인격자 하나님께 초점을 맞추게 한다. 그러나 성경말씀은 전체적인 내용과 사건, 그리고 이야기들만 영감 받은 하나님의 말씀이 아니라, 성경의 한 구절 한 구절도 영감 받은 하나님의 말씀이다. 그러므로 목회상담에서 말씀의 사용은 위에서 언급한 모든 방법들을 조화 있게, 그리고 균형을 맞추어 사용해야 하며 어느 한 가지의 사용을 지나치게 강조하거나 어느 하나의 사용에 지나치게 기울어지면 그것은 하나님의 말씀을 바르게 사용하는 것이 아니요. 또한 하나님의 말씀의 능력을 목회상담 상황에 나타나게 할 수도 없을 것이다.[31]

31) *Ibid.*, 139-43.

4) 내담자의 성장을 위한 수단

(1) 하워드 클라인벨의 주장

미국 클레어몬드신학대학원의 하워드 클라인벨 교수에 의해 개발된 목회상담의 모델인 성장상담(Growth counseling)에서 영적 성장이 상담의 긍정적인 목표이기 때문에 목회자들은 신학적인 단어들, 이미지들, 개념들, 그리고 이야기들과 기도의 자원들과 성경을 정확하고 조심스럽게 사용해야 한다고 주장한다. 상담에서 성경을 잘못 사용하면 부정적인 감정을 일으킬 수 있으며 영적인 성장을 엄격한 율법주의적인 방법으로 사용될 수 있기 때문이라고 하였다. 이러한 클라인벨의 주장과 견해를 같이하는 흄도 종교적인 단어들도 잘못 사용되어 대화를 가로막을 수 있으며 또는 종교적인 권위로 사용되면 순수한 대화를 포기하게 만든다고 주장한다. 그러나 종교적인 자원들이 합당하게 사용될 때 영적인 전인성을 양육하는 데에 강력한 수단이 되며 목회와 상담의 독특한 자원들이 될 수 있다고 하였다.[32] 그가 주장하는 목회상담에서의 종교적인 자원 및 성경의 사용방법을 다음과 같이 말하고 있다.

그는 주장하기를 심리적, 대인 관계적, 영적 성장을 진단하는 데에 유용하다고 생각되는 한 가지 방법은 내담자에게 가장 좋아하는 성경 이야기와 싫어하는 성경 이야기를 하도록 초청하는 것이다. 그러나 클라인벨은 진단을 위해 성경을 사용하는 경우에는 신중해야 하며 율법주의적 성경을 사용하지 말고 내담자의 내면을 들여다볼 수 있게 통찰력을 주며 성경의 경험과 자기 경험을 동일시할 수 있게 성경을 재해석해 주어야 하며 성경말씀으로 자기 이야기를 표현하게 해야 한다고 주장한다.

이러한 내담자를 진단하기 위하여 성경을 사용하는 것이 목회상담에서 매우 대중화되어서 1965년 드레이퍼(Edga Draper)는 시카고대학교의 외래환자들을 연구 조사하면서 다음과 같은 세 가지 질문을 진단의 수단으로 사용하는 손쉬운 방법을 제시했다: ① 당신이 가장 좋아하는 성경의 인물은 누구입니까? ② 당신이 가장 좋아하는 성경 구절은 무엇입니까? ③ 당신이 가장 좋아하는 성경의 이야기는 무엇입니까? 외래환자들에게 이 세 가지 질문을 주고 대답하게 했을 때 그들의 정신 문제를 진단하는 데 매우 귀중한 자료들을 얻을 수 있었다고 한다.[33]

---

32) William E. Hulme, *Pastoral Care and Counseling* (Minneapolis: Augeburg Press, 1981), 11-12.
33) 오성춘, *op. cit.*, 130.

(2) 로렌스 J. 크렙의 주장

성경과 심리학의 건전한 통합적 접근 방식의 목회상담의 이론을 제시한 로렌스 크렙의 '성경적 상담'의 목표는 성숙(Maturity)에 두고 있다. 성숙이란 두 가지 요소를 포함하고 있는데 하나는 특수한 환경 속에서의 즉각적인 순종이며 다른 하나는 장기적 안목에 있어서의 인격성장이다.[34] 그의 성경적 상담모델은 내담자에게 성경적인 상담을 통해서 그들이 가지고 있는 문제의 사고를 성경적인 사고로 바꾸게 하고 내담자의 결단을 통하여 성경적 행동을 실천하도록 하며 그의 감정이 문제의 감정들에서 성경적 감정들로 바꾸어지게 하는 것이 상담의 과정이다.[35] 나아가서 그는 그리스도의 지체인 교회는 모든 구성원으로 영적 성숙으로 나아가도록 높은 수준의 영적 수준과 그리스도를 닮아가는 성품을 지향하도록 도울 것을 권한다. 이를 위해 예배의 중요성과 가치를, 하나님의 말씀의 가르침을, 제자의 신분을 지닌 근본적인 본질을, 그리고 성도 간의 교제의 중요성을 강조하였다. 이처럼 그리스도의 지체된 교회를 격려의 공동체로 세워가기 위해서는 무엇보다 하나님의 말씀의 진리가 더욱 비옥한 토양을 발견하여 뿌리를 내리도록 모든 지체된 성도들의 영적 성숙을 위해 하나님의 말씀의 생활의 실천을 중요하게 다루었다. 성도의 성숙을 위한 격려를 통한 상담은 성도들이 주님과 친밀히 동행할 수 있도록 서로에게 자극을 주되 사랑하고 선을 행함으로써 그리스도 안에서의 우리의 지위에 속한 진리에 따라서 온전한 생활을 하도록 서로를 격려해야 한다는 것이다.

---

34) Lawrence J. Crabb, Jr., *Effective Biblical Counseling* (Grand Rapids, MI: Zondervan Publishing House, 1977), 23.

35) *Ibid.*, 178.

제4장

목회상담과 심리학

제4장 목회상담과 심리학

Ⅰ. 신학과 심리학의 관계

제 3천년대(Third Millenium)로 진입한 시점에서 지난 2천년동안 기독교의 중심적 위치를 차지해왔던 서구사회가 종교중심적 문화를 뒤로하고 과학적인 기술문화(Technological culture)로 탈바꿈하면서 기독교의 위기의식이 점증하였으며, 기독교의 존속을 위하여 과학적 세계관에의 적응과 변신의 노력이 필요하다는 세속화신학이 제기되기도 하였다. 이러한 위협에 대한 대안 마련을 위하여 신학계는 분주히 논의를 진행하고 있다. 미국 휘튼대학에서 열린 전략적인 신학회의에서 발표된「포스트모던 세계에서의 기독교 변증학」이라는 논문에서 세 가지 의견이 대립되었다. 첫째는 비록 반이성적인 시대에도 기독교의 진리성을 위해서는 이성에 호소해야 된다는 '모더니티의 변증론'과 시대적 접촉점을 위해서는 포스트모던적인 화두를 수용하고 합리성에 호소해야 된다는 '모더니티와 포스트모더니티 사이의 변증론', 그리고 기독교의 존속을 위해서는 불가피하게 포스트모더니티를 수용할 수밖에 없다는 '포스트모더니티의 변증론'이었다.[1]

이러한 신학적 대안들은 세 가지로 정리하면 첫째는 다원주의시대에 기독교가 존속하기 위해서는 그에 적응해야 한다는 현실론이다. 이러한 방안은 기독교가 전통적인 독선주의를 포기하고 그리스도의 유일성을 주장하는 대신 타종교를 인정하고 대화하며 수용하는 종교다원주의 입장을 취해야 한다고 주장한다.[2]

둘째, 포스트모던이즘을 긍정적으로 평가하여 모던시대에 약화되었던 기독교의 초자연적 종교성을 강조하여야 한다는 반성론이다. 기독교는 초자연적인 세계와 인격적 하나님에 대한 신앙에서 출발했으나, 서구 기독교는 이성주의적 합리성에 복속하여 점차 종교적 신비성과 초월

1) Timothy R. Phillips & Dennis L. Okholm, ed., *Christian Apologetics in the Postmodern World* (Downers Grove: IVP, 1995).

2) David Ray Griffin, God & Religion in the Postmodern World (Albany, NY: State University of New York Press, 1989). 그리핀은 모던시대에 가능했던 정통주의신학과 자유주의신학의 시대는 이미 지나갔고 이제 '제3의 신학형태'가 필요하다고 주장하면서, 그 신학은 포스트모던시대에 이해할 수 없는 초자연적 신관을 버리고 '새로운 정령신앙'(new animism)을 도입하여 '자연주의적 유신론'(naturalistic theism)에 기초해야 한다고 말한다. 이는 자연신론 내지 범신론을 의미하며, 인격적 신관을 부정하고 과정신학을 따라 종교들의 진화와 그 과정상의 종교다원주의를 추구한다.

성에 회의를 표명하고 스스로 신학적 세속화의 길을 걸음으로서 포스트모던시대의 도래를 유발시켰다. 따라서 기독교는 다시 이적이나 초월적인 세계에 대한 신앙을 회복함으로서 기술문화에 지쳐 다시 종교를 추구하는 현대인에게 진정한 종교로 나타나야 된다는 것이다.[3)]

셋째로, 포스트모던이즘을 부정적으로 평가하여 탈이성적인 풍조를 치유하기 위하여 기독교의 합리성을 보다 더 강조하여야 한다는 강경론이다.[4)] 진리는 절대적이며 인간은 본질상 이성적 존재로서, 비록 현대인들이 근대성의 기술문화에 지친 나머지 일시적으로 탈이성적인 반동성을 보이지만, 이러한 풍조는 결코 오래 지속될 수 없으며 인류에 도움도 되지 않는다는 판단에 근거하여, 기독교가 유일신관에 근거한 절대 진리와 절대 윤리를 회복할 책임이 있다고 생각한다.

최근에 이러한 포스트모던이즘의 추세를 반영하듯 기독교신앙에 입각하여 인간과 인격에 대해서 연구하려는 심리학자, 정신의학자, 정신건강 전문가들이 날로 늘어가는 추세이다. 앞으로 갈수록 인간의 실존의 문제에 대한 이해를 얻기 위해 인간의 본질, 정신건강, 행복에 관한 문제에 해답을 심리학에서 찾으려는 경향이 짙어 가는 추세가 될 것이다. 따라서 상처받은 영혼을 치료하는 전체적인 과정을 살펴볼 때 교회에 의존했던 많은 사항들을 심리학자들과 정신건강 전문가들에게 의뢰하고 있는 것이 오늘날의 현실이다. 기독교 입장에서는 현대 심리학의 등장에 대해 다양한 반응을 나타내고 있다. 먼저 심리학적 통찰을 통해 교회가 세상에 복음을 전하는 데 제공할 많은 것을 가지고 있다는 입장도 있다. 그런가 하면 심리학은 은연중에 교회와 성경의 권위에 대해서 위협적인 요소가 될 것이라는 입장을 취하는 자들도 있다.

그러나 이러한 주제를 다루는 데 있어서 분명한 사실은 성경의 계시와 심리학적 방법론 중에서 어느 것이 더 타당성을 지니고 있는가에 대해서 논하려는 것 자체는 잘못이다. 다만 기독교적 입장에서 신학과 심리학 사이의 적절한 관계는 무엇인가? 목회상담에서 이 두 분야에서 함께 나눌 수 있는 과업이 무엇인가? 라는 기본적 전제하에서 다만 성경적인 개념과 심리학적인 개념을 비교 분석하여 절대 진리에 대한 확신과 올바른 가치관을 회복하도록 인류를 도우려는 목적이 있을 뿐이지 이들에 대한 개념 확립이나 변증에 목적이 있을 수 없다. 마찬가지로 심리학의 정당성이나

---

3) Thomas Molnar, The Pagan Temptation (Grand Rapids: Eerdmans, 1987). Molnar는 기독교가 모던시대에 너무 과다한 이성주의에 희생되었다고 보고(177), 영적 공백상태에 있는 포스트모던시대에 경건과 상징성, 신비성과 종교성의 회복을 주장한다.

4) Diogenes Allen, Christian Belief in a Postmodern World: The Full Wealth of Conviction (Louisville: Westminster/John Knox, 1989). 알렌은 포스트모던시대가 그릇된 이성주의에 종속되었던 모던시대에 비해 기독교에는 훨씬 더 좋은 시기라고 판단하면서, 올바른 이성의 사용으로 기독교신앙의 합리성을 입증할 수 있다고 강조한다(128-48, 213-16).

변증을 찾아내려는 것이 되어서도 안 될 것이다.

이러한 과제들을 새로운 통찰과 안목으로 신학과 심리학 사이의 교차점에 대한 통합의 방법과 방향성을 제시한 크리스천 심리학자들이 있다. 먼저 존 D. 카터[5]와 브루스 S. 내러모어[6]는 그들의 공저 「The Integration of Psychology and Theology」에서 제시한 4가지 유형, 즉 대립적 모델(Against Model), 종속적 모델(of Model), 병행적 모델(Parallels Model), 그리고 통합적 모델(Integrates Model) 등 이다.[7] Gary Collins는 그의 대표적인 저서 「크리스천 카운슬링」에서 다섯 가지 유형, 즉 통합(Integration)의 자세, 무효화(Nullification)의 자세, 대화적(Dialogical) 자세, 논쟁적(Eristical) 자세, 그리고 혐오적(Xenophobic) 자세 등이다. 그리고 로렌스 J. 크렙은 그의 저서 「The Effective Biblical Counseling」에서 제시한 신학과 심리학의 4가지 접근방법은 분리적 접근(Separate But Equal), 혼합적 접근(Tossed Salad), 영적-신앙적 접근(Nothing Buttery), 그리고 통합적 접근(Spoiling the Egyptians) 등이다.

본 장에서는 존 D. 카터와 브루스 S. 내러모어가 제시한 신학과 심리학의 접근모델, 로렌스 J. 크렙의 제시한 신학과 심리학의 접근모델, 그리고 닐 T. 앤드슨이 제시하는 신학과 심리학의 접근모델을 살펴보기로 하겠다.

1. 진리의 원천이 되시는 하나님

성부, 성자, 성령 하나님께서는 진리이시다. 성부께서는 진리가 충만하신 진리 자체이시며(출34:6), 성자 예수님은 친히 "내가 곧 진리이다"(요14:6)고 말씀하셨으며, 성령은 "진리의 영'(요14:7, 15:26, 요일4:6)이시다. 예수님은 진리이신 하나님 아버지를 증거하기 위해 오셨으며(요18:37), 세례 요한은 진리이신 성자 예수님을 증거하였고(요5:33), 진리의 영이신 성령께서도 예수님을 증거하신다. 모든 진리는 하나님에게서 나오며, 하나님에게서 나오는 모든 말씀은 진리이다(요1:17, 시25:10, 119:142, 151, 요17:17).

---

5) John D. Carter 박사는 1976년 심리학연구학회의 상임연구원을 역임하였으며 현재는 미국심리학회와 복음주의신학협회 회원으로, 그리고 Biola University & Rosemead School of Psychology에서 심리학을 가르치고 있다.

6) Bruce S. Narramore 박사는 Westmont College(BA), Fuller Theological Seminary(MA), Pepperdine University (MA), University of Kentucky(Ph.D)에서 공부하였으며 현재 Biola University & Rosemead School of Psychology에서 Distinguished Professor of Psychology로 섬기고 있다.

7) John D. Carter & S. Bruce Narramore, *The Integration of psychology and theology* (Grand Rapids, MI: Zondervan Publishing House, 1979)

우리가 진리라고 부르는 명제들에는 여러 종류가 있는데, 그 내용에 따라서 과학적 진리와 철학적 진리로 부분되며, 그 유효성에 따라서 불변적 진리와 일시적 진리로 부분되며, 그 수용도에 따라 보편적 진리와 논쟁적인 진리로 구분된다. 그러나 진리는 올바른 명제들의 집합이나 주관적 가치가 아니라 영원 불변하며 초월적이며 나아가 인격적이다. 따라서 기독교에서는 하나님께서 만물의 창조자이시므로 성경의 계시로 알려진 것이나 과학적 실험으로 확인된 것이거나 간에 모든 진리는 기본적으로 통일을 이룬다(Gaebelein 1968, Holmes 1977). 이처럼 하나님께서 모든 진리의 근원이시라면 어떤 것이 최종적인 진리로 판명될 것인가에 대해 염려할 필요가 없다. 하나님께서 모든 진리의 근원이시라면 우리가 다루는 진리들은 궁극적으로 동일한 원천에서 비롯되는 것이다. 개인의 적응(Personal adjustment), 동기, 결정론, 부정적 감정의 유(類) 등에 대한 문제들이 공통적으로 포함되어 있지 않다면 반쪽 복음이거나 매우 편협한 심리학을 낳을 수밖에 없다.

이러한 진리의 통일성을 염두에 두고 강제적이고 인위적인 통합을 시도하게 되면 성경의 진리를 희생하거나 심리학적 사실과 원리들을 곡해할 위험이 있을 수 있지만 어쨌든 인간에 대한 심리학적 이해와 성경적 이해를 통합할 수 있는 가능성과 필요성을 삭감시키는 견해는 받아들일 수 없다.

신학과 심리학의 관계를 다루는데 있어서 중요한 것은 심리학의 입장과 성경적 계시의 입장 사이에 존재하는 갈등이다. 하나님의 형상으로 지음을 받은 인간은 하나님의 창조에 나타난 세계를 더욱 깊이 이해하고 더욱 효과적으로 다스려야 하는 권리와 책임이 있다. 세상을 다스리는 일을 수행하는 과정에서 교회는 어느 시대에서나 새로운 문제에 직면하고 새로운 이해를 쌓아 갔다. 성경의 계시가 완전하고 최종적인 것에 비해 인간의 신학적 이해는 계속 발전되고 있다. 예를 들어 니케아종교회의(A. D. 325)에서 삼위일체의 교리가 형성되었고 칼게돈회의(A. D. 451)를 통하여 예수 그리스도께서는 완전한 인간임과 동시에 완전한 신이었다는 사실을 정립하게 되었다. 인간의 구원에 대한 교리 문제에서 종교개혁이 시작되었고 이로 인해 수많은 공론 끝에 오늘날에는 은혜로 구원을 얻는다는 것이 정통적인 교리로 자리 잡게 되었다.[8)]

8) John D. Carter & S. Bruce Narramore, *The Integration of psychology and theology* (Grand Rapids, MI: Zondervan Publishing House, 1979), 전요셉역, 「신학과 심리학의 통합과 갈등」(서울: 하늘사다리, 1997), 17-18.

2. 인간존재에 관한 신학과 심리학의 문제

심리학에 대한 관심이 현저하게 증가할수록 신학의 일부 영역, 특히 인간존재의 본질을 다루는 부분을 더욱 명료하고 선명하게 할 필요가 있다. 심리학의 연구에서 기독교에 중요한 의미를 부여하는 사항들을 찾을 수 있다는 생각은 상당히 고려해 볼 가치가 있다. 심리학은 그 자체에서도 모순이 많다. 행동주의자(Behaviorist)는 인본주의자(Humanist)들과 충돌하는 경향이 있으며 임상의학자(Clinician)들은 다른 학자들과 대립한다. 수많은 치료법이 초래한 이와 같은 실망스러운 결과와 함께 기독교에 기여할 수 있는 종류의 심리학이 있다면 과연 이들 중 어떤 것일까 하는 질문을 떠올리게 된다. 그러나 심리학과 관련한 여러 문제와 한계점들 때문에 인간 행동에 대한 지속적인 연구의 가치를 무시해서는 안 될 것이다. 예를 들어 오늘날 인본주의적 심리학이 자아존중(Self-esteem)과 자아수용(Self- acceptance)을 강조하기 때문에 교회에서도 인간의 존엄이나 가치에 대해 인식하기 위해 인간의 부패, 수치, 교만, 자아애와 같은 개념이 암시하고 의미하는 바가 무엇인지를 확인해야 할 필요가 있다. 사회심리학(Social psychology)과 집단심리학(Group psychology)이 인간관계를 중요하게 생각했기 때문에 교회가 공동체에 대한 이해를 갖기 시작했다고 해도 부정할 사람은 없을 것이다. 이러한 영역에 대한 오해의 가능성이 있음을 배제할 수는 없지만 교회가 현대의 문제에 대해 관여하게 된 데에는 심리학의 도움이 있었다는 것을 인정할 수밖에 없다. 그러므로 하나님의 말씀을 심리학 이론과 연관짓는 것은 비단 심리학자들의 과업으로만 국한될 수는 없다. 신학자, 목회자, 기독교 교육자들 역시 심리학도들과 마찬가지로 성경적 계시와 심리학적 이론의 관계를 연구하면서 많은 유익을 얻을 수 있다. 심리학적 요소는 현대의 신학적 이해와 정확히 들어맞는 경우도 있지만 다른 경우에서는 신학이 직면해야 할 많은 질문들도 존재한다. 어떤 경우에는 신학적 증언에 대해 정면적인 도전을 던지는 경우도 있다. 그러나 교회는 새로운 연구, 재해석, 연구의 확대, 이해의 수정 등을 통하여 이러한 모든 경우에 답변을 해야만 한다.[9]

Ⅱ. 신학과 심리학의 비교

신학과 심리학 사이에는 광범위한 공통 영역이 있다. 이러한 공통 영역에의 접근과 설명에

9) *Ibid.*, 21-22.

대한 서로 간의 중요한 차이가 있다. 첫째로 신학과 심리학에서는 서로 설명하는 입장이 다르다. 신학에서 설명하는 입장은 일반적으로 역사적이고 사회 문화적인 반면 심리학에서는 임상학적이고 진보적이며 실험적이다. 둘째로 신학과 심리학 간의 설명하는 수준이 서로 다르다. 신학에서는 형이상학적으로 설명하지만 심리학에서는 경험적이고 과학적인 서술이 따른다. 셋째로 신학과 심리학의 차이점은 인식론에 관한 것이다. 신학의 인식론은 계시에 근거한 것이지만 심리학의 인식론은 경험적인 것이다. 이러한 차이점들에도 불구하고 진리의 원천이신 하나님과 그의 말씀 안에서는 신학과 심리학은 통합의 가능성이 있는 것으로 여겨지는 것이다. 성경은 형이상학적이고 계시적인 특성을 가지고 있으므로 신학에서는 설명의 입장이나 설명의 수준, 인식론을 이해하기가 심리학에서보다 훨씬 쉽다. 신학과 심리학이 통합될 수 있는 요소들의 본질, 특성, 수준들은 각 분야에 따라 다양하겠지만 심리학의 기본적인 원칙들과 내용들은 이에 상응하는 신학적 각 부분에 맞추어 통합될 수 있을 것이다.[10]

1. 인간론과 인성이론

인간론은 조직신학의 한 분야로서 인간의 기원과 본성에 대해 다루고 있다. 인성에 대한 기독교의 이해는 인간이 하나님의 형상과 모양을 따라 지음받았다는 성경의 언급에서 시작한다.(창1:27) 인간의 본성과 영혼의 결합, 자유와 책임에 관한 문제들은 기독교인의 입장에서 볼 때 오직 성경의 확증 속에서만 이해될 수 있는 것들이다. 그러나 인간이 하나님의 형상을 지녔다는 점은 성경에서 말하는 인간론의 단면에 지나지 않는다. 인류가 타락하여 죄인이 되었다는 사실 역시 인간 이해를 위한 광범위한 암시를 제공한다. 그러므로 기독교인들의 인간관은 하나님의 형상을 지니고 있는 동시에 타락한 인류라는 이중적인 사실이 결합되어 있는 것이다. 인간의 본질, 존엄성, 가치, 갈등, 그리고 궁극적으로 성장과 중생 등 인간에 대한 우리의 견해는 이러한 근거에 의한 것이다. 인성 이론을 살펴보면 학습, 인지, 기억, 정서 등의 과정이 수반되지만 인성 이론의 모든 측면 역시 인간의 본성을 암시적으로 다루고 있음을 분명히 알 수 있다. 모든 인성 이론에서는 인간의 본성, 인격의 시작, 개인 부적응의 본질과 요인 등에 대한 가정을 세우고 있다. 정신병리학에 관해 서술된 저명한 정신분석학 교재를 지은 저자이기도 한 Fenichel(1945)은 말하기를 "인간의 생물적 구조에 기인하여 생물적 역사 과정

10) *Ibid.*, 66.

을 걸쳐 발달된 본래의 신체적 욕구와 이러한 욕구에 대한 환경적 영향의 결과로 정신 작용이 일어난다는 것이 과학에서 말하는 것이다. 그 외에는 다른 요인이 있을 수 없다"[11]라고 서술하였다.

기독교에서는 인간을 신체적, 동물적 영역에서 다루는 이 주제들도 수반하는 동시에 신체적, 동물적인 면뿐 아니라 인간에게 존재하는 비물질적인 면, 경건성, 자유와 책임 등에 대한 면도 다룰 수 있어야 한다. 성경 계시와 과학적 심리학의 요소들을 모두 포함하고 있는 전체론적 인격론(Holistic view of personality)을 전개하기 전에 포괄적으로 다루어야 할 몇 가지 질문들이 있다.[12]

인간과 동물이 유사한 영역은 무엇이며 다른 영역은 무엇인가? 인간이 하나님의 형상을 따라 창조되었다는 성경의 언급이 의미하는 바는 무엇이며 그것이 어떤 점에서 중요한 것인가? 인간의 행동을 순전히 신체적인 것으로만 격하하여 생각할 수 있는가? 그렇지 않다면 영적, 비물질적 측면은 어떻게 이해할 수 있는가? 인간이 지닌 자유와 책임의 한계는 어디까지인가? 영적 성숙과 신체적 성숙 간에 유사성이 있는가? 등이다.

2. 인간론과 정신병리학

신학에서는 인간의 불행의 문제를 죄의 본성, 죄의 범위, 죄의 영향에 관련된 문제로 다룬다. 그러나 인성 이론에서는 이 문제를 정신병리의 본성, 범위, 효과와 관련하여 취급하고 있다. 양측 모두에서는 인격의 기능 저하, 잠재력의 상실, 부적절한 행동 등을 지적하고 있다. 신학적 관점에서 인간의 죄 또는 타락을 정신병리학에 관계있는 특별한 심리적 경험과 병행하여 생각할 수 있다. 타락이라는 개념은 인간에 내재한 신성한 형상들의 모든 측면이 부패하거나 문제가 생겼다는 데 초점을 두고 있다. 신학적으로 인간의 불안은 사람들이 저주받은 상태에 있다는 사실과 관계가 있다. 인간은 하나님으로부터 격리되고 결과적으로 자기 자신과 다른 사람들로부터 격리되었으므로 고독과 소외의 문제에 관련을 지을 수 있는 것이다. 또한 하나님 앞에서 죄책감을 갖는 인간 상태는 심리적인 죄의식과 연관된다. 그러므로 신학적인 죄의 개념은 응용 심리학자들이 말하는 개인의 부적응(Personal maladjustment) 상태와 관련하여 설명될 수 있다. 죄의 개념과 정신병리학의 개념에 관련하여 서로에게 주어져야 할 질문이 있

11) O. Fenichel, *The psychoanalytic Theory of Neurosis* (New York: Norton, 1945), 5.
12) John D. Carter & S. Bruce Narramore, *op. cit.*, 69-72.

다면 그것은 원인과 결과에 관한 것이다. 대부분의 심리학자들은 기독교인이 죄라고 칭하는 것을 정신병리라고 간주하거나 그 결과에 의한 것이라고 생각한다. 그들은 기독교에서 언급하는 죄는 정서적 혼란에 의한 '결과'이지 '원인'이 아니라는 것이다. 심리학자들은 죄의 근거를 초년기의 경험에서 두기 때문에 자신들의 발견을 성경에서 주장하는 개인의 자유와 책임에 대한 개념과 조화시키는 일에 곤란을 겪는다. 반면에 기독교인들은 죄의 결과로 정신병리 현상이 일어나게 된 것으로 생각하고 있으며 죄에 관한 신학적 개념을 심리학 이론에 연결하는 것에도 역시 곤란을 겪는다. 인간에 대한 바람직한 기독교적 견해를 성립하기 위해서는 상반되어 보이는 이 문제를 해결하든지 적어도 짚고 넘어가야 할 것이다. 이를 위해서는 다음과 같은 질문에 대한 해답을 가져야 한다.[13)]

죄의 본질과 원인은 무엇인가? 정신병리의 본질과 원인은 무엇인가? 개인의 책임, 사회와 부모의 책임 사이에 어떠한 관계가 있는가? 직접적이고 의식적이며 의도적인 죄와 무의식적인 죄 사이에는 차이점이 있는가? 성도들 중에 정신적으로 병든 삶을 사는 사람들이 있는 반면 불신자들 가운데 비교적 정신적으로 건강한 생활을 영위하는 사람들이 있는 까닭은 무엇인가? 정신병리적 상태에 이르는 것과 정신병리적 행동을 하는 것과 마찬가지로 죄인이 '되는 것'과 죄를 '짓는 것'의 차이점이 있다면 그것은 무엇인가? 등이다.

3. 구원론과 발달이론

성경의 인간론에 일치하는 인성 이론, 죄의 본성과 영향에 대해 정신병리학과 조화를 이루는 성경의 계시를 형성한 다음에는 기독교에서 이해하는 구원, 개인의 성장 개념에 일치하는 인성 발달 이론을 확립해야 한다. 조직신학에서는 이 개념을 일반적으로 선택, 소명, 중생, 회개, 믿음, 칭의, 양자, 성화, 성도의 견인, 영화 등과 같은 개념으로 접근한다. 중생과 변화에 관한 교리는 하나님의 형상으로 지어졌으나 하나님과 격리된 타락 상태에 빠진 인간이 새로운 출발을 경험하는 극적 순간에 대해 언급한 것이다. 그들은 영적 생명을 얻게 되며 은혜에 힘입어 자신의 인격 속에서의 분리 상황과 하나님과 다른 사람들로부터의 격리 상황을 극복하게 될 것이다. 중생과 변화를 경험하는 사람들은 자신이 의존적 존재임을 인정하고 독단적이었던 자기 지시적인 태도를 회개하며 하나님을 믿고 신뢰하기 시작한다. 자신의 무한성을 인정하고 회개와 믿음

---

13) *Ibid.*, 73-75.

을 수반하는 태도는 본래적인 자아상과 바라는 자아상 사이에 존재하는 인격의 단절을 극복할 수 있게 해준다. 독단적인 자아 성취(Self-achievement)와 완성을 계속적으로 추구하는 것이 부질없는 행동임을 인정하고 자신이 피조물이라는 사실을 받아들일 때에야 비로소 우리에게 존재하는 참다운 잠재성을 발견할 수 있는 것이다. '칭의'는 인간의 모든 죄를 용서하시고 예수 그리스도의 대속적 죽음을 통하여 인간을 의롭다고 여기시는 하나님의 은혜를 표현하는 신학적 용어이다. 중생함으로서 인간은 영적인 새 생명과 새로운 본성을 얻게 된 것이다. 칭의를 통하여 인간은 하나님 앞에 의롭게 여김을 받은 새로운 위치에 서게 되었다. 신약에서 언급하는 양자의 문자적 의미는 '아들로 입양한다'는 뜻이다. 이것은 하나님의 아들이신 예수 그리스도의 권한에 속한 모든 유익을 얻을 수 있는 하나님의 자녀가 된다는 것을 의미한다. 자녀로 선택된 사람들로서 우리는 아버지의 상속자가 되어 예수 그리스도와 함께 상속에 참여하는 것이다.(롬 8:17) 기독교인들은 칭의와 양자라는 사실 속에서 죄책감과 자아수용의 문제를 해결할 심오하고도 지속적인 힘을 얻는다. 정서적 부적응의 핵심 요인인 죄책감의 문제를 해결할 궁극적인 길은 하나님의 용서이다. 그리고 하나님의 자녀로서 선택을 받았다는 사실에서 무조건적인 하나님의 용납을 이해할 수 있으며 절실히 요청되는 자아수용의 태도를 형성할 수 있을 것이다. 하나님께서 우리의 모습 그대로를 받으신다면 본인 또한 실패의 연속에도 불구하고 자신의 모습을 받아들일 수 있을 것이다.

심리치료에서 중요하게 여기는 수용의 가치는 칭의와 양자를 통해 드러나는 하나님의 용납과 대비된다. 하나님에 의해 자신을 수용하게 될 때 기독교인으로서의 성장과 성숙을 위한 자발적인 동기가 형성되는 것과 마찬가지로 치료를 통하여 개인 수용의 경험을 하게 되는 대부분의 내담자들에게는 성장을 위한 토양이 갖추어진다. 같은 방법으로 자녀의 인성을 개발하기 위해서는 부모들의 무조건적인 수용이 절대적으로 요청된다. 신학에서의 성화란 점차적으로 완전한 성숙을 향해 변화해 가는 과정이다. 이 과정은 하나님께서 그 은혜를 받아들이는 사람들에게 거룩함을 부여하시는 과정이다. 이것은 성숙의 과정으로서 생애 전반에 계속적으로 진행하며 영원한 존재로서 최종적이고 완벽한 상태에 이르게 될 때 절정에 달하는 것이다. 성화의 교리는 성장의 전 과정을 포괄하고 있는 용어로서 인간의 성장과 발달에 가장 중요한 암시를 주고 있는 것으로 이해될 수 있다. 성장, 성숙, 발달에 대해 성경에 언급된 모든 것들은 인간 성장의 조건, 요인, 방법 등에 대한 성경적 도움을 얻기 위해 연구될 수 있다.(Carter, 1974) 구원과 성화의 성경적 개념을 인성의 성장과 발달에 관계하여 생각할 경우에는 다음과 같은 여러 가지 중요한 문제들을 염두에 두어야 한다.[14]

중생과 변화의 경험에서 분명히 지적할 만한 인성의 변화를 찾을 수 있는가? 경험적 연구에서는 구원 시 체험하는 용서의 경험을 통해 과도한 죄책감을 누그러뜨릴 수 있다는 가정을 지지하는가? 기독교인의 변화가 개인의 죄책감을 해결하는 일에 별 도움을 주지 못하는 것으로 판명되었다면 이것을 방해하는 문화적, 가족적, 대인적 요소는 무엇인가? 어떻게 인성 발달 과정의 심리학적 이해를 통해 성화의 성경적 개념을 이해할 수 있는가? 등이다.

4. 기독론과 상담학

신학과 치료심리학에는 효과적인 도움을 주는 요소들과 관계된 것들이 많다. 예수 그리스도의 성육신과 비하의 교리는 예수 그리스도께서 인간과 완전한 동일화를 이루셨다는 사실을 말해준다. 하나님께서는 인간의 고통스러운 상태를 방관하시거나 단지 바라보기만 하신 것은 아니었다. 예수 그리스도께서는 인간의 역사에 개입하셔서 인간의 형체를 가지시고 인간의 한계를 실제로 겪으셨다. 그렇게 함으로써 예수 그리스도께서는 단번에 치료가에게 필수적으로 요구되는 깊은 동일시의 모본이 되셨다. 예수 그리스도께서는 하나님의 아들이심에도 불구하고 인간의 형체를 취하사 인간에게 알려진 모든 고난을 겪으셨기 때문이다(히4:15). 또한 예수 그리스도의 두 가지 본성, 그리고 이 둘의 결합에 대한 교리는 치료의 관계와 병행된다. 성공적인 치료가라면 내담자의 상처와 고통스러운 감정에 깊이 동화할 뿐 아니라 또 다른 입장을 견지해야 한다. 치료가는 감정이입과 동화의 태도를 잃지 않는 동시에 또 다른 관계를 형성해야 한다. 즉, 다른 사람의 투쟁과 연루되는 가운데 자신의 위치를 잃어버리거나 감정 이입의 감각을 상실하지 않도록 전체적인 관점을 살펴야 하는 것이다. 신학자들은 예수 그리스도의 사역에 대하여 언급하면서 예수 그리스도를 예언자, 제사장, 왕으로 묘사하였다. 예수 그리스도께서는 예언자로서 사람들에게 진리를 전파하신다. 제사장으로서 예수 그리스도께서는 우리의 대변자, 대표자, 중재자가 되시며 우리가 용납받을 수 있는 근거를 제공하신다. 또한 그분께서는 왕으로서 우리를 다스리신다. 각각의 역할들은 상담자의 역할 즉 때때로 통찰을 얻거나 주는 역할(예언자적 역할), 지속적으로 수용하는 역할(제사장의 역할), 상담과정을 진행하는 역할과 평행을 이룬다. 이와 같이 Carlson(1976)은 예수 그리스도의 사역에 나타나는 예언자, 제사장, 왕의 역할과 상담과정 사이의 유사성에 대하여 서술하였다. 예수 그리스도를 통한

14) *Ibid.*, 75-79.

죄로부터의 대속과 속죄를 신적 완전성에서 본다면 세상의 학문과 감히 대비할 수 없겠지만 상담자를 화목을 도모하는 중재자로 생각하는 것은 문제가 없다. 기독교상담자란 내담자를 하나님과 화목하게 하고 결과적으로 자신과 다른 사람과의 화목을 도모하는 높은 책임을 부여받은 자이다. 예수 그리스도의 생애를 연구함으로 효과적인 도움을 줄 수 있는 방법을 깨닫게 되는 것과 마찬가지로 성령의 인격과 사역을 생각해 봄으로써 통찰을 얻을 수도 있다. 보혜사로 표현된 성령은 우리의 도움이자 위로가 되시기 때문이다.(요14:16, 26, 15:26, 16:7) 그분께서는 우리를 돕고 위로하기 위해서 다가오신다. 성령의 사역과 인격을 연구하면 상담자의 인격과 역할을 이해하는 일에 도움을 얻게 된다. 상담자의 역할을 이해하는 일에 도움을 얻기 위해서는 예수 그리스도의 생애에 대한 이해에서 어떠한 암시들을 받을 수 있는지를 생각하기 전에 다음과 같은 문제들을 살펴야 할 것이다.[15]

치료심리학의 모델로서 예수 그리스도께서 다른 사람들과 유지했던 관계를 어느 선상에서 생각해야 하는가? 예언자, 제사장, 왕이라는 예수 그리스도의 삼중 사역에서 상담자가 얻을 수 있는 암시는 무엇인가? 성령께서 상담자이신데도 불구하고 기독교인들이 상담자를 필요로 하는 이유는 무엇인가? 기독교상담자로서 더욱 효과적인 도움을 제공하기 위한 방법은 무엇인가? 등이다.

Ⅲ. 신학과 심리학의 접근모델

앞서 밝힌 대로 신학과 심리학의 접근 방법의 잠재성과 방향을 다루는 데 있어서 분명한 사실은 성경의 계시와 심리학적 방법론 중에서 어느 것이 더 타당성을 지니고 있는가에 대해서 논하려는 것이 아니다. 다만 기독교적 입장에서 신학과 심리학 사이의 적절한 관계는 무엇인가? 목회상담에서 이 두 분야에서 함께 나눌 수 있는 과업이 무엇인가? 라는 기본적 전제하에서 다만 성경적인 개념과 심리학적인 개념을 비교 분석하여 절대 진리에 대한 확신과 올바른 가치관을 회복하도록 인류를 도우려는 목적이 있을 뿐이지 이들에 대한 개념 확립이나 변증에 목적이 있을 수 없다. 마찬가지로 심리학의 정당성이나 변증을 찾아내려는 것이 되어서도 안 될 것이다.

이러한 과제들을 새로운 통찰과 안목으로 신학과 심리학의 접근 방법의 잠재성과 방향성을

15) *Ibid.*, 79-82.

제시한 크리스천 심리학자들이 모델을 살펴보고자 한다. 첫째는 존 D. 카터[16]와 브루스 S. 내러모어[17]의 공저 「The Integration of Psychology and Theology」에서 제시한 4가지 유형, 즉 대립적 모델(Against Model), 종속적 모델(The of Model), 병행적 모델(Parallels Model), 그리고 통합적 모델(Integrates Model)이다. 둘째는 로렌스 J. 크렙의 저서 「The Effective Biblical Counseling」에서 제시한 신학과 심리학의 4가지 접근 방법 즉, 분리적 접근(Separate But Equal), 혼합적 접근(Tossed Salad), 영적-신앙적 접근(Nothing Buttery), 그리고 통합적 접근(Spoiling the Egyptians) 등이다. 셋째는 닐 T. 앤드슨이 그의 저서 「Helping Others Find Freedom in Christ」에서 제시하는 신학과 심리학의 접근 모델을 살펴보기로 하겠다.

1. John D. Carter와 S. Bruce Narramore의 접근모델

신학과 심리학의 관계를 위한 다양한 접근방법들의 잠재성을 인정하기 위해 John D. Carter와 S. Bruce Narramore가 제시한 4가지 모델[18]에 대한 진리의 본질과 요소, 종교적 요소들과 심리학적 요소들의 통합 가능성에 대해 세속적 입장과 성경적 입장을 살펴보고자 한다.[19] 이러한 모델들은 분리되어 발전해 왔기 때문에 용어상의 차이점과 유사한 점들을 발견할 수 있을 것이다. 그럼 그들이 제시한 대립모델(Against model), 종속모델(The of model), 병행모델(Parallels model), 통합모델(Integrates Model)에서 진리의 본질과 요소, 종교적 요소들과 심리학적 요소들, 이 두 요소들의 통합 가능성과 같은 주제에 대해 어떻게 접근하고 있는지를 살펴보고자 한다.

---

16) John D. Carter 박사는 미국심리학회와 복음주의신학협회 회원으로, 그리고 Biola University & Rosemead School of Psychology의 심리학을 가르치는 교수이다.

17) Bruce S. Narramore 박사는 Biola University & Rosemead School of Psychology에서 Distinguished Professor of Psychology로 섬기고 있다.

18) 심리학과 신학의 통합과 관련한 모델들에 관한 저자들의 입장은 H. Richard Niebuhr의 저서 「*Christ and Culture*」라는 책에서 개요된 기독교와 문명 상호간의 역사분석을 일반적으로 따른 것이다.

19) John D. Carter와 S. Bruce Narramore가 말하는 '세속'과 '성경적'이라는 표현은 진리에 두 가지 국면이 있다거나 하나님 안에서 모든 진리를 통일하는 데 결여된 점이 있다는 것을 의미하는 것이 아니라 이론적으로 접근하게 되면 하나님과 신성한 계시의 존재와 그렇지 못한 것들로 막연하게 범위를 나눌 수 있다는 것을 뜻한다.

1) 대립모델(Against Model)

(1) 세속 입장의 대립모델

대립모델의 입장은 신학과 심리학의 관계를 극단적인 대조를 이루는 견해를 표방하지만 신학과 심리학을 쉽게 이해할 수 있는 모델이다. 대립모델에서는 종교와 심리학, 다른 한편으로는 기독교와 심리학 사이에 본래적인 갈등이 존재한다는 가정에서 시작한다. 이 견해를 지지하는 사람들은 여러 이유를 들어서 기독교와 심리학은 본질적으로 호환될 수 없으며 통합의 가능성은 전혀 없다고 주장한다. 이 모델을 옹호하는 사람들은 신학과 심리학은 서로가 적대 관계를 가진 것처럼 서로를 대립시킨다.[20]

① 인식론

대립모델의 세속적인 입장은 합리주의와 경험주의만이 진리를 찾게 해주는 유일한 수단이며 그 진리에 의하면 계시된 종교는 과학적 심리학의 소견들과 필연적으로 상충할 수밖에 없다는 입장에서 시작한다. 종교와 심리학은 인식론적 국면에서부터 상충하므로 이 같은 견해를 고수하는 사람들은 두 학문의 소견들 사이에도 많은 갈등이 존재할 것이라고 가정한다. 또한 그들은 종교와 심리학은 지식에 대해 서로 다른 시각에 기초하고 있기 때문에 대립된 견해들을 중재하거나 조화시킬 수 없을 것이라고 생각한다. 사실 과학으로서의 심리학을 떠난 다른 관점에서 인간의 인성을 이해하려는 시도는 부적당하고 비과학적인 구세대적 발상으로 학문의 퇴보를 가져오게 하는 것처럼 보인다는 것이다. 종교란 겨우 아이들이나 원시인들에게나 환영받을 만한 것이며 최악의 경우에는 미숙함과 비이성적인 행동을 야기하는 것이기도 하다는 것이다. 세속적 대립모델의 인식론에서 주장하는 것은 과학만이 진리의 유일한 근원이며 종교는 그러한 과학적 사고에 정면으로 위배된다는 것이다.

② 종교와 정신건강

세속 대립모델의 두 번째 특성은 종교가 정신건강에 부정적인 영향을 준다는 생각이다. 종교가 정서적 균형을 깨뜨린다는 입장이 세속 대립모델을 지지하는 사람들의 전형적인 태도이다. Arert Ellis는 '종교에 반대되는 심리치료사'(The Psycho-therapist's case against Religion)라는 기사에서 종교와 과학이 어울릴 수 없는 이유에 대해 "고도로 조직화된 종교란 자아학대

---

20) John D. Carter & S. Bruce Narramore, *op. cit.*, 91-95.

(Masochistic)를 한 뒤 죄책감을 덜어주는 의식을 행하는 것이며 이것을 통하여 신앙인이라고 하는 사람들은 자신의 삶을 즐길 수 있도록 스스로 위로하는 것이다. 그러므로 신앙이란 본질적으로 주로 자아학대로 특성 지어져 있으며 신앙과 자아학대는 모두 정신적인 병적 상태이다"라고 하였으며 그는 말하기를 종교는 의존적 성향, 고지식하고 엄격하며 편협한 성향을 유발한다고 주장한다.

③ 정신병리학과 치료

세속 대립모델에서 세 번째 가정은 정신적 괴로움의 근원과 해결책에 관련된 것이다. 자연주의적 가정에서 시작하는 대립모델 심리학자들은 개인의 부적응이 심리적 또는 사회적 원인에서 기인한 것이며 이러한 어려움들은 오직 심리적, 사회적 치료를 통해서만 해결될 수 있다고 가정하였다. 정신적 괴로움에는 영적인 요인이 전혀 없으므로 영적인 해결책이 필요 없다고 보는 것이다. 사실 하나님에 대한 믿음에서 비롯한 신경증적 영향을 제거하는 것이 치료가가 해야 할 일 중에 하나이다. Arert Ellis는 치료가는 자신이 병자나 겁쟁이가 아니라면 환자의 신앙에 대해 과감히 공격해야 할 것이다. 그는 환자에게 그의 신앙을 드러내어 줄 뿐 아니라 곤란한 문제들을 부채질하는 환자의 정서적 믿음에 대해서도 자신 있고 강력하게 문제를 제기하고 공격할 것"이라고 하였다. 그러나 이 같은 극단적으로 보이는 이러한 대립적인 시각이 비단 세속 심리학자들에게만 있는 것은 아니다. 대립모델에 관한 한은 종교적 입장에서도 그 열렬함이나 완고한 태도가 만만치 않다. 사실 기독교인들 가운데는 심리학에 대한 철저한 대립적 태도야말로 성경에 충실한 증거라고 생각하는 이들도 있다.

(2) 기독교 입장의 대립모델

① 인식론

세속 대립주의자와 마찬가지로 기독교 대립주의자들 역시 자신들만이 유일한 진리를 가지고 있다고 주장한다. 그들에게 있어서는 이성이나 과학적인 검증보다 계시가 진리의 원천이다. 대립모델을 지지하는 기독교인들은 이성과 경험적 증거의 타당성을 한동안 긍정할 수도 있지만 대부분의 문헌에서는 현대 심리학 이론과 자료에 대한 의심을 갖는다. Jay E. Adams(1970)는 말하기를 솔직히 성경을 모든 신앙과 관행을 위한 오류 없는 표준임을 인정한다. 그러므로 성경이 기초가 되며 모든 판단의 기준들도 성경에 근거한 것이다. 과학을 외면하려는 것이 아니며 오히려 설명이 필요하거나 일반적인 사실들을 구체화해야 할 때, 성경에 대한 그릇된 해석을 지적해야 할 때는 유용한 도움이 되어준다고 생각한다. 어쨌든 심리학의 영역에서 과학은 대부분은 인간적 철학과 진부한 견해들에 의해 지배당하고 말았다라고 말한다. Adams는 과학적 방법에 대해 긍정하는 일면을 보이지만 결론적으로는 과학이 심리학에 미치는 영향은 거의 없다는 입장이다.[21]

② 심리학과 정신건강

대립모델을 지지하는 기독교인들은 진리의 원천은 하나뿐이라는 확고한 입장을 견지하는 동시에 진리라고 주장하는 다른 입장들에 대해서도 눈을 돌리고 있으며 그러한 주장들에 의해 시행되는 치료와 사회활동들이 정신건강에 치명적인 해를 끼친다고 본다. 세속 대립주의자들이 종교를 정신건강에 부정적인 해를 주는 것으로 여기는 것과 마찬가지로 기독교 대립주의자들도 심리학이 미칠 수 있는 부정적 영향에 대해 우려하고 있다. 사실 양측은 상대의 입장이 인간의 외적 행위와 죄책감에 대한 부정적인 영향을 준다고 서로가 비난하는 셈이다. 세속학자들은 종교가 사람들을 억압하며 지나친 죄책감을 자아낸다고 걱정하는 반면 기독교인들은 오히려 심리학이 사람들에게 필요한 억제를 허물어뜨리고 지나친 죄책감을 자아낸다고 본다.

③ 정신병리학과 치료

치료의 입장에서 생각한다면 개인 부적응은 죄에서 기인한 것이므로 심리치료가 필요 없고 필요한 것은 영적 상담이나 조언이다. Solomon(1971)은 심리치료의 목적은 사람들을 더욱 강해지도록 돕는 것이다. 그러나 하나님께서는 우리가 더욱 약한 존재가 되어 그분께서 우리의 힘이 되어주셔야 한다고 말씀하신다. 따라서 심리치료는 하나님의 의도에 어긋나는 것이며 성령의 사역을 가로채 버리는 것이다(p.27). 많은 기독교 대립모델 옹호자들은 기독교와 심리학의 상호 접촉에 대해 세속 대립주의자들과 거의 흡사한 태도를 가지고 있다. 서로에게서 반대되는 유일한 부분은 단지 내포하는 내용의 차원에서 기독교인은 모든 주제들에 대해 세속 이론가들의 입장에 반대한다는 점뿐이다.

---

21) 아담스는 말하기를 이 세상에는 두 가지 원천, 즉 하나님의 것과 사탄의 것이 있으며 성경적인 입장은 성경적이 아니거나 하나님의 계시에 기초하지 않은 상담은 사탄적이다(cf. Jay E. Adams, More Than Redemption: A Theology of Christian Counseling (Phillipsburg, NJ: Presbyterian & Reformed), 4.

(3) 대립모델의 과제

카터와 내러모어는 대립모델에 대해 평가하기를 두 입장에서 근본적으로 나타나는 대립적 양상 때문에 자신의 입장에서 벗어나 상대의 가설(Suppositions), 방법론(Methodology), 추론(Reasoning)을 이해하려는 태도를 갖지 못한다는 견해이다. 대립모델은 사물을 엄격하고 변증적인 태도로 바라보기 때문에 서로를 자극하고 확인, 통합할 수가 없다. 대립모델의 또 하나의 단점은 인식론의 한계이다. 세속 대립주의자들은 계시에 대해 아무런 관심을 갖지 않으며 기독교 대립주의자들은 일반계시와 보편적 은혜에 대해서 거의 반응을 보이지 않고 있다. 두 입장 모두는 하나님께서 모든 진리의 근원이시며 그 진리는 영감으로 기록된 성경과 창조 세계에 대한 연구를 통해 발견된다는 정통적인 믿음을 부인하는 것이나 마찬가지이다. 대립모델의 결정적인 약점은 대부분의 기독교 대립주의자들은 죄에 관한 피상적 개념을 지닌 것 같다. 아마도 내면적인 무의식 세계를 강조하는 경향에 대한 반작용과 과거의 역학적 심리학자(Dynamically oriented psychologists)들의 영향 때문에 기독교 대립주의자들은 죄 또는 정신 병리의 개념을 가시적인 행동이나 태도, 구체적인 행동적 징후에만 국한시켰을 것이다. 따라서 그들이 의미하는 치료는 본질적으로 내담자에게 성경의 언급을 주지시키고 내담자가 어떻게 반응해야 할지를 말해 주는 것뿐이다. 그들은 행동적 경향에 몰두하고 개인 책임에 대한 좁은 식견에 빠진 나머지 심적 태도의 중요성(시 51:6; 마 12:34-35)과 개인 부적응에 부모와 사회가 미치는 영향을 강조한 성경의 언급들은 소홀히 취급하였다. 이 모델을 지지하는 사람들은 그들의 모델에 정확히 들어맞는 성경적 자료에만 지나치게 의존하는 경향을 보인다. 대립모델 지지자들은 인식론에 관한 제한된 시각을 가졌을 뿐 아니라 철학과 심리학보다 신학적 지식만을 고수하기 때문에 인간적 요소를 인식하지 못하는 듯하다. 어떤 의미에서 그들은 기독교적 인성 이론을 확립하려고 열망하다가 오히려 그들의 약점을 간파하고 있는 상대의 입장보다 더욱 큰 오류를 범할 가능성이 있다. 인간의 약점과 편견을 인식한다면 해답을 얻으려고 애쓰기보다는 상대방의 견해, 입장, 이해들에 대해서도 귀 기울일 수 있는 겸손한 태도를 갖게 될 것이다.[22]

2) 종속모델(The of Model)

기독교와 심리학의 관계를 위한 두 번째 접근 방식을 종속모델이라고 칭하였다. 이 모델에서는 종교 안에서의 건전한 심리학 또는 종교적인 심리학을 찾으려는 시도가 전개된다. 여기

22) John D. Carter & S. Bruce Narramore, *op. cit.*, 100-102.

서는 대립모델에서와 같이 두 영역 간에 조화될 수 없는 차이점을 찾는 것이 아니라 종교와 심리학 사이에는 반드시 밝혀져야 할 상당한 공통분모가 있다는 입장을 취하고 있다. 한결같이 인본주의적, 신비주의적, 자연주의적 가정에서 시작하는 양측 종속모델 지지자들은 인간을 영적, 도덕적 존재(Spiritual-moral being)로 생각한다. 이 용어에 내포된 광범위하고 인간주의적인 관점에서 볼 때 인간에 내재하는 영을 부정하고 결과적으로 참된 본성을 부인하는 기술, 종교, 과학, 사회들은 어떤 것이든지 의심의 여지가 있는 것들이다. 건전한 종교와 건전한 심리학에서는 모두 인간만의 독특한 영적 자질을 강조하므로 신학과 종교는 중요한 사항을 공유하고 있는 것이며 두 영역 간에 개방적인 교류가 이루어진다면 서로 엄청난 유익을 얻을 수 있을 것이다.[23]

(1) 세속 입장의 종속모델

세속의 종속모델(The of Model Secular Version)에서 순수한 종교적 특성이나 종교적 개념은 약하며 초자연주의는 무조건 거절된다. 종교적 요인으로서 유익하게 여겨지는 것들은 인간의 보편적 경험과 진리를 나타내기 위해 사용된 상징성이다. 이 모델에서는 인간의 타락과 같은 사건에 대한 계시에서 초자연적인 요소와 역사적 실재를 배제하고 그 대신 참다운 인간이 되고 내면에 얽힌 문제들을 극복하고 일어서려는 인간의 보편적 노력이라고 해석하였다. 성경에는 특수한 심리학적 의미와 이론들이 깃들여 있으며 결국 심리학적 진리를 밝혀주는 수단이 된다고 본다. 종속모델의 지지자들은 성경을 건전한 심리학 교재의 하나라고 취급하고 있으며 흔히 바람직한 종교와 불건전한 종교를 구분 짓는다. 그들이 말하는 건전한 종교란 대체로 인본주의적인 것을 의미한다. 그러한 종교는 서로를 위한 사랑의 감정을 유발한다. 불건전한 종교는 다소 보수적이고 특히 권위적인 체계를 가지고 있는 것으로 죄, 범죄, 지옥의 의미를 문자적으로 받아들이는 종교를 의미한다. Eric Fromm은 이러한 관점을 옹호하는 사람 중에 대표적 인물이다. 그는 「Psychoanalysis and Religion」(1950)라는 저서에서 무신론 인본주의자인 그의 입장은 종교와 정신분석의 각각의 관심사의 상호관계와 공통 기반을 찾으려고 한다.(Fromm, 1950)

Fromm이 종교의 상징이라고 언급한 것은 하나님과 성경에 대한 믿음을 나타내는 것이다. 그는 종교가 사람들의 생활을 윤택하게 해준다는 입장에서 유용하다고 말하는 것이다. 성경만의 독특하고 초자연적인 측면은 여기서 제외되거나 신화적인 것으로 간주된다. 즉 성경을 심리학적

23) *Ibid.*, 103-12.

저술로 보는 것이다. 즉 Fromm이 말하는 종교의 건전성은 종교에서 자유, 사랑, 진리, 독립을 촉진한다는 점에 국한되는 것이며 결국 모든 위대한 가르침들은 실제로 선한 생활에 대해 매우 유사한 견해를 표방하므로 특별히 더 나은 종교가 존재할 수 없다는 것이 그의 입장이다.

또한 Karl Menninger(1975)는 그의 저서 「Whatever became of sin?」에서 죄에 대해서 정의하기를 '우리가 흔히 죄라고 칭하는 모든 잘못이 죄이다. 말하자면 도덕적 규율이나 개인의 양심을 위배하는 행동, 자신과 이웃에 고통을 주고 해를 끼치며 파괴를 초래하는 모든 행동들이다'.(pp.17-18) Mowrer와 Menninger가 다시 정의한 죄의 개념은 종속모델을 선호하는 사람들의 전형적인 개념이다. 여기서 성경의 초자연적, 계시적 측면은 거절당하고 성경에 속한 심리학을 찾는 데에만 관심이 모아진다. 죄가 의미하는 것은 인격적 하나님에 대항하는 공격이 아니며 지옥이란 악인의 거처를 의미하는 것이 아니다. 도덕성과 책임감을 강조하는 기독교의 입장을 유익한 것으로 받아들이는 이유 역시 신경증적, 정신이상적 부적응을 초래하는 행동들이 존재한다는 사실이 밝혀졌기 때문이다. 그리고 Menninger가 의미하는 죄는 단지 도덕적 파괴를 적절히 묘사해 주는 용어일 뿐이다. 그러나 죄라는 용어는 단순히 인간의 관계에서 오는 파괴뿐만 아니라 하나님에 대한 반역의 의미가 포함되어 있다.[24)]

(2) 기독교 입장의 종속모델

기독교적 입장에서 주장하는 종속모델(The of Model)은 기독교의 초자연적 요소를 부정하고 종교에 대한 인본주의, 자연주의적 태도를 강하게 추구하는 신학적 자유주의에 근거한다는 점에서 세속모델과 유사하다. 비록 이 모델을 지지하는 사람들이 성경말씀과 과학적, 이성적 사실을 신중하게 구분한다고 해도 현실적으로는 과학적 주장과 이성을 성경의 권위보다 높게 평가하는 경향이 있다. 기독교적 종속론자들은 성경의 초자연적, 구속적 측면보다 보편적 측면을 강조한다. 그들은 사랑, 자유, 책임, 그와 유사한 미덕들에 초점을 두는 반면 성경에서 강조하는 죄, 구원의 필요성 등은 뒷전에 둔다. 후자의 개념들은 마음을 상하게 하는 것들로서 바람직한 인간 이해에는 필요하지 않은 문제로 간주하는 것이다. 하나님의 창조, 섭리는 받아들이지만 하나님의 공의와 구원에는 관심이 없으므로 결과적으로 기독교는 타 종교와 별반 다를 것이 없는 것이다. 기독교가 상징하는 것은 다를 수도 있고 예수 그리스도를 '궁극적인 인간'으로 볼 수는 있지만 핵심 사항에 있어서 기독교는 가치 있는 삶의 진리를 찾게 해주는 여러 길 중의 하나일 뿐이다.

---

24) *Ibid.*

기독교적 종속모델의 또 다른 특징은 다양한 심리학파들의 입장을 매우 대속적이고 기독교적인 것으로 해석하려는 시도에 있다. 그들은 독특한 심리학적 적용에 적합한 다양한 성경 구절들을 선택적으로 해석한다. 성경의 어떤 부분은 일부 심리학파의 문헌에 적용되기도 하고 특별한 이론 체계의 하나로 해석되기도 한다. Freud, Jung, Rogers와 같이 이론가들은 성경적으로 인정되는 일부 견해들을 특수한 심리학 이론에 직결시킨다. 따라서 그러한 견해는 일부 심리학자들에 의해 기독교화된 모습을 갖추면서 치료의 수단으로 보급되는 것이다. 종속모델은 성경적인 실제 의미는 심리학의 맥락 속에서 발견된다고 하는 입장이다. 즉 전통적 성경해석에 새로운 측면을 덧붙이는 것이 아니라 기존 입장을 대체하는 것이다. 신학과 심리학을 자유주의 신학적 입장에서 연계하려는 다양한 시도 속에는 종속적 태도가 반영되어 있으며 이에 대한 예를 들어 살펴보도록 하겠다. 첫째는 Jung의 심리학에 영향을 받은 성공회 사제 John Sanford의 언급이다.

> 인간의 정신 속에 이같이 에너지가 충만한 하나님의 모습이 포함되어 있다는 사실을 발견한다면 왜 성경의 선지자들과 초대 교회의 인물들이 하나님께서는 꿈을 통하여 말씀하신다고 생각했는지를 이해할 수 있다. 꿈은 내면의 정신적 에너지를 표현하는 것이기 때문이다. 사람들은 꿈을 통하여 이러한 에너지의 중심과 연결되며 이 에너지를 통하여 무의식적인 지시를 얻는다. 이러한 사실에서 우리는 종교의 발전에 관련된 일부 사항을 이해할 수 있으며 전통적인 기독교 신학과 심리학의 형성을 서로 비교해 볼 수 있을 것이다.(p. 204)

Sanford의 하나님에 대한 개념은 기독교의 정통적 입장과는 확연하게 구별되며 Tillich와 같이 하나님을 '궁극적인 사안'(Ultimate Concern)으로 이해하지는 않는다 해도 어떤 면에서 하나님이란 인간의 내적 자아(Inner, self)가 투영된 모습이라고 생각한다. 그는 계속하여 말하기를 인간의 불일치가 다신 숭배 사상(Polytheism)으로 표현되었으며 유일신 사상(Monotheism)은 하나님을 객관적 실재로 보는 데서 발생한 것이 아니라 한층 통일된 인간의 중심이 외적으로 표현된 형태라고 하였다. 종속적 입장을 고수하는 Seward Hiltner는 그의 저서 「Theological Dynamics」(1972)에서 다음과 같이 기술하였다.

> 죄에는 본연의 영역이 있다고 하는 견해는 자유의 그릇된 남용의 의미와는 또 다른 것으로 회개와 건전한 변화를 요구하는 사회와 인간의 내부에는 실제적으로 작용하는 사회적, 역사적 힘이 존재한다는 것을 의미한다. 고대에서 현재까지 사람들은 자신과 부분적으로 얽혀 있는 사회적, 역사

적 힘에 의해 행동의 영향을 받는 것이 확실하다. 죄가 본래적인 영역을 확보하고 있다는 점에서 이해할 때 이것은 사실일 수밖에 없다. 이러한 확신을 얻게 된다면 죄를 비난받아 마땅한 것, 특히 개인적으로 비난받아야 할 것이라는 개념을 버릴 수 있을 것이다.(p. 83)

Hiltner는 신학적, 심리학적 개념을 연계하려고 시도하는 가운데 원죄(Orignal sin) 개념을 거부하고 자신의 심리학적 신념에 더욱 완벽하게 들어맞는 환경적 입장을 취하였다. 여기서의 원죄 개념이 아담과 하와의 죄가 후손들에게 개인적으로 전가된다는 의미는 사라지고 사회의 조절 과정으로만 표현되었다. 죄가 사회적 영역을 차지하고 있으며 종종 우리들은 죄의 본성을 지니고 있는 만큼 죄를 많이 짓는 것이 사실이지만 Hiltner의 분석은 자신의 심리학 체계에 적합하도록 성경을 재해석한 것이다. 그의 언급 속에서 예리한 통찰들을 많이 얻을 수는 있으나 그의 방식은 성경을 심리학에 '속한 문헌'으로 취급한 것이었다.

(3) 종속모델의 과제

여기서 우리는 기독교적, 세속적 종속모델의 유사점을 찾을 수 있다. 기독교적 모델이 본래적으로는 종교적 맥락에서 출발하고 있으며 그 지지자들이 개인적인 신앙적 주체를 확립하고 있지만 이 모델이 취하는 가정과 내용은 세속적 모델과 별 다를 것이 없다는 것이다. 종속모델은 대립모델보다는 유용한 측면들을 지니고 있지만 성경에 대한 정통적인 견해를 고수하는 사람들의 입장에서는 여전히 결정적인 한계가 존재한다. 신학과 심리학 사이에 의미 있는 대화의 돌파구를 마련할 가능성은 보이지만 성경에 대한 복음주의적 입장을 취해야 한다는 문제가 있다. 이는 마치 일정한 모양의 틀에 반죽을 넣어 과자를 굽는 것과 같다. 성경이라는 반죽 재료는 심리학이라는 틀에 의해 일정한 모양이 형성되며 틀 밖으로 흘러나온 반죽은 버려지는 것이다. 이 같은 과자틀 방식은 종속모델의 가장 큰 약점이라고 할 수 있다. 여기에서 성경을 심리학에 국한시키고 계시와 초자연적 특성을 배제한다. 기독교의 독특한 특성들이 사라진 상황에서 통합이라는 것은 더 이상 용어 자체가 모순이 될 수 없다. 인간적인 측면에서 생각한 심리학만이 남아 있기 때문이다.[25]

3) 병행모델(Parallels Model)

기독교와 심리학에 관계된 세 번째 접근을 병행모델이라고 칭하는 이유는 이 방법에서는 기

---

25) *Ibid.*

독교와 심리학의 개념을 상호 병행하는 방식으로 전개하지만 실제적인 통합은 거의 나타나지 않기 때문이다. 여기서 심리학은 타당성 있고 필수적인 과학으로 인식되며 기독교는 정상적인 개인적, 사회적 현상으로 인식된다. 심리학은 과학으로, 종교는 개인적 경험이나 헌신으로 간주되어 기독교와 심리학이 각자의 적당한 위치를 차지하고 있는 것이다. 병행모델을 지지하며 옹호하는 사람들은 일반적으로 기독교와 심리학 쌍방에 대해 적극적인 태도를 보이고 있으나 새로운 질문을 제기하고 새로운 기대를 걸거나 또는 다른 방법으로라도 상호 간의 학설과 입장을 접촉하는 경우는 거의 없다.

병행모델에는 두 가지 입장이 있다. 첫째는 고립적 입장(Isolation version)이다. 성경과 심리학이 서로 분리되어 있으며 특별히 중복될 만한 중요 사항이 거의 없다고 보는 입장이다. 양방 모두가 저마다의 타당성을 표현하고 있으므로 따로 고립되어 있더라도 두 분야를 개별적으로 확증할 필요가 있다.

두 번째는 상관적 입장(Correlation version)이다. 여기서는 성경과 심리학의 일부 개념들의 상호 관련과 제휴를 모색한다. 가령 초자아(Super ego)는 양심과 동등한 것으로, 이드(Id)는 탐욕(Lust), 육욕(Flesh), 옛 본성(Old nature) 등에 대비시킬 수도 있다는 것이다. 때때로 상관적 입장을 지지하는 사람들은 실제로는 서로 다른 영역의 개념을 대비시키면서도 자신들이 통합을 이루고 있다고 생각한다.

상관적 입장과 통합적 입장의 근본적 차이점은 상호관계는 서로 제휴되어야 할 두 문제가 있다는 가정에서 시작하여 각각의 개념들의 체계를 세우고 배열하는 것이다. 통합이란 두 학문을 운영하는 개념, 법칙, 원리들은 궁극적으로 하나의 체계로 이루어졌다고 가정하며 시작한다. 진정한 의미의 통합은 성경과 심리학의 저변에 있는 공통 원리들을 발견하고 분명히 드러내는 일이 포함된다. 여기서 발견이란 단순히 두 개의 구별되는 개념을 정렬시키는 것이 아니라 심도 깊은 통합을 이루어 줄 수 있는 하나의 지배적인 배열이나 원리 체계를 찾아내는 것을 말한다. 기독교와 심리학 모두의 중요성을 인정한다는 점에서 병행모델은 대립모델이나 종속모델에 비해 상당히 진보된 개념이다. 또한 이 모델은 아마도 기독교와 심리학의 중요성을 간과하지 않을 뿐 아니라 그 중요성을 감소시키는 표면적 시도 역시 거절하는 사려 깊은 심리학자들이 가장 많이 선택하는 모델일 것이다.[26)]

26) *Ibid.*, 115-22.

(1) 세속 입장의 병행모델

세속 입장의 병행모델(The Parallels Model)은 모델은 심리 문제에 관계된 직업을 가진 사람들에게 광범위하게 지지받는 유형이다. 여러 해 동안 '임상심리학 저널'(The Journal of Clinical Psychology)의 편집자로 근무한 Frederick Thorne(1950)의 언급에서 이 입장을 뚜렷하게 드러내어 주는 예를 찾을 수 있다.

> 적용의 타당성이 입증된 경우에는 과학적 방법에 주로 의존해야 하지만 철학과 종교 역시 과학의 영역이 들어설 수 없는 나름의 활동 영역을 가지고 있는 것이 사실이다.(p. 471) 종교 지향적인 영적 상담과 과학 지향적인 인성 상담 사이에는 분명한 선이 그어져야 한다. 영적 접근과 과학적 접근의 이론적, 철학적 배경은 근본적으로 다르다는 것을 애초부터 인식해야 한다.(p. 481)

Thorne은 상담에서의 종교의 위치에 대해 이야기하지만 한편으로는 고립적 입장을 확실히 표명한다. 과학적 근거 위에 형성된 상담은 종교 지향적 상담과 분리되어 있으며 경우에 따라서는 정반대의 입장에 서기도 한다. 그럼에도 불구하고 종교가 지식과 문화의 일부로 간주될 수 있는 여지는 분명히 있다. 또한 어떤 내담자들에게는 종교가 영향을 미치고 있다는 사실도 인식하고 생각해 보아야 한다.

또 다른 예로 Gordon Allport는 통합적 접근을 반영하면서도 일반적으로 병행의 입장에 있는 심리학자이다. 그의 입장은 종교와 심리학이 실제로 동일한 진리를 언급하고 있음을 암시한다면서 단지 표현하는 상징이 다를 뿐이라는 주장이다. 이러한 타협적 견해가 대립모델에 비해서는 상당히 진보한 것이긴 하지만 실제로는 진정한 통합의 가능성은 배제하고 있다. 종교와 심리학은 이미 같은 부분에 대해 말하고 있기 때문에 우리가 필요한 것은 결합이 아니라 해석(Translation)이다. 직접 표현되지는 않았지만 병행모델에서는 종교와 심리학의 상호관계에 독특하거나 새로운 사항이 없고 단지 각 입장의 명료화와 더욱 진보된 교류가 있을 뿐이라고 가정하는 듯하다.[27]

(2) 기독교 입장의 병행모델

기독교 입장의 병행모델(The Parallels Model)에서 강조되는 점은 성경과 심리학 모두가 중

27) *Ibid.*

요하다는 점이다. 그러나 이 입장 역시 세속 입장에서와 마찬가지로 두 학문 간에는 깊은 상호 활동이 없음을 직접적 또는 암시적으로 표명한다. 고립적 입장의 대표적 예로 Paul Clement는 신학과 심리학의 관계에 대해 다음과 같이 묘사하였다.

> 추리통계(Inferential statistics)를 전공하는 학생들은 신학과 심리학의 통합에 관한 근본 문제를 해결하는 데 매우 유용한 개념을 배우게 된다. 그것은 바로 직교 관계(Orthogonally relation)라는 것이다. 독립적이고 상호관계가 없는 두 요소는 직교 관계를 맺는다. 가령 심리학의 경우 지성과 외향성은 직교적 관계에 있다. 개인의 총명함의 여부와 개인의 외향적, 내향적 성향의 여부와는 아무런 연관이 없다. 심리학에는 직교적 요소들이 많다. 심리학적 요소에서는 사람을 어디에 두고 평가하는지를 안다면 다른 직교적 요소에서는 얻을 수 없는 개인적인 정보를 구할 수 있을 것이다. 심리학 내에서만 직교적 요소가 존재하는 것이 아니라 심리학과 다른 학문 사이에도 그러하다. 모든 철학적 입장들은 하나 이상의 학설들로 대표된다. 동일한 철학적 입장에서 두 가지 이상의 학설이 나온다면 그 둘은 직교적이거나 상호 의존적이라고 할 수 없다. 두 학설이 서로 다른 철학적 입장에 기초한 것이라면 둘은 필연적으로 직교적(直交的)이다. 이런 상황은 신학과 심리학의 관계에서도 마찬가지이다.

직교적인 관계에 있는 학문들이 모두 그러하듯이 신학과 심리학 역시 보충적인 관계로서 인간 경험을 더욱 완벽하게 구현할 수 있도록 한다. 논리적으로 이 둘은 서로 모순될 수 없는 것이 모순이란 하나의 입장 안에서 발생하는 것이기 때문이다. 입장들 상호 간의 충돌은 실제적인 모순이 아니다. 이 두 학문의 방법론, 언어, 입장들은 각각의 분야 내에 위탁하므로 신학과 심리학은 상호 간의 잠재적 갈등은 쉽사리 해결할 수 없다. 신학과 심리학은 서로 독자적이고 상호 관련성이 없으므로 갈등도 있을 수 없다. 그러나 마치 속임수로 보일 정도로 단순한 이런 해결법은 통합의 가능성을 상실한다.

본질적으로 상관적 입장을 취하는 예는 "What then is man?이라는 책에서 찾을 수 있다. 이 책을 구성하고 있는 사람들은 구원과 기타 기독교의 기본적 교리들에 대해 철저한 신학적 견해를 가지고 있으며 변화(Conversion)에 대해 세 가지 심리학적 입장을 취할 뿐 아니라 정통적 성경관에 대한 암시를 지니고 있다. 신학적 견해에는 변함이 없으나 여기서는 신학과 심리학은 서로 갈라선 상태에서 각각의 영역을 차지한다고 본다. 이 둘 사이를 연결하려는 시도가 있으나 동시에 심리학의 어느 부분과 연결해야 할지를 분명히 확인하지 못하고 있다. 기독교인 치료가들 중 다수는 의식적으로 또는 무의식중에 이 접근을 채택한다. Milard Sall(1975)는 정신분석과 기독교 신학의 상호관계를 주장한 학자로 다음과 같이 기술하였다.

> 정신분석학적 자료와 성경을 비교해 보자. 성경은 "만물보다 거짓되고 심히 부패한 것은 사람의 마음이라"(렘17:9)고 하였다. 여기서 '마음'이라는 말은 성경에서 언급하는 '옛 사람'(Old man/롬 7: 6)과 신학자들이 일컫는 아담으로부터 물려받은 '옛 본성'(Old nature)과 맥락을 같이하는 것으로 옛 본성은 심리학의 '통제되지 않는 이드(Id)의 충동'(Uncontrollable Id impulses)과 유사한 의미를 갖는다. 바울은 이러한 충동으로 야기된 투쟁이 갈수록 악화된다고 묘사하였다. "나의 행하는 것을 내가 알지 못하나니 곧 원하는 이것은 행하지 아니하고 도리어 미워하는 그것을 함이라…… 오호라 나는 곤고한 사람이로다. 이 사망의 몸에서 누가 나를 건져내랴."(롬 7:15, 18, 24) 바울은 때때로 그의 자아가 이러한 이드(Id)적인 충동에 휩싸인다는 것을 인정하지만 예수 그리스도를 통한 하나님의 은혜로 죄를 극복할 수 있다고 주장하였다. 회심은 사람의 욕망을 변화시키지만 유혹을 제거해 줄 수는 없다. 유혹에 직면한 자아는 최고의 초자아와 같으신 하나님으로부터 대항할 힘을 얻게 되므로 유혹을 이길 수 있다.[28]

여기에서 야고보의 '잊어버림'의 개념이 '억누름'의 개념과 동일하고 '이드'(Id)는 바울의 '나'에 비교될 수 있으며 하나님은 '초자아'와 대비된다고 하는 것을 알 수 있다. 그러나 단지 Rogers나 정신 분석가들만이 현대 심리학 체계와 성경 간의 병행 관계를 찾으려는 것은 아니다.[29]

(3) 병행모델의 과제

병행모델의 기본 입장은 기독교와 심리학 사이에 본질적으로 상호관계가 없다는 주장이다. 심리학은 과학적이고 기독교는 개인적 또는 사회적이다. 기독교와 심리학 사이에 갈등이 일어날 수 없는 이유는 두 분야가 취급하는 영역이 본질적으로 다르기 때문이다. 그러므로 상호관계와 중복의 부분이 발견된다면 이것은 두 분야를 포괄할 수 있을 만한 연합체가 존재한다는 증거가 아니라 흥미는 병행 관계라고만 보는 것이다. 따라서 카터와 내러모어는 상호관계적 입장의 세속모델은 다음과 같이 요약하였다.

① 기독교와 심리학은 서로 분리되어 있는 두 영역의 지식이다.

② 통합이란 상호 병행적인(동등한) 개념의 발견이다.

③ 인간존재, 병리, 치료 등의 본질에 관한 두 영역의 병행성은 상대의 독자적인 특성이나

---

28) Milard Sall, *Faith, Psychology, and Christianity Maturity* (Grand Rapids: Zondervan, 1975), 22-23.
29) John D. Carter & S. Bruce Narramore, *op. cit.*, 123.

영역을 침해하거나 훼손하지 않는다.

④ 상호관계 입장에서는 실제적으로 영적인 문제는 목사에게 심리학적 문제는 심리학자나 정신과 의사에게 위임하는 경향을 보인다. 즉 상호관계 모델은 실제적 적용에 실패하여 고립적 입장에 가까워지고 진정한 통합에 반대되는 방향으로 흐른다.

상호관계 모델에 관해서는 뚜렷한 세속적 입장이 없는데 그 이유는 불신자 이론가들은 성경을 진리의 권위적 근원으로 인정하지 않을 뿐 아니라 신학과 심리학을 두 개의 구별된 지식과 경험으로 분리시키는 요인인 성경의 대속적 입장에 대해서도 관심이 없기 때문이다. 상호관계적 입장에서 종속모델을 지지하는 세속 학자들은 있지만 그들의 성경 해석법은 심리학적 이론에 근거한 것이므로 분리된 영역의 지식으로서의 신학과의 통합은 사실상 사라지며 상호관계라기보다는 심리학에 종속된 관계로 전락한다.

병행모델은 몇 가지 기본 장점을 가지고 있다. 이것은 대립모델에서 표방하는 적대적 입지와 대립적 위치를 배제했다는 점에서는 명백한 진리로 보인다. 고립적 입장의 병행모델에서는 신학과 심리학을 분리된 두 영역으로 받아들임과 동시에 각각의 완전성을 인정하며 표면적인 통합을 피하였다. 상호관계적 병행모델은 참다운 통합을 모색한다는 장점이 있다. 대체로 시작은 훌륭하지만 실제로 병행모델은 단순히 통합과정의 시작에 그치는 실용적 방법이다. 통일된 개념이 발견되기 전에 중복되는 문제와 안건들을 먼저 정렬해야만 더욱 의미 깊은 통합으로 발돋움할 수 있다.

또 병행모델에는 결정적인 한계가 있다. 이 모델은 기껏해야 공통적 의미를 나란히 나열할 수 있는 두 개의 구별된 실재를 다룬다는 가정에서 시작하는데 이 가정은 참다운 통합을 막는 것이다. 바로 이것이 가장 근본적인 오류이다. 진리의 요소를 인위적으로 분리한 이 같은 입장에서는 진정한 통합에 요구되는 광범위한 통일 원리를 얻어낼 수 없다. 상호관계적 병행모델에는 또 다른 약점이 있다. 신학과 심리학의 공통 기반을 찾으려는 시도 가운데 한 분야의 자료를 상대에 임의로 갖다 붙이는 것이다. 우리의 당면 과제는 위에서 인용된 것과 같은 세부적인 대별이 아니다. 성경에서 말하는 양심을 Freud의 초자아에 비교할 수도 있으며 치료를 무비판적인 태도로 인정할 필요가 있을지도 모른다. 그러나 중요한 것은 이러한 적용이 부정확하다는 것이 아니라 원리나 개념적 차원의 통합을 가능케 할 만한 포괄적 이해가 부족하며 자칫하면 성경을 심리학적으로 부정확하게 이해하거나 기독교적 입장에서 표면적으로만 심리학을 수용할 수도 있다는 것이다. 상담을 성경적으로 이해하려는 Adams(1970)가 병행모델을 거절하는 이유는 바로 이 때문이다. 신중하게 판단하지 못할 경우에는 기독교 심리학이 단순

히 일개 세속 심리학 이론을 기독교적으로 표현하는 것으로 전락할 수도 있다.[30]

4) 통합모델(Integrates Model)

기독교적 통합모델은 하나님께서 모든 진리의 창시자라는 가정에서 출발한다. 진리 추구에 있어 이성, 계시 과학적 방법들은 각기 필요한 역할을 담당한다. 인간은 하나님의 형상을 따라 지어졌고 하나님께서 성경에 기록되어진 특별계시와 창조 세계를 통한 일반계시를 통해 자신을 드러내시므로 성경과 심리학적 발견 사이에 일치점이 있음을 기대할 수 있다는 것이다. 통합적 입장에서는 성경과 심리학은 서로 동맹관계에 있기 때문에 둘을 동시에 강조한다. 지금까지의 세 모델에서 말하는 심리학은 하나의 이론이나 체계로서의 학문을 언급한 것이었지만 여기서 의미하는 심리학은 심리학이라는 학문적 용어가 등장하기 이전의 본래적 심리학을 의미한다. 진리의 통일성을 믿는 통합론자들은 신학적 이해들과 심리학이 본래적으로 서로 관계될 수 없는 분리된 분야라고 생각하지 않는다. 대신 하나님께서 모든 진리의 근원이시고 창조주이시므로 궁극적으로 가설들은 하나의 설명으로 모아질 수 있다고 본다. 다시 말해 그들은 두 분야의 방법론, 분석 수준 등을 희생하지 않는 통합 원리를 찾는 것이다.[31]

(1) 세속 입장의 통합모델

세속적 통합론자들은 자연계와 성경말씀을 통해 자신을 계시하시는 하나님의 존재를 믿지 않으므로 과학에서 발견한 진리와 성경의 계시를 완전하게 결부시킬 수 없다. 세속 이론가들은 종속모델을 따르거나 상호관계적 병행모델을 따를 수는 있지만 전적인 통합모델은 실현할 수 없다. 여기에서 심리학적 사실과 성경의 계시를 동시에 믿어야 하기 때문이다. 완전한 통합의 기초이신 창조주 안에서만 진리가 통일된다는 인식에 기초한 것이다. 사도 바울은 다음과 같이 말하고 있다.

> 육에 속한 사람은 하나님의 성령의 일을 받지 아니하나니 저희에게는 미련하게 보임이요 또 깨닫지도 못하나니 이런 일은 영적으로라야 분변함이니라. 신령한 자는 모든 것을 판단하나 자기는 아무에게도 판단을 받지 아니하느니라. 누가 주의 마음을 알아서 주를 가르치겠느냐. 그러나 우리가 예수 그리스도의 마음을 가졌느니라.(고전 2:14-16)

---

30) John D. Carter & S. Bruce Narramore, *op. cit.*, 125-27.
31) *Ibid.*, 129-35.

Mowrer, Fromm, Thorne, Allport와 같은 세속 이론가들은 종교가 개인생활에 맥락에서 통합적 힘이 되어준다고 생각할지도 모른다. 그들은 개인의 적응, 성숙과 관련하여 종교의 유익을 강조한다. 그들은 종교에서 인간의 영적, 내면적 삶을 강조한다는 점에 관심을 가질 수도 있다. 종교와 심리학의 유화를 촉진할 수도 있다. 또한 성경이 개인 생활에 대해 놀라운 통찰을 제시한다는 점도 발견할 수 있을 것이다. 그러나 이 모든 점에도 불구하고 그들은 성경을 하나님의 권위 있는 계시로 인정할 만한 통찰력과 믿음이 없기 때문에 한계가 있다.[32)]

(2) 기독교 입장의 통합모델

① 진리의 연합

William Hulme은 통합모델을 표방하는 대표적 학자이다. 과학주의의 위험에 대한 그의 논의(1956)에서 통합한 기본 전제를 진리의 연합으로 발전시킨 예를 찾을 수 있다.

> 한때는 교회에서의 반과학적 태도가 위험스럽게 여겨졌으나 오늘날은 과학주의가 위험 요소로 등장하고 있다. 이것은 특히 인간론(Doctrine of man)과 관련하여 더욱 심각하다. 지식층의 인정을 받기위한 갈망으로 교회에서는 현재 과학이 최고 상태에 이르렀다는 가정 하에 심지어 성경의 증거에 반대하는 주장을 종종 해 왔다. 각 분야에 대한 더욱 객관적 접근이 필요하며 특히 자연과학에서의 진화론이 새로운 발견들에 대해 계속적인 내부적 재편성을 하고 때때로 과학적 증거들을 혼란스럽게 하기도 하는 오늘날의 현 시점에서는 더욱 그러하다.(p.98)

Hulme은 상호관계적 입장의 종속모델이나 병행모델에서 성경을 심리학화하는 데 만족하지 않고 있음을 밝힌다. 그는 교회가 과학이론을 성경의 권위 위에 놓으려는 위험한 태도를 취하고 있다고 생각하였으며 이것은 기독교에서 얻을 수 있는 인간에 관한 독특한 통찰을 소멸하는 짓이라고 했다. 동시에 그는 과학의 발견들을 무시해서도 안 된다고 제안한다. 그는 과학과 성경의 유익을 모두 인정해야 한다고 암시한다. Lawrence Crabb(1975)도 다음과 같이 유사하게 제안한 바가 있다.

> 그러므로 기독교인들이 교회에서 세속적인 상담 방식을 버리고 성경적인 접근 방식을 택하는 것이 어떠한 것인지를 깨닫기 위해서는 기독교 교리의 본질들을 축소하거나 배제시키지 말아야

32) *Ibid.*

> 할 것이다. 복음주의자들은 종종 단편적인 행동을 보이기도 한다. 예를 들어 우울한 내담자에게 그가 죄인이며 자신의 죄를 예수 그리스도께 고백하고 죄악된 생활을 그만두어야 한다고만 말해서는 안 될 것이다. 이러한 이야기를 듣는 내담자는 기독교에는 자유가 허락되지 않으며 지키기 어려운 계율만 요구하는 강압적이고 고지식한 체제를 가지고 있다고 여길 것이다. 확고한 성경적인 원칙에 입각한 상담방법을 구상해야 하는데 이것은 세속적인 심리학을 탈피하여 성경의 기본적 입장에 위배되지 않는 것이어야 한다.[33)]

Lawrence J. Crabb은 세속 심리학의 진리는 성경과 상충될 수 없다고 가정한다. 그는 성경에는 상담에 관련된 언급이 매우 많다고 가정하였다. 또한 그는 심리학적 연구와 성경적 연구 양측의 도움을 받는다면 한 가지 연구에서보다 인간에 관한 더 많은 이해를 얻을 수 있다고 가정하였다.

② 인간존재의 본질

통합모델의 기본 가정은 인간의 본질(The Nature of the Human Being)과 관련되어 있다. 통합론자의 입장에서 볼 때 인간은 하나님의 형상을 따라 창조되었다. 인간존재에 관한 모든 사상들은 따지고 보면 인간의 기원과 생명에 대한 문제를 여러 견해들로 표현한 것이다. 통합론자들 역시 포괄적인 인간 이해의 출발점을 이것으로 삼는다. 인간은 하나님의 형상을 따라 지음받았지만 타락하여 죄 가운데 빠지게 되었다. 이러한 가정들이 모든 통합론자들의 인간관에 영향을 준다. 이 가정들은 통합론자들의 나머지 이해에 기초가 되어주며 근본 원리로서의 역할을 한다. Hulme은 「Counseling and Theology」(1967)라는 그의 저서에서 통합론자들이 인간 본질에 대한 이해를 매우 중요하게 생각한다는 점을 잘 알려준다.

> 인간에 대한 기독교의 개념에서는 파괴적 감정을 유발하는 인간의 내적 갈등에 대한 해석과 그 본질을 다루고 있기 때문에 신학적 상호관계의 근본이 된다고 할 수 있다. 이러한 갈등은 교리적으로 생각할 때 인간의 상태와 인간이 의도하는 것 사이의 갈등, 즉 하나님의 형상과 죄로 인한 부패된 모습 사이의 갈등이라고 할 수 있다. 특별한 고백이 없더라도 인간론은 이 두 가지 측면이 존재한다는 것을 알 수 있다. 그것은 하나님이 창조하신 인간과 현재의 모습으로 변한 인간, 하나님의 형상과 그 형상의 부패의 두 가지이다.(p. 95)

---

33) Lawrence J. Crabb, *Basic principles of Biblical Counseling* (Grand Rapids: Zandervan, 1975)

신학과 심리학의 관계에서 하나님의 형상은 인간이 영적 존재라는 가정과 결부되어 있는 것이므로 하나님의 형상으로 지음받았으나 타락했다는 개념을 믿는다면 진리의 본질에 대한 시각과 인간을 연구하기 위한 적절한 방법에도 그 영향이 미칠 수밖에 없다. 이것은 인간이 영적 존재이기 때문에 자연주의적 연구 방식으로는 인간의 본질을 절대로 완벽하게 설명할 수 없다는 것을 의미하기도 한다. 하나님의 형상을 지니고 있다는 사실은 결정론과 자유의지(Free will)에 대한 사상에도 영향을 미친다. 성경은 하나님께서 도덕적 자유의 존재(Free moral agent)이시므로 우리들 역시 근본적 측면에서는 도덕적 자유의 존재가 되어야 한다는 것을 의미한다. 또한 이 견해에서는 자아수용과 함께 다른 사람의 자아존중(Self-respect)의 권리를 말하고 있다. 인간이 타락했다는 가정에는 인간의 이성 역시 완전하지 못하다는 것을 의미하므로 모든 방법과 사실들에 대해서도 신중한 태도를 보인다. 이것은 개인적 죄(Personal sin)와 집단적 죄(Corporative sin)의 개념 모두를 반영하므로 정신병리학에 대한 견해에도 영향을 준다. 또한 죄책감 문제의 해결과도 관련 있으며 인간 사상가들의 낙관주의적 입장을 수용하는 데에도 어느 정도의 제한을 두게 한다. 심리학 이론의 모든 방면에서 인간에 대한 성경적 견해는 중요한 암시를 나타낸다.[34]

③ 정신병리의 기원

통합론자들의 두 번째 주요 가정을 살피기 위해서는 인간 본성의 본질에 대한 논의가 당연히 뒤따르게 된다. 이것은 궁극적 의미에서 모든 정신병리에서는 죄의 흔적을 찾을 수 있다는 가정이다. 여기에서 의미하는 것은 모든 문제가 의식적, 의도적, 개인적 죄에서 발생한다는 것이 아니라 모든 문제는 궁극적으로 죄로부터 기인된 인간 내면의 분열상(Split) 때문에 발생한다는 것이다. 예를 들어 Hulme(1967)은 다음과 같이 서술하였다.[35]

> 인간이 반역에의 유혹에 동참하기로 결정한 결과 그 본성에 악이 존재하게 되었다. 새로운 경험과 태초에 창조된 최초의 의로움은 극명한 대조를 이루었고 거센 반동과 충돌을 일으켰다. 파괴적인 감정이 나타나 사라지지 않을 뿐만 아니라 분열을 증폭하였다. 인간의 인격에 형성된 분열은 모든 행동에 영향을 주기 시작했으며 이러한 인간의 성격은 죄와 의로움의 모호성으로 나타나게 되었다. 결과적으로 인간론은 죄에 관한 교리가 아니라 바로 죄이다. 개인의 죄는 단지 하나님의 형상(*Imago Dei*)이 파괴된 내적 부패의 외면적 모습일 뿐이다.(p. 105)

34) John D. Carter & S. Bruce Narramore, *op. cit.*, 135-36.
35) *Ibid.*, 136-37.

Hulme의 시각에서 성경은 인간의 부적응에 대한 총체적인 이해를 가져다준다. 심리적 부적응은 단순히 유년시절의 환경에 의한 결과가 아니다. 또한 부모의 잘못만도 아니다. 그릇된 선택이나 행동에 의한 것만도 아니다. 이 모든 것들 역시 원인에 포함되지만 가장 근본적인 원인은 하나님과의 격리 상황의 결과로 생긴 분열상이다. 따라서 인간의 내면적 갈등을 심리학적으로 명확히 이해하려면 인간에게 주어진 하나님의 형상을 추구하는 것과 원래의 타락한 상태에서의 이해 속에 갈등이 존재한다는 것을 알아야 한다.

④ 균형 있는 성경적 적용

통합론을 따르는 사람들은 인간존재에 대한 성경적 강조에 동의함과 동시에 균형 잡힌 시각으로 성경을 대한다. 종속모델에서 창조, 섭리의 내용만 선택적으로 취급하는 것과는 대조적으로 통합론자들은 성경 계시를 총체적으로 받아들이며 계시가 건설적인 삶과 관계있다고 생각한다. 결국 대속적, 초자연적 국면들 역시 창조, 섭리 못지않게 강조한다는 것이다. 통합론 지지자들은 성경에 인간이 하나님과 분리되었고 구원을 필요로 한다는 내용이 있다는 것을 거추장스럽게 생각하지 않는다. 또한 기도라는 것은 단순히 정서적 쾌감을 영적인 의식으로 표현한 것이라고 생각하지도 않는다. Wagne(1974)는 예를 들어 다음과 같이 서술하였다.[36]

> 영적 회심(Spiritual conversion)을 경험하는 순간은 하나님과 관계를 맺는 순간이며 이 관계를 통해 우리 심성에 있는 전능자에 대한 문제를 교정할 수 있다. 즉 자신을 의지하는 것이 아니라 하나님을 의지하기 시작한다. 자신을 전능적 존재로 여기는 권리를 포기하고 하나님을 자기의 전능자로 받아들이는 것이다. 이러한 믿음 속에서 우리는 그분의 용서를 체험함으로 죄책감으로부터의 자유(롬8:1)를 얻을 수 있다.(pp. 81-82)

Wagner는 인간은 구원을 필요로 한다는 사실을 인정하고 이러한 경험에서 심리학적으로 유익을 얻을 수 있다고 설명한다. 영적 회심은 단순히 변화를 신앙적 은유로 표현한 것이 아니라 예수 그리스도의 구속과 성령의 사역을 통해 인간 내면에서 실제로 일어나는 변화인 것이다.

⑤ 기독교와 정신건강

통합모델을 지지하는 자들은 진정한 성경적 종교는 건전한 정신 위생에 절대 해가 되지 않는다는 가정 위에 있다. 사실 그들은 가정하기를 하나님의 계시에 일치한 삶이야말로 인간의 성장

---

36) *Ibid.*, 137-38.

과 완전을 촉진하는 중요한 요소라고 했다. Maurice Wagner(1975)는 「The Sensation of Being Somebody」라는 그의 저서에서 그의 입장은 정신분석학적 사고에 많은 영향을 받은 것으로서 인성에 관한 정신분석학적 견해를 성경적 자료에 억지로 맞추려고 하지는 않았다. 그러나 그는 성경이 통합을 위한 좌표적 역할을 하는 것으로 인정하였으므로 그의 견해는 훌륭한 통합적 사고를 자극하는 데 도움을 준다. 적개심(Feelings of hostility)에 대한 내용을 다루면서 믿음의 역할에 대해 언급한 그는 다음과 같이 말했다.[37]

> 예수 그리스도에 대한 믿음은 죄책감뿐 아니라 적개심에 대한 문제에도 해답을 제시한다. 예수 그리스도의 주권을 인정한다는 것은 당신께서 우리 자신을 포함한 만물을 다스리신다는 것을 인정하는 것이다. 우리는 하나님께서 결코 우리를 버리지 않으실 것이라는 사실을 믿는다. 이것은 하나님께서 우리에게 고통이나 불행, 죽음 등을 제하신다는 것을 의미하는 것이 아니라 그분 안에서 우리는 이생을 초월하여 영생에 대한 소망을 갖고 있다는 사실을 말하는 것이다. 이 땅에서 발견되는 불의는 심판의 날에 적절한 보응을 받을 것이다…… 하나님에 대한 믿음과 예수 그리스도의 고통을 알게 될 때 세상에서의 삶이란 즐거움을 주지 못한다는 것을 깨달을 것이다. 고통은 영적, 정서적 성장과 성숙으로 이끈다는 점에서 유익한 것이다. 우리는 예수 그리스도께서 우리를 위해 고통당하셨다는 것을 알고 있으므로 당신께서 고통을 허락하신다면 사랑의 발현으로서 언제든지 그분을 위해 고통을 감내할 수 있을 것이다.(pp. 86-87)

Wagner는 하나님의 주권이란 하나의 적절한 지적 개념으로 끝나는 것이 아니라 이것은 정서 작용에 상당한 파급을 일으키는 성경적 진리라고 하였다. 마찬가지로 분노의 부정적 감정을 세속 치료에만 의존할 수는 없다. 하나님의 주권의 중요성을 이해하는 것은 파괴적 감정을 해결하는 과정의 하나이다.

⑥ 기독교와 심리치료

상담과 치료의 문제를 다루다 보면 성경의 계시가 치료가들 사이에도 상당히 다양한 의견들로 제시되어 있음을 알 수 있다. 통합모델을 지지하는 치료가들 사이에서도 내담자중심적 입장(Hulme, 1967), 이성적-감정적(Rational-emotive) 입장(Crabb, 1977), 분석적 입장(Wagner,1975), 실존적 입장(Van Kaam, 1968) 등의 상담이 있다. 성경의 권위를 믿는 기독교 치료가들이라면 상담의 일반적 모델에 공통된 의견을 가져야 하지 않는가? 성경은 특정한 성경적 상담

37) *Ibid.*, 139-41.

방법을 정확하게 언급을 못하고 있는 것인가? 우선 사람들의 적응 문제들의 경우를 보면 항상 최적의 상담 유형이 있다는 것을 알게 된다. 어떤 사람에게는 단기간의 지시적 상담이 적합한 경우가 있는 반면 장기간의 치료가 효과적인 사람들도 있다. 다양한 징후들을 완화하는 데는 행동유형이 적합하다. 또한 비지시적 상담에 호응하는 사람들도 많다. 효과적 상담 유형이 다양하다는 사실은 모든 목적을 만족케 할 단 하나의 상담비결은 없다는 것을 의미한다. 예수 그리스도께서는 사람들의 문제에 매우 융통성 있는 접근을 하셨다. 간음 현장에서 붙잡힌 여인을 대하시던 태도(요 8:3-11)와 성전에서 환전상들을 대하신 태도(막 11: 15-13)의 대조적인 모습이 좋은 예이다. 예수 그리스도께서는 모든 상황을 한 가지 방법으로 해결하지 않으신 것이 분명하다. Hiltner는 상담의 선지자적 접근(Prophetic approach)과 제사장적 접근(Priestly approach)의 두 가지 방식을 제안하였다.[38] 이러한 역할을 이분법적인 또는 모순적인 역할이라고 말할 사람도 있겠지만 이것은 사람들에 따라 각기 요구 사항이 다르며 이러한 요구들은 서로 다른 유형의 관계를 필요로 한다는 사실을 보여주는 것이다. 이것이 사실인 만큼 기독교상담가 사이에서 다양한 종류의 상담을 기대할 수 있는 것이다. 상담관계의 유형이 외형적으로는 다양하게 나타나지만 기본 주제와 가정에 있어서는 상당한 공통점이 있다. 기독교상담가들과 치료가들의 상담유형과 일부 이해 영역이 다를 수 있다. 특별한 기술에 접근함에 따라 우리는 견해 차이가 커지는 것을 볼 수 있는데 이것은 내담자의 인성에 차이가 있기 때문이며 또한 성경에서는 구체적인 상담기술을 언급하지는 않았기 때문이기도 하다. 성경에서는 특별히 인간의 본성, 죄, 죄책감, 불안, 그 외 여러 가지 문제, 태도, 행동들에 대해 다루고 있다. 이 때문에 우리는 기독교상담의 근본 쟁점과 일반적 기준이 무엇인지를 공감할 수 있는 것이다. 통합모델을 지지하는 사람들은 외형적 형태와 유형을 무시하지 않지만 아무래도 그들은 심리치료에서의 죄의 역할, 개인적 사회적 책임의 위치, 성화에 관련된 성령의 역할, 진지한 관심이 개인 성장에 미치는 중요성 등과 같은 중심적 문제에 더 많은 비중을 둘 것이다. 이와 같이 기본적 경쟁에 대한 이해를 기초로 하여 자신의 인성에 가장 적합하면서도 상대를 성경적 관점에서의 성숙으로 인도할 수 있는 상담 방식을 선택할 수 있을 것이다.[39]

---

38) 힐트너는 상담의 두 가지 접근 방식으로 선지자적 접근은 확언(Convicting), 직면(Confronting), 설교(Preaching), 강연(Lecturing), 예상(Thinking for), 전달(Talking to), 진리 선포(Proclaiming), 파문을 일으킴(Disturbing the comfortable)을 제안하였으며 제사장적 접근으로는 격려(Com- forting), 고백적(Confessional), 면담(Interviewing), 경청(Listening), 공감(Thinking with), 교제(Talking with), 진리 확증(Affirming truth), 위로(Comforting the disturbed)를 제안하였다.

39) John D. Carter & S. Bruce Narramore, *op. cit.*, 143-44.

(3) 통합모델의 과제

통합이란 단순히 분리된 주제의 영역을 연관짓는 것 이상이라는 것은 분명하다. 이것은 세 가지로 생각할 수 있는데 기독교와 세속의 개념, 사고의 방식(Way of thinking)과, 그리고 기능의 방식(Way of functioning)이다. 앞에서 주로 세속 개념과 기독교 개념의 관계시키는 통합에 초점을 두었으며 논의 과정에서는 통합은 삶의 방식이며 생각의 방식이라는 가정이 전제되어 있었다. 사실 개념적 통합이란 인간적인 측면의 통합이 없이는 불가능하다. 다시 말해 우리의 삶에 하나님과의 관계가 미치는 영향에 대해 개방적인 생각을 가지며 우리의 부적응의 모습을 사실대로 받아들이려는 마음이 없이는 진리의 근원에 대해 거부감을 가질 수밖에 없으며 통합을 위한 실제적 요소들을 막을 수밖에 없을 것이다. 사실 이것은 아마도 통합을 방해하는 유일한 사항일지도 모른다. 자신에 대한 진리를 기피하기 위하여 신학이나 심리학이라는 학문적 명분 속에 자신을 가두어 놓고서 새로운 입장을 받아들인다는 것은 매우 어려운 일이다. 타 학문을 처음 접할 때의 불안, 방어적 태도, 적대적 태도를 버리고 진정한 통합을 위한 시각을 갖는다는 것은 쉽지 않은 일이다. 이러한 불안을 초월할 수 있는 방법은 간단한 것이 아니지만 효과적인 통합적 접근을 추구할 수 있는 자유를 얻게 해주는 몇 가지 태도와 도움들을 생각해 보고자 한다.

먼저, 겸손과 한계를 인식하는 것이 가장 기본적인 자세라는 것은 말할 것도 없이 당연한 것이다. 둘째는 신학과 심리학의 통합을 지지하는 Van Kaam은 말하기를 새로운 모험을 시도할 때 요구되는 기본 사항은 개방성을 갖는 것이다. 다른 입장들을 주시하고 새로운 관계를 모색하며 무엇보다도 상충되는 문제를 쉽사리 거부하지 않는 태도가 중요하다. 종종 모순되어 보이고 해결 불가능해 보이는 문제들을 통해 새로운 통찰을 얻는 경우가 많기 때문이다. 쉽게 통합의 시도를 포기하는 것은 개인의 창조 과정을 버리는 것과 같다. Van Kaam(1968)은 인성의 다양성을 언급하면서 여기에 대해 다음과 같이 기술하였다.[40)]

> 개인의 인성과 외부 세계가 접촉할 때 다양한 존재 양식이 실현된다. 개인이 발전함에 따라 존재 양식 중에서는 서로 어울리지 않는 것도 있을 것이다. 어쨌든 그는 이것을 일시적으로 받아들이지만 결국에는 서로 다른 존재 양식들을 조화시켜 더 수준 높은 시각을 얻게 될 것이다. 신앙인들을 위한 최고의 존재 양식은 하나님께 의지하는 것이다.(p. 99)

---

40) *Ibid.*, 147-48.

Van Kaam과 같은 통합론자들은 통일된 원리를 계속 모색하면서 한편으로는 아직까지 해결되지 않은 문제를 끝까지 쥐고 있을 수가 있다. 그들은 갈등으로 보이는 문제들을 잠시 접어 두거나 여기에 몰두하여 결국은 더 폭넓은 관점을 이해하거나 새로운 시각을 통해 해결하는 것이다. 이것은 대립주의자들에게 가장 결여되어 있는 태도이기도 하다. 그들은 해답을 얻으려는 조급함 때문에 새로운 입장에서 발견할 수 있는 유용한 통찰의 기회를 스스로 닫아 버리는 것이다. 세 번째는 효과적인 통합의 기초가 되는 인격적 특성은 자신의 지성과 감성을 균형 있게 표현하는 것이다. 지각, 생각, 이론의 수립, 성경의 해석, 상담의 유형들은 모두가 개인의 지성적, 감성적 취향에 크게 좌우되는 것이다. 신학자라면 성경의 교훈과 올바른 교리를 강조할 것이다. 사실상 교육 사역과는 거리가 먼 교회들도 있다. 여기서는 절친한 교제, 예배의 중요성, 감성적 표현 등에만 초점을 둔다. 이런 교회의 성도들은 아마도 낙담에 빠질 것이며 나약함, 미숙함, 교리적 근거의 희박성 등을 보여주는 하나의 예증이 되어 줄 뿐이다. 만약 심리학자라면 인지적 유형을 색다른 차원으로 표현할 것이다. 여기에는 올바른 행위와 올바른 생각을 강조하며 어떻게 생각해야 하는지를 가르친다. 올바른 생각을 한다면 모든 것이 정상적으로 움직일 것이라는 견해는 이들의 생각이며 인지적 행동 수정(Cognitive behavior modification)과 이성적, 감성적 심리치료(Rational-emotive psychotherapy)는 그러한 견해에서 비롯한 치료법들이다. 필요한 것은 삶의 감정적, 인지적 부분에 대한 건전하고 인격적인 통합이 기초가 되어 형성된 균형 있는 입장이다. 심리학 이론과 성경 해석이 심리학적 자료나 성경에 계시된 진리보다는 자신의 인격적 취향을 반영한 경우가 많다는 것을 알게 되면 놀라고 말 것이다. 우리 자신과 다른 사람의 경험에 대해 개방적이지 않다면 결코 인간 본질에 대한 균형 잡힌 이해를 얻을 수 없을 것이다. 우리가 여러 경험들에 더욱 개방적일수록 성경 진리를 더욱 완전하고 정확하게 이해할 수 있을 것이다.

그러나 의미 있는 통합을 실현하기 위해서는 다양한 시도가 필요하다. 헤아릴 수 없이 다양한 교회의 문제들을 이해하기 위해서는 더욱 많은 경험적 자료가 요구된다. 새로운 성경적 통찰과 이론적 개념이 형성되어야만 인간의 본성과 역할을 더 잘 이해할 수 있다. 연구, 이론, 성경적 해석들이 다방면으로 적용되어야 한다. 한 걸음 나아가 새로운 질문들을 제기해야 한다. 기존 문제들에 주어졌던 해답들도 재평가해 보아야 한다. 무엇보다도 인간의 존재와 난제들에 대한 연구에 임하기 위해서는 이해할 수 있는 모든 자료들을 최대한 모아야 하는 것이다. 기독교인으로서 우리의 목적은 단순히 고립적 태도로 지적 이해를 추구하는 것이 아니다. 성경에서는 하나님께서 인간의 삶을 변화시키기 위해 역사에 개입하신다고 분명히 말하고 있다. 우리는 자신이 이러한 거룩한 계획의 일부를 수행하고 있다는 것을 인식해야 한다. 이러한 영원한 국면들을 인식하고 우리의 임무가 자신과 하나님, 자신과 자신, 자신과 다른 사람을 화해하려는 하나님의 계획 중 인간에게 할당된 몫을 수행하는 것임을 인식한다면 통합을 위한 열망이 솟구칠 것이다. 기독교인으로서 우리들은 이러한 편협한 견해를 버려야 하며 그럴 때에만 과학적 방법과 성경의 계시를 동시에 다룰 수 있는 포괄적 입장을 확립할 수 있다. 우리의 이해를 제한하거나 왜곡하기보다는 믿음을 가지고 진행한다면 학구적이고 전문적인 노력을 통해 결국 가장 폭넓고 올바른 입장을 세울 수 있을 것이다. 그러므로 일반계시에 대한 이해와 땅을 정복하라는 광범위한 과제는 복음의 선포와 마찬가지로 하나님께서 주신 사명이다. 결국 통합이란 하나님의 창조를 이해하는 역할, 책임, 방법을 종합하는 것이다.[41]

2. Lawrence J. Crabb의 접근모델

기독교 입장에서 신학이란 성경에 기록된 하나님의 계시에 대한 확신에서 출발하는 반면 심리학은 일반적으로 과학적 방법의 유용성이나, 실험의 본질, 경험주의적 법칙의 본질 등에 대한 논거로 시작하기 때문에 뚜렷한 차이점을 가진다. 이와 같이 심리학은 일종의 과학으로 인과론의 개념에서 출발하기 때문에 기독교 입장에서는 자유의지, 결정론, 그리고 개인의 책임에 대한 개념을 제거함으로 충동적이고 비이성적인 사람으로 만들어 버린다고 생각한다. 반면에 심리학자들은 현대인들의 삶에 영향을 주는 형이상학적 상징체제와 윤리적 차원들을 갖고 있음으로 다원주의 상황 하에서 효과적으로 이웃 사랑을 이해할 수 있는 새로운 관점들을 제공할 수 있다는 견해를 가지고 있다. 이러한 관계에서 신학과 심리학의 통합하려는 시도들과 성경적인 상담전략을 개발하기 위한 뼈대를 제공하려는 기독교 심리학자 로렌스 J. 크렙[42]은 네 가지 뚜렷한 접근 방법으로 분류하였다.[43]

---

41) *Ibid.*, 150-52.

42) Lawrence J. Crabb, Jr. 박사는 The University of Illinois(Ph.D)에서 Clinical Psychology(임상심리학)를 전공하였다. 그는 The University of Illinois에서 심리학교수와 Atlantic University in Florida의 심리상담센터의 소장을 역임했다. 현재 콜로라도기독대학교 교수로 재직 중이다.

43) Lawrence J. Crabb, *The Effective Biblical Counseling: A Model for Helping Caring Christians Become Capable Counselors*(Grand Rapids, MI: Zondervan Publishing House, 1977), 31-52.

1) 분리적 접근(Separate But Equal)

첫째, 분리적 접근방법으로 이 입장을 주장하는 자들은 성경은 신앙과 생활을 포함한 영적이고 신학적인 문제를 취급하고 있기 때문에 심리학적인 장애와 같은 많은 영역은 크리스천의 책임 밖으로 몰아내고 자격 있는 전문가들에 의해 다루어져야 한다고 주장한다. 왜냐하면 성경은 의학적인 교과서나 어떤 종류의 전문 관리를 다루는 안내서도 아니며 더 이상 고대사나 과학적 논문의 포괄적인 기록을 의미하지 않기 때문이라는 주장이다. 심리학적인 역기능들과 문제들로 인하여 심리학적 증상을 나타내는 데 어떻게 상호작용을 하는가를 상세하게 이해하기 위해서는 심리학이 우리를 도울 수 있다. 그래서 성경과 심리학 사이에 벽을 만들고 두 분야를 분리적 접근으로 각각 다른 문제의 영역에서 다루자는 주장이다.[44]

그러나 크렙의 분리적 접근(Separate But Equal)방법에 대해 로버트 W. 파즈미노교수[45]는 크렙의 첫 번째 접근 방법은 분화된 혹은 분열된 것이라고 말하면서 이 방법은 인간과 관련된 시각에 있어서 두 개로 '분리되어 있으면서도 동일한' 트랙을 가지고 있다. 이 접근법에서는 종교적 믿음 혹은 기독교의 믿음과 동조하면서 인간의 삶의 모든 '비종교적' 영역은 심리학 관점에 의해서 영향을 받을 수도 있다. 또한 발달은 기본적으로 심리학의 과정과 전혀 관련이 없으며 심리학의 영향을 받지도 않는다. 이 접근법은 세속적인 것과 분명한 분리를 강조하는 반면에 종교적 정신분열증이나 잘못된 종교로 갈 수 있게 만든다고 하였다.[46] 이 분리적 접근방법은 다음과 같은 도표로 표현될 수 있다.

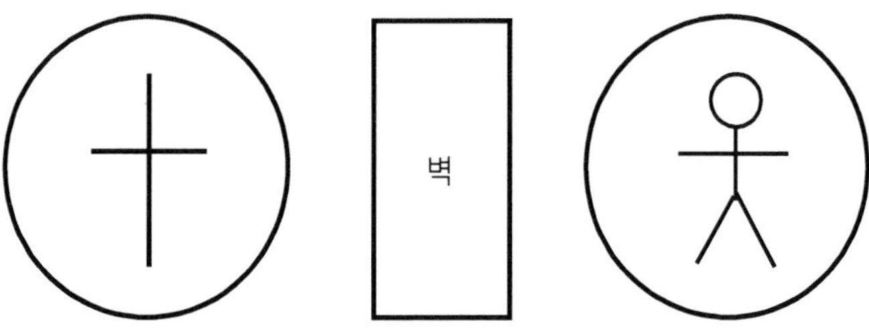

---

44) *Ibid.*

45) Robert W. Pazmino 박사는 미국컬럼비아대학교에서 교육학박사학위를 받았고 현재 앤도버뉴튼신학교에서 기독교교육학 석좌교수이다.

46) Robert W. Pazmino, *Foundational Issues in Christian Education* (Grand Rapids, MI: Baker Book House Co., 1997) 박경순 역, 기독교교육의 기초 (서울: 도서출판 디모데, 2002), 253.

2) 혼합적 접근(Tossed Salad)

둘째, 혼합적 접근방법으로 성경적 상담을 하기 위하여 신학과 심리학의 원리들을 제휴시켜, 두 영역을 혼합하여 조화된 원리를 맞추려는 혼합적인 방법을 취한다. 이 접근방법은 통찰과 심리학의 지혜가 담겨 있는 성경자료를 종합하면 효과적이고 세련된 크리스천 정신치료가 된다고 주장한다. 그러나 이들의 주장은 중심적인 기독교적 전제에 비추어서 모든 심리학 개념들을 주의 깊게 심사할 필요성을 강조하지 아니하고 성경의 빛을 통해 세속적인 개념들을 걸려내지도 아니하고 적절한 신학적인 문제들을 통과한 개념들을 받아들여 포괄적인 종합체로 동화시키려 하지도 않는다. 그러므로 이 접근방법의 모델은 서로 반대되는 철학적 입장에서 출발한 기독교적 전제와 심리학의 세속적 개념들을 서로 혼합시켜 여러 가지 요소들을 맛있는 혼합물로 만들기 위해 그릇에 함께 섞는 방법을 택하고 있다.

그러나 이러한 혼합적 통합모델은 크리스천 상담자들이 당면하는 문제들과 관련된 적절한 성경적 개념들과 필요한 성경구절들을 제공해 주려는 측면에서 분리적 접근(Separate But Equal) 방법에 의해 바로 잡아질 수는 있으나 신학과 심리학의 서로 상반된 사상들을 종합하는 문을 열어 놓게 되어, 교묘하게 기독교를 떠나 완전한 휴머니즘으로 우리의 사고를 옮기는 결과를 가져 올 수 있다. 크렙은 이러한 혼합적 접근은 기독교와 진리와의 갈등을 일으키게 된다고 전제하면서 서로 다른 이론들이 다른 전제에 대한 뚜렷한 관심이 없이 혼합되면 시간이 지남에 따라 한 이론이 다른 이론으로 침식된다고 하였다. 그러므로 교류분석은 비교적 이해하기 쉽고 크리스천의 생각과 그것의 양립성 때문에 크리스천 상담을 위한 유용한 모델로 받아들이거나, 무비판적으로 받아들이는 것은 상담을 유린하는 결과를 가져온다. 또 효과적인 성경적 상담을 위해 유용한 기독교적 자원들은 교류 분석이 초자연적인 도움을 필요로 하지 않음으로 부적절하며 성경의 계시와 조화되지 않는다. 변화의 동기를 주고 변화를 가능케 하는 성령의 사역과 새 생명을 제공해 주는 구속의 효력과 변화를 인도하는 말씀에 대한 의지 등은 교류 분석에서 무시된다. 결론적으로 혼합적 접근의 중심 문제는 세속적 심리학이 제공할 것이 아무것도 없다는 점이 아니라 오히려 세속 개념들에 대한 부주의한 허용이 성경 교리와 무계획적인 절충으로 유도될 수 있다는 점이다.

또한 혼합적 접근방법은 심리학적인 통찰력을 무시하고 인간을 결정된 종교적 영역 안에 놓는다. 그 종교적 영역은 인간의 삶에서 심리학적이거나 발달학적 통찰력이 전혀 개입되지 않은 오직 종교적 통찰력과 관점에 의해서 만들어진 것이다. 이 접근방법은 오직 성경과 종교적 통찰력만이 삶을 결정한다고 주장하며 삶에 대하여 타율적인 입장을 취하게 한다. 이 타율적인 입장은 인간 이외의 법이, 다양한 통찰력이나 세계관에 대한 개인의 인식과 관계없이 인간에게 부여되는 것이다. 이 접근방법은 지속적인 양육과 종교적인 관점에 의한 통제를 유지하기 위한 고립을 삶에 요구하는 편협주의(Provincialism)와 게토화(Ghettoization)를 초래할 수 있다.[47] 이 혼합적 접근 방법은 다음과 같은 도표로 표현될 수 있다.

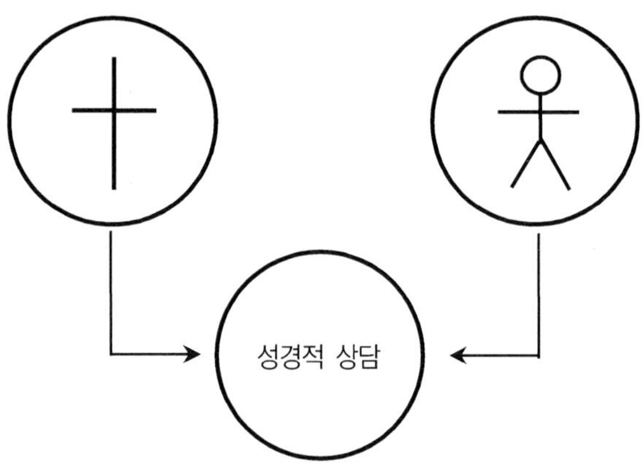

3) 영적, 신앙적 접근(Nothing Buttery)

셋째, 영적-신앙적 접근방법은 세속적인 심리학의 모든 지식을 더럽고 불필요한 것으로 불신하고 이들의 기본적 주장은 오직 은혜, 오직 예수, 오직 믿음, 오직 말씀을 강조함으로써 통합(Integration)의 문제를 바라보는 견해이다. 이 주장의 철학적 배경은 성경은 외적인 신체적인 일에 대한 상세한 안내를 제공하지 않는다는 주장이다. 우리가 효과적으로 살기 위해 알아야만 할 모든 것이 성경 안에 있음으로 성경의 가르침을 따라야 한다. 또 성경에는 하나님을 경외하는 것과 죄에 대한 취급과 거룩한 삶을 사는 원칙에 대한 하나님의 계시를 포함하고 있기 때문에 상담자는 모든 비유기체적인 문제들을 효과적으로 다루기 위해서 오직 성경을 반드시 알아야 할 필요가 있다. 또 인간은 자기 행동에 대하여 책임을 져야 한다고 주장한다. 이러한 입장에서는 필수적으로 두 단계의 상담이 포함되는데, 하나는 표면적인 문제가 무엇이든지간에 죄악된 유형을 찾아야 하고 또 하나는 그 죄악된 유형을 고백하고 변화된 행동 속에 반영되는 회개에 이르도록 권면하고 인도하는 것이라는 주장이다.

47) *Ibid.*

일반심리학에서 주장하는 심리학적 문제로 제시하는 스키너(Skinner)의 환경의 문제, 프로이드(Freud)의 내적인 장애의 문제, 로저스(Rogers)의 억눌린 감정 등의 이론에서 공통적으로 나타나는 것은 책임 있는 존재로서의 개인이 상실되고 있다. 더 이상 남아 있지 않는 죄책감과 죄를 제거하라고 주장한다. 그들의 죄를 없애버리면 그리스도의 십자가는 구원의 기초라기보다는 종교적 순교가 된다. 반면에 영적-신앙적 접근모델을 주장하는 자들은 책임과 죄책감, 죄와 그리스도의 구원의 사역으로 돌아오게 한다.

그러나 영적-신앙적 접근방법에 대해 크렙은 이의를 제기하고 있다. 첫째는 심리학은 아무것도 제공할 수 없다는 영적-신앙적 접근주의자들의 주장에 대해 우리의 사고와 전략 속에 심리학적 연구결과들에서 세속적 심리학을 걸러 낸다면 성경에 부합되는 인간의 기능에 대한 이해를 더해주는 많은 개념들을 발견하게 될 것이라고 주장한다.

둘째는 상담은 행동의 죄악된 유형을 찾아 낼 때까지 들으며 그것을 권위있게 비난하며 사람들에게 성경적 유형을 따르도록 가르치는 것에 불과하다는 영적-신앙적 접근주의자들의 주장을 크렙은 동의하지 않는다. 크렙은 영적 성장의 배후에 있는 근본적인 역동성은 하나님의 무조건적인 사랑과 용납의 심오한 의식을 가져온 것으로 그리스도의 십자가 위에 구속사역에 의해 가능케 되었다고 주장한다. 즉 표현할 수 없는 용납의 감격을 체험했을 때 하나님을 예배하고 봉사하는 동기가 되었다는 것이다. 사람들이 그리스도 안에서 전적으로 용납됨을 깨닫기 어렵기 때문에 상담은 항상 하나님께서 죄인들을 용납하여 준다는 것을 나타내어야 한다. 그러나 권면과 견책은 상담에 있어서 필요한 것이지만 언제나 진정한 용납의 관계에서 일어나는 것이어야 한다. 권위 있는 교정은 진정한 용납이 소통되는 신뢰감과 친밀감에 반발을 일으키고 억압된 순종을 낳게 됨으로 결코 영적 성장을 이룩할 수 없다는 주장이다. 그러므로 영적-신앙적 접근방법의 경우에 상담을 두 사람의 복합적인 상호 작용을 단순하게 '동일시-권면-변화'(Identify-confront-change)의 모델로 만들려는 경향이 있음을 지적하였다.

또한 모든 인간의 문제가 죄에서 기인한다는 것과 개인이 경험하고 있는 문제는 무엇이든지 책임을 져야 한다는 영적-신앙적 접근주의자들의 또 다른 추론에 대해서는 어떤 경우에는 참된 용납이 이루어지도록 하기 위해 크리스천 심리학자들에 의해 새로운 사랑의 세계를 만들어 주는 접촉점을 통한 성경적 권면이 적절한 방법으로 반응을 보일 수 있도록 개인적인 조건에 맞게 제시함으로 최선의 방법이 될 수도 있다는 견해이다.(살전5:14 참조). 즉 상담은 단순히 죄를 발견하고 변화를 종용하는 것이라고 주장하는 것은 기독교 본질의 힘을 나타내지 못하는 단순한 시도이며 자격을 갖춘 성경적인 상담자는 그가 발견한 참된 지식으로 상담을 이끌며 그 진리로 내담자에게 접근하게 위해서 독특한 그 개인의 접근하는 방법을 아는 사람이라고 하였다. 이 영적, 신앙적 접근 방법은 다음과 같은 도표로 표현될 수 있다.

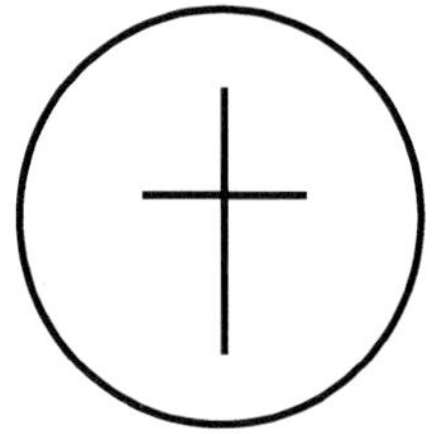

4) 통합적 접근(Spoiling the Egyptians)

넷째, 통합적 접근방법에 대한 크렙의 견해는 하나님께서 모세가 애급의 속박에서 이스라엘 백성을 인도할 때, 약속의 땅을 향해가는 여정에 하나님의 백성들을 먹이기 위해서 애급의 물건을 자유롭게 가져오는 것을 승인했을 뿐만 아니라 이 일을 계획하셨고 중재의 역할을 하였다고 주장한다. 크렙은 통합적 접근모델에 대해 언급하면서 출애굽기 12:38에 이스라엘과 함께 있는 '중다한 잡족'들에 대하여 언급하면서 그들은 광야에서 식량이 부족할 때 가장 먼저 불평을 하고 이스라엘에 반기를 든 자들이었으며 그 반역이 너무 강하여 여호수아와 갈렙을 제외한 모든 이스라엘백성들은 안 믿는 사람처럼 행동했고 결국은 광야에서 다 죽었다는 사실을 지적하면서 통합주의적 접근 방식은 결코 현실적인 위험에서 벗어난 것은 아니지만 거룩하신 크리스천에게는 적절했다는 주장이다. 그러므로 성경의 본질적인 내용들을 부지중에 타협하는 또 다른 성경적 혼합적 접근으로 타락시키지 않으려면 기독교적 전제들을 성경의 빛 아래 걸러내므로 심리학에서 유익을 얻을 수 있다는 것이다. 그러나 그러한 가능성을 축소시키기 위해서는 상담자가 갖추어야 할 자격을 제안하고 있다. "첫째, 심리학이 성경의 권위 아래 있다는 것을 동의해야 한다. 둘째, 성경은 정확무오한 영감된 계시라는 것에 대한 어떠한 교리적 논쟁도 하지 말아야 한다. 셋째, 성경이 그의 생각을 '기능적으로 조절' 즉 비성경적 주장과 상반된 성경적인 우위성의 원리들이 실제로 진지하고 지속적으로 적용되어야 한다는 것에 동의해야 한다. 마지막으로 심리학적 접근에서 성경의 이러한 기능적인 조절을 성취하기 위해서는 통합자들은 심리학을 연구하는 시간만큼 성경 연구를 해야 하며 구조에 대한 일반적인 통찰과 성경 전반에 대한 통찰을 해야 하며 기초적인 성경교리에 관한 지식을 갖추어야 하며 성경을 믿는 지교회에서 규칙적인 친교를 가짐으로 성령의 은사들로부터 유익을 얻는 기회를 갖도록 해야 한다.[48]고 주장한다.

이것이 그가 주장하고 있는 성경과 심리학의 관계를 정립한 통합적 접근방법이다.

결론적으로 분리적 접근은 심리적인 문제에 대한 성경의 관련성을 인식하는 데 실패하고 있다면 혼합적 접근은 성경에서 시작된 것이 아니며 성경적 전제 속에서 심리학적 개념을 조심성 있게 세밀하게 조사하기보다는 오히려 심리적 사고에 성경적 개념을 첨가하고 있다. 영적-신앙적 접근은 심리학을 무시하고 그들의 입장에서의 상담은 모든 표면적인 문제가 무엇이든지 간에 죄악된 유형을 찾아야 하고 그 죄악된 유형을 고백하고 변화된 행동 속에 반영되는 분명한 회개에 이르도록 권면하고 인도하는 것이라는 주장이다. 따라서 크렙의 주장하는 통합적 접근방법은 세속심리학이 제공하는 것들이 있지만 상반된 가능성에 대하여 충분히 주의를 기울이지 않는 혼합적 접근의 부주의와 모든 기독교상담이 성경적 계시와 철저하게 일치하는 것을 적절하게 핑계치고 있다는 영적-신앙적 접근의 과잉반응 사이에 필요한 균형을 잡게 하는 통합적 접근방법을 제시한 것이다. 또한 네 번째 접근방법은 종교적 가치관이 관계된 통합적인 방법이다. 이 접근법은 신학의 관점과 심리학적 관점에서의 가정과 목표들에 대한 개방성과 공평한 평가가 요구된다. 이 접근법에서는 신학의 관점들과 최종 권위로서의 기독교 세계관을 사용하면서 심리학과 가능한 상호관계성을 찾아봐야 한다. 이 접근법은 기독교인들이 반드시 분별해야 할 발견된 진리와 더불어 계시된 진리가 있다고 가정하는데, 이것은 발견된 진리와 계시된 진리는 서로 연관되어 있다는 조건 아래에서 가능하다. 이 접근법에서 기독교인들은 심리학을 다루는 데 주의 깊고 신중한 분별력을 가져야 하며 이 분별력으로 상담학적 환경에 대한 처방들을 제시하기 전에 설명된 심리학적 통찰력들을 세심하게 평가해야 한다. 이러한 평가로 심리학적 발견들에 대한 비평과 확인이 허용된다.[49] 이 통합적 접근 방법은 다음과 같은 도표로 표현될 수 있다.

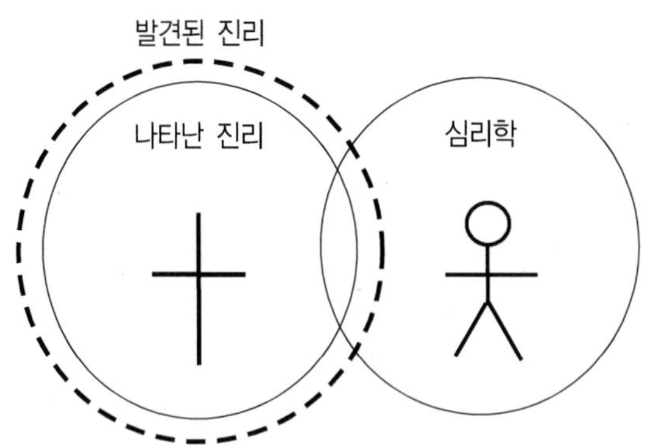

---

48) Lawrence J. Crabb, *op. cit.*, 47-50.

49) Robert W. Pazmino, *Foundational Issues in Christian Education*, *op. cit.*, 254.

(1) 통합을 위한 신학적 전제

통합적 접근방법은 수세기 전에 히포의 어거스틴이 설명한 것으로 가차 없이 적의 물건을 빼앗는 것이다 (어거스틴, 기독교교리: On Christian Doctrine, 2권 40장). 이것은 심리학을 포함하여 모든 분야의 의구심에서 진리를 찾는 것인데 이것은 '모든 진리는 하나님의 진리이다' 라는 것을 확신한다. '이스라엘 민족들이 광야에서 성막을 장식하는 데 이집트 사람들이 준 그릇들과 금은 장신구들을 사용한 것처럼'(출 12:33-36, 35:20-36:38 참고) 목회상담자들은 하나님을 영화롭게 하는 것과 그들의 사고와 실천을 풍성하고 윤택하게 하는 것에 심리학에서 얻어진 지혜를 끝까지 사용해야만 한다. 이 접근법의 잠재적인 문제점은 우상인 금송아지를 만든 것이 암시하는 것처럼 유신론주의를 몰아내고 심리주의가 그 자리를 차지하는 것이다(출 32장). 통합적인 접근법을 사용하는 데는 영적인 분별력과 성경에 예시된 하나님의 진리에 대해 흔들리지 않는 확신과 예수 그리스도를 의지하여 나아가는 것이 요구된다. 무엇이든 창조주를 경배하는 대신에 피조물을 섬기는 쪽으로 타락하지 말아야 한다(롬1:25). 이와같이 네 번째 방법의 과제는 우리의 전제를 초기에 밝히는 데 있다.

이 과제와 관련해서 파즈미뇨 교수는 우리가 연구해야 할 다음과 같은 신학적 전제와 심리학적 전제들을 제시했다. 분명히 다른 전제들도 제시될 수도 있겠지만 아래에 제시된 전제들은 분별력을 지닌 모든 기독교인의 책임인 이 과제를 가능하도록 이끈다. 제시된 신학적 전제는 다음과 같다.[50]

① 인간은 하나님의 형상으로 창조되었고 중요한 가치를 지닌다. 인간의 심리학적 속성의 복잡성과 다양성은 이 놀라운 창조와 하나님께서 창조하신 모형을 반영한다.

② 인간은 죄로 인해 타락했고 개인이나 집단으로 악을 행할 수 있는 가능성이 있다. 또한 인간들은 다른 개인, 공동체, 사회, 집단 조직들에서 죄를 지을 수도 있다. 그러므로 삶 가운데 죄의 실재와 결과에 대해서 개인과 더 큰 사회 그룹들에게 그 책임이 있다. 심리학에서 이러한 결과를 역기능성으로 표현한다.

③ 인간은 그리스도 안에서 재창조될 수 있고 그 안에서 변화되어 점진적으로 하나님께서 원하시는 존재가 된다. 회심은 인간의 삶 속에서 변화의 가능성이며 이것은 인간 발달 과정에서 타인을 배려하는 것으로 유지된다.

④ 인간은 그리스도 안에서 개인이나 집단이 가지고 있는 잠재력을 인간의 삶 속에서 내주하시는 성령에 의해 발휘할 수 있다. 성령은 인간의 영과 만나며 삶의 모든 과정을 변화

50) *Ibid.*, 255-56.

시키3신다.

⑤ 인간은 육체뿐만 아니라 영과 혼을 가졌다. 그리고 영과 육을 가진 전인적인 존재다. 죽음은 이 실재를 분리하고 부활은 이 분리를 복원한다.

⑥ 피조물인 인간은 역사, 문화, 경제, 정치, 사회적인 존재다. 우리는 관계성에 있어서 폭넓은 연결 조직 안에서 인간을 보아야 한다.

⑦ 인간은 도덕적, 미학적, 창조적인 존재다. 우리는 자유와 표현을 위한 잠재력을 양육해야 하며 인간의 삶의 형식과 책임성에 관심을 가져야 한다.

(2) 통합을 위한 심리학적 전제

① 인간은 육체를 가졌고 우리는 인간의 육체적 속성, 성욕, 성별, 자연 세계에 있어서 인간의 활동과 행동에 유의해야 한다.

② 인간은 정신을 가졌고 우리는 인간의 사고와 이성에 대하여 연구해야 한다. 인지발달의 구조와 내용에 대하여 연구해야 한다.

③ 인간은 감정을 가진 존재이고 인간의 삶에 있어서 정서적인 면은 매우 중요하다. 우리는 학습과정에서 학습자의 감정과 동기와 태도에 대해 민감하게 인식해야 한다.

④ 인간은 의지를 가졌고 자신의 삶의 다양한 부분에 대해 결정을 하는 존재다. 우리는 인간이 의도, 판단, 결정을 하며 행동하는 것을 인식해야 한다. 그러한 의도와 결정은 책무와 책임과 성실성의 문제에 관한 연구의 토대가 된다.

⑤ 인간은 공동체 안에 존재하고 우리는 다른 사람, 그룹, 기관, 사회적 조직과의 관계성에 대하여 연구해야 한다. 배려와 책임의 연결조직은 공동체 안에서의 정의와 공평을 위한 관심과 함께 뚜렷하게 인식되어야 한다.

⑥ 인간은 직관과 성격, 인격, 상상력 그리고 우리가 분석한 분야들을 초월하여 가치를 지닌 존재다. 따라서 우리는 인간의 개성 혹은 독특성에 대해 인식해야 할 사명이 있다. 이 전제들을 명백하게 인식하는 것은, 기독교인들이 신앙의 정체성을 가지면서 심리학의 발달을 연구하는 데 도움을 줄 것이다. 이와 함께 또 다른 전제들은 하나의 심리학적 견해만으로 인간을 이해하는 데 생길 수 있는 고립된 시야를 확장시켜주는 데 도움을 준다.[51)]

---

51) *Ibid.*, 256-57.

3. Neil T. Anderson의 접근모델

Neil T. Anderson 박사는 미국탈봇신학교의 실천과장을 역임하였으며 현재는 '그리스도 안에서 자유케 하는 사역기관'(Freedom in Christ Ministries)을 창립하여 이끌고 있다. 그는 많은 목회경험과 함께 "개인적 갈등 및 영적 갈등을 해결하는 법"이라는 제목으로 집회를 인도하고 있으며 영적 자유에 관한 베스트 셀러 「내가 누구인지 아십니까?」(Victory over the Darkness, 죠이선교회 역간) 그리고 「이제 자유입니다」(The Bondage Breaker, 죠이선교회, 역간) 등의 저자로 알려져 있다. 그의 저서 「Helping Others Find Freedom in Christ」는 제1부에서는 개인적인 갈등 및 영적 갈등의 실체와 개인이 그리스도안에서 갖는 정체성을 고려하여 성경적인 제자화 상담을 제시하고 있다. 그리고 제2부에서는 그리스도안에서 자유를 발견할 수 있도록 세워주는 "그리스도안에서 자유하게 하는 7단계" 과정을 어떻게 사용할지 그 단계들에 대해 자세히 설명하고 있다. 닐 T. 앤드슨 박사는 이러한 문제들을 다루면서 제기되는 일반상담 프로그램과 심리학과의 접근에 대한 균형적인 관점을 가질 것을 제의하고 있다.[52]

1) 통합의 범위와 한계

닐 T. 앤드슨 박사는 말하기를 성경적인 상담을 받을 때는 하나님께 순복하고 하나님만 의지하겠다고 결심했는데, 일반상담을 받다 보면 그런 결심이 없어지고 대신 자신을 다시 의지하게 되며 약이나 치료집단을 의지하게 된다. 왜냐하면 그것이 바로 일반상담 프로그램에서 권장하는 일이기 때문이다. 그렇다면 일반상담 프로그램은 아무 가치도 없다는 말인가? 성도는 이 세상에서 배울 수 있는 것이 하나도 없다는 말인가? 성경의 계시만 진리란 말인가? 어떤 대상을 관찰하고 실험해서 연구한 결과가 발표되는 리서치는 성경에 대한 우리의 믿음을 반박하고 훼손시키거나 뒤집어엎는단 말인가? 과학은 우리 신앙의 적인가, 아니면 잠재적으로 중요하고 필요한 친구인가? 심리학은 다 원수들이 사용하는 도구인가? 아니면 모든 성도들이 반드시 이해하고 수용해야 할 성경적 심리학도 존재하는가? 어떻게 무엇이 바르고 참되며 진실한지 알 수 있을까? 신학과 행동과 한 분야의 학문들이 서로 통합될 수 있는 건지 아니면 전혀 통합될 수 없는 건지 그 여부를 검토해 보면서 이상과 같은 질문들에 답해 보도록 하자.

---

52) Neil T. Anderson, *Helping Others Find Freedom in Christ* (Venturs, CA.: Regal Books, 1995) 안보현 역, 그리스도안에서 자유하도록 도우십시오 (서울: 생명의 말씀사, 1997).

우선 하나님은 자신과 자신의 뜻을 어떤 식으로 계시하시는지를 살펴봄으로써 그 기초를 다지도록 하자.

(1) 일반계시

일반계시는 가장 기본적인 계시이다. 시편 19:1에서 "하늘이 하나님의 영광을 선포하고 궁창이 그 손으로 하신 일을 나타내는 도다"라고 말씀하고 있다. 또 로마서 1:20은 "창세로부터 그의 보이지 아니하는 것들 곧 그의 영원하신 능력과 신성이 그 만드신 만물에 분명히 보여 알게 되나니"라고 말씀하고 있다. 우리는 하나님이 존재한다는 사실을 알지 못했다고 핑계할 수 없다. 왜냐하면 하나님이 지으신 만물을 관찰해 보면 하나님이 계신 것과 그분이 하신 일 그리고 그분의 신성을 알 수 있기 때문이다. 만물을 바라볼 때 그 만물을 지으신 창조주를 예배하게 되는 것은 아주 '당연한' 일이다.

그러나 인간은 하나님을 영화롭게 하지 않았다. '저희가 하나님의 진리를 거짓 것으로 바꾸어'(롬 1:25) 하나님을 영화롭게 하지 않는 것은 결국 자신의 파멸을 초래하는 일임에도 인간은 여전히 하나님을 영화롭게 하지 않았다. 그 결과 "이를 인하여 하나님께서 저희를 부끄러운 욕심에 내버려두셨으니 곧 저희 여인들도 순리대로 쓸 것을 바꾸어 역리로 쓰며 이와 같이 남자들도 순리대로 여인 쓰기를 버리고 서로 향하여 음욕이 불일 듯 하매 남자가 남자로 더불어 부끄러운 일을 행하여 저희의 그릇됨에 상당한 보응을 그 자신에 받았느니라"(26-27절)고 성경은 말씀하고 있다. 이런 구절들을 보고 많은 성경 윤리학자들은 '자연법'의 개념을 받아들이게 되었다. 자연법을 옹호하는 사람들은 이런 구절에 근거해 볼 때 하나님이 우주 안에 정의감과 도덕의식을 심어 놓으신 게 틀림없다고 주장한다. 이처럼 하나님께서 우주 안에 질서를 만들어 놓으셨으니 인간이 서로 어떤 식으로 살며 행동하는 것이 옳은지 혹은 자연스러운지에 대한 방식도 틀림없이 있을 것이다.

이 세상에 자연법이 존재한다는 사실은 하나님과 하나님의 방식에 대해 전혀 모르는 이방사회를 연구해 보면 알 수 있다. 이방 사회에서도 죽이거나 훔치거나 거짓말하는 것은 잘못된 것이라는 사실을 알거나 혹은 그것이 나쁘다는 사실을 사회적으로 인정하고 있다. 어느 사회든지 옳고 그름에 대한 기준은 궁극적으로 일치하고 있다. 비록 그 사회 구성원들이 모두 그 기준대로 살고 있지는 못하지만 그 기준 자체는 성경이 말하고 있는 도덕이 희미하게나마 반영되고 있다. 미국 사회의 경우 공식 석상에서 도덕적인 문제를 논하게 될 때 자연법으로 그 문제의 옳고 그름을 판단해 주는 유일한 기초가 될 수도 있다. 그러나 만일 정직한 의사나 유전학자가 과학적 입장에서 볼 때 태아는 임신된 순간부터 이미 완전한 인간이므로 헌법에 의해 보호되어야 한다고 주장한다고 하자. 그런데도 중생하지 않은 사람이 그 의사나 유전학자의 주장에 반대한다면 어떤 식으로 반대할까? 천주교 윤리학자들은 개신교 윤리학자들보다 자연법을 훨씬 더 강조한다. 앤드슨 박사의 경우 개인적으로 우리의 사고방식 속에 자연법의 개념이 더 많이 도입되어야 한다고 생각하는 사람 중 하나이다. 그의 견해는 자연법은 결코 절대 성경과 상반되지 않는다는 주장이다. 사실은 하나님께서 성경에서 말씀하신 내용이 그분이 지으신 우주 만물 속에 드러나 있다는 것이다.

(2) 특별계시

특별계시는 기록된 하나님의 말씀을 가리킨다. 대부분의 개신교도들은 구약(39권)과 신약(27권)으로 나누어진 정경 66권만을 특별계시로 인정한다. 구약성경에는 창조와 인류의 타락, 아브라함과 맺은 언약에 근거해서 하나님이 자신의 백성들과 갖게 된 관계(창 12:1-3 참조), 모세에게 주신 언약의 율법(출 24:8 참조) 등이 기록되어 있다. 그리고 신약성경에는 타락한 인류를 향한 하나님의 구원의 계획이 무엇이며 그 새 언약을 통해 하나님에게서 자신의 백성들과 어떻게 관계하시는지에 대해 기록되어 있다(렘 31:31 이하, 마 26:28; 히 10:16-17 참조). 예수 그리스도는 하나님의 궁극적이요 최종적인 계시이다. "태초에 말씀이 계시니라 이 말씀이 하나님과 함께 계셨으니 이 말씀은 곧 하나님이시니라"(요 1:1). 주님이 곧 하나님이시기 때문에 오직 주님만이 하나님이 어떤 분인지 완벽하게 계시해 주실 수 있다. "말씀이 육신이 되어 우리 가운데 거하시매 우리가 그 영광을 보니 아버지의 독생자의 영광이요 은혜와 진리가 충만하더라"(14절). 여기서 '그 영광' 즉 하나님의 영광은 곧 하나님께서 그리스도의 모습으로 우리에게 나타나신 것을 말한다. 예수님은 "나를 알았다면 내 아버지도 알았으리라"(요 8:19). "나와 아버지는 하나이니라"(10: 30). "나를 본 자는 아버지를 보았거늘……"(14: 9)이라 말씀하셨다.

(3) 이해의 열쇠

계시는 바로 하나님께서 우리에게 자신을 나타내시고 자신의 뜻을 알려주시는 수단이다. 그러나 현재 우리 가운데서 역사하고 계신 성령의 사역이 없다면 우리는 이 계시의 수단 중 어느 것도 이해할 수 없으며 또 그 계시가 우리의 삶 속에서 효력을 발하지도 못할 것이다. 성령은 무엇보다도 '진리의 영'(요14:17)이시다. 그분은 우리를 모든 진리 가운데로 인도하신다(요 16:13 참조). 이 진리가 우리를 자유케 하는 것이다(요 8:32 참조). 타락한 인간 본성으로는 자유케 하는 진리인 하나님의 말씀을 이해조차 할 수 없다. 육에 속한 사람은 하나님의 영의 일을 받아들이지 않는다. 이는 저희에게 미련하게 보이는 까닭이다. 또 깨닫지도 못하는데 이런 것은 영적으로라야 분별할 수 있기 때문이다(고전 2:14 참조). "만일 우리 복음이 가리었으면 망하는 자들에게 가리인 것이라 그중에 이 세상 신이 믿지 아니하는 자들의 마음을 혼미케 하여 그리스도의 영광의 복음의 광채가 비취지 못하게 함이니"(고후 4:3, 4).

자유케 하는 진리인 하나님의 말씀을 온전히 이해하여 자기 것으로 삼을 때에야 비로소 영적 세계의 실체를 이해할 수 있다. 이 지구상에서 일어나고 있는 진짜 싸움은 어둠의 나라와 빛의 나라 사이에서 일어나고 있는 싸움이다. 이 싸움, 즉 선과 악, 그리스도와 적그리스도, 진리와 거짓의 싸움은 주로 모든 인류의 마음속에서 이루어지고 있다. 마음에서 이런 싸움을 하지 않는 사람은 이 세상에 한 사람도 없다. 따라서 누구나 다 "모든 생각을 사로잡아 그리스도에게 복종케 하여야"(고후 10:5)한다. 그리고 누구나 다 그 마음이 언제나 참되고 경건하며 옳고 정결하며 사랑할 만한 것만 생각할 수 있도록 배워야 한다(빌 4:8 참조). 그렇다면 무엇이 참되며 옳으며 사랑할 만한 것인지, 그것을 어떻게 결정할 수 있을까? 그동안 신학자들과 크리스천 심리학자들 사이에서는 특별계시와 일반계시의 통합 문제를 놓고 논쟁이 있어 왔는데, 그것을 도표로 나타내면 다음과 같다.[53]

---

53) *Ibid.*, 34.

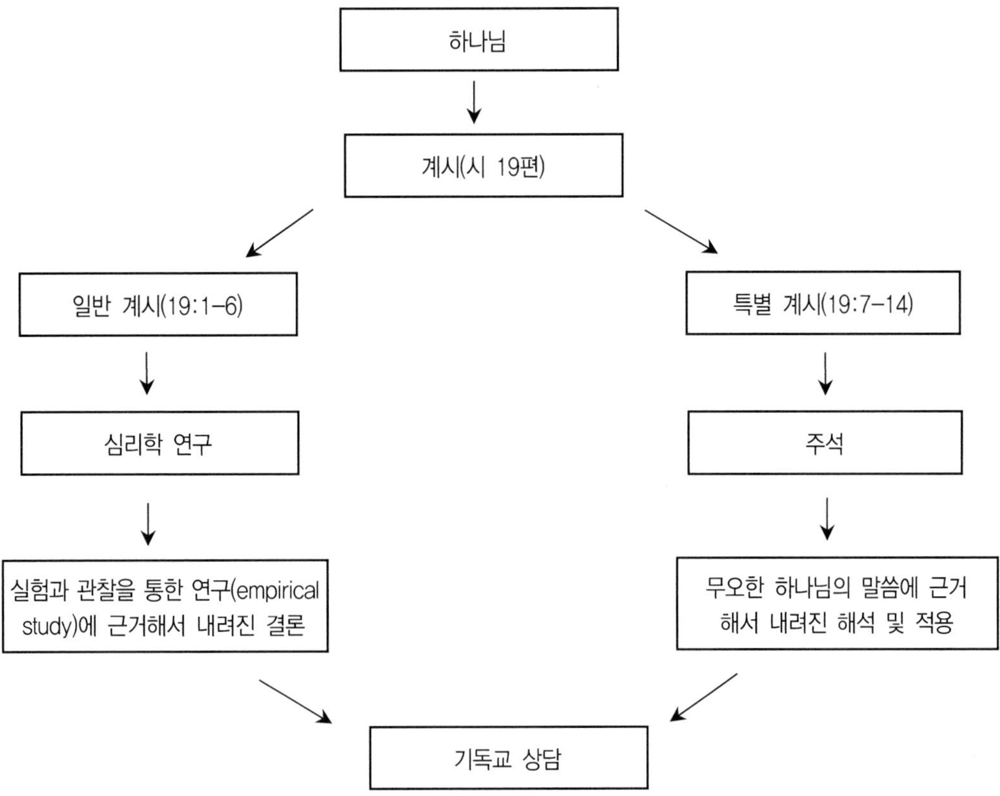

다음은 이 도표에 대한 닐 T. 앤드슨의 설명이다. 도표의 왼쪽을 보면 관찰과 실험(empirical study)에 의해 이루어지는 이성적 입증 과정이 나타나 있다. 이것은 과학적 탐구 방법이라 할 수 있는데, 서구 사회의 고등교육은 이 방법에 근거해서 이루어지고 있다. 심리학적, 사회학적 연구는 학문에 있어서 최고 수준의 학위를 받고자 하는 사람들과 연구가들에 의해 실시되고 있다.

도표의 오른쪽에는 특별계시(성경)가 나와 있다. 해석은 성경 본문을 놓고 그것에 대해 실제로 주석을 하고 하나님이 말씀하신 것을 보다 잘 이해하기 위해 해석학의 원리를 적용함으로써 이루어진다. 아마 이 도표의 양쪽에 있는 것이 둘 다 똑같이 중요하므로 그 두 가지를 다 활용해야 비로소 진리를 확증할 수 있다고 말하는 사람도 있을 것이다. 그러나 앤드슨 박사는 말하기를 나를 비롯한 많은 진지한 성도들은 이런 통합 방식에는 심각한 문제가 있다고 본다. 이 점에 대해 앤드슨 박사는 세 가지 견해를 제시하고 있다.[54]

54) *Ibid.*, 35-40.

① 특별계시의 우월성

첫째, 특별계시(성경)는 권위적인 데 반해 일반계시(자연)는 설명적이다. 하늘과 땅은 하나님의 영광을 선포하며 나타내고 있지만 인간의 관찰이나 과학적 추론만으로는 '왜'라는 철학적 질문에 대한 답을 얻을 수 없다. 우리는 사실 이 땅에 여러 종(Species)이 존재하는 목적에 대한 설명은 고사하고 그 기원에 대해서조차 설명하지 못하고 있는 실정이다. 만일 생명과 생명의 의미에 대한 특별계시가 없다면 이런 것들에 대해 알려주는 방편(Recourse)이 없기 때문에 결국 인간의 철학적 사색이나 과학적 합리주의에 빠져들고 말 것이다. 물론 연구도 어떤 것의 '진상'(What is)을 규명해 주기 때문에 그 나름대로의 가치를 지니고 있다. 따라서 우리가 우리 사역에 잘 적용하는 법만 배울 수 있다면 연구는 많은 도움을 줄 것이다. 바울이 고린도전서 9:19-22에서 말하고자 하는 요점도 바로 그런 내용이다.

> "내가 모든 사람에게 자유 하였으나 스스로 모든 사람에게 종이 된 것은 더 많은 사람을 얻고자 함이라 유대인들에게는 내가 유대인과 같이 된 것은 유대인을 얻고자 함이요 율법 아래 있는 자들에게는 내가 율법 아래 있지 아니하나 율법 아래 있는 자같이 된 것은 율법 아래 있는 자들을 얻고자 함이요 율법 없는 자에게는 내가 하나님께는 율법 없는 자가 아니요 도리어 그리스도의 율법 아래 있는 자나 율법 없는 자와 같이 된 것은 없는 자들을 얻고자 함이라 약한 자들에게는 내가 약한 자와 같이 된 것은 약한 자들을 얻고자 함이요 여러 사람에게 내가 여러 모양이 된 것은 아무쪼록 몇몇 사람들을 구원코자 함이니."

훌륭한 사역이란 곧 주변 사회에 대해 충분히 알고 사람들이 무엇을 생각하며 말하고 행동하는지에 대해 충분히 이해함으로써 그 사회나 사람들의 필요에 응해 줄 수 있는 그런 사역이다. 우리는 메시지나 윤리적 기준을 타협하지 않는 범위 내에서, 늘 사회와 보조를 같이하며 그들의 필요에 부응할 수 있도록 해야 한다. 우리는 모든 사람들에게 모든 것이 되어주어야만 하는데, 만일 그 사람들이 누구인지 이해하지 못한다면 우리의 소명을 다할 수 없을 것이다. 우리는 물론 이 세상에 속하지 않았다. 그러나 어떤 목적이 있어서 이 세상에 살고 있는 것만은 틀림없다. 하나님의 말씀은 진리이기 때문에 절대 변하지 않는다. 그러나 사람들이 생각하고 믿고 행동하는 것이 변하기 때문에 그 사람들이 살고 있는 사회는 변하게 되어 있다. 반대로 행동 과학자들이 인간을 연구한다고 할 때 대부분의 경우 그들이 실제로 조사하고 있는 것은 소위 성경에서 말하는 '육신'이다. 즉, 그들은 하나님을 떠나 작용하는 인간의 타락한 본성에서 나오는 행동과 태도를 조사해서 설명하는 것이다. 따라서 만일 모든 사람이 이런 연구가

을 판단하는 성경 해석이 아니라 성경에 자기주장을 집어넣는 자의적 해석이 할 수 있기 때문이다.

③ 우리는 각자의 세계관을 가지고 있다.

관찰과 실험을 통한 연구조사 방법을 성경과 동일한 수준에 올려놓는 것에 대해 우려하는 세 번째 이유는, 그것이 세계관과 관계있기 때문이다. 합리적 검증과정은 항상 문화, 교육, 개인적 경험이라는 틀을 통해 해석되게 되어 있다. 그것을 벗어날 수 있는 사람은 아무도 없다. 우리는 모두 이 틀을 통해 주변 세계를 해석한다. 심지어 우리는 우리 자신이 알고 있는 어휘력의 범위 안에서밖에 생각할 수 없는 존재들이다. 모든 사람은 다 자기 자신의 관점에서 인생을 바라본다. 그리고 지혜란 바로 하나님의 관점에서 인생을 바라보는 것이다. 이 점에 있어서는 성도 역시 예외가 될 수 없다.

우리는 진리를 옹호한다고 생각하지만 사실은 우리의 신학적 입장이나 세계관을 옹호하고 있는 것이다. 이 세상에서 실체를 있는 그대로 완벽하게 볼 수 있는 사람은 하나도 없으며 진리를 완전히 아는 사람 역시 하나도 없다. 우리는 전지하지 않다. 우리 모두는 인생을 해석하고 평가하는 틀을 가지고 있다.

그러나 자기는 아무런 틀도 갖고 있지 않다고 주장하는 사람처럼 다루기 힘든 사람도 아마 없을 것이다. 그런 사람은 자기가 진리를 완벽하게 알고 있다고 믿는다. 따라서 만일 당신이 그의 말에 동의하지 않는다면 틀린 쪽은 항상 당신이 될 것이다. 그것은 자신을 신(神)으로 착각하는 소치라고밖에 볼 수 없다. 신학이 아주 결정적인 것처럼 생각하는 사람들이 있는데 사실은 그렇지 않다. 그것은 지적 오만에 불과하다.

우리가 사복음서를 가지고 있는 이유도 바로 이 때문이다. 사복음서가 모두 그리스도의 생애와 죽음, 그리고 장사 지낸바 되었다가 다시 살아나신 그리스도에 대해 말하고 있다. 그런데 사복음서가 다 다르게 말하고 있다. 그러면 어느 복음서가 옳다는 말인가? 사복음서는 모두 하나님의 영감을 받은 저자들의 관점에서 쓰였다. 그런데 예수님을 메시아적인 왕으로 본 저자가 있는가 하면 고난당하는 종으로 본 저자도 있고 또 인자로 본 저자도 있으며 하나님의 아들로 본 저자도 있다. 만일 하나님이 계시하신 진리와 그리스도에 대해 완전한 관점을 갖기 원한다면 사복음서를 다 읽어야 할 것이다. 왜냐하면 사복음서가 다 진리를 말하고 있기 때문이다. 심지어 우리는 성경조차도 자신의 관점에서 해석한다. 모든 신학자나 목사들도 마찬가지로 자신이 옳다고 믿는 신학적 입장을 가지고 있다. 이것은 심리학이나 심리학자들도 마찬가지다. 그 사람들이나 우리나 모두 다 자기가 옳다고 믿는다. 그런데 정말 그럴까? 아니다. 절대 그렇지 않다! 참으로 옳은 분은 하나님 한 분뿐이다.

2) 그리스도 중심의 접근

우리 사회의 세계관은 그동안 세속화되었다. 그래서 영계의 실체를 깨닫는 문제에 봉착하게 되면 균형 잡힌 관점을 제시해 주지 못한다. 우리는 그동안 '모든 것은 자연적인 설명이 가능하다. 따라서 모든 것에는 자연적인 해답이 있다'고 배워 왔다. 그런가 하면 교회는 성경에 나오는 기적은 옹호하되 오늘날에도 그런 기적이 일어나고 있다는 점에 대해서는 회의적인 태도를 취하고 있다. 성경은 이렇게 말씀하고 있다. "우리의 씨름은 혈과 육에 대한 것이 아니요, 정사와 권세와 이 어두움의 세상 주관자들과 하늘에 있는 악의 영들에게 대함이라"(엡 6:12). 입술로는 이 말씀을 믿는다고 고백하지만 매일 매일의 삶 속에서는 이런 믿음을 찾아볼 수가 없다. 심지어 어떤 사람은 '간밤에 마귀가 대청소를 하고 갔다'는 완곡한 표현을 쓰는데 막상 마귀가 어떻게 청소하더냐고 물으면 모른다고 대답한다. 이 말은 단지 재정적 곤란이나 어려운 형편에 처한 사람이 자신의 처지를 설명하면서 자기 형편이 그처럼 어려워진 이유는 다른 사람 혹은 다른 어떤 것 때문이라고 말할 때 쓰는 하나의 상투적인 표현이 되었다.

앤드슨는 말하기를 나는 하나님(신학)과 인간(심리학), 자연계와 영계에 대해 성경적으로 바르게 이해하고 있다고 믿는다. 나는 자연계와 영계를 서로 대립시키고 싶은 생각도 없다. 다만 어느 한쪽을 희생시키면서까지 다른 한쪽을 강조하게 되면 어떤 일이 발생하게 되는지, 그것을 보여주고 싶을 따름이라고 주장한다. 그는 우리에게 성경적으로 균형 잡힌 관점을 갖는 접근모델을 아래 도표로 설명하고 있다.[56]

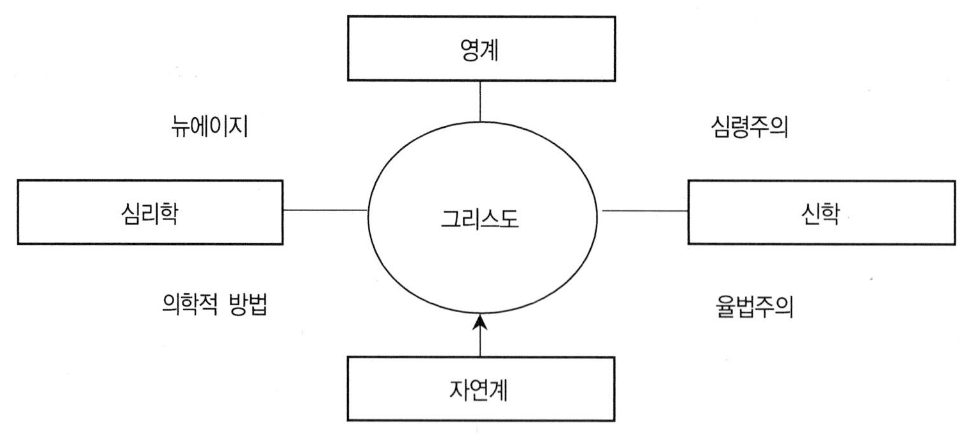

56) Neil T. Anderson, *op. cit.*, 54.

(1) 자연계/심리학

도표의 왼쪽 아래편을 보라. 거기에는 인간을 돕는 전문직에 종사하는 사람들이 사용하는 '의학적 방법'이 적혀 있을 것이다. 이 부분은 인본주의가 주로 지배하는 영역으로서 인간과 자연이 유일한 배우이다. 그리고 많은 사람들이 이 의학적 방법과 기독교를 통합하려 애쓰고 있기 때문에 그 과정 속에서 일반심리학이 이 부분에서 나와 기독교계로 흘러 들어오게 되었다. 그런데 그 통합의 결과라는 것이 이름만 기독교상담이지 실제로는 성도가 일반상담을 하는 것에 지나지 않는 그런 것일 때도 있다. 그런가 하면 기독교적 관점에서 이 의학적 방법을 수용해 보려는 진지한 시도들로 이루어지고 있다. 그런데 다음과 같은 두 가지 문제가 그 안에 철저히 포함되기 전에는, 이 두 번째의 시도도 성공을 거두기 어려울 것이다.

첫 번째의 문제는 다음과 같은 질문들과 관련되어 있다. 당신은 복음을 가지고 있는가? 그 사람이 성도인가 아닌가에 따라 어떤 차이가 생기는가? 우리는 단순히 과거의 산물인가, 아니면 십자가 위에서 돌아가신 그리스도의 공로의 산물인가? 고린도후서 5:17에 "그런즉 누구든지 그리스도 안에 있으면 새로운 피조물이라 이전 것은 지나갔으니 보라 새것이 되었도다." 그런데 이 말씀이 오늘날의 우리에게도 실제로 해당되는 말씀인가? 우리는 자꾸 과거를 고치려 애쓰고 있는가, 아니면 과거로부터 해방되려 하고 있는가? 우리는 하나님께 소망을 두고 있는가, 아니면 어떤 테크닉이나 그룹에 소망을 두고 있는가?

두 번째는 우리가 하고 있는 기독교상담은 과연 영계의 실체들을 인정하고 있는가, 즉 성경적 세계관을 가지고 있는가? 우리의 싸움은 혈과 육에 대한 싸움인가? 혹시 성령은 의지하지 않은 채 하나님의 뜻을 이루려고 애쓰고 있지는 않은가? 내담자가 성도냐 아니냐에 따라 그 사람을 상담하는 방법이나 개념이 달라지고 있지는 않은가? 만일 우리가 내담자로 하여금 그리스도 없이 자신이 누구인지를 깨닫게 하고 그리스도 없이 인생의 의미와 목적을 발견하게 하며 그리스도 없이 자신의 필요를 충족시키도록 돕는다면 그것이 바로 사탄이 이 땅에서 하고자 하는 일이라는 사실을 명심해야 할 것이다.

(2) 심리학/영계

도표의 왼쪽에서 위로 올라가게 되면 이런 의학적 방법이 바뀌어 영적 세계가 나타나게 된다. 그런데 그 영적 실체는 기독교적인 영의 실체가 아니라 마귀적인 영의 실체이다. 바른 신학이 부재하게 되면 영적 인도자라는 이름으로 귀신이 역사하게 되고 신접한 자나 박수가 그 사이를 연결하는 통로 역할을 하게 된다. 그동안 생존을 위해 필요했던 철학인 인본주의가 여기서는 그

빛을 잃게 된다. 뉴에이지 운동가들은 다음과 같은 논리를 전개한다. 즉, 인간으로서의 인간은 자신을 구원할 수 없지만 신으로서의 인간은 얼마든지 자기를 구원할 수 있다고 이렇게 해서 뉴에이지 운동은 사람들에게 호소력을 갖게 되었다. 그 운동을 주창하는 사람들은 이렇게 말한다. "당신은 구원을 필요로 하는 죄인이 아니다. 당신은 당신 안에 잠자고 있는 신 또는 잠재력을 일깨워야 한다. 그 잠재력만 깨워 준다면 당신은 영적 능력은 물론이요 물질도 가질 수 있다." 이 얼마나 근사한 말인가! 영국에서는 엘리트들과 영향력 있는 사람들 가운데서 종교 철학이라는 이름으로 이방 종교가 크게 대두되고 있는데 이것은 미국에서 일고 있는 뉴에이지 운동의 파생물이라 볼 수 있다. 이런 이방 종교나 뉴에이지 운동을 추종하는 사람들은, 교회가 영적 내용물을 가지고 있지 못하다며 아주 경멸하는 눈빛으로 교회를 바라본다. 겉으로 보기에 뉴에이지 운동이나 신비종교 혹은 고대종교는 기독교보다 영적인 것을 더 많이 제공하는 것처럼 보인다. 그런 것들을 추종하는 사람들이 원하는 것은 힘 또는 능력(power)인데 사탄이 이것을 제공해 주기 때문이다. 그동안 얼마나 많은 사람들이 비밀에 싸인 심오한 지식과 능력을 얻을 수 있다는 유혹에 넘어가 신비 종교라는 올가미에 빠지고 말았는지 모른다.

(3) 영계/신학

도표의 오른편 위쪽에서 일고 있는 심령주의 운동 역시 그동안 급속히 발전되어 왔다. 그런데 영계를 너무 지나치게 강조하다가 균형을 잃게 되면 잘못된 일들이 많이 생기게 마련이다. 그렇게 되면 개개인의 필요나 책임이 간과되기 일쑤이며 사람들은 다른 사람들에 의해 '이 영'을 가졌느니 '저 영'을 가졌느니 하는 판단을 받게 된다. 다시 말해서 그 '영'만 제거하면 그 사람들은 괜찮아질 거라는 것이다. 그래서 어떤 사람들은 '하나님께 무언가 해 달라고' 기도하고 또 기도한다. 사실 하나님은 우리를 그리스도 안에서 자유케 하시기 위해 '하나님이 하셔야 할 부분을 이미 다 하셨는데' 말이다. 우리가 그리스도 안에서 자유를 얻으려면 우리가 해야 할 부분이 있다. 즉, 하나님께서 '우리'에게 행하라고 요구하시는 부분이 있다. 이 부분에 대해서는 하나님께서 절대 우리를 대신해서 해주지 않을 것이다.

(4) 신학/자연계

도표의 오른편 아래쪽, 즉 율법주의는 점점 줄어들고 있다. 그러나 성경을 올바르게 해석하지 않는 사람들 가운데는 아직도 율법주의의 잔재가 남아 있어서 그 중심인 그리스도로부터 멀어지는 경향이 있다. 이 사람들은 다른 사람들을 해치지 않으려고 노력하면 할수록, 실제로는 다른 사람들을 더욱더 지배하고 판단하게 된다. 그들은 바리새인들처럼 '신앙의 수호자들'이다. 그들은 자기들만이 옳다고 믿는다. 그러니까 만일 당신이 그들의 의견에 동의하지 않는다면 그들은 당신이 틀렸다고 생각한다. 만일 당신이 그 사람들 가까이 접근할 수 있다면 그들의 잘못된 점을 금방 알아낼 수 있을 것이다. 그러나 그들은 당신에게 그럴 기회를 전혀 주지 않는다. 그들은 사람들의 동기를 유발시키되 주로 두려움과 죄책감을 느끼게 함으로써 동기를 유발시킨다. 만일 당신이 그들로 하여금 그들이 왜 그렇게 완악하고 분한 마음을 품게 되었는지에 대해 이해할 수 있도록 도와주려 한다면 그들은 당신이 자기의 정신을 분석하려 든다면서 오히려 당신을 징계하려 할 것이다. 그런 사람들이 목회하는 교회에 출석하는 성도들은 진노하신 하나님의 손에 붙들린 죄인들로 간주될 것이다. 그러나 사실 성도들은 그런 사람들이 아니다. 우리는 사랑의 하나님 손에 붙들려 있는 성도들이다. 왜 이처럼 간단한 진리가 성경의 권위를 가장 열렬히 주장하는 사람들 손에 들어가면 그렇게 왜곡되는 것일까? 닐 T. 앤드슨 박사는 그 이유를 "가서 '내가 긍휼을 원하고 제사를 원치 않는다'고 한 말이 무슨 의미인지 배우라. 경계의 목적은 사랑이다"(마 9:13, 딤전 1:5 참조)라는 말로 설명하였다.

(5) 그 중심에 그리스도가 계시다

앞의 도표를 보면서 내가 사람을 하나님과 동등한 위치에 놓고 있다고 생각하지 않기 바란다. 다시 말해. 그보다 더 진리에서 먼 생각도 아마 없을 것이다. 그 도표의 중앙에는 신인(新人)이신 그리스도가 계시다. 우리는 모든 것이 길이요 진리요 생명이신 그리스도의 사랑으로 해결된다. 만일 우리의 신학이 옳다면 그 신학은 우리로 하여금 하나님과 사람을 사랑하게 만드는 신학이어야만 한다. 왜냐하면 그것이 가장 큰 계명이기 때문이다. 기도해야 할 때가 있고 봉사해야 할 때가 있으며 예배해야 할 때가 있고 나누어야 할 때가 있는 법이다. 물론 기도와 예배가 먼저다. 그러나 정말 주님을 사랑한다면 그분의 양을 돌보고 먹여야만 한다(요 21:5-19). 성경은 만일 우리가 주님을 사랑한다면 그 사랑이 형제 사랑을 통해 나타나야만 한다고 말씀하고 있다(요일 4:19-21). 앞에서 도표의 네 부분이 강조하고 있는 바를 설명했는데 그것은 도표의 중심으로부터 너무 멀리 떨어져 곁길로 나간 사람들에 대한 간단한 분석이기도 하다. 그렇다면 도표의 중앙에 완벽하게 들어맞는 분은 누구일까? 그것은 오직 그리스도 한분 뿐이다! 이 세상에서 주님 외에 그 자리에 꼭 맞을 만큼 완전하게 균형 잡힌 사람은 한 사람도 없다. 따라서 아래의 도표에 다음과 같이 두 개의 원을 그리고자 한다.[57)]

57) *Ibid.*, 59.

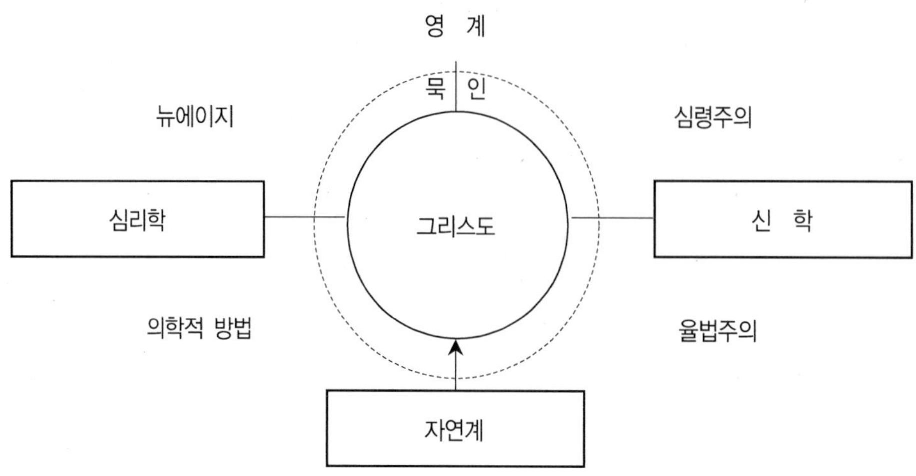

점선으로 그려진 원은 성경의 절대적 권위를 주장하는 사람들이 가르치는 정통 교리를 나타낸다고 할 수 있다. 오직 하나님 자신만이 성경말씀을 바로 해석하실 수 있다는 점을 고려할 때 그 원은 하나의 점으로 표시되어야 할 것이다. 그러나 아무리 박식한 신학자들 간에도 거기에는 항상 의견이 일치되지 않는 부분들이 있을 것이기 때문에 많은 견해를 의미한다는 뜻에서 그것을 하나의 원으로 표시하였다. 하나님처럼 전지의 경지에 이를 수 있는 사람은 한 명도 없기 때문이다. 당신이 이 원의 어느 부분에 해당될는지 그것은 받은 은사에 따라 달라질 것이다. 예언의 은사를 받은 사람이면 좀 더 오른쪽으로 기우는 경향이 있을 것이다. 왜냐하면 그들은 거룩할 것을 요구하기 때문이다. 또 행정, 관리의 은사를 받은 사람이라면 아래쪽으로 기우는 경향이 있을 것이다. 그 사람들은 사실과 숫자의 세계에서 일하기 때문이다. 돕는 은사를 받은 사람이라면 그 사람은 사람들을 섬기려는 동기가 강하기 때문에 왼쪽으로 기우는 경향이 있을 것이다.

그러나 '묵인'이라는 원 밖에 있는 사람들은 자신이 지금 하고 있는 것과 또 지금까지 믿어 온 거짓들을 회개하고 버려야만 한다. 그들은 지금까지 범한 죄와 믿어 온 거짓말의 노예가 되어 있다. 그렇다면 우리는 어떻게 이 사람들이 그리스도 안에 있는 자유를 발견할 수 있도록 도와줄 것인가? 그에 대한 대답은 기본적으로 다음과 같다. "그런즉 너희는 하나님께 순복할지어다 마귀를 대적하라 그리하면 너희를 피하리라"(약 4:7). 먼저 하나님께 순복함이 없이 마귀를 대적하려 하면 개싸움이 되고 말 것이다. 이것은 마귀와 맞서 싸움으로써 마귀를 쫓아내려는 사람들이 종종 저지르는 실수이기도 하다. 한편 마귀는 대적하지 않고 하나님께만 순복함으로써 계속 자신이 묶여 있던 그 굴레 가운데 그대로 머물러 있을 수도 있다. 우리 시대가 안고 있는 비극은 수많은 치유 사역들이 이 중 어느 하나도 제대로 하고 있지 않다는 점이다.

앤드슨 박사는 말하기를 나는 의사들이 하는 일에 깊이 감사하고 있으며 그동안 인간의 고통과 질병을 덜어주기 위해 의학계에 종사하는 전문가들로 하여금 그토록 많은 것을 이룰 수 있도록 하신 하나님께 감사드린다. 물론 체내의 화학 분비가 불균형을 이루거나 갑상선 등 각종 선(線)에 무슨 문제가 생겨 끊임없이 괴로움을 당하는 사람들도 있다. 나는 이 점에 대해 조금도 의심하지 않는다. 그러나 아마 정직한 의사라면 누구든지 의학이 할 수 있는 일은 고작해야 그 정도라고 말할 것이다. 의사에게 환자들이 왜 병원을 찾는지 그 이유를 물어 보라. 그러면 아마 대개 자기들이 보는 환자 중, 약 50%는 심신의 문제로 병원을 찾는다고 대답할 것이다. 바로 그 환자들이 교회가 도와주어야 할 사람들이다. 하나님은 교회를 통해 온전함을 이루신다. 왜냐하면 교회는 진리의 기둥이요 진리의 터(딤전 3: 15 참조)이기 때문이다. 하나님은 자신의 백성들을 자유케 하시려고 이 진리를 주셨다!

3) 성경적 상담사역이란 무엇인가

그렇다면 기독교상담사역이 정말 기독교적인 사역인지 아닌지를 어떻게 판단할 것인가? 앤드슨 박사는 다음과 같은 두 가지 중요한 근거 위에서 그 판단이 가능하다고 보았다.

첫째, 그들은 복음을 가지고 있는가? 이것은 단지 그 돕는 사람이 성도냐 아니냐 하는 점에 대해 말하고 있는 것이 아니라 사람들을 그리스도 안에서 온전한 자로 세우는 방법에 대한 그의 이해 속에 복음이 어떤 역할을 하고 있는가 하는 점을 말하고 있는 것이다. 즉 우리가 돕고자 하는 사람을 단지 과거의 산물로만 보고 있는가 아니면 그리스도와 십자가의 사역으로 말미암은 산물로 보고 있는가? 우리의 목적은 단지 그 사람의 과거를 고쳐 주는 것인가 아니면 그 사람이 복음으로 말미암아 자신의 과거로부터 해방될 수 있도록 돕는 것인가? '옛 자아'는 죽고 '새 자아'가 살고 있는가? 우리는 아직도 아담 안에 있는가 아니면 그리스도 안에 있는가? "누구든지 그리스도 안에 있으면 새로운 피조물이라 이전 것은 지나갔으니 보라 새 것이 되었도다"(고후 5:17)라고 하신 진리의 말씀을 우리는 실제적으로 이해하고 있는가? 이 말씀은 그저 그림의 떡 같은 신학인가 아니면 성도의 삶을 위한 기초인가?

성경은 우리에게 "너희 안에 계신 그리스도시니 곧 영광의 소망"(골 1:27)이라 말씀하고 있는데 우리가 이 진리를 제대로 이해하지 못할 때 율법주의가 초래되는 것이다. 즉, 새 생명을 받아 믿음으로 그리스도와 함께 동행하는 대신 율법에 따라 하나님께 순종하려 할 것이다. 후자의 접근법은 하나님의 기준에 우리의 행동을 맞추려는 것이다. 이 접근법을 사용하는 상담자는 자신이 돕고 있는 사람에게 아마 이렇게 말할 것이다. "성경에 근거해 볼 때 당신이 이러저러한 일을 저질렀기 때문에 혹은 이러저러한 일이 당신에게 일어났기 때문에 이런 지경에까지 이르게 된 것이다." 그런 다음 그 사람더러 죄를 고백하고 하나님의 용서를 구하라고 권할 것이다. 그 다음 단계는 하나님의 말씀을 가지고 그 사람이 어떻게 살아야 하는지를 보여 줄 것이다. 그러고는 그 사람더러 최선을 다해 그렇게 살라고 권고할 것이다. 그런가 하면 내담자로 하여금 무책임한 행동을 뿌리 채 뽑아 버리고 책임 있는 삶을 살게 하기 위해 성경은 거의 사용하지 않고 대신 일반 상식이나 일반 이론을 사용해서 권면하는 상담자도 있을 것이다. 그러나 복음을 올바로 이해하는 사람은 그리스도께서 오신 것은 우리에게 생명을 주시기 위함이라는 것과 우리가 해야 할 일은 성령 그 능력을 힘입어 하나님께서 진리라고 말씀하신 것을 믿음으로 행하는 것이라는 사실을 안다. 그들은 또 최고의 상담자는 하나님 자신이라는 것, 그래서 자기들이 돕고자 하는 사람이 하나님을 영화롭게 하고 열매를 맺기 위해서는 반드시 그리스도 안에 거해야 한다는 사실을 안다(요 15:8 참조). 그래서 그들은 내담자로 하여금 먼저 하나님과 자기 사이에 있는 중요한 문제들을 해결할 수 있도록 도우려 할 것이다. 일단 이 일이 이루어지고 나면 그리스도의 생명이 그 사람 안에 나타나게 되며 그 사람은 하나님이 원하시는 사람이 될 수 있다. 여기서 중요한 것은 그 사람이 믿고 있는 것이 무엇인가 하는 점이다. 그것을 알아야 그 사람이 자기 마음을 새롭게 하여 하나님께서 옳다고 하신 것을 믿음으로 행할 수 있게 될 것이기 때문이다. 이 방법을 사용하는 상담자는 우리가 그리스도를 떠나서는 아무것도 할 수 없다는 것(5절 참조)과 고린도후서 3:5-6에 기록된 말씀대로 우리 모두 하나님 없이는 아무것도 아니라는 사실을 알고 있다.

둘째, 과연 어떤 사역이 기독교적 상담사역인지를 평가할 수 있게 만드는 두 번째 근거는 이 상담에는 영계의 실체를 고려한 성경적 세계관이 들어 있는가? 성경은 과연 어둠의 나라와 빛의 나라가 있다고 가르치고 있는가? 이 세상의 신, 즉 공중 권세 잡은 자는 정말 존재하는가? 에베소서 6:12에 보면 "우리의 씨름은 혈과 육에 대한 이 아니요 정사와 권세와 이 어두움의 세상 주관자들과 하늘에 있는 악의 영들에게 대함이라"고 했는데, 우리는 이 말씀을 체험적으로 이해하며 받아들이고 있는가? 만일 이것을 모른다면 우리는 마치 누가 적인지도 모르는 눈먼 전사처럼 우리 자신을 치거나 아니면 아군끼리 서로 치고받게 될 것이다.

영계의 긍정적 측면을 살펴보면 우리는 과연 항상 함께 하시는 성령, 보혜사의 역할을 이해하고 있는가? 그분은 '진리의 영'(요 14:17)이라는 사실을 알고 있는가? 그리고 그분이 우리를 모든 진리 가운데로 인도하실 것이며(16:13 참조) 또 진리가 우리를 자유케 할 것이라는 사실을 알고 있는가? 자신이 사람들의 죄를 깨닫게 해주려고 애쓰는가, 아니면 성령께서 그 일을 하실 수 있도록 자리를 내어 드리는가? 우리는 '육체의 욕심을 이루지 않기'(갈 5:16) 위해 성령의 법으로 사는 법을 알고 있는가? 오직 성령께서만 우리에게 영적 분별력을 주실 수 있다. 그리고 우리는 이 능력을 필요로 하고 있다. 그런데 과연 우리는 이것의 필요성을 이해하고 있는가? 로마서 8:16은 "성령이 친히 우리 영으로 더불어 우리가 하나님의 자녀인 것을 증거하시나니"라고 했는데 혹시 우리는 직접 이 구원의 확신을 사람들에게 주려고 애쓰고 있지는 않은지…… 우리는 어떻게 그리스도만이 유일한 해답이며 또 어떻게 진리가 우리를 자유케 하는지 잘 모르기 때문에 사물의 이치를 제대로 분석하지 못하지 않는가?

그러나 어떤 경우가 되었든 당신이 그 과거로부터 해방될 수 있는 길은 오직 용서라는 길을 통해서뿐이다. 앤드슨의 '그리스도 안에서 자유케 하는 7단계'는 하나님께 되돌아가는 길을 제시하고 있다. 그 과정은 다음과 같은 한 구절로 요약될 수 있다. '그런즉 너희는 하나님께 순복할지어다. 마귀를 대적하라 그리하면 너희를 피하리라'(약 4:7).[58]

58) Neil T. Anderson이 제시하는 "그리스도안에서 자유케 하는 7단계"에 대해서는 그의 저서 *Helping Others Find Freedom in Christ* (Venturs, CA.: Regal Books, 1995)을 참조하라!

제5장

목회상담의 이론과 방법

제5장 목회상담의 이론과 방법

Ⅰ. 제이 E. 아담스의 권면적 상담

미국 웨스트민스터신학교(Westminster Theological Seminary)의 실천신학 교수이시며 기독교상담학자인 제이 E. 아담스 박사는 그의 대표적인 저서 「Competent to Counseling」[1]에서 비기독교적 전제를 바탕으로 한 로저스학파의 상담이론과 프로이드학파의 상담이론을 배격하고 성경적 접근(Biblical approach)을 통한 권면적 상담이론을 제시하였다. 그는 이러한 그의 상담이론을 'Nouthetic Counseling'(권면적 상담)이라고 불렀다.[2] 그의 저서를 통해 제시한 권면적 상담이론을 살펴보면 다음과 같다.

1. 권면적 상담의 개념

제이 E. 아담스는 말하기를 예수 그리스도는 모든 진정한 크리스천의 상담의 중심이다. 그리스도를 중심으로 하는 이 상담은 그리스도에게서 시작되어 크리스천을 만드는 데서 끝나는 상담이다. 그러므로 우리는 성경으로 돌아가서 왕이시며 교회의 머리되신 그리스도께서 개인적인 문제를 가진 하나님의 백성을 상담하는데 이는 성경에 제시되어 있다고 하였다. 그의 상담이론을 '권면적 상담'(Nouthetic counseling)이라고 하는데 권면이라는 말은 신약성경에 기록된 헬라어 ν ο υ θ ε σ ίς(Nouthesis)에서 파생된 말이다. 권면이라는 말의 전통적 번역들은 '훈계하다', '경고하다', '가르치다' 등으로 엇갈려 왔지만 이 말의 뜻을 정확하게 전달해 주는 단어가 없다.[3] 이 단어는 몇 가지 의미를 나타내는데 내담자는 성경적 규범에 합당하지 않은 방법으로 살고 있기 때문에 변화될 필요가 있으며 내담자에게 변화를 일으키기 위해서는 상담자와의 대면이 이루어져야 하며 그리고 효과적인 대면과 사랑을 통해 얻어질 수 있다는 변화, 대면 그리고 관심의 의미를 가지고 있다. 권면적 상담이란 내담자의 문제 행동을 성경적으로 조명

---

1) Jay E. Adams, *Competent to Counsel* (Nutley, NJ: Presbyterian & Reformed Publishing Co., 1970)
2) *Ibid.*, 41.
3) *Ibid.*, 44.

하여 죄를 깨닫게 하고 자신의 죄에 대하여 스스로 책임을 지게 할 뿐만 아니라 성경의 원리에 따라서 문제를 해결하고 그 말씀대로 살아갈 수 있도록 도움을 주는 일련의 목회적 과정인 것이다.

1) 권면적 상담의 3가지 요소

(1) 변 화

권면적인 상담은 세가지 기본적인 요소로 구성되어 있는데 이것은 권면적 상담의 의미를 설명해 주는 것이기도 하다. 첫째, 권면적 상담은 항상 문제를 내포하고 있으며 극복해야만 하는 장애물을 전제로 하고 있다. 권면이라는 말이 '가르친다'라는 의미를 가진 '디다스코'(*didasko*)와 함께 사용되고 있으나 골로새서 3:16 등에서는 또다른 의미로 사용되고 있다. 가르친다는 말은 어떤 문제를 내포하고 있는 것이 아니다. 이 말은 단순히 가르치는 자료의 커뮤니케이션을 의미하는 것, 즉 정보를 알려주고 분명히 해주며 이해가 가능하고 기억이 가능하도록 하는 것이다. 가르친다는 말은 듣는 자에 관해서 말하는 것이 아니라 오직 가르치는 자의 활동에 관해서만 말하는 것이다. 반면에 권면(Nouthetic)이란 말은 내담자에게 초점을 두고 있다. 권면은 반항을 하거나 안 하거나 간에 내담자의 삶에 변화를 가져오는 것을 목적으로 한다. 어느 경우든지 간에 내담자는 해결을 필요로 하는 그의 삶의 문제를 가지고 있다. 그러므로 권면적 상담은 무엇보다도 권면적 상담을 받으려고 하는 자에게 반드시 어떤 잘못이 있다는 것을 암시하고 있다. 인정을 하고 취급해야 하는 어떤 잘못과 어떤 죄, 어떤 방해나 문제, 어려움, 그리고 필요가 있다는 주장이 그 핵심이다. 다시 말하면 권면적 상담은 하나님이 변화시키기를 원하시는 내담자의 조건을 의미한다. 그러므로 권면적 상담의 근본목적은 효과적인 퍼스낼러티(Personality)와 행동의 변화에 있다.[4]

(2) 접 촉

둘째, 권면적 상담은 문제를 언어적 수단에 의해서 권면적으로 해결한다. 이것은 트렌치(R. C. Trench)가 말한 것처럼 말에 의한 훈련이며 충고, 비난, 책망에 의한 훈련도 필요할 때에는 해야 한다는 것이다. 행동에 관한 훈련이나 징계를 통한 훈련도 교육의 한 방법으로서 사용하는 것이다. 그러나 권면의 명백한 특징은 입에서 나오는 말에 의한 훈련이다. 권면이라는

---

4) *Ibid.* 42-61.

개념은 상담자와 내담자의 대면관계가 부가적 차원으로 첨가되어야 한다. 권면은 내담자의 성격과 행동을 효과적으로 변화시키려는 목적을 가지고 상담적인 형태로 만나는 것을 전제로 하고 있다. 권면이라는 말 자체는 공식적인 상담 상황을 포함하거나 배제하는 것이 아니라 공식적 상담과 비공식적 상담을 모두 포함하는 넓은 의미를 가지고 있다. 성경적인 관용법으로 권면적 상담이라는 말을 사용할 때는 개인의 행동 유형이 성경적 표준에 부합되도록 바르게 변화시키는 것을 의미한다.

아담스는 권면적 활동의 특수한 실례를 나단이 밧세바에게 범죄한 후의 다윗과 만난 것과 예수님이 부활하신 후에 베드로를 고쳐주시는 주님에게서 찾는다. 권면적 상담이 실패한 실례는 사무엘상 3:13에 기록된 엘리의 비난할 만한 행동에서 찾을 수 있다고 했다. 엘리의 경우 사무엘상 2:22, 23에서 자기 아들들의 악행을 다른 사람들로부터 들었을 때 그의 아들들을 권면적으로 상담해야만 했다. 그러나 그는 그의 아들들에게 마지막으로 말할 때 '어찌하여'라고 말한 것은 아버지로서의 실패한 이유 중에 하나를 지적해 준다. 그는 이미 자기 아들들이 죄인들이라는 것을 알고 있으면서도 그들의 악한 행동을 하게 한 원인에 관하여 심사숙고하는 자기 의무를 다하지 않았으며 잘못된 행동을 용서해 주려는 이유를 발견하려고 하는 시도를 지적해 주는 것이다. 엘리는 '어찌하여'를 강조하는 대신에 '무엇'이라는 말을 강조하는 편이 보다 더 합당했을 것이다.

이와 같이 일반적인 상담의 방법들은 어떤 행동을 하게 된 복잡한 이유를 찾아서 소급해 올라가는 것을 추천한다. 그러나 이와 반대로 권면적인 상담에서는 무엇을 했느냐 하는 것에 중점을 두고 있다. 당신은 무엇을 했었느냐? 그것을 고치기 위해 무엇을 해야 하는가? 미래에는 어떤 응답을 해야 하는가? 권면적 상담에서는 상담을 시작하기 전에 왜라고 하는 이유를 이미 알고 있기 때문에 오히려 '무엇을'이라는 데 강조를 두고 있다. 사람들은 그들의 죄악된 본능 때문에 하나님과의 관계와 다른 사람과의 관계에서 문제를 일으키고 있는데 이것이 바로 그 이유이다. '당신은 내담자가 이 질문에 대답하면 그때에 상담자는 이런 상황에서 무엇을 할 수 있는가?', '하나님은 무엇이라고 말씀하시는가를 계속해서 묻게 될 것이다. 왜냐하면 권면적 상담은 인격적 만남과 회개를 통하여 죄악된 행동 유형을 바로 잡아주려고 노력하며 무엇이 잘못되었는가? 그리고 그 잘못에 대해 무엇을 어떻게 하는 것이 필요한가?' 하고 '무엇'에다 강조를 두고 있기 때문이다.[5)]

---

5) *Ibid.*

(3) 관 심

셋째, 권면적 상담에서 권면이란 말은 권면적인 활동의 배후에는 목적이나 동기를 가지고 있다는 것이다. 이 견해는 항상 말로 징계하는 것이 내담자를 유익하게 하며 이러한 유익한 동기는 결코 없어서는 안 되는 자주 탁월한 것이기도 하다. 예를 들면 고린도전서 4:14에서 바울이 이런 형태의 말을 쓰고 있다. '내가 너희를 부끄럽게 하려고 이것을 쓰는 것이 아니라 오직 너희를 내 사랑하는 자녀같이 권하려 하난 것이라' 이 구절의 말씀은 권면적이라는 용어와 관련해서 부드러운 말을 쓰고 있다. 권면적 상담의 이 요소는 내담자를 괴롭히는 그의 생활을 변화시키는 것을 의미한다. 그 목적은 장애물을 정면에서 부딪치고 극복하게 하며 그를 벌주는 것이 아니라 돕는 데 있다. 그러므로 권면이란 깊은 관심과 사랑이라는 동기에서 나온 것이며 내담자들을 선하게 하기 위하여 궁극적으로는 하나님께 영광을 돌리기 위해서 언어적 수단을 통하여 상담하고 징계하며 바로잡는다. 또한 바울은 골로새서 1:28에서 각 사람을 그리스도안에서 완전한 자로 세우기 위해서 각 사람을 권면적으로 상담해야 한다고 기록하고 있다.[6)]

2) 권면적 상담의 목적

아담스는 권면적 상담의 목적을 말하면서 먼저 바울 사도가 성경을 사용하는 목적을 보여주는 디모데전서 3:16과 골로새서 1:28에서 말한 것처럼 각 사람을 그리스도안에서 완전한 자로 세우기 위해서는 권면적으로 상담해야 한다고 말했다. 그럼 권면적 상담의 목적은 무엇인가? 디모데전서 1:5에서 바울이 말하는 '경계의 목적은 청결한 마음과 선한 양심과 거짓이 없는 믿음으로 나는 사랑이다'라고 말한 후 아담스는 이 말씀에 '권위 있는'이라는 단어를 첨가하여 '권위 있는 경계의 목적은 사랑이다'라고 하였는데 이것은 단순한 경계 이상의 의미로서 이 경계는 권위 있는 명령이 부과된 것이니 하나님의 권위가 전제되어 있다고 했다. 그는 말하기를 공적으로(설교)나 사적으로(상담) 하는 하나님의 말씀의 사역을 통한 하나님의 권위 있는 경계는 믿는 자에게 사랑을 창조하는 성령의 방법이다. 설교와 상담의 사역이 성령의 축복에 의해서 복음과 하나님의 성화하시는 말씀을 통하여 사람이 청결한 마음을 갖고 평화로운 양심을 갖게 하며 하나님을 성실하게 믿게 할 수 있다. 이러한 권면적 상담의 목적은 성경에 분명하게 설명되어 있으며 사람으로 하여금 하나님의 율법에 일치하는 사랑을 하도록 하신다. 이러한 권면적 상담의 목적은 하나님이 명령하신 하나님과 이웃을 향한 사랑을 촉진시키는 것이

---

6) *Ibid.*

다. 예수님은 모든 율법을 지키는 것은 사랑을 하는 것이라고 사랑으로 율법을 요약하셨다.[7)]

2. 권면적 상담의 과정

1) 권면적 문제해결

아담스는 그의 상담이론을 실제로 어떻게 적용하고 있는가? 그의 상담의 전개 과정은 먼저 문제를 직면하는 네 가지 방법으로 묘사하고 있다.

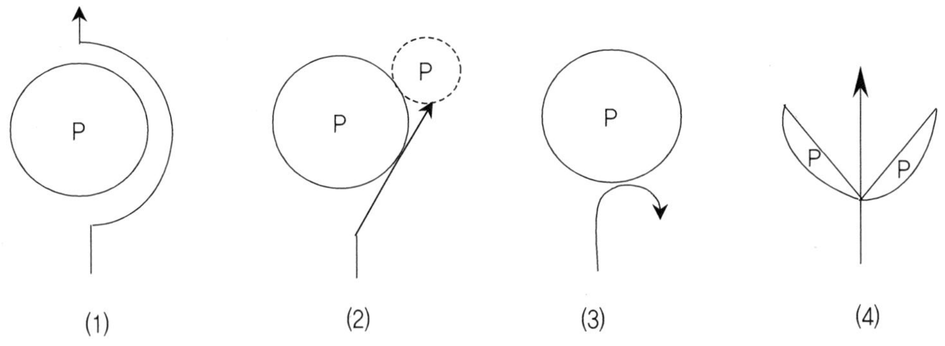

이것은 상담의 전개 과정을 의미하며 구체적으로 그 방향을 어떻게 정하느냐 하는 데 집중된다. 당면한 문제를 어떻게 직면하느냐 하는 것은 사람마다 다르다. 아담스는 문제에 직면하는 네 가지 방법을 첫째는 사람이 문제를 우회하여 가는 것을 나타내며, 둘째는 문제의 가장자리를 스쳐 지나가는 것을 나타내며, 셋째는 사람이 문제에서 되돌아오는 것을 나타내며, 넷째는 사람이 문제를 뚫고 지나가는 것을 나타내는 것이다.

첫째 반응은 그 문제는 대수로운 일이 아니다. 그 문제는 중요하지 않다. 나는 그 문제를 간단히 피해 버릴 수 있다는 말로 표현된다.

둘째 반응은 이 문제는 내가 어떤 방법으로도 원치 않는 것이라는 말로 표현될 것이며 이렇게 함으로써 문제를 그릇되게 해결하도록 그 사람을 빗나가게 만든다.

셋째 반응은 그 문제는 간단하게 해결될 수가 없다. 그 문제는 해결하는 것이 불가능하다. 그래서 나는 포기할 수밖에 없다고 말하는 것이다.

---

7) *Ibid.*, 54-55.

넷째 반응은 그 문제는 그리스도를 통해서 해결할 수 있다고 하는 크리스천의 반응이다.

1, 2, 3의 반응들은 문제를 하나도 다루지 않고 남겨둠으로써 인격과 그의 활동의 과정이 결과적으로 사람의 문제를 용납하는 것으로써 사람이 문제에 의해서 지배당한다. 이와 반대로 넷째 반응만이 문제를 진실하게 다루고 있는 것으로 당면한 문제를 정면으로 해결하는 것이다. 이와 같이 권면적 상담에서는 내담자들이 그 문제들을 용납하는 것보다 오히려 그 문제를 해결해야 된다고 배운다. 이렇게 하는 것이 모든 문제를 성경적으로 해결하는 것이다.[8)]

2) 권면적 문제해결의 과정

아담스는 내담자의 문제를 해결하기 위한 과정으로 다음과 같은 몇 가지를 제시한다. 이 과정을 통하여 근본적인 문제해결을 성경적인 반응으로 해결할 것을 주장한다. 로마서 6: 19에서 바울은 성도의 새로운 삶은 옛 생활은 그리스도와 함께 십자가에 못 박았으니 과거의 모든 죄를 벗어버리라고 권면하고 있다. 죄에 순종하는 옛 삶을 사는 한 하나의 죄악된 행동은 또 다른 죄악을 낫는다. 그러나 이제 성도가 되었기 때문에 모든 지체로 의로운 일을 하기 위하여 새로운 주인 되신 예수 그리스도에게 기쁘게 자신을 바치는 상향식 반응 즉 성경적인 반응으로 죄의 문제를 해결을 함으로써 새로운 문제들까지도 해결하는 노력을 갖도록 인도한다.

(1) 제시의 문제(Presentation problem)[9)]에 대해 주의 깊게 경청하라

권면적 상담은 문제를 언어적 수단을 통해 권면함으로 상담자는 특별히 내담자들의 동일한 말이나 진술을 반복할 경우에 그들이 말하는 것이 무엇인지 정확하게 인식하는 것을 배우는 것이 중요하다. 귀로 들을 수 있는 대화에 있어서의 반복은 상담이 진행되기 이전에 때때로 취급되어야 하는 기본이 되는 태도나 혹은 신념을 지적한다. 이것은 반복되는 언어가 변명을 구성할 경우 중요하다. 상담이 끝날 때는 언제든지 언어와 더불어 무엇이 발생하고 있는가를 주의 깊게 살펴보는 것이 현명하다. 상담이 다양한 원인들의 결과로서 실패할 수도 있는 반면

8) *Ibid.*, 129-30.

9) 권면적 상담에서 문제해결을 전개하는 동안 상담자의 세 가지 차원 즉 제시의 문제(Presentation Problem), 행위의 문제(Performance Problem), 그리고 필수적인 조건의 문제(Preconditioning Problem)로 구분할 수 있는데 첫째는 문제의 제시: 예를 들면 나는 억압을 받고 있다(정말 결과가 나타났을 때 가끔 원인이 제시된다). 둘째는 행위의 문제: 예를 들면 나는 훌륭한 어머니가 못 되었다(원인이 나타났을 때 가끔 결과로 제시된다). 셋째는 필수조건의 문제: 예를 들면 나는 일이 잘 안되며 언제나 책임을 회피한다. 참으로 중요한 원인이 있을 때 결과로써 가끔 제시된다.)

내담자들의 언어 사용 목록을 가지고 시작하는 것이 좋은 일이다. 우선 최초의 면담 동안에 내담자들이 사용한 반복 언어들과 그 어귀들에 관해서 간단하게 메모하고 그리고 그 후에도 글이 자주 사용하는지의 여부를 주목하는 것으로 시작하라. 아마도 상담 진행과정에 대한 방해들을 발견하는 것으로 가장 좋은 실마리는 상담자가 사용하는 언어들과 상투 용어들을 빈번하게 재발함에 있어서 발견할 수 있다.[10] 내담자의 은유적 언어의 사용이 그들의 정당한 생각과 행동에 대해서 방해가 될 때 언제든지 상담자는 그 문제에 관해서 직접 내담자를 권면하고 그 사실들을 설명해야 하고 잘못된 생각과 그것에 근거해서 놓여 있는 그 말을 정정해야 한다. 권면적 상담에서는 문제를 파악하고 접근하여 해결의 방안을 강구하는 데 있어 경청의 요령이 중요하게 적용된다. 아담스는 권면적 상담자가 내담자의 문제에 철저하게 개입하는 것은 그가 내담자를 돕는 것을 원하기 때문이며 이러한 적극적 개입은 권면적 상담이 개인적인 문제를 가진 사람을 상담하는 것을 다루는 이유이기도 하다.[11]

(2) 논리적인 질문을 통해 가능한 빨리 행위의 문제(Performance Problem)를 취급하라

권면적 상담은 반드시 깊은 종류의 개입을 구체적으로 표현해야 한다. 이러한 권면적 개입을 위해 상담자는 내담자가 자신의 문제를 고백할 때 귀를 기울여 들어야 한다. 그리고 가능한 한 빨리 행위의 문제를 취급해야 한다. 상담자는 행위의 문제를 취급하기 위해서는 특별한 관심과 배려가 필요하다. 상담자의 문제 이해의 바탕은 사랑이다. 이 사랑은 하나님의 말씀에 근거한 사랑이며 하나님의 계명의 성취이며 책임 조건을 갖춘 관계 즉 하나님의 계명에 대한 책임적 준수이다. 그러므로 사랑은 기독교상담자가 취급하고자 하는 모든 삶의 문제들에 대한 궁극적

---

10) Jay E. Adams, *The Christian Counselor's Manual*, 김용순 역 *기독교상담교본*(서울: 보이스사), 217-18.

11) Rogers는 그의 저서(Carl Rogers, Counseling and Psychotherapy (Boston: Houghton Mifflin Co., 1942), p.123에서 '내담자중심 상담'과 '문제중심 상담'(problem-centered counseling)의 차이점과 함께 비지시적 상담(non-directive counseling) 지시적 상담(directive counseling)을 대조시키면서 이 두 방법 사이에는 다음과 같은 차이점이 있다고 주장한다. ① 지시적 상담자는 대단히 특수한 질문을 한다. 이와는 대조적으로 비지시적 상담자는 감정이나 태도를 알아본다. ② 지시적 상담자는 설명하고 토론하고 정보를 제공해준다. 여기에 반해서 비지시적 상담자는 감정이나 태도를 해석한다. ③ 지시적 상담자는 증거를 나열하며 제안된 행동을 실행하도록 내담자를 설득한다. 그러나 비지시적 상담자는 좀처럼 설명하거나 토론하거나 정보를 제공해주지 않는다. ④ 지시적 상담자는 교정해야 할 문제나 조건을 지적한다. 그러나 비지시적 상담자는 면접의 상황을 내담자가 책임지도록 규정한다. 이러한 로저스의 주장에 대해 아담스는 그의 저서(cf. Jay E. Adams, Competent to Counsel, p.178)에서 인용하며 이러한 분석을 본질적으로 옳은 것이라고 말한다.

인 해답이다. 이러한 이해는 권면적 개입의 기초가 되며 내담자가 현재 안고 있는 문제를 이해하는 계기가 된다.[12] 나아가서 논리적인 질문을 통해서 특수한 근거를 찾아야만 한다. 수년 동안이라는 긴 시간을 통해 형성된 습관의 유형들은 새로운 성경적 유형으로 대치되어야 한다.[13]

(3) 필수조건의 문제(Preconditioning Problem)들은 전체적 구조화 시켜라.

필수조건의 문제는 종종 장시간에 걸쳐서 확립되는 문제이다. 내담자는 주어진 자극에 일정한 방법으로 반응한 그의 과거의 행동에 의해서 스스로 계획을 짜게 마련이다. 그러므로 내담자가 제시한 특별한 문제의 근거에서 필수 조건적인 문제를 찾아보는 것이 필요하다. 아담스는 이를 위해 과거로 돌아가는 것이 필요한 두 가지는 이유를 제시하고 있다. 첫째는 비성경적인 반응의 유형이 개인의 당면문제의 근거라고 하는 사실을 충분하게 입증하기 위해서 과거를 재검토하는 것이 중요하다는 것이다. 둘째는 내담자는 어떤 '완료시제'[14]의 죄를 발견하고 고백하는 것이 필요하기 때문이라는 것이다. 완료시제의 죄들은 현재까지 영향을 미치고 있는 죄들이며 고정되어 있지 않는 죄들이다. 이러한 죄들은 결코 적절하게 취급할 수 없는 죄들이며 내담자의 생활에 지속적인 영향을 주며 그들을 멸망시키기 때문에 실제적으로 현재의 시제의 죄와 꼭 같다. 그러나 내담자들은 과거의 죄들을 짓지 않았다는 무책임하고 사소한 것으로 취급해 버리려는 것이 특징이다. 이와 같이 사소한 일들이 모여서 내담자의 생활을 병들게 하며 자기의 생활을 전체적으로 재구조화하지 못하고 있다.

그러므로 전제적 구조화(Total structuring)는 모든 생활 영역에 관련된 문제를 찾는 것을 의미한다. 이 문제는 모든 영역에 영향을 주며 모든 영역이 하나님과 적절한 관계를 가질 때에는 그 문제가 언제나 해결된다. 구조화되고 훈련받은 사람은 하나님의 명령에 부합되는 삶이다. 사랑의 생활을 하는 삶이 그 목적이다. 상담자와 내담자는 하나님의 말씀을 따라서 전체적인 구조화된 목표를 가지고 삶을 영위하는 것으로 만족해야 한다.

(4) 하나님의 말씀으로 징계하며 권면하라

권면적 상담은 중립적이고 무비판적인 태도를 유지하는 일반적인 견해와는 달리 적극적이며 권면적 개입의 문제해결을 중요한 열쇠로 삼는다. 권면적 상담은 반드시 가장 깊은 종류의 개입

12) Jay E. Adams, Competent to Counsel, *op. cit.*, 52-54.
13) *Ibid.*, 55.
14) 헬라어의 완료시제는 현재를 내포하고 있으며 현재까지 영향을 미치고 있는 과거의 행동을 지적하고 있다.

을 구체화해야 한다.[15] 이는 곧 구조화되고 훈련받는 사람으로서 히브리서 12장에서 말씀하시는 하나님의 징계는 모든 순전한 크리스천들이 다 받는 것으로 하나님의 자녀의 표적이며 하나님의 거룩한 성품에 참여하게 하는 데 그 목적이 있다(히 12:10). 그러므로 징계받는 삶은 성육신 하신 그리스도께서 받으신 고난으로 순종하심을 배우신 것(히 5:8)과 같이 우리도 역시 실제적인 연단을 통해서 순종을 배우므로 성경적인 유형을 발달시키는 방법을 따를 수 있다. 이것은 분명히 내담자들도 역시 배워야만 하는 일이다. 올바른 징계와 구조화된 삶의 결과는 의의 열매를 맺게 된다(히 12:11). 아담스는 주장하기를 징계의 고통을 당하는 것보다 오히려 하나님의 말씀을 좇아서 스스로 징계하는 것이 '보다 탁월한 방법'이므로 상담을 처음 시작할 때부터 성경적으로 구조화하는 권면적 상담으로 시작하게 되면 스스로 내담자에게 도움이 되었다는 사실을 깨닫게 되고 거룩함의 열매를 맛보기 시작하기 때문에 감사하게 된다는 것이다.

그러므로 권면적 상담자는 내담자에게 경고하고 내담자의 현재의 죄악된 생활은 보다 큰 실망과 궁극적인 패배만을 가져온다는 사실과 현재의 생활이 희망이 없다는 것을 분명하게 보여주는 것이 필요하다. 이렇게 하여 내담자는 자기의 잘못을 고치도록 격려를 받을 뿐만 아니라 옛날의 죄악된 관계의 유형을 파괴하고 그 대신 하나님의 명령을 따라 새로운 성경적인 유형을 따라 살도록 하는 것이다. 권면적인 상담은 전체적인 구조화(Total structuring)에 관한 상담이며 전체적인 구조화란 사랑의 생활, 즉 하나님의 명령을 따라 사람의 모든 국면을 구조화하는 생활을 의미한다.[16]

(5) 문제해결을 통해 새로운 의의 유형을 습관화(Habituation)시켜라

문제의 해결을 해결하는 데는 내담자의 문제의 유형에 따라 지속적인 상담과 시간이 필요하다. 아담스는 이 상담의 기간을 약 8~12주 정도의 상담 기간을 제시하고 있다.[17] 아담스의 견해는 이러한 상담의 진행과정을 통하여 모든 상담자가 이해해야 할 중요한 사실은 에베소서 4:22-24에 묘사된 '변화의 방법'에 대한 성경의 교훈이다. 여기에는 두 가지 변화가 나타나는데 그 하나는 옛사람의 습관을 벗어버리는 것(Dehabituation)뿐만 아니라 새로운 사람의 습관을 입는 것(Rehabituation) 즉 옛 삶의 방식과 기독교적 삶의 방식에 대한 변화의 과정이다. 과거의 습관의 폐기는 오직 습관 재형성의 성취에 의해서만 가능하다. 내담자는 반드시 습관

---

15) Jay E. Adams, The Christian Counselor's Manul, *op. cit.*, 161.
16) Jay E. Adams, Competent to Counsel, *op. cit.*, 51-54.
17) Jay E. Adams, *Pastoral Counseling* (Grand Rapids: Baker Book House, 1975), 19.

재형성을 이룩해야 하며 새로운 성경적 양식의 습관이 지배해야 한다. 그러나 잘못된 습관을 의로운 습관으로 고치는 것은 바로 성령의 권능이다.[18] 아담스는 그의 상담이론을 성도의 성화의 과정으로 보고 있다. 상담을 통해서 일어나는 두 요인의 변화는 옷을 갈아입는 것처럼 옛 습관을 버리고 새로운 습관을 입는 변화의 과정으로 점진적으로 진행된다. 상담을 통한 변화는 엄밀하게 말하면 회개(Repentance)의 순간부터 시작되며 회개가 일어날 때까지 변화는 일어나지 않는다. 다시 말하면 옛 습관을 폐기하고 성경적 유형의 습관을 재형성하는 과정은 내담자가 하나님과 사람 앞에서 자신의 죄를 깨닫고 죄악된 행위를 벗어버리고 의로운 행위를 덧입기 위하여 하나님의 도움을 구하기 전에는 일어나지 않는다.[19]

아담스는 이러한 성경적 유형을 재형성하는 변화를 가져오도록 습관화시키는 다음과 같은 일곱 가지 요소들이 존재한다고 하였다. 즉 ① 벗어 버려야 할 습관의 유형들을 인식하는 것이다. 즉 습관 파기와 습관 재형성 과정에 있어서의 가장 중요한 요소는 반드시 파기되어야 할 태도나 습관 양식의 정확한 본질, 발생 빈도수, 그리고 발생하는 경우에 대한 상담자와 내담자 모두의 자각이다. ② 성경적 대안을 발견하는 것이다. 즉 상담자는 성경의 원리를 특수한 사람의 상황에 대한 구체적인 적용으로 해석할 수 있는 능력을 발전시켜야 하며 정당한 대안이 기록되어 있는 성경의 권면을 사용하는 것이 도움이 된다. ③ 변화를 위한 전체적 상황을 구조화하는 것이다. 조직은 변화와 형성에 도움을 줌으로 예전의 범죄적 방법과 새로운 거룩한 방법들에 대한 방해물들과 촉진제들의 첨가를 위하여 구성되어야 한다. ④ 죄의 나선형에 연결되어 있는 고리를 파괴하는 것이다. 즉 죄의 사슬을 파괴하는 데는 두 가지 지점이 존재하는데 첫째는 대적의 지점이며 또 하나는 억제의 지점이다. 죄는 자주 막으면 막을수록 죄를 감소시킬 필요가 작아질 것이다. ⑤ 타인들로부터 도움을 얻는 것이다. 즉 성경은 계속적으로 상호 도움의 필요를 강조한다. 상담자들이 도움의 종류와 도움을 주는 자들과 도움을 주는 방법에 대해서 정확하게 말하는 것이 좋다. ⑥ 그리스도에 대한 전인격적인 관계를 강조하는 것이다. 내담자들의 모든 변화의 초점을 하나님의 영광과 하나님의 백성들과의 친교의 관계가 권장되어야 한다. ⑦ 새로운 성경적인 의의 유형을 실행하는 것이다. 즉 하나님을 반영하는 경건 지향적인 삶을 통해 하나님이 바라시는 존재, 생각, 행위, 말하는 것, 감정 등에 하나님을 기쁘시게 하는 방법을 보여주어야 한다.[20]

---

18) Jay E. Adams, *The Christian Counselor's Manual*, *op. cit.*, 170-216.
19) Jay E Adams, *Pastoral Counseling*, *op. cit.*, 19-20.
20) Jay E. Adams, *The Christian Counselor's Manual*, *op. cit.*, 215-23

3. 권면적 문제해결의 방법

1) 연속 모험극(Cliff-hanger)으로 훈련 과정을 측정하라

권면적인 상담은 내담자가 상담자에게 의존하도록 지도해야 하는가? 이 질문에 대한 아담스의 대답은 권면적인 상담의 목적은 히브리서 12장에 나타난 경주자의 훈련과 거룩함의 훈련의 긴밀한 관계에서 보여 주듯이 내담자들이 자기 훈련을 하도록 지도하는 데 있기 때문에 절망에 빠진 내담자들을 신뢰하는 방법을 발전시켜 왔다. 자주 사용하는 방법으로 연속 모험극(Cliff-hanger)의 수단으로 상담자의 독립적인 훈련 과정을 측정하는 것이다. 이러한 방법은 두 가지의 도움이 될 수 있는데 첫째는 내담자가 구조를 받게 되면 당면하고 있는 악순환에서 벗어나도록 도와주는 것이다. 둘째는 상담자가 문제를 해결하는 모델로 성경을 사용함으로써 내담자에게 성경이 제시하는 문제를 해결하는 방법을 배울 기회를 제공하기 때문이다. 나아가서 갈등이 영역에 동의하는 과정에서 상담자와 내담자가 문제해결의 중요한 단계를 결정할 경우에도 괴롭히는 문제의 성질과, 동시에 내담자가 문제 취급할 수 있는 능력에 따라서 협동적인 노력으로 결정되어야 한다. 어떤 문제를 성공적으로 해결하도록 격려하는 것은 내담자로 하여금 문제를 성경적으로 해결하려고 노력할 때마다 하나님께서 응답해 주신다는 것을 발견할 수 있도록 해줌으로써 돕는 것이라는 주장이다. 문제해결을 위한 상담은 사무실에서 시작되지만 상담자는 그들을 연속 모험극(Cliff-hanger)에서 풀어주어 자유롭게 성경적으로 문제를 해결하도록 해주어야 한다는 것이다.

2) 빙상의 방법(Iceberg Method)으로 작은 문제부터 한 가지씩 취급하라

아담스는 상담을 시작할 때 피상자들은 처음 상담에서 그들의 문제들의 4/5는 그냥 간직하고 있고 1/5만 노출시킨다. 그러나 권면적인 상담자들은 첫 번째와 두 번째의 인터뷰를 통해 문제의 근원을 파낸 개인의 자료 목록(Personal Data Inventory)을 사용하기 때문에 보다 깊은 문제를 빨리 알 수 있다. 상담의 진행과정에서 제시의 문제(Presentation problem)는 어떤 사람의 제안처럼 무시되어서는 안 되며 그 제시된 문제 밑에 감추어진 진정한 문제를 심각하게 조사해야 한다. 심지어 어떤 경우에는 내담자들이 증상보다도 더욱 깊은 문제를 제시하지 않는 것이 사실이지만 권면적 상담에서는 내담자들이 그들의 순수한 문제를 자주 제시하는 경우도 많이 있기 때문이다. 제시된 문제에 대한 성공적인 해결은 내담자에게 격려와 소망을 줌으로써 보다 중요한 새로운 사실을 이야기하도록 만드는 것이다. 제시된 문제들은 반드시 행위의 문제들을 토론하는 것을 내포하고 있다. 내담자들은 도움을 받을 수 있다는 확신을 얻기 전에는 모든 것을 노출하지 않기 때문에 먼저 작은 문제에다 관심을 기울이는 것은 주된 문제를 해결하기 위한 다른 어떤 방법보다도 빠른 방법이기도 하다. 그러므로 상담자는 표면에 나타난 문제는 언제나 상담의 중요한 자료이므로 빙산의 꼭대기에서부터 깨뜨리기 시작하여 자꾸만 커지는 빙산을 계속 깨뜨리고 마지막 숨겨진 부분까지 깨드려야 한다.

3) 피상담 목회자들과 팀 상담(Team Counseling)을 하라

아담스는 권면적인 상담자들은 팀 상담(Team Counseling)을 성공적으로 수행하고 있다고 전제한 뒤 '팀을 짜서 상담하는 이유가 무엇인가?'라는 질문에 3가지 대답으로 그 이유를 설명하고 있다. 첫째는 성경에서 팀을 짜서 일을 하면 많은 효과를 거둘 수 있다는 팀의 원리를 말하고 있기 때문이라고 했다(전 4:9). 둘째는 보다 충분한 축어적 기록(逐語的 記錄)을 할 수 있기 때문이라고 했다. 상담자가 성경 구절을 조사하거나 상담의 나머지 부분을 구성하는 방법, 내담자에게 주어지는 숙제 등 상담을 안전하게 이끌어 갈 수 있고 상담이 끝난 후에 축어적인 기록은 서로의 관찰을 비교할 수 있으며 상호 간에 그 상담에 대한 보다 의미 있는 비평을 하도록 만들어 주기 때문이라고 했다. 마지막으로 상담자들이 서로 모범이 되는 상담자를 보고 배울 수 있기 때문이다. 팀 상담은 상담시간마다 두 사람 혹은 세 사람이 한 팀이 되어서 하는 상담을 말한다. 팀 상담자는 내담자로서 목회자가 가장 바람직하다고 주장한다. 목회자 두세 명이 팀을 이루어 상담을 하는 것이 권면적인 상담의 가장 좋은 방법 중에 하나라고 했다.

4) 사람을 공격하지 말고 문제를 공격하라

성령은 하나님의 확실성과 동일시하심과 구원의 날을 위하여 인치는 분으로 믿는 자의 마음속에 임재해 계신다. 성령은 믿는 자들이 하나님께 속해 있으며 언젠가는 구원받는다는 것을 증명해준다. 믿는 자들은 성령을 주신 하나님께 감사해야 하며 성령은 하나님의 가장 위대한 현재의 선물이라는 것을 알고 찬양해야 한다. 그러나 성경은 크리스천들이 마땅히 해야 할 커뮤니케이션에 실패할 때마다 성령을 슬퍼지게 하는 것이라고 경고한다. 거짓말, 원한, 말다툼, 날카로운 말 등은 모두 성령을 슬프시게 하고 '아프게' 하는 것이다. 그러므로 크리스천은 더럽고 타락하고 날카로운 말을 하는 대신에 반드시 '덕을 세우는 말'을 해야 한다. 크리스천은 파괴적인 말보다는 오히려 건설적인 말을 해야만 하며 갈기갈기 찢는 말 대신에 덕을 세우는 말을 해야 한다. 덕을 세우는 말은 '듣는 자에게 은혜를 끼치게' 한다. 바꾸어 말하면 건전한 말은 듣는 자에게 도움을 주기 위하여 이미 일어난 문제를 향하여 관심을 기울이게 한다. 만일 한 형제가 잘못을 범하였을 경우, 그를 도와주는 것이 필요하다. 그러므로 그를 향하여 분노하며 비난하는 말을 하는 대신에 그 문제에 관한 말을 해서 그 문제를 해결하도록 하는 것이 필요하다. 그 문제에 대해 말함으로써 듣는 자로 하여금 그 문제를 해결하도록 도와주는 것이 옳은 일이다. 이러한 말은 덕을 세우고 듣는 자에게 은혜를 끼친다. 크리스천들은 반드시 사람을 공격하는 것이 아니라 문제를 공격하는 것을 배워야 한다.

5) 복합적 상담(Multiple Counseling)을 하라

권면적인 문제해결의 접근방법에는 복합적인 상담의 형태를 취하는데 그 이유는 어려운 문제를 해결하려는 노력은 자주 더욱 효과적이고 더욱 영속적이며 더욱 속히 해결하기 위하여 그 문제에 관련된 사람들을 상호 인격적인 차원의 모든 영역의 상담을 하기 때문이라고 했다. 아담스는 복합적 상담을 해야 하는 이유를 몇 가지로 설명하고 있는데 첫째, 커뮤니케이션이 단절되었을 때 중요한 문제가 무엇이든지에 관계없이 커뮤니케이션을 부활시키는 가장 좋은 조건을 제공해 주기 때문이라고 했다. 커뮤니케이션이 성립되면 복합적인 상담 집단의 구성은 서로 그들이 전에는 할 수 없었던 문제에 관한 말을 하게 됨으로 커뮤니케이션이 다른 문제를 해결하기 위한 본질적인 도구가 된다는 것이다.

둘째, 만일 남편과 아내의 문제를 함께 상담할 경우, 개별적인 상담은 다른 사람에게 의심을 갖게 되며 상담하는 곳에 함께 있지 않기 때문에 상담의 방향에 대한 의심으로 인해 그릇된 정보로 인해 문제의 진상을 충분히 규명하지 못하여 그 상담의 결과를 의심하게 된다(잠 18:17, 14:15). 그러나 복합적인 상담일 경우, 상담자와 내담자들 간의 삼각관계는 진정한 상황 판단뿐만 아니라 보다 충분한 상담 자료를 제공한다. 뿐만 아니라 복합적인 상담 그룹원들 간의 말다툼은 상담자가 진실한 자료를 얻는 데 도움을 준다는 것이다. 결국 복합적인 상담은 보다 쉽게 화해하도록 이끌어주는 반면에 개별적인 상담은 보다 쉽게 정화법(Catharsis: 마음 속에 열등의식, 공포 등을 배출시키는 정신요법)으로 이끌어 준다.

셋째, 복합적인 상담은 상담자들도 내담자들과 관계된 사람들로부터 도움을 받을 수 있는 가치 있는 공헌을 해준다는 점이다. 아담스의 주장은 복합적인 상담은 협력하는 상담이기 때문에 문제해결이 잘 이루어지며 상담하는 도중에 약화될 염려가 없이 자연스럽게 이끌도록 돕는다. 그러므로 내담자가 다른 상담을 하기 위해 상담하러 오지 않으며 상담자에 대한 의존도가 줄어든다는 주장이다.

넷째, 복합적인 상담은 중대한 공동결정을 할 수 있는 기회를 제공해 준다. 복합적인 상담은 어느 한쪽만을 유리하게 하는 경우는 거의 없다. 내담자와 관련된 사람들, 즉 가족들이 협조자가 되면 그 가정은 성장하게 되며 온 가족이 성장하게 된다. 그들은 함께 일하는 것을 배우게 되며 함께 일하는 것을 배움으로써 전제적인 가정환경이 변화하도록 함께 일하게 된다는 것이다.

6) 적절한 가정(Assumptions)과제를 가지고 상담을 진행하라

상담자는 내담자가 해결하지 못한 어떤 문제를 밝히 규명하고 해결하도록 돕기 모든 종류의 도움을 사용하는 것을 배워야 한다. 그러므로 가정과제는 상담자의 상담 진행에 있어서 필수적인 도구이기도 하다. 성령의 검에 의해 모든 장애물을 제거하는 기독교상담에 있어서 전체적 상담과정에 있어서 중요한 요인은 성경적 가정 과제의 사용인데 우리는 성경적 과정의 상세한 내용들에 관심을 기울여야 한다. 아담스는 가정과제의 목적을 다음과 같이 제시한다.

(1) 규칙적인 가정과제는 변화를 위해서 양식을 설정한다. 상담자는 가정과제에 의해서 그가 상담 회기들의 대화보다 더 중요한 결과를 얻도록 기대한다는 사실을 강조한다.

(2) 가정과제는 기대들을 명백하게 한다. 가정과제가 문장으로 기록될 경우, 그 할당된 의무들은 쉽게 오해되거나 혹은 혼돈될 수 없다. 기록된 기대들은 상담자로 하여금 구체적이고 명백하고 분명한 태도를 취하게 한다.

(3) 가정과제는 상담자로 하여금 보다 많은 상담을 보다 신속하게 행할 수 있게 한다. 기록된 가정과제는 상담을 빠르게 전개시킨다.

(4) 가정과제는 내담자들이 상담자들에게 의존하는 것을 막는다. 처음부터 상담자들은 하나님께서 그들에게 기대하신 것을 성경의 견지에서 그리고 성령의 본능에 의존해서 행하도록 요구받는다.

(5) 가정과제는 상담자와 내담자로 하여금 상담의 진보나 진보의 결핍을 측정하지 않는다. 목적들이 종이에 의해 명백하게 기록될 경우에 내담자는 각 주간마다 부여된 가정과제 장부는 상담의 진보가 발생하는 격려와 소망을 부여하는 데 도움이 된다.

(6) 가정과제는 상담자가 통제된 현재 조건들 아래서 발전한 문제들과 양식들을 다루도록 허용한다. 상담자는 자신이 성경적 목적들을 설립하고 성경적 방법들을 규정하며 가정과제가 행해져야 하는 영역의 한계를 규정하기 때문에 남은 문제들, 난제의 발생하게

된 경위, 그리고 성취가 언제 이루어졌는가를 정확하게 조사할 수 있다.

위와 같이 각 상담회기 때에 가정 과제를 할당하는 것을 그의 업무로 삼는 상담자는 그러한 업무가 그의 상담을 통제하고 훈련시키는 사실을 발견하게 된다. 다른 어떤 상담 절차보다 상담자로 하여금 올바른 상담 진행을 유지시키고 계속시키는 경향이 있다. 그러므로 가정과제는 상담자가 그의 의무를 정당하게 행하는 것을 돕는 데 있어서 내담자에게 매우 귀중하고 가치 있다.

7) 모델(Role Play–역할극)[21]을 통한 문제해결을 시도하라

아담스는 모델 사용을 통한 문제해결에 대해 말하기를 많은 문제들의 분석은 복합적인 문제들은 항상 완전하게 해결할 수 없다는 사실로 요약된다. 또한 쉽게 구분하도록 배울 필요가 있는 기술자들의 모든 측면들도 존재하지 않는다. 이런 경우에 하나님의 방법을 형성하는 것을 배웠던 사람들을 관찰하는 것이다. 모델 사용은 가르침을 위한 필수적인 성경적 방법이라고 것이다. 아담스는 모범의 개념은 신약성경 전반에 걸쳐서 나타나 있는데, 바울 서신(살전 1:6-7, 살후 3:6-7, 빌 3:17, 4:9, 고전 4:16), 베드로 서신(벧전 5:3), 그리고 요한 서신(요한삼서 11절) 등에 나타나 있다는 주장이다. 특히 데살로니가후서 3:6-7에서 사도 바울은 '그가 우리에게서 받은' 유전을 따르지 않는 무질서한 삶을 사는 모든 형제를 회피해야 한다고 선포하면서 그 문제를 직접적으로 공격했다.[22] 사도 바울은 '너희는 우리를 본받아야 한다'는 말로 질서 있고 훈련받은 삶을 구성하는 법을 가르침에 있어서 모델 사용이나 본보기의 사용의 중요성을 강조했다. 본보기를 통해서 하나님의 계명에 복종하는 법을 다른 사람에게 보여주는 것은 너무나 지나치게 강조될 수 없다. 역할극(Role Play)은 성경적 훈련이 본보기에 의해서 가르쳐질 수 있다는 원리를 확대시키는 한 가지 타당한 수단이라고 주장한다. 따라서 유능한 상담자는 상담할 때에 필연적으로 모든 면에 모범을 보여주게 된다.

그러나 훈련을 성취하는 수단으로서의 모델의 개념은 적절한 주의를 기울여야 한다는 견해이다. 즉 예수님의 공생애 기간 동안 제자들은 그분께서 그들에게 구두로 가르쳤을 뿐만 아니라,

---

21) 모델(Role-playing)을 통한 문제해결의 방법은 행동주의 요법에서는 역할극(role-playing)으로 일상생활 속에서 수행하지 못하거나 수행하기 곤란한 역할 행동 때문에 이상행동(abnormal behavior)을 하는 내담자에게 현실적 상황이나 극적인 상황을 통하여 역할 행동을 시키고 그것을 연습시킴으로 이상행동을 적응행동으로 바꾸는 상법 기법 중 하나이다.

22) "형제들아 우리 주 예수 그리스도의 이름으로 너희를 명하노니 규모 없이 행하고 우리에게 받은 유전대로 행하지 아니하는 모든 형제에게서 떠나라 어떻게 우리를 본받아야 할 것을 너희가 스스로 아나니 우리가 너희 가운데서 규모 없이 행하지 아니하며"(데살로니가후서 3: 6-7).

보다 많은 것을 배우기 위해서 그분과 함께 있어야 했다. 이는 예수님의 가르침의 충만함을 묘사하는 말로서 완전하고 균형적인 가르침을 말한다. 또한 누가복음 6:40에서 "제자가 선생보다 높지 못하나 무릇 온전케 된 자는 그 선생과 같으리라" 말씀에서 온전케 된 자는 '그 선생과 같으리라'고 말씀하셨지 '그 선생처럼 생각하리라'고 말씀하신 것이 아니라는 것이다. 이는 예수님께서 제자들을 세상에 보내기 위해서 그와 함께 있으라고 제자들에게 명하신 예수님의 명령의 근본이 되는 교육 원리로 이해하는 것을 돕는다. 그렇다면 이 원리들은 작용했는가? 그들의 교육은 실제로 그들을 예수님과 같게 만들었는가? 이 질문에 명백한 증거로 사도행전 4:13에서 예수께서 부활하시고 승천하신 후에 그분께서는 교회를 통하여 그의 역사를 계속하기 위해 성령을 보내셨는데 그 당시 교회를 대적하는 유대인 지도자들이 그의 제자들을 어떻게 관찰했는가에 대한 견해에서 완전한 증거가 된다고 하였다.[23] 예수께서 제자들에게 말씀하신 대로 시간이 지남에 따라 다른 사람들은 그의 제자들이 '예수님과 같이' 되었다고 인정했다.

그러나 아담스는 '역할의 모범'을 완전한 치료의 핵심이라고 주장하는 모우러의 주장[24]에 대해서는 그의 모범에 관한 일반적인 견해는 원칙적으로 내담자들이 고백하도록 돕는다는 유익 때문이 아니라 오히려 상담자에게 주는 일시적인 유익 때문이다. 상담자들이 모범을 적용시키려고 하는 것은 유익한 성경적인 원리이다. 그러나 상담 경험이 결론적으로 보여주는 것은 뚜렷한 모범은 결코 본질적인 상담의 요소가 아니며 이러한 모범은 대단한 위험을 가지고 있다. 중요한 것은 그리스도의 속죄를 거절하는 모우러의 개인적인 속죄는 제사장마다 매일 서서 섬기며 자주 같은 제사를 드리되 이 제사는 언제든지 죄를 없게 하지 못한다(히 10:11)고 하신 말씀에 분명히 나타난 바와 같이 죄를 없게 하지 못하는 제사장의 제사와 같다. 모우러는 죄를 나타내는 고통스러운 경험 즉 이야기를 교환하는 경험은 자기를 불법행위를 위해서 대가를 지불하도록 하는 것이며 자기 자신이 양심의 가책을 느끼지 않게 하기 위해서 반목해서 자신을 벌주는 것이 필요하다고 생각하는 것이다. 죄 문제를 해결하려는 모우러의 시도는

---

23) "저희가 베드로와 요한이 기탄없이 말함을 보고 그 본래 학문 없는 범인으로 알았다가 이상히 여기며 또 그 전에 예수와 함께 있던 줄도 알고"(행 4: 13)

24) Mowrer 우연히 모범의 가능성을 인정하여 그 기술을 조심스럽게 발전시켰으며 그 효과가 크다는 것을 발견하여 역할모범은 완전한 치료의 핵심(Integrity Therapy)의 핵심이라고 주장하였는데 그는 고백을 하도록 고백을 이끌어내는 기술로서 모범을 강조하고 있다. 이와 반대로 성경은 하나님의 말씀을 따라 사는 방법을 다른 사람에게 가르치는 수단으로서 모범을 강조하고 있다. 상담자가 항상 '자기 자신의 이야기를 들려주는 것'이 필요치 않다는 것은 그리스도께서 효과적으로 비유를 사용하고 있는 데서 나타나고 있다(The Dis Cover, Vol.4, No. Oct., 1967, p.5 (Jay E. Adams, *The Christian Counselor's Manual, op. cit.*, 285.)

'더 이상 의식을 갖지 않도록' 단번에 구속해주신(히 9: 18-28) 그리스도께 감사하는 크리스천에게는 도움을 줄 수 없다.

4. 권면적 상담모델과 HEART모델

1969년 개혁주의 상담학자들에 의해 설립된 기독교상담연구 기관인 'The Christian Counseling and Educational Foundation'의 연구진들에 의해 개발된 C. C. E. F.의 상담모델은 몇 단계를 거쳐서 발전하였다. C. C. E. F.의 상담모델은 아담스의 연구에서 시작되었다. 아담스는 상담의 목적을 중생과 성화에 두었다. 아담스는 문제 상황의 성격에 따라서 상담 기간이 다르지만 일반적으로 8~12주간으로 보며 옛 죄악된 습관의 유형에서 변화되어 새로운 의의 습관의 유형으로 바뀌는 것이라고 본다. 아담스에 의하면 진정한 의미의 상담은 회개의 순간에서 시작된다. 회개가 일어날 때까지 변화는 일어나지 않는다. 즉 옛사람을 벗고 새사람을 입음을 통한 변화의 과정은 내담자가 하나님과 사람 앞에서 자신의 죄를 깨닫고 과거의 잘못을 바로잡으며 죄악된 행위를 버리고 의로운 행위를 덧입기 위하여 하나님의 도움을 구하기 전에는 일어나지 않는다. 그 이유는 말씀의 사역으로 죄에 대한 지식과 확신을 가져다주기 위해서 처음 몇 주간 동안에 이루어지는 상담활동은 일반적으로 상담의 전반부에 해당되기 때문이다. 이러한 그의 상담과정을 도표로 나타내면 다음과 같다.

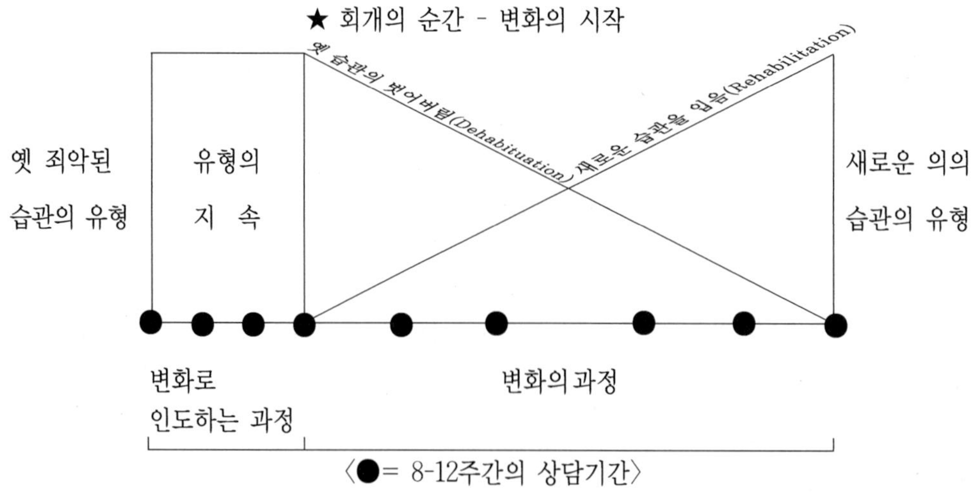

아담스의 권면적 상담모델은 그의 제자인 웨인 맥(Wyane Mack)에 의하여 'SEVEN-I'라는 이름으로 보완되었는데 그의 SEVEN-I는 다음과 같다.

1) Involvement(관계의 형성): 첫 번째 단계는 상담자와 내담자가 서로 신뢰하는 가운데 평안하게 협조하는 분위기 속에서 상담할 수 있는 좋은 관계를 수립하는 단계라고 보았다.
2) Inspiration(영감): 두 번째 단계는 소망을 불어넣어 주는 단계이다. 많은 내담자들은 낙심하고 절망에 빠져 있다. 그들은 피곤에 지쳐 있기 때문에 빠져나갈 출구가 없다고 결론을 내리고 있고 심지어는 하나님까지도 그들을 도울 수 없다고 생각하는 경우가 많다. 그러기 때문에 상담자가 절망 가운데 있는 내담자들에게 소망을 전달해 주는 것은 무엇보다 중요한 과제가 아닐 수 없다.
3) Inventory(자료수집): 세 번째 단계는 내담자 자신과 내담자가 가지고 있는 문제에 관한 자료와 정보를 수집하는 단계이다. 상담자는 내담자의 자료를 수집하기 위하여 주로 신체적인 요인들, 가족관계, 친구관계, 교회관계, 내담자의 정서적인 상태, 문제에 관련된 내담자의 행동, 문제 상황에 관한 내담자의 사고적인 요인들, 그 문제가 얼마나 오랫동안 지속되어 왔는가 하는 역사적인 요인들에 관한 자료를 수집해야 한다.
4) Interpretation(해석): 네 번째 단계는 하나님의 말씀의 준거틀 속에서 그 문제를 분석하고 해석하는 단계이다. 상담자는 내담자와 함께 문제를 하나님의 말씀과 연결해서 생각해 보고 접근해 보며 말씀을 통해서 통찰력과 의미를 찾아보는 단계이다.
5) Instruction(가르침): 다섯 번째 단계는 내담자가 당면하고 있는 문제들을 하나님의 말씀의 원리로 적용해서 내담자의 실제 생활에 적용하도록 권면하고 가르치는 단계이다.
6) Inducement(결단): 여섯 번째 단계는 내담자가 마음속으로 깨닫고 결단하는 단계이다. 많은 경우에 상담이 실패로 끝나는 것은 내담자들이 변화하려는 노력이 없이 문제해결만 바라기 때문이다. 내담자가 상담을 하는 동안에 결단을 하고 하나님의 말씀에 따라서 묵묵히 헌신하는 길을 걸어야 한다.
7) Implementation(실행): 일곱 번째 단계는 내담자들이 그들의 문제를 해결하고 하나님의 말씀을 그들의 실제 생활 속에서 구체적으로 적용하는 단계이다. 바로 이것이 상담과정을 통한 성취이며 진보를 측정할 수 있고 하나님의 말씀대로 헌신하며 살아가는 삶의 능력을 구체적으로 평가할 수 있는 단계이다. 바로 이때 상담자는 상담을 종결해야 한다고 맥(Mack)은 주장한다. 그는 이상의 7가지 과정 곧 (Seven I)을 거쳐서 성경적이고 효과적인 상담을 할 수 있다고 보고 있다.

C. C. E. F.의 연구진들에 의해 아담스의 상담이론을 계속하여 보안하고 발전하여 새로운 독자적 모델로 제시하였는데, 이것을 'HEART Model'이라고 한다. 이 모델은 아담스, 크랩(Crabb), 애들러(Adler)의 연구들을 종합하고 그 약점들을 보완한 것이다.

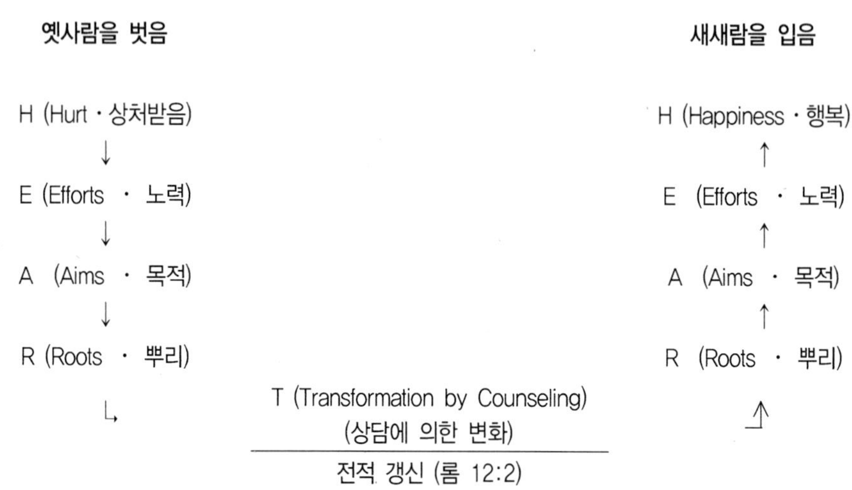

이 모델에서는 왼편의 'HEART'에서 오른편의 'HEART'로 변화되는 것을 가르치고 있는데 옛사람을 벗고 새사람을 입는 과정으로 설명하고 있다. Hurt는 인간이 죄악된 세상에 살면서 체험하는 불안, 공포, 원망, 죄책, 등을 말하고 Efforts는 이러한 부정적인 상처받은 감정들에서 벗어나려는 노력인데 이것은 비효과적이고 잘못된 노력을 말한다. Aims는 말로 표현되지 않는 마음의 우상들 즉 명예, 이러한 옛사람을 상담을 통하여 새사람으로 변화시키는 데 Roots는 하나님의 은혜에 근거하고 예수님이 내담자에게 있어서 존재의 의미가 되며(요 1:1, 14:16), 예수님이 용납해 주시며(벧전 2:9), 예수님이 삶의 능력이 되시는(마 28:18) 변화이다. Aims는 하나님의 영광을 자신의 삶의 목적으로 하는 변화이다(고전 10:31, 살전 2:4). Effort는 다른 사람을 위한 봉사하는 삶을 살려고 하는 변화이며(빌 2:1-4), Happiness는 그리스도안에 살므로 얻게 되는 결과를 말한다(시 1:1, 131:1 등).

이 상담모델은 전적 갱신(롬 12:2)을 목표하는데 상담을 통하여 옛사람을 벗고 새사람으로 변화하는 것이다. 상처받은 심령에서 행복으로 자기중심의 노력에서 다른 사람을 위한 섬김의 삶으로, 자기추구의 삶의 목적에서 하나님 영광을 위한 목적으로, 무의미하며 무기력한 삶에서 하나님의 은혜에 뿌리를 두는 삶으로 전적으로 변화되어야 한다. 이 모델들은 약간의 차이가 있으나 모두 성경적 원리에 근거를 두고 있기 때문에 내담자들의 전인적 성장에 도움을 주고 상처받은 심령들에게 위로를 주며 새로운 삶을 살도록 격려하게 된다.

5. 권면적 상담의 과제

제이 E. 아담스의 권면적인 접근(Confrontational Approach)에 따른 상담은 성경적 입장에서 상담학을 정립하여 성경적인 접근법으로 상담이론을 제시한 것이다. 그의 권면적인 상담이란 ① 성경에서 그 동기를 찾고 ② 성경을 그 전제 조건으로 하며 ③ 성경의 목표를 뼈대로 삼아 ④ 성경의 모델로 주어지고 명령된 원리에 따라 구조화하여 발전시켜 나간다. 아담스는 오직 성경만을 유일한 신적 권위(Divine authority)를 가진 것으로 믿고, '신앙과 행위의 정확무오한 유일의 법칙'으로 적용시키며 성경적인 원리에 따른 상담의 원리를 제시하여 문제를 치료하고 성숙한 크리스천으로 인도하는 성화의 과정을 담고 있다. 그의 상담이론은 정신분석학이나 심리학을 배제하고 성경신학적인 원리와 성령의 조명을 상담의 기본 요소로 제시하고 있다. 이러한 아담스의 상담이론은 특히 목회자를 상담자로 제시함으로 실제 목회 현장과 삶의 전 영역에 쉽게 적용될 수 있는 목회상담의 유형이 될 수 있다.

그러나 아담스의 권면적인 접근에 대해 목회상담학적 입장에서도 그와 견해를 달리하는 이론들이 많다. 먼저 목회상담의 자원에 있어서 아담스는 성경만을 상담의 유일한 교과서로 여기며 성경에 합당치 않은 상황이 없으며 성경만이 진정한 상담의 자원이 되어야 한다는 그의 주장에 반대하여 인간의 치유에는 인간 자체 속에 주어진 원리를 발견하여 그 질서 안에서 치유하되 궁극적으로 성경을 사용하여 하나님과 관계를 회복시키는 것이 바람직하다는 입장이 나타났다. 이러한 입장에 있는 죤 캅(John B. Cobb, Theology and Pastoral Care; Philadelphia: Fortress Press, 1977)은 성경의 문자적 사용으로 목회상담에 장애를 초래할 가능성이 있다고 우려하면서 올바른 성경의 사용을 위해 다양한 성경사용을 방법들을 권장하고 있다. 아담스의 상담이론은 성경적인 접근법으로 가장 성경적인 원리를 제시하지만 그에 따른 성경 사용에 대한 방법에 대해서는 매우 획일적이고 미흡한 점이 없지 않다.

둘째, 목회상담의 원리에 있어서 아담스의 주장대로 성경에 인간의 모든 상황이 가장 잘 기록되어 있으므로 성경의 원리에 따라 어떠한 상황이든지 상관없이 성경의 원리에 따른 상담을 해야 하며 오늘의 모든 심리학적 방법들을 마귀적인 것으로 배격해야만 한다는 것이다. 그의 주장에 대해 하나님의 창조의 질서를 정면으로 대치되는 것으로 궁극적으로 인간의 책임을 포기하는 것이라고 주장하기도 한다. 하나님은 하나님과 인간과의 관계에서 성령으로 교통하시는 초자연적이며 신령한 영적 질서가 있는 반면에, 인간과 인간과의 관계와 인간과 자연과의 관계에는 그 나름대로의 하나님이 만드신 창조의 질서, 자연 질서를 주셨기 때문에 우리는 이러한 질서에 따라 하나님의 섭리적 지로에 따라 만물의 영장으로서의 인간에게 주어진 문화명령에 충실해야만 할 것이다.

셋째, 목회상담의 방법에 대해서 아담스는 권면적 상담의 중심적 목표를 크리스천의 성숙이며 권면적인 전략이 목표를 성취하는 모든 가능한 유일한 방법으로 제시하고 있다. 그러나 권면적 모델(Confrontational Method)이 효과적인 크리스천 상담의 모든 요소를 다루기에 충분하다고 생각하는 실제 목회현장에서 상담을 경험하는 자는 많지 않을 것이다. 어떤 사람에겐 직접적으로 성경을 가르치며 직접적이고 견고한 권면이 필요하고 효과적일 수 있으나 또 다른 경우에는 부드러운 지원, 격려, 관심 있는 경청, 역동성의 탐구, 감정의 반영, 분석 용납 등이 바람직하고 적합할 경우가 있기 마련이다. 그러므로 한 사람에게 모든 종류의 부름을 사용하는 문제에 대한 다양하고 포괄적인 접근 방식으로 내담자를 돕는 것이 좁고 제한된 접근 방식보다는 교회공동체에서의 목회상담은 보다 광범위하고 전문화된 정확한 모델이 제공되어야 한다.

마지막으로 권면적인 접근(Confrontational Approach)에서 그 목표를 성취하는 방법에 대해 하나님의 말씀에 대한 '온전한 순종'이라는 효과적인 크리스천 삶에 절대적으로 필요하며 탁월한 방법을 제공하고 있다. 그러나 이에 대해 로렌스 J. 크렙은 자적하기를 권면적 모델(Confrontational Method)은 행동하는 인간의 '내면적인 것들'을 남겨 두므로 내담자의 태도와 신념들을 탐험하기 위한 내면적인 것으로 옮겨가지 않는다는 주장이다. 크렙은 '내면적인 것들'의 중요한 부분이 사람의 가정 체계에 있고 그의 상황을 평가는 그의 가정(Assumptions)에 기초가 되는데, 부정적인 감정들을 확인 후에 보통 그 사람이 가지고 있는 그릇된 목표를 알아보는 데 중요한 기본적인 가정들의 제한된 범위를 상세히 지적할 수 있다는 것이다. 아담스의 권면적 접근 이론은 성경적인 견고한 기초 위에 오늘날의 전문화된 상담의 다양한 도구들에 대한 포괄적인 사용의 절실한 필요성을 느끼게 한다.

Ⅱ. 로렌스 J. 크렙의 성경적 상담

로렌스 J. 크렙은 미국얼시너스대학(Ursinus College)에서 심리학을 전공하였고 일리노이대학교(The University of Illinois)에서 임상심리학(Clinical Psychology)을 전공한 복음주의 상담학자요 심리학자이다. 그가 제시하는 성경적 상담(Biblical Counseling)의 이론과 방법은 고찰하여 보면 성경과 심리학의 관계를 포괄적 통합을 시도하였다. 또한 성경적 상담이론은 성도들의 '교제생활'과 '상담사역'을 지교회의 기능 안에서 포괄적으로 통합되도록 하는 데 있다. 이와 같은 관계를 '교회 안에 올바른 성경적 공동체가 이루어져 있을 때에만 거기에 주님과의 깊은 사귐, 그리고 성도 상호간의 깊은 교제와 진정한 용납이 있게 되고 그때야 비로소 깊은 개인적 문제들이 표면에 드러나기 시작한다고 하였다. 이와 같은 그의 상담이론과 방법은 성경 중심에 근거한 상담이론이며 교회 중심의 생활을 통하여 오늘의 우리가 안고 있는 문제들을 해결하려는 성경적 상담이라고 하였다.

1. 성경적 상담의 개념

1) 기본적인 개념들

(1) 개인적인 필요: 효과적인 삶을 위하여 인간에게 필요한 것은 무엇인가?

효과적인 삶을 살기 위하여 인간에게 필요한 것이 무엇인가라는 문제가 제기된다. 인간의 깊은 내면의 무의식적인 흐름(Stream of unconsciousness)을 통하여 분석해 보면 사람들은 충족되어야 할 두 종류의 기본적인 필요를 가지고 있다. 인간의 가장 기본적인 필요는 자기 자신을 전체적이고 실제적인 인간으로 받아들이는 인격적 가치의식(Sense of personal worth)이다. 두 종류의 필요란 중요성(Significance: 목적, 중요성, 일을 위한 적당함, 의미심장함)과 안전(Security: 사랑-무조건적이고 계속적으로 표현된 영구적인 용납)이다. 인간의 욕구를 여러 측면에서 분석할 수 있는데 일반적으로 생리적 욕구, 신체적 안전의 욕구, 소속감의 욕구, 존경받으려는 욕구, 자아실현의 욕구로 분류하며 이 욕구들은 낮은 단계에서 높은 단계로 이동한다. 크렙은 인간에게 중요성과 안전이라는 두 가지 기본적 욕구가 있다고 주장한다. 여기서 중요성이란 자긍심, 자존감 등으로 표현할 수 있고 안전은 사랑, 용납, 수용 등으로 말할 수 있다. 중요성과 안전은 인간이 타락하기 전에는 이 두 가지 요소가 하나님과의 관계에서 충족되어 인간의 퍼스낼러티 안에 갖고 있는 속성이었으나 타락한 이후에는 하나님과의 관계가 파괴됨으로 인해서 필요들이 되었다.

크렙의 주장은 '중요성'과 '안전'에 대한 기본적인 필요가 위협을 당할 때 문제가 생긴다는 것이다. 사람은 중요하지 않다는 감정과 안정되지 못하다는 감정에 대항하는 수단으로서 무책임한 생활방식(Irresponsible ways of living)을 추구한다. 안전에 대한 필요는 무조건적으로 사랑을 받고 현재뿐만 아니라 영원토록 용납되고 보호받는 것을 요구한다. 그러므로 크렙은 진정한 '중요성'과 '안전'은 오직 거룩한 하나님 앞에서 인간의 유일한 용납의 근거가 그리스도의 완전한 생애와 구속적인 죽으심이라는 것을 믿는 크리스천에게만이 가능한 것이라고 말한다. 그러므로 모든 순간에 그리스도와의 관계에서 바람직한 중요성과 안전의 의식적인 느낌을 완전하고 영원하게 충족시킬 것이다. 하나님과의 완전한 친교의 근거는 완전한 죄 없음이 아니라 그리스도의 영원한 구속이다.

(2) 동기(Motivation): 우리가 행동하는 이유는 무엇인가?

우리가 행동하는 이유가 무엇인가? 인간 이해에 있어서 행동의 동기를 이해하는 것은 매우 중요하다. 우리가 의식적으로 원하지 않는데도 불구하고 행하는 것은 무엇 때문인가? 특히 내담자의 행동의 동기를 이해하는 것은 문제해결의 중요한 관건이 된다. 크렙은 성경적 인간관과 일치하는 동기에 관한 5가지 기본적인 제안을 제시한다. ① 욕구는 동기를 낳고 ② 동기는 행동을 유발시키는 에너지이며 ③ 동기화된 행동은 하나의 목표를 지향하며 ④ 목표가 성취되기 불가능할 때 만족되지 못한 욕구는 부정적 정서들의 원천이 되어 중요성과 안전의 위험으로 인한 자기 방어를 유발하며 ⑤ 모든 행동에는 동기가 있다. 즉 무의미한 행동은 없다고 주장한다.

에이브러햄 마슬로우(Abraham Maslow)의 5가지 기본적인 필요들 즉 육체적 필요, 안전을 위한 필요, 사랑의 필요, 목적을 위한 필요, 그리고 자아실현을 위한 필요 등이다. 그러나 크렙은 마슬로우의 이론보다 한 걸음 더 나아가서 성경적인 필요에 대한 근거를 네 단계로 제시하는데 처음 두 가지 필요들은 육체적이고 유한한 존재로서의 인간의 필요는 마슬로우와 일치한다. 그러므로 첫째는 육체적 필요이다. 둘째, 안전을 위한 필요이다. 마슬로우의 세 번째, 사랑의 필요와 네 번째, 목적의 필요를 크렙은 인간의 인격적 필요 즉 안정과 중요성이라고 부르는 것과 일치한다. 그리고 마슬로우의 체계에서 가장 궁극적이고 최고의 필요인 자아실현은 그리스도안에서 성숙하게 되며 우리 속에서 주님의 특성을 나타내는 속성들을 개발하고 자유롭게 하나님을 경배함으로써 하나님이 우리에게 주신 가치를 나타내며 영적인 은사들을 사용하여 다른 사람들을 봉사하는 성경적 개념과 밀접한 관계가 있다. 우리가 행동하는 이유를 이해하기 위해서 우리는 대부분이 인격적인 필요를 채워 줄 마슬로우의 처음 네 가지 욕구에 해당하는 어떤 것을 얻으려고 노력하는 행동 동기의 핵심은 자아 중심적이고 부족한 것을 충족시키려는 '결손 동기'(Deficit motivation)에 의해서 자극을 받고 행동한다는 것이다. 그러나 크리스천은 우리 마음의 가장 깊은 부분을 감찰하시는 하나님 앞에 자기중심적인 동기에서 유발되는 결손 동기에 의해 활동하는 것이 아니라 오히려 충만함과 예배와 봉사로 의한 충족함의 자기실현을 하는 사람의 동기인 '표현 동기'(Expression motivation)에 의하여 행동해야 한다.

2) 퍼스낼러티의 구조

크렙이 주장하는 '결손 동기'(Deficit motivation)에서 '표현 동기'(Expression motivation)로 진보하려는 전략과 크리스천의 성숙이라는 목표에 도달하려는 전략을 제시하는 크렙의 퍼스낼러티의 작용에 대해 살펴보아야 한다. 뿐만 아니라 상담학 이론에서 가장 중요하게 다루어지는 것은 상담의 대상인 인간에 대한 이해이다. 즉 상담학에 있어서 내담자 이해 또는 인간관은 매우 중요하다. 인간을 어떻게 보느냐 라는 관점에 따라 상담학의 이론과 방법에 큰 영향을 주기 때문이다. 성경적 상담의 이론과 방법을 고찰하는 데 있어 빼놓을 수 없는 것은 로렌스 J. 크렙의 인간의 퍼스낼러티가 작용하는 방법도 그 기능적 부분들을 유심히 살펴보아야 한다. 크렙은 인간의 퍼스낼러티의 구조를 논하면서 먼저 두 가지 중요한 요점을 말하기를 인간의 퍼스낼러티에는 육체에 귀속되지 않는 인격 안에 만질 수 없는 부분이 있고 심리학적 역학관계만으로도 해석할 수 없는 전체적인 기능적 유기체(Whole functioning organism)로서의 신비로운 부분이 있다고 전제한다. 즉 인간은 나눌 수 없는 존재라는 사실을 주장하면서 인간의 인격 안에 있는 중요한 구성요소들을 고찰함으로써 인간 전체가 어떻게 작용하는가를 더욱 잘 이해할 뿐이라고 주장한다. 사람의 구성 요소에 있어서 이분설(Dichotomy)과 삼분설(Trichotomy)의 문제가 제기되지만 크렙은 육체와 인격, 또는 물질과 비물질의 두 부분으로 구성되었다는 이분설에 동의하고 있다. 또한 그는 삼분설의 이론 중 '영'과 '혼'의 두 부분으로 분류하는 것을 하나로 보되 다만 '영'이 인간의 상호관계를 표현하는 것인가? 절대자 하나님과의 관계를 표현하는 것인가를 설명하는 용어로선 '영'과 '혼'으로 구분되는 것이라고 이해하고 있다. 크렙은 인격(Personality)의 구조를 다섯 단계로 나누고 있다.

(1) 의식적인 마음(The Conscious Mind)

인격적인 요소의 첫 번째는 의식적인 마음(the Conscious mind)이다. 인간은 자의식(Self-consciousness)을 가지고 있어서 자신에게 이야기하는 언어와 문장의 능력을 가지고 있고 외적인 사건에 대한 평가의 능력을 가지고 있다. 즉 사람이 한 사건을 마음으로 어떻게 평가하느냐(Evaluates)에 따라서 그가 그 사건에 대하여 어떻게 느끼며(Feels), 그것에 대응하기 위해서 어떻게 행동할 것인가를 결정한다는 것이다. 의식적인 마음(Mind)이란 헬라어 nous(마음, 이성, 지력)에 해당하며 크랩은 이것을 도덕적 판단을 포함하는 의식적인 평가를 하는 인격의 한 부분이라고 정의하였다. 바울이 로마서 12:12에서 가장 분명하게 그리스도와 같이 되는 변화는 마음을 새롭게 함(Renewing minds)에 달려 있다는 말씀에 근거한다. 크랩은 말하기는 이것을 나의 영적인 성장은 직접적으로 내가 어떻게 나의 세계를 지각하고 평가하느냐에 달려 있다. 바꾸어 말하면 내가 어떻게 내 마음을 주어진 사건에 반응했는가에 달려 있다는 것을 의미하는 것으로 생각했다.

(2) 무의식적인 마음(The Unconscious Mind)

인격적인 요소의 두 번째는 무의식적인 마음(the Unconscious mind)이다. 성경에서 무의식적 마음은 로마서 8:15에서 찾을 수 있는 *phronema*는 가끔 마음(Mind)으로 번역되는데 이 단어에 의해서 표현되는 중심개념은 발전된 인격의 부분과 깊고 반사적인 가정(Deep reflective assumption)을 갖는다는 점이다. 크랩은 무의식적인 마음을 정의하기를 "사람들이 중요성과 안전에 대한 그들의 필요를 어떻게 충족시키는가 하는 방법을 확고하게 그리고 정서적으로 주장하는 기본적인 가정(Basic assumption)의 저장소"이다. 그런데 각 사람의 무의식 속에는 행복, 가치, 기쁨 등과 같은 모든 인생의 좋은 것이 하나님 이외의 어떤 것에 달렸다고 믿도록 되어 있다. 우리의 육체(하나님을 대항하는 본능적 성질인)는 우리 자신을 충족시킬 수 있으며 그리스도의 십자가에 무릎을 꿇지 않고 진실한 인격적 가치와 사회의 조화를 이루는 방법을 찾을 수 있다는 세상의 잘못된 가르침에 대해서 행복하게 반응해 왔다. 또한 사탄의 격려를 받고 우리의 육체적 본능에 호소하는 불신앙적 세상체계(Unbelieving world system)는 하나님이 인격적 실재(Personal reality)와 완성을 주신다는 것 이상의 다른 어떤 것을 가정하는 틀 속으로 우리를 밀어 넣는다. 성경은 우리는 자아 기만자이며 우리의 실제의 모습을 보기 위해서는 초자연적인 도움을 요구한다고 가르친다(렘 17:9, 10). 인간의 내적인 영역에 관한 정직하고 예리한 탐구는 하나님의 특별한 특권이다. 이 점에 있어서 크리스천의 상담은 성령의 조명하시는 사역에 달려 있다. 성령의 도움 없이는 아무도 그의 자아 중심적이고 삶에 대한 잘못된 접근에 관한 진리를 인식하거나 수락하지 못할 것이다.

(3) 기본적 방향(Heart)

인격적인 요소의 세 번째는 인간이 스스로 선택하는 기본적 방향(Heart)을 포함한다. 성경에서 자주 언급하는 마음은 헬라어 *Kardia* 는 핵심적인 의미를 지적하기는 어렵다. 크렙은 '마음이란 신체적 삶의 주요기관으로 성경은…… 육체의 피는 생명에 있다'(레17:11)고 가르치고 있으며 마음은 생명을 주는 피의 공급을 통하여 육체를 유지하는 작용을 한다. 무의식적 마음에서 잘못된 생각을 하는 것은 전체로서의 퍼스낼러티가 잘못된 방향으로 가고 있다는 사실을 말한다. 그들의 모든 능력 즉 이성, 도덕적 판단, 감정, 의지 등으로 자기를 높이려는 죄악된 목적을 향해 가고 있다. 만일 우리의 마음이 우리의 전인격적인 본질을 포함하는 넓은 용어이고 그것을 우리의 인격적인 생활의 숨겨진 원천이라고 한다면 성경에 기록된 마음은 그의 삶의 기본적인 방향을 선택하는 인격의 본질적인 부분이다. 바꾸어 말하면 크렙은 마음이란 나의 삶을 누구를 위하여, 무엇을 해야 하는가를 선택하는 한 인간의 근본적인 목적을 나타낸다고 제시한다.

성경적인 전망에서 보면 우리가 선택할 수 있는 두 개의 기본적인 방향이 있는데 그것은 곧 자신을 위한 삶이거나 하나님을 위한 삶이다. 만일 우리가 자신을 위해 살기로 했다면 우리의 인격적 필요를 충족시킬 수 없으며 잘못된 세상의 체계를 통하여 참된 중요성과 완전의 유일한 근원을 끊어버리는 곳이다. 반면에 우리의 기본적인 자세가 하나님은 은혜로 말미암아 하나님을 위한 삶이라면 우리의 의식적인 마음을 성경진리로 채우는 것을 시작할 수 있고 마음을 그리스도께 맡긴 크리스천이다. 이는 자아를 제거(Eliminating self)하기보다는 그리스도안에서 자아를 잃어버리는(to Lose self in Christ) 사람이다. 바울은 그의 삶에 일어나는 사건을 하나님의 전망(God's perspective)으로 사건을 평가하고 유일한 중요성과 완전을 가능케 하는 깊은 즐거움을 경험할 수 있었으며 그의 어려운 환경에 성경적으로 응답할 수 있도록 필요한 모든 것을 제공해 주시는 전능하신 하나님이 곧 그의 사랑하는 목자임을 깨달음으로 안전감을 느꼈다.

(4) 의지(Will)

인격적인 요소의 네 번째는 의지(Will)이다. 사람은 의식하는 마음, 무의식하는 마음, 그리고 기본적인 방향에 첨가하여 어떻게 행동할 것인가를 선택하는 능력이 있다. 의지는 성경이 우리로 하여금 세상을 평가하도록 가르친 방법대로 행하기 위하여 책임 있는 선택을 하도록 하는 기능을 가진 인격의 실제적 부분이다. 그러나 그러한 선택은 언제나 쉬운 것이 아니다. 우리가 마땅히 해야 할 행동을 선택하는 것에는 많은 고통이 따를 수 있다. 우리가 계속하여 의의 길을 선택하는 할 때 역경과 유혹 앞에서 올바른 선택을 하는 능력이 커지며 더욱 큰 책임감을 가지고 사는 강한 크리스천이 된다. 그러나 이는 강한 의지가 필요한 것이 아니라 조명된 마음(Enlightened mind)이 필요한데 그것은 성령의 사역이다.

(5) 정서(Emotions)

인격적인 요소의 다섯째는 정서(Emotions)이다. 정서란 느끼는 능력(Capacity to feeling)이다. 예수님께서 인간의 필요에 직면했을 때 자주 연민의 정을 느끼셨다. 신약성경 복음서에서 '연민'*(splagchnon)*이라고 번역된 헬라어는 바울 서신에서 '인정'(Bowels)이나 '애정', '사랑'(affections)으로 묘사되었다. 인간은 부정적 정서를 가지는 경우가 있는데 부정적 정서란 죄와 연관된 것이 있고 그렇지 않은 것이 있다. 우리는 어떻게 그것들을 분별할 수 있는가? 이는 상호간에 연민을 배타하는 어떤 감정들은 죄를 내포하고 있다는 것이다. 영적으로 그리스도를 중심한 생활의 주된 느낌은 다른 사람을 위한 깊은 연민의 느낌이다.

크렙은 우리가 어떻게 생각하느냐에 따라서 선택할 행동범위가 결정되며 우리의 느낌에도 영향을 줌으로 우리의 사고가 '세상의 잘못된 가치 체제'(World's wrong value system)에 근거한다면 연민을 저해하게 될 부정적 정서를 경험하게 되며 우리의 사고의 근거를 성경적 체계로 사건을 평가할 때 비록 고통스러운 정서를 느낀다고 해도 깊고 실제적인 염려와 연민이 계속적으로 표현된다고 하였다. 따라서 그리스도안에서 필요를 충족시킨 크리스천만이 어떤 환경 속에서도 계속되는 연민을 느낄 수 있을 것이라고 주장한다.

결론적으로 성령은 인격의 정상적인 메커니즘을 통한 변화의 수단을 제공한다. 성령은 감수성이 풍부한 마음에 특별히 즉각적인 환경에 잘 맞는 성령의 진리를 가르쳐 준다. 그러므로 개인은 그에게서 인격적 가치를 빼앗아 가는 사건이 없으며 그에게 무슨 일이 일어나든 '중요성'과 '완전'을 갖는 온전한 인격임을 알게 된다. 우리는 사건들을 계속 성경적 체계로 평가함으로써 성령은 그에게 하나님의 진리에 대한 인식을 깊게 하도록 하신다. 이상의 로렌스 J. 크렙의 퍼스넬리티의 구조를 도표로 나타내면 다음과 같다.

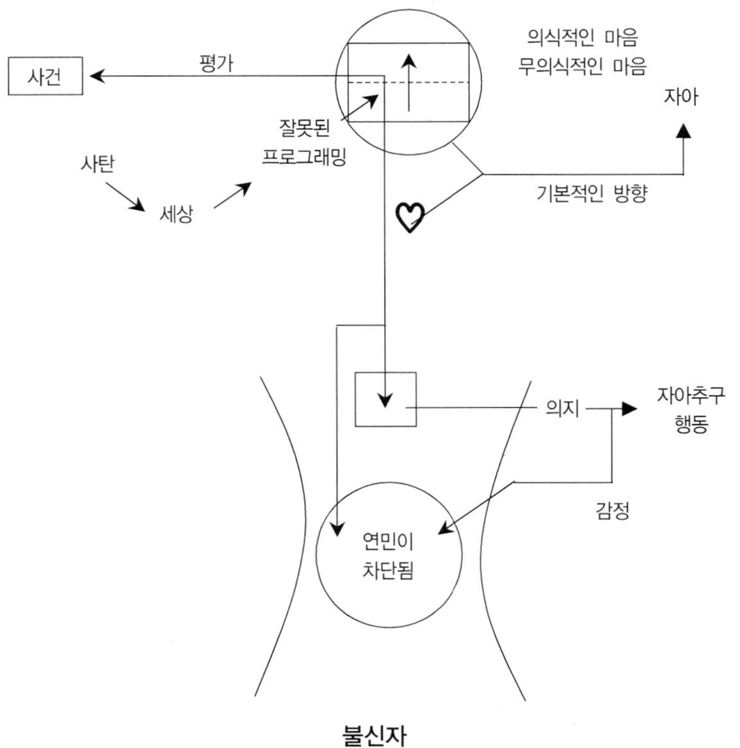
의식적인 마음
무의식적인 마음
사건
평가
자아
잘못된
프로그래밍
사탄
세상
기본적인 방향
의지
자아추구
행동
감정
연민이
차단됨

불신자

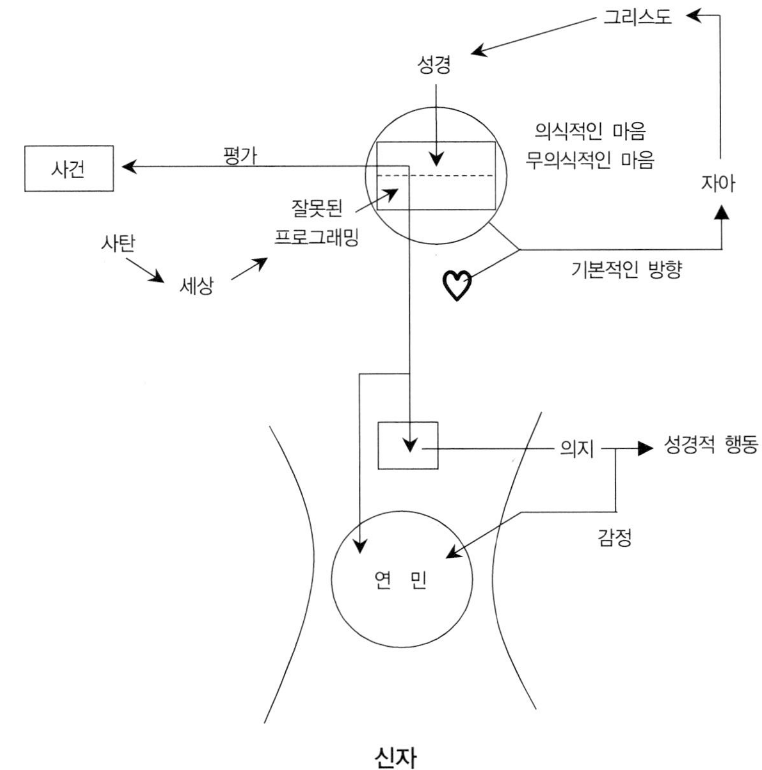
그리스도
성경
의식적인 마음
무의식적인 마음
사건
평가
자아
잘못된
프로그래밍
사탄
세상
기본적인 방향
의지
성경적 행동
감정
연 민

신자

2. 성경적 상담의 전제와 목표

1) 성경적 상담의 전제

첫째, 성경적 상담모델은 인격적인 전능하신 하나님의 존재에 대한 확신에서부터 시작된다. 하나님은 무한하시고 인간은 유한하다. 이러한 의미에서 우리 인간은 조건적이고 일시적인 존재이다. 하나님은 인격적인 분이시며 하나님의 형상으로 지음받은 우리 인간도 역시 인격적인 존재이다. 인간이 인격적인 존재로서 참되게 살려면 반드시 충족되어야 할 인격적인 필요의 요소들이 있다. 그러나 우리 인간은 불확실하고 일시적인 존재이기 때문에 이 요소의 충족은 우리들의 밖에서 와야 하는데 바로 예수 그리스도를 통해서만 가능하다.

둘째, 인간에게는 '중요성'과 '안전'의 필요가 있다. 중요성의 필요란 자신의 삶이 논리적이고 인격적으로 의미가 있는 목표를 향해서 적절히 나아가고 있는 가치 있는 삶이란 것을 확인하려는 필요(욕구)이며 안전의 필요란 어떤 사람에 의해서 무조건적으로 보호받고 사랑받으려는 욕구이다. 인간이 제대로 살아가기 위해서는 반드시 중요성과 안전의 요소들이 충족되어야 한다. 이러한 요소 없이는 완전한 삶을 살아갈 수 없는데, 우리는 예수 그리스도를 통해서만이 완전한 삶을 얻을 수 있다(빌 4:11-13). 실제로 제한적이며 일시적 존재인 인간은 외부로부터 의미와 사랑의 원천을 필요로 한다. 왜냐하면 유한한 존재가 통합을 위한 자체적 구조의 틀이 될 수 없기 때문이다. 유한한 존재로서의 존재 현실과 속성은 무한한 존재에 의하여 좌우되며 또한 의존하게 한다. 즉 인간은 유한하므로 무한자이신 하나님을 향하는 것이다. 그러나 모든 인간은 죄로 인해서 하나님으로부터 멀어진 채로 자기 자신에게서 욕구를 충족시키기 위한 원천을 찾으려고 하고 있다.

셋째, 인간은 '중요성'과 '안전'을 얻기 위하여 아무런 효과도 보지 못하는 방법들을 모색하게 되었다. 이러한 인간적인 방법들은 당장은 아니라고 할지라도 언젠가는 반드시 실패하고 만다. 성경적 상담에 있어서 죄의 문제는 매우 중요한 의미를 가지고 있다. 인본주의적 심리학의 입장을 취하는 상담학자들은 인간의 죄성을 최소화시키고 죄책감의 제거를 권장하고 있으며, 반면에 아담스(Jay E. Adams) 같은 보수주의적 상담학자들은 모든 문제의 근원을 '죄악'으로부터 찾으려고 하고 있다. 크렙은 그의 상담에서 죄책감을 문제감정 중의 하나라고 보고 아주 중요하게 다루었다. 그는 죄책감을 도달할 수 없는 목표를 설정해 놓고 그 목표를 달성할 수 없을 때 생기는 것으로 이해하고 있다. 그러므로 상담자는 내담자들의 죄책감을 점검해 보고 성경적으로 바로잡아 주어야 한다고 본다. 그는 또한 죄책감, 불안, 원망 등을 전신경증적 경험(Preneurotic experience)이라고 보고 있기 때문에 부정적인 정서들이 모두 나쁜 것은 아니라고 본다. 크렙은 이러한 일련의 부정적 감정은 목표에 대한 좌절의 형태로 나타나는데 "목표 자체가 애당초 도달할 수 없는 것일 때에 죄책감이 오고 외부적인 환경으로 인해서 목표에 이르지 못했을 때 원망을 하게 되며 실패에 대한 두려움이 불안을 야기한다"고 하였다. 그럼에도 불구하고 크리스천들이 올바로 하나님과 이웃을 사랑하기 위해서는 사탄의 세력과 싸워야 하는 투쟁적 삶을 영위해야 하고 실망과 고통과 괴로움을 경험해야 한다. 올바른 신앙이란 잘못된 동기에서 나온 부정적인 감정들을 벗어나서 올바른 동기에서 나온 건설적인 감정들을 갖도록 노력하는 것이다.

2) 성경적 상담의 목표

우리가 해야 할 목표는 무엇인가? 크렙이 주장하는 성경적 상담의 목표는 '풍성한 예배의 경험'(Experience of worship)과 '보다 효과적인 봉사의 생활'(Life of service) 가운데 들어가도록 도움으로써 크리스천의 성숙(Maturity)을 증진시키는 것이다. 넓은 의미에서 크리스천의 성숙은 첫째는 일관된 성경적 방식으로 문제되는 어떤 환경에 즉각 대처하는 전이(轉移, Move over)와 둘째는 그리스도의 성품에 굳게 선 내면적인 성품을 발전시키는 것 즉 상승(上乘, Move up)으로 발전된다.

히브리서 13:15-16을 보면 믿는 자의 두 가지 기능에 대해 말씀하고 있는데 그 하나는 하나님께 예배를 드리는 것이며 다른 하나는 다른 사람들을 위한 봉사의 제사를 드리는 것이다. 인간의 개인적 문제들을 위한 성경적 근거는 인간은 하나님과의 깊은 관계에 들어가야 하며 예배와 봉사를 통해서 더욱 효과적으로 하나님을 기쁘시게 해 드릴 수 있어야 한다. 사도 바울은 골로새서 1:28을 통하여 크리스천의 성숙을 증진시키는 계획적 의도를 가지고 있었다. 성숙한 성도만이 인생의 궁극적 목표인 예배와 봉사에 더욱 헌신하게 된다. 그러므로 성경적 상담의 전략은 영적이며 심리적인 성숙을 증진시키는 것이다. 성숙이란 말은 두 가지 요소를 포함하고 있는데 하나는 특수한 환경 속에서의 즉각적인 순종이며 다른 하나는 장기적 안목에 있어서의 인격의 성장이다. 크렙이 말하는 상담의 목표인 성숙을 바로 알기 위해서는 성경적인 출발점이 무엇인지 파악할 필요가 있다. 그가 말하기를 크리스천의 경험은 하나님께서 받으실 만하다고 선언하시는 칭의로 시작된다. 만일 우리가 심리적으로 완전하고 영적으로 성숙된다면 하나님이 나를 용납하심이 나의 행위 때문이 아니라 예수님의 긍휼하심을 좇아 중생의 씻음과 성령의 새롭게 하심에 근거하고 있음을 분명하게 이해하게 된다(딛 3:5). 예수님의 대속적 사역으로 인하여 의롭다 하심을 받은 성도는 예수님만이 가지고 계시는 완전하심에 의한 것이다. 하나님께서 선포하신 칭의(稱義)는 행위로 말미암은 것이 아니고 과거 현재 미래의 상태를 초월하여 내 모습 그대로 용납받았다는 것을 하나님께서 선포하셨다. 하나님은 우리에게 지금 하나님이 허락하신 위치에까지 자라가며 더욱 용납하실 만한 행동하도록 권고하신다. 그렇게 하시는 동기는 사랑이다. 하나님께서는 성령을 보내셔서 삶의 방법과 그 방법대로 살 수 있도록 가르쳐 주시며 하나님을 뵈올 때 하나님의 성품을 나타내도록 영화롭게 하실 것이다. 크리스천의 성숙이란 칭의에서 영화에 이르기까지 하나님 아버지의 뜻에 점차적으로 순종함을 통해서 더욱 주님을 닮아 가는 것을 포함한다. 기독교상담은 내담자가 문제가 되는 환경에 성경적으로 반응하도록, 상담자는 반드시 순종의 길로 옮아가도록 도와주어야 하는데 크렙은 이것을 '목표의 전이'(Over goal)라고 부른다. 상담자는 내담자가 하나님의 사랑과 무조건적 용납을 받아들이도록 도와줌으로써 그들의 삶의 목표가 자기 자신의 이기적인 행복 추구로부터 하나님의 영광을 위해서 그리스도를 닮아가는 방향으로 전환되도록 도와야 한다.

그러나 순종은 목표의 한 부분에 불과하다. 크리스천은 그의 행동을 변화시키는 것 이상의 것이다. 태도가 변화하여야 하고 욕망은 서서히 하나님의 계획에 따라야 한다. 또한 새로운 생활방식이 필요한데, 외적인 순종뿐만 아니라 내적인 새로움, 새로운 사고방식과 지각, 변화된 일련의 목표들과 변화된 인격 등이 있어야 한다. 크렙은 이것을 '목표의 상승'(Up goal)이라고 부른다. 사람들은 목표를 전이시킬 뿐만 아니라 상승시킬 필요가 있다. 이와 같이 성경적 상담의 목표는 '풍성한 예배의 경험'과 '보다 효과적인 봉사의 생활' 가운데 들어가도록 도움으로써 크리스천의 성숙을 증진시키는 것이다.

3. 성경적 상담의 문제 전개 방법

1) 문제 전개의 열쇠

크렙은 문제를 전개하는 방법을 분명하게 이해하지 못하는 상담은 선한 목적을 가진 친절한 대화나 따뜻한 대화 이상의 것이 될 수 없다고 했다. 인간의 기본적인 기능을 설명하는 분명한 모델이 있다면 상담의 정확한 척도가 될 수 있다고 했다. 그럼 성경적 상담모델의 구성요소들은 무엇인가?

(1) 필 요

성경적 상담모델에 있어서의 첫 번째 개념은 '필요'(Need)이다. 인간은 신체적 존재인 동시에 인격적 존재이기 때문에 신체적 필요와 함께 인격적인 필요를 가지고 있다. 신체적 필요란 인간이 살아가기 위해서 필요한 의, 식, 주이며 인격적 필요란 인격적으로 살아가기 위해서 요구되는 것으로 자기의 가치를 나타내는 기본으로서의 '중요성'과 '안전' 등이다. 이러한 것을 일차적 필요라고 하며 그 중요성과 안전을 충족시키기 위한 수단으로 습득된 필요(Acquired need)를 '이차적 필요'라고 한다. 상담자들은 일차적 필요와 이차적 필요의 차이를 명백하게 이해해야 한다. 또 상담자들은 필요들(Needs)과 원하는 것들(Wants) 사이에 차이를 두어야 한다. 크렙이 말하는 첫 번째 개념은 '원하는 것들'(Wants)이 아니고 '습득된 필요들'(Acquired needs)도 아니며 '이차적 강화자'(Secondary reinforcers)도 아닌 '필요들'(Needs)이다. 한 사람이 어떤 기능을 수행하는가에 대한 모델에서 첫째 개념인 인격적 중요성과 안전에 대한 필요에서 상담을 시작해야 한다.

(2) 동 기

성경적 상담모델의 둘째 개념은 '동기'(Motivation)이다. 동기란 필요를 충족시키는 의욕 혹은 자극을 말한다. 즉 자신이 중요성과 안전을 갖게 되도록, 어떤 것을 하게 하는 힘의 지각이다. 타락한 인간인 우리는 중요성과 안전을 가지게 되는 민감하고 예민한 욕구를 경험한다. 우리는 거대한 인격적인 힘을 이러한 필요를 만족시키려는 노력에 기울인다. 크렙은 이렇게 필요성을 충족시키는 깊고 강력한 의지를 '동기'라고 부른다. 따라서 가치 있는 사람이 되기 위해 나는 무엇을 하는가? 내가 하려는 일은 어떤 방향의 일인가? 내가 행동하는 동기는 무엇인가? 나의 동기론적인 힘을 어떤 일을 추구하는 데 사용할 것인가? 이러한 질문에 대한 대답은 나의 필요를 충족시키기 위한 노력으로 동기가 유발되는 방향은 필요나 동기론적인 힘에 의존하는 것이 아니라 그 필요를 충족시키려는 생각에 달린 것이다. 그러므로 중요성과 안전을 줄 것이라고 믿는 것은 무엇을 하려고 하는 동기를 가지는 것이라고 하였다. 어린이들이 인격적인 가치를 발견하기 위해 부모들의 일정한 생활양식에 의해서 기본적인 반사작용을 증진시키는 중요성과 안전을 추구하는 동기를 어떤 형태로든지 답습한다. 크렙은 중요성과 안전을 발견하는 잘못된 개념을 그들의 부모로부터 배운 아이들이 잘못된 부모의 죄를 반복한다는 점을 우려하고 있다(출 34:7, 잠 22:6).

크렙이 제시하는 문제 전개의 방법으로 목표를 향한 행동은 지적, 실제적, 효과적일 수 있거나 미련하고 비현실적이며 비효과적일 수 있다는 것이다. 왜냐하면 목표를 도달하지 못하게 될 때, 그 사람은 그의 필요가 충족되지 않음으로 두려움을 느끼거나 불안해하거나 원망하게 된다는 것이다. 이처럼 내담자의 목표가 중요성과 안전을 가져다준다는 그릇된 가정에 의해서 결정된 것이라면 목표에 도달하는 그 내담자는 충족될 수 없으며 필요들은 채워지지 않으며 또다시 새로운 목적에 도달하기 위한 동기를 가지게 되어서 전 생애를 통하여 결코 만족할 수 없는 일을 되풀이하게 된다는 것이다(렘 2:13). 이와 같이 그리스도와의 관계를 떠난 비성경적 가정에 의해서 결정된 목표에 도달하게 되면 목표를 이루었다고 할지라도 일시적 만족보다는 인격적인 죽음과 실존적인 절망에 이르게 된다.

2) 장애물의 성격

크렙의 견해는 사람들은 목표를 향해 매진하다가 장애물을 만날 때에 좌절을 경험하게 되는데 그 좌절의 정서적인 형태는 장애물의 성격에 따라 3가지 범주로 나눈다.

(1) 범주 1: 도달할 수 없는 목표

만일 개인에 의해서 설정된 목표가 도달할 수 없는 것이라면 대부분의 주된 정서적인 반응은 죄책감이나 자기비하의 감정이다. 이는 '제1의 범주'의 속한다. 이에 대해 크렙은 만일 내담자가 자기가 세워 놓은 '도달할 수 없는 목표'에 도달할 수 없다고 책임을 느낀다면 그는 무가치함을 느끼게 되고 자주 이러한 감정들은 자기 자신을 미워하는 문장으로 표현되고 자기 자신을 경멸하는 절망적인 태도를 갖게 되며 노력하려는 동기가 상실을 가져온다고 하였다.

(2) 범주 2: 외부적인 환경

만일 어떤 사람이 자기의 목표에 도달할 수 있다고 믿고 있는데 어떤 '외부적인 환경'이 그것을 방해한다면 그 결과는 전형적인 원망으로 나타난다. 이는 '제2의 범주'의 속한다. 크렙은 이스라엘백성들이 이러한 정서적인 문제의 본보기를 보여 주는 것으로 어려운 환경에 부딪칠 때마다 모세를 원망함으로 그들의 삶의 불유쾌한 사건에 대한 원망은 곧 그들의 문제에 대한 비난의 대상인 모세에게 돌을 던지려고 준비하는 단계에까지 이르렀다. 이와 같이 어떤 사람이 만일 어떤 종류의 장애물만 없다면 자기가 목표에 도달할 수 있다고 지각하고 있을 때, 그는 반드시 그 장애물을 향하여 공격적인 원망을 느낄 것이다. 그러나 만일 좌절시키는 장애물이 외부적인 환경이 아니고 도달할 수 없는 목표나 실패에 대한 두려움이라면 그 좌절은 분노하는 공격이 아니라 오히려 죄책감이나 불안일 것이다.

(3) 범주 3: 실패에 대한 두려움

만일 그 장애물이 도달할 수 없는 목표도 아니고 주위 환경 때문도 아니며 '실패에 대한 두려움' 때문이라면 그 사람은 보통 불안을 경험하게 된다. 이는 '제3의 범주'의 속한다. 즉 실패에 대한 두려움을 안고 있기 때문에 책임을 회피하고 우유부단 속에서 포기만을 되풀이할 것이다.

크렙은 죄책감(Guilt), 불안(Anxiety), 원망(Resentment)을 전신경증적 경험(Pre-neurotic experiences)이라고 생각한다. 전신경증적 목표는 장애물을 극복하는 것이며 열렬하게 바라던 목표에 도달하는 것이며 기꺼이 목표를 향한 행동의 효력을 평가할 것이고 목표에 대한 도달과 장애물의 극복을 보장해 주는 새로운 전략을 채택할 것이다. 반면에 신경증적 경험(Neurotic experience)은 전신경증적 경험과는 달리 신경증은 더 이상 장애물을 극복하려고 노력하지 않는다. 신경증의 목표는 안전이다. 크렙의 견해는 많은 사람들이 전신경증적 단계(Pre-neurotic stage)에서 살고 있어 그들의 세계에 대하여 분노를 느끼거나, 자신을 경멸하는 느낌을 갖거나, 혹은 계속되는 긴장과 두려움의 상태에 살고 있다고 한다. 그러나 크리스천 상담자는 이러한 사람들이 때때로 주님을 찬양하게 하며 주님께 영광을 돌린다는 것이 무엇을 의미하는지에 대해서 의아해하는 불안한 삶을 용감하게 분쇄하고 극복하는 경험을 갖도록 해야 한다.

3) 문제해결을 위한 7단계 상담모델

크렙은 성경적 상담의 모델로 7단계 상담모델'(Seven stages of counseling model)을 제시하고 있다. 그의 견해는 문제들에 대한 다양한 접근방법으로 내담자들을 돕는 것이 권면하는 좁고 보다 제한된 접근보다는 상담을 위한 광범위하고 정확한 모델을 더욱 잘 제공해 주는 것으로 생각한다.[25] 상담과정에서 많은 권면의 기회를 포함하는 것이 사실이지만 내담자를 권면하는 것보다는 오히려 도우려는 노력으로 권면을 포함한 상담행동의 다양성을 필요로 한다. 그러므로 상담이

25) 로렌스 J. 크렙은 제이 E. 아담스의 권면적 접근(Confrontational approach) 모델이 효과적인 크리스천 상담의 모든 요소를 다루기에는 충분하지 않다는 견해이다. 아담스의 권면적 상담이 오직 성경적인 모델이며 권면이란 언어적, 지시적, 교훈적인 권면을 내포하고 있으며 크리스천 상담의 핵심적인 개념이라는 주장에 대해서 권면적인 전략이 목표를 성취하는 모든 가능한 방법을 배제한다고 생각하지 않으며 확실히 강하고 견고한 권면이 옳고 필요할 때가 있으나 부드러운 지원, 격려, 관심 있는 경청, 내적인 역동성의 탐구, 감정의 반영, 분석, 용납 등이 바람직할 때도 있다는 주장이다.

권면과 같이 행동적인 전략을 통일하지 않고 행동의 광범위한 다양성을 포함한다고 믿기 때문에 '이렇게 묻고 이렇게 하라'는 기계적인 방법을 사용하지 않고 7단계 모델을 제시한다고 하였다. 그럼 크렙이 제시하는 '칠 단계 상담모델'(Seven stages of counseling model)을 살펴보자.

(1) 제1단계: 문제의 감정을 확인하라.

크렙이 제시하는 7단계 상담모델의 첫째 단계는 내담자의 문제의 감정이 무엇인지를 정확하게 확인하는 것이다. 내담자가 감정을 호소하면 그 감정이 불안, 원망, 죄책감, 절망, 막연한 공허감 중 어느 것인지를 확인하도록 노력해야 한다. 만일 현재의 문제가 증상이거나 일련의 문제 행동이라면 그 징후 때문에 일어나는 정서가 무엇인지를 발견해야만 한다. 상담자는 문제 정서들을 찾기 위하여 내담자와 함께 삶의 주된 영역들, 즉 직업, 가족관계, 부부관계, 종교 및 교회에 관련된 분야, 교육, 금전 등 모든 실례에서 문제의 감정을 찾아야 한다. 상담자가 문제의 뿌리를 찾도록 돕기 위해서는 내담자의 감정에 초점을 두어야 한다.

(2) 제2단계: 목표를 향한 문제의 행동들을 확인하라

크렙이 제시하는 7단계 상담모델의 둘째 단계는 목표를 향한 문제의 행동들을 확인하는 것이다. 내담자에게 일단 문제 감정들이 확인되면 상담자는 목표를 지향하는 행동들을 고려하기 위하여 옮겨가야 한다. 그 질문은 '부정적인 감정들을 유발시킨 장애물을 경험했을 때 내담자에게 무엇을 하고 있는가라는 것이다. 제1단계에서 확인된 정서가 무엇이든지 간에 내담자가 기억하고 있는 첫 번째 감정을 묻어보는 자주 유용하다. 이러한 문제 감정에서 어떠한 문제 행동이 나오는지를 확인하는 것이 두 번째 과정이다. 크렙의 견해는 아담스는 내담자의 행동 유형과 성경적 행동 유형을 비교하여 변화를 명령한다. 왜냐하면 하나님의 명령에 순종하는 행동은 영적 성장을 위한 핵심적인 요인이며 모든 비유기체적인 원인으로 인한 인격적인 문제를 위한 해독제로 믿는 것처럼 보이기 때문이며 그의 상담방법은 내담자의 잘못된 행동을 권면하여 성경의 교훈으로 변화하도록 요청하는 것이라 믿는 것처럼 보인다. 권면적인 상담자들은 그 목표를 성취하는 방법에 관하여는 탁월한 자료를 제공한다. 그러나 행동하는 인간의 '내면적인 것들'을 남겨 둔다는 견해이다. 그러나 크렙에게 있어서는 순종이란 효과적인 크리스천의 사람에 절대적으로 필요한 것이며 '목표의 전이'(Over goal)는 단순히 순종 이상의 것이 아니다. 내면적인 것들의 중요한 부분이 사람의 가정체계에 있고 그의 상황의 평가는 그의 상황에 기초하고 있다는 주장이다. 따라서 크렙은 제 2단계 후의 상담은 사람의 태도와 신념들을 탐험하기 위해서 내면적인 것으로

옮겨가야 한다고 믿는다.

(3) 제3단계: 목표를 향한 문제의 사고들을 확인하라

크렙이 제시하는 7단계 상담모델의 셋째 단계는 목표를 향한 문제의 사고들을 확인하는 것이다. 즉 상담자는 부정적 감정들로부터 나오는 부정적 행동들을 바로 확인해야 한다. 또한 이러한 감정과 행동의 배후에는 문제 사고가 있다. 행동의 요인이 사고의 산물이기 때문에 상담자는 내담자의 문제 사고를 바로 확인해야 하는데, 이것이 세 번째 과정이다. 상담자는 부정적인 감정들을 정의한 후 내담자가 가지고 있는 그릇된 목표를 알 때 가능한 기본적인 가정들의 제한된 범위를 상세히 지적할 수 있다. 크렙은 여러 가지 기본적인 가정을 정확히 조준하는데 알프레드 애들러(Alfred Adler)가 발전시킨 어린시절의 회상기법을 제시한다.[26] 그 이유는 사람의 머리는 거대한 기억 은행 안에 있는 모든 사건들을 저장하고 있으며 내담자가 그중에 하나를 선택할 수 있는 수천 개의 사건들이 그 속에 있는데 한 사람이 믿고 있는 일에 관련된 일을 회상하는 것은 중요성을 확인하는 데 필요하기 때문이라고 했다. 회상의 상세한 부분들은 자주 그 사람이 인격적인 가치의 목표에 도달하기 위하여 채택하는 기본적인 전략을 제시한다는 것이다. 그러므로 어린 시절의 회상기법은 무엇이 그 문제의 가정이었는가를 결정하는 데 도움을 준다는 주장이다.

(4) 제4단계: 가정(Assumption)을 성경적 사고로 변화시켜라

크렙이 제시하는 7단계 상담모델의 넷째 단계는 가정(Assumption)을 성경적인 사고로 변화시키는 단계이다. 즉 내담자로 하여금 그의 사고가 그릇된 것이라고 확신시키며 인격적인 필요들을 충족시키는 성경적인 방법을 설득시키는 것이다. 크렙은 그릇된 사고에서 올바른 생각

---

26) 애들러학파의 심리치료 기법 가운데 아동기의 화상기법이란 내담자의 전반적인 생애유형에 대한 평가 가운데 그의 어린 시절에 대한 회상의 분석을 통해 내담자에게 아동기의 경험을 얻는 것인데 여기에는 이런 사건에 동반하는 가정과 사고도 포함된다. 이런 회상을 꺼내기 위해 치료자는 "나는 당신의 어린 시절의 경험을 듣고 싶어요. 어린 시절에 당신에게 실제로 일어났던 것들을 이야기해 주세요. 무엇이 일어났으며 그 순간에 무엇을 느끼고 생각했는지 이야기 해주세요."라고 물을 수 있다. 애들러학파의 치료자들은 초기 현상을 개인의 생애유형 발달에 중요한 단서로 본다. 그들은 사람들은 현재의 관점에 일치되는 과거사건을 기억하는 경향이 있다고 주장하다.(Adler, 1958). 일단 그런 관점들이 발달되면 자기의 현재의 관점에 맞는 것만 선택한다. 이런 자기 자각은 개인적 논리를 강화시키는데 이것은 역으로 개인의 기본 신념을 유지하게 해준다. 초기 회상들은 자신을 어떻게 보고 느끼는가를 이해하게 해준다. 어떻게 세상을 보고 있으며 삶의 목적은 무엇이고 우리를 동기화시키는 것이 무엇인지 그리고 우리가 믿는 것은 무엇이고 무엇을 가치있게 생각하는지 이해하게 해준다는 것이다.

으로 변화하는 데 관련된 몇 가지 제안들을 요약하면 다음과 같다.

첫째, 그릇된 가정을 어디서 배워왔는지를 확인하라. 상담자가 내담자가 가지고 있는 신념의 출처를 지적할 수 있다면 그 내담자의 신념을 수정하는 것이 보다 쉽다.

둘째, 그 신념들을 둘러쌓고 있는 정서를 표현하도록 격려하라. 내담자는 상담자가 자기를 이해해 준다고 느낄 때 안심하게 되고 그의 사고의 타당성을 고려하게 될 것이다.

셋째, 내담자가 자기의 가정들을 변화시키려고 시도하도록 내담자를 지원하라. 오랫동안 가지고 있던 가정을 포기하는 것은 그것 자체가 안전을 위협하는 과정이다. 만일 내담자가 생각을 바로 잡는 데 동의한다면 그 다음 단계는 이전의 대단히 고통스러웠던 상황으로 소급해 간다는 것을 알고 있다.

넷째, 내담자의 마음에 가득 찬 것이 무엇인가를 가르쳐 주라. 크렙은 이를 '테이프 리코드 기법'인데 이는 내담자의 그릇된 가정을 카드 한 장에 써주고 또 다른 카드에는 성경적 가정을 대조하여 써주며 카드를 항상 가지고 다니도록 한다. 그들이 혼란을 느낄 때마다 그 두 카드를 함께 읽고 성경적인 가정을 적은 카드대로 실천하도록 가르치는 것이다. 내담자가 시험적으로 새로운 생각을 받아들이고 적어도 그의 옛 가정(Old assumption)의 오류를 인정한다면 제4단계는 완성된 것이다.

(5) 제5단계: 성경적 사고에 부합되는 행동을 결정하라.

크렙이 제시하는 7단계 상담모델의 다섯째 단계는 새롭게 학습된 가정에 기초한 행동의 실천하는 것으로 성경적 사고에 부합하는 행동을 하려고 결정해야만 한다. 올바른 생각은 부서지기 쉬운 것이며 행동의 변화는 변화된 생각에서 자동적으로 흘러나오는 것이 아니기 때문에 이를 '비평적 단계'라고 한다. 크렙은 말하기를 많은 사람들은 여기에서 중지하거나 연기한다. 상담은 내담자가 어떻게 느끼는가와 상관없이 진리를 인식하는 것과 일치하게 행동할 때까지는 더 이상 다음 단계로 진행할 수 없다. 바로 이때가 죄를 고백하기에 가장 적절한 시기이다. 잘못된 행동을 고백할 뿐만 아니라 잘못된 정서들, 그리고 잘못된 사고를 고백하지 않으면 안된다. 성경적 사고에 부합되는 행동을 결정할 때에 이 단계가 이루어지는 것이므로 제 5단계를 '완전한 결단'이라고 부를 수 있을 것이다.

(6) 제6단계: 성경적 행동을 계획하고 수행하라

크렙이 제시하는 7단계 상담모델의 여섯째 단계는 내담자가 변화된 생각대로 행동하도록 계획하라는 것이다. 크렙은 우리가 많은 진리를 배웠지만 어떻게 하면 깊게, 흔들리지 않게, 그리고 경험적으로 그 진리들을 확신할 수 있는가? 예수님은 그의 가르침을 알고 순종하는 자에게 풍부하고 충분하게 그리고 인격적인 방법으로 예수님 자신을 알게 하신다고 말씀하셨다(요 14:21). 진리이신 예수 그리스도는 우리가 믿는 진리와 일치하게 행동할 때에 인격적으로 자기 자신을 알려주실 것이다. 진리의 실천은 진리를 추상적인 영역으로부터 깊고 확신과 확실성의 영역으로 가져다준다. 그래서 크렙은 제 6단계를 가리켜 제 5단계를 분명하게 양육하는 단계로서 '성경적 행동을 계획하고 수행하는 단계'라고 하였다.

(7) 제7단계: 영적으로 조절된 감정들을 확인하라

크렙이 제시하는 7단계 상담모델의 일곱째 단계는 많은 고통스러운 정서들을 가지고 있는 '영적 느낌'의 존재와 죄와 관련된 '감정들의 결핍'을 확인하는 것이다. 즉 고요함, 함께함, 그리고 평화로움의 발전은 기쁘게 하고 안심하게 하는 경험이다. 상담자는 내담자의 생활에서 이러한 성령의 사역의 증거를 찾아야만 하고 그것을 알고 즐거워하도록 해주어야 한다. 많은 크리스천들은 의식적으로 그리스도안에 머물 때 '참으로 좋은 감정'을 경험하고 그들이 하나님과 친교를 누리지 못할 때 '뭔가 잘못되었다'는 느낌을 경험한다. 제7단계는 새롭게 된 마음(제4단계), 결단(제5단계), 그리고 순종(제6단계)에 따르는 놀라운 향상된 적응을 반영한다. 크렙은 마지막 단계를 '영적으로 조절된 감정을 확인'하는 것이라고 부른다.

이상은 로렌스 J. 크렙의 성경적 상담의 모델로 발전시킨 제7단계 상담모델'(Seven stages of counseling model)을 살펴보았는데 이를 도식화하면 다음과 같다.

▣ 문제해결의 7단계 상담 모델 ▣

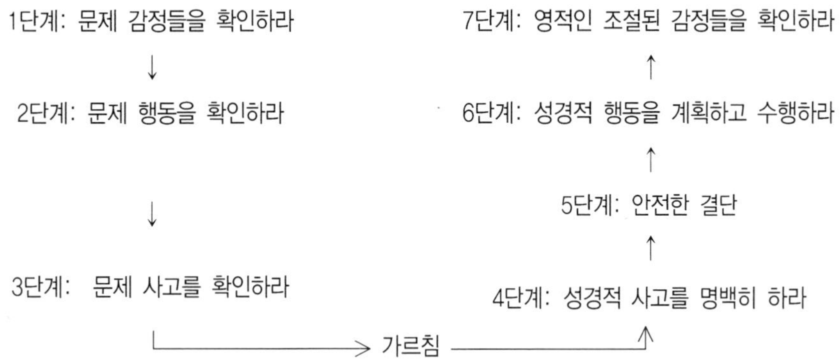

4. 지교회(Local church)를 통한 상담 프로그램

1) 격려의 공동체로서의 교회

크렙의 성경적인 상담이론은 지교회의 기능 안에서 상담의 모델을 제시하고 있다. 그가 말하는 교회는 모든 남자와 여자들이 보다 높은 수준의 영적 성숙과 그리스도를 닮은 성품을 지향하도록 도와줌으로써 원상회복의 과정에 극히 중대하게 관여하게끔 되어 있다. 하지만 죄가 우리의 삶을 철저히 파괴시켰기 때문에 원상을 회복하는 일은 어렵다. 사람들은 내외적으로 철저하게 원상태로 회복되어야 할 필요가 있다. 인간의 성품 어느 부분도 죄악의 더러운 흔적이 닿지 않은 채로 남아 있는 부분이 없다. 행동, 동기, 감정, 사고 선택, 행실, 신념, 열망 등 인간 생활의 모든 국면이 다 죄로 얼룩져 있다. 예수 그리스도는 그분의 타락한 피조물을 원래 그들의 광휘에로 회복시키시기 위해 오셨다.

그럼 각 지교회에 모인 성도들은 어떻게 그리스도와 같은 성품을 회복하는 일에 접근해야 할까? 그들은 어떤 방법으로 지혜를 성숙시키고 죄를 자각하고 옳은 일을 행할 단호한 결단력을 키워 나갈 수 있을까? 지교회는 먼저, 예배의 중요성과 가치를, 둘째, 하나님 말씀의 가르침을, 셋째, 제자로서의 신분이 지닌 근본적인 본질을, 그리고 넷째, 성도 간의 교제의 중요성과 독특성을 강조해야 한다. 교회는 예배와 가르침과 제자 됨과 교제에의 필요성을 명확하게 인식함으로써 출발해야 한다. 이를 강조해야 자연스럽게 영적 은사들을 행사할 수 있다. 그러므로 격려를 통한 상담에서 제시하고 있는 모델은 상담(Counseling)이라는 일에 동참하는 것이 지교회의 일상적 임무가 되게 하기 위한 전략을 제공해 준다. 교회에서 상담을 심리학자나 정신병 의사에게나 속한 전문적 활동이라는 생각은 버리고 전문적인 훈련을 받은 크리스천 상담자로 하여금 성도들을 성숙시키고 불신자들로 하여금 복음을 듣게 하는 또 하나의 수단을 제공해 주는 당연한 일이라고 생각해야 한다. 상담이란 근본적으로 '성경의 진리를 각 개인의 삶에 기술적으로 응용하는 일'이라 한다면 그것은 분명 교회에 속한 일이다. 교회 안에서 상담이 행해지는 것을 보고 싶은 나의 욕구는 교회 생활의 초점을 예배와 가르침, 제자 훈련, 교제들로부터 이동시키려는 욕구를 반영하는 것이 아니다. 교회의 지도자들은 ① 회중이 참된 예배를 드리고 성경을 배우고 개인적인 영적 성숙의 문제에 관심을 갖고 있으며 교제를 나누고 있는지, ② 복음 전파를 위해 더욱 노력하며 받은 은사를 교회 내에서 사용하는 일에 자원과 기회가 쓰이고 있는지, ③ 상담이라는 일의 잠재적 능력이 주의 깊게 연구되었는지를 확인해야 할 필요가 있다. 교회가 사람들을 효과적으로 원상 복구시키는 공동체가 되는 것을 도와줄 목적으로 상담을 지교회의 당연한 임무 속에 도입시키려는 것이다. 그럼 어떻게 그렇게 될 수 있을까?

2) 지교회를 통한 상담모델

지교회는 모든 성도들을 인격적으로 돌보아야 할 책임을 가지고 있다. 크렙은 성경적 상담모델이 성경적으로 수행될 때 그리스도의 지체는 그리스도 안에서 '중요성'과 '안전'을 갖는 모든 필요한 자원들을 개인들에게 공급한다. 그러나 교회의 지도자들이 각 지체들이 가지고 있는 개인적인 주의와 관심을 적절하게 취급할 수 없으며 그 모든 것이 성취되어야 하는 것도 아니며 그 일은 지교회의 모든 성도들에 속한 것이라고 하였다. 성경적 상담모델은 지교회의 구조 속으로 은혜롭게 통합시킬 수 있는 상담의 3가지 단계를 정의하는 데 자연스러운 기초를 제공해 준다고 하였다.

(1) 제1단계: 격려에 의한 상담

크렙의 성경적 상담모델을 지교회 구조 속에 통합시킬 수 있는 3단계 중 첫째 단계는 격려에 의한 상담이다. 즉 모든 성도들이 그리스도의 유일하고 영원한 가족이라는 원리 아래서 가족의 한 구성원이 갖고 있는 고통의 정서를 알고 신실한 노력으로 서로를 이해하며 성도 상호간에 사랑의 관계를 유지하고 상처받은 사람에게 연민의 태도를 증가시키므로 격려를 통한 상담의 기회를 찾아야 한다. 크렙은 제1단계 상담을 사랑을 전달하는 것이라고 생각하지 말라, 다른 사람을 진실하게 용납하는 것도 아니다, 빨리 충고하거나 위탁하라고 제안하지도 말라. 잠시 머물며 경청하라, 그 후에 좋은 충고가 있거든 충고해 주라. 동료 성도의 정서적인 고통이 무엇이든지 간에 따뜻하게 반사하고 있다는 것을 전달해 주라는 것이다. 많은 경우 상처받은 개인에 대한 용납은 내담자가 당면하고 있는 문제가 어떤 문제이든지 간에 성공적으로 해결할 수 있는 기초를 제공해 준다는 것이다. 이러한 격려에 의한 상담은 올바른 것을 행하는 강한 힘을 제공해 줌으로 권고에 의한 상담으로 인도될 것이다.

(2) 제2단계: 권고에 의한 상담

크렙의 성경적 상담모델을 지교회 구조 속에 통합시킬 수 있는 3단계 중 둘째 단계는 권고에 의한 상담이다. 문제 상황에 직면한 사람들은 자주 자기의 소견대로 반응하려 한다. 그러나 성도들은 주어진 상황을 처리하기 위해 성경에서 제시된 방향을 조심스럽게 주의해 보면 주님의 뜻을 기쁘시게 해드리는 하나님의 말씀을 통한 권고가 필요하다. 성경에 제시된 방향에 주의하여야 하고 성경적인 교훈에 따라서 처리할 수 있어야 한다. 제2단계의 상담은 성경적 지식과 상담의 기술이 요구된다. 상담자는 래포(Rapport)를 수립하고 감정을 정확하게 반사하며(제1단계) 내담자의 필요에 민감하게 반응하는 능력은 비판적이다. 그러나 살아있는 성경적 원리에 관한 지식의 적용 없이는 내담자에게 제2단계 상담은 할 수 없다. 그러므로 효과적인 제2단계 상담자는 잘 정의된 상담 원리들의 리스트보다는 성경적 원리에 입각한 '그리스도의 말씀이 풍성하게 거하는 모든 지혜로 가르치며 권면'할 수 있어야 한다(골 3:16). 그러므로 크렙은 제2단계 상담 훈련은 성경을 광범위하게 알고 활용할 수 있는 크리스천의 삶의 핵심적인 여러 영역에 대한 기본적인 원리와 문제 상황을 취급하는 성경적인 전략의 취급과 일반적인 인터뷰 기술에 초점을 두어야 한다고 주장한다.

(3) 제3단계: 교화에 의한 상담

크렙의 성경적 상담모델을 지교회 구조 속에 통합시킬 수 있는 3단계 중 셋째 단계는 교화에 의한 상담이다. 지교회 내에 모든 비유기체적인 상담의 필요를 충족시키기 위해서 상담자가 집중적인 훈련을 받아야 하는 과정이다. 제1단계에서 한 사람의 문제 감정을 확인하고 강조한 후에, 제2단계에서는 행동의 유형들이 성경적인 원리를 위반했는가를 평가한다. 그리고 제3단계에서 상담자는 어떻게 중요성과 안전함을 갖는가에 관한 잘못된 가정들을 발견하기를 기대하면서 잘못된 행동들의 밑바닥에서 사고의 세계를 살펴보아야 할 것이다. 성경은 한 사람이 생각하고 믿는 것, 즉 사고의 세계가 행동의 중심이라고 거듭 강조하고 있다. 다른 사람의 행동을 깊이 변화시키려 한다면 그가 믿는 것을 바꾸도록 도와주어야 한다. 크리스천 상담자의 사역은 성령께서 그리스도안에 있는 중요성과 안전의 진리에 관한 마음을 교화시키도록 성령의 도구로서의 기능을 수행하는 것이다. 이것이 바로 3단계 상담이 해야 할 일이다. 즉 사람들이 어떤 가정들을 끈질기게 붙잡고 있는 마음에 숨겨진 부분들을 깊이 조사하고 중요성과 안전에 관한 인격적인 필요들을 그리스도께서 충분하게 채워주실 수 있다는 것을 부인하는 신념들을 노출시키며 그리스도는 우리의 필요를 충족시킬 수 있다는 것을 가르치신 후에 우리의 필요들이 그리스도안에서 충족된다는 진리 안에서 새로운 행동을 하도록 격려하는 것이다.

결론적으로 지교회는 인격적인 무가치함으로 고통받는 사람들을 생산적이며 즐거운 기쁨이 충만한 삶으로 회복시키기 위해서 책임을 져야 한다. 이를 위해 지교회는 상담을 위한 자원을 개발하여 훈련하며 기동화를 위한 전략을 제안하며 사람들을 이해하기 위한 모델을 제시함으로 그리스도안에 있는 인격적인 부요함으로 보다 충성하게 들어가도록 도와주어야 한다(골 1:18, 19). 로렌스 J. 크렙이 제시하는 지교회를 위한 성경적 3단계 상담모델을 도식화하면 다음과 같다.

▣ 지교회(Local church)를 위한 3단계 상담 모델 ▣

제1단계 : 문제 감정 ————	격려(Encouragement) ——→	성경적 감정
제2단계 : 문제 행동 ————	권고(Exhortation) ——→	성경적 행동
제3단계 : 문제 사고 ————	교화(Enlightenment) ——→	성경적 사고

5. 성경적 상담의 과제

1) 평신도 상담자는 누구인가?

상담은 어떤 한 사람이 다른 사람이 겪는 삶의 압력을 보다 효과적으로 다룰 수 있도록 도와주는 돌봄의 관계를 포함하고 있다. 특정한 상담목표가 있을 수 있으나 크리스천은 무엇보다도 내담자의 압력을 다루고 내면의 갈등을 해결하고 성경적 가르침에 따라 살고 예수 그리스도의 제자로서 성장하고 다른 사람들을 제자로 삼도록 도와주어야 한다. 그 과정은 희랍어 '노우쎄테오'(*Noutheteo*: 훈계하고 경고하고 책망한다는 뜻)보다는 '파라칼레오'(*Parakaleo*: 권고하고 훈계한다는 뜻뿐만 아니라 위로하고 지원하고 격려한다는 뜻)라는 단어로 요약된다. 평신도 상담자는 전문상담자가 될 수 있는 훈련 교육과정을 거치거나 자격증은 갖고 있지 않지만 개인적 문제를 다루는 데 참여할 수 있는 사람들을 지칭한다. 보통 '평신도 상담자'란 용어는 상담에 대한 최소한의 훈련을 받은 사람으로서 급료를 받지 않고 시간과 노력을 자발적으로 제공하는 사람을 말한다. 때때로 평신도 상담자는 '비전문가' 혹은 '준전문가'라고 불린다.[27)]

그럼 누가 평신도 상담을 할 수 있는가? 이 분야에서 선구자적 역할을 한 사람 중의 하나인 심리학자 로렌스 J. 크랩(Lawrence J. Crabb)은 평신도 상담이 다음 세 가지 단계에서 일어나야 한다고 제안했는데 3단계에서는 각각의 지역 교회에서 선발된 소수의 사람들이 6~12개월

---

27) Gary R. Collins, *Innovative Approaches to Counseling* (Waco, TX: Word Book Publisher, 1988), 정동섭 역, *창의적 상담접근법* (서울: 도서출판 두란노, 1995), 82.

정도의 상급 단계 훈련을 받아서 할 수 있는 '계몽 상담'이다. 훈련을 받은 사람은 격려나 권고로 해결할 수 없는 더욱 깊이 뿌리박힌 문제들을 다루는 법을 배워야 한다. 이 세 단계 접근방법은 널리 받아들여지고 있는 관점, 곧 모든 성도들은 다른 사람들을 돕고 돌봐야 하지만 오직 선발된 소수만이 평신도 상담자로 훈련받는다는 것을 강조한다. 우리는 로마서 12:8에서 '권위(파라클레시스)하는 일'이 성령의 은사임을 알 수 있다. 이 은사는 하나님의 뜻에 의해 그리스도의 몸인 교회 전체에 퍼져 있으며 교회를 교화하는 목적으로 사용된다. 모든 지체들에게 '다가가서 도와주는 사람' 바로 그들이 평신도 상담 프로그램의 기초를 형성하는 사람이다.[28]

2) 평신도 상담자의 선발

어떤 프로그램이 성공하려면 반드시 목회자의 지원과 격려, 자발적 의지가 뒤따라야 한다. 즉 훈련된 평신도의 상담 활동을 목회자가 허용해야 한다. 일부 교회 지도자는 평신도 상담운동에 의해 위협을 받는다며 상담 책임을 위임하지 않으려 한다. 아마도 평신도 상담자가 목회자보다 더 효율적일 수 있다는 것을 두려워하는 것처럼 보인다. 많은 사람들은 권고에 의해 문제가 해결된다고 믿는다. 일부 목회자는 지역교회가 치료 공동체가 되는 듯한 인상을 주지 않으려고 염려하는 것 같다. 성공적인 평신도상담 프로그램에 대한 최근의 비공식적 조사에 의하면 평신도 사역의 성공 여부는 그 교회 목회자의 열정과 지원이 가늠한다고 했다. 교회지도자의 지원과 더불어 세 가지 요소가 성공적인 평신도 상담 프로그램에 포함되어야 한다. 앞으로 활동 가능한 잠정적인 사람을 주의 깊게 선발하고 효과적인 훈련을 하며 훈련이 끝난 뒤에도 평신도 상담에 창조적으로 활용한다.

평신도 상담자는 어떻게 선발되는가? 평신도상담 훈련에 참여할 사람을 뽑는 것은 어려운 일이다. 게리 R. 콜린스는 첫째, 훈련 프로그램을 주도면밀하게 짠다. 이 프로그램이 어떤 사람에게 적합한지 평가할 수 있을 것이다. 둘째, 타인을 돌보는 중요성에 대해 공적으로 언급한다. 이와 더불어 상담은 은사를 가진 사람들에 의해서 할 수 있음을 강조한다. 평신도 상담자가 되려는 모든 사람에게 훈련이 요구되지만 훈련을 거친다고 반드시 평신도 상담자 자격이 주어지는 것이 아님을 지적해 준다. 셋째, 프로그램에 참여할 때는 선발 과정을 통과해야 한다고 말해야 한다. 그러면 저항하고 불평을 늘어놓으며 무분별하고 미성숙한, 부적합한 사람은 포기할 것이다. 어떤 사람도 실망하지 않도록 주의해서 진행하면 대부분은 이 선발 과정의 가

---

28) *Ibid.*, 83-84.

치를 인정할 것이다. 만일 '어떻게 돌볼 것인가?' 어떻게 영적 은사를 발견할 것인가와 같은 다소 일반적인 주제로 상담반을 운영하면 일부 부적합한 사람들은 걸러질 것이다. 선발과정에 지원자들에게 개인적인 신앙체험과 평신도상담 프로그램의 참여 동기, 그리고 지원자의 면담을 통해 지원자의 영적 성숙도, 안전성, 동기를 더 확실히 평가할 수 있다. 넷째, 훈련된 심리학자와 면담할 수 있으면 심리적 테스트를 한두 가지 더 치르게 할 수 있을 것이다. 그러면 지원자가 사람에 대해 관심이 있는지, 상담사역에 헌신하고자 하는 뜻이 있는지 알 수 있을 것이다. 여러 사람들에게 어떤 지원자에 대해 어떻게 생각하는지, 그 지원자가 효과적으로 상담할 수 있는 사람인지, 조언을 구할 수 있다. 가장 효율적인 상담자는 훈련 프로그램이 시작되기 훨씬 전부터 이미 사람들을 도와주고 있는 사람이다.[29]

3) 평신도상담자 훈련 프로그램

모든 교육 프로그램에는 근본적으로 두 가지 중요한 질문이 내포되어 있다. 즉 훈련생들은 어떤 사실을 알 필요가 있는가? 그리고 그들은 어떻게 이 지식을 습득할 수 있는가?

첫째는 훈련생들은 어떤 사실을 알 필요가 있는가? 크리스천 평신도 훈련 프로그램에 다음과 같은 요소가 포함되어야 한다.

(1) 상담자의 성품 개발: 훌륭한 평신도 상담자가 되려면 감정 이입, 융통성, 훌륭한 의사소통 기술, 순수함, 건전한 판단력, 다른 사람에 대한 존경심, 자신의 문제를 다루는 능력이 있어야 한다고 전문가들은 제안한다. 크리스천 상담자가 지녀야 하는 최선의 성품은 갈라디아서 5장에 잘 나열되어 있다. 이런 성품은 상담자훈련 프로그램에서 배울 수 있는 것이 아니다. 그리스도에게 헌신하고 성령에 의해 삶이 이루어지기를 원하는 사람에게 주어진다. 베드로후서 1:5-8절에도 믿는 자가 모든 노력을 기울여 얻고자 하는 성품에 대해 나열되어 있다. 많은 훈련 담당자들은 상담자가 따뜻함과 긍휼과 민감한 성품을 보이지 않으면 상담기술을 배우는 데 있어 어떠한 가치도 부여할 수 없다고 말한다.

(2) 기본적인 성경 지식: 크리스천 상담자는 성경적 가르침 특히 개인적인 문제, 사람을 돕는 것, 크리스천의 삶, 성령의 인격 및 사역과 관련된 가르침 등에 매우 친숙해야 한다.

(3) 기본적인 심리학 이해: 사람들이 감정을 어떻게 경험하고 어떻게 동기를 부여받는지, 개인적 문제를 야기하는 스트레스를 어떻게 다루는지, 낙담, 조바심, 외로움, 죄의식, 압력 등

---

29) *Ibid.*, 84-85.

을 어떻게 다루는지 이해하고 있어야 한다.

(4) 상담 기술: 상담자는 어떤 일을 통해 다른 사람을 도울 수 있는가? 훈련 프로그램을 통해 상담 기술을 가르치는 것뿐만 아니라 그것을 실천해 보도록 기회를 부여해야 한다.

(5) 상담 윤리: 비전문가는 윤리와 상담에 있어서의 위험성에 관해 알고 있어야 한다. 훈련생들에게 언제 어떻게 상담 조언을 할 수 있는지 철저한 지식을 갖도록 가르쳐야 한다. 최선의 프로그램은 성경적 원리에 기초해야 하며 심리학과 동떨어져선 안 된다. 좋은 훈련은 훈련생이 필요로 하는 정보를 주며 기본적인 상담 기술을 익힐 수 있도록 도와준다. 훈련생은 인격적, 영적 성장을 위해 도움을 받아야 한다. 이 모든 것들이 엄청나 보이지만 유능한 전문인을 활용할 수 있다. 교회의 필요에 부응할 수 있는 프로그램으로 '실정에 맞게 디자인'해서 활용할 수 있다. 또한 다양한 책과 기존의 훈련 프로그램을 통해서도 필요한 지식을 얻을 수 있다.[30)]

4) 평신도 상담사역의 문제

상담 훈련생들이 지식과 기술을 어떻게 습득할 수 있는가? 그들은 상담방법에 대해 가르치는 좋은 통신 상담 프로그램을 찾고 있다. 책을 읽고 테이프를 듣는 것에서 필요한 정보를 얻을 수 있겠지만 상담은 하나의 '기술'이다. 상담훈련 분야 전문가들은 지식과 기술 습득이 모두 필요하다고 말한다. 그리고 훈련이 '연속적'이어야 한다는 데 동의한다. 또 훈련 프로그램에는 '역할분담 연습'이 포함되어야 한다. 이것은 상담 훈련생들이 짝을 지어 실제적인 문제나 가상의 문제에 대해 서로 연습 결과를 토의하는 것이다. 이 프로그램은 훈련을 세 단계로 곧 '훈련 전 단계', '훈련 단계', 그리고 '훈련 후 단계'이다. '훈련 전 단계'에서는 자료 선별, 프로그램 광고 참여자 선별 과정이 포함된다. 만일 돌봄이나 영적 은사에 대한 프로그램을 처음 제공한다면 모든 사람에게 열려 있는 프로그램이 되게 하여 참가자들이 자연스러운 선별과 그 다음 단계를 계획하면 좋을 것이다. '훈련 단계'에서는 훈련생들이 강의를 듣고 서적을 읽고 관찰하며 기술을 익힘으로써 배움의 기회를 제공할 수 있다. 대부분의 프로그램은 최소한 40~50시간의 훈련 시간이 필요하다. 이 단계는 몇 주 동안 지속될 것이다. 훈련 그룹을 소규모(12~15명)로 유지하고 정규적으로 만나고 자신들의 필요와 불안감을 나누도록 시간을 주고 역할 분담 연습에 참여하도록 하고 우울이나 동성애 같은 복잡한 문제들을 토의하게 하는 것이 좋을 것이다 '훈련 후 단계'는 심화 학습, 사례연구 토의, 격려를 위한 후속 시간을 갖는 단

30) *Ibid.*, 86-87.

계이다. 이렇게 한 후 훈련이 시행되지 않으면 평신도 상담 프로그램은 존립하기 힘들 것이다.

다음 단계는 평신도 상담자들은 어떻게 활용되는가? 대부분의 상담 교사들은 앞으로 평신도 상담자가 될 사람들을 신중하게 선별해서 훈련을 치밀하게 받게 했지만 훈련이 끝난 후에는 평신도 상담자는 다음 세 가지 측면에서 활용될 수 있다. 첫째로 상담자들 스스로가 도움을 받는다. 전문가들은 때때로 '상담자 자가 치료 원리'에 대해 이야기한다. 그것은 상담자가 훈련으로 인해 설사 훈련이 공식적으로 사람을 돕는 일과 관계가 없을지라도 영적 심리적으로 성숙해진다. 둘째는 비공식적으로 상담할 수 있다. 가족 구성원, 이웃, 직장 동료, 교회 동료 등 많은 사람들이 평신도 상담자의 비공식적 상담을 통해 도움을 받는다. 비록 비공식적 상담의 깊이와 효과를 측정하기는 어렵지만 도움을 받는 것은 확실하다. 셋째로 많은 교회 관련 프로그램에 참여하는 것이다. 예를 들어 어떤 교회는 아침예배를 방송으로 내보내고 주일 오후에 전화상담을 통해 개인적이거나 영적인 문제를 토의한다. 또 교회나 다른 공동체 안에 있는 억압받는 어머니들을 찾아가 격려하고 돌보며 상담을 제공한다. 훈련받은 평신도 상담자들이 환자나 집에 있는 사람들을 방문하는 '봉사상담'을 한다. 교회 내에 소속된 전문상담소의 지도하에서 일하는 이들 평신도 상담자들을 교회 활동에 참여하도록 조장하지는 않는다. 그들의 목표는 사람들의 말을 경청하고 그들을 돌보고 자발적인 도움을 제시하는 것이다. 크리스천 평신도상담은 교회에만 제한된 것이 아니다. 선교단체들과 교회 관련 단체들은 자체 훈련 프로그램을 개발하거나 기존의 프로그램을 이용하여 간사들과 평회원들에게 상담 기술을 가르치고 있다. 어떤 때는 교회가 이들 단체들과 함께 훈련과 상담사역에 동참한다.[31]

5) 성경적 상담이론의 과제

로렌스 J 크렙의 성경적 상담이론을 몇 가지 측면에서 분석하여 보았다. 크렙은 인본주의적 심리학적 접근과 배타적 색채가 강한 기독교상담이론 사이에서 통합적 역할을 통해 상담이론에 대한 새로운 접근을 시도하였다. 그의 이론이 가지는 특성을 몇 가지로 정리할 수 있다. 첫째, 성경과 심리학의 통합을 시도하였다. 배타적 관계로 보고 있는 두 영역을 조화하여 성경의 권위 아래서 심리학을 도구로 사용하는 방법을 전개하였다. 둘째, 그의 상담이론은 '지교회를 위한 상담'이라고 해도 좋을 정도로 그리스도의 지체요 격려하는 공동체라는 이해를 바탕으로 하여 격려의 상담을 시도하였다. 셋째, 중요성과 안전이라는 두 가지 개념을 강조함으로 기독

31) *Ibid.*, 89-92.

교적 세계관 정립을 시도하였다. 그의 이론의 바탕에는 예수 그리스도만이 모든 문제의 해결자라는 전제가 있다. 넷째, 상담사역의 영역 확장을 시도하였다. 목회자만이 아니라 평신도 상담자의 상담훈련을 통하여 상담사역을 보다 폭넓게 하도록 제시했다. 다섯째, 인간 감정의 중요성을 제시하고 부정적 감정을 성경적 감정으로 바꾸어 주는 상담의 영역 확장을 시도한 점은 매우 놀라운 특성을 가진다.

그러나 그 상담이론의 여러 부분에서 지나치게 심리학적이고 이론적인 측면이 있다. 그의 이론의 문제점은 첫째, 심리학을 전공한 평신도의 입장에서 성경적 상담이론과 방법을 제시하기 때문에 성경 해석상의 문제점이 발견된다. 예를 들면 심리학과 기독교상담을 연결함에 있어서 통합적 접근을 시도하고 있지만 성경보다는 심리학을 우위에 두는 혼합적 접근의 모순에 빠져 있다.

둘째, 그는 퍼스낼러티(Personality)의 구조를 의식적인 마음, 무의식적인 마음, 기본적인 방향, 의지, 정서 등의 다섯 가지로 나누어서 심리학적으로 자세하게 설명하고 있다. 비록 그가 인간을 나눌 수 없는 온전한 존재라고 분명하게 주장한다고 언급하고 있지만 그의 긴 설명과 표현에는 인격을 나누고 있는 것처럼 오해할 수 있는 소지가 여러 군데 나타나 있다. 크렙의 상담이론은 신학적인 면과 심리학적인 면을 더욱 보완되고 구체화되는 과정을 밟는다면 보다 효과적인 성경적 이론과 상담방법론이 될 것이라고 본다.

Ⅲ. 데이빗 G. 베너의 전략적 목회상담

1. 전략적 목회상담의 개념

데이빗 G. 베너(David G. Benner) 박사[32]의 저서「전략적 목회상담: 단기구조모델」(Strategic

32) 데이빗 G. 베너(David G. Benner)박사는 York University에서 Counseling Psychology를 전공하여 철학박사(Ph.D)학위를 받았다. 그는 Redeemer College와 University of Toronto에서 교수를 역임하였다. 그는 현재 임상심리학자(Clinical Psychologist)로서 'Institute for Psycho-spiritual Therapy'의 대표이며, 카나다에 있는 McMaster University Divinity College에서 상담학 교수를 하고 있다. 그의 대표적인 저서로는 '베이커 심리학 백과사전'(Baker Encyclopedia of Psychology)과 '전략적 목회상담: 단기구조모델'(Strategic Pastoral Counseling: A Short-Term Structured Model)를 비롯하여 Healing Emotional Wounds, Surrender to Love, Care of Souls, Sacred Companions, Psychotherapy in

Pastoral Counseling: A Short-Term Structured Model)에서 제시하는 전략적 목회상담 이론은 목회사역의 특수성에 민감한 상담의 새로운 모델로서 적절치 못한 훈련과 시간의 압박으로 목회상담의 좌절과 실패를 경험한 목회상담자들에게 간결하고, 제한적이며(5회), 성경적 치유방법이며, 전인적이고, 체계적이고, 영적인 면에 초점을 맞춘 명백히 기독교적 목회상담임을 강조하고 있다. 그의 저서「전략적 목회상담」에서 목회자들을 위해 고안한 그의 새로운 단기 상담 모델의 내용을 살펴보고자 한다.[33]

1) 간결하며 시간이 제한적인 상담

데이빗 G. 베너의 상담이론은 간결하며 시간 제한적인 상담이며 많을 경우 상담의 횟수를 5회 정도까지로 제안하고 있다. 일반적으로 장기간의 상담만이 이상적인 것이며 문제를 실재적이고 본질적인 도움을 주는 데 반드시 필요한 것으로 평가받았다. 반면에 간결한 상담은 특별한 사정에 의해서 시간이 제약을 받거나 전문적 지식의 한계에 이를 경우, 임시적인 방법으로 사용되는 것으로 여겨져 위기에 처한 사람들 외에는 실제적인 도움을 거의 주지 못하는 것으로 취급되었다. 그러나 오늘날에는 적은 횟수의 상담을 통해서도 중요하고 영구적인 변화를 일으킬 수 있다는 사실을 인식하게 되었으며 결과적으로 간결한 상담은 새로운 평가를 받게 되었다. 오늘날 시간 제한적인 심리치료에서는 일반적으로 전체 상담의 횟수를 대략 10회에서 15회 정도로 계획하고 있다. 그러나 일반적으로 시행되는 목회상담을 조사한 바에 의하면 목회자들의 87%는 상담의 횟수를 5회 이상 넘기지 않은 것으로 밝혀졌다. 이러한 지침을 받아들여서 전략적 목회상담에서는 최고 5회 정도까지만 상담할 것을 제안한다. 간결하며 시간 제한적인 방법의 상담이론에는 공통적인 네 가지 원칙이 있다.

(1) 활동적이며 지시적인 상담

전략적 목회상담이론에 의하면 목회상담자는 활동적이면서 동시에 지시적이어야 한다. 칼 R. 로저스(Carl R. Rogers)가 주장한 소위 비지시적인 요법(Non- directive therapy)은 경청

Christian perspective, Psychotherapy and the spiritual quest, Psychology and religion, Christian Counseling and Psychotherapy, Money Madness and Financial Freedom 등의 상담 및 심리학 분야의 저서가 있다.

33) David G. Benner, *Strategic Pastoral Counseling: A Short-Term Structured Model* (Grand Rapids, MI: Baker Academic, 2003).

(Listening)의 필요성과 중요성을 강조함으로 목회상담에 큰 기여를 했다는 점이 인정되지만 다소 수동적으로 접근하는 태도를 보인다는 점에서는 전략적 목회상담을 위한 적합한 방법으로 보지 않는다. 전략적 목회상담자는 상담 내용과 진행과정 모두를 주도해야 할 의무가 있으며 어떠한 과정에서 상담하든지 전형적으로 내담자만큼이나 이야기를 많이 해야 한다. 설교와는 대조적으로 전략적 목회상담이 진정한 상담이 되게 하는 요인은 상담이 독백으로 이루어지는 것이 아니라 대화를 포함하고 있다는 사실에 있다. 훌륭한 대화에는 언제나 조심성 있고 주의력 있는 경청이 요구된다.

(2) 협력적 관계에 의한 상담

전략적 목회상담에서 짧은 기간 내에 목적을 달성하기 위해서는 상담자인 목회자와 내담자인 성도 사이에 협력관계가 이루어져 양쪽 모두가 같은 방향을 향해 함께 노력해야 한다. 협력관계는 첫 상담의 첫 순간부터 시작하는 것으로서 성도에게 접근하는 목회자는 성도의 문제를 풀기 위한 전문가로 등장하기보다는 동반자로 함께 하면서 생활 중의 힘든 경험을 대처해 나갈 수 있는 방법을 새롭게 이해하고 터득할 수 있는 길을 추구하는 것이다. 이처럼 함께 일을 처리함으로써 상담에서 주요 초점이 되고 있는 중심적 문제의 본질이 무엇인지에 대해 동일한 판단을 갖게 될 뿐만 아니라 어떠한 방식으로 변화시켜야 할지에 대해서도 같은 결론을 내릴 수 있게 된다. 이 과정에서는 양쪽 모두가 활동적인 참여자가 되는 것이다. 전략적 목회상담은 상담자인 목회자와 내담자인 성도, 그리고 하나님과의 협력하에 작용하는 것이라고 할 수 있다.

(3) 핵심적인 문제에 집중된 상담

전략적 목회상담의 특징은 단기간의 상담과 장기간의 상담 사이의 중요한 차이점을 보여주는데 대체로 단기간의 상담에서는 오직 한 가지 문제만을 다룬다. 간결한 상담은 필요에 따라 오직 한 가지 사항에 초점을 두고 있으며 논의해 보고 탐색해 볼 만한 다른 사항들이 있더라도 그것들은 제외시켜 버린다. 이러한 면에서 전략적 목회상담은 제자 훈련이나 영적인 가르침과는 차이를 가진다. 영적인 지도를 위해 이루어지는 만남은 영적 성숙을 진전시키는 데 목적이 있다. 전략적 목회상담에서는 훨씬 더 절제된 양상의 목적을 추구하는데 그것은 주로 생활 속의 경험이나 특수한 문제들에 대해 하나님께서 뜻하시는 방향은 무엇인지를 모색하고 삶의 현장 속에 개인의 성장을 도와주고 촉진시키는 방법을 찾으면서 개인의 일상적인 활동을 조사하는 것이다. 전략적 목회상담의 과정에 있어 집중할 만한 가장 중요한 사항이라고 판단된 문제는 내담자가 자신이 중요하게 생각하고 있으며 상대적으로 다른 것들에 비해 각별한 염려를 두고 있는 것이어야 한다. 이것을 결정하는 것은 목회자의 몫이 아니다. 오히려 어떤 면에서는 상담자와 내담자가 함께 찾아야 하는 공동의 과업이라고 하겠다. 어쨌든 상담자는 핵심적인 문제가 무엇인지 발견했으면 이 사항이 비교적 특수한 방법으로 다루어지고 있음을 확신시켜 주어야 한다.

(4) 시간과 횟수의 제한을 둔 상담

목회상담을 비롯하여 모든 상담에서 상담자는 자신의 유용성에 대한 여러 가지 제한을 두어 상담의 관계에서 내담자에 관련된 사람들을 상담에 끌어들이지 않도록 상담에 한계를 둔다. 전략적 목회상담에서 의미하는 주요 제한 사항은 앞서 제시된 바와 같이 상담을 5회로 제한한다. 이 횟수가 일반 목회자들의 상담 횟수의 평균치를 조사하여 제시된 것이다. 상담 횟수를 5회로 제한한다는 계획은 첫 상담 시간에 내담자에게 알려주어야 하며 가급적 상담이 시작되기 전에 말해 두는 것이 좋다. 그러나 5회의 상담만으로 큰 도움을 받을 수 없는 사람들의 경우에는 어떻게 해야 할까? 이러한 사람들은 적합한 자격이 있는 다른 전문가들에게 맡겨야 할 것이다. 장기간의 상담이나 심리치료는 전문적인 치료가들에 의해 계속될 수 있으며 목회자는 이런 경우 주선해 줄 곳을 준비하고 있어야 한다.

상담 횟수에 제한은 내담자의 상담자에 대한 의존적 관계에서 탈피하고 현실로 돌아와 자신의 문제에 맞서 해결 방도를 모색하게 될 것이며 도움이 필요하다면 언젠가 다시 찾아오기도 할 것이다. 상담의 횟수를 제한할 때 알아두어야 할 사항 중 하나는 반드시 5주의 기간에 맞추어 상담을 진행할 필요는 없다는 것이다. 실제로 경험이 많은 목회상담자들은 매 주에 한 번씩 만나는 것보다는 2~3주의 간격을 두고 만나는 것이 더욱 효과적이라는 것을 알게 되었다. 특히 4회째 상담과 그 후의 상담들 사이에는 다소 시간적 간격을 두는 것이 더 효과적일 수 있겠다. 시간적으로 거리를 두고 만나게 되면 내담자와 만날 때마다 대화의 소재가 풍성해질 것이며 이러한 일상적 경험이 다음 상담에서 계속 이어지게 될 것이다.

2) 성경적 치료(Biblical therapy)에 의한 상담

'성경적 치료(Biblical therapy)'라는 것은 성경을 통해 치료의 효과를 얻는 것을 의미한다.

전략적 목회상담은 목회 돌봄의 역할을 하는 데 있어서 성경 사용을 중심으로 삼는 성경적 치료법이다. 이것이 강조되는 이유는 목회자들의 보고에 의하면 목회상담에서 많은 경우에 성경 사용이 중요한 부분을 차지했기 때문이다. 이와 관련한 배경 조사의 결과를 보면 목회자들 중 3분의 2 이상은 내담자들에게 책을 빌려주거나 선물해 준다고 했다. 이렇게 함으로써 목회자들은 성도들의 영혼 관리를 위해서 역사적으로 유서 깊은 기독교 자료를 활용하게 되는 것이다. 전략적 목회상담을 위해서는 이러한 자료를 사용할 필요가 있으며 실제로 다른 상담에서보다 이러한 방법을 훨씬 용이하게 사용할 수 있다. 성경적 치료를 위해서 성도들에게 성경을 읽도록 권장해 왔다는 사실은 성경이 치료와 양육 또는 신앙의 유지를 위한 독특한 자료임을 입증하고 있는 것이다. 그러나 성경만이 독특한 성경적 치료의 유일한 요소로 생각지 않으며 내담자와 상담하는 동안 그들에게 상당히 다양한 종류의 여러 신앙 서적들을 선물하거나 빌려주는 것으로 나타나고 있다. 자료의 효용을 극대화하기 위해서는 사용하는 책이 상담에 보조적 도움을 줄 뿐만 아니라 상담의 성격에 부합하는 것이어야 한다. 다시 말해서 책의 내용이 목회자의 상담 철학과 일치해야 하는 동시에 내담자와 관련된 문제에 초점을 맞추어 실제적인 도움을 주는 것이어야 한다. 사용하는 자료를 상담에 합류시킬 수 있는 가장 좋은 방법은 책을 읽고 나서 간결하게 진행되는 토론을 하게 하는 것이다.

3) 전인적인(Whole Persons) 상담

일반적으로 상담의 접근이 단기적이며 전인적이어야 함은 의학에 대한 대체적인 방법인 동시에 전체론적 치료에서는 인간을 하나의 단순한 생물리학적 존재(Biophysical ones)로 보는 것이 아니라 광범위한 요소가 결합되어 있는 것으로 생각하기 때문이다. 인간을 전체적인 관점에서 보려고 하는 태도는 존중해 줄 만한 견해임에도 불구하고 이러한 전통에 입각해서 집필된 문헌들의 내면에 숨겨진 '새로운 의식'(New Consciousness)의 세계관은 성도들이 매우 조심스럽게 평가해야 할 필요가 있다. 웨스트버그(Westberg, 1979)를 비롯하여 여러 학자들에 의해 통용되는 '전인주의'는 보다 성경적인 입장에 기초한 것으로 상담자의 도움과 치료가 인간의 삶을 구성하는 생물학적, 심리학적, 영적 역학의 복합적인 요구 조건에 부응할 수 있도록 해준다. 이러한 인간관은 신구약 성경을 통틀어 성경적 심리학(Biblical Psychology)과도 일치한다(Booner, 1988). 성경적 심리학은 명백한 전인적인 심리학이다. 몸(Body), 혼(Soul), 영(Spirit), 마음(Heart), 육체(Flesh) 등의 인간을 구성하는 다양한 '부분들(Parts)'은 결코 분리되거나 독립적인 요소로 제시되어서는 안 되며 각각 다른 방법으로 전체적인 인간성(Whole persons)을 보는 것이다. 상담에서 전인주의를 대신하는 방법은 이러한 기능적 양식들 중 하나에만 초점을 두는 것으로서 실제로 많은 상담에서 이러한 접근방법이 실행되고 있다. 이와 같은 현상이 나타나는 이유는 현대의 심리학적 상담(Psychological Counseling)은 새로운 접근방식의 출현이 거듭되는 가운데서 그 성격이 형성되어 왔으며 여기에는 서로의 양식들 간의 우위를 논하는 일이 항상 있어 왔기 때문이다. 그리하여 성도들은 각각의 다양한 접근 방식에 의해 분류되었고 상담은 하나의 제한된 범위의 기능에만 초점을 두게 되었는데, 행동 치료가들(Behavior therapists)은 행동(Behavior)에 초점을 두고, 인식론적 치료가(Cognitive therapists)들은 생각(Thinking)에 초점을 두며, 경험주의 치료가(Experiential therapists)들은 감정(Feelings)에 중심을 두는 식으로 계속되어 온 것이다. 상담의 기독교적 접근 ,방식에서도 이러한 관행을 벗어나지 못한 경우가 종종 있어 왔는데 가령 행동(Behavior)에 초점을 둔 제이 E. 아담스의 권면적 상담(Nouthetic Counseling)이나, 사고(Thoughts)에 초점을 둔 로렌스 J. 크랩의 성경적 상담(Biblical Counseling) 등이다. 전략적 목회상담에서는 이러한 접근 방식과는 다소 대조적으로 인간 기능(Personal Functioning)의 행동적(Behavioral; Action), 인식적(Cognitive; Thought), 정서적(Affective; Feeling)인 요소들을 통합해야 한다는 입장이다. 이것들을 개별적으로 분리하여 검사한다면 당사자가 겪고 있는 문제가 무엇인지 알기 어려울 것이지만 종합하여 관측할 때에는 문제를 확실히 평가할 수 있고 효과적인 중재를 가능케 하는 밑바탕으로 작용할 것이다. 전략적 목회상담은 이들 기능의 각 영역들이 제시될 수 있게 해주며 사실 이러한 협력 체제는 상담을 위해 많을 것들을 제공해 줄 것이다.

4) 체계적인 상담

장기간의 심리치료(Long term Psychotherapy)과정이 어떻게 진행되어 왔는지를 파악하기가 매우 어렵다. 이와 대조적으로 단기간의 상담(Short term counseling)은 일반적으로 더욱 체계적이라고 할 수 있다. 간결한 특성을 지닌 상담이 가능한 이유는 매회의 상담에서는 분명한 초점이 주어지며, 앞서 가진 상담을 기초로 하여 전체적인 목적 달성에 기여하면서 진행이 된다. 전략적 목회상담의 구조는 목회자가 전인적인 평가를 할 수 있게 해주며 최대 5회 이내의 상담을 할 수 있게 해줄 만큼 빈틈이 없으면서도 서로 다른 상담자의 개별적인 유형의 차이를 허용할 만한 충분한 융통성을 가지고 있다. 상담이 단지 기술의 집합체가 아니라 두 사람 사이의 친근한 만남과 대화라는 것을 생각할 때 이것은 매우 중요한 것이다. 이 만남을 체계화시키는 규정들(Rules)이 여타의 인간관계들을 형성하는 규정들과는 여러 측면에서 차이가 있겠지만 그럼에도 불구하고 이것은 매우 인격적이다. 경우에 따라 상담자의 인격이 표출될 수도 있으므로 두 상담자가 정확히 동일한 방법으로 상담을 처리해야 할 필요는 없다. 그러므로 훌륭한 상담에는 항상 체계와 자유스러움이 결합되어 있다. 상담의 체계는 규정, 기술, 이론에 의해 형성되지만 개성의 표현 또한 허용이 되어야 한다. 훌륭한 상담자는 도움을 주는 관계에 필요한 체계를 세울 수 있도록 고도의 수련을 받은 사람들이다. 전략적 목회상담의 체계는 내담자가 말하기 곤란한 부분인 감정, 생각, 행동들에 대한 언급을 하지 않도록 한다. 이러한 체계는 목회상담자가 직면하는 여러 가지 과제들, 즉 상담의 첫 부분을 주도하는 것과 문제나 개인의 필요에 대한 일반적인 이해를 발전시키고 도움이 되는 필요한 자료들을 발췌하여 전달하는 일들을 가능하게 한다.

5) 영적인 면에 초점을 둔 상담

다양한 유형의 상담이론을 살펴보면 여러 가지 관계들(Relations), 어린 시절의 경험들(Early childhood experiences), 억압된 감정들(Repressed feelings), 신체적 자각(Bodily awareness)과 같은 측면을 강조하고 있다. 이러한 상담이론들은 상담자가 강조해야 할 측면과 무시해도 괜찮은 부분들을 판단하게 하는 지침이 되어준다. 이러한 지침들이 없는 상담은 목적 없이 방황하게 되고 아무런 결실도 얻지 못할 것이다. 초점은 상담이 진행되는 중심적인 목적과 방향을 제시해 준다. 전략적 목회상담의 목적은 인간에게 작용하는 영적인 측면들(Spiritual aspects)에 있다. 그러면 상담의 주된 초점을 영적인 문제에 두기 위해서는 어떠한 일들이 필요한 것인가? 먼저 영성의 개념이 항상 존재하고 있다는 것을 인식하는 것이 중요하다. 삶의 의미를 찾기 위한 몸부림에서 또는 자신의 정체성(Identity), 완전성(Wholeness), 성취(Fulfillment)에 관한 질문 등 모든 것들이 영적인 요소들을 내포하고 있으며 표면적으로는 평범하게 보이는 침체된 마음, 부부간의 갈등, 그리고 염려에 관한 문제들에서 영적 요소들을 찾을 수 있다. 영적인 문제가 담겨 있는지를 분별하기 위해서 인식하고 있어야 할 중요한 사항은 인간의 영성은 신앙적인 경험에만 국한된 것이 아니라 삶의 경험의 다방면에서 드러난다는 것이다. 그러므로 성도들이 가지고 오는 문제에 상관없이 어떠한 문제든지 영적인 문제가 함축되어 있으며 이러한 문제들은 신중하게 취급되어 영적인 사항들이 가장 잘 분별될 수 있고 영적인 요소들이 가장 절실하게 드러나도록 해야 한다. 그러므로 목회상담자는 섭리에 관한 질문 자체를 존중의 태도로 받아들이는 동시에 겉으로는 표현되지 않은 더 깊고 개인적인 경험과 신학적인 질문의 배경에 잠재해 있는 의문을 감지해야 한다.

영적인 것에 초점을 두는 방법은 상담 내용의 속뜻(The story behind the story)을 분석해 낼 수 있어야 한다. 이 내면의 이야기를 종종 놓쳐 버리는 이유는 내담자들이 반드시 말해야 할 가장 중요한 사항을 숨기려고 하기 때문이라기보다는 그들 역시 자신이 가장 심각하게 여기는 염려와 느낌의 특성을 인지하지 못하기 때문이다. 그러나 상담자가 이야기의 내면적 의미를 파악하기 위해서는 먼저 내담자가 하는 말을 경청하는 가운데 그 말을 진지하게 받아들일 필요가 있다. 그러므로 전략적 목회상담자는 내담자가 질병, 배신, 혼란, 상실, 재정적 문제나 직업에 대한 불안 등과 관련하여 자신의 고통을 이야기할 때에는 내담자의 경험을 잘 경청하고 그 경험에 동참해야 한다. 이러한 상황들 모두가 현재의 고통에 대한 영적 반응(Spiritual response)이다. 주의 깊은 목회자라면 내담자의 경험에서 어떠한 형태로 영적인 양상들이 나타나는지를 항상 분별할 수 있을 것이다. 목회상담자가 해야 할 일은 내담자들을 단순히 불편함으로부터 해방시켜 주는 것뿐만 아니라 이러한 불편함을 느끼게 되는 근본적인 이유를 이해하도록 도와주는 것이다. 영적인 경청(Listening for spiritual)에는 이러한 일이 수반되는 것이다. 그러므로 영적인 문제에 초점을 둔다는 것을 단순히 대화의 흐름을 신앙적인 화제로 돌리는 것이라고 생각하지 말아야 할 것이다. 영성은 인간의 궁극적인 의무(Allegiance)와 투자(Investment)에 관한 것이다. 때때로 영성은 외면으로 표출되는 신앙적 신념, 가치, 위임(Commitments)들과 거의 일치하기도 하지만 신앙적인 행동이나 영적 실제(Spiritual reality)와는 거의 관계가 없는 것으로 나타나기도 한다. 전략적 목회상담은 주로 후자의 상황에 초점을 두고 있다.

6) 명백한 기독교적 상담

전략적 목회상담은 넓은 의미의 영적 문제들에 초점을 맞추고 접근한다고 해도 그 주된 목적은 내담자가 하나님 앞에 무릎을 꿇고 섬기라는 부르심을 인식하고 반응하도록 돕는 것이다. 이것은 전략적 목회상담을 구별해 주는 본질적이고도 가장 중요한 측면이다. 목회상담자는 예수 그리스도를 통한 하나님과의 회복된 관계가 없이는 궁극적인 완성(Ultimate whole- ness)을 이룰 수 없다는 굳은 신념을 가지고 상담에 임하고 있는 자신의 태도를 내담자가 분명히 인식하도록 해야 한다. 목회상담은 성령 안에서 성령으로 말미암아 양육될 수 있도록 계획된 상담으로서 대화와 상호작용(Interaction)을 통하여 이러한 전체적 완성을 촉진시켜 준다.

전략적 목회상담에서 뚜렷한 기독교적 성격을 반영하기 위한 방법은 기독교의 신학적 언어(Theological language), 상징들(Images), 개념들(Concepts), 기도, 성경, 성례전(Sacraments)과 같은 신앙적인 요소들을 활용하는 것이다. 이러한 요소들은 결코 기계적, 형식적이거나 신비적인 방식으로 사용되어서는 안 되며 지혜롭고 사려 깊게 사용될 때에는 하나님과 내담자 사이에 원활한 접촉이 이루어지게 해주는 역할을 할 수 있다. 이 요소들을 활용하는 목적은 상담의 기독교적인 특성을 보이기 위해 피상적인 의식만을 실시하는 것이 아니라 오히려 모든 삶과 성장과 치료의 근원이신 하나님과 밀접히 만날 수 있도록 내담자를 이끌어 주는 것이다.

전략적 목회상담에서 중요한 요소는 교회 공동체에서 얻을 수 있는 특성들과 관계가 있다. 많은 경우에 목회상담은 직업적인 기독교상담가들이 제공하는 상담방법과 별다른 차이점이 나타나지 않는다. 그러나 이것은 모든 성도에게 적용이 가능한 풍부한 잠재적 요소들을 무시하는 행위이다. 전략적 목회상담의 단기간적 성격이 지속될 수 있는 중요한 하나의 방법은 목회자가 내담자를 교회 내에서 도움의 일부를 제공해 줄 수 있는 다른 성도들과 연결시켜 주는 것이다. 이러한 여러 가지 형태의 도움을 얻게 함으로써 목회자는 자신이 할 수 있는 일의 범위를 넘어선 훨씬 많은 효과를 얻게 할 수 있다.

전략적 목회상담이 기독교적이라고 할 수 있는 결정적인 이유는 내담자가 성령께 의지하도록 권고한다는 사실일 것이다. 성령이야말로 목회상담에 필요한 모든 지혜를 제공하는 근원이시며 없어서는 안 될 분이시다. 이 분명한 사실을 목회상담에서는 강조하지 않으며 거론조차 하지 않는 것은 대단히 잘못된 것이다. 특별히 웨인 E. 오우츠(Wayne Oates)는 성령이야말로 진정한 상담자라고 지적했으며(요 14:26) 목회자는 단지 보조자로 활동한다고 했다(Oates, 1962). 궁극적으로 모든 치유와 성장은 하나님께로부터 비롯된다는 사실을 인식하게 될 때 목회자는 상담에 대한 걱정에서 벗어나 편안한 마음으로 상담에 임할 수 있을 것이다. 오우츠는 상담에서 활동하시는 성령의 역사는 목회자 개인에 대해서부터 시작하여 목회자를 통해 상담의 관계로 확장되어 간다고 설명했다. 그러므로 상담에 임하는 목회자는 성령께서 상담자와 내담자에게 적절한 때에 해야 할 적절한 말을 할 수 있도록 도와주시기를 기대하게 될 것이다. 내담자로 찾아 온 성도와 상담을 인도해 가야 하는 목회자는 성령께서 그 과정을 지도해 주실 것이라는 믿음을 가져야 한다.

목회상담에서 성령의 역할에 대해서는 예수 그리스도께서 하신 모든 말씀을 생각나게 하실 것이라는 성령에 대한 약속을 통해 알 수 있다(요 14:26). 이처럼 가르치시는 분으로서의 성령의 사역은 목회상담에 필수 불가결한 것이며 목회자는 상담에서 주 역할을 담당하시는 분은 목회자 자신이 아니라 성령이시라는 사실을 기억해야 할 것이다. 그러므로 전략적 목회상담은 일반적인 개념의 영성에 초점을 두는 것으로 만족하는 것이 아니다. 전략적 목회상담의 목적은 기독교적 영성의 뚜렷한 특징을 더욱 증대시키는 것이며 성령을 통한 삶에서만 이루어질 수 있는 인격의 성숙(Wholeness of being)을 추구하는 것이다.

2. 전략적 목회상담의 단계

데이빗 G. 베너의 전략적 목회상담 이론은 만남(Encounter), 계약(Engagement), 해약(Disengagement)의 세단계로 이루어진다. 이 같은 단계를 과제 지향적인 용어들(Task-oriented terms)로 표현하자면 문제의 정의(Problem definition), 목적의 전개(Goal development), 상담자의 개입(Intervention)이라고 표현할 수도 있겠으나 이러한 용어는 상담에 임한 두 사람에게서 경험되는 형태에 기본적인 초점을 둔 것이다. 상담이란 두 사람이 만나서 서로 간에 성립된 '관계성 속에서의 대화'(Dialogue within relationship)를 나누는 것이며 한 사람이 다른 사람에게 도움을 줌으로써 목적이 성취될 때까지 계속적으로 만남이 진행되는 것이다. 전략적 목회상담의 첫 단계에서 상담의 한계를 설정하고 목회진단(Pastoral diagnosis)을 하며 다음 상담에서 논의할 수 있도록 서로가 공감하는 초점을 찾는 것이다. 계약의 단계에서 목회자는 과제를 착수하기 위해 내담자와 한층 밀접한 협조 체제를 이루어야 한다. 마지막으로 해약의 단계는 진행과정을 평가하는 일과 남은 문제들에 도움들을 점검하는 일이 수반되며 상담이 마쳐지는 단계이다.

1) 만남의 단계

만남의 단계는 내담자와 개인적인 접촉을 통해 상담의 한계를 설정하고 핵심적인 문제와 개인의 경험 탐색, 목회진단(Pastoral diagnosis), 그리고 서로가 공감하는 문제에 대한 초점을 설정하는 것으로 이루지는 과정이다. 다음은 만남의 단계가 이루어지는 과정으로 내담자에게 진정한 도움을 줄 수 있는 목회적 만남(Pastoral encounter)의 기반이 되어야 한다.[34)]

---

34) 데이빗 G. 베너는 말하기를 모든 상담에는 감정이입(Empathy), 존중(Respect), 확실성(Authenticity)이라는 기본적인 세 가지 특성이 내포되어 있다. 이 특성들은 그 자체만으로도 큰 가치가 있는 것들이지만 상담에서는 목적이 아니라 수단으로 사용되는데 상담의 목적은 내담자에게 도움을 줄 수 있는 관계를 형성하는 것이며, 이 관계는 항상 위의 특성들을 지닌 목회자에 의해 이루어진다. 감정이입, 존중, 확실성이 내담자와 관계를 형성하는 데 유용한 방법이라고 해서 이것들을 단순한 기술로 여겨서는 안된다. 감정이입은 무엇인가를 행하는 것이 아니라 존재의 방식(Way of being)이며 감정의 표현을 들어주기 위한 공식 정도로만 이해해 버리고 만다면 그 의미는 사라진다. 감정이입이란 다른 사람의 경험을 상담자가 완전히 받아들일 수 있다는 태도에서 출발한다. 감정이입은 상대방의 이야기를 듣고 나서 자

(1) 참여와 한계 설정

전략적 목회상담의 첫 단계인 만남의 단계에서 실시해야 할 일은 참여와 한계 설정이다. 참여에는 일상적인 대화를 통해 내담자가 부담 없이 상담에 임하게 하는 일이 포함된다. 이러한 방법의 일환으로 목회자는 자신의 경험과 내담자의 경험 사이의 유사점(Similarity)을 찾아낼 수도 있다. 동년배일 수도 있고 혈연, 지연적 배경이 비슷할 경우도 있으며 교육 배경이나 취미가 같을 수도 있다. 목회자가 전혀 모르고 있는 성도인 경우에는 어떠한 일로 상담을 청했는지에 대해 한두 가지 질문을 하면서 접촉을 시작하는 것도 훌륭한 방법이다. 서론적인 대화는 절대로 5분 이상을 넘겨서는 안 되고 보통 2-3분 정도로 끝내야 한다. 한계를 정한다는 것은 첫 상담 자리에서 목적에 대해 이야기해 주는 것이며 상담자가 상담 시간의 계획과 상담에서 할 일들에 대해 미처 설명하지 않았을 경우에는 여기에 관한 사항들을 알려 주는 것이다. 상담자는 내담자의 일상적인 사항들에 관심을 갖는 것이 아니라 현재의 상황을 반영하는 가장 직접적인 문제들에만 집중해야 한다.

(2) 핵심적 문제와 개인 경험의 탐색

상담의 첫 단계에서 상담을 하게 된 이유가 무엇인지를 내담자로 하여금 말하게 하는 것은 일상적 이야기로부터 당사자의 문제로 돌입하는 전이점(Transition point)이라는 점에서 볼 때 매우 중요한 부분이다. 그러므로 상담자는 전이점들을 제시할 책임이 있다. 베너의 견해는 때때로 목회상담자는 이야기 가운데 누군가가 방향성을 제시해 주고 있다는 사실을 내담자가 인식할 수 없을 정도로 자연스럽게 변환의 과정을 유도해야 한다고 생각한다. 상담자가 계획한 상담 과정들을 통해 내담자로부터 듣게 될 모든 사항들 가운데 서론적인 대화는 가장 잊어버리기 쉬운 부분 중 하나이다. 동시에 이것은 가장 중요한 부분의 하나이므로 상담자는 내담자가 문제를 어떻게 이해하고 있으며 무슨 도움을 기대하고 있는지를 놓쳐서는 안 된다.

내담자가 자신의 이야기를 시작할 때 목회상담자가 할 일은 이야기를 듣는 것이다. 신중하고도 공감하는 마음으로 주의를 모으는 것은 바람직한 경청의 기본자세이다. 경청이란 내담자가

신의 생각을 반영하는 식으로 교류될 수도 있지만 여기에 국한되는 것만은 아니라 존중과 상대의 가치를 인정해 주고 높이 평가하는 것으로 가능한 한 비판적 태도(Judgmentalism)와 조건적인 용납(Conditional acceptance)을 지양해야 한다. 존중은 개인적인 판단을 부정하는 것이 아니다. 이것은 인간 기능의 중요한 일부이기 때문이다. 이 세 가지가 결합하여 상담에 진정한 도움을 줄 수 있는 목회적 만남(Pastoral encounter)의 기반을 형성해 준다.

털어놓는 속사정뿐 아니라 표현되지 않은 내용까지 이해하기 위해 노력하는 것이다. 이에 못지 않게 중요한 사항으로서 들은 내용을 차분하게 점검한 뒤 견해를 반영하는 기술이 필요한데 이것은 감정이입적인 진지한 경청(Empathic listening) 속에서 내담자로 하여금 자기 탐구(Self-exploration)와 표현을 계속하도록 격려하는 가운데서만 가능하다. 일반적으로 내담자의 문제를 듣고 나면 상담자는 문제와 내담자에 관한 짤막한 내막(Brief historical perspective)을 알 필요가 있다는 사실을 깨닫게 될 것이다. 문제의 전개, 문제해결을 위해 내담자가 취했던 행동들을 조사하는 데 10분에서 15분 정도의 시간을 할애할 수 있다. 이 부분에서 또 한 가지 중요한 점은 직업이나 교육 환경에 대해서뿐만 아니라 내담자의 현재 생활과 가족 관계 등에 관한 정보를 얻는 것이다. 이와 같은 폭넓은 측면으로 개인을 조사할 때에는 분명한 초점과 방향성을 유지해야 한다. 10분 내지 15분의 시간 내에 이 모든 것을 이루어 내기 위해서 상담자는 대화의 일부를 삭제할 수도 있으며 아직 조사하지 못했지만 중요하다고 짐작되는 사항은 미루어 둘 줄 알아야 한다. 앞으로 실시할 조사의 주제가 될 만한 사항도 나타날 것이며 상담자는 내담자에게 이에 관한 이야기를 청할 수도 있을 것이다. 반면에 무시해도 별 상관이 없는 부분도 있을 것이다. 상담에 방향을 제시한다는 것은 특정한 것들에 초점을 두고 기타 사항들은 무시해 버린다는 것을 의미한다. 이것은 전략적 목회상담을 하기 위해 상담자가 배워야 할 중요한 기술이다.

첫 상담에서 실시되는 것은 개인의 내막과 정황을 조사하는 과정(Historical and contextual section)이다. 상담에서 제기된 문제(The presenting problem)들이 이 단서가 될 것이다. 첫 상담의 주목적은 내담자를 이해하고 알기 위한 입장에서 경청하는 것이다. 이것을 고려해 볼 때, 첫 상담에서 좁은 안목으로 제시된 문제에만 초점을 둠으로써 단순히 문제만 이해하고 문제를 경험한 당사자에 대해서는 별 이해가 없이 지나치지 않도록 하는 것은 중요한 사항이다. 먼저 이를 위해서 문제와 내담자에 대한 균형 잡힌 시각이 필요하다. 문제에 초점을 두는 것은 어려운 일이 아니지만 상담의 실효를 거두려면 상담 시에 제시된 문제들뿐만 아니라 내담자의 모든 삶의 요소들이나 능력들에 대해서도 알 필요가 있다. 둘째로 첫 부분의 상담에서는 현재와 과거 사이의 균형이 유지되어야 한다는 점이다. 둘 중 한 가지 상황에 몰두하기는 쉽지만 목회상담자가 현재의 내담자를 올바로 이해하기 위해서는 과거의 일들을 충분히 알아야 하며 이러한 경우에는 두 상황에 대해 균등한 초점이 주어져야 하는 것이다.

(3) 목회진단

진단(Diagnosis)은 주로 의학적인 개념이지만 상담에서도 적절히 사용될 수 있는 필수적이며 기본적인 사항이다. 폴 프루이저(Paul Pruyser)의 '진단자로서의 목회자'(*The Minister as Diagnostician*)라는 책에서는 도움을 주기 위한 상담자가 무엇보다도 먼저 해야 할 일은 문제를 정의하는 것이라고 했다(Pruyser, 1976). 그는 진단이란 사물들을 실제의 상태 그대로 이해함으로써 문제를 올바르게 처리하도록 하는 것이라고 정의하였다. 그러므로 진단이란 문제를 식별해 내는 행위라고 할 수 있으며 상담의 첫 단계인 만남의 단계가 끝날 즈음에는 진단을 통해 명확하건 함축적이건 판단을 내릴 수 있어야 한다. 그러면 목회 진단을 실행하는 기준(Criteria)과 개념적 배경은 무엇인가?

첫 단계의 상담에서 진단해야 할 사항은 개인의 영적 상태에 관한 것이다. 심리적 상태(psychological wellbeing)는 영적 상태와 밀접한 관계가 있지만 심리학적 개념과 범위에 한정되어 사용되므로 내담자가 영적으로 건강한 상태인지 병들어 있는지를 정확하게 묘사하지 못한다. 그러므로 내담자의 영적 역할(Spiritual functioning)을 묘사할 수 있는 영역(Categories)이 필요하다. 영적 역할의 평가 범위를 설정하기 위해 목회자가 할 수 있는 시험적인 첫 단계로서 프루이저의 방법을 활용할 수 있다(Pruyser, 1976). 그는 인간의 영적 역할을 이해하기 위해서 일곱 가지 측면의 경험을 제시하고 있는데, 하나님에 대한 인식(An awareness of the Holy), 하나님의 임재의 인식(A sense of divine providence), 신앙의 본질(The nature of faith), 거룩한 은혜에 대한 인식(The sense of divine grace), 죄에 대한 가책(The sense of remorse for sins), 교제에 대한 인식(The sense of communion with others), 소명에의 인식(The sense of vocation)이다.

또한 말로니(Malony, 1988)의 주장은 목회 진단은 크리스천의 신앙적 성숙(Christian religious maturity)에 관해 정의를 내리고 영적 상태를 평가하기 위한 개념적 배경을 마련해 놓은 다음 진단을 시작하는 것이 가장 훌륭한 방법이라고 했다. 성숙한 크리스천은 주체성(Identity), 성실(Integrity), 영감(Inspiration)을 소유한 자들이다. 그들은 자신들이 하나님께 지으심을 받았으며 거룩한 계획에 의해 살도록 창조된 하나님의 자녀로서 자기이해(Self-understanding)를 한다는 점에서 '주체성'을 소유한 것이다. 하나님의 은혜를 통해 죄의 형벌에서 해방되었다는 인식 가운데 매일의 삶을 살아가며 현재 하나님께서 자신에게 바라시는 바에 대해 기꺼이 응할 수 있다는 점에서 그들은 '성실'을 소유한 것이다. 하나님께서 삶을 지탱해 주시고 위로해 주시며 격려해 주시고 인도해 주신다는 인식 가운데 생활한다는 점에서 그들은 '영감'을 소유한 것이다. 성숙의 이러한 측면들은 아버지와 아들과 성령의 삼위일체 하나님에 대한 믿음과 관계있는 것이며 기독교의 창조, 구원, 성화의 교리를 표방하는 것이기도 하다. 그들은 실제적인 매일의 생활을 위한 기초를 제공한다(Malony, 1985. 28). 프루이저의 견해를 동조하는 말로니는 이와 같은 최상의 크리스천의 역할(Optimal christian functioning)의 이해를 기본으로 하여 크리스천의 신앙 상태(Christian religious well-being)를 조사하기 위해 평가해야 할 여덟 가지 영역의 인간역할(Personal functioning)을 제시하였다

첫째, 하나님과의 관계에 있어 사람들이 피조물로서 조물주에 대한 경외심을 느끼는 것, 하나님에 대한 의존도, 예수그리스도와 맺어진 관계의 본질, 예배의 경험, 기도의 활용 여부에 관한 내용이 포함된다.

둘째, 하나님의 은혜에 대한 수용에서는 하나님의 자비와 조건 없는 사랑을 얼마나 느끼고 있는가를 평가하게 된다. 여기에서 죄에 대한 하나님의 반응에 대해 내담자가 어떻게 생각하고 있으며 개인적인 고난과 관련한 하나님의 역할에 대해 어떻게 이해하고 있으며 하나님의 사랑을 어떠한 방식으로 경험하고 그분의 용서에 어떻게 반응하는지를 조사해야 한다.

셋째, 회개와 책임감에 관한 것인데 여기에서 말로니는 생활에 문제를 일으키는 요인들에 대해 내담자가 어떻게 이해하고 있는지를 조사해야 하고 회개의 동기, 용서를 구했었던 경험들도 알아보아야 하며 개인적인 감정이나 행동에 대한 책임에 대해 어느 정도로 인식하고 있는지도 살펴야 한다고 지적했다.

넷째, 자신의 삶을 위한 하나님의 지도에 대해 어느 정도로 신뢰하고 기대하며 따르고 있는지를 조사하는 것이다. 내담자가 중대한 결정을 내릴 때의 방법, 미래에 대한 개인의 생각, 가족, 직장, 그리고 공동체에서 맡게 되는 다양한 역할들에 자신의 신앙이 어느 정도 관련되어 있는지도 조사해야 한다.

다섯째, 조직화된 신앙 공동체, 특별히 교회에 대한 소속 정도에 초점을 두고 있다. 말로니에 의하면 여기에는 교회에 소속된 기본적 동기에 대해서는 물론 소속의 양적, 질적인 성격을 모두 살펴야 한다. 또한 다른 신앙 모임의 참여 여부뿐 아니라 교회에 대한 재정적 헌납 여부도 조사할 것을 제시한다.

여섯째, 사교적 경험은 다른 성도들과의 친밀도(Intimacy), 하나님의 자녀로서의 자기 인식, 모든 사람들과 관계된 자아 정체성(Identity) 등이 포함된다. 내담자가 교회 안팎에서의 맺고 있는 관계의 성격은 이 부분에서 중시해야 할 중요한 부분이다.

일곱째, 윤리관은 단순히 내담자가 무엇을 믿고 있는가에 관한 것만이 아니라 이 신념들을 어떻게 실천하는가에 대해서도 신중히 관찰하는 것이다. 또한 여기에는 윤리적인 결단, 옳고 그름에 대한 인식에 개인의 신념이 영향을 주는 과정, 현대의 윤리적 쟁점이자 개인적으로도

문제가 되는 부분들을 조사하는 일도 포함된다.

마지막으로 신앙에 대한 개방성이다. 여기에서 말로니가 의미하는 것은 영적 성장의 정도와 신앙 안에서 새로운 것을 받아들일 수 있는 태도이다. 이 부분에서는 다각적인 견해들을 개방적으로 받아들이는 태도, 생활의 여러 국면들에 신앙이 어떠한 영향을 미치고 있는지에 관한 사항, 개인적 신앙의 성장을 다짐하는 서약 등이 포함되어 있다. 영적 작용을 평가하고 촉진시키는 일은 전략적 목회상담에서 중요한 문제이므로 영적 상태를 평가할 때에는 반드시 건전한 신앙 태도와 바람직하지 못한 신앙 태도를 분별해야 한다.

하워드 클라인벨(Clinebell, 1984)이 제안한 다음의 질문 사항들은 내담자의 종교적 신념들과 관행들에 대한 전반적인 건전성을 평가하는 출발점으로서 적용할 것을 제시하고자 한다.

① 그것들은 내담자의 삶을 위하여 의미 있고 건전한 철학을 제시해 주는가?
② 그것들은 행동에 대해 윤리적 지침으로 작용할 수 있는 일단의 가치들을 제시해 주는가?
③ 그것들은 자기 초월적인 경험(An experience of self-transcendence)을 제공해 주는가?
④ 그것들을 통해 삶을 사랑하게 되는가?
⑤ 그것들은 내담자가 기본적인 신념들에 대해 새로운 인식을 갖게 하는가?
⑥ 그것들은 적극적으로 교회에 참여하게 하는가?
⑦ 그것들은 자아수용(Self-acceptance)을 한층 강화시키고 적극적인 개념의 자아존중(Self-esteem)을 하게 하는가?
⑧ 그것들은 자아부정(Self-denial) 이타적인 자아희생(Self-sacrifice)을 증가시키는가?
⑨ 그것들은 넘치는 정력과 자신감을 억압적이고 파괴적인 형태가 아닌 긍정적이고 책임 있는 형태로 활용될 수 있게 하는가?
⑩ 그것들은 희망을 북돋워 주는가?
⑪ 그것들은 현실을 받아들일 수 있게 해주는가?
⑫ 그것들은 죄로부터 화해와 용서로 옮겨가게 해주는 요인들을 제공하고 있는가?
⑬ 그것들은 신조와 가치들을 창조적으로 발전시켜서 자신의 것으로 만들게 해주는가?
⑭ 그것들은 내담자가 불의에 대해 인식하게 하고 정의를 향하여 살아가도록 동기를 부여해 주는가?
⑮ 그것들은 삶 속에서 피할 수 없는 사별의 슬픔과 자신의 죽음까지도 대면할 수 있도록 해주는가?
⑯ 그것들은 삶의 불가사의한 점들에 대해 인식하고 이해하도록 도와주는가?

⑰ 그것들은 삶에 활력을 불어넣어 주고 삶을 즐기고 풍미하도록 해주는가?
⑱ 그것들은 내담자가 세상에서의 소속과 기본 신념에 대한 새로운 인식을 하게 하는가?
⑲ 그것들은 내담자가 하나님께 굴복하여 그분을 믿고 의지하는 삶을 살게 하는가?
⑳ 그것들은 인격의 전반에 걸친 모든 인간 역할이 근본적인 신앙의 지도를 따라가도록 이끄는가?

이러한 질문들이 인간의 영적 역할의 건전성을 포괄적으로 평가하는 것으로 볼 수는 없지만 그러한 평가를 위한 일종의 지침들로 생각해 볼 수 있을 것이다. 또한 이 질문들은 상담의 전반적인 입장인 경청의 국면에 대해 아주 작은 한 부분이라는 것을 잊어서는 안 된다. 이러한 과정을 거치게 되면 목회상담자는 내담자의 이야기를 들으면서 그의 상태가 건전한지 아닌지를 쉽게 인식할 수 있게 된다. 이러한 평가를 통해 목회상담자는 다음에 이어지는 상담에서 어떻게 하면 내담자의 생활과 신앙이 예수 그리스도 안에서 바람직하게 향상시킬 수 있는지를 느끼게 될 것이다.

(4) 공감하는 문제의 초점 설정

전략적 목회상담에서는 앞으로 주된 관심사가 될 만한 기본적인 문제나 안건에 대해 상담자인 목회자와 내담자 사이의 일치한 견해가 필요하다. 그 관심사가 어떠한 것이어야 할지는 내담자의 이야기를 통해 자명하게 드러나는 경우가 많다. 내담자가 상담자에게 다양한 문제들을 제기하는 것처럼 보이더라도 주된 문제가 무엇인지를 분별해 내는 것은 일반적으로 간단하다. 그러나 이것은 분명히 확인되어야 하며 확인된 사항에 대해 서로 간에 일치된 생각을 가져야 한다. 목회상담자는 계속되는 상담 속에서 이 초점 사항을 끊임없이 염두에 두어야 한다. 상담의 주요 초점(Primary focus)이 확정되면 목표는 자연스럽게 정해진다. 상담의 목표는 직업을 바꾸려고 고민하고 있는 사람에게 상담자의 조언을 통해 제시된 결정을 따르게 하는 것과 같이 매우 구체적인 사항일 수도 있으며 질병을 극복하게 하는 경우와 같이 다소 광범위한 사항일 수도 있다. 이와 같이 경우에 따라 문제의 해결점을 제시하는 것이 목표가 될 수도 있고 문제해결을 위해 더 많은 과제들을 수행하게 하는 목표를 설정할 수도 있다. 전략적 목회상담에서 직면하는 다양한 상황들에 효과적인 도움을 주기를 기대한다면 상담의 목표를 세우는 데 있어서 이러한 융통성을 발휘할 수 있어야 한다는 것은 매우 중요한 사항이며 그 목표는 포괄적일 수도 있지만 상담의 초점은 언제나 매우 구체적이어야 한다.

2) 계약의 단계

두 번째 계약의 단계에서는 문제를 안고 찾아온 내담자와 목회상담자 간의 깊은 계약(Engagement)이 포함된다. 계약이라는 용어는 문제들을 해결하기 위해 목회자가 내담자와 더욱 밀접하게 결속하는 점을 강조한 것이다. 목회상담은 항상 상담자가 내담자의 위치에로 비하적 입장(Incarnational view of counseling)이 되어야 한다. 상담은 목회자의 입장에서 볼 때에는 인격적이어야 하며 헌신이 요구되는 것이다. 만일 상담자와 내담자 간에 심각해지는 관계를 피하기 위해서 깊은 연관을 맺으려고 하지 않고 주변적이고 문제의 핵심을 다루지 못한 입장에서 상담에 임한다면 아무런 도움을 줄 수가 없게 되는 것이다. 이 단계에서는 무엇보다도 순조로운 출발이 중요하다는 점을 염두에 두어야 한다.

계약 단계에서 주요 과제는 제기된 핵심 문제에 대해 내담자가 어떻게 느끼고 생각하고 행동을 취하고 있는지 탐색하는 것이며 문제에 대처할 만한 방법이나 새로운 변화를 모색하는 것이다. 이 부분에서 상담자와 내담자는 함께 문제를 해결하기 위해 전력해야 한다. 첫 단계에서는 상담자와 내담자가 서로 대면하여 상대방을 알게 되고 신뢰의 관계를 형성하게 된다면 두 번째 단계에서는 양자가 서로 같은 위치에 나란히 서서 문제를 대면하게 된다. 상담자가 내담자와 함께 동행하는 장면은 신약성경에 등장하는 헬라어 명사인 '파라클레시스'가 의미하는 모습과도 매우 흡사하다. 이 용어가 명사형이나 동사형으로 사용되면 '도움을 주기 위해 옆에 붙어 다닌다'는 의미를 갖고 있으며 목회상담자가 따라야 할 모본이다. 내담자의 감정, 생각, 행동들은 서로가 한데 뒤얽혀 있는 경우가 보통이지만 적절한 평가를 하고 내담자의 정신적, 영적 기능을 주도하는 결정적인 요인들을 전부 찾을 수 있으려면 각각의 사항을 선별하여 한번에 하나씩 초점을 맞추어야 한다. 그럼 두번째 단계인 계약의 단계에서의 주요 과제인 '감정 탐색'과 '생각 탐색'에 대해 살펴보자.

(1) 감정 탐색

계약의 단계에서 '감정 탐색'을 먼저 시작하는 이유는 상담에 찾아오는 사람들의 대부분은 감정적 측면에서 자신의 이야기를 시작하기 때문이다. 상담자가 내담자에게서 발견하는 첫 모습들은 분노, 혼란, 공포, 마음의 상처, 염려, 무관심, 혐오 등과 같은 감정적인 모습들이다. 상담자들은 자연적으로 이러한 감정들에 초점을 두기를 꺼리게 되지만 이러한 감정들에 적절한 주의를 기울이지 못하면 내담자들은 감정이입이 제대로 이루어지지 않았다고 느끼기 쉽다. 결과적으로 감정의 탐색은 거의 어느 경우에서나 최상의 출발점이라고 할 수 있다. 구약성경 시편의 경우, 정서적 표현을 승인할 뿐만 아니라 인간의 정서를 통해 이야기하고 있다. 성경은 인간 이성뿐 아니라 감정까지 드러내어 주는 정서적 표현들로 가득 차 있다. 주로 내담자의 감정 어린 이야기를 경청하고 감정 이입적 반응(Emphatical responding)을 보이는 것을 목표로 하는 처음 몇 회의 상담에서는 내담자의 변화를 기대하기 어렵다. 오히려 여기에서 내담자가 부담 없이 솔직하게 표현할 수 있도록 돕는 것이다. 이러한 표현을 하게 하는 이유는 내담자가 자신의 경험을 제대로 이해하고 간직하도록 하기 위함이다. 그들의 실상(Existence)을 받아들이려는 자세가 없으면 감정의 표현도 이루어지지 않는다. 감정이란 경험의 일부이며 자연스레 생겨나는 것이다. 일단 자신의 감정이 받아들여지고 중요하게 여겨졌다는 사실을 느끼게 되면 내담자는 감정들에 대해 어떻게 반응해야 할 것인지를 훨씬 잘 결정할 수 있을 것이다. 내담자가 감정을 표현하도록 촉진하는 이유는 그들의 부담을 나누기 위해서이다. 상담자의 감정 이입적 태도는 상담자가 혼란, 마음의 상처, 기타 파괴적인 감정을 수용할 뿐 아니라 어떤 경우에는 흡수해야 한다는 것을 의미한다. 이것이 바로 '너희가 짐을 서로 지라'(갈 6: 2)는 성경말씀의 의미이다. 짐을 나누어지는 것은 부담을 반감시키는 방법이며 모든 상담에서 필요한 요소이며 전략적 목회상담의 핵심 요소라고 할 수 있다.

(2) 생각 탐색

내담자가 주로 어떠한 감정을 갖고 있는지를 확인했으면 다음 과제로는 감정과 관련이 있거나 감정들의 배경이 되는 내담자의 '생각 탐색'을 해야 한다. 목회상담자는 내담자가 고민하고 있는 문제에 대해서 기독교적인 의미를 부여해 주는 사람이기도 하다. 어려움을 겪고 있는 내담자가 어려움을 통해 고난을 당하신 구세주에 대한 인식을 하는 새로운 국면에 접어드는 것은 매우 심오한 치료법이며 이것이야말로 성도들은 예수 그리스도께서 인생의 어려움을 해결해 주실 뿐만 아니라 고난에 동참하신다는 약속을 보증 받았음을 나타내 주는 것이다. 내담자의 문제에 대한 새로운 이해를 촉발하는 것은 종종 가르침의 형태(A form of teaching)로 이루어진다. 그러나 여기서 말하는 가르침이란 교실에서 행해지는 수업의 형태와는 그 성격이 다른 것이다. 이것은 새로운 생각을 제시해 주고 새로운 형태의 조언을 받아들이도록 권하는 것을 의미하는 것이다. 전략적 목회상담에서 성경을 분명한 방법으로 활용하는 것이 일반적으로 가장 적합한 때는 바로 이러한 국면에 돌입했을 때이다. 목회상담자가 내담자의 상황에 유효적절하고 새로운 도움을 주기 위해서는 신앙적 요소들을 활용함에 있어서 오용의 여지가 있을 수 있다는 사실을 늘 상기하는 가운데 성경이 제시하는 진리를 올바르게 이해하려는 태도를 항상 유지해야 한다.

(3) 행동 탐색

계약 단계에서 수행하는 마지막 과정은 내담자의 '행동 탐색'하는 것이다. 이 단계에 이르면 목회상담자는 성도의 문제에 대해 어떻게 행동하고 있는지를 탐색하고 성도와 함께 더 바람직하게 행동할 수 있는 방법들을 찾아내야 한다. 상담이란 변화의 동기와 목적만을 찾는 것이 아니라 변화의 과정을 탐색하고 변화에 방해가 되는 요소들까지 찾아내는 것이다. 내담자가 행동의 목적을 알고 추구해야 한다는 점은 상담에서 필수적인 사항이다. 그러므로 상담자는 목적을 확인하도록 도와주는 방법으로 내담자가 자신의 특수한 행동에 대해 어떻게 느끼고 있는지를 질문해 볼 수 있다. 바람직한 변화가 필요한 부분을 확인하게 되면 목회상담자와 내담자는 바람직하지 못한 행동 때문에 어떠한 결과가 빚어지는지를 탐색하는 단계로 들어갈 수 있다. 상담의 계약 단계에서 가장 중요한 열쇠는 중심적인 문제로 드러난 사항을 해결하기 위해서 상담자와 내담자가 함께 노력하는 것이다. 목회상담을 실시하는 목회자가 문제를 듣고 해결해 주는 전문가가 될 필요는 없다. 오히려 목회상담자는 잠시 길을 같이 걷는 동반자로서 짐을 나누어지고 새로운 측면을 제시해 주며 새로운 목표를 세우도록 도와주고 계속될 여행을 위해 필요한 도움을 제공해 주는 자가 되어야 한다. 그리고 엠마오로 향하던 제자들이 자신들도 인식하지 못하는 구세주와 함께 길을 걸으면서 겪은 경험에서도 알 수 있듯이 만남은 사람의 눈을 열어서 자신의 삶 속에서 역사하시고 자신의 길에 동행하시는 하나님을 인식하게 될 것이다. 물론 진정한 상담자는 생명과 치유의 근원이신 하나님이시다. 이것을 인식하게 되면 내담자와 상담자 모두에게 큰 위안이 될 것이다.

3) 해약의 단계

목회상담은 단순히 두 사람의 만남과 계약이 아니라 두 사람과 하나님 사이의 만남이라는 것을 인식함으로써 상담의 마지막은 더욱 수월하게 이루어지고 종결될 수 있다. 가장 깊은 고통, 혼란, 절망의 순간에 함께 계셨던 하나님은 다섯 차례의 상담이 끝남과 동시에 떠나가시는 분이 아니라 내담자가 걸어가는 인생길에 사랑과 은혜 가운데 계속하여 함께 동행하실 것이다. 어쨌든 상담 자체는 마쳐져야 하며 마지막에 남은 한두 상담에서 이를 위한 준비가 서서히 시작되어야 하는 해약의 단계에 이르게 된다.

(1) 진행과정의 평가

해약의 단계에서 지금까지 진행되어 온 과정들을 평가하는 것은 상담자와 내담자가 수고의 대가를 얻는 시간이라고 할 수 있다. 이들 중 일부는 이전의 상담에서 이미 이루어졌을 수도 있지만 마지막 상담에서 지금까지의 상담들을 통해 알게 된 것이 무엇인지를 간단히 재검토해 보는 것이 좋다. 여기에는 남은 문제들이 무엇인지 검토하는 일도 포함된다. 5회의 상담이 끝나고 나서 모든 문제가 해결되는 경우는 별로 없다. 왜냐하면 아직 완결되지 않은 일부 문제들이 남겨진 상태에서 상담은 막바지에 접어들기 때문이다. 그러나 그들이 상담을 마칠 때에는 앞으로의 목표와 계획을 가지게 될 것이다. 전략적 목회상담의 마지막 단계에서 중요한 과제는 이러한 목표와 계획을 개발시키는 것이다. 마지막 상담을 하기 전에는 몇 주의 공백이 필요하다는 것을 염두에 두어야 한다. 이렇게 함으로써 얻어진 짧은 기간 동안 내담자는 계약의 단계에서 설정한 목표들을 실행해 볼 수 있으며 마지막 상담에서 진행과정에 관한 평가를 할 때에는 자기의 경험을 바탕으로 필요에 따라 목표와 전략을 수정할 수 있다. 이러한 과정을 통해 앞으로 직면할 수도 있는 어려움들을 확인하거나 이러한 문제들을 처리할 수 있는 방법에 관해 생각해 볼 수 있다. 역할극(Role play)이나 기타 형태의 행동 실습(Behavioral rehearsal)을 해 보는 것이 해약 단계를 위해 도움이 될 것이며 특별히 인간관계에서 어려움을 당하고 있는 사람들에게는 큰 도움이 될 것이다.

(2) 전문적인 상담자와 연결

해약의 단계에 이르렀지만 해결되어야 할 중요한 문제들이 여전히 남아 있는 경우들이 있다. 내담자에게 더 도움을 줄 수 있는 다른 사람들을 소개해 주는 도움을 제공하기 위한 가장 이상적인 시기는 계약의 단계에서 이루어져 있어야 한다. 해약의 단계에서 이미 내담자가 새로 소개받은 상담자와 첫 접촉을 한 상태라면 이상적인 방법이라고 할 수 있겠다. 왜냐하면 이것은 목회상담의 마지막 시간에 요구되는 과제인 실제적 경험의 기회를 제공해 주기 때문이다. 개인의 시간, 경험, 수련, 능력 면으로 한계를 인정하는 것은 모든 전문가들이 기본적으로 가져야 할 중요한 자세이다. 그러므로 목회상담자는 자기 지역으로부터 도움을 얻을 수 있는 여러 방면에 대해서 잘 알고 있어야 하며 내담자들이 상담자에게서 더 큰 도움을 얻을 수 있도록 그들과 연결시켜 줄 수 있어야 한다. 이러한 도움은 재산상담(Financial counseling), 조세상담(Tax advice),

법률상담(Legal counseling), 건강상담(Medical), 심리상담(Psychological consultation), 심리평가(Assessment), 심리치료(Treatment) 등 다양한 형태로 제공될 수 있다. 때때로 지역 내에 있는 사회복지기관(Community social service agency)을 통해 내담자에게 필요한 도움을 얻을 수도 있다. 그 밖의 다양한 정신적, 심리적 질환들을 위해서 정신건강전문가(Mental health professional)들의 도움을 의뢰할 수 있으며 일반적으로 심리학자나 전문적인 진료 요원들을 소개하여 집중적인 치료를 받을 수 있도록 도와주는 것이 필요하다.

(3) 합의에 의한 상담 종결

상담을 더 이상 지속하지 않기로 결정할 경우 목회상담자와 성도가 더 이상 만날 만한 심각한 문제가 없다는 데 합의하고 상담을 마치는 경우가 가장 흔하다. 그러나 이러한 결정의 과정이 다소 어려운 상황도 있을 것이다. 목회상담자는 상담이 시작할 때 미리 설정한 제한 사항을 강하게 주지시켜 주는 가운데 성도를 종용하여 그의 요구를 더 훌륭하게 해결해 줄 수 있는 다른 관계를 갖도록 해야 한다. 이와는 달리 목회상담자 자신의 문제로 상담의 종결이 어려워지는 경우도 있다. 상담의 횟수에 관계없이 매번의 상담이 유쾌하고 보람 있게 진행되었을 수도 있으며 이러한 경험은 목회상담자로 하여금 상담을 연장하도록 하는 일종의 유혹이 되기도 한다. 목회상담자가 취해야 할 가장 훌륭한 행동은 서로 간에 동의한 처음의 제한 사항을 고수하는 것이다. 그러나 다섯 번의 상담이 마쳐지는 시점에서 내담자가 중대한 곤경에 처하거나 위기 사태에 직면하였고 적절한 도움을 줄 만한 다른 사람들을 발견하지 못했을 때에는 제한 사항에 대한 예외를 둘 수 있다. 이러한 상황에서는 상담을 몇 회 연장하므로 적절한 조치를 취할 수 있을 것이다. 추가적 상담을 진행할 경우 역시 시간의 제한을 두어야 하며 위기를 수습하기 위한 목적으로 실시해야 한다. 이 단계에서는 성도의 상태를 어느 정도 안정적인 수준으로 회복시키거나 도움을 줄 수 있는 다른 전문가들을 소개해 주는 데 필요한 절대치 이상으로 상담을 진행하지 말아야 할 것이다.

목회상담자는 다른 상담자들을 찾아가지 않으려는 성도들을 도와야 한다는 독특한 위치에 있다. 목회상담자는 자신의 범위를 벗어나는 매우 어려운 문제가 있으나 일단은 자신을 만나 상의하고 싶어 하는 성도들을 대면해야 하는 독특한 위치에 있기도 하다. 그러나 하워드 클라인벨(Clinebell)이 지적한 대로 개인적으로 요청되는 기술을 제대로 갖추지 못한 목회자는 이러한 성도들이 떡을 구할 때 돌을 주게 될 것이다(Clinebell, 1984, p.47). 다른 목회 임무의 성격과 조화를 이루는 동시에 심리학적인 도움과 효과를 줄 수 있는 방법으로 상담하고자 하는 목회상담자들을 위해서 전략적 목회상담은 기본적인 지침이 되어준다.

이상의 제시된 유형의 상담을 수행할 만한 기술을 습득하기 위해서는 많은 시간이 필요할 것이다. 그러나 인간관계에 관한 모든 기술은 연습을 거듭하는 가운데 익혀져야 하며 경험이 많은 목회상담자의 지도 아래 계속적인 평가(Feed back)를 받으면서 실행될 때 가장 효과적이라고 할 수 있다. 이러한 기술을 연마한 목회자는 도움을 갈망하는 사람들에게 하나님의 말씀을 매우 개인적이고 밀접하게 선포해 줄 수 있다. 이것은 큰 열매를 거둘 수 있는 독특한 기회라고 할 수 있다. 이러한 독특한 기회는 목회상담을 통해서만 접할 수 있다. 그러므로 목회자들은 목회상담이 목회의 소명(Call to ministry) 가운데 핵심을 이루고 있다는 것을 인식하고 기술을 연마하고 유용성을 기름으로써 자신 있게 목회상담에 임하게 되며 분명한 방향성을 가지고 책임을 수행할 수 있다.

3. 목회상담을 위한 단기상담

1) 단기상담의 개념

데이빗 G. 베너의 '전략적 목회상담'과는 다른 형태의 '단기상담'(Planned Short Term Treatment)[35]은 '단기 치료법', '단기 정신요법', '시간제한 상담', '긴급 개입' 그리고 그와 유사한 명칭으로 불린다. '단기상담'이란 대부분의 상담자가 신중하고 주의 깊게 상담의 목적과 상담 접촉의 시간을 제한하는 방법을 이용하여 내담자가 당면한 위기에 대해 한두 가지 구체적인 문제에 초점을 맞추어 상담한다. 내담자의 과거를 깊이 살피는 데 많은 시간을 들이지 않으며 내담자의 인격을 바꾸려고도 하지 않는다. 여러 기교를 융통성 있게 활용하여 상담자는 적극적이고 지도적인 성향을 띤다. 어떤 전문가는 25회의 상담을 단기상담이라고 간주하기도 했지만 대부분 훨씬 더 적은 상담 횟수를 갖는 것이 단기상담이다. 심지어 어떤 상담학자는 1회상담을 '단기'라고 제의하기도 했다.[36]

왜 '단기상담'을 해야 하는가? 그 이유는 상담을 받으려는 대부분의 사람들이 짧은 시간에 직접적인 도움을 받는 상담을 원하며 장기치료를 받기 위한 시간이나 금전 혹은 동기를 갖고 있지 않아 필요한 즉각적인 도움 이후에는 장기상담을 받지 않기 때문이다. 단기상담은 주로

35) Richard A. Wells, *Planned Short-term Treatment* (New York: Free Press, 1982), 2. Gary R. Collins, *op. cit.*, 136-37. 재인용.

36) *op. cit.*, 137.

직접적인 문제를 다루고 대개는 상담 접근법을 이용할 수 있는 시간이 있기 때문이다. 또한 늘 바쁘고 과중한 짐을 지고 있는 목회자들은 고질적인 개인 문제를 가지고 끊임없이 문을 두드리는 소수의 딱한 성도들과 장기상담을 할 시간이 거의 없다. 단기상담은 특히 고통 정도가 비교적 적은 사람들에게는 상당한 효과를 거둘 수 있다. 예수님께서도 간략하고 핵심 부분만을 다루는 상담으로 매우 효과적인 사역을 하셨다.[37]

2) 단기상담의 특징

단기 접근법은 몇 가지 특징을 가지고 있는데 첫째, 단기상담에서는 관계가 신속히 구축되어야 한다. 상담자는 장황한 평가를 내리기보다는 문제를 조속히 평가해야 하며 상담 목적을 구체적으로 설정해야 한다. 또한 상담자는 적극적이고 지도력을 겸비해야 하고 새로운 방법과 창의적인 기술을 시도하려는 자세가 필요하다.

둘째, 단기상담에 있어서 내담자는 가능하면 신속하고 효과적으로 해결해야 할 다급한 문제를 갖고 있다. 어떤 전문가는 이런 상담의 경우 근본적인 원인은 다루지 않은 채 증상만을 다룰 뿐이라고 진단한다. 단기상담 상담자는 내담자가 자신의 행동에 대한 깊은 관찰보다도 현재의 증상과 스트레스를 치유하기 위해 상담을 필요로 하고 있다고 응답한다.

셋째, 단기상담은 때로는 집중적인 요법으로 이어지기도 하지만 항상 그런 것은 아니다. 어떤 부류의 사람들이 단기상담으로 도움을 받는가? 단기상담이 모든 사람에게 도움을 준다고 생각되지 않는다. 단기 접근법은 정신 질환에 걸렸거나 깊은 우울증에 빠져 있거나 혹은 지나치게 소극적이고 중독성 질환을 가진 사람에게는 큰 효과가 없다. 또 곤혹스러운 범죄행위와 연루되어 있거나 정신장애로 심리적인 고통을 받고 있는 사람에게도 거의 도움을 주지 못한다. 단기상담기법은 갑작스럽게 문제를 만난 사람이나 예전에 적응 상태가 좋았던 사람, 또는 사람들과 잘 어울리고 자신의 문제해결에 흥미를 갖고 있는 사람에게 적합한 방법이다. 단기적 기법은 자살을 하려는 사람들에게 성공적으로 사용되어 왔다. 그러나 지나치게 의존적이고 화를 잘 내고 불안감이 많은 사람에게는 장기적인 형태의 상담이 더 효과가 있다.

3) 단기상담의 기법

'긴급 심리학'의 발달로 인하여 위기 상황을 잘 대처할 수 있도록 특별히 훈련받은 용기 있

---

37) *Ibid.*, 138.

고 섬세한 '긴급 상황 상담자'들은 위급 상황이 닥친 현장에 곧바로 달려가서 긴장을 완화시켜 주고 화를 풀어주며 당면한 위기에 대처하기 위한 실질적인 제의를 하기도 한다. 이것은 '전략적 치료 개입' 기법으로 알려진 가장 극적인 형태의 '단기상담'이다. 이 기법은 목회자들이 주기적으로 부딪치는 별로 즐거워하지 않는 종류의 상담이기도 하다.

(1) 문제를 분명히 할 것

분별력 있는 상담자는 단기상담에 있어서 일차적으로 다섯 가지 목표를 갖고 있다. 첫째는 희망을 잃었을 때 희망을 심어준다. 둘째는 내담자의 감정 상태를 이해하고 있다는 것을 보여준다. 셋째는 내담자에게 당면한 관심사와 삶의 주요한 문제가 무엇인지를 밝혀 준다. 넷째는 상담을 하기 위해 서로가 받아들일 수 있는 목표를 세운다. 다섯째는 목표를 달성할 수 있을 때까지의 시간을 정한다. 단기상담자는 시계를 주시해서 보지만 참을성 없이 서둘러서는 안 된다. 내담자가 관련이 없는 문제에 대해서 두서없이 이야기할 때에도 기다렸다가 은근히 검토 중인 현안 문제로 되돌아가서 토론한다.

(2) 변화될 수 있도록 고무시켜 줄 것.

상담 목적에 대한 합의가 이루어지면 목적에 이를 때까지 내담자가 변할 수 있도록 도와주어야 한다. 유능한 단기상담자는 사람을 변화할 수 있게 하는 방법을 잘 알고 있다.

(3) 새로운 행동 양식을 배움으로써 변화된다.

단기상담자는 종종 내담자에게 과거에는 문제가 어떻게 처리되었는지에 대해 나눌 것을 요청한다. 예를 들면 어떤 여자는 남편에게 말을 많이 하려고 무척이나 노력했지만 남편이 귀 기울여 들은 적이 없다고 불평했다. 상담자의 요청에 따라 그녀는 남편에게 어떻게 말했는지를 나눴다. 이를 듣고서 상담자는 그녀에게 의사소통에 대한 보다 나은 접근법을 제의할 수 있었다. 그리고 그 접근법을 체계화해서 상담자의 권유를 실천하도록 했다. 단기상담에는 가끔 역할 연기가 포함된다. 처음에는 모든 사람들이 이것에 대해 어색하고 불편하게 느끼지만 '배움-체계화-연습' 단계의 이 접근법은 행동 변화에 효과적인 도움을 준다.

(4) 새로운 기술을 습득함으로써 변화된다

'어떻게' 공부하고 직업을 가지며 다른 사람들과 어울리고 가족들과 상호 교류를 하고 자기 주장을 하며 의사소통을 하고 휴식을 취하거나 스트레스를 다루어야 할지 모르기 때문에 문제가 발생한다. 상담에 있어서 최근 개발된 창의적 접근법은 기술 훈련이 상담직의 중요한 부분임을 강조한다. 다시 말하지만 필요한 기술에 대한 이해와 몇 가지 지시 사항, 기술 개발의 체계화와 연습할 기회가 반드시 있어야 한다.

(5) 생각을 다르게 함으로써 변화된다

상담자는 생각에 따라 어떻게 느끼고 행동하느냐가 결정된다는 것을 알고 있다. 예를 들면 다이어트에 대해 상담하는 사람은 대개 자신의 비만에 대해 당혹하며 매우 낮은 자아상을 갖고 있다. 그들은 몸무게가 줄면 자신감을 갖고 다른 사람들과도 자신 있게 교제한다. 최근에 '인지 심리학'이 대두되어 상담자들 사이에서 인기가 대단하다. 이 접근법은 자신의 문제를 다른 시각에서 보고 자기 파괴적이고 비합리적인 믿음을 제거하는 것이다. 삶의 여러 상황에 대처하여 더욱 분명하고 현실적인 시각을 가지며 비현실적인 사고방식을 없애는 데 도움을 준다. 상담자는 내담자의 생각에 의문을 가질 수 있으며 내담자가 다르게 생각할 수 있도록 강한 설득을 시도할 수 있다. 다시 말하지만 상담자는 새로운 사고방식을 일깨워 주고 체계화시켜 주는 지도자가 되어야 한다. 물론 목회상담자들도 수년 동안 이 접근법을 사용했다. 사람들이 성경의 가르침을 듣거나 불건전하고 죄악된 행동에 대해 지적을 받을 때 사고의 변화가 일어나기도 한다.

(6) 실행함으로써 변화된다

많은 사람들이 생각은 하면서도 행동은 생각처럼 하지 못한다. 어떻게 행동해야 하는지를 모르고 있으며 상담에서 배운 것을 실행하는 것이 부끄러울 수도 있다. 그래서 상담자들이 상담할 때와는 동떨어진 과제나 숙제를 내준다. 상담 시에 내담자가 자신의 주간 활동을 점검하면서 과제를 해 오도록 부추긴다. 내담자는 과제를 통해 상담 시간을 벗어난 실제 삶에서 진정한 변화가 일어남을 알게 된다. 또한 상담자에게 지나치게 의뢰하는 태도를 줄이고 자기 관리와 개인적인 대처 방안 속에서 실질적인 경험을 할 수 있는 도움을 준다. 내담자가 자신이 익힌 새로운 기술을 실행해 본 후 상담자와 추가평가를 한다. 과제를 할 수 없었다면 왜 못했는지 의논한다. 그리고 나면 보다 새롭고 실질적인 과제가 계획된다.

4) 단기상담으로서 1회 상담

단기상담으로 날이 갈수록 이름을 떨치고 있는 한 연구 단체가 정신과 의사인 루이스 올버그(Lewis R. Wolberg)가 20여년에 걸쳐서 저술한 내용을 증명해 보이고 있다. 그것은 '감정이입 요법'으로 단 '1회의 상담'이 유능한 상담자와의 수년 동안의 상담보다 더 많은 변화를 가져온다는 것이다. 최대의 효과를 얻기 위해 단독 상담에는 '인간의 온정과 동정심'을 주는 것 이상의 것이 포함되어야 한다. 상담자는 구체적인 목적과 단독 상담에서 사용되는 기술을 갖추어야 한다. 심리학자인 버나드 브룸(Bemard L. Bloom)은 단기상담과 장기상담, 목회상담에 모두 적용될 수 있는 열두 가지 지침을 작성했다.

(1) 핵심적인 문제를 밝히라

주의 깊게 듣고 상담의 초점이 되는 문제를 밝혀 몇 가지 문제를 제기한다. 가령 다음과 같이 간략하게 표현하라 '당신의 주관심사는 어느 대학에 갈 것인지를 결정하는 것입니다.' '당신은 낮은 자존감에서 벗어나지 않는 한 결혼에 대해 어떤 결정도 내릴 수 없습니다.' '당신은 당신의 아버지를 용서해야 합니다.'

(2) 내담자의 능력을 과소평가하지 말라

상담자는 잠시 동안만 어떤 문제에 관여하게 될 것이다. 따라서 상담이 끝난 후에는 내담자가 스스로 문제를 다룰 수 있도록 내담자의 능력을 믿어야 한다. 상담자의 목표는 내담자가 자신의 힘과 능력을 보다 더 효과적으로 사용할 수 있도록 고무시켜 주는 것이다. 상담자는 내담자에게 하나님이 함께 하시면 모든 것이 가능하다는 확신을 갖도록 하는 것이 중요하다(마 19:26).

(3) 신중하게 행동하라

질문을 던지고 필요하면 정보를 제공하라. 그러나 강의나 설교 혹은 충고를 많이 하거나 상담자 자신에 관한 이야기는 되도록 피하도록 하라. 이것은 정신을 산만하게 할 수 있다. 가능하면 내담자가 말을 하도록 하고 우선은 핵심적인 말과 어휘가 무엇을 의미하는지 확실히 알도록 하라. 복잡한 말을 사용하지 말며 핵심적인 문제에서 벗어나지 않도록 하라.

(4) 상담자는 자신의 해석을 잠재적으로 제시하라

결론을 빨리 내리는 것은 쉬운 일이지만 당신의 속단이 그릇된 결정을 내리게 할지도 모른다. 특히 주의 깊게 듣지 않았다면 더더욱 그럴 것이다. 그래서 해석은 잠재적으로 제시한다. '이렇게 하면…… 어떨지요?' '그러한 것을 생각해 본 적이 있는지……' 등. 내담자가 상담자의 해석을 받아들이지 않는다면 그 결정이 정말 잘못된 것인지도 모른다. 그러나 상담자는 자신의 관찰이 옳았을 것이라고 생각하라.

(5) 감정을 표현하도록 고무시켜 주라

울거나 화를 내도 괜찮다는 것을 알게 하라. 예수님께서도 감정을 표현하셨다. 우리가 감정이 없는 것처럼 가장하거나 감정 표현이 자신의 약점을 보이는 것으로 생각하여 꾸민다면 그것은 잘못된 것이다. 가끔 모순을 지적해 주어도 좋다. 브룸(Dr. Bloom) 박사의 경험은 내담자가 갖고 있는 감정을 분명하고 정확하게 인정하는 것보다 더 효과적인 기술은 없다는 결론을 이끌어냈다.

(6) 문제 풀이 과정을 착수하기 위해 면담 방식을 이용하라

내담자가 무슨 일을 해야 하는지 알 수 있도록 도와주고 어떻게 이것이 성취될 수 있는지 의논하라. 종종 이것은 내담자가 다른 사람들의 한계를 알 수 있게 한다. "당신의 아버지께서 그것에 대해 밝히셨습니까?"라고 물어 볼 수 있다. "아내에게 당신이 얼마나 불안해하는지를 한 번 말씀해 보시지요?" 이러한 제안으로 인해 면담이 끝난 후에도 상담이 계속된다. 어떤 때는 내담자가 잘해내고 있는지 조심스럽게 물어보기 위해 며칠 지난 후 전화를 걸어 주는 것도 도움이 될 수 있다. 이것은 동기를 부여하는 데 도움이 될 수 있다.

(7) 시간을 철저히 유지하라

다급한 것을 좋아하는 내담자는 없다. 상담자는 시간을 의식해야 한다. 문제를 검토하고 분명하게 하며 목표와 문제해결 조치를 확인한 이후 점차적으로 면담을 끝낼 수 있도록 보조를 맞추라.

(8) 지나친 의욕을 보이지 말라

너무 많은 것을 성취하려고 마음을 부추기기도 하지만 효과적인 것은 한 가지 문제에 집중하는 접근법이다. 상담자가 너무 많은 것을 시도하면 내담자는 부담을 갖게 되고 아무런 변화도 일으킬 수 없게 된다.

(9) 사실적인 질문을 최소한으로 줄여라

상담자 자신이 듣고 싶은 것만 물어 보라. 어떤 때는 가족에 대한 인구학적인 정오나 출생지, 직업, 흥밋거리가 상담에 있어서 실질적인 가치가 없는 경우도 있다.

(10) 긴급히 일어난 일에 대해 지나친 관심을 보이지 말라

이따금 어떤 위기 상황이나 과거에 일어났던 일로 내담자가 긴급히 도움을 요청할 수 있다. 이것은 면담이 시작되면 중요하지 않을 수도 있다. 보다 중요한 것은 내담자가 지금 필요로 하는 것이 무엇인지를 아는 것이다. 상담자는 기본적인 질문을 함으로써 그것을 알 수 있다. "당신에게 도움을 주기 위해 제가 무슨 일을 해 드릴 수 있을까요?" 보통 이런 질문은 내담자로 하여금 말을 하게끔 유도할 것이다.

(11) 말을 빙빙 돌리지 말라

처음에 주요 문제에 집중하는 동안 면담이 여러 방향에서 이루어질 수 있도록 해야 한다. 일단 집중하기 위해 주제가 정해지면 산만한 토론은 피하는 것이 좋다.

(12) 내담자가 자기 자신에 대해 알고 있는 것을 과대평가하지 말라

고등교육을 받은 세련된 사람들도 다른 사람이 자기 자신에 대해 명백히 알고 있다는 사실을 잊어버릴 수 있다. 화가 나지 않았다면서 큰소리를 지르거나, 슬프지 않다면서 울며 말하는 내담자를 상담한 적이 있는가? 그렇다면 내담자의 자기 인식에 관해서 살피고 내담자가 이해하지 못하는 것을 지적해 주는 것이 도움이 될 수 있다.

(13) 기타

위에서 제시한 것들에 덧붙여 크리스천 상담자는 지혜를 구하기 위해 하나님을 의지하고 통찰력과 민감성을 갖기 위해 성령님을 의지해야 한다는 사실을 기억해야 한다. 우리는 내담자를 만나기 전에 하나님의 인도하심을 구하고 면담하는 동안 조용히 기도하고 관련된 영적인 문제를 제기하며 겸손한 태도를 유지해야 한다. 단기상담의 목표는 보다 제한적이어야 하며 시간은 보다 효율적으로 사용되어야 한다. 이상의 단기상담의 원칙을 명심한다면 보다 효과적인 상담을 하는 데 많은 도움이 될 것이다.

5) 단기상담의 특별한 형태

단기상담은 여러 가지 형태로 이용될 수 있지만 특히 의도적으로 활용될 때가 있다. 예를 들면 전화 상담, 자살 문제 상담, 위기 대처 상담의 경우이다.

(1) 전화 상담

전화 상담은 거의 모든 사람이 이용할 수 있는 상담이다. 스스럼없이 또한 이용할 수 있고 이용하기가 편리하며 비용도 적게 드는 장점이 있다. 익명으로, 밤낮을 가리지 않고 아무 때라도 이용할 수 있어서 방문하는 것보다 훨씬 덜 부담된다. 전화 상담 요청자는 자신의 외모, 의상, 생활양식, 상담을 방해할지도 모르는 사회적, 물리적 장애물에 대해 염려할 필요가 없다. 또한 미리 약속을 하지 않고도 통화를 할 수 있다.

전화 상담 서비스는 도움이나 정보, 조언 및 위안을 주며 24시간 이용 가능하다. 전화 상담은 지리적인 장애를 초월할 수 있고 상담 기관을 꺼리는 많은 사람들에게 만족스런 상담을 제공할 수 있다. 이같이 전문화된 형태의 단기상담은 '가장 빠르게 성장하는 상담 서비스'가 되었다. 교회는 이러한 종류의 사역에 참여하고 있는가? 상담자들을 훈련시키고 24시간 전화 상담을 해주기 위해 직원을 확충하는 것은 예산도 많이 들고 시간을 요하는 일이다. 자원봉사자가 전화서비스를 해줄 때도 긴급 시에는 '지원 상담'을 해줄 수 있는 전문가가 필요하다. 늦은 밤이나 크리스마스 같은 공휴일에 전화가 많이 오는데 그때는 전화 상담을 할 수 있는 자원자를 찾기가 힘들다. 하지만 교회는 보다 더 제한적인 방법으로 간단한 전화 상담을 해줄 수 있다. 단기상담에서 누구나 이용 가능한 전화 상담서비스보다 더 유용한 상담 통로는 없다.

(2) 자살 문제 상담

대부분 자살 시도는 수주일이나 몇 개월, 심지어는 수년 전에 시작된 인생행로의 마지막 단계다. 자살하려는 사람은 아무 희망도 없이 자주 우울증에 빠지고 화를 잘 내며 외로워하고 무력감에 빠진다. 이들은 마지막 수단으로 종종 자살 방지 센터나 전화 상담 서비스를 의지한다. 결국 대부분이 장기 요법을 받지만 자살 시도의 위기 때는 섬세하게 잘 보살펴 주는 숙련된 상담자로부터 긴급 단기상담을 받아야 한다. 자살하려는 사람은 상담 훈련을 받지 않은 친구나 친척, 동료 신앙인들에게 자주 이야기를 한다. 그 얘기를 들은 친구들은 아마 귀 기울여 듣고 용기를 주는 등 적절한 도움을 주어 자살을 막을 수도 있다. 자살을 막기 위해 지원을 아끼지 않는 친구들의 중요성을 과소평가해서는 안 된다.

전화상담원 및 훈련받은 자살문제 상담자들은 단 몇 분 내에 자살의 위험을 가늠할 수 있다. 귀를 기울여 듣고 일상적인 질문을 던지면 통찰력 있는 상담자는 대개 위기의 원인과 심각성, 위험 정도를 측정할 수 있으며 내담자의 문제 처리 능력 정도도 알 수 있다. 다른 형태의 단기상담과 마찬가지로 상담자는 지도력과 적극성이 있어야 하고 바람직한 제안을 해주어야 한다. 이미 약을 삼킨 사람에게는 긴급 의료 원조를 해주고 때로는 입원 및 위협적인 상황으로부터 이동시켜 주어야 한다. 우울증에 걸린 사람들을 도와주고 당면한 위기에 대처하기 위해 실질적인 인도를 해주며 지원 상담자를 주선해 주어야 한다. 극소수의 교회만이 공식적인 자살방지 센터가 있다. 아직도 많은 크리스천들은 교회 밖에 있는 센터에서 일하고 있다. 대부분의 목회상담자는 교회에 자살 방지 센터도 없이 자살의 위기에 몰린 내담자와 직면하기도 한다. 기도와 동정심으로 보살펴 주며 자신이 지닌 상담 기술을 이용하여 도와주고 성도들과 서로 희망을 나누는 것은 자살을 방지하는 방법이다. 자살 상담 역시 목회상담자에 의해 효과적으로 행해지는 전문화된 형태의 단기상담이다.

(3) 위기 상담

대부분의 사람들이 종종 위기를 맞게 되면 상담자로 목회자를 찾아간다. 경험이 많은 위기대처 상담자는 복합적인 문제에 직면하게 된다. 첫째로 '문제개요 설명'이 있다. 이것은 상담자가 경청한 후 가장 근본적이고 다급한 내담자의 요구가 무엇인지 결정할 때 필요하다. 그 다음에 '평가'가 이어진다. 여기에는 위기의 심각성을 규정하려는 시도가 있는데, 이것은 내담자에게 영향을 미치게 되어 자신의 능력을 평가해 볼 수 있다. 그리고 사회 체제 속에서 어떤 주위 환경 지원이 가능한지를 찾아볼 수 있다. 다음 임무인 '약정'은 상담이 효력을 발생할 것이라는 목표를 갖고 있는 내담자와의 간단한 토론이다.

위기에 개입하는 일은 위에 있는 세 단계가 끝난 후에 본격적으로 시작된다. 위기 대처 상담자는 귀 기울여 듣고 내담자가 말할 수 있도록 용기를 주고 그가 도움을 받을 수 있는 친구의 이름도 말하게 한다. 때로는 문제에 직면하고 실질적인 정보를 제공해 주고 여러 가지 문제에 대처하는 접근법에 대해서도 토론한다. 조언이나 제안을 하기도 하며 하나님으로부터 오는 도움의 손길에 대해서 이야기하고 가끔 과제물을 내주기도 한다. 위험이 사라지기 시작하면 상담이 종결 단계로 넘어간다. 이후에는 추가 권유를 하기 위해서 전화 상담이나 개인 방문이 뒤따른다. 단기 접근법을 다루고 있는 연구가 최근 들어 급증하고 있다. 이제 전문가들은 목회자들이나 경찰관들이 수년 동안 실시했던 것과 유사한 단기 접근법의 가치를 확인하고 있다.

Ⅳ. 댄 엘린더와 로렌스 J. 크렙의 격려 상담

1. 격려 상담의 개념

격려를 통한 상담은 주님과 좀 더 친밀히 동행할 수 있도록 서로에게 자극을 주되 서로를 사랑하고 선을 행함으로써 그리스도 안에서의 우리의 지위에 속한 진리에 따라서 온전한 생활을 하도록 서로를 격려해야 한다는 히브리서 10:19-25와 3:12-14에 근거한 상담이론이다. 서로 격려할 것을 우리에게 교훈하는 히브리서의 핵심적 구절이 '격려'를 나타내기 위해 사용하는 단어는 문자적으로는 '분발시키다(Stir up), 자극하다(Provoke), 어떤 일정한 방향으로 사람들을 충동시키다'는 뜻이다. '말로 격려한다는 것'은 여행 중인 어떤 사람과 동행하면서 장애와 피곤에도 불구하고 그가 계속 여행할 수 있도록 그에게 격려의 말을 해준다는 개념을 포함한다. 성도들은 말을 사용하여 서로를 격려하는 법을 배워야 한다. 사람들이 상처를 받지 않기 위해 방어층으로 자신들을 감쌀 때에는 말이 격려의 기능을 다할 수 없다. 자신을 보호하겠다는 필요성에서 비롯된 말은 자신의 잇속만을 차리는 것이며 따라서 남을 격려해 줄 수가 없다. 사랑에서 나오는 말만이 격려의 효과가 있다. 사랑과 상호 간의 관심이 넘치는 참된 공동체가 발전하려면 층대층(Layer-to-layer)의 교제가 제거되어야 한다. 그러한 교제에 대한 해결책은 우리의 꺼풀들을 벗어버리고 모든 것과 감정을 서로에게 용기 있게 노출시키는 것이 아니다. 물론 우리는 하나님 앞에 우리를 노출시키고 우리의 죄악됨을 고백해야 한다. 그러나 사람들에게 자신을 '전적으로 개방하는 것'은 대개는 다른 사람들로 하여금 우리를 있는 그대로 용납하도록 만들고자 하는 욕구에서 비롯되는 것은 잘못된 것이다. 우리가 필요로 하는 '용납됨'(Acceptance)을 얻기 위해서 우리는 오직 하나님만을 의지해야 한다. 따라서 격려상담이란 상담자가 내담자의 사정을 충분히 들어주어 내담자로 하여금 카타르시스(Catharsis)를 경험하게 함으로 내담자 자신도 예수 그리스도안에서 한 지체라는 것을 깨달아 위로받게 하여 자신의 문제를 스스로 해결해 나갈 수 있도록 자극을 주는 상담적인 대화라고 할 수 있다.

2. 격려 상담의 조건

우리가 느끼는 것을 누군가에게 언제 말해야 하는가? 격려하는 일에 헌신한 사람들은 격려해 주려는 노력에 방해가 되는 여러 가지 다양한 감정들을 경험할 것이다. 우리가 부정적인 감정을 느낄 때에는 어떻게 해야만 격려하는 데 헌신하기로 한 결단을 계속 유지할 수 있을까? 인간에게는 다음 세 가지의 방법으로 자신의 감정을 조절할 수 있는 능력이 있다. 이 세 가지의 전략을 시험해 보고 어느 것이 격려하는 일을 조장시켜 주는지 가려내 보자. (1) 억제(Repression) (2) 표현(Expression) (3) 인정, 그리고 목적에 합당한 표현(Acknowledgment and Purposeful Expression) 등이다.

◈ 전략 I: 억제

사도 바울은 "어떻게 말할 것인가"에 대해 주의하라고 가르치기 이전에 서로 간에 "참된 것을 말하라"는 것과, 분노를 화해하는 방향으로 빨리 처리하라는 것을 가르쳤다(에베소서 4:25-26). 분노를 느끼고 있는 사람은 죄라는 절벽의 가장자리에 서 있는 것과 같다. 화가 나 있을 때는 상대방에게 미칠 영향도 생각지 않고 자신의 감정을 타인에게 터뜨림으로써 죄짓기가 쉬운 것이다. 그러나 화나지 않은 체함으로써 감정을 억제한다고 해도 그것이 해결책이 되는 것은 아니다. 하나님은 때때로 우리를 하도록 우리를 부르신다. 우리는 종종 분노와 화를 느끼기도 할 것이다. 감정을 억제시킬 수 있다는 것은 영적으로 성숙했다는 인상을 줄지도 모르지만 그것은 진정한 성숙을 촉진시켜 주지 못한다. 감정의 억제는 긴장감만 더해 줄 뿐이며 엉터리 격려를 하게 만든다. 좋지 못한 감정들을 부인하는 것으로써 힘을 삼고 있는 사람들은 깊은 격려가 될 만한 위력을 지닌 말을 할 수 없다.

◈ 전략 II: 표현

심리학자들 사이에 "에클레시오제닉 신경증"(Ecclesiogenic neurosis)이라고 불리는 것에 대해 간혹 이야기하는 경우가 있는데 그것은 교회에서 그 기원을 추적해 볼 수 있는 감정의 무질서 상태를 말한다. 감정을 조절하는 데 대한 성경적 전략은 무절제한 표현도 아니고 신경과민적인 억제도 아니다. 억제는 심리적 긴장감을 유발하여 방어층을 더 두텁게 만들고 결과적으로 격려하는 일을 방해한다. 무분별한 표현은 내면에서 격한 감정이 격동하고 있을 때에조차 그리스도의 능력을 체험할 수 있는 기회를 사람들로부터 앗아간다. 이 전략 역시 격려자가 되려는 우리의 노력에 도움이 되지 못하는 것이다.

◈ 전략 III: 인정-목적에 합당한 표현

강렬하고 거친 감정을 표현하는 것이 옳을 때가 있다. 우리 주님께서 돈 바꾸는 자들을 성전 밖으로 몰아내신 것이 성경에 나타난 분명한 한 예이다(막 11:12 이하 /요 2:12 이하). 다른 사례는 베드로가 유대화된 사람들의 압력 앞에 굴복했을 때 바울은 "저를 면책하였노라"(갈 2:11)고 했다. 단순한 분노가 아닌 깊은 슬픔과 고뇌는 정당하게 타인에게 알려질 수 있다. 화가 났을 때 유능한 격려자는 어떻게 해야 하는가? 그는 자신의 분을 억제해서는 안 된다. 그렇다고 해서 자기의 임무를 생각지 않고 그것을 있는 대로 표현해서도 안 된다. 결말에 대한 두려움 때문에 자신의 분을 나타내지 않기로 해서도 안 된다. 이러한 상황에서 "인정, 그리고 목적에 합당한 표현"이라는 원칙은 4단계로 작용할 수 있을 것이다.

첫째, 그는 자신의 목표와 욕구를 재정비하면서, 그리고 봉사의 목적에 자신이 헌신했다는 사실을 재확인하면서 주님과 함께 하는 시간을 가져야 한다.

둘째, 그는 모임의 인도자에게 친절을 보여 줄 방도를 모색함으로써 남에게 봉사하는 것이 자신의 목표임을 확인해야 한다.

셋째, 이 일이 안고 있는 미묘한 문제에 대해 자신이 민감하게 반응하고 있다는 사실을 아내에게 알리고 또한 언제 어떻게 말해야 할 것인가에 대한 조언을 얻기 위해 아내와 의논해야 한다. 그런 다음, 그는 전술한 바와 같이 화해하려는 목적을 갖고 자신의 감정을 그 화나게 만드는 형제에게 알려야 한다.

넷째, 그 형제가 화를 내며 몸을 움츠리든지 혹은 부드러운 태도로 사과하든지 간에 그 형제를 위해 계속 기도해 나가면서, 또한 그에게 사랑과 관심을 보여 줄 적당한 방법을 찾음으로써 그를 적극적으로 용서해야 한다.

격려자들은 자신의 감정을 어떻게 다루어야 하는가? 사람은 절대로 감정을 억제해서는 안 된다. 언제나 자신의 감정을 하나님과 자기 자신에게 완전히 고백해야 한다. 그렇게 해야 느헤미야 1장 4절에서 보여주는 것처럼, 자기감정의 무게를 개인적으로 충분히 체험할 수 있다. 그 다음, 자신은 남에게 봉사한다는 목표에 헌신했다는 점을 재확인, 재의식하여 그러한 감정들을 표현하는 것이 하나님의 목표를 이루는 데 도움이 되는지 안 되는지의 여부를 결정해야 한다. 편견을 갖지 않은 성숙한 성도에게서 얻는 조언이 그 어려운 결정을 내리는 데 도움이 되는 경우가 많다. 만약 표현하는 것이 적합하다고 판단되면 그는 관계된 사람에게 그 감정을 알려야 한다. 그렇지 않다고 판정이 내려지면 그 감정들을 부인하는 편을 택해야 한다. 전자의 경우에는 그 감정을 표현하는 것이 하나님을 섬기는 행위였듯이 말이다.

우리들 대부분은 영적으로 얼마나 성숙했는지에 상관없이 분노나 염려 혹은 탐욕과 같은 부정적 감정들을 체험할 것이다. 격려자들은 그러한 감정들이 억제될 수도, 표현될 수도, 인정되어 성취해야 할 목적에 따라 선별적으로 표현될 수도 있다는 것을 깨달아야 한다. 감정 억제는 가식을 포함한다. 그러나 성경은 현실을 부인하는 것을 결코 허락지 않는다. 다른 사람의 안위에 개의치 않고 감정을 표현하는 것은 이기적인 관용이다. 억제나 무분별한 표현, 이 양편 모두가 부정적인 감정을 다루는 방법으로서는 성경적인 전략에 부합되지 않는다. 격려자들은 자기 자신으로 하여금 자기감정의 무게를 충분히 느끼게 해야 한다. 그러나 그것을 표현하고 안 하고는 하나님의 목적에 도움이 되는지 안 되는지에 따라 결정해야 한다. 남에게 봉사한다는 목적에 자발적으로 복종하기 위해서가 아닌 그 어떤 다른 이유에 의해서 감정 표현하기를 거부하면 개인적인 어려움이 생긴다. 남을 위해 봉사한다는 골격 내에서 인정된 감정들을 선별적으로 표현하는 것이 부정적인 감정을 다스리기 위한 성경적인 전략이다.

3. 격려상담의 과정과 방법

1) 격려 상담의 전제

(1) 격려는 어떻게 작용하는가?

격려를 특정한 말이나 문장을 나열하는 것으로 생각하면 오산이다. 격려는 우리가 쓰는 말보다는 그 배후에 있는 동기에 더 의존하고 있다. 격려하는 말은 사랑이 동기가 된, 그리고 두려움을 표적으로 하는 말이다. 격려의 말은 이 두 가지 조건을 충족시켜야 한다. 이 조건들을 좀 더 상세하게 살펴보자.

★ 조건 I: 격려의 말은 두려움에 의해서가 아니라 사랑에 의해서 고무된다. 즉, 화자에게 있어서 그가 하는 말은 절대로 층(layer)으로서 작용해서는 안 되는 것이다.

★ 조건 II: 격려의 말은 타인의 꺼풀을 재배열할 의도로 그것을 겨냥하는 것이 아니라 타인의 숨겨진 두려움을 없애 줄 의도로 그 두려움을 겨냥한다.

◈ 조건 I: 사랑에 의해 고무될 것

기독교는 시작부터 끝까지 말려드는 것(Involvement)이다. 사랑으로써 누군가의 일에 말려드는 것에 대한 예로써 성육신보다 더 위대한 본보기는 없다. 문자 그대로 하나님께서는 거룩한 공의가 죄악된 인간에게 요구하는 무서운 징벌을 감내하시려는 명확한 목적을 위해 인간이 되셨다. 승천하신 구세주는 아직도 성육신하신 모습으로 계시므로 우리의 모든 시험과 시련 가운데서 우리에게 말씀하실 수 있으며 다른 사람들의 삶에 말려드는 삶을 살라고 명하고 계신다. 우리는 기뻐하는 자와 함께 기뻐하고 우는 자와 함께 울며 신령치 못하게 된 것은 원래대로 회복시키고 제멋대로 행하는 자들을 경계하고 약한 자는 강하게 하라는 명령을 받았다. 간단히 말해서 우리는 말과 행동으로 타인을 격려하여 그들이 거룩함을 좇는 길을 가도록 재촉해야 한다(롬12장). 격려해 줌으로써 타인의 삶에 영향을 끼치도록 우리를 자극시키는 유일한 동기는 사랑이다. 우리의 말은 하나님과 인간을 위한 거짓 없고 순수한 사랑으로부터 나오는 것이다.

◈ 조건 II: 두려움을 겨냥할 것

격려가 되기 위한 말은 그 동기가 사랑이어야 한다는 것이 첫째 조건이다. 두 번째 조건도 마찬가지로 중요하다. 즉, 격려의 말은 두려움을 향해 가야 한다. 나의 사랑으로부터 상대방의 두려움으로 방향을 잡아야 하는 것이 원칙이다. 비난의 말, 권면의 말, 암시의 말, 가르침의 말 혹은 동정의 말도, 만일 그것이 하나님의 목적 성취를 돕기 위한 것이라면 그리고 격려의 말로서의 자격을 갖기 위한 것이라면 모두 이 두 조건을 충족시켜야만 한다. 하나님의 완전한 사랑은 모든 두려움을 몰아낸다. 초라하며 다행스럽게도 향상되고 있긴 하지만 여전히 그분의 사랑에 대한 빈약한 모방일 뿐인 우리의 사랑은 두려움을 줄일 수 있다. 자신의 두려움이 누군가의 통찰력으로 말미암아 노출되고 사랑에 의해 완화될 때 사람들은 격려를 받는다. 격려한다는 것은 사랑에 의해 유발된 말, 그리고 두려움을 향해 가는 말을 하는 것이다.

이상과 같이 격려의 말은 말하는 사람의 사랑이라는 동기에 의해 유발되며 듣는 사람의 두려움을 향해 간다. 말하는 사람의 두려움에 의해 유발된 말, 그리고 듣는 사람의 방어 조직으로 향하는 말은 긴장감만을 조성한다. 그것은 격려가 아니다. 사랑으로부터 말할 수 있기 위해 격려자들은 모든 것이 다 그를 버려도 그리스도께서는 버리지 않으실 것이라 확신함으로써 다른 사람들과의 관계 손실 등 자신이 두려워하는 것을 기꺼이 감내해야 한다. 오직 그리스도와의 관계에만 의존하면서 격려자들은 인간은 소중한 존재인 동시에 두려워하는 존재이기도 하다는 것을 계속 인식하고 있어야 한다. 자신이 하는 모든 말 가운데 그 깨달음을 반영함으로써 그들의 말은 타인에게 격려가 되는 것이다.

2) 격려하기 위한 기회들

교회에서 예배하며 배우며 교제하는 시간을 통하여 이기적이고 편협하고 부정직하고 교활하고 어리석고 냉담하고 무감동하고 무감각하고 교만할 수 없다. 하나님의 훌륭한 백성들과 함께 모여 있을 때 우리는 서로를 격려할 기회를 가질 수 있으리라 기대한다. 어떻게 그런 기회를 찾을 것인가? 우리의 대화가 요점 없는 잡담, 얼굴 찌푸리고 하는 불평, 하찮고 진부한 말들로 이어질 때 어떻게 격려하는 말로 살짝 말머리를 돌릴 기회를 가질 수 있겠는가? 이 질문에 실제적으로 대답하기 위해 다음과 같은 두 가지 사항을 기억해야 한다.

첫째, 사람들과 이야기를 나눌 때 우리가 해야 할 일의 목표를 의식적으로 선택하지 않는 한 격려할 기회가 언제인지 깨달을 수는 없을 것이다.

둘째, 상대방에게 잠재된 필요를 민감하게 인지했음을 표현할 때 격려할 만한 숨겨진 기회는 모습을 드러낼 것이다.

(1) 우리 임무의 목표

우리는 서로를 도와주려는 목적을 능동적으로 추구해야 한다. 물론 이런 이상은 말로 하는 것보다 실행하기가 어렵다는 것이 문제이긴 하다. 내 관심사는 남에게 도움을 주려는 이 목표를 돌아오는 주일 아침, 그 목표에 의해 무언가 실행할 수 있는 수준으로 낮춰 잡아 보자는 것이다.

(2) 문제를 감지했음을 말로 표현하라

우리의 목표가 봉사하는 것이라면 우리는 격려할 기회를 적극적으로 찾을 것이다. 하지만 그런 기회가 언제인지 어떻게 알아차릴 것인가? 우리는 어떻게 해야 하는가? 격려가 필요할 것으로 보이는 사람에게 다가가 그의 어깨에 손을 얹고 동정이 담긴 눈빛으로 "이봐, 자네를 격려해 주러 왔어"라고 해야 할까? 격려의 기회를 발견하고 그 기회를 이용해야 할 이 일에 관해 우리는 정확히 어떻게 해야 하는가? 기회를 창조했다기보다 포착했을 때 우리는 가장 효과적인 격려를 할 수 있다. 감정을 모두 나타내 보여 그 충분히 노출된 감정을 생생하게 극적으로 교환하는 것이 바로 격려라고 생각하는 것은 잘못이다.

격려의 위력은 주로 말에 있는 것이 아니라는 사실을 기억하라. 격려의 위력은 말의 배후에 있는 동기에 있다. 평범한 만남의 자리에 임할 때에도 만일 민감한 귀, 봉사하려는 동기로 고무된 마음, 사랑이 있는 가슴으로써 임한다면 우리는 격려할 기회가 부족하다고는 느끼지 않을 것이다. 하지만 그렇다고 해도 그 기회들을 어떻게 찾을 것인가?

성도들이 모인 곳에서 서로를 격려할 기회가 헤아릴 수 없이 많지만 그들은 그것을 알아차리지 못하고 지나는 경우가 많다. 누군가를 격려할 수 있는 기회가 언제인지 알아차리기 위해 사람들은 다음 두 가지 조건을 충족시켜야 한다. 먼저 그들은 다른 사람들과 교제할 때 자신의 목표는 격려하는 것이라는 사실을 의식적으로 자기 자신에게 주지시켜야 한다. 그리고 그들은 사람들이 보통은 자신들의 문제를 공공연히 드러내놓지 않는다는 사실을 깨달아야 한다. 그보다 사람들은 뭔가 잘못되어 가고 있다는 사실을 알 수 있을 만한 힌트를 살짝 비추는 경우가 많다. 형제 혹은 자매가 뭔가 감춰진 필요를 드러내 놓으려 한다고 느껴질 격려자는 민감하게 그들의 말에 대응해야 한다.

(3) 기회의 응답들

격려는 어떤 말을 선택하는 데 근거한 기술이 아니다. 격려란 다른 사람을 가치 있는 존재로 보면서 그런 견해에 따라 그들을 대하는 데 전력하는 태도를 말한다. 하지만 격려하는 데는 말이 필요하다. 즉, 해야 할 적당한 말을 선택하는 문제에 부딪치는 일이 불가피한 것이다. 격려의 몇 가지 원칙들을 규정해 봄으로써 이 문제에 접근해 보는 것도 도움이 될 것이다. 상처받고 있는 사람에게 이야기할 때 우리가 이 원칙들을 마음에 새기고 그 원칙들에 조화되는 말을 하고자 노력한다면 우리가 하는 말은 아마도 격려의 효력을 갖게 될 것이다.

첫째, 격려의 본질은 문제를 노출시키고도 거절당하지 않는 것이다.

둘째, 때로는 충고해 주는 것보다 이해해 주는 것이 더 격려가 될 때도 있다.

셋째, 정확히 이해할수록 우리의 말은 더 격려가 된다.

◈ 원칙 I: 격려의 본질은 문제를 노출시키고도 거절당하지 않는 것이다.

꺼풀의 중심 기능은 보호하는 것이다. 꺼풀 뒤로부터 밖으로 나온다는 것은 보호 장치의 상실을 의미한다. 문제를 노출당한 사람은 어떤 형태이든지 거절을 체험해야 할 선상에 있는 것이다. 성도들은 예수의 흘리신 피로 인해 모두 하나님께 받아들여지는 것이다. 그러므로 격려한다는 것은 근본적으로 자신의 필요와 과오를 노출당한 그 사람을 받아 들여 주는 행위에 달려 있는 것이다.

◈ 원칙 II: 때로는 충고해 주는 것보다 이해해 주는 것이 더 격려가 된다.

사람들이 자기의 걱정거리를 털어놓았을 때 우리들 대부분은 곧 압박감을 느낀다. "지금 뭐라고 말해야 하나? 어떻게 도와 줘야 하지? 어떻게 해야 한다고 말해 줘야 할지 모르겠어." 하지만 이러한 부담감은 자기 스스로 짊어지는 것이다. 우리는 다른 사람의 문제를 해결해 주기 위해서 그것을 스스로 부과했다. 그래서 우리는 해결책을 찾아내야 할 부담감을 느끼는 것이다. 걱정을 털어놓은 사람이 정말 우리에게 해결책을 요구하고 있다고 지레 짐작하는 것이 우리의 실수이다. 격려자가 해야 할 일은 이해하고 받아들여 주는 것이다. 물론 성경의 가르침에 기초한 직접적인 충고도 어떻게 해야 할지 모르는 사람을 도와주는 필수적인 부분이긴 하다. 하지만 격려의 독특한 업무는 용납됨으로써 자기 자신을 개방하여 좀 더 기꺼이 좋은 충고를 취할 수 있도록 사람들을 준비시키는 것이다.

◈ 원칙 III: 정확히 이해할수록 우리의 말은 더 격려가 된다

격려자들은 상대방이 걱정거리를 털어놓을 경우 거절하지 않고 받아들여 줄 준비를 하고 그 사람이 말하는 모든 것을 민감하게 이해해야 할 뿐만 아니라 사람의 가치에 대한 인식을 증대시키는 말을 해야 한다. 그렇게 하기 위해 격려자들은 한 사람을 가치 있게 이해해야 할 필요가 있다. 이와 같이 사람들은 대화의 문을 엶으로써 타인의 삶에 자신의 삶을 연관시키는 데 저항감을 느낀다. 그런 저항감이 생기는 한 가지 이유는 만일 다른 사람이 문을 열고 개인적인 고통을 드러내 보인다면 뭐라고 말해야 할지 모를 것이라는 이해할 만한 두려움 때문이다. 우리는 이 두려움이 모든 드러난 문제들에 대해 해결책을 제시해야 한다는 부담감을 스스로 짊어진 데 대한 결과라는 사실을 잘 알고 있다. 하지만 그런 부담감은 격려의 본질을 잘못 이해하고 있다는 것을 반영한다.

격려는 다음 세 원칙이 적용되고 있음을 나타내 주는 과정이다. 첫째, 필요 혹은 문제점이 노출되어 놓여 있을 때, 격려의 말은 그것을 받아들인다는 의사를 표현한다. 둘째, 문제를 이해하기 전에 주는 성급한 충고는 그 사람과 그 사람의 문제에 대한 경멸의 뜻을 전달해 준다. 셋째, 사람들의 근본적인 두려움은 자신들이 필요로 하는 것-사랑과 목적-을 상실하는 데 대한 두려움을 포함하기 때문에 격려의 말은 당신을 받아들였다는 것, 그리고 당신이 이 세상에 끼친 영향을 알고 있다는 것을 상대방에게 전달하는 말이어야 한다.

3) 격려의 기술 I

(1) 격려자의 3가지 원칙

격려자는 자기 말의 위력을 알아야 하고 자신의 성도들을 올바로 세워 주는 데 그 힘을 사용해야 한다. 잠언서에는 격려자가 말을 할 때 그의 지침이 되어줄 세 가지의 원칙이 나타나 있다.

◈ 원칙 I: 말하기를 더디 하라 (잠언 11:18, 13:3, 17:27-28, 29:20)

인간의 듣는 속도는 말하는 속도보다 적어도 세 배 이상 빠르다고 연구가들은 말한다. 이 말은 공상에 잠기거나 일주일 분의 식단을 짜거나 좋아하는 곡조를 콧노래로 흥얼거리면서도 옆 사람이 떠드는 소리를 들을 수 있다는 사실을 시사한다. 잠언 18장 13절에서는 "사연을 듣기 전에 대답하는 자는 미련하여 욕을 당하느니라"고 말씀하고 있다. 격려자로서 우리는 말하기를 더디 해야 하며 그래서 다른 사람이 말하는 것에 집중할 수 있어야 한다. 그때 우리는 상대방이 털어놓은 걱정거리에 적합한 말을 하게 될 것이다.

◈ 원칙 II: 민감하게 말하라

격려자는 자기 자신에게 다음과 같은 질문을 해야 한다. 이 사람의 마음을 움직이는 데 어떤 말이 가장 효과적일까? 이 사람이 그리스도 안에서 장성하는 것을 도와주기 위해 현재의 상황이 내게 요구하는 것은 무엇인가? 민감하게 되기 위해서는 상황을 확실히 이해할 것과 다른 환경에서 사람들은 일반적으로 어떻게 느끼는가에 대해 기본 지식을 갖고 있을 것이 요구된다. 임무 완수에 실패한 사람에게 어떤 말로 응답하기 전에 나는 일이 사람보다 덜 중요하다는 점을 나 자신에게 상기시켜야 한다. 내가 말로 하는 응답에는 실패한 사람에 대한 사려깊은 염려가 반영되어 있어야 한다. 오직 그때에만이 임무 완수에 관한 부정적인 피드백(Feedback)은 건설적 비판으로서의 자격을 가질 수 있을 것이다. 만일 내가 그런 민감성을 발휘하지 않는다면 나의 논평은 파괴적이 될 것이다.

◈ 원칙 III: 부드럽게 말하라 (잠언 13:1, 26:21)

쨍그렁거리는 말은 사랑이 아닌 다른 동기에 의한 말이다. 사방이 그런 소음으로 가득 차 있다. 능력을 시위하기 위해, 성공을 과시하기 위해, 다른 사람을 통제하기 위해, 명성을 높이기 위해 하는 말들이 너무 많은 것이다. 그러므로 부드러운 말은 양들을 가장 완전한 길로 인도하는 목자의 지팡이에서 느끼는 부드럽고 안정된 촉감을 닮을 수 있다. 부드러움의 정도는 어조의 문제라기보다는 동기의 문제이다.

(2) 격려를 방해하는 대응 자세

격려하는 말의 이러한 세 가지 간단한 특성에 주의를 기울일 때 이러한 원칙에 위배되는 몇 가지 언어상의 습관을 정확히 지적해 보는 것도 도움이 될 것이다. ① 방어적 혹은 설명적인 말을 피하라 ② 사과하라: 당신에게 불평하는 누군가에게 대처하는 또 하나의 빈번한 방법은 사과이다. ③ 공격 또는 마음 아프게 하는 말을 피하라. ④ 교정: 격려를 방해하는 것에는 "당신은 마땅히 느껴야 할 것을 느끼지 못하고 있다"고 누군가에게 말하는 것도 포함된다. ⑤ 성급한 충고: 누군가 자기 문제를 털어놓을 때는 해결 방안을 듣기 전에 먼저 자기 자신이 상대방에게 이해되기를 원한다. 우리는 이렇게 문제를 먼저 이해하지도 않고 충고를 주는 경우가 많다. 성급한 충고는 정작 문제점을 놓쳐 버리는 결과를 낳은 것이다.

상대방을 낙담케 하는 이 다섯 가지 태도는 자기감정을 털어놓는 사람을 거절하는 것과 마찬가지인 여러 가지 태도 중의 일부에 지나지 않는다. 우리는 말하기를 서두르지 말 것, 민감하게 말할 것, 부드럽게 말할 것, 이 세 가지의 원칙에 위배되는 태도를 보이지 않도록 주의해야 한다.

4) 격려의 기술 Ⅱ

(1) 말로 표현되지 않은 메시지

당신이 말하고 있는 동안 당신의 뒤쪽 벽을 응시하고 있는 사람과 이야기해 본 적이 있는가? 당신이 마음을 털어놓고 있는 동안 책상 위에 놓인 종이를 이리저리 옮기고 있는 사람과 이야기해 본 적이 있는가? 말로 표현되지 않은 이와 같은 행동은 '나는 당신이 말하고 있는 것에 특별한 관심이 없습니다. 서둘러서 이야기를 끝내 주시겠습니까?'라는 뜻을 분명히 전해 주는 것이다. 그럼 우리는 비언어적인 메시지를 통하여 의사 표현하며 그리고 어떻게 말이 없이도 타인을 격려할 수 있을까?

① 상대방과 정면으로 마주 보라. 누군가의 측면에 선다는 것은 '당신은 내 관심권의 중심이 아닙니다'라고 말하는 것과 같다.

② 상대방과 솔직하게 대하라. 팔짱을 끼고 다리를 꼬고 앉아 있는 자세는 상대방과 거리를 두고 있으며 가까워지는 것을 원치 않고 있다는 의사를 전달한다.

③ 몸을 앞쪽으로 굽히라. 상대방을 향하여 당신의 위치를 정하라. 몸이나 머리를 약간 앞으로 기울인 자세는 상대방에게 세심한 관심을 갖고 있음을 나타낸다.

④ 눈으로 접촉하라. 눈으로의 접촉은 상대방을 냉혹하게 응시하는 한 극단과 상대방의 눈이외의 모든 것을 다 바라보는 또 다른 극단을 피할 수 있다. 어떤 연구가들은 눈으로 접촉하는 시간의 길이가 그 사람들의 관계의 친밀도를 측정하는 아주 좋은 척도라고 지적하고 있다. 말하는 사람은 눈으로의 접촉이 불편하면 그것을 중단하기도 한다. 그러므로 듣는 사람은 눈으로의 접촉을 아주 안정감 있게 유지해야 한다.

⑤ 마음의 긴장을 풀라. 자연스럽고 편안하게 행동하라. 당신이 칭찬해 주고 있는 사람이 앉아 있는 자세와 똑같이 앉음으로써 그 사람을 흉내내지 말라. 이 다섯 가지의 원칙은 머리글자만 따서 간단히 SOLER라고 기억해 두면 좋다.

S: 정면으로 마주 보라(Squarely face).

O: 솔직하게 대하라(Openly face).

L: 몸을 앞으로 굽히라(Lean forward).

E: 눈으로 접촉하라(Eye contact).

R: 마음의 긴장을 풀라(Relax).

(2) 네 가지 언어상의 기술

격려자들은 선한 동기들을 대신하는 것이 아니라 그것들을 적절히 표현하는 데 도움을 줄 네 가지의 기술 혹은 기초를 알고 있어야 한다.

① 반사(Reflection)

우리들 대부분은 다른 사람에게 있는 흠집은 주의해서 보면서도 우리 자신에게 있는 오류는 그냥 눈감아 주는 일에 익숙해 있다. 상담을 요청하러 온 남편과 아내들은 상담자가 내버려두는 한, 자신의 배우자가 화가 나서 어떻게 행동했는지를 자세하게 재연해 보이느라고 상담 시간의 상당 부분을 소비한다. 그들의 기억력은 다른 사람의 노여울 행동을 회상해 내는 데 그 기능을 아주 잘 발휘하는 것이다. 그러나 궁지에 빠져 있는 사람에게는 기억이 잘 떠올려지지 않는 경우가 많다. 그런 사람에게는 주의력이라는 것이 전혀 없다. 우리가 잘못한 일, 우리의 실제 느낌과 동기들을 자각하고 싶지 않은 일에 대해 선택적으로 무관심하게 되는 것은 당연한 일이다. 그래서 때때로 격려자들은 상대방이 진실로 무엇을 느끼고 무엇을 하고 있으며 무엇을 추구하는지 되비춰 주는 거울이 되어야 할 필요가 있다.

이러한 반사의 말은 상대방의 말에 함축된 의미를 정확하게 보여준다. 이는 주의가 요구되는 진정한 문제점을 말하는 사람에게 되비추어 주는 것이다.

② 명료화(Clarification)

효과적인 의사소통에 있어서 가장 큰 방해물은 다른 사람이 무엇을 말하고 있는지 알지도 못하면서 알고 있다고 생각하려는 경향일 것이다. 언어는 다면체의 보석과 같다. 보석을 빛 아래서 돌려보면 색깔이 변하는 것처럼 우리가 누군가의 말을 다른 각도로 생각해 보면 곧 그 말이 주는 의미의 새로운 면이 뚜렷하게 나타난다. 상대방의 말을 명료화하는 기술은 말의 진정한 의미에 도달할 수 있을 만큼 여러 각도에서 우리가 그 말을 연구했는지의 여부를 판단하는 데 필요하다. 상대방의 말을 명료화하는 것은 말하는 사람으로 하여금 사람의 내면에서 무슨 일이 일어나고 있는지, 그것이 어떤 중요성을 지닌 일인지를 더 분명하게 말할 수 있게 한다. 격려의 궁극적인 목표는 그리스도와 동행할 수 있도록 사람들을 감동시키는 것이다. 문제를 명료화하는 것은 문제를 성경적으로 해결하는 일을 더욱 용이하게 해준다.

③ 문제의 탐사(Exploring)

누군가가 자기 마음속에서 일어나고 있는 일을 자진해서 더 의논하고자 할 때 격려자는 문제를 좀 더 상세하게 탐구할 은밀한 기회를 포착할 수 있다. 탐사하는 것은 격려하는 과정의 중심이다. 오늘날 많은 성도들이 영적인 자기 성찰의 기능을 상실했다. 우리가 현재 무엇을 하는가의 문제와 또한 왜 그것을 하는가의 문제는 모든 성도에게 있어 절박한 관심사여야 한다. 무책임한 행동의 배후에 있는 그릇된 동기들이 빛 아래 드러날 때에만 그것들을 교정할 수 있다. 탐사는 영적 성장을 방해하는 숨겨진 문제들을 밝혀 나가려는 노력이다.

④ 친밀한 상호작용(Intimate interaction)

반사, 명료화, 문제의 탐사를 실행한 후까지도 대화가 편치 않을 경우가 있다. 누군가가 당신의 반사에 대응했을 때, 자신의 말이 진정 무엇을 의미하는지 자진해서 명료하게 밝혀 주었을 때, 당신이 고통스러운 상황 속으로 좀 더 깊숙이 들어와 탐사하는 것을 그가 허락했을 때, 그때는 현재 진전 중인 친밀한 관계를 거침없이 이용할 때이다. 값진 격려를 줄 수 있는 기회가 그대로 지나쳐 버려서는 안 된다. 담대하라. 현재의 상황을 말로 옮기라. 격려의 과정에 도움이 되는 다음 단계는 문제의 핵심을 분별하고 성경적 처방책을 제시하는 것으로서 격려의 범위를 넘어선 기술이 요구되는 일이다.

이상과 같이 비언어적 의사 표시는 격려자가 상대방에게 깊은 관심을 갖고 있다는 것을 일관성 있게, 그리고 명백하게 나타내야 한다. 우리는 언어상의 기교로써 상대방의 진정한 생각과 동기가 우호적 관계라는 배경 내에 노출될 때까지 더욱 깊이 들을 수 있는 대화의 문을 열어야 한다. 거부하지 않고 상대방의 문제를 노출시키는 것, 이것이 격려의 정의이다. 이런 측면에서 우리가 충분히 익혀야 할 네 가지의 중요한 기교가 있다. 그것은 상대방의 말을 반사하고 명료화하며 탐사하는 것, 그리고 친밀한 상호작용을 가지라는 것이다.

4. 격려의 공동체로서의 교회

교회는 모든 분류의 성도들이 보다 높은 수준의 영적 성숙과 그리스도를 닮은 성품을 지향하도록 도와줌으로써 원상회복의 과정에 극히 중대하게 관여하게끔 되어 있다. 하지만 그것은 어려운 일이다. 죄가 우리의 삶을 철저히 파괴시켰기 때문에 원상을 회복하는 일은 어렵다. 사람들은 내외적으로 철저하게 원상태로 회복되어야 할 필요가 있다. 인간의 성품 어느 부분도 죄악의 더러운 흔적이 닿지 않은 채로 남아 있는 부분이 없다. 행동, 동기, 감정, 사고 선택, 행실, 신념, 열망 등, 인간 생활의 모든 국면이 다 죄로 얼룩져 있다. 예수 그리스도는 그분의 타락한 피조물을 원래 그들의 광휘에로 회복시키시기 위해 오셨다.

그럼 각 지교회에 모인 성도들은 어떻게 그리스도와 같은 성품을 회복하는 일에 접근해야 할까? 그들은 어떤 방법으로 지혜를 성숙시키고 죄를 자각하고 옳은 일을 행할 단호한 결단력을 키워 나갈 수 있을까? 지교회는 먼저, 예배의 중요성과 가치를, 둘째, 하나님 말씀의 가르침을, 셋째, 제자로서의 신분이 지닌 근본적인 본질을, 그리고 넷째, 성도 간의 교제의 중요성과 독특성을 강조해야 한다. 교회는 예배와 가르침과 제자됨과 교제에의 필요성을 명확하게 인식함으로써 출발해야 한다. 이를 강조해야 자연스럽게 영적 은사들을 행사할 수 있다. 그러므로 격려를 통한 상담에서 제시하고 있는 모델은 상담(Counseling)이라는 일에 동참하는 것이 지교회의 일상적 임무가 되게 하기 위한 전략을 제공해 준다. 교회에서 상담을 심리학자나 정신병 의사에게나 속한 전문적 활동이라는 생각은 버리고 전문적인 훈련을 받은 크리스천 상담자로 하여금 성도들을 성숙시키고 불신자들로 하여금 복음을 듣게 하는 또 하나의 수단을 제공해 주는 당연한 일이라고 생각해야 한다. 상담이란 근본적으로 '성경의 진리를 각 개인의 삶에 기술적으로 응용하는 일'이라 한다면 그것은 분명 교회에 속한 일이다. 교회의 지도자들은 (1) 회중이 참된 예배를 드리고 성경을 배우고 개인적인 영적 성숙의 문제에 관심을 갖고 있으며 교제를 나누고 있는지 (2) 복음 전파를 위해 더욱 노력하며 받은 은사를 교회 내에서 사용하는 일에 자원과 기회가 쓰이고 있는지 (3) 상담이라는 일의 잠재적 능력이 주의 깊게 연구되었는지를 확인해야 할 필요가 있다. 교회가 사람들을 효과적으로 원상 복구시키는 공동체가 되는 것을 도와 줄 목적으로 상담을 지교회의 당연한 임무 속에 도입시키려는 것이다. 어떻게 그렇게 될 수 있을까? 세 가지 표준의 모델을 고려해보자.

◈ 상담 표준 I: 격려

하나님께 예배하고 성경을 연구하며 제자 훈련을 시키거나 받고 있으며 서로 간의 교제를 즐기고 있는 성도는 영향력 있는 격려자가 될 수 있다. 격려한다는 것은 소수의 사람에게만 주어진 책임이 아니다. 그것은 모든 성도의 특권이다. 성도는 모두 격려자가 될 수 있으며 또 되어야 한다. 교회는 격려의 중요성과 격려의 방법만을 강조해서는 안 되고 친밀한 소속감을 느끼게 해줄, 명랑하고 유쾌한 교제의 기회도 제공해야 한다. 우리는 사람들이 건전한 재미를 순수하게 누릴 수 있는 분위기, 모든 성도들을 '심각한' 경우로 집중하게 만들지 않는 분위기를 창조해야 할 필요가 있다. 만일 한 교회가 사랑을 격려하는 공동체가 되려는 비전(Vision)을 갖고 격려라는 목적을 위해 서로의 삶에 자기 자신을 연관시키도록 그 교회에 속한 사람들을 준비시킨다면 아마도 하나님의 말씀의 진리는 더욱 비옥한 토양을 발견하여 뿌리를 내리게 될 것이다.

◈ 상담 표준 II: 권면

교회 내의 하나의 임무로서 상담의 잠재적 능력을 실감하고자 한다면 우리는 격려함으로써 상담하는 단계를 넘어서야 한다. 격려는 필수적인 발단부이긴 하지만 포괄적이고 충분한 강조점은 아니므로 그 이상의 것이 요구되는 것이다. 10명을 뽑아서 훈련 과정을 거치게 하고 그 다음에 회중들이 이용할 수 있도록 그들을 상담자로 내세우는 것이 우리가 일반적으로 저지르는 실수이다. 그보다 현명한 코오스는 격려의 중요성을 계속 강조하면서 사람을 격려하는 일을 쉽게 실연해 보인 사람들을 위해 특별히 시간을 마련하고 그들을 훈련시킨 다음 매일 상호교제하는 가운데 자연스럽게 기회를 잡아 그들 나름대로 상담을 해 나갈 수 있도록 놓아두는 것이다. 일정한 시간이 지나면 하나님께서 상담이라는 일에 헌신할 수 있도록 특별한 은총을 부여해 주신 인물이 표면에 부상될 것이다. 만일 그때 자신의 능력을 입증하여 이렇게 표면에 떠오르는 상담자들의 능력을 증대시켜 주는 것이 유익하리라고 판단된다면 그때는 좀 더 형식을 갖춘 상담 교육을 실시할 수 있을 것이다. 실제적인 도움을 제공해 줄 수 있는 서적과 상담요원 양성세미나가 날로 증가하고 있어서 표준 II 정도의 상담자가 하는 사람들은 그런 것을 이용할 수 있다.

◈ 상담 표준 III: 교화

우리는 표준 I와 표준 II의 상담요원 양성방법이 바람직하고 잠재적으로 아주 가치 있다는 사실에는 동의할 수 있다. 하지만 누가 그 훈련을 시킬 것인가? 세미나에 참석하고 서적을 읽고 녹음테이프를 듣는 과정은 훌륭한 학습 보조물이다. 대부분의 목회자들은 이미 과중한 책무들을 맡고 있어서 프로그램을 번성시키는 데 필요한 시간을 낼 수가 없다. 그리고 다른 사람을 효과적으로 훈련시킬 수 있을 만큼 상담에 대해 전문지식을 갖고 있는 목회자는 극소수라는 사실을 알아야 한다. 모든 회중은 상담을 주업으로 생각하는 사람, 상담표준 I, II 과정에 있는 사람들을 훈련시킬 수 있을 만한 지식과 경험을 갖춘 사람을 필요로 한다. 또한 이 사람은 격려나 권면으로는 해결이 안 되는, 좀 더 복잡한 개인적 분규들을 다룰 만한 능력이 있는 사람이라야 한다. 표준 III의 상담 훈련을 받을 수 있는 기회들이 각종의 신학교 내에 있다. 몇몇 신학교는 상담 부문 석사과정 수준을 개설하고 있기도 하다. 표준 III의 상담 책임을 맡을 수 있도록 사람들을 훈련시키는 것이 중요하다.

훌륭한 출발점은 격려에 초점을 맞춘 지점이다. 사람들은 상처받고 있다. 두려움이 그들 깊은 곳에 자리 잡고 있는 것이다. 우리는 위장하고 숨기고 가면을 쓰고 우리 둘레에 유쾌한 꺼풀들을 가지런히 세워놓고 그렇게 함으로써 교제에 있어서의 생명력을 희생시킨다. 서로 간에 유지하고 있는 거리는 상처로부터 우리를 보호해 주지만 그것은 격려의 말이 상대방에게 전해지는 것까지 막는다. 오직 사랑만이 두려움을 다룰 수 있다. 그리고 우리의 두려움을 완전히 가라앉혀 주는 유일한 사랑은 하나님의 온전한 사랑이다. 사랑이 우리의 꺼풀을 뚫고 들어올 때, 그리스도의 보혈로 말미암아 우리가 무조건적으로 받아들여진다는 전율케 하는 사실을 깨달을 때, 우리의 두려움은 주님을 따르려는 욕구에게 길을 내어 줄 것이다.

우리의 말은 사람들의 삶에서 커다란 힘을 가질 수 있다. 문제의 요점은 하나님께서 그리스도를 위해 우리를 받아들이신 것처럼 우리도 다른 사람을 받아들여야 한다는 것이다. 그것이 표준 I의 상담이고 격려하는 일이며 우리의 교회를 인간을 원상 복구시키는 공동체로 강화시키려는 노력의 훌륭한 출발점이다. "서로 돌아보아 사랑과 선행을 격려하며 모이기를 폐하는 어떤 사람들의 습관과 같이 하지 말고 오직 권하여 그날이 가까움을 볼수록 더욱 그리하자" (히브리서 10 : 24-25).

제6장

심리학적 상담이론과 방법

제6장 심리학적 상담이론과 방법

Ⅰ. 윌리엄슨의 상담자중심 상담

1. 상담이론의 배경

상담자중심 상담은 흔히 지시적 상담, 임상적 상담, 의사결정 상담으로도 일컬어지는 특성요인 상담은 미네소타대학교의 학생생활연구소의 책임자였던 윌리엄슨(Edmund G. Williamson)에 의해 이론적으로 체계화된 것으로서 진로 상담을 기초로 출발한 이론이다. 상담자중심 상담은 내담자의 문제에 대해 과학적 방법에 의한 객관적 자료수집과 분석, 그리고 종합 진단과 정보제공을 통하여 내담자가 최선의 선택을 할 수 있도록 도와주는 전통적인 상담방법이다. 상담을 위해서 진단을 필요로 하기 때문에 의학적 모델이라고도 한다.[1)]

상담자중심 상담이론은 도날드 G. 패터슨(Donald G. Patterson), 에드워드 G. 볼드윈(Edward G. Bordwin), 프레드릭 C. 도온(Fredrick C. Thorne)과 에드문드 G. 윌리엄슨(Edmund G. Williamson) 등에 의해 이론적으로 체계화되었다. 그중에서 윌리엄슨(1900~1979)은 미국 일리노이즈(Illinois)대학교를 걸쳐 미네소타대학교에 진학하여 박사학위(Ph. D.)를 받고 교수로 봉직하였다. 윌리엄슨을 중심으로 한 미네소타 학파 혹은 미네소타 견해는 상담학과 교육학 분야에 영향을 미쳤다. 이른바 미네소타 견해가 처음으로 세상에 발표된 것은 윌리엄슨과 달리(J. Darley)의 저서 「Student Personal Work」에서였다. 윌리엄슨과 그의 동료들은 계속하여 「Student Guidance Technique」라는 이름으로 「Student Personal Work」의 내용을 요약하고 상담과정의 기초인 검사도구에 대한 기술적 논의를 담은 책을 출간하였다. 윌리엄슨은 1939년에 「How to Counseling Student」를 저술하여 상담방법의 개요와 문제 영역별 유형들을 구체적으로 서술하였다. 또 1950년에는 『An Outline of Clinical Technique』의 전반부 『An Outline Of Clinical Technique』를 『Counseling Adolescent』란 제목으로 출간하였다. 미네소타 견해는 주로 고등학생과 대학생의 교육과 직업상의 적응 문제를 강조하는 직업상담에서 시작되었다. 미네소타 견해의 대표적 학자는

1) C. H Patterson, *Theories of Counseling and Psychotherapy* (New York: Harper R Row Publishers, 1980).

윌리엄슨이지만 다른 학자들도 이론의 발전에 노력하였다. 특히 윌리엄슨의 스승인 패터슨(D. G. Patterson)은 1920년대에 개인차 및 검사의 개발을 위한 연구를 하였으며 이 연구는 1930년대에 'Minnesota Stabilization Research Institute'와 공동연구로 계속되었으며 그 연구 결과를 패터슨과 달리(Darley)가 요약하였다. 윌리엄슨과 그의 동료들은 1941년에 '미네소타 직업 평정 척도'(Minnesota Occupational Rating Scales)를 개발하였다. 이들은 내담자의 특성과 직무 요건과의 관계와 경험적, 통계적 관계를 확률적 형태로 설명할 수 있는 접근법을 개발하려고 연구를 시도하였다. 그 결과로 비교적 대규모의 대학에서 학생들의 직업적 성과능력 평가를 직업의 요건들과 관련 지우는 대단위 프로그램을 개발하였다.

2. 인간 이해

윌리엄슨은 상담이란 지적 능력의 훈련만이 아니라 잠재능력의 범위 안에 있는 사회, 문화, 정서적 성장을 돕는 것이라고 하였다. 윌리엄슨은 상담의 이러한 목표를 달성하기 위해서 상담자가 고려해야 할 다음과 같은 인간관을 제시하고 있다.

(1) 인간은 선과 악의 잠재력을 모두 가지고 있는 존재이다. 그러나 인간은 교육을 통해서 합리적 인간이 됨으로 악을 배척하고 통제하여 선을 실천하는 존재로 보았다.

(2) 인간은 선을 실현하는 과정에 다른 사람들의 도움을 필요로 하는 존재이다. 즉 인간은 공동체 속에서 타인과 서로 도움을 주고받으므로 자기 자신의 잠재력과 자아를 실현해 갈 수 있다고 보았다.

(3) 인간의 선한 생활을 결정하는 것은 자기 자신이라고 보았다. 비록 부모나 교사가 선한 생활을 지도하고 격려할 수는 있지만 궁극적으로는 스스로의 노력을 통해서 선한 생활을 하게 된다고 보았다.

(4) 선의 본질은 자아의 완전한 실현이라고 보았다. 그러므로 상담자는 내담자가 이성의 능력을 길러서 합리적 인간이 됨으로 자기 자신의 모든 잠재력을 탁월한 수준으로 끌어올려서 최상의 발달을 하도록 도와주어야 한다고 주장한다.

(5) 우주와 인간의 관계, 즉 세계관은 개인적인 것이며 인간은 누구나 그의 독특한 세계관을 지닌다고 보았다.

3. 상담 과정

윌리엄슨의 상담자중심 '상담은 개인이 학교의 학업, 시민적 특성, 사회적이고 개인적인 가치와 습관, 정상적으로 적응하는 존재가 되는 데 필요한 기타 습관, 기술, 태도, 신념을 학습하도록 돕는 인격화되고 개별화된 과정'이라고 하였다. 그의 상담의 이론적 근거는 내담자가 스스로 문제해결의 능력이 없는 것으로 보며 지적 과정에 있어서 상담자의 경험과 지도가 필요하며 현명한 결정은 타인과의 협력 관계를 통해 달성되며 상담의 책임은 상담자에게 있다는 근거에서 출발한다. 그러므로 그가 주장하는 상담의 목표는 내담자가 자신의 동기, 능력, 적성, 성격, 흥미 등의 특성과 요인을 이해하고 수용하여 자신의 특성 및 요인과 직업 또는 외부 조건을 검토하여 만족스러운 결정을 내릴 수 있도록 합리적 문제해결력을 기르며 내담자 자신의 가능성을 확인하고 이를 실제로 활용할 수 있도록 자기 성장을 촉진하는 데 있다.

1) 상담의 6단계 과정

상담자중심 상담에서 상담과정은 상담자와 내담자 사이를 교사와 학생의 역할로 보는 교육의 과정으로 이해할 수 있다. 윌리엄슨은 상담자와 내담자 사이를 고도로 인격화되고 개별화된 교수-학습과정이라고 본다. 그의 상담의 과정을 여섯 단계로 제시하고 있으나 그 순서가 엄격하지는 않다.

(1) 분석(Analysis)

상담자는 효과적인 상담을 위하여 내담자에 관한 모든 정보와 자료를 수집하여 분석해야 한다. 내담자를 효과적으로 상담하기 위해 적성, 흥미, 동기, 건강, 정서적 균형 상태, 학교와 직장 생활의 적응을 촉진하거나 억제하는 특징들을 진단할 근거가 되는 신뢰성과 타당성 있는 적절한 정보를 내담자와 상담자는 수집해야 한다. 분석의 도구는 6가지인데 즉 누가 기록(Cumulative records), 면접, 시간 할당표(Time distribution form), 자서전적 기록, 일화 기록, 그리고 심리 검사 등이다. 첫째, 누가 기록은 생활기록부와 비슷한 것으로 내담자의 인적상황, 학습습관, 출결상황, 성적, 각종 심리검사의 결과, 학교생활태도, 정서상태 등 학생의 개인 상황들이 누가적으로 기록된 것이다. 둘째, 면접은 정보수집의 도구로서 의미 있는 것이며 문제해결이나 치료의 상담면접과는 성질이 다르다. 셋째, 시간 할당표는 내담자의 하루 24시간을 어떻게 보내는지를 알아봄으로써 내담자의 문제를 해결하는 유용한 정보를 알아낼 수 있다. 넷째, 자서전은 내담자의 과거 기족관계의 사실이나 느낌을 문장으로 진술하게 하는 방법이다. 다섯째, 일화기록은 내담자의 활동을 객관적으로 묘사한 것으로 구체적인 행동들을 상세하게 관찰 기록하는 방법이다. 여섯째, 심리검사는 내담자의 여러 특성에 대한 타당한 개관적 정보를 얻는 방법이다.

(2) 종 합

종합이란 분석 단계에서 수집한 자료를 실제 상담과정에서 유용하게 활용할 수 있도록 배열하고 정리하는 단계이며 내담자에 관한 정보를 분류하여 적응, 부적응의 상태를 분석할 수 있도록 자료를 요약하고 구조화시키는 절차이다.

(3) 진 단

내담자의 문제 및 그 원인에 관련성 있는 특성을 간결하게 요약하는 것으로 진단의 과정은 3단계로 되어지는데, 첫 단계는 문제를 확인하고 기술하는 것이며, 둘째 단계는 그 원인을 발견하는 것이다. 문제를 규명하는 첫 단계에서는 내담자의 특징을 분석하면서 문제의 증상 또는 신호가 될 만한 자료를 수집하며 내담자가 어떤 종류의 문제를 가지고 있는지를 확인한다. 윌리엄슨은 진단의 범주(Diagnostic category)를 밝히지 않았지만 볼딘(Bordin)은 ① 의존심 ② 정보의 결여 ③ 자아 갈등 ④ 선택 불안 ⑤ 문제없음이라고 밝히고 있고, 패핀스키(Pepinsky)는 ① 자신감의 결여 ② 정보의 결여 ③ 기술의 결여 ④ 의존성 ⑤ 자아갈등이라고 열거하였다. 원인을 발견하는 두 번째 단계에서 상담자는 내담자가 가진 문제를 확인 기술하고 이러한 증상이나 특징을 낳게 한 요인들을 찾는다. 이것은 과거, 현재 또는 내담자가 가진 잠재력 사이의 관계를 찾는 것이다. 만일 증상과 원인을 연결시킬 충분한 지식과 경험 그리고 과학적인 연구가 없으면 직감이나 육감에 따라 추측하게 된다. 이와 같이 상담자는 과거가 현재에 미친 영향을 찾는 것은 미래를 예측하기 위해서이지만 진단은 어디까지나 잠정적으로 내려야 한다. 인간의 행동은 복잡하기 때문에 잘못 진단할 가능성이 많다. 따라서 광범한 자료를 수집하여 최선을 다해서 진단을 내려야 하지만 상담자가 내린 진단이 바뀔 수도 있다는 사실을 명심해야 한다.

(4) 진단과 예후(Prognosis)

진단에 의한 정보와 사실을 가지고 최선을 다해 진단을 해야 한다. 진단은 과거와 현재의 일에 관계되는 반면에 예후는 미래의 일에 관련된 것이다. 예후는 임상에서는 별개의 단계이며 진단의 결과가 명확할 때에는 예후도 진단의 범주에 포함시킬 수 있다. 그러나 임상에서는 진단과 예후가 다를 경우가 많다. 그러므로 상담자는 진단을 한 후에 충분한 생각과 문헌이나 사례들을 연구한 후에 예후해야 한다.

(5) 상담(Counseling)

상담자가 내담자로 하여금 현재 및 미래의 일상생활에 최적의 적응을 할 수 있도록 도와주는 지도 및 조언의 과정이다. 윌리엄슨은 다음과 같은 다섯 가지 상담의 기술을 제시하였다. ① 일치에 대한 강요(Forcing conformity), ② 환경을 변화시켜라(Changing the environment), ③ 적절한 환경을 선택하라(Selecting the appropriate environment), ④ 필요한 기술을 학습하라(Learning needed skills), ⑤ 태도를 바꾸라(Changing attitudes)는 것 등이다. 윌리엄슨은 상담이란 첫째, 자기이해를 돕는 학습 안내이며 둘째, 자기 생활의 최적의 적응을 돕는 재교육이며 셋째, 상담자의 인격적 도움을 통하여 생활 기술뿐만 아니라 세계에 대한 이해를 올바로 하게 하며 넷째, 치료적 기술을 포함하며 다섯째, 카타르시스(Catharsis)가 일어나서 재교육이 자연스럽게 이루어지는 것이라고 주장한다. 그러므로 윌리엄슨이 주장하는 상담자중심 상담은 가르치고 배우는 교육과정이라고 할 수 있다.

(6) 추수지도

추수지도란 상담을 종료한 후에 내담자에게 새로운 문제가 발생하였을 때나 상담했던 문제가 재발생했을 때 또는 상담의 효과를 확인하고자 할 때 실시하는 상담과정이다. 내담자가 가지고 온 문제를 해결하기 위해 추가적인 조력이 필요한 경우 실시한다.

2) 상담의 기법

(1) 상담의 기술

① **타협의 강요**(Forcing conformity)-내담자의 적성을 고려하지 않고 상담자의 강요에 의

해 환경과 타협시킨다. 즉 상담자가 내린 결정에 내담자가 동조해 줄 것을 요구하는 것으로 동조 요구하기라고도 한다.

② **환경의 변화**(Changing the environment)-문제의 원인이 환경에 있을 때 환경을 바꾸는 것으로 상담목표 달성에 도움이 되도록 물리적 환경과 특성 등을 변화시킨다.

③ **적절한 환경 선택**(Selecting the appropriate environment)-직업 선택이나 상급학교의 선택에 있어 내담자가 목표로 하는 행동에 대한 장단점 모두 갖게 함으로써 의사결정을 내리는 것이다.

④ **필요한 기술의 학습**(Learning needed skill)-문제의 원인이 되고 있는 결함을 극복하기 위해, 또는 내담자의 잠재력을 실현할 수 있는 각종 기술을 습득할 수 있도록 정보를 제공하며 여건을 만들어 주는 것이다.

⑤ **태도의 변경**(Changing attitudes)-자기 능력에 맞는 목표를 세워 내담자의 욕구와 환경의 요구가 조화를 이루도록 내담자의 이성적인 판단으로 합리적인 행동을 하도록 하게 함으로 만족감과 성취감을 가지도록 한다.

⑥ **래포 형성**(Establishing Rapport)-상담자와 내담자 간에 허용적인 분위기를 조성한다.

(2) 상담의 방법

윌리엄슨은 상담을 가르치고 배우는 교육의 과정으로 보고 있기 때문에 내담자들은 개인차를 가지고 있으며 일률적으로 적용할 수 있는 표준화된 방법은 없다고 주장한다. 그러므로 상담자는 내담자가 가지고 있는 문제에 따라서 신축성 있게 적절한 방법을 적용해야 한다. 윌리엄슨은 이러한 사실을 전제로 한 후에 상담의 방법을 다음과 같은 다섯 가지로 제시하고 있다.

(1) 래포의 형성(Establishing Rapport)

래포 형성은 상담자와 내담자의 친밀한 관계를 맺었느냐에 따라 상담의 효과가 나타난다. 내담자를 편하게 해주는 표정과 행동으로 존중함, 허용적인 분위기를 유지하는 것이 필요하다. 래포 형성의 중요 요인은 상담자가 보이는 온화함과 내담자를 이해하려는 감정, 내담자를 존중하는 마음과 진정한 동조의식을 가지며 비밀을 유지 등이다.

(2) 자기이해의 증진(Cultivating self-understanding)

내담자에게 자신을 보다 개관적으로 정확하게 이해하고 수용하도록 도움을 주어야 한다. 상담자는 각종 검사의 결과나 자료 또는 상담과정을 통해 내담자가 자기이해를 바탕으로 한 계획 실천에 최상의 만족을 느끼도록 계획을 수립해야 한다.

(3) 조언이나 활동계획의 수립(Advising or planning a program of action)

내담자에 대한 다양한 자료에 대한 증거를 토대로 상담자의 충고와 도움을 수용할 준비를 하도록 조언을 해야 한다. 상담자는 자신의 견해를 명확하게 진술하고 설명을 통해 내담자를 일깨어 주며 내담자가 수용하지 못할 경우 독선적인 태도를 취하지 않고 시간을 주며 장애를 치료해야 한다. 상담자는 직선적 조언, 설득적 조언, 설명적 조언을 통해 자신의 견해가 절대적이 아니며 다른 방법에 대해서도 생각할 수 있도록 기회를 주기도 한다.

(4) 계획의 실행(Caring out the plan)

내담자가 자신이 선택한 계획을 확인하여 실행하도록 여러 경로로 도우며 다음 단계를 제시한다. 상담자의 훈련과 경험에 따라 특정 문제를 다루는 데 도움을 줄 수 있지만 모든 문제는 해결할 수 없으므로 자신의 지식과 경험의 능력 밖이라고 여겨지거나 부분적인 어려움이 부딪히면 내담자의 동의를 얻어 전문가에게 의뢰할 수 있다.

(5) 전문가에게 위탁

윌리엄슨의 상담방법은 이성적이고 지시적이며 상담자의 역할을 교사요 스승이요 지도자로 보기 때문에 훈계나 설득은 하지 않는다. 그는 내담자의 자기이해를 촉진시키고 카다르시스와 자아 통찰을 통하여 문제를 해결하도록 도와야 한다고 주장한다. 그러므로 상담자가 해결할 수 없는 문제는 다른 전문가에게 의탁하는 것이다

4. 상담자중심 이론의 과제

상담자중심 상담에서는 건전한 인간 이해에 대한 균형을 이루지 못하고 있다. 인간을 선과

악을 선택하여 행할 수 있는 존재로 보고, 내담자는 스스로 문제를 해결할 수 없는 나약한 존재로 본다. 특히 내담자는 지적 능력이 결핍되어 있고 정보가 빈곤하여 문제사태에 직면해 있기 때문에 상담자가 적극적으로 개입해서 내담자의 문제를 종합 진단하고 정보를 제공해 주어야 한다고 본다. 이러한 인간관에 근거한 상담자중심 상담이론은 상담 발달의 초기 단계에서 개인의 문제를 과학적인 방법을 적용하려고 시도한 점에서 상담을 전문화시키는 데 많은 기여를 했다. 상담과정에서 내담자에 대한 객관적 자료를 수집하고 분석하여 객관적 자료를 위한 검사 개발, 활용을 바탕으로 해서 문제의 원인을 다루는 기술에 이르는 일련의 체계적 과정에 주의를 불러 일으켜 상담 활동의 균형적인 발전을 이루는 데 도움을 주었다. 또한 상담자는 내담자의 진로 지도와 교육 상황에 관련된 부적응 문제에 적합하도록 정확한 자기이해를 바탕으로 하여 선택을 하도록 돕는 데 효과적이다.

그러나 상담자중심 상담이 가진 제한점은 내담자들은 책임감이 높고 정서적으로 성숙함을 강조하면서도 상담자의 역할을 강조하여 내담자의 독립적 결정을 경시하는 모순을 보이고 있다. 상담자는 내담자가 최선의 잠재력을 실현하도록 영향력을 발휘해야 하지만 설득, 충고 주장을 하지 않아야 함으로 전문가적 능력이 없으면 곤경에 빠질 수 있다는 점이다. 상담자들이 과학적인 방법으로 얻은 객관적인 분석과 진단에 사용되는 도구를 절대적으로 신뢰하고 있다는 점에서 타당성이나 신뢰성이 평가수준에 도달하지 못하고 있다. 다른 상담에 비해 지나치게 문제해결에 중점을 주고 있으며 상담이 진행되는 과정보다 결과를 중요시하는 제한점을 가지고 있다.

Ⅱ. 칼 로저스의 내담자중심 상담

1. 상담이론의 배경

내담자중심 상담은 미국의 심리학자 칼 로저스(Carl Rogers)의 상담이론에 근거하여 발전된 상담의 한 접근방법이다. 이 접근방법은 정신분석 요법에 대한 반동으로 내담자중심 상담을 개발하였는데 내담자 자신의 체험과 주관세계와 현상 세계에 체험에 중점을 둔 상담방법이라고 할 수 있다. 처음에는 '비지시적(Nondirective) 상담'으로 불렀으나 1951년에 로저스의 저서인 『내담자중심 치료』(Client-centered therapy)가 발간된 후 최근까지 내담자중심 치료 혹은 내담자 상담이라고 불렸다. 또한 내담자의 긍정적인 성장 가능성을 중시한다는 입장에서 '내담자중심 상담'으로 이름이 바뀌고 후에는 '인간중심적 상담'으로 이름이 바뀌면서 오늘에 이르게 되었다.

내담자중심 상담이론을 제시한 로저스는 미국위스콘신대학교를 졸업하고 미국콜롬비아대학교 교육대학원(Teachers College, Columbia University)에서 임상 및 교육심리학으로 전공하여 박사학위를 받았다. 그는 뉴욕주 로체스터(Rochester)에 있는 아동학대예방협회의 아동연구부에서 심리학자로 일하였다. 그는 그곳에서 비행 아동들과 사회경제적으로 소외된 아동들을 위한 응용심리학적 봉사 활동에 적극 참여하였다. 1939년에 로저스는 『문제아에 대한 임상적 치료』(Clinical Treatment to the Problem Child)라는 저서를 간행하였고 이 저서에 대한 가치를 인정받아서 1940년에는 오하이오주립대학교(Ohio State University)의 심리학 교수로 초빙되었다. 1942년에 그의 대표적인 저서 중 하나인 『상담과 심리치료』(Coun- seling and Psychotherapy)를 출판하였다. 그의 저서에서 상담자의 따뜻함(Warmth)과 응답성(Responsiveness)을 특성으로 하는 상담의 관계(relationship), 감정들을 자유롭게 표현할 수 있는 허용적 분위기(Permissive climate), 그리고 모든 강제와 압력으로부터의 자유를 제안하였다. 로저스는 1945년에 시카고대학교의 심리학 교수와 상담센터의 책임자로 자리를 옮겼고 10여 년 동안 그곳에서 많은 연구를 하였다. 그 연구 결과 중의 하나가 1951년에 출판한 『내담자중심 치료』였다. 이 저서를 통하여 그때까지 '비상담자중심 상담'이라고 불러왔던 명칭이 '내담자중심 상담'으로 바뀌게 되었다.

로저스는 1957년 초에 모교인 위스콘신대학교의 심리학 및 정신과 교수로 초빙되어 1963년까지 그곳에서 봉직하면서 자신의 상담이론과 방법들이 정신분열증 환자들에게도 적용될 수 있는지를 연구하였다. 그는 1964년에 교수직을 사임하고 캘리포니아 라졸라(La Jolla)에 있는 서부행동과학연구소(Western Behavioral Science Institute, WBSI)의 연구원이 되었다. 그는 거기서 정상적인 개인 성장 및 인간관계의 효율성을 높이기 위하여 여러 상황에서 인간중심 이론과 방법을 적응, 탐구하는 데 더욱 전념하기 시작하였다. 로저스는 1968년에 WBSI 연구진들과 함께 인간연구센터(The Center of Studies of the Person, CSP)를 설립하고 집단수성 훈련그룹(Encounter group), 대인관계 등에 초점을 두고 연구를 지속하였다. 1974년에 로저스와 그의 동료들은 '내담자중심 상담'을 '인간중심 상담'으로 부르고 그의 상담이론을 상담뿐만 아니라 생활지도, 교육, 사회사업, 종교, 산업경영, 조직개발 심지어 국제관계에까지 적용하려고 노력하였다. 칼 로저스는 심리학 연구는 다음과 같이 네 단계로 발전하였다.

1) 제1기: 비지시적 단계(Nondirective Stage, 1940~1950): 이 단계에서 상담방법은 내담자에게 허용적이며 불간섭적인 분위기를 창조해 주는 것을 강조했다. 감정의 수용(Acceptance)과 명료화(Clarification)가 주요 상담기법이었다. 비지시적 상담을 통해서 내담자는 자신에 대한 통찰력을 얻어 그의 삶의 정황에 대한 새로운 통찰을 도달하게 된다. 상담자는 명료화시키는 자로서의 기능을 했으며 상담자의 인격은 감추어졌다. 중요한 저서로는 『Counseling and Psychotherapy』(1942)가 있다.

2) 제2기: 내담자중심 단계(Client-centered Stage, 1950~1957): 또는 반영적 상담(Reflective psychotherapy)으로 통찰의 달성을 이루는 명료화를 강조하는 데서 방향을 전환하여 상담자는 내담자의 정서적 감정에 민감하게 응답하는 자로 전환을 가져왔다. 반영적 상담을 통해 내담자는 이상적 자아(Ideal self-concept)와 실재적 자아(Self-concept)와의 사이에 조화를 더 크게 개발해 나갈 수 있었다. 비지시적 상담에서 내담자중심 상담으로 변하게 된 것은 『Client-center Therapy』(1951)를 발간한 후부터이다.

3) 제3기: 경험적 단계(Experiential Stage, 1957~1975): 이 단계에는 인격의 변화가 일어나는 모종의 필요충분조건들을 강조한다. 상담자의 자세의 결정적인 요소로서 조화, 적극적 존중과 용납, 그리고 공감적 이해를 효과적인 상담의 전제 조건으로 내세웠다. 상담자의 유기체적 경험은 내담자의 경우와 마찬가지로 그의 행동을 이끄는 준거가 된다. 상담자와 내담자의 전문적 관계가 충분히 발전되면서 이론의 광범위한 적용이 가능하게 되었다.

4) 제4기: 인간중심 단계(Personal-centered Stage, 1975~): 내담자중심 단계가 서서히 인간중심 단계로 변화하였는데, 그 시기를 그의 관심을 개인으로부터 교육, 상업, 산업, 사회와 같은 넓은 세계로 돌리게 된 것이 1975년경 이후로 본다. 내담자중심 상담의 철학은 상담에 함축된 학습과정에 대한 로저스의 관심은 실제로 교육을 통해서 무엇을 시도하는가에 대한 질문까지 그의 관심을 유도하였다. 그는 오랫동안 학생중심의 교육에 관심을 가졌으며 인본주의 교육의 선구자가 되었다(로저스, 1969).

2. 주요 개념

1) 인간 이해

로저스의 내담자중심 상담은 인간본성 속에 개인주의적이며 본질적인 부정적 경향이 있다는 견해를 배격한다. 인간본성은 사회화되지 못하면 본질적으로 비합리적이요 자신의 자아나 타인에 대해 파괴적이라고 전제한다. 그러나 인간을 깊이 신뢰하여 사회화하려고 힘쓸 뿐만 아니라 끊임없이 발전하려 하며 자신의 기능을 완전히 발휘하려는 경향성을 가지고 있어 인간의 깊은 내면에는 적극적이므로 그들이 갖고 있는 공격적인 충동들을 통제할 필요가 없다고 믿는다. 이러한 인간본성에 대한 적극적인 견해는 내담자중심 상담의 실제에 중대한 영향을 주어 인간 개개인은 부적응을 피하고 정신건강상태의 상태로 향하는 능력을 천부적으로 받아 태어났다고 봄으로 상담은 내담자의 인식능력과 결단능력에 그 기초를 두고 있다고 볼 수 있다. 그의 이러한 인간 이해는 모든 유기체 속에는 그것 자체의 고유한 가능성들을 건설적으로 성취하려는 끊임없는 움직임이 있으며 인간존재 속에는 보다 복잡하고도 완전한 발달을 향한 자연적 경향성, 즉 실현 경향성(Actualizing tendency)이 있다고 주장한다. 그의 저서 『내담자중심 치료』(Client-centered Therapy)에서 그의 인간관을 다음과 같이 제시하고 있다.

(1) 모든 인간은 자기가 중심이 되는 끊임없이 변화하는 경험의 세계 속에서 살아간다. 개인의 사적인 세계는 오직 자기 자신에게만 알려질 수 있다. (2) 인간은 자기에게 경험되고 지각되는 대로 반응한다. (3) 인간은 현상적 장에 대하여 체계화된 전체로서 반응한다. (4) 유기체는 한 가지 기본적 경향성, 즉 경험하는 유기체를 유지하고 고양하고 실현시키려는 경향성을 갖고 있다. (5) 인간 행동은 기본적으로 목적 지향적이다.

로저스의 인간 이해는 프로이드와는 달리 인간을 반결정론적인 입장에서 자유로운 존재로 보고 있다. 또한 자신의 능력을 최대한으로 발달시킬 수 있다고 하는 로저스의 기본 입장에 근거를 두고 있는 그의 상담이론은 상담의 과정에 대한 일차적 책임을 내담자에게 두고 있다. 따라서 상담자를 권위자라고 생각하는 것을 배격하고 내담자 스스로 문제를 해결할 수 있는 능동적인 존재로 본다.

2) 성격이론

(1) 성격의 구조

로저스는 성격이론 그 자체보다도 상담의 결과로 성격 변화가 어떻게 이루어지는가에 대해서 더욱 많은 관심을 가지고 있었다. 그러나 로저스의 임상 경험과 연구, 성격 변화에 대한 이론으로부터 그의 성격이론이 발전되었다. 로저스는 인간의 성격을 크게 세 가지 핵심적인 요소 즉 유기체, 현상적 장, 자아로 보았다.

첫째, 유기체란 그 개인의 사상, 행동 및 신체의 존재, 모두를 포함하는 전체로서의 한 개인을 지칭한다. 둘째, 현상적 장이란 인간이 경험하는 모든 것을 일컫는다. 로저스에 의하면 유기체 즉 개인은 계속적으로 변화하고 있는 세계 속에 존재하고 있다. 그 계속적으로 변화하는 경험의 세계의 중심은 개인이다. 개인은 변화하고 있는 세계 속에서 자신이 경험하고 지각한 장에 대하여 반응한다. 개인이 경험하거나 지각하는 장은 그 개인의 사적이고 주관적인 경험의 세계이다. 로저스는 이 주관적 경험의 세계를 '현상적 장'(Phenomenal field) 혹은 '경험적 장'(Experiential field)이라고 했다. 그는 현상적 장을 그 개인의 실재 세계로 보고 있다. 로저스에 의하면 현상적 장은 그 사람 자신에게만 알려질 수 있는 그 개인의 내적 준거틀(Internal frame of reference)이다. 그는 그러한 내적 준거틀인 현상적 장, 즉 개인의 경험적 세계는 공감적 추론(Empathic inference)에 의하지 않고는 다른 사람에게 알려질 수 없는 것이라고 주장했다. 그러므로 개인의 행동을 이해하려면 그 개인의 내적 준거틀을 관찰함으로써 가능하다. 셋째, 로저스의 성격이론에서 가장 중요한 것은 자아(Self)에 대한 개념이다. 로저스에 의하면 자아는 개인의 전체적 현상적 장 또는 지각적 장에서 분화된 부분이다. 즉 아동들은 생활 과정에서 다른 사람들과의 상호작용을 통하여, 그리고 자신의 전체적 경험의 장으로부터 '나' 혹은 '나를 또는 나에게(Me)'로 한정지우는 하나의 이미지(Image)를 형성하는 것으로 본다. 다시 말해서 자아는 개인 자신의 존재 각성(Awareness of being) 또는 기능 작용(Functioning)의 각성을 의미한다는 것이다.

로저스의 자아개념 (Self-concept)은 자아구조(Self-structure)를 의미하는 것으로서 각성될 수 있는 '자아지각의 조직된 틀(An organized configuration)'을 말한다. 따라서 그의 자아 개념은 개인의 여러 특성들과 능력에 대한 지각들, 다른 사람들이나 기타 환경과 관련된 자신에 대한 지각과 개념들, 경험과, 대상들과의 관련 하에서 지각되는 가치관, 그리고 긍정적 혹은 부정적인 유인성을 갖는 것으로서 지각되는 목표 및 이상과 같은 요소들로 구성된다. 또한 그의 자아개념은 자신의 현재의 모습에 대한 지각뿐만 아니라 자기가 되고자 하고 또한 되어야 한다고 생각하는 것까지 포함한다. 후자의 성질을 지닌 자아를 이상적 자아(Ideal self)라고 한다.

(2) 성격의 발달

내담자중심 상담의 성격이론을 이해하기 위해서는 먼저 출생 시의 유아시기부터 시작해야 한다. 유아에게 존재하는 유일한 세계는 그의 경험 세계이며 이것만이 실재이다. 모든 인간이 태어날 때부터 가지는 한 가지 동기가 있다면 그것은 자아실현 경향성이다. 이것에 따라서 유아는 자기의 유기체를 북돋우는 것으로 지각되는 경험을 긍정적으로 평가하고 자기의 유기체에 해가 되는 것으로 인식되는 경험을 부정적으로 평가하는 선천적인 능력인 '유기체적 가치화 과정'(Organismic valuing process)을 갖는다. 이것을 통하여 유아는 자기실현의 목적을 향하여 행동한다고 본다. 유아는 성장함에 따라서 '내가 아닌'(Not-me), '저 바깥에 있는'(Out-there) 사물과 사건을 인식하기 시작한다. 잠시 후에 인간은 '나'와 '내가 아닌 것'을 정확히 구별해 내고 자기 것과 남의 것을 명확하게 가려낼 수 있게 된다. 이러한 일련의 과정을 통하여 자아개념(Self-concept)이 발달하게 된다. 자아에 대한 각성이 나타나면서 긍정적인 관심에 대한 욕구도 일어난다. 이것은 온정과 애정에 대한 욕구인데 선천적인 것으로 모든 인간 속에 내재되어 있다. 그러나 이 긍정적인 관심에 대한 욕구는 오직 타인에 의해서만 충족될 수 있다. 그런데도 이 욕구는 자주 방해를 받는다. 어린이는 이 욕구가 충족되기도 하고 좌절되기도 하는 무수한 경험을 함으로써 조금씩 의미 있는 타인들(Significant others)이 자기에게 주는 관심에 근거하여 학습된 자기 존중감(Sense of self-regard)을 갖는다. 이것이 바로 자기 자신을 긍정적으로 지각하려고 하는 긍정적 자기 관심에 대한 욕구이며 이 욕구는 너무 강력하여서 유기체적 가치화 과정을 능가하는 힘을 발휘한다고 본다.

(3) 자아실현 경향성(Actualizing tendency)

로저스에 의하면 인간을 포함한 모든 유기체는 그것 자체가 갖고 있는 고유한 가능성들을 건설적인 방향으로 성취하고자 하는 실현 경향성을 가지고 있다. 이것은 우주 속에서 작용하고 있는 형성적 경향성(Formative tendency)의 부분으로서 생득적인 것이며 인간에게 있어서는 행동의 최상의 동기가 되고 있다. 로저스에 의하면 유기체는 자기 자신을 보존하고 실현하려는 하나의 기본적인 경향과 노력을 지니고 있으며 유기체는 유전에 의해서 규정된 방향에 따라 스스로 실현하며 장기간에 걸쳐서 성숙하고 확장된다.

3) 충분히 기능하는 인간(The fully functioning person)

로저스가 생각하는 건강한 인간은 자아실현을 하는 사람이라고 할 수 있는데, 자아실현이라고 하는 것은 하나의 상태가 아닌 과정(Process)이다. 자아실현을 하고 있는 사람들은 진정한 자기 자신이 되며 자기가 아닌 어떤 것을 가장하거나 진정한 자아의 일부를 숨기지 않는다. 이와 같은 사람을 로저스는 '충분히 기능을 발휘하는 사람'(The fully functioning person)이라고 불렀다. 패트슨(Patterson)에 의하면 한 인간이 충분히 기능을 발휘한다고 하는 것은 가장 적당한 심리적 적응, 가장 적당한 심리적 성숙(Maturity), 완전한 일치(Congruence), 그리고 경험에 대한 완전한 개방성 등과 동의어로 볼 수 있다. 로저스는 이와 같이 충분히 기능하는 인간이란 하나의 존재 상태가 아니라 하나의 과정으로 보며 그는 좋은 삶, 즉 충분히 기능을 발휘하는 인간이 되어 가는 과정의 특징을 다음과 같이 설명하고 있다.

첫째, 경험에 대한 개방성이 증가되어 가는 과정이다. 이것은 반대로 방어성의 감소를 의미한다. 우리가 자신의 경험에 대하여 개방할 수 있으면 자신과 자신 속에서 이루어지고 있는 경험에 대하여 보다 더 잘 경청할 수 있게 되고 두려움이나 절망과 고통들을 더 잘 포용할 수 있게 된다는 것이다.

둘째, 삶의 순간순간마다 보다 충실하게 살고자 하는 경향, 즉 실존적 삶(Existential living)의 태도가 증가되는 과정이다. 자신의 새로운 경험에 대하여 방어적이지 않고 충분히 개방적인 사람은 삶의 순간이 새로운 것이라는 것을 깨달을 수 있다. 이러한 개인은 순간순간마다 내가 어떤 존재인가 또는 내가 무엇을 할 것인가를 발견할 수 있고 그 삶에 충실하게 된다는 것이다.

셋째, 자신의 유기체(Organism)에 대한 신뢰를 증대해 가는 과정이다. 건강한 사람은 경험에 대하여 충분히 개방적이기 때문에 그는 의사 결정에 유익한 모든 정보들을 접할 수 있게 된다. 이 정보에는 개인의 욕구, 사회적 욕구, 비슷한 과거 장면의 기억들, 그리고 현 사태에 대한 지각 등이 포함된다. 그러므로 충분히 기능하는 사람은 자신의 유기체 전체를 통해서 어떤 한 상황의 여러 측면을 고려할 수 있다. 그 결과로 상황의 모든 측면들을 가장 만족스럽게 할 수 있는 결정을 하게 되고 자신의 유기체를 신뢰하게 된다고 주장한다.

3. 상담 과정

1) 상담목표

로저스에 의하면 '내가 누구냐?' 즉 내가 어떻게 해야 표면적인 나에 의해 가려져 있는 진정한 내가 될 수 있을까라는 질문에 대답을 구하려고 상담을 받으려 한다는 것이다. 그는 상담의 가장 기본적인 목표는 내담자로 하여금 완전한 기능을 발휘할 수 있는 인간이 되도록 도울 수 있는 분위기를 준비하여 제공하는 데 있다. 이러한 기본적인 목표를 성취하기 위한 구체적 목표는 상담의 과정에서 내담자가 방어적인 행동을 하게 하는 가치 조건들(Conditions of worth)을 해제할 수 있도록 도와줌으로 유기체의 경험에 대한 개방성을 증대시킬 수 있도록 돕는 것이다. 상담과정에서 내담자가 위협에 대항하기 위해 위장수단을 개발하여 가면처럼 표면을 가리고 있는 그의 겉 사람을 벗겨져 버리면 가면 뒤에 숨겨진 참인간은 어떤 모습일까? 그는 점차 자기완성을 지향하여 성장해 나가는 인격의 특성을 다음 4가지로 서술하고 있다. 첫째는 자신의 체험이 열려짐, 둘째로 자신의 독특한 능력을 신뢰함, 셋째로 자신의 독특성에 근거하여 자신을 평가함, 넷째로 성장하려고 즐겨 자신을 헌신함 등이 내담자중심의 기본적인 목표라고 하였다.

(1) 자신의 체험의 개방

자신의 체험의 개방은 현실을 왜곡시키지 않고 개관적으로 존재하는 현실을 점점 더 실재 그대로 인식하는 것을 암시한다. 또한 자신의 신념이 경직화되지 않고 새로운 지식과 성장에 계속 열려져 있어 애매성까지도 용납할 수 있는 것을 의미한다. 이러한 사람은 현재의 순간의 자신을 있는 그대로 인식할 수 있으며 새롭게 자신을 체험해 나갈 수 있는 능력을 소유하게 된다.

(2) 자기의 독자성(Organism)을 신뢰함

상담의 목표 중 하나는 내담자가 자신을 신뢰할 수 있도록 돕는 것이다. 내담자는 자신의 삶을 통제해 나갈 수 있는 능력이 자신 속에 내재해 있음을 신뢰하지 못하기 때문에 상담자를 찾아 충고와 대답을 구한다. 내담자가 차츰 자신들에 체험에 개방되어 나갈 때 그들은 자신에 대한 신뢰감을 얻게 되는 것이다.

(3) 자신의 독자성에 근거하여 자기평가

자기의 신뢰와 근거해서 자신의 독자성에 근거하여 자기평가를 내린다는 의미는 자기의 인격의 가치를 확인하기 위해서 타인의 평가에 눈을 돌리지 않고 자기완성을 지향하는 사람은 자기 내면에 관심을 집중시킨다. 그들은 타인의 보편적인 평가를 자기 독자성에 근거한 자기평가로 대치시킨다. 그들은 자기의 행동에 대한 자기 독자성에 근거한 기준을 세우고 삶의 결정과 선택을 위해 자기 내면을 바라본다.

(4) 성장과정으로서의 자아 개념

성취로서의 자아 개념에 반대되는 성장과정으로서의 자아 개념은 내담자가 상담하러 올 때에는 성공적이며 행복한 상태를 성취하기 위한 모종의 방법을 찾아오지만 결국은 성장은 계속적인 과정이라는 사실을 깨닫게 된다. 내담자는 상담하는 동안 경직된 실체를 구하기보다 자신들이 갖고 있는 지각과 신념에 계속적으로 도전받아 새로운 체험과 수정에 개방시키지 않을 수 없게 되는 것이다.

이와 같이 상담의 목표는 광범한 것으로 상담의 방향을 일반적으로 규정하는 틀밖에는 제공할 수 없다. 그러나 상담자는 내담자를 위한 특수한 목표들을 선택하지 않는다. 내담자중심 상담이론은 상담자는 내담자의 잠재능력을 촉진시키는 기능을 하는 대신 내담자 자신이 상담관계 속에서 상담의 목표를 명확히 하고 명백하게 할 능력을 가지고 있다는 것이다. 그러나 많은 상담자들은 상담과정에 내담자로 하여금 스스로의 특수한 목표를 결정하도록 허용하기가 쉽지 않음을 경험한다. 특별히 내담자가 선택하는 목표가 상담자가 바라는 목표와 다른 경우, 내담자 자신이 스스로의 길을 찾게 한다는 개념은 말하기는 쉬워도 내담자로 하여금 자신의 내면에 귀를 기울이고 자신의 독자성에 합당한 방향을 따르도록 격려해 주려면 상담자는 내담자를 신뢰하고 존중할 뿐만 아니라 용기를 갖지 않으면 안 된다.

2) 상담자의 기능

(1) 내담자의 경험

내담자중심 상담에 대한 연구조사는 상담의 지식이나, 이론이나, 기교보다는 그의 태도 여하에 따라 내담자의 인격변화가 일어난다는 것이다. 상담자는 진단의 범주에 속하는 선입주견을 갖고 내담자를 이해하지 않고 순간순간의 경험적인 기초 위에서 내담자를 만나고 그 순간 내담자가 경험하는 현상세계 속으로 들어감으로써 내담자를 돕는다. 상담자의 진실한 돌봄과 존중, 수용, 이해 등의 자세를 통하여 내담자는 방어의 벽과 경직된 지각을 깨뜨리고 더 높은 차원의 인격 기능을 수행할 수 있도록 성장할 수 있게 된다.

내담자중심 상담방법에서 상담의 성공은 상담과정에서 내담자 자신의 경험과 상담자의 기본적 태도를 내담자가 어떻게 지각하느냐에 달려 있다. 내담자의 자아인식과 현실에서의 경험 사이에 불일치(Incongruence)를 갖고 내담자는 상담하러 온다. 즉 내담자의 자아 개념(Ideal-self-concept)은 이상적 자아를 상정하지만 그의 경험을 통하여 인식되는 실제적 자아(Real self) 사이에 불일치가 있음을 인식할 때에 비로소 내담자는 상담 상황 속으로 들어온다. 내담자는 문제가 있음을 인식할 때, 적어도 심리적 적응이 원만치 못하여 불안한 상태에 있음을 인식할 때 변화의 가능성을 탐색하게 되는 것이다. 내담자는 처음에 상담자가 분명한 대답이나 지시를 제공해 줄 것이라고 기대하거나 마술적인 해결 방법을 제시해 주는 전문가로 상담자를 본다. 내담자는 상담자의 교훈을 통하여 '바로 그 길'(The way)을 발견하고 싶어 한다. 그러나 내담자중심 상담에서 내담자는 곧 자기에 대한 책임을 져야 하는 장본인이 자기 자신임을 배우게 되며 상담관계를 통하여 더 깊은 자기이해를 얻을 수 있는 자유를 배울 수 있게 된다.

상담 초기 단계에서 내담자의 행위와 감정들은 극단적으로 경직된 신념과 태도, 내적인 폐쇄성, 진실성의 결여, 자신의 감정을 소유하지 못하고 있다는 무감각, 자신의 내면을 드러내어 보여주기 싫어함, 자아에 대한 근본적인 불신, 인격의 분열과 단편화, 친밀감에의 공포, 모든 부정적 감정들과 문제들의 책임을 외부에 돌리는 것 등을 들 수 있다. 상담자의 진실성, 내담자의 감정을 무조건적으로 받아들임, 내담자의 타고난 독특성을 깨닫는 능력 등으로 내담자는 차츰 방어의 벽을 한 꺼풀씩 벗겨나가면서 가면적인 겉모습 뒤에 숨겨진 참자아를 발견할 수 있게 된다.

상담이 진행되어 나가면서 내담자는 지금까지 받아들이기를 거절하던 감정들, 공포, 불안, 죄책, 수치, 미움, 분노 등의 감정들을 표현할 수 있게 된다. 점차적으로 내담자는 모든 내적 경험에 더 개방적이 되며 덜 자기 방어적이고 현재의 순간에 자신이 느끼는 그것에 더 깊은 접촉을 시도하며 과거에 매어 있지 않고 덜 결정론적이 되며 더 자유스럽게 결단할 수 있으며 자신의 삶을 효과적으로 관리해 나갈 수 있는 자신의 능력을 더욱 신뢰할 수 있게 된다.

(2) 상담관계

로저스(1961)는 내담자중심 상담의 기본 가정을 한 문장으로 요약한다. "만약 내가 어떤 형태의 관계를 준비할 수 있다면 관계의 상대자는 자신의 내면에 잠재해 있는 능력을 발견하여 그 관계를 성장과 변화의 수단으로 이용하며 인격성장을 일어나게 할 것이다."(p. 33) 로저스(1967)는 더 나아가서 "중대하고 긍정적인 인격변화는 관계에서가 아니면 일어나지 않을 것"(p.73)이라고 가설을 세우고 있다. 상담관계의 특수성은 무엇인가? 내담자가 인격변화를 주도하는 데 필수적인 자유를 경험하게 하는 적합한 심리적 분위기를 조성하는 데 도움을 주는 열쇠가 되는 상담자의 태도(Key attitude)는 무엇인가? 로저스(1967)에 따르면 다음 6가지 조건들이 인격변화를 일으키는 데 필요. 충분조건이 된다고 한다.

① 두 사람이 심리적인 접촉점에 있다. ② 첫 번째 사람은 내담자라 칭하는데, 부조화(불일치)의 상태 또는 상처받기 쉽고 불안한 상태에 있다. ③ 두 번째 사람은 상담자라 칭하는데 그 관계에서 조화(Congruence) 또는 통일된 인격을 소유하고 있다. ④ 상담자는 내담자를 무조건적이요 긍정적으로 존중하고 있음을 체험한다. ⑤ 상담자는 내담자의 본래적 독특성을 공감하여 이해하고 있으며 그는 내담자에게 이 사실을 전달해 주려고 애쓴다. ⑥ 상담자가 내담자에게 무조건적이요 긍정적인 존중을 하고 있으며 공감하여 이해하고 있음을 내담자에게 전달하여 내담자가 최소한이라도 이 사실을 깨닫는다.(p.73)

로저스는 이외에 어떤 다른 조건들도 필요하지 않다고 가정한다. 만약 위의 6가지 조건들이 일정기간 동안 지속된다면 건설적인 인격변화가 일어날 것이다. 이 조건들은 내담자에 따라 변하지 않는다. 나아가서 이 조건들은 모든 상담방법에 필요 충분할 뿐만 아니라, 정신치유나 상담 이외의 모든 인간관계에도 그대로 적용할 수 있다. 상담자는 반드시 어떤 특수한 지식을 가져야 하는 것은 아니다. 정확한 심리진단은 필수적인 것도 아니요, 오히려 효과적인 상담을 방해하는 요소가 될 때가 흔하다. 로저스는 그의 이론이 충격적이요, 너무 급진적이라는 사실을 인정한다. 그의 공식은 큰 논쟁을 불러일으키고 있다. 왜냐하면 그는 다른 상담이론가들이 상담에서 필수적이라고 하는 것들을 기본적인 요소가 아니라고 주장하기 때문이다. 세 가지 상담자의 인격적 특성들, 또는 태도들이 상담관계의 중심을 이루고 상담과정의 핵심을 이루는데 ① 조화, 진실성 또는 순수성, ② 무조건적, 긍정적 존중(또는 배려), ③ 정확한 공감을 통한 이해 등이다.

① 조화 / 진실성(Congruence or Genuineness)

로저스의 세 가지 상담자의 자세의 특수성 가운데 조화(Congruence 진실성 또는 순수성)는 로저스의 최근 저술에 따르면 가장 중요하다. 조화는 상담자가 진실하다는 것을 의미한다. 즉 상담시간에 상담자는 순수하고 통일되고 주체성이 있다는 말이다. 상담자는 거짓된 가면을 결코 쓰지 않으며 그의 내면에서 경험하는 체험과 그 체험의 외적인 표현이 일치하며 내담자와의 관계 속에서 일어나는 감정들과 마음자세들을 있는 그대로 개방하여 표현한다. 진실성 있는 상담자는 자발적이요, 자기 속에서 흘러나오는 감정들과 마음자세들에 긍정적인 것이든 부정적인 것이든 개방적이다. 어떠한 부정적인 감정들일지라도 표현함으로써 상담자는 내담자와 사이에 솔직한 커뮤니케이션을 촉진시킬 수 있다. 인간 대 인간 관계를 통하여 상담자는 내담자의 성장뿐만 아니라, 상담자 자신의 성장과 자기완성을 수행해 나간다. 이 순수하고 통일된 자기신뢰를 통해서(Authenticity) 상담자는 더 큰 진실을 향해서 투쟁해나가는 인간상의 모델로서 봉사하고 있는 것이다. 순수성을 지닌다는 것은 상담하는 동안에 상담자의 분노, 좌절감, 좋아함, 매력, 관심, 권태, 귀찮음 등 모든 감정을 쏟아놓아야 하는 것을 뜻할 수 있다. 그렇다고 해서 상담자는 모든 감정들을 충동적으로 털어놓아야 한다는 말은 아니다. 왜냐하면 자기노출 역시 합당하게 해야 하기 때문이다. 또한 이것은 내담자 때문에 상담자가 권태를 느끼거나 분노하게 된다는 의미도 아니다. 이것은 상담자가 자신의 감정에 책임을 져야만 하고 상담자의 능력을 봉쇄하여 내담자와의 완전한 상담관계 형성을 방해하는 지속적인 감정들을 내담자와 함께 탐구해 내야 한다는 말이다. 물론 상담의 목표는 상담자가 자신의 감정들을 내담자와 계속 토의하는 것을 의미하지는 않는다. 그러나 내담자중심 상담은 전제적이 아니요 진실하고 순수한 인간관계의 가치성을 강조하며 의미 있는 커뮤니케이션이 봉쇄되었을 때에 개방적이요, 솔직한 자기평가의 잠재적 가치를 강조한다. 내담자중심 상담은 상담자가 내담자에 대해 느끼는 감정과 내담자를 대하는 행동을 다르게 할 때 상담은 장애를 받는다고 강조한다. 예컨대 상담자가 내담자를 싫어하거나 비난하면서도 겉으로는 용납하는 체 한다면 상담은 성공할 수 없다. 상담자가 순수성을 지녀야 한다고 해서 완전히 자기 완성된 상담자만이 효과적인 상담을 할 수 있다는 말은 아니다. 상담자도 인간이기 때문에 그가 완전히 순수하기를 기대할 수는 없다. 내담자중심상담은 가정하기를 상담자가 내담자와의 사이에 조화 또는 순수성을 유지한다면 상담은 성공적으로 진행될 것이다. 조화 또는 순수성은 전부냐 아니냐의 범주에 속한 것이 아니라 계속적인 과정에 속한 것이다.

② 무조건적 긍정적 존중

상담자가 내담자에게 전달해야 할 두 번째 태도는 내담자를 한 인간으로서 깊이 그리고 순수하게 돌보고 있다는 사실이다. 염려와 돌봄은 무조건적이어서 내담자의 감정, 사상, 그리고 선악 간의 행동의 가치평가 때문에 영향을 받아서는 안 된다. 상담자는 내담자를 용납하는 데 어떤 조건들을 부가함이 없이 존중하고 온정미 있는 수용을 하여야 한다. 이것은 '네가~할 때에 너를 용납하겠다'는 태도가 아니라 오히려 '나는 너를 현재의 모습 그대로 받아들이겠다'는 태도이다. 상담자는 그의 행위를 통하여 그가 내담자를 현재의 모습 그대로 존중하고 배려한다는 사실을 내담자에게 전달한다. 그리고 내담자가 자기 자신의 감정을 그대로 소유하고 표현하더라도 상담자의 용납이나 존중심을 잃지 않을 것이라고 상담자는 내담자를 가르친다. 용납은 내담자가 자신의 감정을 소유할 권리가 있음을 인정하는 것이다. 그렇다고 해서 그것은 내담자의 모든 행동을 그대로 인정해 주는 것을 의미하지는 않는다. 드러난 모든 행동을 인정해주거나 받아들일 필요는 없다. 상담자의 관심과 돌봄이 상담자의 독점욕을 만족시키기 위한 것이 아니어야 한다는 사실은 매우 중요하다. 만약 상담자의 관심과 돌봄이 상담자 자신의 사랑받고자 하며 감시받고자 하는 욕구에서부터 오는 것이라면 내담자의 인격성장에는 지장을 초래한다. 무조건적 긍정적 존중(배려)의 개념도 역시 전부냐 아니냐의 범주에 속한 것은 아니다. 조화에서와 같이 무조건적 긍정적 존중은 계속적인 과정에 속하는 것이다. 상담자가 내담자를 좋아하고 돌보고 인정미 있는 수용을 하는 도수가 높아질수록 내담자의 인격변화는 가속될 수 있는 것이다.

③ 정확한 공감적 이해(Accurate Empathic Understanding)

상담자의 주요 사명 중의 하나는 상담기간 동안에 순간순간의 상호작용을 해나가면서 들어내는 내담자의 내적 경험과 감정들을 민감하게 그리고 정확하게 이해하는 일이다. 상담자는 내담자의 주관적 경험, 특히 바로 지금 여기에서 일어나는 경험을 감지하려고 노력한다. 공감적 이해의 목표는 내담자로 하여금 자기 자신에 더 가까이 접근하여 자기의 감정들을 더 깊이 그리고 더 강열하게 체험하게 하고 내담자 내부에 잠재해 있는 부조화와 부조리를 인식하여 해소시킬 수 있게 하는 것이다. 이 개념은 상담자가 내담자의 감정을 감지할 때 상담자가 내담자의 감정에 몰입되어 자신을 잃지는 않으면서도 내담자의 감정을 상담자 자신의 감정처럼 감지하는 것을 말한다. 내담자가 경험하는 세계 속으로 자유롭게 침투해 들어가면서 상담자는 내담자가 이미 깨닫고 있는 것들을 이해하고 있음을 내담자에게 전달할 뿐만 아니라 내담자가 아직 희미하게 감지하고 있는 경험의 의미를 분명히 해줄 수도 있다. 고도로 정확한 공감은 명백한 감정의 차원을 넘어서 덜 분명하고 덜 명백한 내담자의 내적 경험에까지 도달할 수 있다는 사실은 매우 중요하다. 상담자는 내담자를 도와서 현재 내담자가 부분적으로만 인식하고 있는 그의 감정영역에까지 도달하게 해준다. 공감은 단순한 감정의 반영 이상의 것이다. 그것은 내담자에게 내용을 반영시켜 주는 것 이상을 요하며 상담자가 일상적으로 사용하는 꾸며낸 기교 이상의 것이다. 그것은 '나는 너의 문제가 무엇임을 이해한다'는 식의 단순한 객관적인 지식이나 표면적인 기준에 근거하여 내담자를 평가하여 이해하는 것을 의미하지 않는다. 오히려 공감(Empathy)은 내담자와 함께 내담자를 깊이에서부터 그의 주관세계를 이해하는 것이다. 그것은 내담자와 인격적으로 일체감을 이루는 것이다. 상담자는 자신의 감정을 내담자의 감정과 같게 동화시킴으로써 내담자의 주관세계를 같이 나눌 수 있다. 그렇지만 상담자는 자신의 독특성을 상실해서는 안 된다. 로저스는 믿기를 상담자가 내담자의 사사로운 세계에서 일어나는 현재의 체험을 내담자 자신이 보고 느끼듯이 파악할 때 상담자 자신의 정체성을 잃어버리지 않는다면 건설적인 변화가 일어날 것이다.

3) 상담과정

(1) 초기 저서(1942)의 상담과정

① 개인이 도움을 얻기 위하여 상담실을 찾아온다.

② 조력 상황(Helping situation)이 설정된다. 상담자는 내담자의 문제의 답을 갖고 있는 것이 아니라 내담자로 하여금 도움을 얻어 스스로 노력해 가는 과정임을 알게 된다.

③ 상담자는 내담자가 자신의 문제에 대한 감정을 자유롭게 표현할 수 있도록 격려한다.

④ 상담자는 내담자가 표현하는 부정적인 감정들을 수용하고 명료화한다.

⑤ 내담자의 부정적 감정들이 아주 충분하게 표현되면 성장할 수 있게 하는 긍정적 충동들이 시험적으로 표현된다.

⑥ 상담자는 부정적 감정들을 수용하고 인정했던 것처럼 긍정적 감정들도 같은 태도로 수용하고 인정한다.

⑦ 이러한 통찰과 자기이해 및 자기수용은 전체 상담과정에서 두 번째로 중요한 측면이다.

⑧ 이러한 통찰의 과정과 함께 행동의 가능한 결정이나 방향이 분명해지게 된다.

⑨ 미미하지만 매우 중요하고 적극적인 행동이 나타난다.

⑩ 자기의 행위에 대한 보다 진전된 통찰을 통해서 더욱 완전하고 정확한 자기이해를 할 수 있게 된다.

⑪ 내담자는 점점 더 통합된 긍정적 행위를 하게 된다.

⑫ 도움의 필요성이 감소되고 상담관계를 종결해야 되겠다는 생각을 내담자가 스스로 하게 된다.

(2) 후기 저서(1961)의 상담과정

로저스는 1961년의 저서에서 종전의 상담과정과 다른 것을 제시하였다. 즉, 상담의 과정을 성격의 변화가 일어나는 과정으로 보고 그 성격의 변화의 과정을 고정성으로부터 변화성, 경직된 구조들로부터 유동적 구조로, 고정된 상태로부터 과정(Process)으로 이어지는 연속선상의 변화 과정이라는 개념으로 발전시켰다. 그는 이러한 과정을 7단계로 구분하여 기록하고 있다.

① 제1단계: 경직된 경험의 상태에 있는 개인은 자발적으로 상담하러 오기가 어렵다. 이 단계에서의 커뮤니케이션은 피상적이며 자신에 대하여 이야기를 기꺼이 할 수 없다.

② 제2단계: 첫 번째 단계에서 내담자가 자신이 충분히 수용되고 있음을 경험하게 되면 가끔 감정들을 표현하기도 하는 단계에 이른다. 그러나 그 감정들이 아직은 과거의 객관적 경험의 하나로 묘사된다.

③ 제3단계: 제2단계에서 약간 느슨해지고 유동적으로 된 태도의 변화가 방해받지 않고 계속 자신이 있는 그대로 수용되고 있다고 느낄 수 있게 되면 보다 많은 감정들과 사적인 표현을 하게 된다. 그러나 이 단계에서는 자신이 느끼는 경험이나 감정을 표현하는 것이 아니고 하나의 객체로서의 자기와 관련된 경험들을 표현한다.

④ 제4단계: 3단계에서 여러 가지 경험들을 가지고 있는 내담자가 여전히 있는 그대로의 자신이 수용되고 이해되고 있다고 느낄 수 있게 되면 보다 자유로운 감정의 흐름이 가능해진다. 그래서 전에는 생각하기를 부인하던 감정들이 그대로 표현된다.

⑤ 제5단계: 4단계에서 내담자가 자신이 있는 그대로 수용되고 있다고 느낄 때 내담자의 유기체적 유동성의 자유가 증가된다. 따라서 감정들이 지금 현재의 느낌 그대로 표현된다. 두려움이 있기는 해도 진실한 나(The real me)가 되려는 바람이 있다.

⑥ 제6단계: 지금까지의 단계와 구별되는데 전에는 부인했던 감정들을 즉각적인 현재의 감정들로 수용한다. 이제까지의 객체로서의 자아가 사라지고 현실적이 된다. 내담자는 자신의 문제를 주체적으로 대처해 갈 수 있게 된다.

⑦ 제7단계: 이제는 상담자의 도움을 필요로 하지 않는 단계이다. 상담 장면이나 딴 곳에서도 새로운 감정을 즉시 그리고 충분히 느긋하게 경험하게 된다. 이러한 경험이 행동의 분명한 준거가 된다. 자아와 유기체의 경험들 사이의 불일치성이 최소화되고 일시적이 된다. 그리하여 개인은 자유를 경험하며 충분히 기능하는 인간으로 성장하게 된다.

이상에서 살펴본 내담자중심 상담과정의 특성을 다음과 같이 요약할 수 있다. 첫째, 상담의 과정이나 문제해결에 대한 내담자의 책임과 주체성을 강조하고 있다. 둘째, 수용적인 상담관계가 부각되고 있으며 상담의 과정에서 상담자가 내담자를 있는 그대로 수용할 때 내담자도 자신을 수용할 수 있고 개방적일 수 있다는 원리를 시사한다. 셋째, 수용적인 상담관계의 분위기에서 내담자가 자신을 자유스럽게 표현할 수 있게 되고 문제해결책을 스스로 찾게 된다.

4. 내담자중심 이론의 과제

로저스의 내담자중심 상담이론은 인본주의심리학(Humanistic psychology)을 형성하는 데 크게 기여하였다. 그의 상담이론은 기독교상담학적 입장에서 살펴보면 인간을 자율적인 존재라고 전제하고 반사적 상담(Reflective counseling)의 이론에 따라 내담자의 자기실현(Self-actualization)을 위한 촉매(Catalyst) 역할을 주장하는 것으로 인간의 문제를 스스로 해결할 수 있다는 입장이다. 이러한 상담이론은 인본주의심리학에 기초를 두고 있어 성경의 원리를 찾아보기 어렵다. 또한 로저스의 인간본성의 이해는 사람은 자신이 깨달은 대로의 실재 안에서 자신을 완성하려고 자신의 삶의 방향을 선택할 수 있는 능력과 건설적으로 자기의 인격 변화를 수행해 나갈 수 있는 능력도 갖고 있다는 주장이다. 그 결과 내담자중심 상담방법은 고정된 이론이 아니며 실재에 적용 가능한 원칙을 개발하여 인격성장을 촉진하는 조건에 관련된 의도적인 가설을 구성하려는 것이었다.

내담자중심 상담방법은 적극적인 자세로 들음, 내담자를 지각함, 내담자의 본래적인 독특성에 근거함, 해석의 방법을 통하여 내담자를 앞지르는 방법에 반하여 내담자와 함께 이야기함 등을 강조한다. 내담자중심 상담자는 특별히 내용과 감정을 동시에 반영하고 메시지를 명확히 정화하며 내담자를 도와 자신의 자원들을 발굴해내게 하며 내담자를 격려하여 자기 힘으로 해결해 나가게 한다. 그러므로 이 방법은 상담자를 지시적인 위치에 놓아서 해석하고 진단하고 무의식 세계를 탐색하고 꿈을 분석하고 더 급진적인 인격 변화를 시도하려는 여러 가지 상담모델보다 훨씬 안전성에 있을 것이다. 이 상담방법은 사람들이 상담심리학, 인격의 역동성, 정신병리학 등에 제한된 지식을 갖고 있다는 사실에 비추어 볼 때 내담자중심 접근방법은 찾아오는 내담자들이 정신적으로 해를 덜 받게 될 것이라는 더욱 현실적인 확신을 제공할 것이다. 이러한 상담방법은 내담자의 주관세계를 이해할 수 있는 인도주의적인 기초를 제시하며 내담자에게 귀 기울여 들어주는 귀한 기회를 만든다. 그들은 자신들이 평가되고 판단되지 않을 것이라는 사실을 알기 때문에 새로운 행위를 자유스럽게 시도해 볼 수 있다고 느낀다. 그들은 자기에 대해 자기가 책임을 져야 한다고 깨달아 상담의 진로를 바로 그들 자신이 결정해 나간다.

내담자중심 상담이 상담학계에 끼친 공헌은 로저스가 그의 상담방법을 실제에 적용할 수 있고 시험할 수 있는 가설로 기꺼이 구성하며 그의 가설을 연구조사에 종속시킨 데 있다. 그의 비평가들까지도 로저스가 어떤 학파의 상담방법이든 그 상담과정이나 상담 결과에 대한 광범한 연구조사를 실시하도록 영감을 주었다고 찬양하고 있다. 로저스의 상담이론과 인격변화 이론은 연구조사 방법에 상당한 효과를 주었다. 이 방법은 아직도 논란의 대상이 되어 있지만 로저스의 이론 때문에 다른 상담가들과 이론가들도 자신들의 상담스타일과 상담에 관한 신념들을 시험하지 않을 수 없게 되었다.

그러나 내담자중심 상담이론에서 제기되는 제한은 상담자 중에 내담자중심 방법의 중추적 요소를 오해하거나 단순화시키는 사람들이 있다는 주장이다. 그들은 청취와 내담자에게 귀 기울이는 것, 그리고 내담자를 반영하고 이해를 전달하는 것에는 가치가 있다. 그러나 이것을 상담 그 자체와 혼동해서는 안 된다. 상담은 단순히 듣고 반영하는(Listening and reflecting) 기술에 불과하다는 생각을 버려야 한다. 이 방법은 상담자가 상담관계 속에 가져오는 일련의 태도에 근거한 상담으로 어느 다른 특성보다도 상담자의 진실성이 상담관계의 힘을 결정하는 요소이다. 상담자의 자기신뢰(Authenticity)와 내적 조화는 이 방법에서 매우 중요하여 내담자중심 상담자는 자연스럽게 이 특성을 나타내야 하며 내담자에게 자신의 감정을 자연스럽게 표현하지 않으면 안 된다. 그렇지 않을 때 내담자중심 상담은 부드럽고 안전한 방법이 될 수는 있으나 내담자에게 아무런 영향도 줄 수 없는 방법으로 남을 것이다.

Ⅲ. 프로이드의 정신분석 요법

1. 상담이론의 배경

지그문드 프로이드(Sigmund Freud, 1856~1939)의 정신분석 요법은 심리치료의 한 방법론이다. 그의 심리학은 심리학의 3대 학파 중에서 행동주의 심리학파, 실존주의-인본주의심리학에서 앞서 최초로 개발된 학문이다. 프로이드는 1881년에 비엔나대학교에서 의사(M.D.)가 되었으며 1885년에는 프랑스의 신경학자 쟝 샤르꼬(Jean Charcot)와 함께 연구하게 된 것이 신경학자에서 정신병리학자로 전환하도록 만든 중요 계기가 되었다. 프로이드가 정신분석 이론을 체계화한 걸작은 1900년에 발행한 『꿈의 해석』(The Interpretation of Dreams)이었다. 이 책은 처음에 정신병리학회에서 무시되었으나 1902년에 젊은 의사들이 정신분석의 이론과 실제에 대해서 관심을 가지고 그의 주변으로 모여들었는데 후에 비엔나정신분석학회(Vienese Psychoanalytic Society)로 발전하였다. 1904년에 『일상생활의 정신병리학』(Psychoratheology of Everyday Life)이라는 저서를 내어서 더욱 유명해졌다. 1909년에는 융(Jung)과 함께 미국 클라크(Clark)대학교 창립 20주년 기념강연의 강사로 초빙받아서 강연을 하므로 정신분석학을 세계적으로 확산하는 계기가 되었다. 1912년 이후부터 프로이드는 여러 전문 잡지의 출간과 논문의 저술 등과 정신분석학회 운영에 몰두하였고 제1차 세계대전 말까지 그는 주로 무의식(The Unconscious)에 관한 문제를 탐구하였고 이러한 연구에 기초하여 1920년경부터는 억압(Repression)의 구성 요소들에 대하여 탐구하기 시작하였으며 그 후 계속하여 종교와 도덕성, 그리고 문화에 관한 문제를 탐구하였다.

2. 주요 개념

1) 인간 이해

프로이드의 인간 이해는 본질적으로 비관주의적이며 결정론적(Determinism)이며 기계적이며 감소주의적이다. 그에 따르면 인간은 비합리적인 힘들, 무의식적인 동기들, 생리적 본능적 요구와 필요 등 태어나서 5년간의 정신-성적 체험들에 의해서 결정된다고 본다. 또한 에너지 체계로 이해한다. 인격의 역동성은 정신적 에너지가 어떻게 원본능, 자아, 초자아에 분배되느냐에 따라서 결정된다고 한다. 에너지의 양은 제한되어 있기 때문에 한 체계(원본능, 자아, 초자아)에서 다른 두 체계들을 희생시키고 필요한 에너지를 가져 다른 체계들을 지배해 버릴 수 있다. 행동은 이러한 정신적 에너지의 분배에 따라 결정된다. 그는 또한 모든 본능들은 타고난 것이며 생물적이라고 주장한다. 그는 성적 본능과 공격적 본능을 강조한다. 그는 모든 인간의 행동은 고통을 피하고 쾌락을 얻으려는 욕망에 의해서 결정된다고 한다. 인간의 생의 본능과 함께 죽음의 본능이 있으며 모든 인간의 목표는 죽음이다. 생은 죽음으로 향해서 우회(Round-about)하는 과정에 불과하다는 견해이다.

2) 인격의 구조(Structure of personality)

프로이드는 1920년대에 정신생활의 개념 모형을 수정하여 인격구조를 세 개의 통일된 체계로 구성하였는데 원본능(Id), 자아(Ego), 그리고 초자아(Superego)를 제시하였다. 이것들은 심리과정을 설명하는 용어이지 인격구조 속에 분리된 개체가 따로 있다는 말은 아니다. 원본능은 생리적 구성요소이며 자아는 정신적 구성요소이며 초자아는 사회적 구성요소이다.

(1) 원본능(Id)

원본능은 인격구조의 근본이다. 탄생 시 인격은 원본능 만으로 구성된다. 원본능은 정신적 에너지의 근원이며 본능적인 힘이 여기에서 솟아 나온다. 조직도 없고 분별력도 없으며 충동적인 욕구를 가지며 고집스럽다. 마치 끓어오르는 흥분의 도가니 같아서 타협할 줄 모르며 긴장을 견디지 못하며 고통을 피하고 쾌락을 얻으려고 하는 쾌락의 원리에 의해 지배받는다. 원본능은 논리를 모르며 도덕도 모르고 오직 한 가지 충동만을 내세운다. 쾌락의 원칙에 따라 본능적 욕구를 이루고자 하는 욕망이다. 원본능은 결코 성숙할 줄 모르며 인격구조의 썩은 부분으로 항상 남아 있으며 원함과 그것을 위한 행동만 계속한다. 원본능은 무의식 세계에 속한다.

(2) 자아(Ego)

자아는 외부 세계의 현실과 접촉을 갖는다. 자아는 다스리고 통제하며 조절하는 인격구조의 집행자이다. 자아는 원본능과 초자아와 외부 환경 사이에 서서 본능적 욕구와 초자아의 명령과 외부 세계의 제한 사이에서 조정역을 담당한다. 자아는 의식 세계를 통제하며 잠재의식에 억압을 행사한다. 자아는 현실 원칙(Reality principle)에 입각하여 욕구 충족을 위하여 현실적 논리적 계획을 세우며 연구한다. 원본능과 자아의 관계를 보면 자아는 지성과 합리성에 입각하여 원본능의 맹목적 충동을 억제하고 통제하며 욕구 충족의 목적을 달성하려 한다. 원본능은 주관적인 실재밖에는 모르나 자아는 심리 속에 있는 이미지와 외부 세계에 실존하는 사물을 분간할 줄 안다.

(3) 초자아(Superego)

초자아는 도덕적이요 법적인 인격의 요소이다. 초자아는 사람의 도덕법으로서 그의 관심사는 오직 그 행동이 선하냐 악하냐에 있다. 초자아는 실재보다는 이상을 대변하며 쾌락을 추구하기보다는 완전을 추구한다. 초자아는 부모를 통하여 유아기에 받은 대로 사회의 전통적인 가치와 이상을 대변한다. 그의 기능은 원본능의 충동을 억누르며 자아를 설득하여 현실적인 목표로 도덕적인 것을 선택하게 하며 완전을 추구하게 한다. 부모와 사회의 표준을 자기의 것으로 받아 자신의 부분으로 만든 초자아는 심리적 보상과 형벌에도 관계된다. 보상은 자만과 자기 사랑의 감정이요, 형벌은 죄책감과 열등감이다.

3) 성격의 역동성

프로이드는 인간행동의 원천으로서의 에너지를 설명하는 과정에서 에너지란 한 가지 형태에서 다른 형태로 전환될 수 있으나 전체적인 우주 체계 속에서는 소실될 수 없다는 에너지 보존의 법칙을 기본 가설로 삼고 있다. 인간 유기체란 복잡한 에너지 체제이며 유기체는 음식에서 그 에너지를 얻어 혈액순환, 호흡, 근육운동, 지각, 사고 및 기억과 같은 여러 가지 행동을 하는 힘의 원천으로 사용한다고 본다.

프로이드의 정신분석 요법에서 성격의 역동성을 추진력과 억제력의 상호작용으로 이루어지고 있는 것으로 볼 수 있다. 성격상의 모든 갈등은 이 두 힘들의 상반성에 의한 것으로 해석될 수 있다. 즉 지속되는 모든 긴장(Tension)은 억제력에 대한 추진력의 반작용(Counteraction)에 기인하는 것이라고 볼 수 있다. 정신적 균형을 이루면서 삶을 영위해 나가는 능력은 욕구 충족의 과정에서 맞게 되는 여러 가지 압력들에 대처해 나가는 능력에 달려 있다. 즉 자아는 어떻게 해서든지 원욕과 현실, 그리고 초자아 간을 적절히 중재하여 원욕의 생물학적 욕구를 충족시켜 주면서 다른 한편으로는 현실을 고려해야 하고 또한 초자아의 도덕적 이상에 의한 제한도 받아들여야 한다. 경우에 따라서는 욕구들을 잘 조절할 수 없어서 벌을 받거나 어떤 일을 저지르게 되지나 않을까 하는 불안을 경험한다. 프로이드는 불안의 종류를 신경질적 불안, 현실적 불안, 그리고 도덕적 불안이라는 세 가지로 분류하였는데, 만일 자아가 합리적 방법으로 불안을 상대할 수 없을 때는 비현실적인 것에 의존하게 되는데 이때 방어기제(Defense mechanism)를 사용한다는 것이다. 프로이드에 의하면 방어기제란 원욕 속에 포함되어 있는 사회적으로 용납될 수 없는 욕구나 충동 등의 사실적 표현과 이에 맞선 초자아의 압력 때문에 발생되는 불안으로부터 자아를 보호하기 위한 전략이다. 그러므로 모든 방어기제는 무의식적으로 작용하기 때문에 본인은 알지 못하고 있다는 것과 개인으로 하여금 현실을 거부 혹은 왜곡해서 지각함으로써 불안으로부터 자아를 보호하려는 두 가지 공통적인 특성을 가지고 있다는 것이다. 이러한 방어기제들은 여러 가지가 있는데, 억압(Repression), 반동형성(Reaction formation), 투사(Projection), 합리화(Rationalization), 승화(Sublimation), 고착과 퇴행(Fixations and regression) 등이 그 대표적인 것들이다.

3. 성격발달의 제 단계

프로이드의 성격발달 이론의 특징 가운데 하나는 개인의 성격이란 유아기의 여러 가지 경험들에 의하여 형성되며 그것도 출생 후 5년 사이에 기본 골격이 형성되고 그 후에는 마무리 단계에 지나지 않는다는 견해이다. 두 번째 특징은 성적 에너지(Libido)가 출생 시에 나타나며 이것은 일련의 심리성욕단계를 거쳐서 발달해 간다는 것이다. 프로이드는 성욕이 소아기부터 나타나며 이것이 억압되면 무의식 속에 자리잡고 있다가 성장 후에 신경증 등의 신체 질환이나 꿈, 예술 등의 사회적으로 용인되는 행위로 나타나기도 한다고 말한다. 사실상 상담이나 심리치료에서 봉착되는 문제들은 사랑과 신뢰의 문제, 부정적 감정을 다루는 문제, 성적인 문제를 다루는 문제 등으로 크게 세 가지로 구분할 수 있는데 정신분석학에서는 생후 5년간의 경험 속에 문제의 근원이 존재한다고 말한다. 프로이드가 말하는 초기의 성격발달 과정의 단계는 다음과 같다.

1) 구순기(The oral stage): 출생에서 생후 1년까지

프로이드는 영아의 성욕에 대한 가설을 세웠다. 프로이드는 그때까지 영아의 성욕에 대한 사회적 인식이 부족했던 것은 문화적 분위기와 성욕의 분야에 대한 영아기의 경험을 억압했기 때문이라고 설명하였다. 영아는 출생에서부터 1년간 구강기를 경험한다. 어머니의 젖을 빠는 것은 배고픔과 쾌락의 욕구를 만족시켜 준다. 이 시기에는 입과 입술이 민감한 성감대이므로 영아는 빠는 것에서 성적 쾌감을 경험한다. 영아는 자아나 초자아를 발달시키지 못하고 단지 요구하고 원하며 즉각적인 만족을 추구하는 본능만을 발달시킨다는 것이다. 이 시기에는 구강 협응적(Oral-incorporative)인 행동과 구강 공격적(Oral-aggressive)인 행동이 나타난다. 구강-협응적인 행동은 입의 쾌락적인 감각이다. 그러나 구강적 욕구(과식, 씹기, 말하기, 담배 피우기, 술 마시기)를 탐하는 성인은 영아기에 구강적 만족을 충족하지 못하여 구강적 고착(Oral fixations)에 머물러 있다는 것이다. 이가 자라남에 따라서 구강-공격적 시기가 시작된다. 풍자, 적개심, 공격성, 험담(Gossip) 같은 성인의 특성이나 다른 사람을 '물어뜯는'(Biting) 논평을 하는 사람은 이 발달 시기의 고착이라고 본다. 탐욕과 욕심은 생애 초기의 충분한 음식과 사랑을 받지 못한 결과로서 발달되는데 이 시기에 아동이 원하는 음식(젖)과 어머니의 사랑이 결핍되면 불신감, 다른 사람에게 접근하는 데 대한 공포감, 애정에 대한 거부, 사랑과 신뢰에 대한 공포감, 자존심의 저하, 고립감, 그리고 긴밀한 인간관계를 맺을 수 없다는 무력감 등의 성격을 만든다고 주장한다.

2) 항문기(The anal stage): 만 1~3세까지

항문기는 성 에너지가 항문과 그 주위 부분으로 옮겨왔기 때문에 항문기라 부르며 이 시기의 아동은 대소변의 배출이나 보유에서 만족을 얻는다는 것이다. 이 단계에서 해결해야 할 과제는 독립심, 개인적인 능력, 자주성, 그리고 부정적인 느낌을 인식하고 처리하는 것이라고 본다. 프로이드는 항문기를 성격 형성에서 가장 중요한 의미를 갖는다고 본다. 배설 훈련과 방법, 자녀에 대한 부모의 감정, 태도, 그리고 반응들은 유아의 성격 형성에 큰 영향을 미친다는 것이다. 자신의 신체 기능에 대한 유아의 태도의 대부분은 부모의 태도가 직접적으로 영향을 미친 결과이다. 강박증 같은 성격상의 문제는 이 단계에서의 부모의 자녀 양육 방법에 그 근원을 두고 있다는 것이다. 유아는 엄격하게 배변 훈련을 시키면 그들의 배설물을 아무 때나 또는 아무데나 흩어놓음으로써 분노를 표출하기도 한다. 이런 행동은 후에 잔인성, 부적합한 분노의 표현, 또는 극도의 청결치 못한 성격을 형성하는 근간이 된다고 주장한다. 프로이드는 이것을 항문-공격적(Anal-aggressive) 성격이라고 표현하였다. 반대로 유아가 배설을 할 때 칭찬을 하고 너무 신경을 쓰면 유아는 배설 활동을 너무 과대평가해서 생각하게 된다. 그 결과로 어떤 성인들은 지나친 청결함, 보유, 엄격함, 인색함 같은 특성에 고착된다는 것이다. 이것은 항문-보유적(Anal-retentive) 성격이라고 알려져 있다. 항문기의 발달 단계에서 유아는 소위 적대감, 파괴성, 분노, 격분, 증오 등과 같은 부정적인 감정들을 경험하게 된다. 유아가 이런 감정들이 수용될 수 있다는 사실을 배우는 것은 중요한 일이라고 본다.

3) 남근기(The phallic stage): 만 3~5세까지

유아가 수동적이고 감수성이 예민한 단계에서 능동적인 아동기의 과정으로 발달하는 것은 항문기 다음인 남근기 단계이다. 이 시기에는 성적 행동이 보다 강해지고 관심의 초점이 성기-남아의 음경과 여아의 음핵-에 집중된다. 프로이드 학파의 이론에 의하면 남아와 여아는 성적인 갈망과 갈등을 경험하지만 그것들을 억압한다. 남아는 남근기에서 그 모친을 갈망하고 부친에 대해서 적개심을 느낀다. 그는 모친에 대한 성적 충동을 부친이 처벌할 것이라는 두려움을 느끼게 되는데 이것을 오이디푸스 콤플렉스(Oedipus complex)라고 부른다. 모친은 남아의 사랑의 대상이 된다. 환상과 실제 행동 모두에서 그는 모친에게 성적 갈망을 나타낸다. 곧 그는 보다 강력한 부친이 이런 갈망의 적수가 됨을 느낀다. 그러나 모친을 사랑의 대상으로 느낄 때 이미 그것을 억압함으로써 그것이 의식되는 것을 피한다는 것이다. 이때 남아에게는 남근에 대한 특수한 두려움이 생기게 되는데, 프로이드는 이것을 '거세 불안'(Castration anxiety)이라고 명명했다. 거세 불안은 부친이 남아의 남근을 자르지 않을까 하는 데서 생기는 두려움이다. 이런 불안은 그가 여아에게는 남근이 없다는 것을 알았을 때 더욱 심해진다. 자랑스러운 소유물을 잃지 않을까 하는 불안에서 그는 모친에 대한 성적 욕망을 억압한다. 이런 오이디푸스적 갈등이 적절히 해결된다면 남아는 성적 갈망을 보다 적절한 애정의 형태로 바꾸고 부친에 대한 동일시를 발달시킨다는 것이다. 이것은 만약 부친을 이길 수 없다면 그에게 동조하는 것이 좋을 것이라는 인식에서 생기는 것이다. 부친과의 동일시를 통해서 남아는 대리적(Vicarious) 만족을 경험한다. 그래서 남아는 부친을 보다 더 좋아하게 되고 부친의 태도를 수용하게 된다.

프로이드는 여성의 남근기를 남성의 그것처럼 명확하게 다루지 않았다. 엘렉트라 콤플렉스(Electra Complex)는 오이디푸스 콤플렉스의 상대 개념이다. 여아의 첫 번째 대상은 모친이지만 그 사랑은 남근기에 부친에게로 옮아간다. 그녀는 자신에게 남근이 없다는 것을 알게 되면서부터 모친에게 부정적인 감정을 갖게 된다. 이것을 '남근 선망'(Penis envy)이라고 부르며 남아의 '거세 불안'에 대응하는 개념이다. 그녀는 부친의 주의를 끌기 위해서 모친과 경쟁하려고 한다. 그러나 자신이 결코 모친의 적수가 될 수 없음을 깨닫게 되면 모친의 행동 특성을 받아들이는 과정을 통해서 동일시를 하게 된다. 이 시기에서 가장 중요한 것은 성적 태도의 발달이다. 그는 이 개념을 상당히 확대해서 사용하고 있다. 성욕이란 유기체적인 모든 쾌락을 의미한다. 이 시기는 성적인 것에 대한 호기심, 성적 환상, 자위, 성역할 동일시 그리고 성역할 놀이(Sex play) 등의 행동이 나타나는 심리·성적 발달 단계이다.

이 시기의 아동은 자신의 신체에 호기심을 갖게 되고 자신의 몸을 탐색하며 성의 차이를 알려고 한다. 아동기의 이런 경험은 보편적인 것이며 성적 태도는 남근기에 형성되기 시작하므로 성욕의 수용과 성적 충동의 조절이 매우 중요하다. 이 시기는 또한 양심이 발달하는 시기로서 아동은 도덕적 기준을 배우기 시작한다. 엄격한 부모의 주입식 교육과 비현실적인 도덕 기준이 초자아를 과잉 통제하는 위험을 가져온다. 자녀들에게 그들의 충동이 모두 나쁜 것이라고 가르친다면 아동은 자신의 자연스런 충동에 죄의식을 느끼게 되며 이것은 후일에까지 계속되어 다른 사람과 친밀한 관계를 갖지 못하게 된다. 부모의 이런 교육은 아동의 양심, 즉 그들이 질문하거나 사고하는 것을 두려워하게 만들므로 부모의 주입식 교육을 맹목적으로 수용하게 한다. 부모의 이러한 주입식 교육은 완고함, 격심한 갈등, 죄의식, 자책감, 자존심의 저하 그리고 자기 경멸 등의 결과를 가져온다고 주장한다.

4) 잠복기(The latent stage): 만 6～12세까지

이 시기에는 새로운 관심이 유아기의 성적 충동을 대신한다. 아동에게 사회화(Socialization)가 일어나서 아동은 보다 큰 세계에 관심을 갖게 된다. 성적 충동은 학교에서의 활동, 취미, 운동, 동성 간의 우정 등에 의해서 어느 정도 승화된다. 이 나이의 아동은 내적 세계보다 외적 세계에 더 관심을 갖는다. 이 시기는 사춘기가 시작될 때까지 계속된다. 이 시기에 개인은 어른과 동일시를 이루고 성기적 성향을 띤다. 이 시기의 과업 수행에 실패하여 고착 현상이 일어나면 성인이 되었을 때 이성에 대해서 안정감을 갖지 못하고 이성과의 관계를 회피하거나 성행위를 할 때 정서적으로 위축되거나 공격적이 될 수 있다는 것이다.

5) 성기기(The general stage): 12～18세까지

만약 어린 시절의 심리·성적 단계에 고착되지 않는다면 청소년은 성기기로 옮아간다. 청소년기에는 남근기의 주제가 다시 재생되어서 이성에 대해서 관심을 갖게 되며 성적 경험을 가지려고 한다고 본다.

6) 성인기:

성인기로 접어들면서 그들은 친근한 이성 관계를 발달시키며 부모의 영향에서 자유로워지고 다른 사람들의 관심에 대해서 이해할 수 있게 된다. 나르시즘적 경향에서 벗어나 이타적으로 되고 다른 사람을 돌보려고 한다. 프로이드에 의하면 '사랑과 노동'은 성인기의 특징이다. 즉 '사랑하고 일하기 위한' 자유와 사랑과 일로부터 만족을 얻는 것은 성인에게 매우 중요한 것이다.

프로이드는 원래 생후 첫 5년간의 성적 문제를 해결하는 데 관심을 가졌다. 그는 청소년기나 성인기의 위기에 대해서는 별로 논하지 않았다. 그러나 발달에 대한 에릭슨의 관점은 프로이드를 넘어서고 있다. 에릭슨에 의하면 청소년기의 주요한 발달적 갈등은 자아 정체감(Ego-identity)의 발달이다. 청소년은 자신이 누구이며 어디로 가고 있으며 어떻게 그곳에 가는가를 알기 위해서 몸부림친다. 만약 정체감을 얻는 데 실패한다면 '역할 혼미'(Role confusion)가 온다. 그들은 부모, 동료, 사회로부터 다양한 압력을 받기 때문에 명료한 정체감을 얻기 어렵다는 것을 발견하기도 한다.

4. 상담 과정

1) 상담목표

정신분석요법의 목표는 내담자의 무의식을 의식화함으로써 개인의 인격구조를 재편성하려는 것이다. 상담과정은 아동기 경험들을 재활시키는 데 초점을 둔다. 즉 이 방법은 과거의 경험들을 재구성하고 탐구하고 분석하며 해석하여 인격을 재구성하려는 목적을 갖고 있다. 이 방법은 또한 무의식의 주류를 이루고 있는 애정의 측면을 인식시키려 한다. 그러므로 통찰력과 지성적 이해가 매우 중요하며 자기 인식과 교류하는 감정들과 기억들이 중요하게 다루어진다.

2) 상담자의 역할

정신분석요법의 독특성은 주로 내담자를 도와서 내담자 자신에 대한 통찰력을 얻도록 해주며 정직성을 회복하고 더욱 효과적인 대인 관계를 맺게 해주며 현실적으로 불안을 취급하게 하고 충동적이요 비합리적인 행동들을 스스로 제어할 수 있도록 해주는 데 관심을 집중시킨다. 상담자는 첫째로 내담자와 상담관계를 수립해야 하며 그리고 나서 내담자의 말을 듣고 해석해 주는 일을 한다. 내담자는 계속 이야기하는 반면 상담자는 계속 들으면서 언제 적합한 해석을 내려 주어야 할 것인지를 결정한다. 그러면서 상담자는 내담자의 무의식의 재료들을 발견해 내도록 가속화시키는 기능을 하게 된다. 상담자는 내담자의 이야기 가운데서 일치되지 않는 점들, 모순된 것들을 들어주며 내담자가 보고하는 꿈과 자유연상의 의미를 추적하여 상담하는 동안에 내담자의 행동을 조심스럽게 관찰하며 내담자가 상담자에게 향하는 감정들의 의미에 민감하게 대처한다. 이렇게 인격구조와 정신 역동성의 범위 안에서 상담과정을 구성해 나감으로써 상담자는 내담자의 문제의 진실한 근원이 무엇임을 찾아낼 수 있게 된다. 핵심적인 상담자의 기능의 하나는 내담자에게 상담과정의 의미를 가르쳐 주는 것이다. 그러므로 내담자는 자신의 문제에 대한 통찰력을 얻을 수 있으며 자신을 변화시킬 수 있는 방법을 점차 깨닫게 되며 그래서 자신의 인생에 대해 더욱 합리적인 통제를 할 수 있게 된다.

3) 내담자의 경험

내담자는 집중적이며 장기적인 상담과정에 기쁘게 자신을 위탁할 수 있어야 한다. 몇 번의 면담과정이 끝나면 내담자는 긴 의자에 편안한 자세로 누워 자유연상을 할 수 있도록 한다. 자유연상이라 함은 내담자가 누워서 무엇이든지 머리에 떠오르는 것을 그대로 상담자에게 이야기하는 것을 의미한다. 자유연상은 상담의 가장 기본적 법칙이다. 내담자는 누운 채로 상담자에게 자신의 감정, 경험, 연상, 기억, 그리고 환상 등을 떠오르는 대로 보고한다. 긴 의자에 누운 자세는 자신을 깊이 반영해 볼 수 있는 최상의 조건이 되며 자신의 내부갈등이나 내부에서 일어나는 모든 것을 하나도 놓치지 않게 도와주기 위해서 고안되었다. 정신분석요법의 핵심은 말을 통한 상담에 있으므로 내담자는 이야기할 것을 동의해야 한다. 내담자는 상담을 하는 기간 동안에는 자신의 직업 등을 바꾸어 특별한 외적 변화를 일으키지 않을 것도 약속해야 한다. 상담과정에서 내담자는 몇 가지 단계를 거치면서 개발해 나간다. 즉 상담자와의 관계성장, 상담의 위기체험, 자신을 더 깊이 알 수 있는 저항의 발전, 상담자와의 전이관계 형성, 상담의 심화, 저항과 미발견 요소들의 해소, 상담의 종결 등이다.

4) 상담관계

상담자와 내담자의 관계는 정신분석요법의 핵심이라 할 수 있는 전이(Transference)관계에서 그 진수를 볼 수 있다. 전이관계는 내담자의 과거에 중요한 의미를 가졌던 사람들, 특히 부모와의 사이에서 해결되지 않고 그대로 남아 있는 관계를 상담자에게로 전환시키는 것이다. 상담과정은 내담자의 과거를 재구성하고 재활하는 것을 포함한다. 상담이 진행되어 가면서 아동기의 감정들과 갈등들이 무의식의 심층으로부터 표면으로 떠오르기 시작한다. 내담자는 감정 면에서 과거로 되돌아간다. 내담자의 감정들 중에는 신뢰와 불신, 사랑과 미움, 의뢰심과 독립심 또는 자율성과 수치와 죄책 등의 대립 감정 사이의 갈등 때문에 오는 것들이 있다. 전이 관계는 내담자가 그의 과거로부터 사랑, 성욕, 적대감, 불안, 그리고 분노 등에 관련된 강렬한 갈등을 재구성하고 현재의 상황에서 재경험되면서 그 갈등을 상담자에게 전가시킬 때 일어난다. 그러므로 내담자는 상담자가 자기를 처벌하며 귀찮은 요구를 계속하며 지배하려고 하는 전제적 권위자로 볼 수 있다. 요약하면 상담자는 과거에 내담자의 인생에 중요한 의미를 가졌던 사람들의 현시점에서의 대용품이 된다. 만약 상담이 성공하려면 전이 관계는 반드시 상담과정을 통하여 해결되어야 한다. 해소과정에서 내담자는 자신의 과거의 경험과 현재의 경험 사이에 어떤 병행 관계가 있음을 찾아내야 한다. 내담자는 탐색하는 자세로 자기의 일상생활에 임하여 그 가운데서 자신의 갈등과 자아방어수단의 핵심 요소들이 나타나고 있음을 발견하게 될 것이다. 전이 관계는 오랜 시간을 거쳐서 집중적으로 형성되어 왔기 때문에 그것을 깨닫고 해결하려면 오랜 시간이 걸린다. 그러므로 해소과정은 상담기간 중에서 오랜 시간을 요하게 된다. 이때에 만일 상담자가 자기 자신의 내부 속에 잠재해 있는 갈등 때문에 왜곡된 견해들을 발전시킨다면 역전이(Counter transference)가 일어난다. 역전의 감정은 정신분석 과정을 방해할 수 있다. 왜냐하면 상담자 자신의 감정에 혼란이 일어나 내담자의 문제를 바로 보는 눈을 가려 버리기 때문이다. 상담관계의 결과로서 특히 전이관계의 해소를 통하여서 내담자는 자신의 무의식적 심리의 역동성에 대한 통찰력을 얻게 된다. 억압된 재료를 인식하고 그에 대한 통찰을 달성해 나가는 것이 정신분석 상담과정의 기초가 된다. 이때 내담자는 그의 과거의 체험들과 현재의 삶과의 연관성을 이해하게 된다. 정신분석방법은 이러한 자기 자신에 대한 통찰을 얻을 때 자연히 내담자에게 변화가 일어난다고 가정한다.

5) 상담방법론(Psychoanalytic Approach)

정신분석요법에 의한 상담방법은 내담자의 무의식적 경험을 파헤쳐서 찾아낸 문제와 의식 안에서 내담자가 이것을 인지하며 스스로 문제를 해결하고 적용할 수 있도록 도와주는 것이므로 내담자중심 상담과 근본 원리 면에서 비슷하다. 정신분석 상담방법에서는 다음과 같은 기본적인 다섯 가지 방법을 사용하고 있다.

(1) 자유연상법(Free association)

정신분석 상담의 주요 기법 가운데 가장 기본적인 방법은 자유연상법이다. 상담자는 내담자가 일상생활의 상념과 선입견을 제거하고 고통스러운 것, 어리석고 사소하며 비논리적인 것 또는 부적절한 것이라 하더라도 마음에 떠오르는 것이면 무엇이든지 다 말하도록 지시한다. 보통 내담자는 안락의자나 소파에 편한 자세로 눕거나 기대어 앉고 상담자는 연상의 자유로운 흐름이 방해되지 않도록 내담자의 옆이나 뒤에 앉아 이야기를 듣는다. 이 기법은 과거 경험을 상기시키고 때로는 확 잠겨진 강한 긴장감을 해방시킨다고 주장한다. 자유연상의 과정 중에서 상담자의 과제는 무의식 속에 잠겨진 억압된 재료들을 확인하는 것이다. 일련의 연상은 상담자에게 내담자가 갖고 있는 문제들의 관계를 이해하게 해준다. 연상이 차단되거나 붕괴된다는 것은 떠오르는 자료들에 대해서 불안이 생긴다는 단서이다. 상담자는 재료를 내담자에게 해석해 주고 그들이 해석하지 못했던 잠재된 역동성을 이용하여 통찰을 할 수 있도록 돕는다.

(2) 해석(Interpretation)

해석은 꿈이나 자유연상, 저항 그리고 치료관계 자체에서 나타난 내담자의 행동의 의미를 상담자가 지적하고 설명하고 때로는 가르치기도 하는 것이다. 해석의 기능은 자아를 새로운 자료에 동화시켜서 더 깊은 무의식의 자료를 밝히는 과정을 촉진시키는 것이다. 적절한 해석을 하기 위해서 상담자는 내담자의 준비도(Readiness)를 민감하게 지각해야 한다. 상담자는 내담자의 반응을 통해서 해석의 시기를 설정해야 한다. 내담자는 때에 알맞지 않은 해석은 거부하므로 해석을 하는 시기가 적절해야 한다. 해석의 첫째 원칙은 내담자 스스로가 인식할 수는 없지만 자신의 것으로 받아들이고 통합할 수 있는 자료들을 해석해 주어야 한다. 둘째 원칙은 해석은 항상 표면에서 시작해서 내담자가 정서적으로 상황을 수용할 수 있는 깊이까지만 해야 한다. 세 번째 원칙은 저항이나 방어의 저변에 있는 감정이나 갈등을 해석하기 전에 먼저 그러한 저항이나 방어를 지적해 주는 것이 가장 좋다.

(3) 꿈의 분석(Dream analysis)

꿈의 분석은 무의식적 욕구를 찾아내고 내담자가 해결되지 않은 문제들에 대한 통찰력을 얻게 하는 중요한 절차이다. 잠자는 동안 방어가 허술해져서 억압된 감정들이 표면화된다. 프로이드는 꿈속에 무의식적 염원, 욕구, 그리고 두려움이 표출되기 때문에 꿈을 '무의식에 이르는 왕도'로 보았다. 어떤 동기들은 그 사람에게 너무 용납될 수 없는 것이어서 개방적이고 직접적으로 표현되기보다는 위장된 상징적인 형태로 표출된다. 꿈에는 내용 면에서 볼 때 잠재적 내용과 표현적 내용의 두 차원이 있다. 잠재적 내용은 위장되고 숨겨진 상징적이고 무의식적인 동기들로 구성된다. 그것들은 너무도 고통스럽고 위협적이기 때문에 잠재적 내용을 구성하는 무의식적 성욕과 공격적 충동들은 용납될 수 있는 표현적 내용으로, 즉 꿈꾸는 사람에게 나타나는 꿈으로 변형되어 나타난다고 본다.

치료에서 내담자는 꿈을 말하고 꿈의 요소에 대해서 자유연상을 하며 환기된 느낌을 회상하도록 격려를 받는다. 점차로 꿈의 의미가 드러난다. 이런 방법으로 꿈을 분석해 가면서 내담자는 그들의 현재 행동에 대한 인식을 갖게 된다.

(4) 저항의 분석과 해석(Analysis and Interpretation of Resistance)

정신분석학의 기본 개념인 저항은 치료의 발전을 저해하고 내담자가 무의식적 욕구를 표출하는 것을 방해한다. 자유연상이나 꿈에 대한 연상을 하는 동안 내담자는 어떤 감정이나 생각 또는 경험 등에 대해서 말하는 것을 꺼린다. 프로이드는 저항을 참을 수 없는 불안에 대항해서 자아를 방어하려는 무의식적인 역동성으로 보았다. 또한 그는 이러한 불안은 사람이 자신의 억압된 충동과 감정들을 자각하게 될 때 야기되는 것으로 보았다. 저항이란 일상생활에서 내담자의 일반적인 방어기제의 대표적인 것으로서 불안에 대항하는 것이며 내담자의 만족스런 생활 경험을 방해하는 기제로서 인식되어야 한다. 상담자가 저항을 해석하는 목적은 내담자가 저항에 대한 원인을 자각하고 그것들을 처리하도록 돕는 데 있다. 대체로 상담자는 내담자의 주의를 환기시켜서 내담자가 해석을 거부하게 될 가능성을 줄이고 자신의 저항 행동을 통찰할 기회를 늘리기 위해서 가장 명백한 저항들을 해석한다.

(5) 전이관계의 분석과 해석(Analysis and Interpretation of Transference)

전이는 이미 언급했던 것처럼 치료과정에서 내담자가 과거의 중요한 타인과의 '미결 사항" 으로 자신의 현재 상황을 왜곡시키고 그들이 마치 과거의 부모나 중요한 타인에게 했던 것처럼 상담자에게 반응하는 것이다. 이제 상담자와의 관계에서 내담자는 다시 그의 부모에게 느꼈던 거부감과 적대감을 재경험하게 된다. 전이의 분석은 정신분석치료의 주요 방법이다. 왜냐하면 이것은 내담자로 하여금 과거의 경향이 현재에 어떻게 작용하는지를 통찰하게 해주기 때문이다. 전이단계의 분석은 내담자로 하여금 현재까지도 고착되어 그의 정서적 성숙을 방해하는 과거의 갈등을 통찰할 기회를 준다. 필수적으로 과거의 관계가 주는 영향은 치료자와의 치료 관계에서 나타나는 정서적 갈등을 분석함으로써 직면될 수 있다. 전이 상황은 치료에서 가치 있다고 간주된다. 왜냐하면 이때 나타나는 현상들은 내담자로 하여금 만약 이렇게 하지 않았더라면 접근할 수 없었던 다양한 감정들을 재경험하게 해주기 때문이다. 치료자와의 관계를 통해서 내담자는 무의식 속에 파묻힌 것을 행동으로 표현한다. 그는 과거의 경험을 무의식적으로 반복한다. 이러한 유아기의 감정들을 통합하고 적절히 해석함으로써 내담자는 현재의 행동 유형을 지각할 수 있다고 본다.

5. 정신분석 요법의 과제

프로이드 학파의 상담이론은 내담자가 가지는 갈등이란 원욕이 지나치게 엄격한 양심

(Conscience) 또는 초자아(Superego)에 의하여 억압을 받을 때마다 생기는 것이므로 이 초자아에서 해방시켜주면 모든 문제가 해결되는 것으로 본다. 프로이드 학파의 이러한 정신 분석적 상담은 많은 비판의 대상이 되면서도 어떤 의미에서는 상담학에 큰 영향을 미쳤다.

정신분석요법이 상담자에게 어떠한 제시(Implication)를 해주고 있을까? 일반적으로 상담 기간, 상담 비용, 전문상담가를 쉽사리 찾을 수 있을까? 등의 문제를 고려해 볼 때 정신분석요법의 적용은 매우 제한된 범위 안에서만 가능함을 알 수 있다. 더구나 정신분석요법의 무의식의 갈등을 해소시켜 현저한 인격변화를 이루고자 하는 목표는 단기간을 요하는 상담에서는 거의 불가능한 목표가 된다. 그러나 그 방법 면에서 많은 제한을 가지고 있지만 상담자는 프로이드와 신프로이드학파의 중대한 공헌들을 연구하여 받아들임으로써 내담자의 현실적 고통의 깊이를 이해하는 데 크게 도움을 줄 수 있다. 정신분석요법은 상담자에게 현재 내담자가 가지고 있는 행동과 증상의 근원과 의미의 기능을 이해하는 데 개념적인 틀을 제공해 준다.

정신분석이론은 불안에 대한 반응으로서 자아방어 수단의 기능을 이해하는 데 매우 큰 유익을 줄 수 있다. 만약 상담자가 내담자의 과거사를 무시한다면 상담자는 내담자가 현재 당하는 고통의 원인과 그의 현시점에서의 삶의 유형의 성격을 충분히 이해할 수 없게 된다. 상담자가 내담자의 과거를 탐색하고 상담을 전적으로 그의 과거에 의존해서는 안 되지만 내담자의 과거의 경험과 그의 현재의 갈등과의 사이의 연관성을 전적으로 무시해 버리면 내담자의 성장을 돕는 상담자의 가능성을 그만큼 제한시켜 버리는 것이 되고 만다. 정신분석요법의 몇 가지 구체적인 적용 가능성을 적어보면 다음과 같다.

① 내담자가 약속을 지키지 않는다든지, 상담을 거절하려고 한다든지, 자기 자신을 분석하려고 하지 않을 때 이것은 저항의 한 변형이라고 볼 수 있다.

② 감정의 상처나 잘못된 인격성장을 유발시키는 데 있어 내담자의 과거 체험이 담당했던 역할을 이해하고 미해결된 감정문제로 서서히 해소할 수 있다는 사실을 인식하여 정서적으로 내담자를 무능력하게 만들어 온 과거사에 종지부를 찍고 새로운 출발을 할 수 있게 도와줄 수 있다.

③ 상담관계에서 많이 일어나는 전이관계의 가치와 역할을 이해한다.

④ 지나친 자아 방어수단의 사용으로 내담자는 효과적인 기능발휘에 매우 큰 지장을 받게 되며 자아방어 수단을 상담에 사용하여 상담의 진전을 방해할 수도 있고 일상생활에 사용할 수도 있다.

프로이드는 기독교를 버려야 할 망상이고 신경증(Neurosis)의 전조이며 종교는 원시인으로

둘러싸인 위대하고도 야생적인 우주에 대한 두려움에서 나온 것이라고 가르쳤다. 그의 정신분석은 인간을 비인격화하고 비현실적이며 인간의 가치를 저하시키는 약점을 가지고 있다. 그의 정신분석은 첫째로 인간을 비인격화(Depersonalization)하였다. 인간의 비인격화는 그리스의 데모크리토스(Democlitos)가 처음으로 주장한 물리적인 인간관이다. 인간은 원자와 공간 속에 존재하는 물질이 우연히 집합하여 생긴 것으로 보았던 경향이 다시 정신분석에 의하여 새로운 모습으로 강조되었다. 그러나 이들의 인간관은 인간의 참모습을 상실한 것으로 인간을 다만 원욕, 자아, 초자아의 세 가지 정신구조로 보고 평행사변형 혹은 본능, 유전, 환경 등의 산물로만 생각한다. 둘째로 비현실화(Derealization)이다. 정신분석은 인간을 단순히 물체로 환원하는 동시에 또한 인간의 세계를 완전히 도식화한다. 그것은 정신분석이 내담자의 주위에 존재하는 중요한 사람들과 사실들을 모두 유아기의 적응이라고 보는 불가해한 신화에 나오는 요소로밖에 취급하지 않기 때문이다. 내담자와 중요한 접촉을 하고 있는 사람들을 다만 오이디푸스기의 재현으로 본다. 이와 같은 사고방식은 환상이지 과학으로 생각할 수 없다. 셋째로, 인간 가치의 평가절하(Devaluation)이다. 정신분석은 인간을 물질적인 것으로 메커니즘화하여 버렸고 인간의 참된 가치를 파괴하여 버렸다. 모든 윤리와 계율을 도덕화·합리화라는 메커니즘(Mechanism)의 이름으로 말살함으로 인간의 가치를 추락시켰다.

그러나 수많은 비판 속에서도 프로이드의 이론은 ① 인간은 자주 그 개인이 인지하지 못하고 수용할 수 없는 충동들에 의하여 사고나 행동이 동기화된다는 사실을 밝혀 주었다. ② 프로이드는 담대하고 통찰력 있는 탐구를 통하여 최초의 체계적인 성격이론과 심리치료의 기술을 개발하였다. ③ 성격발달에 있어서 유아기의 중요성을 강조하여, 자녀교육에 대한 각성과 연구를 자극했다. ④ 심리치료에 있어서 면접 활용의 중요성을 개발하였다. ⑤ 프로이드는 상담자의 무도덕적인 태도의 중요성을 처음으로 강조하였다.

Ⅳ. 행동주의 요법(Behavior Therapy)

1. 상담이론의 배경

행동주의상담은 다양한 학습이론들에 기초한 다양한 기술들과 절차들을 적용하는 것을 의미한다. 이 접근 방식은 학습이론에 근거하여 행동 교정과 행동 변화에 관심을 갖는 상담과 정신치유에의 접근 방식이다. 행동주의(Behaviorism)는 인간의 의식 활동을 중점적으로 연구하던 구성주의(Structuralism)나 기능주의(Functionalism)에 대하여 비판적 입장에서 출발한 한 심리학의 분파이다. 행동주의상담은 행동 수정의 실험적 연구에서 규명된 학습 원리를 상담에 응용시킨 것이다. 행동수정 이론의 이론적 배경은 인간 행동은 '학습의 결과'라고 규정짓고 학습은 경험에 의하여 이루어지며 어떤 강화에 의해서 영속적으로 변화한다. 행동주의 입장은 현재의 부적응된 행동에서 결손된 부분을 체계적인 강화(Systematic reinforcement)에 의하여 보충하고 부적응 행동을 없앤다는 입장을 취하고 있다.

'행동주의상담'(Behavioral counseling)이란 용어는 1964년 미국심리학회 연차대회에서 크룸볼츠(Krumboltz)가 공식적으로 처음 사용하였다. 행동주의상담은 파블로프(Pavlov, 1849~1936)의 고전적 조건형성 이론에서부터 생각해야 한다. 파블로프가 개를 대상으로 실험하여 나온 결과가 미국의 왓슨(Watson, 1578~1958) 등에게 영향을 미쳤다. 왓슨 부부가 오늘날과 비슷한 행동치료를 하였고 이것이 상담에 활용되는 계기가 되었다. 1950년대 초반에는 훌(Hull)의 학습이론을 통해서 당시 심리학 분야의 핵심 세력이었던 정신분석학에 대한 도전을 하였다. 특히 돌라드(Dollard)와 밀러(Miller)는 정신분석학과 사회인류학적 배경 위에 훌의 학습이론을 주축으로 강화이론(Reinforcement theory)을 시도함으로 심리치료의 새로운 방향을 제시하였다. 1950년대 중반에는 스키너(Skinner)의 조작적 조건형성 이론을 주축으로 하여 정신분석학에 대한 계속적 비판을 하였다. 1950년대 말에는 볼페(Wolpe)의 '상호제지'에 대한 실험 성공을 계기로 정신분석학과 정면 대결을 할 정도였다. 1960년대에 와서는 스탠포드(Stanford)대학교의 크룸볼츠(Krumboltz) 교수와 그의 제자들이 상담 분야에 행동주의적 접근을 시도했고 '행동적 상담'이란 용어를 사용하기 시작하였다. 1960년대 중반에는 사회학습 이론을 통하여 자기 지도(Self direction)를 강조하였고 행동주의상담에 대한 전문적 잡지들이 간행되어 이 분야에 새로운 자극을 주게 되었다.

2. 주요 개념

1) 인간 이해

행동주의의 기초적인 전제는 행동에는 일정한 질서가 있으며 주의 깊게 통제된 실험을 통해서 그 행동을 통제하는 법칙들을 발견해 낼 수 있다는 것이다. 행동주의 접근 방식은 인간은 본질적으로 그들의 사회 문화적 환경들에 의해 구성되고 결정된다는 주장이다. 초기의 행동주의자들은 과학적 법칙성에 의하여 인간의 행동을 설명할 수 있다고 보았다. 그들은 인간의 행동을 자연현상과 마찬가지로 일정한 법칙성을 가지고 있다고 보았다. 그래서 그들은 행동에 영향을 줄 수 있는 변인과 이 변인들을 통제하는 법칙을 밝혀낼 수 있다면 인간의 행동도 예언하고 수정할 수 있다는 기계론적이고 결정론적 입장을 취하였다. 초기의 이러한 인간관을 대변하는 호스포드(Hosford)의 인간관은 다음과 같다. ① 인간은 좋지도 나쁘지도 않은 상태로 이 세상에 태어났다. ② 인간은 환경의 자극에 대해서 반응하는 유기체이다. ③ 인간의 행동은 유전과 환경의 상호작용에 의해서 형성된다. ④ 인간의 행동은 학습된 부정적 혹은 긍정적 습관으로 구성된다. ⑤ 인간의 행동은 생활환경이 제공하는 강화의 형태와 그 빈도에 의해서 결정된다. 이러한 초기의 인간관이 시간이 지나감에 따라서 인간의 자유와 의지적 선택을 강조하는 행동주의자들이 늘어났는데 그 대표적인 것이 반두라(Bandura)의 주장이다. 그에 의하면 ① 인간의 행동은 부분적으로 환경을 창조할 수 있고 환경도 인간의 행동에 영향을 미칠 수 있다. ② 환경에 영향을 줄 수 있고 받을 수도 있는 인간은 자기를 지도할 수 있는 능력이 있다. 이러한 두 입장들을 볼 때 행동주의상담의 인간관은 항상 환경에 의해서 영향을 받기만 하는 수동적 입장의 기계론적인 데서 환경에 영향을 줄 수도 있다는 면이 강조되면서 인간의 자유와 의지적 선택을 중심으로 한 인간의 능동적 측면이 강조되는 경향으로 나아가고 있다. 행동주의에서는 인간을 단지 사회 문화적 조건의 산물이라는 결정론적 관점이 아니라 인간이 자기 자신의 환경을 산출하는 주체라고 이해하고 있다.

2) 행동요법의 특성

다른 상담방법에 대조하여 행동주의요법은 네 가지 특성을 갖는다. ① 명백하고 특수한 행동에 초점을 맞춘다, ② 치유 목표들을 정확하고 명료하게 설명한다, ③ 특수한 문제에 적합한 특수한 치유 절차의 구성, ④ 상담 결과의 객관적인 평가이다. 행동요법은 조직적인 체계를 갖춘 개념들에 기초하지도 않고 잘 개발된 이론에 뿌리를 박고 있는 것도 아니다. 이 방법은 많은 기술을 가지고 있지만 개념들은 많지 않다. 이 방법은 실험에 기초한 귀납적인 접근방법이며 실험적 방법을 상담과정에 적용한다. 상담자의 질문은 다음과 같다: "이 내담자가 고치기 원하는 특정한 행동이 무엇인가? 그리고 그가 배우기를 원하는 새로운 행동이 무엇인가?" 이러한 구체성(Specificity)이 내담자의 행동을 조심스런 관찰을 하지 않을 수 없게 한다. 애매하고 일반적인 기술들은 받아들이지 않는다. 내담자가 소원하는 행동은 구체화된다. 문제 행동을 결정하는 구체적인 조건들을 확인해 내는 것도 중요하다. 그래야 행동을 교정하기 위하여 새로운 조건들을 창조할 수 있다. 주요 상담 관심은 문제 행동을 분리해 내고 그것을 변화시키는 수단을 창조하는 것이다. 기본적으로 행동요법의 목표는 새로운 행동을 습득하고 부적응의 행위를 제거하고 바람직한 행동을 강화시키고 유지하는 것이다. 상담목표의 정확한 진술은 상세히 해야 한다. 목표를 일반적으로 진술하는 것은 받아들이지 않는다. 대신에 내담자는 그가 고치고 싶어 하는 문제 행동의 종류들을 구체적인 방법으로 진술하도록 노력한다. 정확한 상담목표들을 개발한 후 상담자는 이들 목표에 도달하기 위하여 가장 합당한 절차를 선택해야 한다. 표적이 되는 행동을 분명하게 지적한 후에 상담의 목표들을 세분하고 상담 방법들의 윤곽을 그렸기 때문에 상담의 결과들을 평가할 수 있게 되는 것이다. 행동요법은 개선 또는 치유에 대한 분명히 규정된 기준들을 구체화한다. 행동요법은 채용된 기술들의 효과를 평가하도록 강조하고 있기 때문에 상담과정의 계속적인 개선과 재조정이 상담과정의 두드러진 특색이다.

행동주의상담 이론이 다른 이론들과 다른 차이점 가운데 하나는 성격이론 특히 성격의 구조나 발달, 성격의 역동성 등을 다루기보다는 인간의 행동 변화에 치중한다는 점이다. 행동주의 접근을 취하는 대부분의 학자들은 수정이 가능한 행동에 초점을 두고 있기 때문에 성격의 구조나 비교적 지속적인 행동 특징들에 대해서 관심을 가지고 있지 않다. 이들은 성격보다는 행동을 문제 삼으며 행동의 변화를 성격의 구조라기보다는 유전적 기초 위에서 자극, 반응, 반응의 결과, 그리고 인지구조의 상호관계에 의하여 설명하고 있다. 즉 학습이론을 통해서 행동의 변화를 설명하고 있다. 따라서 신경증적인 행동을 포함한 모든 행동은 학습된 것으로 본다. 따라서 학습 원리에 의해서 새로운 행동을 하게 할 수도 있고 이제까지 하던 행동을 하지 않을 수도 있다는 것이다.

3) 학습 이론

행동주의자들은 모든 인간 행동은 학습된 것으로 보았다. 인간행동의 학습원리를 설명하는 많은 원리가 학습심리학자들에 의하여 연구되었다. 그 가운데서 대표적인 몇 가지를 다음과 같이 간략하게 서술하려고 한다.

(1) 고전적 조절방법(Classical Conditioning)

고전적 조절방법 또는 감응조절방법(Classical Conditioning or Respondent Conditioning)은 파

블로프(Ivan Petrovich Pavlov, 1849~1936)의 연구에서 유래한다. 어두운 방에 개를 매어놓고 먼저 전등을 켠 후 30초가 지난 후에 고기가루를 개의 입에 넣어주면 개의 입에서 침이 나온다. 이런 과정을 여러 차례 반복하면 불빛만 비추어도 침이 나오는데 이것은 개가 불빛에 반응하도록 조건 형성이 된 것이라고 본다. 이러한 조건 형성은 학습심리학에서는 고전적 조건형성이라고 한다. 기본적으로 이 방법은 무조건적 자극(UCS: unconditioned stimulus)을 줄 때 무조건적 반응(UCR: unconditioned response)이 일어나며 무조건적인 자극과 함께 조건적인 자극을 병행하여 줄 때 무조건반사와 매우 유사한 조건반사(Conditioned Response)를 얻을 수 있다는 것이다.

(2) 계획적 조절방법((Operant conditioning)

계획적 조절방법((Operant conditioning)은 학습 이론에 기초한 상담방법의 다른 하나의 주요 분파인데 원하는 바로 그 행동의 일어났을 때에 그 행동에 대한 보상을 하는 방법이다. 이 방법은 기계적 조절방법(Instrumental conditioning)이라고도 하는데 그 이유는 당사자가 수단이 되는 어떤 행동을 먼저 시행했을 때에 그 행동을 재강화할 수 있기 때문이다. 근본적으로 계획적 조절방법의 지지자인 스키너(Burrhos Frederic Skinner, 1904~?)는 강화(Reinforcement)의 원리들을 개발하여 특정한 행동 패턴의 습득방법을 설명해 주고 있다. 계획적 조절방법(Operant conditioning)은 배고픈 쥐 실험으로 얻어진 것인데 배고픈 쥐가 새로운 환경을 탐색하면서 여러 가지 반응을 나타내다가 우연히 지렛대를 밟았을 때 먹이가 나오는 것을 보고 지렛대를 밟는 행동이 습관화된다. 많은 행동 교정 기술들과 절차들은 계획된 조절방법의 모형에서 유래한 것이다. 특히 이 방법과 상담과 관련이 있는 것은 적극적인 재강화, 형벌, 모델링, 토큰제도 활용 등이다.

3. 상담 과정

1) 상담목표

행동주의 요법에서 내담자가 상담의 목표들을 정하는데, 이것들은 상담을 시작하면서 특수하게, 구체적으로 규정되어야 한다. 행동요법의 일반적 목표는 학습을 위한 새로운 조건들을 창조하는 것이다. 이론적인 근거는 모든 행동들은 배워서 습득되는 것이며 심지어는 부적응의 행동까지도 배워서 습득되는 것이라는 데에 있다. 행동요법은 근본적으로 부적응의 행위들을 습득하는 행동들을 제거하고 적합한 반응이 일어나지 않던 곳에 학습 경험들을 조장시키려고 하는 것이다.

행동요법의 목적에 관해서 여러 가지 오해들이 있다. 하나의 공통적인 오해는 목적이 단순히 해로운 증상을 없애버리는 것이므로 일단 이러한 증상들이 제거되면 근본적인 원인들을 처리하지 않았기 때문에 새로운 증상들이 다시 나타날 것이라는 점이다. 대부분의 행동주의 상담자들은 자기들의 방법이 단순히 증상만을 치유하는 것이라고 생각지 않는다. 왜냐하면 그들은 상담자의 사명을, 부적응의 행동을 제거하고 더욱 사회적으로 적응되는 행동으로 대치할 수 있도록 내담자를 도와주는 것이라고 보기 때문이다(Ullman 8, Krasne, 1965).

또 다른 공통적인 오해는 내담자의 목표들이 행동 상담자들에 의하여 결정되고 억지로 부가하는 것이라는 점이다. 이 주장에는 특히 정신병원 같은 상황을 고려해 볼 때 어느 정도 믿을만한 것도 사실이다. 그러나 현대 행동요법의 분명한 경향은 목적들 선택에 내담자를 포함시키는 방향으로 움직여 가고 있으며 상담 목적들을 구체화하고 그것들을 실천하여 성취시키기 위하여 상담자와 내담자 간의 원만한 상담관계가 필수적인 것으로 보고 있다. 초기 행동주의자들은 목적들과 바라는 행동을 결정하는 데에 상담자의 천문적인 역할을 강조하고 있는 데 반해, 근자에 와서 행동주의상담자들은 목적들을 선택하는 데 있어 내담자의 적극적 역할과 상담 진행에 내담자의 능동적인 참여의 중요성을 인정하고 있다. 그들은 상담이 원치 아니하는 내담자 위에 강제될 수 없으며 내담자는 공동 목적들을 위해서 함께 일하는 게 필요하다고 분명히 한다.

크룸볼츠와 토레슨(Krumboltz & Thoresen, Cited in Huber & Millman 1972)은 행동 상담에서 받아들일 수 있는 상담목표를 구성하는 세 가지 기준을 개발했다. ① 그 목표는 반드시 내담자가 원하는 목표이어야 한다. ② 상담자는 기쁘게 내담자를 도와 이 목표를 성취할 수 있어야 한다. ③ 내담자가 이 목표를 성취한 정도를 평가할 수 있는 것이어야 한다(p. 347). 만약에 내담자가 자신의 문제를 정확히 파악하지 못하고 멍한 상태에 있다면 어떻게 할 것인가? 크룸불츠와 토레슨도 대부분의 내담자들은 자기들의 문제들을 단순하고 분명한 언어로 기술하지 못함을 인정하고 있다. 상담자의 사명은 내담자의 관심들에 적극적으로 그리고 공감적으로 귀를 기울여야 한다. 상담자는 자기가 생각하고 이해하는 내담자의 생각들과 감정들이 정확한 것인지를 거듭 검토한다. 무엇보다도 상담자는 내담자를 도와서 그가 현재 행동하고 있는 방식대로 행동하지 않고 다른 방식으로 행동하며 실천할 수 있게 한다. 내담자의 현재의 삶을 특정한 행동들에 초점을 맞춤으로써 상담자는 내담자를 도와 내담자의 혼란을 바꾸어 구체적인 목표에 도달하게 해준다.

2) 상담자의 역할

행동주의상담자들은 상담에서 적극적이요 지시적인 역할을 담당한다. 그 이유는 상담자가 과학적인 지식을 인간 문제해결책 발견에 적용하는 자이기 때문이다. 행동주의상담자들은 전형적으로 교사로서, 감독자로서, 그리고 부적응의 행동을 진단하고 새롭고 개선된 행동으로 유도할 수 있다고 생각하는 치유 절차들을 처방하는 전문가로서의 기능을 담당한다. 정신 치유에 관한 문서들을 완전히 검토한 후에 크래이스너(Krasner, 1967)는 주장하기를, 그가 어떠한 이론적 배경을 갖고 상담하든지 간에 상담자의 진실한 역할은 재강화 기계(Reinforcement machine)의 역할이라고 했다. 상담자는 그가 무엇을 하고 있다고 생각하든지 간에 그는 기본적으로 긍정적인 것과 부정적인 사회적 강화를 행사하고 있는 것이다. 비록 상담자가 자기 자신을 가치판단에서 중립적 위치에 서 있는 자라고 생각한다 할지라도 상담자는 직접적으로 또는 간접적으로 내담자의 행동을 구성하고 있는 것이다. 크레이스너(1967)는 "상담자 또는 영향을 주는 자는 재강화기계라 할 수 있다. 상담자는 그의 현존만으로도 그가 사용하고 있는 기술과 인격성장 이론이 무엇이냐에 관계없이, 상담 상황에서 항상 일반적인 강화를 제공하고 있는 것이다"(p. 202). 그는 "내담자의 행동이 교묘한 수단으로 상담자의 강화행동에 영향을 쉽게 받는다"고 주장한다. 이것은 흔히 내담자도 상담자도 모르는 사이에 일어난다. 크레이스너(1967)는 여러 문서들을 인용하면서 상담자는 사회적 재강화 상황에서 채용한 학습기술의 지식을 응용하여 정신치유를 통제하며 교묘히 조종하고 있다고 예증하고 있다. 더 나아가서 그는 주장하기를 대부분의 상담자들이 행동의 지배자 또는 조종사의 역할을 담당한다고 할 때 불만을 토로하지만 이 용어들은 실제로 상담자들의 역할이 무엇임을 정확히 기술하고 있다고 한다. 크레이스너는 상담자의 역할 때문에 그는 다른 사람의 행동과 가치들에 영향을 주고 통제할 힘을 가지고 있다는 사실을 증명해 보이려고 하였다. 그러므로 상담자가 이 상황을 받아들이지 않고 계속적으로 그의 행동이 내담자 위에 미치는 영향을 인식하지 못한다면 이것은 비윤리적이라고 주장하고 있다(p. 207).

골드슈타인(Goldsteln, 1972)도 역시 지적하기를 상담자의 역할은 재강화라고 하였다. 그에 의하면 '상담자의 역할은 이러한 종류의 내담자의 행동을 조직적으로 강화하여 사회적으로 합당한 행동의 개발을 촉진시키는 것이다.' 상담관계에서 상담자의 관심, 주의, 인정, 무관심, 무시 등은 내담자의 행동에 상당히 강력한 강화가 된다. 상담자가 알든 모르든 간에 내담자는 이미 상담자의 행동이나 말이나 표정, 몸짓에서까지 영향을 받고 있다. 그러므로 골드슈타인은 지적하기를 강화를 통하여 내담자의 행동을 통제하는 상담자의 역할은 상담생활을 넘어서 실생활의 영역에까지 연장된다.

다른 중요한 상담자의 기능은 내담자를 모델링 하는 상담자의 역할이다. 밴두라(1969)는 지적하기를 직접적인 경험을 통하여 일어나는 대부분의 학습은 다른 사람의 행동들을 관찰하면서 얻어진다고 한다. 내담자가 새로운 행동을 배울 수 있는 기본적인 과정의 하나로 모방 또는 상담자에 의하여 제공되는 사회적 모델링을 들 수 있다. 한 인간으로서 상담자는 내담자에게 매우 중요한 역할모델이 된다. 내담자는 상담자를 본받을 가치가 있는 사람으로 생각하기 때문에 내담자는 상담자를 본을 따라 자세, 가치, 신념 그리고 행동을 가지려고 한다. 그러므로 상담자는 그가 동일화의 과정(The Process of Identification)에서 행사하는 결정적인 역할을 인식해야 한다. 상담자가 내담자의 생각하는 방법과 행동하는 방법에 실제로 얼마나 큰 영향을 주고 그것들을 형성하는 데 얼마나 큰 힘을 지니고 있다는 사실을 인식하지 못한다면 상담과정에서 상담자 자신의 인격의 중추적인 중요성을 거절하는 것이 된다.

3) 내담자의 경험

행동주의상담의 독특한 공헌 가운데 하나는 적절하게 규정된 역할을 갖고 채용하여 사용할 수 있는 체계화되고 적절하게 규정된 절차들을 상담자에게 제공해 주는 것이다. 행동주의상담은 내담자에게도 잘 규정된 역할을 제공해 주며 내담자가 상담과정을 인식하고 참여하는 것을 강조한다. 내담자는 목표들의 선택과 결정에 적극적으로 참여해야 하며 변화하려는 동기를 소유해야 하며 상담과정에서나 실생활에서나 관계없이 상담활동을 수행하는 데 기꺼이 협조해야 한다. 만약 내담자가 상담과정에 이런 식으로 적극적인 동참을 하지 않으면 상담이 성공적으로 수행될 기회는 희박해질 것이다.

마끼스(Marquis, 1974)는 효과적인 인격 변화를 조장하는 데에 행동주의 방법의 원리들을 활용하면서 상담방법의 범위 안에서 내담자의 완전하고 적극적 참여를 동반하는 3단계 계획을 제시한다. 첫째로, 내담자의 현재의 행위를 분석하고 목표 설정의 과정의 부분 부분마다 내담자가 완전히 참여해야 한다는 사실을 명백히 깨닫고 있어야 한다. 두 번째로, 상담자가 자신의 목표 달성을 위해 택할 수 있는 안들을 조사해야 한다. 셋째로, 상담계획을 세우되 내담자의 현재의 행동에서부터 내담자의 목표 달성에 도움이 된다고 생각하는 행동을 지향하며 작으면서도 점진적인 단계에 기초하여 세워야 한다.

행동상담에서 내담자의 역할 중 중요한 요소는 내담자를 격려하여 새로운 행동을 실험하게 하여 적응력 있는 행동들의 목록을 신장시키는 목적을 이루게 하는 것이다. 상담에서 내담자는 상담과정에서 얻은 학습을 상담 외의 상황에 전환하여 사용하며 일반화할 수 있도록 도움을 받는다. 다시 이 방법은 새로이 습득하는 행동을 실제생활의 영역에까지 연장하도록 내담자의 적극적인 참여와 호의를 강조하고 있는 것이다. 이 상담은 행동들이 이론을 따라 실행되지 않는 한 완성되지 못한다. 내담자는 단순히 통찰력을 얻는 것보다는 훨씬 더한 일을 해야 한다. 왜냐하면 행동요법에서 내담자는 위험부담을 기꺼이 받아들여야 하기 때문이다. 실생활의 문제들은 상담상황 밖에서의 새로운 행동으로 해결되어야 한다는 것은 행동단계가 본질적이라는 것을 의미한다. 새로운 행동을 이행하려는 시도들의 성공과 실패는 상담과정에서 매우 중요한 부분이다.

4) 상담방법

(1) 고전적 조절방법 이론에 기초한 방법

상담에서 고전적 조절의 원리를 사용한 대표적 학자는 죠셉 볼페(Joseph Wolpe)이다. 그는 '상호제지'이론을 발전시켰는데, 이 이론에 의하면 상담의 기본 목적은 객관적으로 아무런 위험이 없는 자극에 대해서 일어나는 불안감을 제거하는 것이다. 이 이론에서 사용하는 상담방법은 다음과 같다.

① 주장훈련 (Assertiveness training)

직접적인 대인관계에서 불안을 일으키는 사람에게 사용하는 상담방법이다. 불안을 일으키는 사람들은 이 불안이 주장적인 의견과 행동의 표현을 억제하므로 위궤양과 고혈압 등이 생긴다고 본다. 주장훈련은 내담자로 하여금 타인과 상호작용을 하는 동안에 이러한 감정들을 표출해 보도록 하는 것이다. 예를 들면 어떤 사람이 자기에게 한 행동 때문에 상처를 받았다면 그 감정을 그 사람에게 표현하도록 권장한다. 상담자는 내담자에게 이러한 감정을 표현하지 않을 이유가 없다고 설명해 준다. 주장훈련의 과정은 상담 시에 내담자로 하여금 상담자에 대한 그의 감정을 이야기하도록 한다. 이 첫 단계에서 상담자는 내담자에게서 원하는 주장 행동을 발전시키기 위해서 강화, 주장적으로 사고하기, 불안 극복 작전, 주장적 행동하기 등을 사용한다. 이것이 일단 성공하면 내담자로 하여금 상담 상황 밖에서 같은 종류의 반응을 시도해 보도록 지시한다. 내담자가 일상생활에서 주장 행동을 할 때 타인으로부터 긍정적인 반응을 얻게 되면 이 상황이 내담자를 기분 좋게 만들고 따라서 이것은 자기 강화가 되어 주장행동을 자주할 것이 기대된다. 그러나 한 가지 주의해야 할 것은 문화적인 요인을 고려하여 적절한 조치를 해야 하는 점이다.

② 이완훈련(Relaxation training)

이완훈련은 일상의 삶에서 만들어지는 스트레스에 대처하는 법을 가르치는 방법으로, 신체와 정신의 이완을 목적으로 하는 것이며 쉽게 배울 수 있다. 제이콥슨(Jacobson)에 의하여 개발된 이 이론은 계속하여 수정 보완되었다. 이 이론은 내담자에게 마음을 평안히 갖는 것이 불안을 이겨내는 방법임을 가르친다. 이완훈련은 여러 가지 구성 요소를 포함하는 데 보통 4~8시간의 강의를 포함하고 있다. 내담자는 이완을 요구하는 일련의 강의를 받는다. 그는 자의적으로 계약을 맺고 근육을 이완시키는 동안 조용한 환경에서 수동적이고 이완된 상황에 놓인다. 깊고 규칙적인 호흡과 함께 근육을 이완시킨다. 동시에 정신적으로 즐거운 상상을 한다. 매일 20~25분 정도 훈련하면 습관적 유형이 생길 수 있게 되어서 이완이 잘될 수 있다. 이런 연습 기간 동안 내담자로 하여금 적극적으로 긴장을 느끼고 경험하게 하며 그의 근육이 점점 긴장되는 것에 주의를 집중시키게 하고 이 긴장을 충분히 경험하도록 하는 것이 도움이 된다. 또한 긴장과 이완의 차이점을 경험하게 하는 것이 좋다. 이러한 과정에서(불안위계표-Anxiety hierarchy)에 따른 불안을 제거하는 것을 훈련할 필요가 있다. 불안이나 공포를 일으키는 가장 심한 상태를 100으로 하고 가장 이완된 상태를 0으로 하여 불안의 정도를 수치로 표현한다. 이러한 이완훈련이 도움3이 되는 증세에는 고혈압, 심장질환, 편두통, 천식 그리고 불면증 등이 있다.

③ 체계적 둔감법(Systematic desensitization)

고전적 조건화 이론에 기초한 체계적 둔감법은 행동주의 치료과정에 가장 널리 쓰이고 임상적으로 검증된 기법이다. 이것은 일차적으로 불안이 원인이 된 부적응 행동이나 회피 행동에 적용된다. 이 기법은 우선 불안을 일으키는 자극을 행동적으로 분석하고 불안 산출 상황의 위계를 작성한 다음 이완절차를 학습시키고 상상적인 장면을 통해서 치료하는 방법이다. 상황의 설정은 가장 위협이 적게 느껴지는 상황에서부터 가장 위협적인 상황으로 옮겨가는 식으로 제시된다. 불안을 야기하는 자극은 그런 자극과 불안반응 간의 관계가 없어질 때까지 이완훈련을 하면서 반복해서 치료한다. 이런 '반조건 형성모델'(Counter-conditioning model)의 절차는 다음과 같다.

◎ 배척, 질투, 비탄, 무시 또는 공포증과 같은 특수한 영역에서 불안을 야기하는 자극이 분석된다. 치료자는 불안이나 회피의 정도를 증가시키는 상황의 목록을 작성한다. 내담자가 상상할 수 있는 가장 나쁜 상황에서부터 가장 적은 불안을 야기하는 상황까지 질서정연한 불안위계표가

작성된다.

◎ 처음 얼마 동안 내담자는 이완훈련을 받는다. 호숫가에 앉아 있거나 아름다운 초원을 거니는 것 같은 편안한 상황을 생각하도록 암시를 받을 것이다. 내담자가 조용하고 평화스런 상태에 들어가는 것은 매우 중요한 일이다. 내담자는 모든 근육을 이완시키고 특히 안면근육에 강조를 두고 몸 전체를 통해서 자신을 이완하는 방법을 배운다. 맨 처음 팔을 이완시키고 그 다음으로는 머리, 목, 어깨, 등, 뼈, 가슴 그리고 하체의 다리 부분 순으로 이완시킨다. 내담자는 매일 30분 정도 치료 이외의 이완의 연습을 해야 한다. 내담자가 신속히 이완을 학습하면 둔감화 절차가 시작된다.

◎ 둔감화 과정은 눈을 감고 완전히 이완된 상태에서 시작한다. 치료자는 일련의 상황을 기술해 주고 내담자에게 각 장면에서 상상하도록 요구한다. 핵심적 상황을 제시하고 상상하도록 한다. 만약 내담자가 이완되었으면 그에게 아주 작은 불안을 유발시키는 상황을 상상하도록 요구한다. 치료자는 내담자가 불안을 느낀다는 신호를 보내올 때까지 위계에 따라 점진적으로 시행하는데 내담자가 불안 신호를 보내오는 그 지점에서 일단 멈추어야 한다. 다시 이완을 유도하고 그런 다음 불안위계에 있는 상황들을 통해서 둔감화가 진행된다. 내담자가 가장 장애가 되는 불안 야기 상황을 상상하면서도 이완상태로 있을 수 있을 때에 치료는 끝난다. 체계적 둔감법은 공포증을 치료하는 데는 효과적이지만 불안을 치료하는 데는 잘못 적용될 수도 있다. 이 기법은 인간관계에 대한 불안이나 예기적인 두려움, 일반화된 두려움, 신경증적 불안 그리고 성기능장애와 같은 불안을 야기하는 광범위한 상황에 효과적으로 적용될 수 있다. 이것은 또한 백일몽, 신경성 식욕부진, 강박증, 충동증, 떨림 그리고 우울증에도 효과적이다.

(2) 신행동주의에 기초한 방법

스키너(Skinner)와 반두라(Albert Bandura, 1952~)를 중심으로 한 신행동주의 학자들은 학습의 근본원리를 좀 더 광범위하게 적용하여 인간 행동을 수정하려고 하였다. 따라서 이것을 행동수정 이론 혹은 행동수정 기법이라고 부른다. 행동수정 기법은 학습의 기본원리들을 적용하여 바람직한 행동은 증가시키고 그렇지 못한 행동은 감소 또는 제거시키는 것과 부적절한 행동을 그와 양립 또는 공존할 수 없는 새로운 행동으로 대체시키는 것을 주된 목적으로 하고 있다. 신행동주의에 근거한 방법으로는 여러 가지가 있으나 여기서는 많이 사용되는 다음과 같은 몇 가지 방법을 소개하려고 한다.

① 행동계약법(Behavior contracts)

행동주의상담에서 비교적 최근에 발달된 방법 중의 하나가 행동계약법이다. 이는 다른 계약과 마찬가지로 상담자와 내담자 사이에 어떤 타협을 한 후 그에 근거하여 두 사람이 계약을 체결하는 방법이다. 행동계약법은 어떤 행동을 하면 긍정적 강화를 받고 그 행동을 하지 못하면 벌 또는 대가를 치러야 한다는 사실을 내담자에게 미리 알려주는 하나의 과정이므로 행동주의의 범주에 속한다. 여기에서 가장 중요한 것은 바람직한 행동과 바람직하지 않은 행동의 결과로 어떤 보상이나 벌을 받을 것인지를 두 사람이 사전에 합의를 해야 한다는 점이다.

② 혐오요법(Aversive technique)

구토제, 전기충격, 또는 불쾌한 심상 등과 같은 벌 또는 혐오 자극을 사용하여 바람직하지 않은 행동을 감소시키는 방법이다. 이 방법은 혐오 자극으로 문제 행동을 '처벌'하면서 문제 행동을 대체할 수 있는 바람직한 다른 행동을 강화해 줄 때 효과가 더욱 크다. 혐오요법은 알코올중독이나 약물중독, 흡연, 강박증, 도박, 동성애 등에 사용된다. 혐오요법은 윤리적인 문제도 개입될 수 있으므로 사용할 때 주의를 요한다. 그러나 큰 무리 없이 자주 사용할 수 있는 방법은 불쾌한 심상을 사용하는 내재적 민감화(Covert sensitization)이다.

③ 모범학습(Modeling)

내담자가 본받아야 할 어떤 행동을 하는 하나 또는 여러 개의 모형을 제시하여 내담자로 하여금 그 모형과 쉽게 동일시할 수 있게 하는 방법으로서 모범학습, 또는 시범학습이라고도 부른다. 이러한 모범학습은 인간이 새로운 행동을 배우는 기본적 방법의 하나이다. 상담의 과정에서 내담자가 어떤 행동을 해야 할지를 모를 때 그에게 학습시키고자 하는 행동을 모델을 통해서 제시함으로써 상담의 효과를 높일 수 있다. 즉 모델의 행동을 단순히 관찰하기만 함으로써 내담자는 새로운 행동을 배울 수 있게 되는 것이다. 모범학습에서 사용되는 모델로는 영화나 녹화테이프, 책 또는 실제 인물을 사용할 수 있다. 영화나 녹화테이프 또는 책을 이용할 경우, 상담자는 내담자가 모방해야 할 행동에 대해서 단서를 제시하여 내담자로 하여금 그 모델의 행동에 대해서 토론할 수 있게 해야 한다. 실제 인물을 사용할 경우에는 모방할 행동을 하는 내담자의 동료를 집단상담 상황에 함께 참여시킨다. 이때 그 모델을 집단 앞에 내세우지 않고 집단 구성원의 한 사람으로 자연스럽게 행동케 하며 바람직한 행동을 할 때마다 상담자가 이를 강화함으로써 다른 구성원들이 그의 행동을 모방하게 한다. 일반적으로 영화나 녹화 또는 책을 이용하는 모범학습법은 인지적인 문제를 가진 내담자에게 효과적이며 실제 인물을 사용하는 것은 사회적, 개인적 문제를 가진 내담자에게 효과적이다.

(4) 역할연기(Role-playing)

이것은 일상생활 속에서 수행하지 못하거나 수행하기 곤란한 역할행동 때문에 이상행동(abnormal behavior)을 하는 내담자에게 현실적 상황이나 극적인 상황을 통하여 역할행동을 시키고 그것을 연습시킴으로 이상행동을 적응행동으로 바꾸는 방법이다. 예를 들면 선생님께 할 말이 있어도 직접 대하면 아무 말도 못하는 학생이 있는 경우에 상담실에서 상담자가 교사의 역할을 하면서 이 학생에게 필요한 행동을 연습시키는 것이다.

4. 행동주의 요법의 과제

행동주의상담 이론이 상담학의 발전에 공헌한 것이 사실이다. 첫째는 상담방법과 기술들을 계속하여 조직적으로 실험적인 방법으로 입증하여 상담을 과학으로 발전시켰다는 점이다. 그러므로 절차들은 계속적으로 수정되며 개선되어 바람직한 결과들은 성공도에 있어서나 효율성 면에서 일반적으로 고무적이다. 더구나 행동주의상담자들은 여러 가지 변수들 위에 그들의 방법의 근거를 두고 있다. 부적응의 행동을 정확히 확인하는 것, 상담과 치유의 절차와 행동 변화들의 정확한 확인, 연구조사와 비교연구가 필수적이라고 주장한다(Sherman, 1973). 그래서 개선된 상담과 치유의 방법론이 개발될 수 있다고 한다. 둘째, 상담자와 내담자의 합의에 따라서 개개인에게 맞는 구체적인 상담방법을 다양하게 적용할 수 있다. 행동주의상담에서는 행동의 변화를 강조하기 때문에 상담자가 내담자의 행동을 바꾸는 데 필요한 여러 가지 방법을 다양하게 적용할 수 있다.

그러나 행동요법에 일반적으로 제기되는 주요 반대 입장들은 다음과 같다.

① 행동주의상담은 원인들을 치료하지 않고 증상들만을 피상적으로 처리하고 있다.

② 행동주의상담은 비교적 높은 수준의 직무에 종사하는 사람들에게는 적용할 수 없다.

③ 행동교정은 특수한 불안들, 공포증, 그리고 제한된 문제들에만 적용이 가능하다.

④ 행동교정은 효과가 없다.

⑤ 행동교정은 너무나 효과적이어서 내담자를 교묘하게 이용할 수 있다.

⑥ 행동주의요법은 행동들은 변화시킬 수 있으나 감정들은 변화시킬 수 없다.

⑦ 행동주의상담은 상담에서 관계 요소의 중요성을 무시하고 있다.

⑧ 행동요법은 통찰을 제공하지 않는다.

⑨ 행동주의자들은 현재의 행동의 역사적 원인들을 무시한다.

제날드 코리 박사는 말하기를 이러한 행동요법의 모델을 가지고 상담과 치유를 실천하는 데에는 약간의 제한이 있다는 것은 사실이지만 행동주의 방법의 구체성은 상담자를 도와서 내담자의 목표들에 분명히 초점을 맞추게 하며 그 목표에 도달할 수 있도록 내담자와 상담자의 상호 진행과정을 체크하는 방법을 규정해 준다. 상담자는 구체적인 행동기술로부터 실제적인 이익을 얻기 위해 완전히 행동주의상담자가 될 필요는 없다. 대부분의 상담자들은 실제로 조직적이 아닌 방법이긴 하지만 행동주의적 기술들을 채용하고 있다. 그들의 행동은 행동주의상담자들이 조직적으로, 의식적으로 내담자의 행동을 변화시키기 위하여 재강화 기술을 적용할 때와 거의 같은 식으로 내담자의 행동을 재강화하고 형성하고 있다. 더구나 상담자는 자기 자신을 행동주의상담자로 자처하지는 않으면서도 조직적으로 행동주의 기술을 많이 사용하고 있으며 자신의 상담 절차의 목록 속에 그것들을 첨가시키고 있다. 상담자들은 알게 모르게 광범위한 사회적 강화수단들 또는 재강화의 부재의 방법으로 내담자의 감응(Responses)을 형성하고 있다. 많은 행동주의 절차들이 더 혼합주의적 구성 속에, 심지어는 실존주의-인본주의 이론들 속에 편입될 수 있다. 기술들과 방법들 중 어떤 것들은 상담자가 내담자와 함께 내담자를 위하여 사용할 수 있는 수단이 되는데 특히 그들 쌍방이 내담자가 결정한 분명한 목표들을 지향하여 노력해 나갈 때 그렇다. 제날드 코리 박사는 독자들이 인본주의적으로 도입된 행동주의 상담자가 되는 것도 가능하다는 사실을 볼 수 있기를 희망하고 있다.

제7장

목회상담의 과정과 기법

제7장 목회상담의 과정과 기법

Ⅰ. 상담의 준비과정

1. 상담사역을 위한 계획

초대 교회의 지도자들은 사람들이 세우는 계획과 하나님의 인도하심 사이에서 균형을 잘 유지했다. 빌립은 사마리아에서 전도사역을 할 계획이었으나 광야로 성령께서 인도하셨을 때 그것을 기꺼이 받아들였다(행 8장). 베드로는 예수 그리스도를 위해 유다 땅을 두루 다니며 그의 사역을 계획했으나 하나님께서 고넬료라는 한 이방인의 집으로 인도하셨을 때 기꺼이 순종했다(행 9장). 바울은 선교 여행 중 스페인 방문을 희망했으나 마게도니아에 복음을 전하라는 예기치 못했던 인도하심을 받고 기꺼이 순종했다(행 16장). 복잡한 현대사회에서는 사역을 신중하게 계획하는 것이 필요하며 현명한 일이다. 한 교회나 한 사람의 목회자가 모든 사람을 위해 사역할 수는 없다. 모든 사람을 위해 일할 수 있는 완전한 봉사 기관으로서의 능력을 갖추거나 명령을 받은 교회는 거의 없다. 각 지역교회는 특유성을 갖고 있으며 각기 다른 재능과 사역, 짐을 지닌 사람들로 구성되어 있다. 목회자는 교회의 구체적인 소명과 독창적인 사역이 무엇인가를 생각하고 정해야 한다. 지역사회에서 가장 도움을 많이 필요로 하는 사람들이 누구이며 우리 교회는 그 사람들을 돕기 위해 어떤 준비를 갖추고 있는가? 이런 모든 것을 위해 믿는 사람들의 신중한 계획이 수반되어야 한다. 그러나 계획은 언제나 하나님의 인도하심 아래 세워져야 한다. 우리는 인위적으로 계획을 세우고 열심을 다해 추진하며 우리가 하는 일이 하나님께서 원하시는 것인지 진지하게 생각하지 않을 때가 많다. 단지 인간의 수단에 의해서만 계획을 세우는 위험을 피하기 위해 한 교회가 새로운 사역을 발전시키기 위해서 다음과 같은 6가지 지침을 제안했다.[1)]

* 교회에서 결정된 일이라도 성령님의 명백한 방향 제시가 없으면 어떠한 일도 착수하지 않

---

1) Jack W. Hayford, *Why I Don't Set Goal's*, Leadership 5 (Winter 1984) 46~51. Gary R. Collins, *Innovative Approaches to Counseling* (Waco, TX: Word Book Publisher, 1988), 정동섭 역, *창의적 상담접근법* (서울: 도서출판 두란노, 1995)

는다.

* 효력을 발생시키기 위해 인간의 재능이나 방식에 의존하여 일을 진행하거나 기금 모금을 하는 등 어떤 수단도 활용하지 않는다.
* 가장 중요한 예배나 친교 및 사역을 간과하는 어떠한 것도 동시에 추구하지 않는다.
* 기도에 힘쓴다.
* 성령님께서 우리 모두에게 명료성, 일관성, 확신성을 주실 것을 믿는다.
* "믿음이 없이는 하나님을 기쁘시게 못하나니"(히 11:6)라는 말씀을 믿는다.

교회의 관점이란 사람들로 하여금 상담을 필요로 하는 자들을 어떻게 돕고 어떻게 약한 자들의 짐을 짊어지게 할 것인가? 어떻게 성도들이 조력자로서 효과적인 역할을 할 것을 확신하며 그리스도와 닮을 것을 요구할 수 있는가?(빌 3:13-14). 또한 그리스도의 몸이 세워질 수 있도록 하기 위해 어떻게 하나님의 사람들에게 봉사의 사역을 가장 효과적으로 준비시킬 수 있겠는가?(엡 4:12) 좋은 의도와 인간적인 열정만을 가지고 프로그램에 착수하는 위험성에 민감하게 대처해야 한다. 다만 성령님께서 인도할 것을 믿고 신중하게 계획을 세워야 한다.

2. 상담사역 구축하기

1) 내담자에 대한 구상

누구를 도울 것인가? 상담자는 자신의 위치나 재능, 능력, 또 지역사회가 필요로 하는 것을 고려할 때 누구에게 도움의 손길을 뻗쳐야 하는가? 아마도 성도들이나 가족들이라고 대답할지 모른다. 이웃 가운데 손이 미치지 않는 어려운 처지의 사람들은 누구인가? '믿는 자들의 가족 안에 속한' 사람들에게 특별한 관심을 보이는 것도 좋은 일이지만 성경은 우리에게 '모든 사람들'에게 선을 행할 수 있는 기회를 찾으라고 명하고 있다. 주변에 외로운 과부들과 마약에 빠져 있는 십대, 좌절한 부모, 성공은 했지만 삶이 공허한 사람들, 고질병에 걸린 친척을 둔 가정, 집에서 간신히 거동을 할 수 있는 노인들, 실업자, 새로 이사 온 혼자 사는 사람들, 고통받는 독신 부모의 가정은 없는가? 모든 사람을 도울 수는 없겠지만 도움의 손길이 닿을 수 있는 사람이 누구인지를 기억하라.[2]

---

2) Gary R. Collins, *Innovative Approaches to Counseling* (Waco, TX: Word Book Publisher, 1988), 정동섭 역, *창의적 상담접근법* (서울: 도서출판 두란노, 1995), 183-84.

2) 상담사역의 목표

(1) 내담자에 대한 정보

내담자가 필요로 하는 것과 원하는 것은 무엇인가? 잘 계획되고 조직된 단체나 제도는 사람들의 필요를 채워 주고 기대에 부응하고 있다. 어떤 단체가 사람들에 대해 잘못된 정보를 갖거나 사람들이 원하고 필요로 하는 것을 무시해 버린다면 성공을 거두기 어렵다. 일부 교회나 상담센터들이 이 같은 상황에 처해 있다. 상담자는 자칫 사람들이 무엇을 필요로 하고 원하는가를 알고 있다고 쉽게 생각할 수도 있다. 상담자는 내담자가 될 사람들에게 귀를 기울이고 그들을 주시하며 그들을 알기 위해 시간을 들이는 것이 중요하다. 때로는 짤막한 설문지를 배포하여 어떤 단체에 대한 정보를 알 수도 있다. 이때 질문에 대해 신중하게 생각해야 한다. 설문지를 나누어주기 전에 질문 사항들이 명백하게 기술되어 있는지, 또 접촉하고자 하는 사람들이 질문 사항들을 이해할 수 있을지 확인하라. 대부분의 상담사역이 효력을 발생하지 못하는 것은 내담자가 어떠한 사람이며 또 무엇을 원하고 필요로 하는지 알려고 하는 노력을 기울이지 않았기 때문이다.[3)]

(2) 상담사역의 목표 설정

상담사역을 계획하면서 해야 할 일에 대해 분명한 목표를 가지고 있어야 효과적인 상담사역을 할 수 있다. 상담사역은 상담, 훈련 정보의 보급 및 연구조사를 위한 기회를 포함하는 종합적이고 높은 수준의 심리적인 도움을 제공하기 위해 존재한다. 이런 모든 것들은 성경의 가르침과 일치하는 가치관과 윤리적인 기준에 근거하여 성경에 기초를 두고 있는 신학과 더불어 심리적인 문제에 대한 포괄적인 지식에 역점을 두어야 한다.

최상의 목표는 분명하고 간략하고 현실적이며 성취할 만한 가치가 있는 것이어야 한다. 때로는 상담사역이나 상담목표를 세우는 것이 불가능할 때가 있다. 목표가 분명히 정해졌을 때도 크리스천은 변화가 일어날 수 있는 여지를 남기면서 목표를 잡아야 한다. 그와 같은 변화가 하나님께서 인도하시는 것이라면 기꺼이 목표의 방향을 전환해야 한다. 그러나 목표를 세우는 것이 사치에 불과한 것이라고는 생각하지 말라. 우리가 어디로 나아가는지 알고 무엇을 이루려고 애쓰는지 알게 될 때보다 능률적으로 일할 수가 있으며 사람들을 효과적으로 도울 수 있게 된다.

---

3) *Ibid.*, 183-85.

목표를 성취하기 위해 어떤 구체적인 프로그램을 계획할 수 있는가? 교회를 포함한 여하한 조직체 안에서도 프로그램에만 너무 전념한 나머지 사람 자체를 잊어버릴 때가 있다. 물론 이것이 프로그램을 없애자는 얘기는 아니다. 대신 우리는 사람들이 필요로 하는 것에 민감하게 대처하고 공동의 목표를 향해 나아갈 수 있는 프로그램을 계획해야 한다.

『체계 속에서의 사람들』(People in systems)이라는 책에서 제럴드 엑건과 마이클 코안은 "프로그램은 우리가 이룰 수 있는 목표에 의거해서 계획되어야 한다"고 말했다. 최상의 프로그램은 먼저 각각의 목표를 향해 한 단계씩 나아간다. 그리고 너무 복잡하거나 어렵지 않은 구체적인 단계들을 포함시키고 또한 한 단계에서 다음 단계로 넘어가는 데 있어서 명료하고 논리적인 진전을 보여야 한다. 때로는 효과적인 상담 프로그램은 적어도 기본 훈련을 받고 그들이 일할 장소를 갖추는 민감한 상담자를 필요로 한다. 거기에 관해 교회나 지역사회에서의 홍보 활동과 책임감에 대한 분명한 방침이 요구된다.[4]

3. 상담사역을 위한 광고

목회상담자는 상담사역을 위한 준비과정은 눈에 띠지 않지만 상담을 진행하는 일에 매우 중요한 역할을 한다. 상담봉사를 어떻게 시작할 것인가? 상담자 자신이 성경과 신학, 그리고 기독교상담의 원리와 기법에 대해 교육을 받고 훈련을 받았을 경우에도 상담을 시작하기에는 어려움이 많다. 상담자는 철저한 준비를 통해서 상담사역을 성공적으로 이끌어야 한다. 특히 목회상담자의 경우에는 상담 프로그램을 소개하며 홍보함으로 도움이 필요한 사람들에게 도움을 받을 곳이 있다는 것을 알리는 것이다. 목회상담자는 광고를 간접적 또는 직접적으로 할 수 있다.[5]

1) 설교를 통한 사역

목회상담자의 경우 간접적 광고를 통해서 상담의 필요성을 알릴 수 있다. 아담스는 간접적 광고의 방안으로 설교를 제시하고 있다. 설교의 주제 선택과 설교의 실제적 적용, 그리고 성도들이 안고 있는 문제들에 대한 성경적 접근을 통해서 성도들에게 단순한 정보의 전달이 아닌

---

4) *Ibid.*
5) Jay E. Adams, *The Christian Counselor's Manual*, 김용순 역, *기독교상담교본* (서울: 보이스사, 1982), 435-39.

삶의 문제의 공유를 느끼게 함으로 상담의 동기를 부여할 수 있다. 설교를 통하여 추상적인 것들을 구체화하게 되고 상담의 가능성을 촉진시킬 수 있다. 또한 상담을 통해서 이미 도움을 받은 성도들을 통해서 다른 사람들에게 간접적 광고를 하는 일들이 있을 수 있다. 간접적 광고를 했는데도 아무런 반응이 없다면 그 교회 특유의 문제 상황이 있을 것이다. 이런 경우에 목회자는 인내심을 갖고 기도해야 하며 하나님께서 난관을 해결해 주는 돌파구로 인도할 수 있음을 확신하는 것이다.

2) 목회사역을 통한 사역

목회자는 보다 직접적인 방법으로 자신의 상담사역을 광고를 시작할 수 있다. 교회 주보나 기독교 신문에 하나님의 백성들이 당면하는 문제에 대한 글을 연재할 수 있고 성도들이 공통적으로 가지고 있는 필요들에 대한 진정한 이해를 보여주며 진정한 도움을 제공할 수 있어야 한다. 이러한 광고 운동에 대한 부정적인 반응을 보일 경우에는 특별한 선입관을 제거하거나 두려움을 경각시킬 수 있는 필요한 정보를 제공해 줄 수 있어야 한다. 또 다른 방법으로는 도움이 필요한 어려움들을 가진 자들을 격려하는 주제들에 관한 연속적인 메시지를 선포하는 것이다. 특히 삶의 문제들에 대하여 구체적으로 적용된 성경적 원리들을 가지고 주의 깊게 다루게 된다면 상담을 위한 촉매제가 될 수 있을 것이다.

그러나 일련의 메시지들이 추상적이라면 성도들에게 도움을 베풀기보다는 오히려 해를 더 끼치는 결과를 초래할 수 있다. 그러나 목회자는 보다 적극적인 방법으로 상담을 자극할 수 있는 것은 특히 성도의 삶의 문제와 신앙생활에 대해 대화가 필요할 경우, 서로 간에 진지한 대화의 장을 마련함으로서 서로의 대화의 기회를 가지는 것이 보다 용이하고 자연스러운 간접적인 광고의 효과를 발휘할 수 있다. 그럴 때 작은 문제에서부터 자주 목회자와의 친숙하고 조용하고 유익한 분위기 가운데서 보다 더 커다란 문제로 상담하는 것으로 전환될 수 있을 것이다.[6)]

3) 대중매체를 통한 사역

전파 매체를 타는 프로그램 가운데서 기독교 영화나 라디오 방송, 텔레비전 프로그램을 특징짓는 엉성한 제작과 불분명한 발음, 자기중심적인 강사들, 빤한 상업주의, 사실의 왜곡을 서

---

6) *Ibid.*

습지 않는 행태에 불쾌감을 느끼기도 할 것이다. 그럼에도 불구하고 전파 매체는 시간과 공간을 초월하여 많은 사람들을 대상으로 효과적으로 전도하고 홍보하며 교육시킬 수 있다. 시청자나 청취자에게 스트레스에 대응하는 법과 심리적 혼란을 예방할 수 있는 길을 알려 주고 있다. 양질의 미디어 프로그램을 제작하려면 탁월한 기획과 주의 깊은 노력, 헌신적 열정, 경험 있는 유능한 인재들의 도움을 받을 의지가 있어야 한다. 대중 상담자는 흥미를 유발하고 호기심을 자아 낼 수 있어야 하며 일상적인 용어를 사용해야 한다. 이와 동시에 가르치고 즐겁게 해주는 방법도 찾아야 한다. 또 복잡한 아이디어를 간결하고 짤막하게 제시할 수 있어야 한다. 사실적인 오류를 범하지 않도록 각별한 주의를 기울이고 들어서 오해의 소지가 있는 진술은 조심스럽게 한다.

전파 매체는 유익과 해를 동시에 초래할 수 있으므로 이에 대한 책임이 크다. 따라서 이 책임을 숙고하면서 기억해야 할 것은 인기 있고 값비싼 프로그램만이 전파 매체를 통해 사람을 돕는 것이 아니라는 점이다. CD에 메시지를 녹음해 두었다가 이를 널리 보급하는 것도 예산을 많이 투자하지 않고 다른 사람을 돕는 좋은 방법인데 이 방법은 흔히 간과되고 있다. 전화로 기도를 받게 하거나 정성을 다해 녹음한 전화메시지를 들려주는 교회는 예산을 많이 들이지 않고 하루 24시간 지역 주민에게 도움의 손길을 뻗칠 수 있다. 또한 대담 프로그램 방송에는 뉴스 특집, 대중 봉사 프로그램, 인터뷰와 토크 쇼 등이 있다. 이 프로그램은 초청 인사를 필요로 한다는 공통점을 지니고 있다. 당신이 살고 있는 지역의 미디어를 시청하고 방청하라. 그리고 당신이 방송을 통해 다른 사람을 도울 수 있다고 생각되면 출연하겠다고 방송사에 알리라. 그 출연은 유용한 도움을 줄 수 있으며 당신의 교회와 상담사역에도 간접적인 관심을 불러일으킬 것이다. 다른 방법으로 접근할 수 없는 사람들이 전파 매체를 통해 전도될 수 있다.[7]

4) 세미나를 통한 사역

공개 세미나를 통해 사람을 도와주는 방법에는 두 가지가 있다. 하나는 직접 세미나를 인도하는 것이고 다른 하나는 지역사회에서 세미나를 개최하도록 다른 사람을 초빙하는 것이다. 세미나 프로그램을 개시하기 전에 발표하려는 주제와 대상으로 계획하고 있는 시장에 대해 조심스런 기도와 생각이 필요하다. 사람들은 얼마의 시간이 지나면 세미나에 싫증을 느낀다. 만일 세미나를 추진하려면 주제를 주의 깊게 그리고 정확하게 준비하라. 질적인 시각자료에 관

7) Gary R. Collins, *op. cit.*, 51-57.

심을 기울이고 자본을 투자하라 '장기전에 나서기 전에' 실제 회중 앞에서 아이디어를 시험해 보라. 사람들의 귀환반응을 구하라. 그리고 자신에게 다음과 같은 위협적인 질문을 던져 보라. '나라면 나 같은 강사의 강의를 경청하기 위해서 토요일 오후를 투자하겠는가?' 배우자나 어머니보다 객관적이고 솔직한 귀환반응을 해줄 수 있는 사람들의 이야기를 들어 보라.

공개 강연을 하는 대부분의 강사가 알고 있듯이 세미나가 청중 앞에서 말만 하면 되는 것은 아니다. 먼저 청중을 모아야 한다. 세미나를 위해서는 광고가 필요하다. 섭외하는 사람, 강당, 여행 계획, 비용, 책 판매대와 시청각 보조재, 테이프녹음 여부, 휴식시간 여부에 대한 결정을 내려야 한다. 이런 노력들은 종종 좋은 결과를 이끌 수 있다. 그러나 세미나 기획은 우리가 생각하는 것보다 훨씬 더 어려울 수 있다.

교회나 지역사회에서 세미나를 인도해 줄 수 있는 외부 강사를 초빙하는 것이 더 쉬울 수도 있다. 다시 한번 세미나를 마련했을 경우 지역 주민들이 참석할 것인지를 물어 보아야 한다. 세미나 강사와 주제가 관심을 불러일으킬 만한가? 효과적으로 홍보할 수 있는가? 사람들이 너무 바빠서 참석할 수 없는 시기는 아닌가? 너무 위협적인 주제를 선정하면 참석을 꺼리는 사람이 있지 않겠는가? 전국적으로 유명한 강사들은 종종 지역에서 세미나를 주관하는 사람들에게 기획된 세미나 정보를 제공한다. 세미나를 기획할 때 교회 지도자는 세미나 개최 이유를 솔직하게 말하고 도움을 주는 효과적인 방안을 다각적으로 모색해야 한다.[8]

5) 저술을 통한 사역

또 하나 도움의 원천이 되는 것은 인쇄물을 통한 상담이다. 오늘날과 같은 정보시대에 우리 주변에는 인간의 문제를 다루는 수천 가지의 책과 기사가 있다. 아마 대부분의 상담자들은 주기적으로 책이나 글을 추천하고 내담자들은 이를 통해 도움을 받을 때가 많을 것이다. 이러한 저술에 가세할 것인가? 다음 몇 가지 지침은 생각을 유도할 수 있다. 글을 인쇄하는 것이 결코 쉬운 일이 아니다. 그러나 많은 사람들이 책이나 글을 통해 도움을 받고 있다는 사실은 부인할 수 없다. 많은 어려움이 따를지라도 글을 쓰기를 원한다면 항상 민감성과 깊이와 명쾌함과 높은 수준을 유지하고 무엇을 어떻게 말해야 하는지를 아는 분별력을 지니도록 기도하라. 열심히 독서하는 사람이 아니라면 좋은 저자가 될 수 없음을 인식하라. 성경을 읽으라. 주제에 대해 읽을 수 있는 만큼 읽도록 하라. 다른 저자들은 어떻게 표현하고 있는지 그들의 책을 읽

---

8) *Ibid.*

어 보라. 사람들에 대해 그리고 현재 일어나고 있는 사건들에 대해 현실적으로 적합한 책을 쓰도록 하라. 작문에 관련된 책자를 보고 또한 출판하기까지의 어려운 과정에 대해서도 충분히 숙지하라. 실천하고 연습하며 인내하라. 글을 잘 쓰는 일은 열심히 배워야 하는 기술이다. 당신의 접근이 어떠한 것이든 상담은 많은 노력을 요하는 힘든 작업이다. 그리고 사람을 돕는 일은 상담실에만 국한할 수 없는 포괄적이고 보람 있는 일이다.[9]

4. 상담센터 준비

목회자의 경우 교회 안에 잘 갖추어진 상담실을 준비하는 것은 목회사역에 있어 매우 중요한 일이다. 그 이유는 무엇보다 비목회적 상담자에 비해 매우 유리한 점들을 가진다. 목회상황에서 상담하는 목회자는 내담자에 대한 개인적 관찰과 관계에서 오는 다양한 자료들로부터 사전 지식을 가짐으로 상담 자료가 풍부하다. 그 결과 목회자는 상담과정을 유발시킨 새로운 자료에 즉시 집중할 수 있다. 따라서 목회자는 내담자에 대한 상담초기의 신뢰 형성 문제, 예비적 판단, 수정된 판단을 행하는 일 등에 귀중한 시간을 소비할 필요가 없으므로 내담자의 실제적인 문제를 쉽게 접근할 수 있다. 뿐만 아니라 목회상황의 우수성은 일반적인 상담센터에서 행하는 것에 비하면 광범위한 수준에서 내담자에 대해 즉각적으로 유용한 것을 더 많이 행할 수 있다는 점이다. 내담자가 많은 방법으로 속해 있는 전체적인 언약의 공동체의 화해관계를 적용할 수 있다. 특히 목회자는 모든 성도들에게 목회사역을 통해 그 공동체를 효과적인 목회의 힘으로 형성하고 조직하는 기회를 가진다. 여기에 목회자에게는 실질적으로 거대한 잠재력을 가진 개발되지 않은 자원이 존재하고 있다. 또한 목회자는 예수 그리스도께서 부여하신 권위에 의해 교회의 상담 상황에서 내담자에게 합법적인 축복과 보살핌을 가지므로 전인적인 면에서 상담사역을 수행할 수 있다. 제이 E. 아담스는 이러한 측면에서 온전한 상담사역이 가능한 것은 오직 목사만의 역할에서 찾을 수 있다고 했다.[10]

그러나 다양한 사람들을 접하면서 광범위한 상담 접근법을 사용하는, 교회가 후원하는 상담센터를 세우는 것도 가능하다. 종종 상담센터는 계획 단계를 거쳐서 전개 단계, 유지 단계, 중지 단계를 경험하게 된다.

계획 단계에서 상담센터 조직자들은 무엇이 필요한가를 결정해야 한다. 누가 상담센터에 연

---

9) *Ibid.*
10) Jay E. Adams, *op. cit.*, 443-45.

략을 취할 것인가? 어떻게 상담센터가 지역 상담의 필요를 충족시켜 줄 것인가? 어디에 센터가 세워져야 하는가? 어떻게 센터가 자금을 조달받고 사용되며 통보될 수 있는가? 이 같은 질문은 센터가 전개되기 전에 기도하면서 검토되어야 하며 세심하게 응답받아야 한다.

전개 단계에서는 센터를 세우고 발족시키는 일이 포함된다. 목표에 대한 분명한 진술이 있고 센터의 직원들을 위한 상세한 업무 사항 및 최종적으로 누가 책임을 지는가를 나타내는 행정적인 구조가 갖춰지면 상담 업무는 보다 더 효율적으로 운영될 수 있다.

유지 단계에서는 매일 매일 센터가 하는 역할에 관련된 것이 포함된다. 센터는 어떻게 지역사회나 회중 속에서 끊임없이 변하는 요구들에 주의를 기울일 수 있는가? 센터는 재정적인 지급능력을 유지할 수 있는가? 어떻게 센터의 효율성이 정확하게 평가될 수 있는가? 만일 이러한 문제들이 해결되지 않으면 마지막 단계인 센터가 없어지게 되는 중지 단계로 넘어가게 된다.

많은 교회들은 교회의 시설에서 시간제 및 전임제로 자유롭게 일할 수 있는 훈련받은 상담자를 고용하여 이러한 문제를 해결하려고 애쓴다. 그와 같은 계획이 좋은 효과를 가져 올 수도 있지만 최종적인 책임, 사례금 지불, 비밀 보장 및 상담자와 교회 임직원과의 관계에 대한 문제들에 관해서도 해결책이 역시 있어야 하겠다.[11)]

1) 조직과 목적

상담센터가 교회로부터 지원을 받을 때 주의 깊게 검토해야 할 몇 가지 문제가 있다는 것을 알게 되었다.[12)] 먼저 상담사역을 일대일 상대에만 초점을 맞추고 있는가? 아니면 예방 상담, 공공 상담, 평신도 상담, 환경문제 상담 및 다른 종류의 상담에 관한 봉사활동도 하고 있는가? 상담자는 교회 안에서 누구에게 보고를 할 것인가? 누가 약속을 정하며 어떠한 서비스가 제공될 것인가? 누가 기록된 사항들을 활용할 것인가? 이러한 문제들이 해결되지 않을 때는 오해나 좌절감이 생길 수 있다.

2) 직 원

누가 상담센터에서 일을 할 것인가? 복잡한 현대사회에서는 가능한 한 유능하고 훈련이 잘된 상담자를 선택해야 한다. 기독교 상담센터에서는 예수 그리스도에게 깊이 헌신하며 상담실에

---

11) Gary R. Collins, *op. cit.*, 188-89.
12) *Ibid.*, 189-94

들어갈 때 문 앞에서 자신이 크리스천이라는 사실을 잊지 않는 사람을 임명해야 한다. 특히 상담센터가 초기 전개 단계에 있을 때는 지도와 제언은 물론 위기 시에 도움을 주고 상담자를 감독하며 다른 전문적인 상담도 해줄 수 있는 외부 상담자도 구하라. 직원 채용을 고려할 때는 신용을 지키고 상담센터에 문을 두드리는 것이 괴로울 수도 있는 내담자를 동정심을 갖고 대하는 접수처 직원과 사무직원을 구하는 것도 잊지 말라. 이 역할을 하는 직원들은 내담자가 센터에 찾아왔을 때 제일 먼저 접하게 되는 중요한 인물이다.

3) 법적인 문제

여러 부분에 있어서 목회자들은 상담에서 나눈 얘기에 대해 비밀을 보장할 특권이 주어지지만 이런 특권이 비전문적인 상담자들에게 어떻게 적용할 것인가? 상담센터 직원들 중 일부는 상담 경험에 대해 법정에서 증언해야 할 것을 요구받을 수 있다. 만일 상담자 중에서 한 사람에게 법적인 조치가 취해진다면 소송비와 벌과금을 지불하기 위해 어떤 보험이 필요한가? 이러한 문제들은 상담센터를 세우기 전에 법인체, 상담센터의 허가, 직원 채용, 비밀 보장, 소송으로부터의 보호 및 다른 법적인 문제들에 관해 반드시 전문 변호사와 협의하여 준비해야 한다.

4) 재 정

켈거타의 테레사 수녀는 사역에 필요한 자금을 어떻게 조달하는지를 질문 받은 적이 있었다. 그때 그녀는 이렇게 답변했다 "나는 그것에 대해서 생각하지 않습니다. 돈은 언제나 들어오고 있어요. 주님께서 보내주시거든요. 우리는 주님의 일을 하고 그분은 우리에게 자금을 제공해 주십니다. 만일 그분이 우리에게 돈을 주지 않는다면 그분은 그의 사역을 원치 않으신다는 뜻이 되겠지요. 왜 그런 걱정을 해야 합니까?" 아마도 그처럼 비현실적인 견해가 우리의 모든 사역에 기반이 되어야 할지 모른다. 그러나 비용이 많이 들거나 어쩌면 다른 자원을 축내야 하는 새로운 사역을 시작하기 전에는 반드시 비용을 고려해야 한다. 대부분의 교회는 상담센터의 재정적인 문제가 논의될 때 크게 도움을 줄 수 있는 사업에 대한 전문지식을 갖춘 사람들이 있다. 어떻게 고문료, 직원 급료, 보험료, 방음, 제반 사무실 비용을 지불할 것인가? 소규모 센터에서는 이것이 경미한 문제가 될 수도 있지만 센터 업무를 시작하기 전에 이런 각각의 문제를 고려해야 한다.

5) 상담센터의 철학

대부분의 목회자들이 알고 있듯이 상담에 대한 최상의 방법과 가장 성경적인 방법에 대해 많은 논란과 논쟁이 일고 있다. 모든 개인적인 문제는 내담자의 죄의 결과로 일어나는 것인가? 목회자는 영적인 문제에 관심이 없는 불신자들을 진정으로 도와줄 수 있는가? 상담을 하는 데 신학적으로 유일하고도 정확한 방법이 있는가? 크리스천 상담자는 심리 분석 이론, 교류 분석, 현실 요법, 이성 및 감성 요법 또는 칼 로저스(Carl Rogers)의 사역을 거절해야 하는가, 아니면 선택해야 하는가, 혹은 그것에 의존해야 하는가? 어떤 상담 접근법을 사용할 것인가? 언제 내담자를 다른 기관에 보낼 수 있는가? 내담자를 크리스천 상담자에게 보낼 수 있는가? 이런 문제는 직원을 채용하거나 상담 업무를 시작하기 전에 고려해야 한다. 상담자가 이런 문제를 제기하지 않으면 조만간 다른 사람이 제기할 것이다.

6) 기도와 말씀의 준비

상담자는 자신과 내담자를 위하여 기도에 의해 거시적으로 상담을 준비해야 한다. 물론 내담자를 위한 기도는 상담의 전 과정을 위한 준비에 있어서 상담에 관한 기록 내용을 읽음으로부터 자연적으로 발생할 수 있다. 하나님께서는 상담의 다음 과정을 위한 결실 있는 계획을 발전시키는 상담자를 돕기 위해서 기도의 방법을 사용하신다. 그러므로 기도 자체는 상담과정의 필수 요소가 될 수 있다. 상담과정에서의 기도는 죄의 확신과 회개를 가져다주는 말씀으로 사죄함을 간구하는 내담자의 열렬한 부르짖음이 될 수 있다. 기독교상담자들은 성령의 상담과 조언에 의해서 인도함을 받아야 하기 때문에 기도는 상담 상황에 있어 성령 즉 진리의 영으로 인도하심을 받는 상담사역에 있어 가장 중요한 사역이다. 제이 E. 아담스는 상담에 있어서 기도의 남용과 관련하여 피해야 할 2가지 위험이 존재한다고 했다. 첫째는 성경이 첨가적인 행동을 명령할 때에 오직 기도에만 의존하는 것, 둘째는 자기 연민에 빠지는 기도를 행하는 것은 피해야 할 것을 지적했다.[13)]

또한 기독교상담 상황에 있어 주 구성원이 되시는 성령께서는 진리의 근원이시며 진리 가운데로 인도하시는 분이시므로 상담사역에 있어 하나님의 말씀에 무지한 자는 상담하거나 조언할 수가 없다. 그러므로 기독교적 상담을 위한 가장 좋은 준비와 훈련은 성경적 신학적 배경을 습득하는 것이다. 내담자에게 하나님의 말씀으로 권면해야 하기 때문에 기본적인 성경적인

13) Jay E. Adams, *op. cit.*, 113.

방법들과 기술들에 대해서도 공부해야 한다. 로렌스 J. 크렙(Crabb)은 상담자가 되려면 적어도 심리학을 연구하는 시간만큼 성경 연구의 필요성을 강조하였다. 특히 목회적 상황에서 상담에 임하는 목회자에게 성경에 대한 깊은 연구와 준비 없이 상담에 임한다면 성경에 계시된 하나님의 뜻을 이해하는 능력을 부여하시는(고전 2:9-16) 성령의 혜택을 거부하는 자율적 반역 행위이기도 하다.

7) 상담카드 준비

일반적으로 상담신청카드를 사용하는 상담기관에서는 신청카드를 통해서 내담자의 정보를 개괄적으로 입수할 수 있고 상담을 시작하기 전에 내담자의 상태를 알 수 있기 때문에 시간 절약과 효과적 상담을 할 수 있다. 그러나 교회에서나 개인적 상담에서는 그렇지 못하기 때문에 상담을 시작하기 전에 상담신청카드를 준비해서 활용하도록 하면 좋을 것이다. 이러한 서식의 준비는 상담에 대한 기록을 남기는 측면에서도 매우 유용하다.

5. 예방상담을 위한 목회사역

1) 예방상담의 필요성

예방에는 두 가지 목표가 있다. 즉 개입과 교육이다. 예방적 '개입'은 문제가 일어나기 전에 문제를 예상하고 잘못되지 않도록 막기 위해 우리가 할 수 있는 일을 하는 것이다. 이미 문제가 발생했을 때는 개입하는 사람이 그것을 제거하거나 악화되지 않도록 해야 한다.

예방적 '교육'은 저항할 수 없는 난관을 예상하고 극복하며 피할 수 있도록 살아가는 법을 가르치는 것이다. 이것은 자신이 물 속에 빠졌을 때 딱딱한 지면에 발을 딛고 서는 법과 수영하는 법을 가르치는 등등 물에 대한 안전교육을 하는 것과 같다. 크리스천 상담자에게는 그 어느 것도 생소하지는 않을 것이다. 성경은 어떻게 하면 우리가 유혹을 이기고 영적으로 성숙하며 타락과 악, 해로운 요소가 가득한 세상에서 내면의 안정을 경험할 수 있는가를 가르친다(벧전 1:3-4) 예방은 복음 메시지의 핵심이다.[14)]

14) Gary R. Collins, *op. cit.*, 100.

2) 목회자의 예방상담

우리의 노력이 과연 효과가 있는지 또는 어떤 효과가 있는지 확신할 수 없을 때라도 어떤 조치를 취할 필요가 있다. 그러나 예방은 예방원칙에 대한 신중한 계획과 인식이 있을 때 더 효과적이다. 한 저자는 교회가 '정신보건에 대한 사명'을 신중히 발전시켜야 한다고 말했다. 이것은 목회자들을 위한 상담자 교육, 평신도 상담자 교육, 위급시의 상담 활동, 각 지방 보건소와 긴밀한 협조, 교회의 지역사회 정신보건 활동에의 적극적 참여 등을 포함한다. 다른 저자들도 정신보건 교육, 위기 상담, 과거 정신 질환자들의 안정된 환경 창설 등에 교회가 관여해야 한다고 제안했다. 교회가 정치적, 사회적, 경제적 지지 프로그램의 영역에서 정신보건을 위해 일하고 있는 지역사회 심리학자들과 함께 힘을 합해야 되지 않겠는가? 이 모든 노력은 보람이 있을 것이다. 이러한 요소들은 크리스천들의 적극적인 동참을 이끌어왔다. 교회가 정신보건에 적극적으로 관여하는 것과, '모든 족속으로 제자를 삼으라'는 성경적 사명은 연관되는 것인가? 교회에서의 가르침과 기독교 교육의 지나친 강조는 성도들로 하여금 신학적 자만심에 가득 차게 할 수 있다. 머리에 지식은 꽉 차 있지만 치유와 지역사회로 손길을 뻗치는 일에는 별로 관심을 갖지 않는다. 교회가 복음 전파나 제자화에 대한 아무런 소명 없이 정신보건의 필요만을 충족시키는 정신병 치료소가 된다면 그것은 불균형하고 비성경적인 처사인 것이다.[15]

3) 교회를 통한 예방상담 프로그램

환자가 다른 사람으로부터 희망, 확신 등 소위 '신앙'의 보살핌과 도움을 받을 때 수술 후의 육체적, 심리적 문제를 예방할 수 있다. 예를 들어 외과 수술 환자들이 수술 전에 육체적인 어려움에 대해 미리 듣고 예측하고 있을 때 수술에 따르는 합병증 예방과 빠른 회복, 또 빠른 퇴원을 가져온다고 한다. 문제를 예방하기 위해 교회가 어떤 일을 할 수 있는가?

(1) 필요한 것을 공급해주라.

제럴드 채플린(Gerald Caplan)의 말에 의하면 정신적으로 무질서하게 되지 않으려면 물리적, 정신 사회적, 사회 문화적 자원 '공급'이 지속적으로 필요하다고 했다. '물리적 공급'이란 식량, 은신처, 감각의 자극, 운동할 기회, 건강을 유지하고 신체를 손상으로부터 보호할 수 있는 영향력 등이 포함된다. '정신 사회적 공급'은 가정, 학교, 직장, 교회에 있는 다른 사람들과

---

15) *Ibid.*, 104-05.

의 관계에서 나타나는 자극을 포함한다. 안정을 유지하기 위해서는 우리 각자가 사랑을 주고 받으며 남을 용납하고 또 남에게 인정받아야 한다. '사회 문화적 공급'은 어떤 문화에서 나타나는 가치, 관습, 시각, 전통, 문제해결, 기술 등을 포함한다. 아마 종교적 신념은 이 범주에 속하거나 '영적인 공급'으로 따로 분류될 수도 있을 것이다. 이 모든 공급은 성경적 원칙에 따르려는 성도들에 의해 분배될 수 있다.

(2) 정보를 주라.

정신보건 교육은 상담업무 분야에서 광범위하고 효과적인 예방책으로 자리를 잡고 있다. 치료에 대한 정보를 주며 불안을 가라앉히고 정신보건에 대한 공공 정책에도 간혹 영향을 끼쳤다. 그리고 삶의 문제를 극복하도록 돕기 위해 '자기상담'을 제안하기도 했다.

(3) 능력을 키우는 기술을 가르치라.

정신보건과 교육 정보를 포함한 정보는 생활에 적용되지 않으면 그 가치를 발휘하지 못한다. 문제를 예방하는 최선의 방법은 다양한 생활 기술을 습득하여 실제 삶에 적용하는 것이다. 그러기 위해서는 타고난 기술이 중요하다. 이 사실을 이해할 수 있도록 도와주어야 한다. 그 다음에 기술에 필요한 지식을 가르치고 모양을 만들어야 한다. 그것이 어떤 것인지 보여주면서 교사가 감독하고 반복하는 동안 학습자가 기술을 실습하도록 격려하고 지속적인 연습의 중요성을 강조하며 용기를 불어넣어 주어야 한다. 신앙에 관련된 많은 가르침은 성도들로 하여금 기술을 습득하게 할 뿐만 아니라 이를 사용하게 한다. 이러한 기술을 가지고 있을 때 문제에 더 잘 대처할 수 있다. 이것이 바로 예방의 본질이다.

(4) 개인적인 영적 필요를 충족시켜 주어라.

예방 프로그램은 지역사회를 드높이고 더욱 살기 좋은 곳으로 만든다. 하워드 클라인벨(Howard Clinebell, *Mental Health Promotion and Primary Prevention*, 1982, pp. 28-29)은 교회의 가르침이 '건설적이고 창조적이며 치유와 긍정적인 삶의 힘'이 될 수 있다고 했다. 그것은 많은 사람들에게 '용기와 힘과 성장의 풍족한 샘'이다. 클라인벨은 교회사역의 부분 부분을 보고 어떻게 하면 각각의 사역의 성장을 촉진시키고 정신건강의 중요성을 깨우쳐 주며 정신질환을 막을 수 있는지 심사숙고해야 한다고 제안했다. 예를 들어 예배를 통해 개개인이 고립감을 극복하고 다른 사람과 하나가 되며 하나님과 가깝게 만난다. 또 희망, 영감, 봉사의 기회, 지원, 중보기도, 말씀에 대한 지식, 또 많은 사람이 단순화된 치료 형태로 알고 있는 것 등을 제공해 줄 수 있다. 교회의 지도와 행정에 관여함으로써 목적의식과 의미를 불어넣어 주고 가치 기준을 알려주고 위기를 조정하고 목회상담을 제공하고 어려운 이들에게 현실적인 도움을 주기 위한 노력은 예방효과를 줄 수 있다. 클라인벨(Howard Clinebell, *Mental Health Promotion and Primary Prevention*, 1982, pp. 262-63)은 '지역 교회가 정신보건의 대행자로서가 아닌 교회로서의 사명에 충실할 때 가장 큰 정신건강 효과를 낼 수 있다'고 결론지었다. 정신건강과 문제 예방에 대한 교회의 값진 공헌은 교회가 생명력과 초자연적인 힘을 가지고 있기 때문에 나타난다. 성도들은 그들의 생명을 예수님께 의탁했으며 하나님의 백성, 성령의 교제, 그리스도의 몸으로서 성장해 가야 한다. 성경 저자들은 정보를 주고 필요한 것에 대해 이야기하고 신령한 진리를 선포하고 성도들이 서로 돌보며 격려해 줌으로써 문제를 예방하고 심리적, 영적 성장을 자극할 수 있다는 변함없는 원칙을 알려 준다. 기독교 치유공동체도 '아래로의 회복'과 '위로의 예방' 모두에 적극적으로 관여해야 한다.[16)]

Ⅱ. 상담의 진행과정

1. 제1단계: 문제 탐구와 명료화

진실을 이야기하기 위해서는 두 가지가 필요하다. 하나는 이야기함이요, 또 하나는 듣는 것이다(Henry David Horeau). 상담자와 내담자 간의 대화는 치료적 성격을 띠거나 도움을 줄 수 있는 대화여야 한다. 상담은 상호협조적인 노력으로 이루어지기 때문에 대화는 상담에서 본질적인 역할을 한다. 즉 대화를 통하여 변화의 촉매역할을 하게 된다. 내담자가 자신의 삶에 있어서 변화의 책임감을 표현하는 것도 대화를 통해서이다. 대화는 통합의 기제이다. 상담은 각 단계마다의 특별한 목표가 있기 때문에 그 목표달성을 위해서 독특한 상담의 기술들을 필요로 한다. 제1단계 상담 기술의 두 가지 초점은 첫째는 내담자가 보는 대로 문제를 명백하게 파악하는 것이며, 둘째는 상담자와 내담자 사이에 신뢰할 수 있는 관계를 형성하는 것이다. 이

16) *Ibid.*, 105-10.

러한 목적을 달성하기 위하여 제1단계는 관심기울이기, 적극적인 경청(Listening), 정확한 공감(Empathic understanding), 그리고 내담자의 문제의 탐색(Probing) 등의 기술이 필요하다. 상담자는 내담자와의 원만한 상담관계를 계발하기 위한 기술을 갖추어야 한다.[17)]

1) 관심기울이기

(1) 상담자의 자세

상담자가 내담자에게 관심을 기울이는 효과적인 주의 집중을 하기 위한 방법은 먼저 상담자가 내담자에게 그와 함께 있다는 사실을 인식하도록 친밀한 관계(Rapport)를 형성하는 것과 상담자 자신이 유능한 경청자가 되기 위한 최선의 태도를 유지하는 것이다. 내담자에게 친밀한 상담관계를 형성하는 5가지 방법을 SOLER 약자로 요약할 수 있다. ① 내담자를 똑바로 마주 대한다(face the client Squarely). 내담자를 향해 앉는 자세는 내담자에게 관심을 가지고 있다는 의미를 전달한다. '나는 당신과 함께 있다. 당신에게 도움이 되고 싶다'라는 뜻을 전달해준다. ② 열려진 자세를 취한다(adopt an Open posture). 개방적인 자세는 마음을 열고 있다는 증거다. "내가 지금 취하고 있는 자세는 내가 개방적이고 돕고 싶은 태세가 갖추어져 있다는 사실을 내담자에게 얼마나 전달하고 있는가?" 하고 자문해 볼 필요가 있다는 것이다. 상담자가 취하고 있는 자세를 통해 마음속에 담고 있는 것을 비추어야 한다. ③ 이따금 내담자를 향해 몸을 기울인다(it is possible at time to Lean toward the other). 상대방에게 관심이 높을수록 상대방을 향해 몸을 기울인다. 몸을 기울이는 것은 내담자와의 커뮤니케이션을 고양시키는 반응이기도 하다. ④ 시선의 접촉을 유지한다(maintain good Eye contact). 시선의 처리는 상대에 대한 관심을 드러내는 중요한 단서가 된다. '당신에게 관심을 느끼고 있다. 당신이 하는 말을 듣고 싶다'는 뜻을 전달해준다. 가끔 시선을 돌릴 수는 있지만 자주 그러는 것은 상담자가 무언가 불편해 한다는 인상을 줄 수 있다. ⑤ 편안하고 자연스러운 자세를 취한다(try to be relatively Relaxed while engaged in these behaviors). 편안한 자세는 주의를 흩뜨리는 자세를 취하지 않는 것이다. 불편한 자세를 취하면 내담자는 무엇이 상담자를 불편하게 했는가에 대해 의아해한다. 상담자가 아무리 내담자를 존중

---

17) 본장의 상담기법의 내용들은 시카고 로욜라대학교의 심리학 교수이며 임상심리학자이신 Gerard Egan 교수의 저서 『*The Skilled Helper*』-*Model, Skills, and Methods for Effective Helping* (Moterey, Calif: Brooks /Cole, 1982)에서 소개한 내용이다. 복음주의 심리학자 Gary R. Collins 박사에 의하면 이 책은 독특한 기독교적 강조점은 없다. 그럼에도 불구하고 미국교회에서 크리스천들을 훈련시키는 데 넓게 사용되고 있는 책임을 밝히고 있다.

하고 공감하고 진솔하고 따뜻하게 대하는 마음을 가지고 있어도 내담자가 상담자의 비언어적인 행동을 통해 이를 깨닫지 못하면 아무 소용이 없다는 점이다. 지금까지 제시한 말들은 하나의 지침에 지나지 않는다. 어떠한 상황에서든 엄격하게 지켜야 할 절대적 규칙은 아니다.

(2) 상담자의 비언어적 행동[18]: 공감적 공존의 중요성

상담자의 비언어적 행동은 언제나 내담자에게 메시지를 전달하고 있다는 것을 인식하는 것이 중요하다. 상담자의 얼굴과 몸 그 자체가 대화와 정서를 전달하고 언어적 메시지를 수정하고 상담자와의 관계에 대한 중요한 메시지를 제공하며 자기 지각에 대한 통찰을 가져다준다. 상담자의 얼굴 표정, 목소리의 톤, 몸의 움직임 신체적 반응이 말보다 더 큰 영향을 미친다.

첫째, 상담자는 어떤 순간이든지 자신의 몸은 말을 하고 있다는 점을 명시해야 한다. 상담자의 따뜻한 관심을 느낄 때 내담자는 자기를 개방하고 자신의 문제 상황의 주요 측면을 탐색하도록 격려한다. 상담자의 비언어적 행동에 대한 내담자의 반응을 읽는 것도 경청의 한 부분이다. 또한 상담자가 자신의 신체적 반응을 읽는 것도 주요한 첫 단계이다.

둘째, 일단 상담자의 몸이 메시지를 전달하고 있다는 사실을 감지한 후에 상담자는 메시지의 전달하는 도구로 자신의 몸을 사용할 수 있을 것이다. 상담자는 자신의 신체적 몸에서 느끼는 신호를 읽고 다시 내담자에게 집중을 하는 기제로 삼을 수 있으며 또한 자신의 몸을 통해 부적절하다고 느끼는 신호를 읽고 본능적으로 또는 충동적 메시지를 검열할 수 있다. 내담자에게 불쾌감이나 분노를 표현하지 않는다고 해서 이를 부정해서는 안 된다. 이러한 감정을 깨닫는 것이 바로 대처할 수 있는 방법이기도 하다. 상담자가 자신의 비언어적 커뮤니케이션을 깨닫고 편안하게 활용할 수 있으면 상담과정에서 서로 내적 평화를 누릴 수 있다. 상담자의 비언어적 행동은 내담자와의 작업동맹을 방해하기보다 촉진시킬 수 있어야 한다. 그러기 위해선 몸을 커뮤니케이션으로 사용하는 법을 배워야 한다. 그러나 무엇보다도 내담자에 대한 존중과 공감과 같은 태도와 가치에서 우러나지 않으면 가식이 된다.

내담자에게 관심 기울기는 관계를 고양시키는 기술로서 주의 깊은 관찰을 통해 문제 상황을

---

18) 비언어적 행동은 신체적 행동(자세 몸의 움직임, 제스처), 눈 행동(시선의 접촉, 응시, 눈의 움직임과 같은 눈 행동), 얼굴 표정(미소, 미간 찌푸림, 입 삐쭉거림, 눈썹을 치켜 듦), 음성 관련 행동(목소리의 톤, 음률의 고저, 목소리의 크기, 강도, 억양, 말의 속도, 강조, 쉼, 침묵, 말의 유창함), 관찰 가능한 자동적 생리적 반응(가쁜 숨, 얼굴 붉힘, 창백함, 동공 확대), 신체적 특징(건강, 키, 몸무게, 안색 등), 공간(대화 도중 어느 정도의 거리를 두고 있는가), 그리고 일반적 외관(옷차림새) 등을 비언어적 행동이라고 한다.

규정하고 탐구하는 데 필요한 자료를 수집하도록 내담자를 돕는 일과도 연관되어 있다.

2) 적극적 경청

(1) 경청의 의미

진정한 의미에서 경청이란 내담자를 더 잘 알기 위해 상담자는 그 과정에 자신의 소재 즉 견해를 끼워 넣거나 장애물을 삼가는 것이다. 대부분의 사람들은 타인들로부터 이러한 고품격의 경청을 거의 받아 보지 못하는데 상담자가 진정한 경청자가 되는 방법을 배우고 그리고 타인들을 위해 이를 행할 때 이것은 그들에게 아주 진귀한 선물을 주는 것이다. "당신은 내게 너무나 소중하므로 당신이 뜻하는 바를 정확히 알고자 하며 그래서 방해하지 않도록 나의 견해는 지금 배제하고자 합니다." 토머스 고든의 '적극적 경청'은 경청자가 적극적으로 또한 정확히 내담자의 내적 과정－그의 사상과 느낌과 통찰과 갈등들을 비추어 보는 것이다. 좋은 거울은 왜곡하지 않는다. 그것은 내담자의 현재의 상의 진실하고 또렷한 영상을 제공한다. 그것은 아부하지도 깎아 내리지도 않는다. 거울은 사람들로 하여금 그들 자신들에 대한 앎을 추구하는 것을 허용한다. 거울은 최소한 타인들에게 제공된 이미지의 일부를 보는 것을 가능하게 한다. 이것은 훌륭한 경청이 수행하는 그것과 정확히 일치하며 이러한 이유로 우리는 '반영하는 경청'이라는 용어를 더 좋아한다. 그것은 상담자로 하여금 그 목적을 잊지 않도록 하기 때문이다. 반영하는 경청의 과정은 내담자에게 가능한 한 그 자신의 내적인 과정의 왜곡되지 않은 정확한 이미지를 되돌려 준다. 반영하는 경청은 심리학 분야를 위해 그것을 처음 기술한 칼 로저스의 '정확한 감정이입 혹은 이해'라는 과정과 동일하다. 그것은 상담자들의 하나의 일반적인 기교이며 치료적 관계들을 깊게 하기 위한, 변화를 촉진하기 위한 하나의 기본적 과정이다.[19)]

---

19) 이러한 경청의 요소들을 고려하기 전에 반영하는 경청과정의 기초가 되는 기본적 태도를 검토하는 것은 중요하다. 반영의 과정은 내담자에게 전달된다. 이들 메시지들은 다음의 5개의 리스트를 내포한다.(Miller, & Jackson, 2003) ① 당신은 중요한 사람이다. 진실하게 경청한다는 것은 상대방에게 줄 수 있는 위대한 선물이다. 상대방의 말을 경청할 때 상대방을 배려하고 소중히 여기며 관심을 가지고 있다는 의미를 전달한다. ② 나는 당신을 존중한다. 또한 경청은 상대방에 대한 존중을 전달한다. 상담자가 진지하게 경청할 때 내담자는 자신과 자신이 하는 말이 소중하다는 사실을 깨닫는다. ③ 나는 이해하기를 원한다. 비록 상대방이 어떻게 생각하고 어떻게 느끼며 인식하는가를 그 순간에 진실로 이해하지 못한다고 해도 반영적인 경청자는 보다 깊이 이해하고 싶어 한다는 의미를 전달한다. ④ 당신은 당신 스스로 해결책을 마련할 수 있는 능력과 지혜와 자원을 가지고 있다. 반영적 경청자세는 상대방을 병들었거나 도움받을 수 없거나 의존적인 존재로 보지 않는다는 의미를 전달한다. 오히려,

상담의 기술은 목표달성을 위한 수단이지 그 자체가 목적이 되어서는 안 된다. 내담자에게 관심을 기울이기 즉 주의집중은 친밀한 상담관계를 위한 첫 번째 시금석이다. 그러나 내담자 속에 들어있는 아픔과 고뇌와 문제들은 그의 입을 통하여 상담자에게 전달된다. 상담자가 만일 내담자의 언어-비언어적 표현과 언어적인 메시지를 모두-를 경청하지 못하면 상담자는 내담자를 도와주기 힘들 것이다. 그러므로 적극적 경청은 두 번째로 사용하는 중요한 기술이 된다. 경청은 마음을 기울여 듣는 것이다. 들려오는 소리를 듣는 것이 아니라 마음을 써서 듣는 것이다.

(2) 경청의 내용

① 내담자 이야기 경청

경청한다는 것은 상담자가 내담자가 말하는 것에 초점을 맞추는 것이다. 내담자의 이야기 속에는 내담자의 경험과 행동과 정서가 섞여 있다. 인간의 활동은 사고, 감정, 행동으로 나누어진다. 따라서 내담자의 이야기 속에는 외적인 행동과 내적인 행동이 있고 정동(Affect)-자기 경험이나 내외적 행동과 관련된 감정과 정서가 있다. 경험과 행동 그리고 정서는 내담자의 일상생활 속에 상호 관련 되어 있고 따라서 내담자의 이야기 속에서 이러한 요소들을 정리해 볼 필요가 있다.

ⓐ **경험**: 내담자의 대부분은 자신에게 일어난 일에 대해 말하는 것에 많은 시간을 바친다. 경험을 듣고 이해하는 것은 대단히 중요하다. 그러나 경험에 관한 이야기는 다른 사람이 했거나 하지 않은 일들에 대해 말하기 때문에 경험에 초점을 맞춘 이야기는 다소 수동적인 면이 담겨 있으며 문제의 탓을 상대방 혹은 세상 전체로 비난하는 의도가 내포되어 있다.

ⓑ **행동**: 어떤 내담자는 자신의 경험 즉 어떤 일이 있었는지 거리낌 없이 이야기하지만 어떤 내담자는 유난히 꺼리는 경우가 있다. 그 이유는 개인적 책임감을 빼고 이야기할 수 없기 때문이다.

그 자신의 내부에 훌륭한 해결책을 마련하고 치유법을 찾아낼 수 있는 지혜를 보유하고 있다는 가정을 전달한다. 로저스는 장애물만 제거해 주면 내담자 스스로 긍정적인 방향으로 성정해 나갈 내재적 장치를 가지고 있다고 본다. 반영적 경청과정은 내담자 내부의 지혜에 대한 믿음을 전달할 뿐 아니라, 그것에 접촉하도록 도와주기도 한다. 엄밀한 의미에서 그 사람 자신의 내적 아름다움과 지혜가 아주 유용한 방법으로 되비추어진다. ⑤ 대화를 지속하기를 원한다. 반영적인 경청이 전달하는 최종적인 메시지는 상대방과 대화를 지속하기를, 그와 계속 함께하기를 원한다는 의사를 전달한다. 이것은 상대로 하여금 편안함을 제공하며 자기 개방을 촉진시키다. 반면에 장애물은 상대로 하여금 더욱 더 거리감을 느끼게 하고 대화를 중단하고 싶도록 만든다.

ⓒ **정동(감정, 정서, 기분)**: 정동은 내담자가 처한 문제 상황과 활용하지 못한 기회에 일어나는 중요한 부분을 차지하고 있다.(Greenberg & Paivio 1997, Plutchik, 2001) 첫째, 정동은 우리 삶에 깔려 있다. 감정, 정서, 기분은 내담자의 관점, 결정, 의향이나 제안 속에 스며 있다. 둘째, 우리의 삶의 질에 영향을 미친다. 셋째, 감정, 정서, 기분은 우리의 행동을 이끌어 나가는 원동력이다. Lang(1995)은 이것이 바로 '행동 성향'이라고 했다. 내담자의 문제 상황에서 감정과 정서와 기분이 하는 역할과 기회를 찾아 살아 나가려는 의욕을 이해하는 것은 상담과정에서 중심적인 부분을 이룬다. 훌륭한 상담자는 언어적, 비언어적 등 마음속에 일어나는 경험과 정서를 나타내는 단어나 힌트를 놓치지 않는다. 내담자가 자신의 관심사나 원하는 것을 이야기할 때 경험과 행동, 그리고 정서가 어떻게 얽혀져 있는지 주의 깊게 경청하는 것이다.

② 내담자의 관점 경청

내담자들은 자신들의 이야기를 통해 보다 나은 미래의 가능성을 탐색하고 목표를 설정하고 계획을 세우고 계획 수행에 걸림돌을 검토하거나 자신의 관점을 드러낸다. 관점은 내담자의 개인적 평가를 말한다. 관점을 충분히 표현하려면 관점 자체, 이러한 관점을 가지게 된 이유, 관점을 살린 사례, 이를 수정할 수 있는 열린 마음까지 모두 표현하는 것이다. 자신의 관점은 설득의 형태를 띤다. 관점은 내담자의 신념, 가치, 태도 및 확신을 드러낸다. 그중 문제 상황이나 활용하지 못한 기회와 관련된 관점에 대해서는 경청하고 이해해야 한다.

③ 내담자의 결정 경청

우리는 이따금 결정하려고 하거나 결정한 것을 남에게 말한다. 보통 이러한 결정은 당사자나 주변 사람에게 영향을 미친다. 결정을 충분히 나눈다는 것은 결정 그 자체, 결정하게 된 이유, 자신과 타인에 대한 영향, 그리고 그 결정의 재검토 여부 등을 상세히 밝히는 것이다. 상담자는 이러한 결정을 하게 된 이유와 그 영향을 주제로 삼음으로써 도전의 명분을 찾을 수 있다.

④ 내담자의 의향과 제안 경청

내담자는 자신의 의향을 밝히고 제안을 하거나 행동 계획을 밝힌다. 내담자의 관점과 결정과 의향이나 제안을 다 경청할 수 있어야 내담자가 전달하고자 하는 핵심 메시지를 알 수 있고 그 속에 흐르는 감정과 정서와 기분을 이해할 수 있다.

⑤ 내담자의 자원과 기회 포착

내담자가 말하는 문제만 듣는다면 주로 문제에 대해 이야기하는 것으로 끝나고 만다. 이것은 내담자를 제대로 돕지 못하는 결과가 되고 만다. 모든 내담자는 나름대로 장점을 가지고 있다. 상담자의 의무는 내담자가 가진 자원을 찾아내어 이 자원을 문제 상황에 대처해 나가고 기회를 포착하여 살려나가는 데 쓰도록 돕는 것이다.

(3) 경청의 태도

① 수용(Acceptance)

수용은 경청의 과정에 깔린 총체적 태도이며 상담자의 작업의 중심이 된다. 그러나 이것은 무슨 의미이며 상대로 하여금 받아들여진 것으로 느끼도록 어떻게 도울 수 있는가? 당신에게 말하고 있는 어떤 사람을 수용한다는 것은 상대가 말하거나 행하는 모든 것을 찬성해야 한다는 것을 의미하지 않는다. 상대에 대해 찬성하거나 동의할 것을 요구받는 것이 아니라 수용은 찬성하거나 반대하는 것이 아니며 충고하거나 비평하는 것이 아니며 설명하거나 안심시키는 것이 아니며 의문을 가지거나 정밀 탐색을 하는 것이 아니며 침묵하는 것이 아니다. 수용은 당신의 모든 집중과 에너지를 상대가 의미하는 것을 이해하는 과정에 투입하는 것이며 그 의미를 정확하게 상대에게 되비추는 것에 투입하는 것이다. 상대방을 가치 있는 인간존재로서 받아들이기를 요구받는 것이다.

② 반영적으로 생각하기를 학습함(Learning to think reflectively)

개인적 경험 때문에 상담자는 일정한 방법으로 이야기를 해석하는 경향이 있다. 내담자는 전혀 다른 의도를 가지고 있음에도 상담자는 다른 결론을 생각해 낼 수 있다는 것이다. 반영적으로 생각한다는 것은 상대가 말하는 내용에 담긴 다를 수 있는 느낌과 깔린 의도와 의미들을 고려한다는 것이다. 첫째, 내담자들이 어떤 것을 말할 때는 하나의 의도와 함께 시작된다. 둘째, 그 메시지는 잘못된 전달의 습관 등에 의해서 더욱더 왜곡된다. 뿐만 아니라 내담자가 사용하는 언어는 상담자의 언어습관과 다름으로 인해 상담자에게 덜 정확하게 들린다. 여기서 그 이야기들은 잘못 들음을 통해 또 한 번의 왜곡이 발생한다. 셋째, 내담자의 이야기에 대한 해석의 과정에서 상담자는 그 이야기가 진정 뜻하는 바를 결정해야 하는 도전에 직면하게 된다. 상담자는 내담자의 의도에 맞게 시도하려 함에도 불구하고 상담자가 응답하는 것은 그 의도의 세 번 왜곡된 반향이다. 그러나 이것이 마치 내담자의 의도인 것으로 결정하며 그에 따라 응답한다.

③ 반영을 형성함(Forming a Reflection)

이상적인 반영은 질문보다는 서술의 형태를 취한다. 그 이유는 질문의 형태는 좀 더 협박적인 느낌을 준다. 질문은 끝에서 올라가고 진술은 내려간다. 반영적 서술문은 통상 '당신'이라는 단어와 함께 시작된다. 그것은 내담자가 느끼거나 생각하는 것에 관한 것을 말한다. 서술문의 진수는 내담자의 의미에 관한 하나의 추측을 만든다. 그 추측이 옳은지 그른지는 무의미하다. 두 가지 모두에서 내담자는 상담자의 이해를 개선하기 위해 더 많은 정보를 준비할 것이기 때문이다.

④ 반사의 깊이(Depth of Reflection)

한 반영의 차원은 반영의 깊이이다. 상담자는 내담자의 이야기를 전부 혹은 일부를 반복한다. 이것을 앵무새처럼 되뇌는 것이라 비방도 하지만 내담자로 하여금 표현을 계속하도록 도와주는 놀라운 힘을 가지고 있다. 여기에는 단순한 반영(Simple Reflection)과 의미된 바를 추측하여 약간의 도약을 위한 부분적 바꿔 말하기(Partial Rephrasing), 언급된 전체 내용을 취하여 거기에 존재할 것으로 믿는 의미를 부가하여 전체를 바꾸어 말하는 것이다(Whole Paraphrase, Adding Meaning). 가장 깊이 있는 반영은 바로 이것을 하는 것이다. 언급된 것의 단순한 반복 대신에 의미를 첨가하고 그기에 깔려 있는 느낌을 포착하는 것이다.

⑤ 지나침 대 못 미침(Overshooting vs. undershooting)

내담자는 자신의 표현이 과장되는 것보다 실제보다 더 적게 표현될 때 상담자의 반영을 더 잘 수용한다. 일반적으로 지나침은(더 강한 표현을 선택함으로써 그것을 과장함) 상대로 하여금 그 느낌을 부인하게 만들거나 혹은 최소한 그것이 너무 강하다는 것을 부인하게 만드는 효과를 가진다. 이것은 그 흐름을 방해하는 것처럼 보이며 상대로 하여금 느낌의 공유를 중단하거나 되돌아가 버릴 수 있다. 따라서 그 느낌의 강도를 줄여 설명함으로써 못 미침(축소)의 편에 서는 실수를 하는 것이 더 나은 것 같다.

⑥ 갈등을 반사함(Reflecting a Conflict)

상담자에게 요구되는 것은 한 사람이 어떤 일에 대해서 최소한 두 개의 다른 상태를 느끼는 때이다. 갈등은 상담자에게 충고를 주고 한 측면을 논쟁하고 행해야 할 것을 내담자에게 말하고 싶은 유혹의 기회를 준다. 두 번째는 갈등의 한 면만을 반영하는 것이다. 만약 상담자가 하나의 갈등만을 내담자의 내부 논쟁으로 생각한다면 그 논쟁의 한 측면만 반영하고 있는 것이다. 왜냐하면 만약 상담자가 논쟁의 한 측면만을 반영하면 내담자는 반대의 측면을 취하기 시작할 가능성이 많기 때문이다. 반면에, 만약 상담자가 한 면을 계속 반영하고 그러고는 다른 면을 행하고 또 다시 돌아가고 또 그것을 반복하면 내담자를 더욱더 혼란스럽게 만드는 것이 된다. 가장 좋은 방법은 한 번에 두 면 모두를 취하는 것이다. 내담자가 두 면을 다 믿거나 느낌으로써 그것을 밖으로 나타내도록 믿고 내버려 두라, 그리고 하나의 깨끗한 거울이 되어 도와주라.

⑦ 유추를 사용함(Using Analogies)

유추란 하나의 사실이 다른 어떤 것과 어떻게 비슷한가를 나타내는 것이다. 정확한 유사성을 선택하기 위해 상담자는 내담자에 관하여 그리고 생각하는 방식에 대하여 알 필요가 있다. 훌륭한 반사적 유추를 형성하기 위해 당신은 두 가지를 이해하여야 한다. 첫째, 내담자가 진정 어떻게 느끼는가? 둘째, 어떠한 이미지가 내담자를 위한 느낌을 가장 잘 포착할 것인가?

⑧ 반사를 사용하지 않을 때(When not to use reflection)

반영적 경청은 상담자가 그 이전보다 더 잘 이해하도록 도와주며 상대로 하여금 성장하도록 도와주며 그들 자신들에 관한 새로운 것들을 발견하도록 도와준다. 그러나 반영이 모든 것에 대한 해결책은 아니다. 상담자는 다른 것을 해야 할 필요가 있을 때가 있다. 충고와 지시를 해야 할 때－내담자가 그것을 원할 때이다. 질문해야 할 때－상담자가 어떤 것을 알아야 할 때이다. 내담자를 변화하도록 도움에 있어서 반영적 경청은 첫 번째 단계이다. 상담의 첫 국면을 위한 중심적인 기법이다. 그리고 형성 국면을 위해서는 더 직접적인 질문들이 요구될 것이며 더 후에는 지시와 암시가 이루어질 것이다. 이때도 계속해서 반영적인 경청을 혼합할 수 있다. 또한 상담자가 자신에 관한 것들을 공유하는 것이 중요할 때가 있다. 상담자의 내적 과정의 공유는 관계를 형성하는 중요한 부분이다. 이러한 자아노출의 과정은 현명하게 사용되어야만 하지만 신뢰에 기여할 수 있다.(Miller,& Jackson. 2003)

(4) 비언어적인 메시지의 경청

얼굴 표정, 몸동작, 목소리의 특성, 내담자가 무의식적으로 표현하는 신체적인 반응들은 지극히 중요한 메시지들을 전달한다. 메라비안(Mehrabian)은 한 사람이 다른 사람을 좋아한다는 표현을 관찰하고 다음과 같은 결론을 내렸다. 전체 표현 중 말로 좋아하는 표현을 한 사람은 7%, 목소리로 표현한 사람은 38%, 얼굴 표정으로 표현한 사람은 55%이었다. 그래서 얼굴 표정에 의한 영향력이 가장 크다고 볼 수 있으며 그 다음은 목소리의 억양의 영향력이며 말에 의한 영향력이 가장 적었다. 얼굴 표정과 말이 일치하지 않는다면 얼굴 표정이 전달하는 표현이 더욱 우세하고 전체 메시지에 영향을 끼치게 될 것이다(1971, p. 43). 메라비안의 연구는 정확한 %에 중점이 있는 것이 아니라 인간의 의사를 전달하는 데 비언어적인 행동의 중요성을 암시한다. 비언어적인 행동은 대체로 다음의 네 가지 의미를 전달한다. ① 확인하기와 반복하기: 비언어적 행동은 말로 표현한 것을 반복(Repeating)해 주거나 확인(Confirming)시켜 준다. ② 부인하기와 당황하기: 비언어적인 행동은 말로 표현한 것을 부인(Denying)하거나 당황(Confusing)하고 있다는 것을 나타낸다. ③ 강화하기와 강조하기: 비언어적인 행동은 언어적으로 표현한 것을 강화(Strengthening)하거나 강조 (Emphasizing)해 준다. ④ 통제하기와 조절하기: 비언어적인 행동은 대화 중에 마음속에 있는 의도들을 통제(Controling)하거나 조절(Regulating)하는 역할을 한다. 상담자는 내담자의 비언어적인 행동으로 표현하는 내담자의 통제나 조절의 단서들을 바르게 인식할 수 있어야 한다.

(5) 경청 내용의 처리: 사려 깊은 의미의 탐색

① 핵심 메시지와 감정 확인

상담자는 내담자의 이야기, 관점, 결정을 사려 깊게 처리해야 한다. 상담자가 내담자의 말을 모두 중요하다고 여긴다면 중요한 것이 없는 것이나 다름없다. 상담자는 무엇이 중요한지 임상적인 판단을 하지 않으면 안 된다. 그리고 상담자는 자신이 이해한 것을 검토해야 한다.

여기서 가장 중요한 점은 무엇인가? 가장 중요한 경험과 행동은 무엇인가? 이야기의 주제는 무엇인가. 내담자의 관점은 어떤 것인가? 내담자에게는 무엇이 가장 중요한가? 내담자가 이해해 주기를 바라는 것은 무엇인가? 내담자의 말에 들어 있는 결정은 무엇인가? 내담자가 제안하고자 하는 것은 무엇인가?

② 상황 속의 내담자 이해

언어적 메시지와 비언어적 메시지만으로 그 삶을 다 이해할 수 있는 것은 아니다. 깊이 경청한다는 것은 '살아가고 움직이고 몸담고 있는' 상황이 미치는 영향까지 경청하는 것을 말한다. 내담자가 처한 문제 상황과 활용하지 못한 기회를 이해하자면 내담자의 문화, 성격, 개인적인 생활양식, 민족성, 주요경험, 교육, 여행, 경제적 지위 등 다양한 차이를 고려해야 한다. 내담자의 이야기 속에는 이러한 주요 요인들이 내포되어 있다. 효율적 상담자는 이러한 넓은 상황 또는 맥락을 통해 내담자의 말을 경청한다.(Mcauliffe, & Eriksen. 1999)

③ 특정 관점이나 경향의 경청

숙련된 상담자는 내담자의 이야기와 관점, 결정, 의향, 제안을 경청할 뿐만 아니라 내담자가 내비치는 그의 독특한 관점이나 경향까지 경청할 수 있어야 한다. 상담자는 내담자가 사실과 다르게 경험하는 차이, 왜곡, 부조화를 탐지할 수 있어야 한다.

④ 빠뜨린 부분 고려

내담자는 문제나 기회에 대하여 이야기할 때 정작 주요한 부분을 빠뜨리는 경우가 있다. (경험, 감정, 행동) 자신의 관점을 이야기하면서 그 이면의 것이나 영향에 대해서는 한 마디도 하지 않는다. 상담자는 내담자가 무슨 이야기를 넣고 빠뜨리는지 주목할 필요가 있다. 이것은 내담자가 말하지 않은 '숨은 자료'를 찾는 것이 아니라 어떤 부분을 빠뜨렸는지 알게 되는 것이다.

3) 정확한 공감

정확한 공감은 내담자에게 관심기울이기 또는 주의집중과 적극적 경청을 통해서 도달하고자 하는 첫 번째 목표 지점이다. 정확한 공감은 세 가지의 구성 요소가 있다. ① 이해(Awareness)의 기술: 여기에는 내담자의 경험, 행동, 감정들에 대한 감지, 문제 상황의 기본적인 구성요소들의 인식, 내담자와 상담하는 동안에 상담자 자신의 경험과 행동과 감정의 파악 등을 포함한다. ② 전달방법(Know-how): 상담자가 이해한 바로 그것들을 내담자에게 전달하는 방법을 말한다. ③ 적극적 대응(Assertiveness): 상담자가 이해하는 것을 내담자에게 전달하되 필요 적절한 상황과 시기에 적극적으로 대응할 수 있는 능력이다.

(1) 정확한 공감의 의미

공감은 두 가지로 나눌 수 있는데 제1단계에서 사용하는 기술은 '정확한 기초 공감'(Primary-level accurate empathy)이고 제2단계에서 사용하는 공감기술은 '더 정확한 발전 공감'(Advanced accurate empathy)이다. 기초공감은 내담자가 현재 느끼고 생각하는 것을 내담자가 느끼고 생각하는 대로 이해하고 내담자에게 전달하는 것이다. 더 정확한 발전 공감은 내담자가 지금 어떤 예감이나 느낌이나 생각은 가지고 있으나 분명하게 보지 못하고 희미하게 느끼고 생각하는 그것을 내담자가 분명히 볼 수 있게 도와주는 기술이다. 정확한 기초 공감은 상담자가 ① 내담자 세계 속에 들어가서 그의 세계 속에서 그의 감정을 느끼고 그의 시각 혹은 삶의 틀(Frame of reference)을 통해 세계를 바라보며 ② 내담자의 감정과 생각과 그것으로 인하여 생긴 경험, 행동들을 이해하고 있다고 내담자에게 전달하는 것이다. 물론 헉슬리에 의하면 우리가 다른 사람의 내면에 들어가서 그를 있는 그대로 이해하는 것은 불가능하다(Haxley, 1963, pp.12-13). 그러나 우리 인간은 이웃과 함께 느끼며 생각하는 재능을 받고 태어난 존재들이다.

(2) 정확한 공감의 수준에 의한 단계

공감에는 피드백이 필요하다. 자신이 상대방을 통해 느끼고 경험한 것을 다시 그 사람에게 전달해야 한다는 것이다. 공감의 수준은 다섯 단계로 나눌 수 있다.

① 1단계 수준의 공감은 전혀 공감이란 것이 일어나지 않는다. 1단계 공감은 '동문서답의 수준'으로 그저 편의상의 구분에 불과하다. 이 단계의 의사소통 속에서는 공감은커녕 심지어는 비난까지 일어난다.

② 2단계 수준의 공감은 1단계와 거의 다를 바 없는 수준이다. 차이가 있다면 단지 상대에게 비난을 하지는 않는다는 점이다. 하지만 역시 상대의 감정이나 경험을 전혀 이해하지 못하고 있다. 비난이나 질책이 없을 뿐 상대방의 입장을 제대로 이해하지 못하는 수준을 '관습적 응답'이라고 한다.

③ 3단계 수준의 공감은 '표면적 이해'의 수준으로 명시적으로 표현하는 생각과 감정들을 이해하고 응답하는 수준으로 아무런 비난 없이 힘든 감정을 잘 이해하고 있는 듯하기 때문에 이 단계에 있는 사람은 상당히 좋은 사람으로 느껴진다.

④ 4단계 수준의 공감은 상대의 감정과 경험을 함께 공유해 주고 표현하지 않은 부분까지도 느끼면서 내면의 생각이나 감정을 이해하고 응답하는 '내면의 이해'의 수준이다.

⑤ 5단계 수준의 공감은 내담자의 생각과 감정 속에 들어 있는 긍정적이요 창조적인 동기를

이해하고 응답한다. 상대방의 고민을 듣고 감정과 경험을 공유하며 더 나아가서는 그러한 심리상태에 빠지게 만든 근본적인 원인까지도 이해하는 수준의 '긍정적 공감'을 말한다.

(3) 정확한 공감을 향상시키는 방안들

공감적 이해를 향상시키는 방안은 첫째, 상담자는 스스로 생각할 여유를 가지고 상담하라. 공감의 사용을 가장 많이 강조한 상담학자인 칼 로저스는 공감적 응답을 시범하는 테이프를 만들었는데, 거기에서 로저스는 내담자가 이야기하고 끝났을 때 잠시 여유를 두고 '내담자가 방금 표현한 감정은 어떤 것인가?'를 생각하고 나서 내담자에게 응답하고 있다. 시간적인 여유를 가지고 내담자의 말을 심사숙고하면서 응답하는 습관은 상담자의 공감을 향상시킬 것이다. 둘째, 짧게 응답하라. 상담자의 응답은 비교적 솔직하고 간단하면서도 내담자가 말한 내용을 함축하는 것이어야 하며 객관적으로 진술하면서도 내담자를 존중하며 호의적인 태도로 응답하여야 한다. 내담자가 이야기하는 것보다도 더 많은 말을 하거나 내담자의 문제를 명료화하기도 전에 해결책을 이야기하려는 상담자들은 결국 상담을 더 어렵게 만들 것이다. 셋째, 억양과 태도로 공감하라. 상담자는 내담자가 이야기하는 것을 들으면서 그 상황과 그 내용에 따라 억양과 태도로 내담자에게 같은 감정이요, 같은 생각임을 전달하도록 힘쓴다. 넷째, 조화 있는 언어사용을 하라. 상담자의 언어가 내담자의 언어와 조화를 이룰 때 더욱 공감을 깊게 해준다. 상담자는 자기의 틀가 아닌 내담자의 삶의 틀에 따라서 적절한 언어를 선택해야 한다.

이와 같이 정확한 공감은 필요한 이유는 첫째, 공감은 정중함을 표현하는 도구이다. 둘째, 공감은 친밀 관계를 형성하고 인간관계를 정립하는 데 가장 좋은 방법이다. 셋째, 공감은 자료를 수집하는 데 필요한 도구이다. 넷째, 공감은 상담자가 내담자와 계속하여 접촉하고 있다는 사실을 상담의 전체 과정 중에서 순간순간 내담자에게 알려 줄 수 있다는 점에서 중요하다. 이처럼 공감은 위기 시에 매우 유용한 커뮤니케이션의 수단이 될 수 있다.

4) 내담자의 문제 탐색

상담자가 내담자와 마주했을 때에 어떤 내담자들은 자기를 노출시키지 않으며 또 다른 내담자들은 자기의 문제들을 명료하게 진술하지 못한다. 그러므로 상담자가 내담자의 문제를 명료화시켜 내담자에게 도움을 주는 상담을 하려고 한다면 내담자의 문제 탐색을 촉진시키고 탐색하는 법을 알아야 할 것이다.

(1) 문제의 명료화와 문제 정의를 촉진시키기 위한 상담자의 진술법

상담자가 내담자에게 더 구체적으로 진술하라고 요구하는 진술을 할 수 있다. 상담자의 진술들은 그 자체의 특성 때문에 내담자에게 더 구체적으로 자기 노출을 할 수 있게 만든다.

(2) 문제 정의를 위한 질문법

질문법을 사용할 때는 첫째, 내담자는 한꺼번에 여러 가지 질문을 받으면 심문을 받는 것처럼 느낄 수 있다. 둘째, 상담과정 중 이 부분은 문제를 정의하는 것임을 기억해야 한다. 탐색의 목적은 내담자에게 문제를 명료하게 보도록 돕는 데 있다. 셋째, 개방적인 질문을 사용하라. 단순한 대답을 가져오는 폐쇄적인 질문보다는 내담자가 자기의 생각과 감정을 이야기할 수 있는 개방적 질문을 사용하여 전체 상담과정을 촉진시키는 것이어야 한다.

(3) 강조법의 사용

강조법은 내담자가 앞에서 응답한 것에 주의를 기울이거나 그 핵심 내용에 초점을 맞추어 한두 마디로 강조와 함께 진술하는 것이다.

(4) 명료화의 요구법

상담자가 내담자의 연속적인 생각을 이해할 수 없을 경우에 내담자가 이야기를 계속하도록 격려하기보다는 상담자의 생각의 명료화를 탐색하는 것이 중요하다. 상담자는 내담자에게 명료하게 다시 이야기해 주도록 요구할 수 있다.

(5) 기록 접근법

경우에 따라 앙케트 조사, 일기 쓰기, 대조표, 기록표, 시간-행동 연구법, 테스트 등의 형태로 기록 형식 등의 탐색방법들은 내담자가 자신의 관심을 명료화하는 데 도움을 줄 수 있다. 내담자에게 상담과정에서 일어난 일에 대하여 기록하도록 하며 각 단계마다 성취될 목표를 기록한다. 이러한 기록은 상담과정 중에서 내담자에게 용기를 갖게 해주며 문제를 구체화하는 데 도움을 주는 방법이다.

5) 내담자와의 신뢰관계

존중과 진지성은 상담 기술이라기보다는 상담자의 태도이며 도덕적인 가치이다. 존중과 진지성은 상담자가 갖추어야 할 필수적인 자세로 상담관계에서 명시적인 행동으로 표현되어야 한다.

(1) 존 중

존중(Respect)은 진정으로 다른 사람을 보는 특수한 방법이다. 즉 사람을 소중히 여기며 바라보는 방법으로 도덕적 특성이나 태도라고 할 수 있다. 그것은 곧 인간이기 때문에 단순히 사람을 소중히 여긴다는 의미이다. 인간에게 이러한 본질적인 가치가 없다면 타인을 돕기 위하여 자신을 헌신하기 어려울 것이다. 그러나 하나의 가치는 어떤 행동으로든 행동으로 표현되었을 때에만 가치로 인식될 수 있는 것이다. 그러나 존중은 상담상황 중에 직접적인 언어로 표현되지 않는 경우가 허다하다. 행동은 언어보다 더 큰 의미를 전달할 수 있다.

① 존중의 언어적 표현

존중은 상담 상황에서 언어로 전달되기보다는 상담자가 내담자에게 얼마나 진심을 기울이고 있느냐 하는 상담자의 노력으로 전달되는 것이다.

ⓐ 내담자를 위한 존재: 이 말은 단순히 내담자가 한 사람의 인간이기 때문에 상담자가 내담자를 '위한다'는 상담자의 태도를 표현하는 말이다. 이는 상담자가 내담자의 현재보다도 그의 근본적인 인간성과 잠재성에 관심을 기울인다는 것이다. 그러므로 존중은 한편으로는 너그러우면서도 필요할 때에는 동시에 강경하게 직면한다.

ⓑ 내담자와 함께 노력하는 상담자의 자발성: 내담자를 존중하는 상담자는 내담자가 필요할 때면 언제든지 도움을 받을 수 있는 친근성이다. 이러한 상담자의 자발성은 기꺼이 내담자를 위해 헌신할 수 있는 자원을 갖추고 있을 때 의미가 있다. 존중하는 상담자에게 있어서 돕는 일은 하나의 직업이 아니라 가치이다.

ⓒ 독특한 존재로서 내담자를 존중함: 존중은 내담자의 독자적인 인격에 관심을 기울이는 것으로 표현된다. 이것은 상담자가 내담자 자신의 독특성을 인정하고 내담자 자신을 독특한 존재로 세워줄 수 있는 내담자 자신의 자원을 계발하는 데 헌신한다는 것을 의미한다.

ⓓ 내담자의 자기 결정을 존중함: 내담자를 존중하는 상담자는 내담자가 갖고 있는 자원들을 활용하지 못하거나 장애를 받고 있는 것을 해방시키고 그 자원을 계발하도록 돕는 것이다. 내담자가 자기의 자원의 가능성을 발견하게 도와주며 하나님의 능력 안에서 자기를 스스로 결정할 수 있게 도와야 한다.

ⓔ 내담자의 선의를 인정함: 내담자는 자신의 삶의 문제를 효율적으로 조정하길 원한다고 가정하는 것이다. 이러한 가정이 잘못된 것이었다는 사실이 증명될 때까지 계속 내담자를 인정해야 한다는 것이다.

② 존중의 행동 표현

ⓐ 주의 집중: 주의 집중은 그 자체가 내담자를 존중을 보여주는 방법이다.

ⓑ 비판적 판단 유보: 1단계에서의 존중은 내담자를 잠재력을 지닌 한 인간으로 보아 깊이 있고 진지하게 돌보며 내담자의 행동, 생각, 감정 때문에 상담자의 판단이 흐려지지 않고 순수하게 돌보고 있음을 전달해야 한다는 뜻이다.

ⓒ 정확한 공감의 전달: 내담자의 경험과 행동과 감정을 이해하는 것이다. 정확한 공감의 전달은 내담자를 존중하고 있음을 보여주는 좋은 방법이다.

ⓓ 내담자 자신의 자원 계발 촉진: 내담자를 존중하는 상담자는 내담자에게 독특성과 개성을 존중하는 태도에서 비롯된다. 따라서 상담자는 내담자가 자신의 문제 상황을 탐구하도록 하기 위하여 보다 구체적으로 자신을 탐구할 수 있는 자료를 제공할 수 있다.

ⓔ 합당한 온정의 표현: 상담자는 내담자가 상담상황에서 내담자에게 무조건적인 긍정적 존중을 해야 하는 사람이다. 그러므로 상담자는 신체적인 표정이나 제스처, 자세, 목소리, 얼굴 표정 등으로 내담자를 존중하고 있다는 온정을 표현할 수 있어야 한다.

ⓕ 적절한 강화의 사용: 내담자를 존중하는 상담자는 내담자와 면담하면서 창조적이요 긍정적인 행동을 강화시켜 주고 자기 패배적이고 부정적인 행동에 부정적인 강화를 해준다. 즉 상담자의 관심은 내담자가 창조적이요 긍정적인 인간이 되어 하나님을 사랑하고 이웃을 사랑하는 인격자가 되는 것이다. 내담자의 행동을 강화시키는 것은 내담자의 삶을 보다 창조적이요, 긍정적으로 살게 하려는 것이다.

ⓖ 진지성의 표현: 타인과의 관계에서 진지한 자세로 임하는 것은 그를 존중하고 있다는 표현이다.

(2) 진지함(Genuineness)

① 진지함의 의미

진지함이란 존중과 같이 도덕적인 가치이며 명시적인 행동으로 표현되었을 때에만 의미가 있다. 상담자는 내담자와 상담하면서 구체적으로 진지함을 표현하여야 한다. 그러면 진지함의 의미는 무엇이며 어떻게 상담 상황에서 표현되어야 하는가? 상담관계에서 진지함을 강조한 상담학자는 로저스이다. 그는 진지함을 두 가지로 이해한다.

첫째는 상담자가 내담자와 상담할 때, 상담자가 내담자 앞에서 자기의 본래의 모습(What he or she is)으로 상담하는 것이다. 이것은 내담자 앞에서 상담자가 자기감정이나 생각을 꾸며서 보이거나 위장해서는 안 된다는 것을 의미한다. 상담자와 내담자가 만나는 것은 인간 대 인간의 만남이어야 하며 그 속에 어떤 꾸밈이나 위장이 있어서는 안 되고 순수한 자기의 모습을 드러내어 상담해야 한다.

두 번째로 로저스는 진지함을 조화(Congruence)로운 인격과 관련시켜 설명한다. 로저스에 따르면 상담자는 본래의 자기가 되려고 노력하는 자임을 내담자 앞에서 보일 수 있어야 한다. 인간은 태어날 때부터 일생을 통하여 완성시켜야 하는 자기의 독자적인 가능성을 가지고 태어난다. 그러나 성장 과정에서 수많은 사람들이 자기의 내면에 잠재해 있는 독자적인 가능성을 보지 못하고 부모나 이웃이 기대하는 대로 살아가려고 한다. 로저스의 진지성의 개념은 하나님 앞에 서서 하나님께 순종할 수 있는 '자기'의 완성을 의미한다고 볼 수 있다. 즉 진지성의 완성은 하나님 앞에 올바로 설 수 있는 건강한 인격을 갖추는 것이다.

② 진지함의 표현

ⓐ 역할을 지나치게 강조하기를 거절함

진지한 상담자는 상담자의 역할 속에 자기 모습을 숨기려고 하지 않는다. 타인과의 깊은 관계를 맺는 일과 돕는 일은 상담자의 삶의 유형이지 상담자의 마음에 따라 그 역할을 벗어버리거나 계속하거나 할 수 없는 것이다.

ⓑ 자발적으로 봉사하는 상담자

진지한 상담자는 자신의 내면적인 삶과 타인과 표현한 메시지 사이에 어떤 필터를 끼우는 식의 가식적인 행동은 하지 않는다. 상담자는 상담과정 중에 어떤 부정적인 감정이 지속적으로 자기 마음을 지배하고 그 감정들이 내담자와 상담하는 데 장애를 줄 때에만 그 감정들을 내담자에게 표현해야 한다.

ⓒ 상담자의 자기 방어

진지한 상담자는 자기의 가능성과 장점과 결점을 알고 있으며 성숙하고 의미 있는 삶을 살려고 노력한다. 그러므로 상담과정에서 상담자의 약점과 제한성이 드러나더라도 그것 때문에 마음을 쓰거나 변명하려 한다거나 어떤 자기 방어 수단을 사용하지 않을 것이다.

ⓓ 상담자의 일관성

진지한 상담자는 자기의 삶 속에서 현실적 가치(권세, 돈, 안정……)와 개념적 가치(돌봄, 정의, 사랑, 평화)에 대한 심각한 모순을 경험하며 살지 않는다. 또한 내담자를 상담하는 데 있어서 모순이 발견되면 기쁘게 그 모순을 시정하려고 노력한다.

ⓔ 상담자의 개방적 태도

진지한 상담자는 깊은 자기 노출을 할 수 있다. 그는 감정과 약점과 가능성들을 노출시킬 수 있을 뿐 아니라 경험과 삶과 자아를 있는 그대로 노출시키는 용기를 갖는다. 자기 노출은 그 자체가 목적이 아니라 적절한 시기에 자기 노출을 자연스럽게 한다.

(3) 내담자와의 상담관계 형성

상담자에 대한 내담자의 불신을 감소시키고 상담자를 신뢰하여 상담자의 주장을 받아들이게 하려면 상담자의 신뢰성, 매력, 진지성, 전문성 등을 높여야 한다. 스트롱(Stanley Strong, 1968)은 상담자가 전문성, 매력, 진지성, 신뢰성 등을 높이면 내담자는 상담자의 영향을 받아 치유의 속도가 빨라지든지, 치유가 성공한다는 것이다. 내담자와의 촉진적인 상담관계를 위해 상호 영향을 증진시키는 방안들이다.

① 매력

내담자가 상담자에게서 매력을 느끼면 상담자의 영향력이 증대된다. 매력이라 함은 상담자에 대한 내담자의 호감의 정도를 이야기하며 상담자의 육체적 특성과 외모, 상담자의 역할, 수용적으로 내담자를 받아 주고 인정해 줄 뿐 아니라, 내담자와의 유사성을 드러내며 능동적인 자세로 상담하여 내담자에게 호감을 받을 수 있을 때에 상호 영향은 증대된다.

② 신뢰성

상담자의 신뢰성은 정직성에 대한 평판, 사회적 역할, 신실성과 개방성, 자기의 욕망을 추구하려 하지 않고 내담자를 위해 전적으로 헌신한다는 인식 등에 기초하여 생기는 것으로 상담자의 비밀 보장, 신빙성, 상담자의 능력, 이해심이 구체적으로 나타날 때에 깊어진다.

③ 능력

상담자의 전문성 또는 능력은 상호 영향에 중대한 영향을 준다. 상담자의 전문성은 특별한 훈련을 받았다는 사실을 객관적으로 증명하는 학위증명서나 자격증 소지, 겉으로 나타난 신뢰와 합리적이고 지성적인 논법과 같은 전문성을 증명할 수 있는 행동, 숙련가의 평판 등으로 증명된다. 대체로 상담가의 능력은 네 가지로 나누어 이야기한다.

첫째, 역할능력: 전문직업에 종사, 자격증의 소지, 전문적인 기능 소유 등은 역할 능력에 속한다.

둘째, 평판 능력: 능력 있는 전문가라는 평판이 상담을 받은 사람들과 동료들과 내담자 자신에게 드러날 때에 평판 능력을 얻는다.

셋째, 행동 능력: 상담자가 적극적으로, 그리고 헌신적으로 내담자를 위하여 주의 집중, 경청, 공감, 존중 등의 행동을 보일 때 상담자는 행동 능력을 갖는다.

넷째, 성취 능력: 실제로 내담자에게 자기의 전문성을 구체적으로 실천하여 내담자가 그의 능력을 인정했을 때에 성취 능력이 생긴다. 상호 영향은 내담자가 상담자의 전문성과 매력과 진지성 등을 신뢰하여, 상담자에게 확신 있는 신념을 갖게 되었을 때에 촉진되는 것이다.

2. 제2단계: 새로운 시각 개발과 목표 설정

상담의 제2단계의 과제는 ① 1단계에서 발견한 단편적인 자료들을 종합하여 거시적으로 문제를 보게 하는 것, ② 행동 주제들을 발견하여 그 주제에 따라 문제들을 통합적으로 정리하는 것, ③ 내담자가 너무 협소하게 문제를 보거나 왜곡된 견해를 갖고 있을 때에 그의 시각을 조정하여 빠른 각도에서 문제를 바로 보게 하는 것, 그리고 자기 문제의 뿌리를 바로 보고 그 문제를 해결하기 위하여 구체적인 목표를 설정하는 것이다. 이러한 과제들을 달성하기 위하여 상담자는 다음의 기술들을 활용한다. ① 제1단계의 기술이 제2단계에서도 기본적인 기술이 된다. ② 요약의 기술 ③ 정보 제공 ④ 발전 공감 ⑤ 도전 기술 ⑥ 상담자의 자기 나눔 ⑦ 즉각성 ③ 목표 설정 기술 등을 골고루 활용하여 내담자에게 자기 문제를 바로 보게 한다.

1) 새로운 시각 개발

(1) 시각 개발의 기술

제2단계 상담과정은 두 가지 구체적인 과제를 수행한다. 첫째 과제는 내담자가 지금 어디에 있는지(Where the client is)를 객관적으로, 그리고 좀 더 거시적인 각도에서 발견하는 것이다. 제2단계의 두 번째 과제는 내담자가 새로운 삶을 살기 위하여 무엇을 해야 할 것인지(What the client should to do)를 결정하는 것이다. 이것을 우리는 목표 설정이라고 부른다. 이 두 가지 과제를 성취하기 위해서 몇 가지 주의사항을 알아 두어야 할 것이다.

첫째로 내담자에게 도전하여 새로운 시각을 계발하는 것, 그 자체가 목적이 되어서는 안 된다는 것이다. 내담자가 지금 어디에 있는가를 객관적으로 발견하는 과제, 즉 시각을 계발하는 것은 그가 새로운 삶을 살기 위하여 무엇을 해야 하는가를 결정하기 위한 기초 작업이다.

두 번째로 새로운 시각을 계발하는 것이 제2단계의 중요 과제이지만 새로운 시각 계발로 내담자에게 어떠한 구체적인 행동 변화를 가져다줄 수 있는가 하는 질문을 하면서 시각 조정을 해야 한다. 제2단계의 기술이나 절차들은 내담자에게 새로운 삶을 출발하게 하는 데 목적이 있으나 동시에 그 목적은 구체적인 행동 변화와 실천을 통해 달성된다.

① 효과적인 도전의 원리

상담자는 새로운 시각의 계발을 위해서 내담자가 가지고 있는 왜곡된 사고들, 비합리적인 생각들, 자기 패배적인 사고들, 그리고 협소한 시각들을 교정ⓐⓑⓒⓓⓔⓕⓖⓗ해야 한다. 그러기 위해서는 내담자의 잘못된 사고들을 버리게 하고 합리적인 사고와 시각을 가지게 해주어야 한다. 그러기 위해서 상담자는 요약, 발전 공감, 정보제공, 대결, 자기 나눔, 즉각성 등의 기술을 사용하여 내담자에게 도전하지 않으면 안 된다. 그러므로 효과적인 도전의 원리에 따라서 도전의 기술들을 사용해야 만이 시각을 새롭게 계발하고 목표를 설정하는 데 효력이 있다.

ⓐ 목표를 명심하고 도전하라.

제2단계 상담과정의 목표는 문제 상황을 명료화하고 새로운 시각과 삶의 틀을 개발하도록 내담자에게 도움을 주는 것이다. 그러므로 도전을 통해서 내담자가 지금 어디에 있는지 또는 어떠한 상황에 있는지를 객관적으로 보게 하고 내담자가 지금 무엇을 해야만 새로운 삶을 살 수 있을 것인지를 발견하게 하여야 한다.

ⓑ 자기 도전의 기회를 제공하라.

내담자에게 자기 도전의 기회를 많이 제공하라. 만일 내담자가 자기 도전에 실패했다면 그 이유는 부분적으로 정확한 기초 공감 기술과 탐색 능력이 목표에 미치지 못하였기 때문이다. 내담자가 자기 도전을 하는 데 도움이 되는 탐색과 구조를 제공할 수 있다.

ⓒ 도전의 자격을 갖추어라.

다음과 같은 네 가지의 도전 자격을 준비하면서 도전할 때 효과적이 될 것이다.

* 관계의 질: 상담자와 내담자 간에 친밀한 관계 설정에 충분한 시간과 노력을 받쳤다면 도전할 수 있다.
* 내담자에 대한 이해: 내담자를 이해하기 위해 충분한 시간을 보낸 후에 도전하라. 효과적인 도전은 이해 위에 세워지며 이해로부터 흘러나온다.
* 도전에의 개방: 상담자가 도전받는 사람에게 개방되어 있지 않으면 도전하지 말라. 상담자가 상담관계에서 방어적이면 내담자의 방어적인 태도를 버리기를 기대하지 말라.
* 성실한 삶: 자기 스스로 성실한 삶을 살 때에만 내담자를 향한 도전이 효과적이다. 왜냐하면 그런 사람만이 사람을 양육할 수 있는 잠재적인 잠재 자원을 가지고 있기 때문이다.

ⓓ 도전의 방법을 습득하라.

다음의 네 가지 도전 방법을 숙지하고 습득해야 효과적인 도전을 할 수 있다.

* 조심스럽게 도전하라: 도전은 억압적이거나 강압적이며 권위주의적인 도전을 피하라. 상담자는 언제든지 내담자의 입장에서 내담자의 감정과 생각에 공감하면서 도전한다. 그리고 내담자가 자기 생각을 이야기할 수 있는 여지를 남겨 놓고 도전해야 한다.
* 내담자의 한계 안에서 도전하라: 내담자는 문제 상황에 빠질 때에 쉽게 자신을 잃어버린다. 문제 상황에 있는 내담자는 합리적인 사고의 기능을 상실하는 수가 있다. 도전에 응답하는 내담자의 현재의 상황을 깊이 통찰하고 그가 감당할 수 있는 정도의 도전을 하는 것이 효과적이다.

* 성공의 토대 위에서 도전하라: 유능한 상담자는 내담자에게 모든 것을 즉시 요구하지 않고 내담자에게 너무 많은 요구를 하지 않는다. 내담자 스스로 단계적으로 요구하도록 도와주며 점진적으로 한 단계 한 단계의 성공을 내담자가 평가하고 그 토대 위에 다음의 도전을 수행하게 한다.
* 구체적으로 도전하라: 구체적으로 도전하면 목표에 명중할 것이다. 내담자는 애매한 도전에 대해 뭔가 해야 한다고 느낄지 모르지만 무엇을 해야 할지 모르기 때문에 혼란에 빠진다.

ⓔ 약점보다 장점에 도전하라.

베렌슨과 미첼(Berensen & Mitchel)은 내담자의 장점에 도전하는 것이 약점에 도전하는 것보다 훨씬 효과적이라고 보고한다. 장점에의 도전은 내담자가 소유하고 있으나 사용하지 못하고 있거나 충분히 사용하기에 실패한 자질과 자원을 내담자에게 지적해 주는 것을 의미한다.

ⓕ 내담자의 가치관을 명료화시키라.

내담자의 가치관을 명료화하고 그 가치관에 기초하여 합당한 선택을 하도록 도전하라. 도전과정에 상대자의 가치관을 주입시키려고 강요해서는 안 된다. 내담자의 가치관이 잘못된 경우에 내담자의 가치관이 그의 행동에 어떠한 영향력을 끼치고 있는지를 발견하도록 도전을 주어야 한다.

ⓖ 긍정적으로 도전하라.

내담자에게 도전하는 이유는 어떤 행동 패턴들의 자기 패배적인 결과들을 깨닫고 알도록 내담자를 도와주려는 것이다. 긍정적인 도전은 더욱 건설적인 행동을 지적하도록 노력해야 한다. 상담자는 내담자의 잠재적 자원을 강조하며 타이밍(Timing)을 고려하는 지혜를 가져야 한다.

(2) 도전의 기술

① 요약의 기술

상담 진행의 과정에서 상담자가 필요하다고 생각할 때, 또는 여러 차례 만나서 상담하는 경우에 이제까지 이야기한 내용들을 요약하여 들려줌으로써 상담진전에 중대한 활력을 불어넣을 수 있다. 요약의 목적은 먼저 내담자를 준비시키는 일, 둘째, 단편적으로 이야기한 내담자의 말을 하나의 초점으로 모아 거시적인 각도에서 그 내용을 볼 수 있게 하는 일, 셋째, 특별한 주제에 대하여 더 깊이 생각해 보도록 내담자를 격려하는 일, 넷째, 한 가지 주제를 종결시키기 등이다. 이때에 상담자는 내담자가 이야기한 내용들 가운데 가장 중요한 내용들을 요약하여 내담자가 전체적으로 지금까지 어떤 내용 즉 경험과 감정과 행동을 이야기하고 있는지를 볼 수 있게 해주어야 한다. 다음의 경우에 요약은 내담자의 눈을 열어 새로운 시각으로 자기의 문제 상황을 보게 만들어 준다.

ⓐ 새로운 면접시간이 시작될 때

새로운 면접시간이 시작될 때에 사용하는 요약은 내담자가 지난 시간에 한 이야기를 다시 반복하지 않게 도와주고 내담자가 말한 것을 상담자가 잘 경청하였다는 사실을 내담자에게 보여주며 내담자에게 책임 있게 상담자와 함께 진행하도록 도와줄뿐더러 내담자에게 이야기할 실마리를 제공해 준다.

ⓑ 아무런 진전이 없는 면접시간에 요약의 사용

지금 상담자와 내담자가 진전 없이 같은 자리에서 맴도는 느낌으로 면접을 하고 있다면 이때에 요약이 새로운 실마리를 제공할 것이다. 이때 상담자의 요약은 '우리는 지금 무엇을 하고 있는가?'를 간결하게 제시할 수 있다.

ⓒ 내담자가 더 이상 이야기를 하지 않을 때

내담자가 어떤 중대한 이야기를 하고 나서 이야기를 중단하고 침묵할 때 상담자는 이제까지의 이야기를 요약하되 내담자가 경험한 일들, 그 경험으로 생긴 감정들, 또는 내담자가 행한 행동들 가운데서 두드러진 것들을 간명하게 들려주면서 상담자가 이해한 대로 내담자의 지금의 심정을 요약하여 이야기한다. 그럴 때에 내담자는 이 상담에 어떠한 진전이 있음을 느끼고 능동적으로 면접에 참여하게 될 것이다.

(2) 정보 제공의 기술

때때로 내담자는 충분한 정보를 얻지 못하기 때문에 문제 상황에서 헤어 나오지 못한다. 이러한 때에 상담자가 간단한 도전기술로 내담자에게 정보를 제공해 주든지 아니면 내담자 스스로 필요한 정보를 습득할 수 있게 도와주면 내담자는 크게 도움을 받을 수 있다. 베렌슨과 미첼(1974)은 이것을 교훈적 대결이라고 불렀고 셀비와 칼훈(Selby & Calhoun, 1980, p. 236)은 이것을 심리 교수법이라 했다.

정보 제공에는 ① 필요한 정보를 제공시켜 시야를 넓혀 주는 것, ② 이제까지 잘못된 정보들을 교정시켜 주는 것, ③ 알지 못하던 사실을 확인시켜 주는 것 등이 있다.

정보 제공을 받을 때에 내담자는 ① 새로운 시각으로 자기의 문제 상황을 다시 이해하게 되며 ② 정보 빈곤으로 잘못 이해하던 내담자들에게 위로를 주며 ③ 새로운 문제들을 발견하고 그 문제해결을 위해 새로운 노력을 하도록 도전한다.

이러한 정보 제공은 문제 상황을 일으킨 원인 중의 하나가 무지 때문일 때에 유익한 시각계발의 기술이 된다. 정보를 제공할 때에는 ① 상담자의 견해나 확신을 마치 객관적 사실인 것처럼 내담자에게 주입시키려 해서는 안 된다. ② 너무 지나치게 많은 정보를 내담자에게 제공하면 내담자는 그 정보들을 다 소화하지 못하여 그 정보에 압도당한다. ③ 정보제공은 충고가 아니다. 충고는 상담자의 생각이나 신념을 내담자에게 주입시키는 것이요, 내담자를 대신해서 상담자가 선택하고 결정하는 것이다. 그러나 정보 제공은 내담자에게 필요한 객관적인 정보들을 제공하므로 내담자의 시각을 넓혀 주고 좀 더 객관적으로 문제 상황을 보게 도와주는 것이다.

(3) 발전 공감의 기술

공감은 기초 공감과 발전 공감으로 나누어 설명할 수 있는데, 첫째, 기초 공감은 제1단계에서 주로 사용하는 도전 기술의 방법으로 ① 내담자가 이미 언급한 것들을 공감한다. ② 내담자의 시각에서 내담자를 이해한다. ③ 표면적인 감정이나 생각들을 이해하고 전달한다. ④ 내담자가 이미 느끼고 있는 것을 공감한다.

제2단계에서 사용하는 도전 기술의 방법으로 발전 공감은 1단계에서 경청하고 공감한 바로 그 내용에 근거해서 발전 공감의 기술을 사용해야 하며 내담자를 존중하고 진지한 상담자의 모습을 보여 주어 상담관계가 친밀한 신뢰관계로 발전한 후에 내담자의 시각 조정을 위한 목적으로 사용되어야 한다. 발전 공감은 다음의 방법을 따라 사용한다.

① 내담자가 암시하는 것만 표현하라.

발전 공감의 가장 기본적인 원칙은 내담자가 언어적, 비언어적인 방법으로 이미 암시한 것만 표현하는 것이다. 이것은 내담자가 속에 감추고 드러내지 않고 있는 비밀일 수도 있다. 상담자가 이러한 것들을 지적하고 해석한다면 내담자는 상담자가 마치 자기 속을 들여다보고 있는 것이 아닌가 하고 놀랄 수 있다. 그러므로 상담자는 내담자가 분명히 언어적 비언어적 수단으로 암시한 것을 지적하며 상담관계가 서로 신뢰할 수 있는 관계가 되었다고 확신할 때 지적해야 한다.

② 내담자의 자기 패배적인 감정과 행동과 경험의 주제들을 공감하라.

내담자는 상담하는 도중에 자기 패배적인 삶의 주제들 즉 초라한 자기 이미지, 우월감, 지배적이요 권위주의적인 성격 등을 드러낼 때에 그것을 지적해 준다. 상담자가 열심히 경청하고 공감하면 내담자가 어떠한 자기 패배적인 행동 패턴들을 가지고 있는지 발견할 것이다. 내담자는 이것들을 공감에 기초하여, 재치 있게, 적시에 객관적으로 내담자에게 지적해야 할 것이다.

③ 누락된 부분을 찾아 내용을 전체적으로 연결시킨다.

내담자는 단편적으로 자기의 삶을 이야기하고 전체가 하나의 고리 안에 연결되어 있다는 사실을 보지 못한다. 그러나 내담자는 서로 다른 이야기처럼 자기의 삶을 이야기하나 그것들이 서로 연결되어 있다고 예감한다. 상담자는 이것을 발견하여 전체를 하나의 고리 안에 연결시켜 준다. 예컨대 아내의 바가지 긁는 습관 때문에 고민한다고 이야기하면서 자기는 술을 너무 많이 마시는 습관이 있다고 하면 그 사이에 연결고리는 남편이 아내의 나쁜 습관에 복수하기 위해 술을 마실 수 있다는 것이다. 이것은 내담자도 이미 어렴풋이 예감하고 있는 사실이다. 상담자는 이 예감을 내담자와 나눈다.

④ 전제에서 결론을 도출하게 도와준다.

상담자는 내담자가 이미 언급한 것들에 근거해서 하나의 필연적인 결론을 내담자에게 제시해 줌으로 내담자의 시야를 넓혀 줄 수 있다.

이처럼 발전 공감은 제2단계 상담의 중요한 기술의 하나이다. 내담자가 상담을 받으면서 원하는 것 가운데 하나는 자기를 있는 그대로 받아주고 이해해 주는 것이지만 그의 목적 가운데 하나는 자기의 속에 숨겨진 생각, 감정, 가능성들을 발견해 내어 새로운 자기이해에 도달하고 새로운 행동으로 발전하는 것이다. 그러므로 발전 공감은 이러한 내담자의 목적을 실현하는 중요한 수단이 되는 것이다.

(4) 대결의 기술

대결은 여러 가지 도전의 한 형태로서 자기 패배적인 신념과 왜곡된 사고들이 어떻게 인생을 불행하게 만드는가를 내담자에게 설득하여 바꾸도록 권면하는 것이다. 대결의 목적은 내담자가 자기의 경험과 행동과 감정을 보아 오던 이제까지의 시각 즉 삶의 틀을 버리고 새로운 시각 즉 삶의 틀 계발을 통해 자기의 경험과 행동과 감정을 보게 하는 것이다. 우리는 상담상황에서나 목회상황에서 내담자들이 불일치, 왜곡, 회피, 게임, 속임수, 연막전술들을 사용하고 있는 것을 발견한다. 이러한 것들은 자기의 삶을 비참하게 만드는 원인이 될 뿐 아니라, 이웃들에게도 좋지 못한 영향을 준다. 내담자들이 이러한 삶의 수단들을 버리고 긍정적이요, 건설적인 삶의 자세를 회복해야 새로운 삶을 살 수 있다. 그러므로 상담자들은 이런 것들을 제거하기 위하여 내담자들에게 도전하지 않을 수 없다. 그러나 대결의 기술을 바로 숙지하지 못하고 대결하기 때문에 파괴적인 결과를 얻는 경우가 많다. 먼저 언급한 도전의 기본원리를 명심하여야 하며 다음으로 일상생활에 나타나는 불일치와 사고 왜곡에 대한 대결 기술도 숙지하여야 할 것이다.

① 불일치에 대한 도전

불일치에 대한 대결은 내담자가 ① 생각하는 것과 말하는 것 사이의 불일치, ② 말하는 것과 행동하는 것 사이의 불일치, ③ 자기 스스로에 대한 자기 견해와 다른 사람들의 견해 사이의 불일치, ④ 현재의 자신과 바라는 자신의 사이의 불일치, ⑤ 표현된 가치기준과 실제 행동 사이의 불일치 등에 대해 상담자는 도전해야 한다.

이러한 불일치에 도전할 때에 상담자는 너-메시지(You-Message)보다는 나-메시지(I-Message)를 사용하여 도전하는 것이 좋다. 너-메시지(You-Message)는 언제든지 너가 주어가 되어 너의 잘못과 불일치를 지적한다. 그러나 나-메시지(I-Message)는 내가 주어가 되어 나의 염려와 느낌을 전달한다. 예컨대 어린 딸에게 약속을 지키지 않는 어머니에게 "당신은 그처럼 약속을 지켜야 한다고 하면서 딸에게 한 약속을 잘 잊어버리는 것은 모순 되지 않습니까?" 하는 것은 너-메시지(You-Message)이다. 그러나 "내가 만일 당신의 딸이었다면 약속을 지키지 않는 엄마에게 화를 냈을 거예요 자기의 감정을 엄마에게 알리기 위해 무례한 행동을 많이 했을 거예요"라고 말하는 것은 내담자를 비난하지 않으면서 내담자의 불일치를 지적하고 시정을 촉구하는 대결의 기술이다.

ⓐ 나-메시지(I-Message)와 너-메시지(You-Message)

◈ 나-메시지(I-Message) & You-Message 비교

인간관계에서 일어나는 서로 간에 갈등이나 불만이 있을 때 그것을 표현하는 언어적인 방법

에는 두 가지가 있는데 그것은 나-메시지(I-Message)와 너-메시지(You-Message)이다. 이것은 궁극적으로 어떤 상황에 대한 책임소재와 관계되는데 나-메시지는 나의 책임으로 받아들이는 것이지만 너-메시지는 상대방에게 책임을 지우는 것이다. 상대방에게 문제가 있어서 이 문제를 해결하기 위하여 나의 생각과 감정을 전달할 때 I-Message를 사용하는 것이 효과적이다

구분	나-메시지(I-Message)	너-메시지(YOU-Message)
대화방식	'나'자신을 주어로 하여 상대방에 대한 자신의 감정과 생각을 솔직하게 표현하는 방식	'너'를 주어로 하여 상대방의 행동에 대한 평가나 비평을 하는 방식
표현원리	네가…… (행동)…… 하니까 나는……(감정)……게 느낀다.	너는…… 하다.
예	자네 일 처리가 늦어지니-내가 걱정이 되는 구먼?	자네는 일 처리가 왜 이리 늦나?
효과	-상대방에게 개방적이고 솔직하다는 인상을 준다. -상대방에게 나의 생각과 감정을 전달함으로써 상호 이해를 증진시킨다. -상대방은 나의 느낌을 저항 없이 수용하고 스스로 문제를 해결하려는 의도를 갖게 되어 저항 대신 협력을 구할 수 있다.	-상대방의 마음에 상처를 주어 상호관계를 파괴한다. -상대방에게 일방적으로 강요하거나 공격하는 느낌을 준다. -상대방은 방어적으로 대처하거나 반감을 갖거나 저항을 하게 된다.

◈ I-Message와 You-Message를 비교하면 다음과 같다.

* I-Message 화법은 대화 시 상대방에게 내 입장을 설명하는 것이 주안점이며, YOU-Message 화법은 대화 시 어떤 결과에 대하여 상대방에게 핑계를 돌리는 것을 말한다.
* 일상생활에서 상대방에게 어떻게 말하느냐에 따라 그 결과와 상대방의 대응 정도가 크게 다르다
* 연속 발생되는 대인관계에서 항상 상대방에게 핑계를 돌리는 것보다 내 입장을 충분히 설명하여 양해를 구하는 I-Message 화법을 사용하는 것이 훨씬 호감 주는 화법이다

ⓑ 나-메시지(I-Message) 화법

나-메시지의 기본원리는 상대방의 행동자체를 문제 삼고 그에 따른 책임을 상대에게 넘기는 대신에 그의 행동에 대한 나의 반응을 판단이나 평가 없이 알려줌으로써 반응에 대한 책임을 내가 지는 것이다.

나-메시지는 다음과 같은 세 가지 요소를 포함하는데 그것은 ① 문제가 되는 상대방의 행동이나 상황을 객관적으로, 그리고 구체적으로 언급한다. 평가, 비판, 비난의 의미를 담

아서는 안 되고 사실만 전달한다. ② 상대방의 행동이나 상황이 나에게 미친 영향을 구체적으로 표현한다. ③ 그 때문에 생긴 나의 감정을 솔직하게 노출시킨다. I-Message는 이 세 가지 모두를 포함시킬 수도 있고 그중에 한두 가지만 포함될 때도 있다.

ⓒ 나-메시지 화법의 장점

* 나-메시지는 상대방을 직접 판단·평가·공격하는 것이 아니기 때문에 방어심리를 덜 유발한다. 다시 말해서 상대방은 너-메시지의 경우보다는 나-메시지를 통해 훨씬 편안하게 대화에 임할 수 있다(방어심리 감소).
* 나-메시지는 나의 입장과 감정을 솔직하게 전달하는 기능을 한다. 누구든 솔직한 이야기를 들으면 함께 솔직해지기 쉽고 훨씬 진지하게 대화에 임할 수 있게 된다(솔직성).
* 나-메시지는 완전한 메시지를 전달한다. 너-메시지처럼 단순히 '……하다'라고만 단정적으로 말하는 것이 아니라 전후 사정과 그것에 대한 나의 입장까지 알려주는 것이기 때문에 나-메시지는 완전한 메시지라고 할 수 있다(완전성).

ⓓ I-Message 화법의 주의할 점

* I-Message를 사용하려는 경우라도 상대방에게 이미 좋지 않는 감정이나 방어적인 태도가 일어날 가능성이 짙다. 그러므로 상담자는 곧바로 적극적인 경청과 공감적 이해의 태도로 상대방의 아픔과 고충을 들어야 한다.
* 상대방의 문제로 나에게 일어난 영향이나 감정은 한 번 표현하는 것으로 족하다. 두 번 세 번 반복하면 오히려 You-Message보다 더 좋지 못한 결과가 올 수 있다.
* 상대방의 문제로 일어난 일차적인 감정이나 영향만 전달하고 상대방을 평가하거나 비평하는 말은 하지 말아야 한다.
* 상대방의 문제가 습관적인 문제일 때는 I-Message를 사용하는 것보다는 문제해결을 위한 구체적인 방안을 모색하여야 한다.

ⓔ 너-메시지(You-Message) 표현 방식

* 일방적인 해결책을 지시하는 말투-명령, 지시, 요구하는 말투-경고 위협하는 말투-설교하거나 도덕적 행동을 요구하는 말투-충고하거나 논리적으로 설득하는 말투 등이다.
* 심리적 좌절감을 일으키는 말투-비판, 우롱하는 말투-심리분석, 판단하는 말투-둘러대거나 관심을 전환시키는 말투-비교하는 말투 등이다.

ⓕ 구체적인 언어 표현하기

구체적으로 표현하는 것은 상담언어의 필수적인 요구이다. 추상적인 표현이나 애매모호한 표현이나 여러 가지로 해석할 수 있는 표현은 상담 성공의 장애물이다.

◈ DO Language & BE Language 비교

구분	DO Language	BE Language
대화방식	구체적 행동을 가리켜 표현한다.	성격 특성이나 인격을 가리켜 표현한다.
표현원리	갑은…… 한다.	갑은…… 이다.
예	000씨는 지각을 자주 하시는군요	000씨는 지각대장인가 봐요
효과	-평가나 비평이 없이 문제행동을 구체적으로 전달해 준다.	구체적 문제행동이 무엇인지 명백하게 전달되지 않는다. -하나의 행동을 전반적인 특성으로 일반화해 버리는 경향이 있다. -평가적이고 감정이 개입되어 있다.

* DO-Message 화법은 어떤 잘못된 행동의 결과에 대해 그 사람의 행동과정을 잘 조사하여 설명하고 잘못에 대하여 스스로 반성을 구하는 것이고 BE-Message 화법은 잘못에 대한 결과를 일방적으로 단정함으로써 상대방으로 하여금 반감을 불러일으키게 하는 화법이다.
* 똑같은 상황에서 대화의 방법에 따라 상대가 받아들이는 모습은 엄청난 차이를 보이기 때문에 가급적이면 평상시 효과적인 화법을 사용하는 것이 좋겠다.

ⓖ Be 언어의 문제점

Be동사 '이다'는 추상적 표현의 대표라고 할 수 있다. '이다'로 표현하는 것은 구체적인 표현을 방해한다.

* '이다'는 사실을 전달하는 것 이상의 의미가 있다. 어떠한 의미로 그 말을 사용하는지 여러 가지로 해석할 수 있다.
* '늘', '오직'의 성질을 갖고 있다고 일반화시키는 경향이 있다.
* '이다'는 가치평가의 의미가 있다.
* 감정적인 요소가 있다.
* '이다'는 내담자에게 어떤 대답을 해야 할 것인지 결정하기 어려운 모호성을 가진다.

ⓗ 구체적인 언어의 표현 방식

* 구체적인 상황에서 일어난 구체적인 행동을 표현한다.
* 상대방의 행동을 비평하거나 평가하지 않고 행동이나 사실을 있는 그대로 전달한다.
* I-Message와 구체적인 언어를 동시에 사용하면 더욱 효과적일 것이다. 예를 들면 '자네는 주말마다 조퇴하니 학급의 분위기가 흐려질까 걱정이 되는 군.' 주말마다 조퇴하는 상대방의 행동을 구체적으로 전달하면서(구체적인 언어) 동시에 상대방의 느낌을 솔직하게 표현하고 있는(I-Message) 이런 경우에 상담자의 표현은 더욱 효과적이다.

② 사고의 왜곡에 대한 도전

사고의 왜곡이란 무엇인가? 에론 백에 의하면 사람들이 우울해진다거나 불안해지는 것은 대개 자기도 모르는 사이에 어떤 사고의 왜곡에 빠지기 때문이라고 한다. 심하게 화를 내거나, 누구를 치가 떨리게 미워하는 것도 모든 생각이 어떤 극단으로 혹은 비현실적으로나 논리적으로 왜곡되기 때문이라고 한다.

ⓐ 이분법적 사고

사물을 흑과 백의 두 가지 부류로만 보는 경향을 말한다. 이 같은 사고방식의 결과는 완벽성 추구이며 실수나 불완전 상태에 대한 공포를 유발함으로써 어떤 일도 쉽게 착수하지 못하게 만든다. 이러한 사고방식은 자신에게 부적절감과 무가치감을 느끼게 하고 사소한 실패에도 자신을 완전한 패배자인 것처럼 생각하게 만든다. 이것은 우울증을 유발할 수 있는 소지가 되며 자기 자신에게 만족할 줄 모르고 스스로 평가절하하게 만든다. 이런 사람들은 은연중에 다른 사람들에 대해서도 완벽하기를 요구하며 그렇지 못할 경우에는 화를 내고 공격하며 대인관계를 원만치 못하게 만든다. 때로는 결벽증이나 강박증을 보이기도 하며 노이로제 현상을 보일 수도 있다.

ⓑ 과잉 일반화

단 한 번의 부정적 사건을 마치 끝없이 반복되는 실패의 본보기처럼 생각하는 것이다. 예를 들어 수줍음을 잘 타는 어느 남자가 힘껏 용기를 내어 여자에게 데이트를 신청했는데 그 여자가 선약이 있다며 공손히 거절했다고 하자. 이 세상에서 나와 데이트하고 싶어 하는 여자는 한 사람도 없어 나는 평생 고독하고 비참하게 살게 될 거야 라고 생각한다. 그의 사고방식은 그 여자가 이번에 거절한 것으로 보아 다음에도 계속 거절할 것이며 이 세상 여자들은 모두 비슷한 취향을 가지고 있으므로 다른 여자도 모두 나를 계속 거부할 것이라고 결론짓는 것이다. 이것은 분명히 잘못된 생각이다. 이렇게 생각하는 사람들은 자기가 어떤 일을 시도하지 않는 이유로 항상 실패의 선례를 내놓으며 그렇게 함으로써 점점 현실 참여를 회피하려 한다.

ⓒ 판단력의 색안경

한 가지 잘못된 일에만 계속 집착함으로써 나머지 잘된 일은 보지 못하는 현상을 말한다. 예를 들어 자기와 가장 가까운 친구를 괴롭히는 사람들을 보고 '그래 인간이란 저렇게 잔인하고 인정 없는 동물이야'라고 단정 지어 생각하는 경우가 그렇다. 특히 우울증에 빠진 사람들은 자기 자신에게서 부정적인 측면만 보게 되고 긍정적인 측면은 볼 줄 모르게 된다. 그리하여 온 세상이 혹은 자기의 모든 것이 가치 없고 무의미하다고 생각하며 앞으로도 그럴 것이라고 단정 짓는다.

ⓓ 긍정적 측면의 부정

어떠한 이유라도 찾아서 자신의 긍정적 측면을 '나하고는 상관없는 일'이라며 인정하기 거부하는 현상을 의미한다. 이렇게 함으로써 객관적 사실과는 어긋나는 부정적 생각을 계속 유지하려 한다. 이런 사람은 누가 얼굴이 예쁘다거나 일을 잘했다고 칭찬하면 '그건 괜히 인사치레로 하는 소리'로 받아들이며 인정하기를 거부한다. 그리고 어떤 일이 잘못되면 계속 그 일만 생각하면서 '그것은 내가 이미 오래전부터 알고 있던 것을 입증한 것'이라고 생각하며 어떤 일이 잘되면 '그건 어쩌다 잘된 것일 뿐이야, 그 일은 나와 상관이 없어'라고 말한다. 이렇게 함으로써 그는 자기에게 일어나는 좋은 일들을 좋아할 줄 모르며 때로는 이로 인하여 심한 고통을 자초하기도 한다. 이런 사람들은 자신의 긍정적 측면을 인정하기 거부함으로써 분명히 비현실적일 뿐만 아니라 일상적인 체험과도 맞지 않는 부정적 사고를 고집하는 것이다.

ⓔ 성급한 결론

자신의 결론을 뒷받침할 만한 확실한 증거도 없이 어떤 일을 부정적으로 해석하는 것을 말한다. 여기는 잘못된 심리 추측과 지레짐작의 과오가 있다. 잘못된 심리 추측이란 그 진위를 확인도 하지 않은 채 다른 사람이 자기에게 어떤 마음 즉 태도와 감정을 가지고 있다고 결론짓는 것이다. 그리고 지레짐작의 과오란 일이 잘못될 것으로 지레짐작한 나머지 자신의 잘못된 예측을 마치 확실한 기정사실인 것처럼 착각하는 것이다. 이와 같이 잘못된 심리 추측은 현재의 상황에 관한 것이지만 지레짐작의 과오는 미래에 일어날 일을 예언하는 성질의 추측을 의미한다. 어쨌든 두 가지 모두가 객관적 근거 없이 어떤 결론을 내린다는 의미에서는 유사하다.

ⓕ 과잉확대 혹은 과잉축소

어떤 일 즉 자신의 실수나, 불완전성, 불안감, 또는 다른 사람의 성공이나 재능의 중요성을 과장하거나, 다른 일 즉 자신의 장점이나, 다른 사람의 불완전성들은 불공평하게 극단적으로 축소시키는 것을 말한다. 이런 사람들은 자기의 장점에 대해서는 마치 망원경을 거꾸로 보는 것처럼 축소 왜곡시켜 보려 한다. 자신의 장점은 축소시키고 단점은 확대시킬 때 열등감이나 불안증 혹은 우울증에 빠지지 않을 사람이 이 세상에 얼마나 되겠는가.

ⓖ 감정적 판단

자신의 감정적 느낌이 사실의 증거라고 주장하는 것으로 '내가 그렇게 느껴지는 걸 보니까 사실임에 틀림없다'는 식으로 생각하는 현상이다.

감정이란 생각이나 신념에서 생겨나는 것이며 생각이 왜곡되어 있으면 그때 느끼는 감정이란 정당성이 부족하다. 이들은 자기가 그와 같은 감정을 느끼는 근거가 혹시 틀리지는 않았는가 하는 것은 전혀 생각해 보려 하지 않는다. 그러나 사실은 우리의 느낌이란 편파적 생각에 근거하고 있는 경우가 많음을 우리는 미처 깨닫지 못하고 있고 특히 우울증과 같은 상태에 빠져 있을 때 더욱 그렇다.

ⓗ '하지 않으면 안돼'의 과용

항상 자기 자신에게 '하지 않으면 안돼', 혹은 '해서는 안돼'와 같은 엄한 규율을 지나치게 적용함으로써 스스로를 채찍질하는 것을 말한다. 이 같은 태도를 자신에게 과잉 적용할 때는 불필요한 죄책감이나 수치심 그리고 자기혐오감을 불러일으키며 다른 사람들에게 적용할 때는 분노나 실망을 느끼게 된다. 이런 현상이 오래 지속되면 그 사람은 오히려 무감동해지고 의욕을 상실하며 심하면 허탈상태에 빠지게도 된다. 그는 하루도 인생을 마음 편하게 살 수 있는 날이 없으며 항상 불만과 분노와 실망의 연속 속에서 살게 될 뿐이다.

ⓘ '부정적인 이름' 붙이기

이것은 극단적인 과잉 일반화의 한 가지 형태로서, 자신의 과오를 그대로 말하지 않고 '나는 실패자다'와 같은 부정적인 이름을 자신에게 붙여주는 것을 말한다. 다른 사람의 행동이 마음에 들지 않으면 '그놈은 인간쓰레기 같은 자식이야'라는 식으로 쉽게 부정적인 이름을 붙여준다. 이렇게 부정적인 이름을 붙여 주면 그 사람이 하는 모든 행동이나 성격특성들이 그 영향을 받아 그 이름과 일치하는 방향으로 지각되고 해석되는 경향이 있다. 뿐만 아니라 그렇게 이름 붙여진 사람 자신도 그 이름과 일치하는 방향으로 행동하게 될 가능성이 더 많아진다. 따라서 사람이 자신에게 '실패자' 혹은 '변변치 못한 사람'과 같은 이름을 붙이던 그것이 비합리적임에도 불구하고 자기도 모르는 사이에 스스로 거기에 맞추어 행동하게 됨으로 그것은 자기 패배적인 결과를 가져올 수 있는 것이다. 또한 사람의 인생이란 여러 가지 생각과 감정 그리고 행위들이 다양성 있게 계속 변하는 흐름으로 구성되어 있다고 할 수 있는데 한순간의 행위로 인하여 그 전체에 어떤 낙인을 붙인다는 것은 비합리적이라 하지 않을 수 없다. 더욱이 다른 사람에게 함부로 부정적인 이름을 붙이면 대개는 그 사람에 대하여 적대적인 감정을 느끼게 되며 그것은 또 상대방으로부터 부정적인 반응을 불러일으키게 되므로 결국은 악순환의 고리를 형성하게 될 뿐이다. 아버지가 학교에서 좋은 성적을 받지 못한 아들에게 '너는 돌대가리야'라고 말한다면 그 아들은 아버지를 향하여 '아버지는 공부만 아는 폭군이야'라고 반격함으로써 서로 간에 불필요한 증오심만을 불러일으키고 서로의 단점에만 초점을 맞추어 이름 붙이기를 정당화하려 한다. 행위와 그 주체가 되는 사람을 동일시하지 않는 것이 가장 현실적이고 합리적인 사고방식이며 문제를 건설적으로 해결할 수 있는 열쇠라 할 수 있다.

ⓙ '모두 내 탓이오'라는 사고방식

실제로는 그렇게 생각할 이유가 전혀 없는데도 불구하고 자기가 어떤 불행한 일의 원인이라고 생각하는 경우이다. 이와 같은 왜곡된 사고로 인하여 그 사람은 부당하고도 불필요한 죄책감에 사로잡혀 모두 내 탓이라고 자신을 학대한다. '모두 내 탓이오'라는 사고방식은 비현실적이며 병적인 죄책감을 일으키게 하는 것으로써 세상 걱정을 모두 자기가 도맡아 하게 만든다. 이와 같은 사랑은 실제로 다른 사람에 대한 영향과 책임을 혼동하고 있는 것이다. 사람은 누구나 자기가 하는 행동의 책임은 궁극적으로 자기 자신에게 있는 것이지 부모나 선생에게 있는 것은 결코 아니다. 그런데도 불구하고 그 책임이 자기에게 있다고 생각하는 부모나 선생님은 자기가 감당할 수 있는 능력의 한계를 잘못 설정한 것이며 그것이 결과적으로 부당한 죄책감에 빠지는 원인이 된다.

(5) 자기 나눔의 기술

상담자는 도전의 한 방법으로 자신의 경험을 내담자에게 노출시켜 나눌 수 있다. 그러나 자기 나눔의 기술도 내담자에게 도전하여 내담자가 새로운 시각을 계발하는 데 도움을 주려는 것이다. 상담자의 자기 노출은 다음의 두 가지 기능을 가진다. 첫 번째로 상담자가 자신의 경험을 노출하고 내담자와 함께 나눌 때 이것은 내담자에게 모델링의 수단이 된다. 즉 내담자가 어떻게 자신을 노출하고 상담자에게 이야기할 것인가 하는 모델이 될 수 있다는 것이다. 두 번째로 상담자의 자기 나눔은 목표 설정과 새로운 행동 변화에 필요한 시각계발에 도움을 준다. 그러나 상담자의 자기 노출은 내담자를 놀라게 하거나 상담 진전을 방해할 수도 있기 때문에 자기 나눔은 다음의 몇 가지 원칙 하에 시행하여야 할 것이다.

① 선택적이고 집중적으로 자기를 노출하라.

상담자의 자기 노출은 내담자에게 지속적으로 초점을 맞추고 내담자 자신의 문제 상황 조사에서 빗나가지 않게 하는 한에서 간단명료하게 자기의 경험을 나눌 수 있다.

② 내담자에게 짐을 지우지 말라.

상담자의 자기 노출이 내담자에게 또 다른 짐을 더하지 않을 때에 적합하다고 하겠다. 상담자는 자기의 경험과 유사한 문제를 내담자와 나눌 때에 내담자에게 주는 잠재적인 유용성을 고려하기보다 자기 경험을 나누고 싶다는 충동에 의한 자기 노출을 해서는 안 된다.

③ 너무 자주 나누지 말라.

상담자의 자기 노출이 너무 잦으면 부적당할 것이다. 이것은 내담자를 혼란스럽게 만들어 상담자에게로 관심의 초점을 옮겨 버린다. 자기 나눔은 내담자의 새로운 시각 개발에 꼭 필요한 기술이나 자주 사용하면 그 효과를 잃어버린다.

(6) 즉각성의 기술

사람들은 가까운 사람들끼리 대화하다가도 마음속에 일어나는 생각이나 감정을 솔직하게 털어놓지 못할 때가 많다. 그러다가 드디어 조그만 일로 엄청난 논쟁을 벌인다. 버언(Eric Berne, 1964)은 이것을 '소동 게임'이라고 했다. 이것은 유치한 방법이기는 했으나 일단 속에 축적되었던 감정을 발산함으로 긴장을 풀고 해방감을 얻는다. 우리는 이러한 일들을 우리의 삶 속에서 수없이 경험하며 산다. 그리고 목회자와 성도 간의 대화나 상담대화에서도 이러한 경우들이 생긴다. 즉 무언가 서로 간의 관계에 껄끄러운 것이 있으나 그것을 속으로 삼켜 버린다. 서로 간에 조그만 감정이 생겼는데도 그것을 이야기하지 못하고 억눌러 버린다. 이러한 감정의 억제나 생각의 억제는 자그마한 것으로 보이나 없어지지 않고 우리 속에서 긴장과 짜증을 만들고 인간관계에 장애를 만들고 우리의 삶에 활력을 잃어버리게 하고 나아가서는 영적인 생명력을 잃게 한다. 그러므로 우리는 상담에서뿐 아니라 일상의 삶에서도 즉각성의 기술이 필요하다. 즉각성은 그 순간에 일어난 감정들과 생각들을 그대로 지나쳐 버리지 않고 서로에게 직접적으로 이야기하는 기술이다.

여기에는 두 가지 즉각성이 있다. ① 관계의 즉각성은 상담자와 내담자의 관계 가운데서 약간 문제가 있다고 느낄 때 그것을 내담자와 직접적으로 나누는 것이다. ② 시간의 즉각성은 내담자와 상담자의 관계에 관한 것이 아니라 대화하는 바로 그 순간에 느끼는 감정들과 생각하는 것을 있는 그대로 나누는 것이다. 즉각성에는 세 가지의 기술이 필요하다.

① 이해(Awareness)

상담자는 무엇이든지 느끼는 대로 내담자에게 나눌 수 없다. 이것은 즉각성이 아니다. 즉각성의 기술은 먼저 내담자와 상담자 상호 대화 과정에서 일어나는 상황들을 정확히 검토한다. 상담자는 지금 무엇이 그들 관계에서 일어나고 있는지 분명하게 파악한다. 그리고 자기의 느낌과 생각이 어디에서 온 것인지 검토한다. 이러한 느낌과 생각을 이야기할 때 상담관계에 어떠한 도움이 될 것인지를 판단한다. 그리고 나서 자기의 느낌과 생각을 내담자와 나누어야 할 것이다.

② 전달방법(Know-how)

자기의 느낌과 생각을 전달하는 방법을 바로 알지 못하면 즉각성은 의미가 없을 것이다. 즉각성을 전달하기 위해서는 먼저 발전 공감이 필요하다. 즉 그 느낌과 생각이 어디에서 왔으며 어떠한 결과를 가져 올 것이라는 깊은 이해가 먼저 있어야 한다. 둘째로 즉각성은 자기 노출을 요구한다. 자기의 느낌과 생각을 간단명료하게 내담자에게 전달하는 자기 나눔의 기술을 사용한다. 셋째로 즉각성은 대결의 기술을 필요로 한다. 그 이유는 즉각성이 현재 문제되고 있는 내담자와 상담자의 관계와 상담상황의 원인을 지적하는 것이기 때문이다. 그러므로 앞서 언급한 대결의 기술이 즉각성에 필요하다.

③ 적극적 대응(Assertiveness)

상담자는 타이밍을 중시한다. 타이밍이 적절하지 않는 즉각성은 의미가 없다. 가장 필요한 때를 발견하고 그때에 즉각성의 기술을 사용할 것이다. 유능한 상담자는 언제든지 적극적인 자세로 때를 판단하고 이 기술을 유효적절하게 사용할 줄 안다.

2) 목표 설정

상담은 상담자가 내담자에게 주의를 집중하고 적극적으로 경청하여 내담자를 공감하고 내담자의 문제 상황을 명료화할 뿐 아니라, 내담자가 가지고 있던 잘못된 시각을 조정하여 새로운 시각을 개발하는 것으로 끝나 버린다면 별로 큰 의미가 없을 것이다. 구체적으로 내담자가 어떠한 행동을 실천해야 할 것인지 분명한 목표를 설정하고 그 목표를 달성하기 위하여 계획을 세우고 실천해야 할 것이다. 먼저 내담자의 문제 조정 행동의 가능성을 높이기 위해 내담자가 적극 참여하게 하는 상담자들의 기술과 목표 설정에 대해 살펴보고자 한다.

(1) 문제 조정과 목표 설정

① 구체적인 목표 설정

목표의 설정은 구체적인 행동을 설정하는 것이다. 그것은 내담자가 실천할 수 있게 구체적으로 정의되어야 한다. 우리는 세 가지 단계로 목표 설정 과정을 나눈다.

ⓐ 의도의 표명

성공적으로 시각을 계발하게 되면 내담자는 이제까지의 행동이나 삶을 돌아보면서 이제부터는 무엇인가 새로운 행동과 삶을 살아야겠다고 마음으로 작정할 것이다. 이것이 의도의 표명이다. 그러므로 상담자는 내담자의 시각계발을 통해 스스로의 의도 표명을 할 수 있게 도와야 할 것이다.

ⓑ 계획(Aim)

계획은 무언가 해야 한다는 의도의 표명을 넘어서 행동하고자 하는 영역을 정하는 것이다.

이것은 구체적인 영역으로 구체화되어야 한다. 예컨대 '충실한 신앙인은 너무 광범위하다. 이것은 좀 더 범위를 좁혀서 말씀과 기도의 사람의 사람이 되어야 하겠다'는 구체화 과정이 필요하다.

ⓒ 목표

목표는 문제나 문제 상황의 결정하는 것이다. 예를 들면 '앞으로 6개월간 술을 먹지 않겠다'라고 목표를 설정할 수 있다. 이처럼 내담자는 스스로 자기가 실천할 구체적인 목표 설정을 하였을 때에 2단계 상담과정이 끝난다.

② 실천적인 목표 설정

일반적으로 상담의 목표는 다음의 특성을 가진다. 상담자는 내담자를 도와서 상담목표를 설정하는 데 그 목표는 내담자가 스스로 선택한 내담자 자신의 목표가 되어야 한다.

ⓐ 달성된 성취로서 목표

목표는 지금 달성되어 있는 것이 아니라 앞으로 성취할 목표이다. 그러므로 목표는 미래의 상태를 현재형으로 표현하는 것이다.

ⓑ 분명하고 구체적인 목표

상담목표는 구체적으로 그리고 분명하게 마음속에 그릴 수 있는 행동이어야 한다.

ⓒ 측정할 수 있거나 입증할 수 있는 목표

상담목표는 내담자가 실천하는 동안에 그 목표에 가까워지고 있는지를 측정할 수 있어야 하고 그 목표가 달성되었을 때에 그것을 측정할 수 있어야 한다.

ⓓ 현실적인 목표

상담목표는 내담자의 능력의 범위 안에 있어야 한다. 내담자에게 필요한 자원이 있고 환경의 장애물을 극복할 수 있는 목표이어야 하고 내담자가 스스로 조절할 수 있어야 하고 그 목표를 실천하는 데 비용이 너무 지나치지 않아야 한다. 즉 내담자의 능력과 자원으로 가능한 목표이어야만이 상담목표로서 의의가 있다.

ⓔ 실질적인 목표

상담목표를 실천함으로써 내담자에게 실질적으로 도움을 줄 수 있는 목표이어야 한다. 그러므로 상담목표는 내담자의 능력 범위를 뛰어넘는 것이어서도 안 되며 너무 낮은 것이어서도 안 되고 내담자의 문제 상황에 실제로 별 큰 도움이 안 되는 목표여서는 안 된다.

ⓕ 내담자 자신이 선택한 목표

내담자는 스스로 선택한 목표를 실천하려는 경향이 있다. 내담자가 상담자에게 어떤 목표를 정해야 하는지 물어오는 경우라고 할지라도 상담자는 내담자를 대신해서 목표를 선택해서는 안 된다. 상담자의 책임 가운데 하나는 내담자 스스로 상담목표를 선택하고 결정하게 하는 일이다.

ⓖ 내담자의 가치관과 일치하는 목표

내담자는 내담자 자신의 가치관을 가지고 있다. 이것은 상담자의 가치관과 다를 수 있다. 이 경우에 상담자는 내담자의 치유에 필수적인 것이라 할지라도 내담자의 가치와 다른 것을 상담목표로 선택하게 해서는 안 된다.

ⓗ 합리적인 시간계획

상담의 목표는 '언제'라고 하는 분명한 시간 계획을 가지고 있어야 한다. 목표를 실천하기 위한 시간 길이, 즉 시작과 끝을 분명히 정할 수 없으면 내담자는 과연 이 목표가 현실성이 있는지 의심할 것이다. 상담목표는 합리적인 시간 계획을 요한다.

(2) 목표 설정의 특수성

① 목표 설정에 고려해야 할 요소

ⓐ 목회상담자의 전문성

상담자들은 저마다의 전문성을 가지고 있다. 직업지도 상담자들은 가장 적합한 곳에 직업을 선정할 수 있게 돕는다. 그러기 때문에 성취도 테스트, 직업선호 테스트, 심리성향 테스트 등을 실시하고 내담자의 취업에 관심을 갖는다. 정신과 의사들은 그들의 전문성 때문에 긴장 완화, 대인관계 기술계발, 심리적 욕구 충족, 내담자와 그 가족을 위한 심리적 평정 유지 등에 관심을 갖는다. 그러나 목회자의 전문성은 살아계신 하나님의 약속과 능력을 내담자에게 보여

주는 것이다. 브리스터는 목사의 전문성으로 하나님의 임재의 약속을 내담자에게 보여주어 내담자가 하나님 안에서 새 소망을 발견하게 돕는 것이라고 한다(Brister, 오성춘 역, 「현대인의 희망과 절망」 p. 147). 그러므로 목회상담자는 내담자의 질병, 수술, 이혼, 죽음, 슬픔 등의 모든 상황 가운데 하나님이 임재하셔서 은혜와 능력을 베푸신다는 사실을 깨닫게 하고 하나님과의 관계를 회복하게 돕는 것이다.

ⓑ 전인회복과 영적 건강

목회상담자는 내담자 인간 자체에 관심을 갖는다. 내담자의 인격에 어떠한 부분의 결함도 그를 완전한 행복에 이르지 못하게 가로막는다. 그러므로 내담자의 완전한 행복에 관심을 갖는 상담자는 내담자의 삶의 모든 차원들-몸, 정신·정서, 관계, 사회적 삶, 소명의 삶, 자연과의 관계 등-을 회복시키려고 한다. 이런 점에서 목회상담자는 전인적인 인격에 관심을 갖고 목회상담의 목표를 설정해야 한다. 그러나 목회상담자는 내담자의 삶의 완전한 회복은 이것으로도 부족하다고 믿는다. 하나님 중심의 삶을 살고 하나님께 은혜와 생명을 공급받는 삶을 살지 못하면 하나님이 약속하신 풍성한 삶을 살지 못한다. 그러므로 목회상담은 전인적인 인격 회복과 영적 건강이라는 두 가지 관점에서 상담목표를 설정해야 한다.

ⓒ 신앙공동체의 콘텍스트

교회는 하나님의 생명을 개인들에게 전달하는 기관이다. 하나님은 교회를 통하여 하나님의 은혜와 능력을 고통당하는 사람들에게 전달한다. 그러므로 목회상담자는 하나님의 소명에 의해 교회가 그를 선택하여 세운 것이다. 그러므로 목회상담자는 하나님의 종으로서 하나님의 임재를 깨닫게 하며 동시에 교회를 대표해서 교회의 사역자가 된 것이다. 목회상담자는 교회라는 콘텍스트 안에서 목회상담의 목표를 설정한다.

ⓓ 내담자의 구체적인 필요와 충족

목회상담은 하나님 중심의 삶과 하나님과 교제하는 삶이 내담자의 진정한 행복에 필수적이라고 믿는다. 그러나 동시에 내담자가 가지고 도움을 청하는 바로 그 문제도 내담자의 삶에 장애를 초래한다고 믿는다. 그러므로 상담자는 내담자와 하나님과의 관계 회복에도 관심을 가질 뿐 아니라 내담자가 가지고 상담을 받으러 오는 바로 그 문제에도 구체적으로 응답할 수 있어야 한다.

② 목회상담의 특수한 목표

목회상담자는 앞서 언급한 일반적인 목표 위에 다음에 열거하는 몇 가지 목회상담의 특수한 목표들을 첨가해야 한다. 사실 이 목표들은 일반적인 목표와 잘 조화되어 하나의 목표의 양면을 볼 수 있게 해야 한다.

ⓐ 내담자와 하나님과의 접촉을 도와준다. 목회상담은 근본적으로 하나님 중심의 삶과 하나님과 교제하며 하나님께 은혜와 능력을 공급받으며 사는 삶을 제1차적인 목적으로 하기 때문에 하나님과의 접촉은 목회상담의 필수적인 목표가 된다.

ⓑ 내담자의 정체성 발견에 도움을 준다. 목회상담은 한 인간으로서의 정체성뿐 아니라 믿음, 소망, 사랑의 공동체인 교회의 지체요, 하나님의 자녀로서의 정체성을 발견하게 돕는다.

ⓒ 내담자에게 거룩한 삶을 살도록 돕는다. 그리스도 안에서의 삶은 독특한 삶의 스타일을 갖는다. 목회상담자는 예수 그리스도를 따라 살며 그를 순종하여 사는 법을 배우게 내담자를 돕는다.

ⓓ 대인관계 기술을 계발시킨다. 기독교인의 삶은 하나님을 사랑하며 인간을 사랑하는 삶이다. 그러므로 관계성은 기독교인의 삶의 중요한 관심이다. 그러므로 목회상담자는 내담자의 대인관계의 기술을 계발시켜 진정으로 사랑하며 사랑을 받으며 사는 법을 배우게 한다.

ⓔ 목회상담은 진정한 능력의 근원 위에 자기를 세우도록 격려한다. 내담자가 상담을 받으러 올 때에는 수많은 고민과 실패를 거듭하다가 온 것이다. 그러므로 그는 실패에 초점을 맞추어 살다가 상담을 받으러 온 것이다. 그에게 필요한 것은 능력의 근원이신 하나님을 볼 수 있게 하며 사랑의 이웃이 아직도 주위에 있음을 보게 하며 하나님이 아직도 그에게 깊은 관심을 가지고 기다리고 있다는 사실을 보는 것이다. 목회상담은 긍정적이요, 창조적인 삶의 근원에 내담자를 연결시키고자 하는 것이다.

ⓕ 목회상담은 개인을 넘어서 사회공동체를 보게 한다. 기독교적인 인간관은 공동체 속에서의 인간을 이야기한다. 인간은 공동체 안에서 태어났고 공동체에 의하여 양육과 교육을 받았으며 공동체를 위하여 살 때에만 보람 있는 삶을 사는 것이다. 목회상담자는 내담자의 문제가 자기 혼자의 문제가 아니라 공동체의 문제이며 자기의 건강만으로는 행복할 수 없으며 공동체 안에서 공동체와 함께, 공동체를 위하여 사는 삶을 살 때에 내담자는 진정한 행복은 발견할 수 있다.

ⓖ 목회상담은 희망을 가지고 미래의 문을 열게 해준다. 하나님은 고난당하는 사람을 구원하신다. 그분은 지금 고난당하는 자에게 함께 하신다. 그분은 내담자와 함께 새 삶을 창

조하시고자 거기에 오셨다. 그러므로 목회상담은 내담자와 함께 미래의 문을 여시기 위해 그에게 오신 하나님을 만나게 하며 그분과 함께 미래의 문을 여는 창조적인 삶의 비결을 가르친다. 이제까지 고난 가운데 있던 내담자가 고난을 극복하고 새 생명을 얻으며 창조적인 미래를 건설하는 주역이 되게 하는 것이 목회상담의 목적이요, 이러한 목적이 목표 설정에 고려되어야 하는 것이다.

3) 창조적인 문제해결

어떤 내담자들은 자기의 문제가 무엇인지를 발견하고 구체적인 행동목표만 결정하고 나면 스스로 그 문제를 해결하거나 조정한다. 그러나 다른 내담자들은 문제가 더 심각하거나 또는 자기에게 그 목표를 달성하는 데 필요한 자원이 없기 때문에 아직도 상담자의 도움을 받아야 한다. 이러한 사람들을 위해서 제3단계 상담과정이 필요하다. 이 단계는 창조적으로 문제를 조정하거나 해결하는 단계이다. 상담의 제3단계에는 목표를 달성하기 위하여 가능성이 있는 프로그램들을 발견하고 그 프로그램들 가운데 가장 효과적이요 현실성 있는 프로그램을 선택하고 그 프로그램 실천을 위해 단계적으로 구성하고 그 프로그램을 실천하고 실천한 프로그램들을 평가하는 과제들이 포함된다.

(1) 프로그램의 발견

① 내담자의 확산성 사고의 계발

인간은 한 가지 정답을 발견하면 그 외의 다른 가능성들은 모두 외면해 버리는 경향이 있다. 한 가지 정답만을 발견하고 다른 가능성들을 보지 못하는 사고를 '집중적 사고' (Convergent thinking)라고 부른다. 이러한 사고는 한 가지의 정답 외에는 모두 잘못된 경우일 때 매우 유익하지만 대부분의 삶의 실상은 한가지의 정답만 있는 것이 아니다. 수많은 가능성들이 있기 때문에 여러 가지 가능성들을 하나하나 점검하는 것이 좋다. 이렇게 모든 종류의 가능성들을 고려하는 것을 '확산적 사고'라고 부른다. 실제의 상담의 상황은 확산적 사고를 요구하며 한 가지 가능성이 아니라 모든 가능성을 다 점검하여 보게 한다. 그러므로 상담자는 내담자에 확산적 사고를 할 수 있게 도움을 주어야 한다.

② 내담자의 창조성 계발

사람들은 고통 중에 있을 때에 자기 속에 있는 잠재적인 자원들을 활용하지 못하며 창조적인 능력을 상실한다는 연구 결과가 있다(Robertshaw, Mecca & Rerick, 1978, pp. 118-120). 문제 상황에 있는 사람은 그 문제 상황을 통해서 세상을 보기 때문에 창조적인 능력을 상실할 수밖에 없다. 에간은 다음과 같은 사람들에게 창조적인 능력이 있다고 말한다(에간, p.325). 즉 상담자가 다음과 같은 내담자의 특성을 계발시켜 주면 내담자의 창조성도 향상된다는 것이다.

① 낙천성과 자신감이 있다. ② 불확실성과 모호성을 수용할 줄 안다. ③ 관심의 폭이 넓다. ④ 융통성이 있다. ⑤ 복합적인 일에도 관용적이다. ⑥ 말을 일관성 있게 한다. ⑦ 호기심이 많다. ⑧ 추진력과 인내심이 있다. ⑨ 독립심이 있다. ⑩ 모험을 할 용기가 있다.

반면에 ① 두려움, ② 고정관념, ③ 권위에의 의존, ④ 완전주의, ⑤ 습관적인 행동 등을 하는 사람들은 창조성이 가로막힌다. 상담자가 내담자의 창조성을 계발하게 도와주어야 내담자는 스스로 설 수 있는 인간이 된다.

③ 브레인스토밍의 활용

브레인스토밍(Brainstorming)은 뇌를 회전시켜 가능한 모든 아이디어와 방법들과 가능성들과 행동들을 발견하는 한 가지 방법이다. 이 방법은 확산적 사고를 사용하여 내담자의 창조성을 최대로 활용하게 돕는다. 내담자는 가능성이 있는 것들과 불가능해 보이는 것까지 모두 탐구하고 점검한다. 이 기술을 사용하는 데는 몇 가지 규칙이 있다.

ⓐ 판단을 연기시키라.

내담자는 목표를 달성하는 데에 도움을 줄 수 있다고 생각되는 프로그램이면 무엇이든지 모두 적는다. 그리고 그것이 가능하냐, 또는 현실적이냐, 또는 도덕적이냐 하는 판단은 가능한 모든 아이디어를 기록하고 나서 제2차적으로 한다.

ⓑ 불가능한 의견도 포함시키라.

내담자는 그 프로그램이 엉뚱하고 무모하고 불가능해 보이는 것까지 기록한다. 그 이유는 지금 확장시킬 수 있는 데까지 확장시키고 나중에 축소하는 것이 쉬우며 무모하고 엉뚱한 아이디어 속에도 멋있는 프로그램 가능성이 숨어 있기 때문이다.

ⓒ 가능한 더 많은 아이디어를 말하게 하라.

내담자가 이제까지의 아이디어만으로 충분하다고 했을 때에라도 상담자는 다시 더 생각해 보도록 격려할 수 있다.

ⓓ 계속해서 새로운 가능성들을 더 할 수 있도록 허용하라.

이미 충분한 아이디어가 나온 후에도 나온 아이디어들을 다시 종합하고 연결시켜 또 새로운 아이디어들을 창출할 수 있게 격려한다.

ⓔ 내담자의 제안을 명료화하라.

상담자는 내담자가 내놓은 아이디어를 비판하거나 평가하지 않고 그 아이디어가 구체적으로 무엇을 의미하는지 명료화하게 돕는다. 내담자는 자기의 생각을 명료화하는 과정에서 좀 더 창조적인 아이디어를 발견한다.

ⓕ 구체성과 방향성을 고려하라.

브레인스토밍은 분명한 목적이 있다. 그것은 목표달성을 위한 프로그램 발견이다. 그러므로 아이디어 하나마다 구체적인 방안이어야 하고 상담목표 실천을 위한 프로그램으로서의 방향성을 가지고 있어야 한다.

(2) 실천 프로그램 선택

어떤 내담자들은 가능한 프로그램들을 발견하면 스스로 그 프로그램들을 구성하여 자기에게 합당한 프로그램을 만들고 실천한다. 그러나 다른 내담자들은 아직도 상담자의 도움을 요한다. 상담자는 그들의 자원과 환경과 가치에 적합한 프로그램들을 선택하여 그것을 구체적으로 실천할 수 있게 돕는다.

① 대조표의 사용

다양한 프로그램들을 가치와 유용성의 측면에서 검토하고 자기에게 가장 적합한 프로그램을 선택하는 데 도움을 주는 대조표를 개발되였다. 이 대조표는 유용성, 즉 '이 프로그램은 나에게 어떠한 유익과 불이익을 줄 수 있을까'와 수용성 즉 '우리는 이 프로그램을 받아들일 수 있을까?'의 관점에서 프로그램 하나하나를 검토해 보게 한다.

② 프로그램 선택의 기준

ⓐ 구체성과 특수성: 목표와 마찬가지로 프로그램을 옮길 때에는 구체적이고 특수해야 한다. 구체성과 특수성은 모든 상담의 과정 즉 문제 상황을 정의하고 명료화하며 목표를 설정하는 것뿐만 아니라 프로그램을 선택하는 데 중요한 의미를 지닌다.

ⓑ 측정할 수 있고 입증할 수 있는 프로그램을 선택: 선택한 프로그램과 설정된 목표의 성취와의 관계를 평가할 수 있어야 한다.

ⓒ 현실성이 있는 프로그램의 선택: 프로그램의 선택은 내담자의 자원의 한계 안에서 조절 가능성이 있고 환경적으로 가능하며 내담자 자신이 주도할 수 있는 프로그램이어야 한다.

ⓓ 적합성: 프로그램은 목표를 성취하는 데 가장 실질적인 방법으로 기여할 수 있어야 한다. 프로그램이 실질적이지 못하거나 적합하지 않기 때문에 목표를 성취하지 못하는 경우도 있다.

ⓔ 내담자의 가치와의 조화: 목표 기준 설정과 마찬가지로 프로그램 선택 기준도 내담자의 가치와 맞게 선택해야 한다.

ⓕ 적절한 시간 계획: 적절한 시간 구성이란 그 프로그램의 단계들과 내담자가 무엇을, 언제 하여야 할 것인지에 관해서 분명한 아이디어를 가지고 프로그램을 수행하는 것을 의미한다.

그러나 프로그램을 선택할 때 내담자들은 프로그램에 내재한 위험성을 평가할 수 있는 도움을 받아야 한다. 겔랏트와 그의 동료들은 프로그램을 선택하는 데 있어서 위험성과 가능성의 요인들을 검토해 볼 수 있는 네 가지 전략을 제안하였다(Gelatt, Varenhorst & Carey, 1972). 첫째, 소망전략(Wish strategy)이다. 소망전략은 내담자가 위험성이나 부담이나 가능성들을 개의치 않고 자기가 소망하는 목표를 성취하게 해주는 프로그램을 선택하는 것이다. 둘째, 안전전략(Safe strategy)이다. 안전전략은 내담자에게 위험성이 적고 성공의 가능성을 높여주는 안정된 실천과정을 선택하는 것이다. 셋째, 탈출전략(Escape strategy)이다. 이 전략은 내담자에게 기능한 한 최악의 결과를 피할 수 있는 수단들을 선택하게 하는 것이다. 넷째, 조화전략(Combination strategy)이다. 이 전략은 내담자에게 위험성이 있더라도 그 위험성을 감소시키고 자기가 갈망하는 목표를 성취할 수 있는 개연성을 증진시켜 주는 프로그램을 선택하도록 한다.

(3) 프로그램 실천단계 구성

상담의 목표를 설정하고 프로그램을 선택하였을 때 어떤 내담자들은 더 이상 상담자의 도움이 필요 없지만 다른 내담자들은 그 프로그램을 어떻게 실천해야 할 것인지 알지 못하여 당황

한다. 상담자는 이러한 내담자들을 위해서 그 프로그램을 구체적인 작은 단계들로 나누고 한 단계씩 발전적으로 실천할 수 있게 도와준다. 이것을 프로그램 실천단계 구성이라고 부른다.

① 구체화 과정

문제 상황이 복잡하면 하나의 목표를 여러 개의 작은 목표로 세분하고 작은 목표 하나하나마다 세부 프로그램을 만들어 실천한다. 상담자는 내담자가 세운 목표를 검토하고 내담자가 그 목표를 수행할 수 있는지를 살피고 그에 합당한 프로그램을 만들고 실천하게 한다. 그러나 그 목표가 실천하기 어려운 것이라면 그것을 세분하여 작은 목표를 세우고 그에 알맞은 프로그램들을 만들어 최종 목표를 달성할 수 있도록 도와야 한다. 이처럼 상담자는 내담자가 그 목표를 실천할 수 있게 구체적인 도움을 제공해야 하는 것이다.

② 세부 목표의 특성

ⓐ 분명하고 특수한 행동적 실천 목표를 설정해야 한다.

ⓑ 적절한 목표를 설정해야 한다. 다음 단계에 실천할 세부 목표와 연관되며 최종 목표 달성에 한 단계로서 기여할 수 있는 목표를 설정한다.

ⓒ 세부 목표는 내담자의 능력 범위 안에 있어야 하며 다른 사람이 아니고 바로 내담자 자신이 실천할 수 있는 것이어야 한다.

ⓓ 현실성이 있는 세부적인 목표를 설정해야 한다. 내담자의 가능성, 자원, 환경 등의 제한을 고려하여 현실성이 있는 목표이어야 한다.

ⓔ 그 세부목표는 그 프로그램의 다른 세부목표들과 내담자의 가치와 조화를 이루어야 한다.

ⓕ 평가가 가능한 목표를 설정한다.

ⓖ 목표 성취를 위한 현실적인 시간 계획이 있어야 한다.

③ 세부 프로그램의 설정 절차

ⓐ 명료해야 한다. 내담자가 무엇을 실천해야 할 것인지 알 수 있게 분명하게 한다.

ⓑ 다음 단계의 세부 프로그램과 분명한 연관이 있어야 한다.

ⓒ 세부 목표에 달성할 수 있는 프로그램이어야 한다. 세부 프로그램의 한 단계의 크기는 내담자의 실제적인 자원과 환경, 그리고 주어진 단계에 대한 내담자의 감정과 관련이 있어야 한다.

ⓓ 세부 프로그램은 너무 작게 구성하지 말아야 한다. 세부 프로그램을 너무 작게 구성하게 되면 내담자는 자신들을 어린애로 취급하는 것으로 생각할 수 있다.

ⓔ 세부 프로그램은 적당한 시간 프로그램에 맞추어야 한다. 세부 목표와 마찬가지로 세부 프로그램은 각 단계마다 실질적인 시간 계획이 세워져 있어야 한다.

(4) 내담자의 프로그램 실천

프로그램을 발견하고 선택하여 목표달성을 위한 프로그램 준비가 다 되어 있다 하더라도 내담자는 아직도 자기 문제를 그대로 가지고 있는 상태이다. 유능한 상담자는 프로그램을 실천할 수 있게 내담자를 격려하며 자극을 주고 동기가 약화될 때마다 다시 새로운 의지를 북돋우어 주는 도움을 베풀 것이다. 상담자는 어떻게 내담자를 도와 결정된 프로그램을 실천하게 도울 것인가?

① 프로그램 실천의 장애와 촉진력 점검

내담자가 새로운 시각을 계발하고 목표 설정을 하며 프로그램을 만들고 이 프로그램만 실천하면 새로운 삶을 살 수 있다는 꿈이 생길 때 그는 힘을 다하여 그 프로그램을 실천할 것이다. 그러나 예기치 않은 장애물들이 계속 생겨날 때 내담자들은 처음에 가졌던 활력을 잃을 수밖에 없다. 그러므로 상담자는 하나의 프로그램을 실천하기 전에 그 프로그램을 실천하는 동안에 어떤 장애물이 생겨날 수 있으며 어떠한 촉진력, 즉 그 프로그램을 계속 실천할 수 있게 촉진시키는 요소들이 있는지를 미리 점검하고 장애물의 독소를 약화시키고 촉진력의 강도를 높이는 것은 프로그램 실천에 중요한 도움을 제공할 것이다. 이러한 장애물들과 촉진력들은 여러 가지 근원이 있다. 자기 속에서 나올 수도 있고 이웃에게서 나올 수도 있고 사회구조에서 나올 수도 있다. 그러므로 다음의 단계에 따라서 장애물들과 촉진력을 점검하여 예기치 않는 어려움에 대비해야 한다.

ⓐ 내담자의 프로그램 실천을 방해하는 장애 요소들은 무엇인지 점검하고 목록을 만든다.

ⓑ 내담자의 프로그램 실천을 촉진시키는 촉진력들을 점검하여 목록을 작성하라.

ⓒ 가능한 모든 장애 요소들과 촉진력의 목록을 만들었으면 그것들을 다시 점검하면서 이 프로그램을 실천하려고 할 때에 결정적으로 영향을 줄 것이라고 생각되는 장애 요소들과 촉진력들에 밑줄을 긋는다. 즉 내가 이 프로그램을 실천할 때에 가장 결정적인 촉진력은 무엇인가를 정밀하게 조사한다.

ⓓ 내담자가 중요한 장애요소들의 힘을 감소시키고 중요한 촉진력들을 강화시키는 방법을 발견하게 도와준다.

② 프로그램 실천점검

카크허프와 앤소니(1979년)는 프로그램 실천을 촉진시키는 한 가지 방법으로 점검 단계를 고안했다. 이것은 실제로 실천 과정에서 내담자가 계속적으로 질문을 던지면서 실천하는 방법이다. 점검은 3단계 점검을 하는데 사전 점검, 진행 중 점검, 그리고 사후 점검으로 나눈다.

ⓐ 사전 점검

이것은 프로그램을 실천하기 전에 하는 점검으로 "나는 이 프로그램을 분명히 이해하고 있으며 이 프로그램의 성공을 확신하고 있는가? 나는 분명한 동기를 가지고 이 프로그램을 실천하려 하며 어떠한 장애도 극복할 준비를 갖추고 있는가?" 등의 질문으로 그 프로그램에 대한 내담자의 자세를 점검한다.

ⓑ 진행 중 점검

이것은 프로그램에 참여하여 실천하는 과정 중에 계속하는 질문 점검이다. "나는 이 프로그램 실천에 적극적으로 참여하고 있는가? 나는 이 프로그램에서 발생되는 여러 가지 문제들을 스스로 해결하려고 노력하고 있는가? 나는 이 프로그램을 실천하는 동안에 생기는 장애 요소들에 어떻게 대처하고 있는가? 이 프로그램을 진행하면서 나에게 일어나는 부정적인 감정들을 어떻게 처리할까?"

ⓒ 사후 점검

이것은 그 프로그램을 실천한 후에 하는 질문 점검이다. "나는 이 프로그램 실천 과정에 어떤 감정의 억제가 없었는가? 나는 이 프로그램에 만족하는가? 나는 어떤 점을 다시 조정해야 할 것인가?"

③ 내담자의 자발적인 실천

프로그램은 결국 내담자가 자기 변화와 자기 성장을 위해 실천하는 것이다. 그러므로 어느 누구도 내담자를 대신하여 프로그램을 실천할 수 없다. 내담자는 주체적인 의식을 가지고 자발적으로 그 프로그램을 실천해야 한다. 내담자는 자기 속에 아직도 자발적인 프로그램 실천을 방해하는 요소들을 가지고 있을 수 있다. 다음의 요소들을 상담자는 점검해야 한다.

ⓐ 내담자는 자기가 원하는 것을 분명히 알지 못할 때에 프로그램 실천에 소극적이 된다.그러므로 프로그램은 분명한 목적과 계획과 방법을 가지고 있어야 한다.

ⓑ 내담자 속에 아직도 비합리적인 신념들이 남아 있기 때문에 소극적이 된다. '나는 능력이 없다 나는 연약한 사람이다 나는 실패할 것이다.' 등의 비합리적 신념을 제거해야 내담자는 적극적으로 프로그램에 참여할 수 있을 것이다.

ⓒ 내담자에게 그 프로그램 실천에 필요한 기술이 없다면 그는 적극적으로 프로그램 실천에 참여하지 못할 것이다. 상담자는 그 프로그램 실천에 필요한 기술이 내담자에게 있느냐를 점검하고 없을 때는 훈련시켜야 한다.

ⓓ 내담자는 자기의 감정을 주체하지 못하고 넘어질 수 있다. 상담자가 할 일 가운데 하나는 내담자 곁에서 그의 감정들 특히 부정적인 감정을 해소시키는 일을 도와야 한다.

ⓔ 여러 가지 행동원리들(행동주의요법)이 내담자가 적극적으로 프로그램에 참여하는 데 도움을 줄 것이다.

④ 피드백(Feedback)의 기술

내담자는 자기가 실천하고 있는 프로그램 진행 상황에 대해서 더 많은 정보를 얻는다면 그 프로그램 실천에 더욱 열심을 낸다는 것이 길버트(1978, p. 175)의 주장이다. 그는 이러한 행동원리에 근거해서 피드백의 기술이 내담자의 프로그램 실천을 촉진한다고 보았다. 피드백은 현재 실천 중에 있는 프로그램이 얼마나 계획대로 잘 실천되고 있는가에 관한 정보를 제공하는 것이다. 이것은 프로그램 실천에 대한 판단이나 비난이 아니라 격려요 조장이다. 피드백은 프로그램을 실천하는 내담자에게 3중의 효과가 있다. 첫째는 피드백은 내담자가 목표를 향해 성공적으로 프로그램 단계를 진행시키고 있는지 확인시켜 준다. 둘째는 피드백은 내담자가 곁길로 빠져갈 때 그 정보를 제공해 주므로 다시 본 궤도로 돌아오게 교정해 주는 효과가 있다. 셋째는 피드백은 내담자에게 동기를 부여하여 프로그램 실천에 활력을 준다.

피드백은 샌드위치 기술을 사용할 때에 효과적이다. 샌드위치는 빵의 첫 조각, 가운데 속, 빵의 두 번째 조각으로 되어 있다. 특히 빵 두 조각의 사이에 들어가는 속은 빵 조각으로 양편에서 감싸주지 않으면 흘러 버릴 것이다. 이러한 원리로 내담자에게 피드백을 준다. 빵의 첫 조각-내담자가 잘하고 있는 것에 대한 격려와 강화이다.

빵의 속-잘못하고 있는 것에 대한 구체적인 언급과 개선을 위한 상세한 제안이다.

빵의 두 번째 조각-내담자를 강화시키는 기술을 활용하여 더욱 자신감과 용기를 가지고 프로그램을 진행하도록 돕는 것이다. 이렇게 보면 지금 개선해야 될 점을 분명히 지적하고 교정방법을 상세히 제안하면서도 이것은 격려, 강화, 칭찬 등으로 감싸져 있어야만 된다는 것이다. 상담관계에서 피드백의 자원은 내담자 자신 속에 있을 수도 있고 상담자에게 있을 수도 있고 내담자의 이웃과 사회에 있을 수도 있다. 유능한 상담자는 그 자원의 소재를 파악하여 내담자에게 동기를 부여하고 새로운 암시를 주면서 프로그램 진행을 촉진시킬 것이다.

(5) 상담과정의 평가

도움을 주고받는 상담과정은 성공적으로 목표를 달성한 후에도 그것을 평가하여야만 한다. 평가하여야 할 이유는 여러 가지이다.

① 평가해야 할 이유

ⓐ 평가는 당연한 과정이다. 그 이유는 상담의 과정과 그 결과를 평가하지 않으면 그 상담이 과연 내담자를 진정으로 도와서 그에게 넘치는 삶의 길을 발견하게 했는지 알 수 없다. 평가 없는 상담은 상담과정 자체를 무의미한 것으로 만들 수 있다.

ⓑ 실패 때문에 평가는 필요하다. 상담이 실패한 경우에 무엇이 잘못되었는가? 그 실패는 만회할 수 있는 것인가를 평가하여야 한다.

ⓒ 부분적인 성공이 평가를 요구한다. 부분적으로는 상담이 성공했으나 어떤 부분은 미완성으로 남겨졌을 때 프로그램을 어떻게 재구성하여 완전한 성공을 얻을 수 있을지 평가해야 한다.

ⓓ 완전한 성공도 평가를 요한다. 상담이 기대하던 대로 성공했다면 그러한 성공을 가져다준 모델, 전략, 기술, 기교 등은 무엇이었는가? 이것들을 어떻게 다른 차원의 삶에 적용할 수 있을까 등을 평가한다.

ⓔ 상담과정에 사용한 기술들을 평가한다. 상담에 사용한 기술들은 얼마나 효과적이었는가? 얼마나 비효과적이었는가? 어떤 점을 개선해야 하겠는가 등을 묻는다.

ⓕ 외부의 요구로 평가한다. 상담을 의뢰한 기관이나 상담을 밀어 주는 단체들이나 교회들에게 상담이 어느 정도 성공하고 있는가? 어떠한 도움을 실제로 베풀고 있는가 하는 점을 알려 주기 위해서도 평가는 필요하다.

ⓖ 이것은 윤리적인 책임이다. 상담자는 고통당하는 한 인간을 상담했다. 그 결과 어떠한 도움을 주었는지, 또는 어떠한 불이익을 주었는지 등을 평가하는 것은 상담자의 윤리적 책임이다.

② 평가방법

상담자는 상담 결과를 다음의 네 가지 각도에서 평가한다.

ⓐ 프로그램 참여 정도

내담자는 자기가 선택한 프로그램에 얼마나 적극적으로 참여했는가?

ⓑ 프로그램 효과

이 프로그램을 실천하여 내담자는 자기가 세운 목표를 달성했는가? 이 프로그램은 목표 달성에 어느 정도 기여했는가?

ⓒ 목표성취

목표가 어느 정도 성취되었는가? 목표의 달성은 이 프로그램 실천의 결과라고만 할 수 있는가?

ⓓ 문제해결 또는 욕구 충족

설정된 목표 성취로 원래의 문제 상황과 욕구가 만족스럽게 충족되었는가? 어느 정도 문제 상황이 다루어졌고 욕구가 충족되었는가? 이러한 평가를 거쳐 만족스러운 결과를 얻었을 때 그 상담은 종결되는 것이다.

Ⅲ. 상담의 종결과정

1. 상담 종결

상담이란 내담자가 처음에 가져왔던 문제가 해결되고 장래의 생활에서 그와 비슷한 문제가 발생하더라도 처리할 자신이 생겼을 때 자연스럽게 종결(終結)되어야 한다. 그러나 자연스럽고 만족할 만한 종결이란 사실상 힘들고 드문 일이다. 상담에 대한 전문적인 지식이 부족한 상담자들은 내담자의 문제가 해결되는 즉시 혹은 해결되어 갈 즈음에 자연스럽게 종결될 수 있으리라고 기대한다. 그러나 상담의 종결은 문제가 완전히 해결된 다음에 이루어진다기보다는 처음에 기대했던 해결 및 행동 변화와 상담과정에서 도달한 한계와의 타협점에서 이루어진다고 볼 수 있다. 여기서 말하는 상담과정에서의 한계란 내담자 측에서 상담이 더 이상 진행되는 것을 불편하게 여기거나 처음의 상담동기가 약화되었거나, 상담에 투여하는 시간과 경제적 소모에 불만을 가졌을 때를 가리킨다. 상담의 종결을 잘한다는 것은 특히 상담자에게 있어서 상당히 어려운 일이다. 우선 경험이 부족한 상담자는 내담자가 먼저 종결을 제안할 때 당황하기 쉽고 내담자가 기분이 약간 좋아졌다든가 문제가 많이 해결되었다고 말하면 얼른 종결을 하고 싶어진다. 또한 더 이상의 긍정적인 변화가 오리라는 보장이 없음에도 불구하고 계속 상담관계를 유지하고 싶어질 수도 있기 때문이다. 대개 상담에서는 상담 초기부터 종결 시기에 대해 내담자와 충분히 혹은 어느 정도까지는 미리 언급해 두는 것이 좋다. 만일 상담자가 '어떤 때에 종결할 수 있을 것'이라는 언급이 없이 상담을 진행했다면 그때부터 종결이 어렵게 될 소지를 마련한 셈이다. 다시 말해면 상담의 종결은 상담의 목표와 관련지어 생각되어야 하고 목표를 처음 언급할 때에 목표달성의 기준과 이러한 기준이 달성되었을 때 상담이 종결되리란 것을 서로 합의해 두는 것이 현명하다.[20]

1) 상담자에 의한 종결

(1) 종결에 관한 상담자의 판단

상담을 종결하는 것은 상담자에 의한 경우와 내담자에 의한 경우로 구분할 수 있다. 상담의 목표를 달성하기 전에 외부적 원인으로 인하여 상담을 종결하는 경우가 있다. 이러한 경우 상담자와 내담자 사이에 신뢰관계가 형성되지 않았다면 별문제가 없으나 신뢰관계가 형성되었다면 내담자에게 큰 자극을 주게 된다. 심한 경우에는 내담자가 상담자에게 배신감을 느낄 수도 있다. 이러한 경우에는 내담자가 내면세계를 개방했다는 점에서 볼 때는 상담의 긍정적 효과가 있으나 아직 문제가 해결되지 않았거나 새로운 습관을 받아들이지 못한 경우에는 고통이 될 수 있다. 상담자는 종결에 따른 내담자의 정서반응을 다루는 일에 유의해야 하며 상담자를

---

20) 이장호, *상담면접의 기초* (서울: 중앙적성출판사, 1994), 209.

의지하기보다는 우리의 영원한 상담자이신 하나님을 의지하도록 도와주어야 한다.

내담자와의 상담을 종결하려는 생각이 들 때에는 우선 그 이유를 생각해 보고 이를 내담자에게 설명해야 한다. 그 시기로는 일반적으로 처음에 설정했던 상담의 목표가 달성되었다는 생각이 들거나 더 이상 진행되어도 진전이 없으리라는 판단이 설 때 종결의 문제를 거론하는 것이 바람직하다. 그런데 상담의 진전 정도, 효과 및 목표의 달성 수준에 관한 언급은 간단한 듯 하면서도 상당히 복잡하다. 가령 열등감이 문제였던 내담자의 경우는 열등감이 해소되었다는 구체적인 증거나 행동지표를 마련하게 함으로 상담의 종결을 쉽게 결정할 수 없다. 또한 상담자는 상담의 목표를 달성하는 데 있어서 지나친 완전주의(完全主義)를 지향해서는 안 된다. 그 이유는 상담의 목표가 분명하게 또는 거의 완전하게 이루어지는 경우는 드물기 때문이다. 따라서 어느 정도의 목표가 달성되었는지 상담과정에서의 노력을 평가하고 종결 가능성을 검토해야 한다. 다음 상담의 진전 속도와 상담의 종결 여부의 결정은 서로 깊은 관련성이 있다는 것을 고려해야 한다. 즉 상담이 내담자의 문제를 해결하거나 변화를 일으키는 데 더 이상 효과적이지 못하다는 판단이 들 때는 상담의 가치를 의문시해야 한다. 가령 한 내담자가 상당히 늦은 속도로 변화를 보인다 하더라도 후에 다시 상담을 받는다는 전제 아래 상담을 종결지을 수 있다. 상담은 일단 종결되었다 해도 내담자 측에서 느린 속도이긴 하나 착실한 진전이 이루어질 수 있기 때문이다. 이런 점에서 상담 효과의 정도와 종결의 관계에 대해 주의 깊게 생각해야 한다.

내담자들은 행동 및 사고방식의 변화, 당면 문제의 해결, 인격적인 발전 등 여러 가지 이유로 상담을 신청한다. 이들 중에는 장차 일어날지도 모르는 문제를 스스로 해결하기가 어렵기 때문에 상담을 계속하려는 내담자도 있고 혹은 변화 자체를 회피하기 위해서나 자신이 해야 하는 결정을 상담자가 대신 해주기를 원하는 마음에서 상담을 더 원하는 내담자도 있다. 게다가 동기는 강하지만 전학, 직업의 전환, 경제 능력의 한계로 상담을 계속할 수 없는 내담자의 경우도 있는데 이러한 모든 요인들은 상담의 계속 여부에 관련되어 반드시 한 번쯤 고려되어야 한다.

그 밖에 상담을 종결하는 데 있어서 내담자와 상담자가 투여하는 시간과 노력에 비해 얼마만큼 효과적인가라는 측면도 고려해야 한다. 즉, 장기간 더 상담을 계속할 경우 어느 정도 효과가 예측되더라도 내담자가 그러한 시간과 정력을 소비하기에는 너무 벅차다는 판단이 들 때 일단 상담을 종결할 수도 있다. 이러한 상담의 종결에 관련된 여러 가지 문제들을 보다 전문적으로 토의하고 바람직하게 종결여부를 결정하기 위해서는 선배가 되는 지도교수나 카운슬러와 의논하는 것이 좋다.

② 종결에 대한 내담자와의 협의

상담자로서는 우선 종결의 이유를 자세히 설명해 주는 것이 바람직하다. 처음에 설정했던 상담의 목표와 관련지어 그 이유들을 설명해야 한다. 그리고 상담이 진행되는 동안 이루어졌거나 이루어지지 못한 내담자의 기대나 변화도 참작하면서 설명하는 것이 바람직하다. 이러한 설명은 언뜻 보기에는 매우 쉽고 간단한 것 같지만 실상은 그렇지가 않으며 특히 내담자가 상담의 종결을 원하지 않을 때에는 더욱 복잡해진다. 초심자들은 종결의 화제를 꺼내기가 매우 어렵고 내담자가 거부반응을 일으킬까봐 불안해질 수도 있다. 그러므로 종결 제안에 대한 내담자의 생각과 느낌을 철저히 탐색하고 협의하는 것이 중요하다. 상담관계에 따라서 내담자의 반응은 여러 가지로 다양하겠지만 많은 내담자들이 상담의 종결을 실패로 받아들이는 경향이 있다. 경우에 따라서는 상담자가 종결을 제안할 때 '버림받았다', '거부되었다'고 느끼기까지 한다. 그러므로 내담자가 거부반응을 분명히 말로 표현하지 않더라도 이러한 감정을 충분히 가질 수 있다는 전제하에서 솔직하게 이야기하는 것이 중요하다. 또한 상담을 종결하자는 제안에 대한 내담자의 의견이나 반응을 충분히 이야기할 만한 시간이나 기회를 가져야 한다. 경우에 따라서는 종결하자는 제안을 마치 기다렸다는 듯이 금방 찬성하는 내담자도 있고 혹은 지금까지 진전이 되는 듯싶었던 문제가 더욱 악화되었다든가 새 고민이 생겼다고 말해 오는 내담자도 있다. 이러한 여러 가지 내담자의 반응을 일일이 열거하기는 힘들지만 원칙적으로 상담의 종결에 대해 내담자가 나타낼 수 있는 반응을 충분히 고려하며 가능한 내담자의 반응에 대해 상담자가 미리 준비하는 것이 필요하다.

종결에 관한 의논이 시작되었다고 해서 반드시 종결되는 것은 아니다. 왜냐하면 내담자 쪽에서 이의를 제기할 수도 있고 종래와는 다른 문제를 제기함으로써 상담이 다른 방향으로 지속될 수도 있기 때문이다. 어떤 경우는 상담을 종결하자는 제안이 있은 다음부터 상당한 진전을 볼 수 있고 내담자가 적극적인 노력과 반응을 나타내기도 한다. 때로는 상담에 대한 불만이나 종결의사를 나타내지 못하는 내담자도 있는데 이러한 경우에는 상호 간에 그러한 가능성을 함께 공개적으로 이야기함으로써 상담과정을 의미 있게 처리할 수 있다. 상담자는 더 이상 상담이 진행되어도 효과가 없으리라는 점을 지적하면서 종결을 반대하는 내담자의 심리적인 배경 등에 관해 충분히 대화의 시간을 갖는 것이 중요하다. 다만 내담자가 원한다고 해서 불필요한 상담을 계속해서는 안 되며 종결의 필요성에 대한 분명한 신념을 전달하는 것이 바람직하다.

③ 종결에 대한 상담자의 태도

종결은 갑자기 이루어져서는 안 되며 특히 내담자와 장기간의 상담관계를 유지해 온 경우는 더욱 그렇다. 흔히 상담의 종결에 대한 의견이 나온 뒤 2~4회 추가적인 상담을 갖는 것이 유익하다. 이것은 내담자가 혼자서 문제를 해결하거나 생활 면에서 자신의 뜻한 바를 책임 있게 실천할 수 있는지를 검토하는 예비적인 기간이 필요하기 때문이다.

또한 매주 1회의 상담관계였으면 2주일이나 한 달에 한 번 정도로 상담 횟수를 줄여가다가 마지막으로 완전히 종결하는 것이 바람직하다. 상담의 종결 부분에서는 새로운 문제나 관심사보다는 장차 일어날지도 모르는 문제와 내담자가 취해야 할 태도 등에 대해 이야기하는 것이 좋다. 이때 상담자의 태도는 종래의 형식적이고 분석적인 태도와는 달리 상담자의 인간적인 측면을 드러내는 비형식적 태도를 취하는 게 좋다. 그리고 이때에는 내담자가 상담자를 어떻게 생각하는지 또는 상담자가 내담자를 어떻게 보아 왔는지 등을 이야기하는 경우가 많다.

마지막 상담에서는 종합적이고도 구체적인 행동 경험들을 이야기하되, 지금까지 이루어진 노력의 내용이나 성과에 대해 충분히 토론하고 요약하는 것이 중요하다. 또한 내담자와 상담자의 기대했던 내용의 차이점을 거의 의도적으로 발견해서 토의하는 것도 중요하다. 그리고 장차 상담을 다시 받게 될지도 모른다는 가정을 자연스럽게 제시하는 것이 좋다. 다만 후에 상담을 다시 받는 것은 지금까지 해 온 해결에의 노력이 실패했다거나 반드시 다시 문제가 생겨서만이 아니라 보다 발전된 상태와 새로운 관심사를 가지고 면담이 재개될 수 있다는 것을 강조해야 한다.

(2) 내담자에 의한 종결

① 내담자가 종결을 제안해 올 경우

내담자가 상담의 종결을 하나의 토의 안건으로 제시하는 경우와 종결을 기정사실로 하고서 상담자에게 통고하는 경우 사이에는 커다란 차이가 있다. 사실상 내담자 측에서 일방적으로 종결을 통고해 오는 경우가 많다. 상담자는 이러한 내담자 측의 일방적인 선언에 대해 당황하지 말고 어느 정도까지는 익숙해지는 것이 필요하다. 그리고 내담자가 상담을 그만하겠다는 최종 결정을 하기 전에 그와 같은 생각을 하고 있을지도 모른다는 가능성을 염두에 두는 것이 필요하다.

대체로 상담자가 생각하는 상담의 목표와 내담자가 생각하는 목표나 성과 사이에는 상당한 차이가 있기 마련이다. 즉 상담자는 내담자의 인격적인 성장이나 근본적인 문제해결을 원하는 경우가 많은 반면 내담자는 특정의 충고나 자신의 행동에 대한 상담자의 긍정적인 확인을 원한다. 또는 상담자가 그저 들어주기를 바라는 식의 자기감정의 발산을 목적으로 찾아오는 경우도 많다. 이러한 점에서 내담자는 상담자보다 상담에 대한 기대나 가치에 있어 덜 신중하고 깊은 의의를 느끼지 못하는 수가 많다. 그래서 상담자 쪽에서는 '이제 상담이 본격적으로 시작되는 것 같다'는 생각이 들 때 내담자가 종결을 제안해 오는 경우가 생긴다.

이러한 내담자의 종결 제안에 대해 상담자의 반응은 여러 가지로 나타날 수 있다. 우선 복잡한 문제를 가지고 있었거나 상담에서의 태도가 솔직하지 못했던 내담자의 종결 제안은 상당히 반가운 현상으로서 짐을 덜었다는 느낌을 상담자에게 준다. 또한 열심히 상담해 주고 있는 도중에 '그만 하겠다'고 하면 상담자의 전문적 노력과 열의가 실패했다는 좌절감을 느끼기도 한다. 그리고 내담자에게 이제까지 열심히 해 온 것에 대해 '배반당했다'는 허탈감이나 분노를 느끼는 수도 있다. 그 밖에 더 이상 노력의 기회를 제공하지 않는다는 점에서 내담자가 공연히 미워지고 자신의 능력까지 의심하는 경우도 있다. 그러므로 상담자는 내담자의 종결 제안에 대한 처리방안이 매우 곤란한 문제로 등장한다. 즉 내담자에 대해 취할 수 있는 최선책과 좌절감 및 분노와 같은 자신의 정서적 반응을 분리해서 처리하기가 어려워진다. 이때 자기감정의 통제 정도가 전문가로서의 성장 수준을 나타내는 것이고 이러한 전문가적 성숙은 자신과의 투쟁이나 철저한 수련을 통해 이루어질 수 있는 것이다.

② 내담자의 종결 이유에 대한 평가

먼저 내담자가 상담의 종결을 제안했을 때 그 이유에 대한 설명을 경청하는 것이 필요하다. 내담자가 상담을 종결짓고 싶은 흔한 이유로는 생각보다 성과가 적다고 느낄 때, 상담도중이나 실제 일어나는 문제를 인내할 수 없을 때, 내담자 측의 시간, 경제적 부담이나 압력을 느끼기 때문이다. 이러한 것들은 대체로 내담자가 상담에 대해 만족하지 못했을 때 내세우는 이유이지만 상담성과에 대해 어느 정도 만족했을 경우에는 이유가 있는 반응으로 고려될 수 있다. 즉 문제가 완전히 해결되지 않았어도 여러 가지 부담 때문에 이 정도면 상담의 성과가 '만족스럽다'는 생각에서 상담의 종결을 제안해 올 수 있다. 상담자로서는 조금 더 상담을 진행해야 처음의 목표가 달성되리라고 보지만 내담자는 일찍 종결짓고 싶어 하는 경우도 있다. 즉 내담자 측에서는 그런 대로 만족하나 상담자 측에서 만족하지 않는 경우이다. 그러나 이 경우에도 궁극적으로는 최종적인 마무리 작업이나 실제 생활 장면에서의 실천 작업의 책임이 내담자에게 있다는 전제 아래 억지로 상담을 더 진행하려고 해서는 안 된다. 대신 내담자가 상담의 종결을 제안해 왔을 때 당장 응하지 않고 몇 회의 상담을 더하면서 보다 충실한 종결작업을 하는 것이 중요하다.

내담자의 종결희망을 반드시 액면 그대로 받아들여서는 안 될 경우를 주의해야 한다. 정말 종결하고 싶다기보다는 상담자의 주목을 받기 위해서, 혹은 과거보다 더 성의 있게 해 달라는 표현일 수도 있는 것이다. 또한 '너무 파고들지 말고 그저 이해만 해 달라'라든가 '더 이상 분석해 들어가면 감당할 수 없다'는 의미가 포함될 수도 있기 때문이다. 흔한 경우는 아니지만 상담자의 권위에 도전하기 위해서 상담자도 실패할 수 있다는 사실을 '내가 입증하리라'는 의도로 미리 종결시키려고 하는 내담자도 있다. 그 밖에 외부적인 긴장요소가 해결되었을 때에 종결을 제안해 온다. 그 예로는 갈등상태에 있던 부모와 화해를 했거나, 취직을 함으로써 경제적인 압박에서 벗어났거나, 주위에서 상담을 종결하도록 압력을 가해오는 등 여러 가지가 있을 수 있다. 부모나 주위의 압력이 생기는 것은 상담 전에는 수줍어하고 말이 없던 내담자가 상담을 받으면서 적극적으로 행동하며 '어른에게 도전한다'는 인상을 주기 때문이다.

③ 내담자의 종결 제안에 대한 처리

상담자와 내담자 간의 기대의 차이나 그 밖의 외부적인 요인 때문에 내담자가 그만두겠다고 하는 경우 종결에 대한 상호 합의가 쉽게 이루어진다고는 볼 수 없다. 어떤 의미에서는 내담자가 일방적인 선언을 해 올 때에는 비록 상담자가 불만스러운 경우라 해도 금방 응하기 쉽기 때문이다. 다만 그때까지의 상담관계가 좋았다면 이러한 내담자의 제안을 보다 바람직하게 만드는 노력이 필요하다. 즉, 그런 제안이 있은 후 2~3회의 상담을 더 진행할 수 있다는 전제하에서 상담자는 구체적인 횟수와 이유를 제시하여 동의를 얻는 것이 필요하다. 다만 바로 종결해도 내담자의 일상생활에 장애가 없을 것이라는 판단이 서면 억지로 상담관계를 더 지속시켜서는 안 된다. 요컨대 내담자의 종결 제안에 대한 처리에서는 내담자 스스로의 자각 및 자기이해를 증진하는 방향으로 탐색, 정리해 주는 것이 바람직하다.[21)]

(3) 목회상담의 실패에 대한 점검

우리의 상담이 모두 성공할 수는 없다. 상담이 실패를 향하고 있을 경우에는 상담이 실패하는 요인들을 신속하게 점검하여야 한다. 아담스는 상담 실패를 점검하는 다음과 같은 50개 요인들을 제시하였다. 상담자들은 이 항목들을 통해서 스스로를 점검하면 유익 할 것이다.[22)]

---

21) *Ibid.*, 210-18.

1) 그 내담자가 참으로 크리스천인가?
2) 참된 회개가 있었는가?
3) 성경적 변화에 대한 필수적인 헌신이 있는가?
4) 당신의 비망록은 서로 조화를 이루고 있는가?
5) 당신은 필요한 모든 자료를 가지고 있는가?
6) 당신은 변화를 추상적으로 성취하려고 노력하고 있는가? 혹은 구체적으로 성취하려고 노력하고 있는가?
7) 당신은 지식화되어 왔는가?
8) 종합검진을 순서대로 했는가?
9) 당신은 그 문제를 알고 있다고 확신하는가? 더 많은 자료수집이 필요한가?
10) 먼저 해결되어야만 할 다른 문제들이 있는가?
11) 당신은 관계(Relationship)를 무시하면서 문제를 해결하려고 노력해 왔는가?
12) 당신은 적절한 성경적 소망을 주었는가?
13) 당신은 과소평가를 했는가?
14) 당신은 사색적인 자료를 진실로 받아들였는가?
15) 당신은 구체적인 과제물을 규칙적으로 주었는가?
16) D. P. P. 양식의 사용이 도움이 되었는가?
17) 만일 이것이 삶을 지배하는 문제라면 당신은 전체적인 재구조화를 위한 상담을 하고 있는가?
18) 당신은 자기연민(Self-pity)을 강조하고 있는가?
19) 당신은 오직 문제에 관해서만 말하고 있는가? 혹은 하나님의 해결책에 관해서도 말하고 있는가?
20) 당신은 내담자의 언어에서 표현되는 내담자의 태도를 주의 깊게 분석해 왔는가?
21) 당신은 내담자들이 그 자리에 함께 참석하지 않은 다른 사람들에 관하여 말하는 것을 허용해 왔는가?
22) 새로운 문제가 생겼는가? 혹은 상담을 시작한 후에 상황이 변화되어 왔는가?
23) 당신은 잘못된 문제에 초점을 맞추어 왔는가?
24) 그 문제는 별로 복잡하지 않는 단순한 반항의 문제인가?
25) 당신은 신속하게 과제물을 주는 데 실패했는가?

---

22) 정정숙, *기독교상담학* (서울: 도서출판 베다니, 1999), 405-08.

26) 상담자인 당신은 내담자와 동일한 문제를 가지고 있는가?
27) 문제의 밑바닥에 교리적 오류가 있는가?
28) 약품(신경안정제 등)들이 문제를 더욱 복잡하게 만들고 있는가?
29) 당신은 옛 습관을 벗는 것만 강조하고 새로운 습관을 입는 것은 등한시해 왔는가?
30) 당신은 그 문제에 관해서 기도해 왔는가?
31) 당신은 내담자를 어떤 방법으로 빗나가게 만들었는가?
32) 당신은 성경적 해결 방안보다 덜 중요한 어떤 해결책을 제시해 왔는가?
33) 당신은 성경이 가르치는 것보다 덜 공격적이고 덜 요구해 왔는가?
34) 당신은 죄를 죄라고 부름으로 소망을 주는 일에 실패해 왔는가?
35) 내담자는 인격의 변화가 불가능하다고 확신하고 있는가?
36) 당신의 상담은 계명 지향적(Commandment-oriented)이라기보다는 오히려 감정 지향적(Reeling oriented)으로 해 왔는가?
37) 당신은 그리스도의 충분한 자료들을 사용하는 데(예를 들면 기독교 공동체의 도움) 실패해 왔는가?
38) 교회의 징계는 순서대로 이루어지고 있는가?
39) 당신은 이전의 상담들을 빈약하게 이끌어 왔는가?(예: 부분적으로 성취한 과제물을 용납해 온 것)
40) 당신은 내담자의 문제에 대한 성경적인 해결 방안들을 참으로 알고 있는가?
41) 당신은 참으로 소망이 있다고 믿는가?
42) 내담자는 규칙적으로 기도하고 성경을 읽고 하나님의 백성들과 친교를 나누며 복음을 전해 왔는가?
43) 당신은 도움을 받기 위해서 다른 크리스천 상담자에게 도움을 요청할 수 있는가?(물론 내담자도 알고 있는 상황에서)
44) 당신의 주간 상담기록(Weekly Counseling Records)을 충분하게 다시 읽으면 어떤 유형이나 경향, 아직 발전되지 않은 영역을 발견할 수 있는가?
45) 당신은 오직 집중적으로 질문해 왔는가? 광범위하게 포괄적으로 질문해 왔는가?
46) 당신은 이 케이스는 이전의 어느 케이스와 유사하다고 잘못 추정해 왔는가?
47) 내담자가 자료를 숨겨 왔는가? 혹은 왜곡해 왔는가?
48) 문제에 관련된 다른 어떤 사람(남편, 아내, 부모, 자녀)이 필요한 자료를 제공해 줄 수

있는가?

49) 당신은 이런 종류의 문제를 해결하는 데 단순히 무능한가?

50) 당신은 그 문제에 대한 유기체적 근거(Organic base)가 없다고 합리적인 근거에서 확신하고 있는가?

2. 상담 후 지도

상담자와 내담자 사이에 신뢰관계가 형성되고 성령의 도우심 아래서 서로의 노력을 통하여 상담의 목표에 이르게 되면 자연스럽게 상담을 종결해야 한다. 이때가 되면 상담자와 내담자가 상담을 종결해도 좋다는 합의점에 도달할 수 있게 되며 상담자는 내담자로 하여금 그리스도 안에서 완전한 자로 세우는 (골 1:28) 일을 스스로 할 수 있도록 상담을 종결해야 한다.

상담자는 내담자와 상담관계가 종결되어도 그리스도 안에서 지체로서 지속적으로 돌보아야 한다. 처음에는 한 달에 한 번 만나서 점검하고 나중에는 3개월에 한 번, 그 후에는 6개월에 한 번씩 점검하면서 돌보는 것이 바람직하다. 사후 지도는 직접적 개입보다 뒤에서 기도하며 신앙적 동지로서 함께 하나님의 사역에 헌신하는 것으로 나타나야 한다. 사후 지도를 위해서 상담자가 점검해야 할 사항은 ① 지속적인 신앙생활을 하고 있는가? ② 교회의 일원으로서 기쁨을 누리는가? ③ 가정생활에서 하나님이 주시는 기쁨을 체험하는가? ④ 사회생활에서 그리스도의 향기를 발하는가? ⑤ 다른 사람을 돌보는 일에 관심을 가지고 헌신하는가? 등이다. 상담자는 신앙의 동지로서 늘 기도해야 하고 그리스도의 사랑을 실천하여야 하며 교회생활과 사회생활에 자연스럽게 적응하도록 돌보아야 한다. 그러나 이러한 돌봄은 은밀한 중에 하여 내담자에게 부담을 주지 않게 해야 한다.[23)]

1) 상담기록

(1) 기록의 필요성

상담기록은 대체로 상담자가 소속하고 있는 기관의 보관 자료로서 내담자를 보다 잘 이해하기 위해서 그리고 상담진행 내용의 검토를 위해 필요하다. 경험이 부족한 상담자들은 기록에 치중한 나머지 내담자의 말 자체를 모두 기록하려고 하기 때문에 보다 중요한 내담자의 감정

23) *Ibid.*, 409.

의 흐름이나 상담자인 자신의 반응에 관한 구체적인 표현을 빠뜨리기 쉽다. 어떤 상담자들은 너무 많은 시간이 소모되기 때문에 기록하는 것에 저항감을 느끼기도 하지만 대강 요약을 하든 상술하든 간에 기록을 습성화하는 것이 바람직하다. 그리고 기록이 필요한 가장 큰 이유는 상담과정의 특성 및 내담자 문제의 핵심에 관한 이해와 상담자 반응의 효과성을 검토하기 위해서이다.

(2) 상담기록의 보관 이유

상담기록을 보관하는 이유는 상담의 촉진, 훈련 및 연구의 목적, 상담전문가들과의 협의 및 검토 자료, 그리고 행정 및 법률적 이유 등이다. 다음에 각 이유에 관한 간단한 설명을 하기로 한다.

ⓐ 상담의 촉진

상담하기 전에 전 회의 상담기록을 읽음으로써 이전 상담에서 미처 다 끝내지 못한 화제, 내담자의 가장 큰 관심사, 상담자의 제안이나 권고 사항 등의 이행 여부를 알 수 있다. 즉 상담 진행에 도움이 될 뿐 아니라 내담자의 그때그때의 관심사나 욕망에 대해 보다 효과적으로 반응할 수 있고 전 회의 제안이나 권고 사항이 제대로 실천되고 있는지를 잊지 않고 확인할 수 있다. 더욱이 여러 내담자를 상대하거나 1주일에 10여회 이상의 상담을 하는 상담자는 어떤 내담자와의 약속이나 특별한 관심사를 매번 정확히 기억하기 힘들다. 기록과 보관은 이렇게 전 회의 회상을 위해서 뿐아니라 다음 회의 상담 방향을 위해서도 필요하다.

그러나 기록할 때에 화제 중심의 진행과정이나 내담자와 상담자 간에 주고받은 말만을 적는다면 큰 의의가 없다. 상담내용의 요약에다가 더 탐색하여야 할 내담자의 감정, 태도 및 상담이 진행되는 동안 관찰 또는 주목되었던 내담자의 행동단서 등을 간단히 첨가하는 것이 중요하다. 상담과정에서 이야기되었던 수많은 화제에 압도되어 그 자세한 내용을 기록하는 데 그치기보다는 객관적인 평가와 상담의 흐름 및 장차의 상담에 도움이 되는 단서들을 집약해야 한다. 요컨대, 전 회의 상담기록을 통해 이미 이야기된 내용이 반복되는지 내담자의 반응에 어떤 의미가 있었는지를 발견할 수 있고 나아가 상담자의 접근 방식을 시정할 수도 있는 것이다.

ⓑ 훈련 및 연구 목적

상담의 진행 내용의 연구나 상담자의 수련을 위해서는 자세한 상담기록이 필요하다. 즉 구체적인 상담기록을 중심으로 선배 지도자와 협의함으로써 상담자의 태도 및 기술이 더욱 연마될 수 있다. 상담내용의 훈련을 위해서는 테이프 녹화기가 가장 이상적이나 적어도 녹음테이프가 준비되어 있어야 한다. 테이프는 거의 완전한 상담의 진행 상황을 알려줄 뿐 아니라 언어 교환에 있어서의 억양이나 침묵 등을 나타내 주기 때문이다. 즉 말만으로 충분히 파악되거나 이해되지 않았던 내담자의 감정과 태도 등을 녹음된 내용을 들음으로써 알 수 있게 된다. 그리고 상담에서 사용된 언어의 내용이나 상담자와 내담자 간의 감정교환 및 행동표현의 일치·불일치를 선배 지도자가 지적해 줄 수 있기 때문에 상담자의 효과적인 노력을 촉진할 수 있다. 경험이 부족한 상담자로서는 상담이 진행되는 동안 상담의 자세한 측면이나 미묘한 감정 차이를 알아차리기도 어렵고 구체적인 기록을 하기도 힘들 것이다. 그러나 가능한 구체적인 내용을 기록해 두면 추후에 상담전문가들과 함께 검토하는 과정에서 스스로의 수련을 쌓아 나갈 수 있는 것이다.

ⓒ 다른 전문가의 검토 자료

상담을 촉진하거나 훈련을 위한 목적 외에도 상담내용을 기록해야 하는 이유가 있다. 즉 한 상담자가 소속되어 있는 기관을 떠나거나 건강상의 이유 등으로 상담을 못할 경우 다른 상담자가 계속해서 상담을 진행하는 경우가 간혹 있다. 이 경우에 다른 상담자가 이미 진행된 내용을 정확히 파악함으로써 내담자에게 도움을 줄 수 있다. 그러나 이전의 기록이 충분치 않으면 내담자는 전에 이야기했던 내용을 반복해야 하므로 부담감을 느끼고 이러한 부담감 때문에 상담관계가 촉진되지 않는 경우도 많다. 또한 상담자로서는 이전의 상담기록을 토대로 해서 다음의 상담과정을 보다 촉진할 수 있을 것이다.

ⓓ 행정적 이유

흔한 경우는 아니지만 다른 기관에서 상담기록을 요청해 오거나 내담자의 가족들에게 얼마 후에 상담내용에 관해 자문의 형식으로 알려 주어야 할 경우가 있다. 그리고 아직 우리나라에서는 상담자가 법정에서 내담자의 신상이나 심리적 과정에 대해 전문적인 진술을 하는 예가 드물지만 점차 미국이나 유럽처럼 다른 기관의 요청에 의해 내담자에 관한 전문적인 의견을 진술하는 경우가 많아질 것으로 보인다. 이러한 상황에서는 물론 미리 정확한 상담내용이 기록되어 있어야 하는데 내담자의 상담내용과 문제에 관한 전체적 상황뿐 아니라 상담자의 전문적인 의견도 기록되어 있는 것이 바람직하다. 즉 내담자의 문제가 촉발된 요인, 내담자의 행동 특징, 정서상태, 상담자의 조치사항, 상담의 방법, 진행내용 및 상담결과 등에 관해 체계적으로 간결하게 기록되어 있을수록 이러한 목적에 효과적으로 활용될 수 있다.

2) 기록상의 유의점

(1) 기록의 일반적 지침

무엇보다도 필요한 정보를 간결하게 기록하는 것이 중요하다. 너무 많은 내용을 기록하는 것은 훈련이나 그 밖의 특별한 목적을 제외하고서는 거의 의미가 없으므로 간결하게 주요 초점만을 기록하는 것이 일반적인 원칙이다. 그래서 상담자가 기록을 할 때 그 목적과 정도 및 초점에 따라 기록의 내용이나 양이 조절될 수 있어야 한다. 일반적인 유의점으로는 먼저 정확하고 간결하게 기록하고, 둘째는 가치판단적인 단어를 회피하며, 셋째는 지시나 해석 내용보다는 내담자의 행동이나 사건 위주로 기록하는 것이다.

이와 같이 기록해야 하는 가장 큰 이유는 다른 상담자나 전문가가 후일에 상담할 때 사실적으로 참고가 되어야 하기 때문이다. 그 밖에 대체로 상담자나 전문가 외에는 기록 내용은 보는 경우가 드물지만 내담자에게 조금이라도 불리한 표현은 원칙적으로 삼가야 한다. 기타 자세한 것은 상담자의 판단과 전문적 경험에 의해 신축성을 기해야 할 것이다.

(2) 기록 시기에 관한 문제

상담자들이 종종 내담자 앞에서 상담내용을 기록하는 경우가 있는데 이는 내담자의 양해를 얻었더라도 바람직한 것은 아니다. 그 이유는 기록을 하게 되면 내담자 쪽에서 신경을 쓰게 되어 보다 자연스러운 상담을 할 수 없기 때문이다. 따라서 가능하면 상담이 끝난 후에 중요한 요점들을 회상해 가면서 기록하는 것이 좋다. 그리고 녹음테이프를 사용할 때에도 원칙적으로 내담자의 양해 아래 녹음을 하도록 하고 내담자가 원할 때에는 테이프를 제공하는 것도 바람직하다. 그런데 시간에 쫓기거나 할 일이 많은 상담자들에게는 기록이 철저히 지켜지지 않을 수도 있다. 즉 퇴근을 해야 하거나 다음 내담자가 기다리는 경우에는 상담을 끝낸 다음 기록을 제대로 할 수가 없게 된다. 또한 하루 내지 이틀이 지나면 상담내용을 충분히 기억하지 못하고 기억한다 하더라도 대체적인 내용만 기억하는 수가 많다. 그러므로 상담을 마칠 때 기록할 수 있는 시간적인 여유를 감안해서 상담을 끝내도록 하고 부득이한 경우라도 상담 직후 기록해 두는 것이 바람직하다.

상담의 기록을 잘 보관하는 것이 중요하다. 대체로 기록한 메모나 서류철 등은 열쇠로 잠글 수 있는 서랍 속에 상담이 끝남과 동시에 철저히 보관해 두는 것이 원칙이다. 그리고 다른 내담자 앞에서 한 내담자의 서류철을 보이거나 간수를 소홀히 하고 있다는 인상을 주어서는 안 된다. 이것은 비단 내담자에 대한 인상을 의식해서라기보다는 상담자 자신의 전문적, 윤리적 책임의 문제이기 때문이다. 또한 상담기록에 관해 내담자에게 양해를 얻을 때에는 기록의 필요성을 내담자가 이해할 수 있도록 충분히 설명하고 그 기록들은 철저히 보관하여 외부에 노출되지 않는다는 것을 정확히 인식시켜야 한다. 경우에 따라서는 반드시 내담자의 철저한 이해나 확인을 다짐해야만 한다.

3) 상담기록의 내용

상담기록은 대체로 접수내용의 기록, 진행과정의 기록, 종결내용의 기록으로 분류하여 생각할 수 있다. 이러한 분류는 대체적인 것이고 상담자의 활동 상황과 기록 목적에 따라 상담자 자신이 적절히 신축성 있게 기록할 수 있다.

(1) 접수 내용의 기록

접수기록(接受記錄)의 주요 내용은 내담자가 상담을 신청한 경위, 내담자가 가지고 있는 문제, 내담자의 행동발달의 수준, 생활배경, 심리검사 및 경우에 따라서 임상적 진단, 상담계획 및 조치 등이다. 상담계획 및 조치에 포함되는 내용은 내담자의 기대사항, 상담의 우선적 목표, 절차, 한계점, 상담관계에서의 참고사항, 상담의 예정기간 등이다. 이러한 내용의 접수기록은 상담이 시작되는 출발점을 나타내는 것으로 후일 상담이 진행되는 동안, 그리고 종결될 때 비교할 수 있는 근거를 제시하는 것이기도 하다. 또한 이 접수기록의 내용은 내담자가 무엇을 가장 기대하고 무엇을 가장 관심 있게 생각하는가를 후에 검토할 수 있는 자료가 되며 내담자에 대한 이해에도 중요한 참고가 된다. 그리고 접수기록에 있는 내담 경위나 제시된 문제들이 사실상 상담진행의 방향에 주요 요인이 된다.

(2) 진행과정의 기록

일반적으로 진행과정의 기록은 정규 상담의 내용을 기록하는 것이다. 그 주요 내용은 상담자의 제안, 조치사항, 내담자의 문제, 태도의 변화 및 기타 상담 진행의 내용이다. 그 밖에 내담자의 복장, 약속 시간 엄수의 여부, 생활 여건의 변동 상황, 상담기간 중 내담자 가족의 방문이나 전화를 받았는지의 여부도 아울러 적는 것이 보통이다.

(3) 종결내용의 기록

접수기록과 같이 상세히, 체계적으로 기록하는 것이 중요하다. 여기서는 상담이 종결된 경로와 전체적인 상담 결과에 대한 평가가 주 내용이 된다. 즉 상담이 시작된 이래 몇 회의 상담 횟수를 거쳐 얼마나 상담 약속 시간이 잘 이행되었으며 상담의 결과로 이루어진 변화와 그 변화에 대한 내담자의 반응이나 해석 등을 요약한다. 종결 부분의 기록에서 다룰 수 있는 또 다른 측면은 종결 자체에 관한 토의 내용이다. 내담자 또는 상담자 측에서 종결이 제안되거나 고려된 이유와 그에 대한 내담자의 반응이나 상담자의 해석 및 장래 계획의 협의 내용도 밝히는 것이 중요하다. 요컨대 상담내용의 기록은 상담이 어떠한 맥락에서 어떠한 방향으로 이루어졌는지를 간결하게 기록한다.[24)]

24) 이장호, *op. cit.*, 223-30.

제8장

목회상담과 윤리

제8장 목회상담과 윤리

Ⅰ. 기독교상담의 윤리

1. 기독교상담의 윤리적 지침

전문적인 상담을 위한 윤리적인 지침에 관하여 연구하는 사람들의 헌신적인 노력에도 불구하고 우리가 행하는 많은 것들이 상황과 상담자들에 의존하고 있다. 상담은 선한 의지, 법을 준수하는 능력, 법정 밖에서 처리하려는 경향 이상의 것을 요구하는, '윤리적으로 균형을 유지하는 행위'로 묘사되어 왔다. 상담과정 중 매일매일 다가오는 문제들은 한 사람의 직업이 가지는 공적인 기준으로 처리되지 않는다. 상담 분야는 다른 분야와 달라서 '이것은 상담을 행하는 사람들의 윤리적인 힘에 완전히 의존한다'라고 한 상담자는 말했다. 문제는 치료법의 윤리라기보다는 치유자의 윤리이다. 치료자는 정직한가? 믿을 만한 가치가 있는가? 민감한가? 지식을 소유한 사람인가? 용기가 있는가? 마음이 개방되어 있는가? 겸손한가? 그리고 엄격하게 자기반성적인가?

이 모든 것을 기독교상담자들에게 어떻게 적용할 것인가? 기독교 심리학자들의 한 조사에서, 대부분의 상담자들의 윤리가 APA(American Psychological Association: 미국심리학 협회)의 윤리적 원칙들과 매우 일치한다는 것을 발견했다. 다른 정신건강전문가들의 윤리 성명들과 마찬가지로 APA 윤리성명서는 주의 깊게 쓰여 왔고 어떤 기독교인에게도 문제 삼을 만한 것이 거의 없다. 그렇다고 할지라도 기독교상담자는 어떤 직업윤리보다도 더 엄격하고 확실하며 더 많은 것을 요구하는 매우 수준 높은 윤리 기준을 소유하고 있다고 생각한다. 비기독교인은 다원론적 사회에서 유래된 세계관 위에 자신들의 윤리를 세운다. 비기독교상담자들은 권위 또는 도덕에 관한 외부적인 근거 없이 그들의 기준을 설정할 만한 확실한 토대를 찾고 있지만 그것은 헛된 일이다. 이와는 대조적으로 기독교상담자들은 그리스도의 몸의 한 지체로서, 또 직업인의 한 사람으로서 일한다는 사실이 그들에게는 기준을 세울 만한 명백한 토대가 된다. 기독교상담자들이 윤리를 형성하는 데는 하나님의 말씀, 하나님의 사람들, 그리고 하나님의 성품이 지침이 된다.

1) 하나님의 말씀

복음주의 기독교인들은 하나성의 말씀 곧 성경이 믿음과 행함으로 인도하는 권위를 가진 정확무오한 유일한 안내자임을 믿는다. 이와 같이 성경은 교리와 도덕에 있어서 가장 위대한 권위이다. 성경은 성경의 특별한 계명과 교훈, 일반적인 원리, 예시, 포괄적인 세계관을 통해 우리의 윤리를 인도한다. 물론 성경이 상담자들이 직면한 윤리적인 모든 문제를 명확하게 다루는 것은 아니다. 그럼에도 불구하고 성경은 우리가 상담에서 그리고 생활 속에서 직면하는 많은 윤리적 문제들에 대해 직접적으로 말해 주고 있다. 성경의 원리와 교훈들은 성경에서 특별하게 언급되지 않은 또 다른 상황에 대해서도 안내해 준다.

"모든 성경은 하나님의 감동으로 된 것으로 교훈과 책망과 바르게 함과 의로 교육하기에 유익하니 이는 하나님의 사람으로 온전케 하며 모든 선한 일을 행하기에 온전케 하려 함이니라"(딤후 3:16-17).

성경적 윤리는 성경이 인간 본질에 대한 묘사, 도덕적 원칙에 대한 목록 또는 행위를 위한 안내책 그 이상이라는 것을 가정한다. 성경은 헌신과 순종을 요구한다. 하나님의 말씀에 의해 인도되기를 간구하는 기독교상담자는 비록 성경의 가르침들로 인하여 사회와 자신의 사역에서 많은 갈등을 겪는다 하더라도 성경의 가르침에 순종해야 할 의무가 있다.

2) 그리스도의 지체

모든 기독교상담자는 그리스도 몸의 한 지체이다. 우리는 믿음의 공동체를 책임지고 그 사람들로부터 지원과 격려를 받고 그들의 시각을 받아들이며 또 책임에 보답해야 하는 교회 공동체의 일부분이다. 실제적으로 많은 상담자들은 지역 교회로부터, 특히 기독교 치료법과 이를 실행하는 사람들을 평가하는 모임으로부터 소외감을 느끼고 있다. 그러나 기독교상담자는 내담자도 아니고 동료 상담자도 아닌 사람들이 속해 있는 크리스천 모임과 적극적으로 관계를 맺어야 한다. 이러한 관계들은 기독교상담자가 그들의 일 속에서 매일매일 윤리적인 결정을 내려야 할 때 지원해 주고 안내해 주는 도덕적인 상황을 제공한다.

예를 들면 한 치료학자는 '당신은 정말 혼자이다. 그리고 해답은 진정 당신 자신에게 있다. 당신은 혼자 힘으로 책임져야 하며 당신 외에 어느 누구도 당신을 책임질 수 없다'라고 기록하고 있다. 이러한 사고의 유형이 널리 유행될 때 개인의 기준은 오로지 그 사람의 감정, 태도, 지각, 바람, 욕망들, 그리고 지극히 주관적인 법칙 위에 세워진다. 혼란을 막고 심지어 무정부상태를 막기 위한 책임조차도 아예 없거나 거의 없어져 버린다. 대조적으로 만일 우리의 사회가 안정적이라면 크리스천을 포함한 개개인은 결정을 내리고 가치와 윤리를 창출하는 데 있어서 자기 자신이 중심점이 될 리 없다. 우리는 교회가 '윤리적인 책임을 지닌 공동체'가 되도록 할 필요가 있다.

3) 하나님의 성품

기독교 공동체 안에 있는 성도를 포함한 그 외 다른 많은 사람들이 인격 개발에 중요한 공헌을 할지 모르지만 궁극적으로는 우리 각자가 그리스도와 닮은 성품 곧 선의, 자비, 연민, 믿음 충만, 인내 그리고 겸손과 같은 성품으로 성숙하기 위하여 우리의 삶을 하나님께서 역사하시도록 내어줄 때 인격적인 사람이 된다. 이러한 속성이 단지 자기반성이나 하나님에 관한 지식을 많이 가지는 것만으로 개발되는 것은 아니다. 하나님을 닮은 성품은 우리의 깨달음과 우리의 행위가 합쳐질 때 나타나게 되고 정제된다. 우리는 경건의 행위를 발전시킬 필요가 있다. 제리 브리지(Jerry Bridges)는 경건은 하나님에 대한 헌신으로부터 흘러나오는 기독교인의 성품이라고 말한다. 이것은 지적인 헌신 이상의 것이다. "이것은 행위에 있어서의 헌신이고 하나님을 기쁘게 하는 삶으로 나타나는, 하나님께 대한 헌신이다"라고 기록하고 있다.

상담에 관한 책들은 상담자로서의 경건이나 성품은 거의 언급하고 있지 않다. 그러나 우리가 옳고 그름에 대한 가장 고상하고 최고의 기준을 유지하기 원한다면 이것은 필수적인 것이다. 기독교인들은 하나님이 거룩한 것처럼 거룩하게 되라고 요청받고 있다(벧전 1:15-16). 물론 그것은 한계가 있는 인간으로서는 불가능하다. 그러나 이것은 우리에게 높은 목표와 삶의 기준을 제공한다. 이것을 어떻게 윤리에 적용할 것인가? 대부분의 상담자들은 딜레마에 봉착하게 될 때, 또 "나는 무엇을 하여야만 하는가?"라는 질문에 답해야만 할 때 윤리와 직면하게 된다. 윤리적인 결정을 내린다는 것은 어떤 한 사람이 결정한 것과 다른 사람이 결정한 것은 한 사람의 개인적 지각, 가치, 경험, 개성, 편견, 그리고 그 사람의 훈련 방향성으로부터 유래한다고 하는 논쟁보다 훨씬 더 많은 것을 내포하고 있다. 윤리적인 결정은 규칙, 원칙 또는 어려운 결정들의 범위를 넘어서서 이루어진다. 윤리적인 결정은 한 사람의 성품으로부터 발생한다. 이러한 결론은 몇몇 작가들로 하여금 미덕의 발전과 추구는 상담자의 선택 사항이 아니라고 주장하게 했다. 우리들 각자는 더 큰 충실함과 신중함, 분별력, 인내, 용기, 고결함, 공정함, 자비심, 겸손 그리고 희망을 위해 더욱 노력 분투해야만 한다. 이것은 모든 상담자에게 진정으로 개발되어야 할 필요성이 있는 성품의 징표들이다. 직업적인 미덕의 개발이나 또는 경건성의 성장이 우리를 과실이 없도록, 항상 올바른 윤리적인 결정을 내리도록 보장하지는 못한다. 우리는 모두 제한성과 불완전함을 가진 인간들이다. 그러나 하나님을 닮은 성품은, 우리에게 하나님의 속성과 지혜와 세계관에 관한 더 나은 자각을 제공한다. 경건한 삶은 우리에게 성령의 인도하심에 대한 민감성을 제공한다. 직업적인 미덕들은 상담자에게 필요한 성숙과 현명한 전문 직업적인 판단 사려 분별함을 낳는다. 바꾸어 말하면 이 모든 것들은 우리가 더 현명하고 더 나은 윤리적 결정을 내리도록 공헌하고 있다.

2. 기독교상담자의 윤리 체계

모든 전문직업은 각기 윤리법전과 체계를 가지고 있다. 모든 전문직에 종사하는 전문인들은 자기들의 일에서 윤리적인 문제가 일어날 때에 건전한 판단을 내릴 것을 기대받고 있다. 미국심리학협회(APA)는 심리학에서 일련의 지침들과 윤리적인 기준을 마련하고 있다. 모든 상담훈련생들은 미국심리학협회가 발간한 심리치유자 윤리기준을 공부하여야 한다. 미국심리학협회는 상담자들과 정신치유자들에게 적용할 수 있는 19개의 구체적인 원리들을 개발했다. 이 원리들은 다음의 분야들을 다루고 있다. 책임, 능력요건, 도덕적 법적 기준, 부진실 표시, 공적 선언, 비밀 보장, 내담자 복지, 내담자-상담자 관계, 편향 없는 봉사, 봉사의 규정, 전문직업인들과의 관계, 보수규정, 심리검사 안전수칙, 심리검사 해석, 심리검사 출판, 연구조사 주의사항, 출판명의 규정, 조직에 대한 책임, 승진활동규정 등이다.

미국인사지도협회(American Personal and Guidance Association)도 상담에서의 윤리실천지침을 개발했다. 지난 10여년 동안에 상담실천자들을 지도하는 윤리기준 개발에 대한 관심이 매우 높아지고 있으며 인간의 고통을 경감하는 데에 상담자와 심리학자들의 역할과 책임에 대한 인식도 점증하고 있다. 전문인들은 더 이상 사무실 뒤에 자신을 감추어 둘 수 없게 되었다. 사회의식의 흐름은 사회정의가 연루된 경우에 전문인들이 사회행동에 참여할 것을 강력히 요구하고 있다. 미국심리학협회, 인본주의심리학협회, 미국 정신치유아카데미와 같은 기관들은 전문인들의 사회에 대한 윤리적 책임을 강조하여 여성, 소수 그룹들에 대한 억압이나 차별, 사회 속에 계속되는 인종차별, 노인 유기, 그리고 아동들에 대한 비인도적인 처사 등에 관련된 사회적 이슈들에 집단적인 영향력을 행사해야 한다고 선언한다. 수많은 전문인들의 마비된 양심을 깨우치고 도움을 베푸는 전문직업인들의 개인적 책임의식을 높이기 위하여 정기적으로 세미나와 워크숍들을 가진다. 사회의 경향은 사회의 부정의의 원인이 되고 있는 문제들에 적극적으로 자기들의 지식과 기술을 적용하도록 전문인들을 격려하고 있다. 이런 경향 때문에 상담자나 정신치유자들은 인권에 직접 관련된 현금의 사회적 정치적 이슈들은 숙지하도록 만들고 있으며 따라서 이 체계 안에서 효과적인 변화를 위하여 취해야 할 필수적인 단계가 무엇임을 분명히 결정하는 것이 매우 중요하다.

1) 상담자의 책임

상담자는 우선적으로 내담자에게 책임을 지지만 내담자가 진공 속에 사는 것이 아니요, 다른 관계들 때문에 영향을 받으므로 상담자는 내담자의 가족식구들과 내담자가 속한 기관과 의뢰인과 사회와 그 직종에 대한 책임도 져야 한다. 상담이나 정신치유 관계에서 가장 중요한 것은 내담자의 최선의 이익이기 때문에 상담자의 욕구의 충족이 아니라 내담자의 필요들과 복지가 중심문제가 된다. 내담자의 복지가 우선적인 가치가 되어야 한다는 일반 원리는 매우 분명한 것 같으나 상담자가 내담자 이외에 다른 사람들에 대한 책임도 가지고 있다는 사실을 고려할 때 그 문제는 쉽게 흐려질 수 있는 것이다. 책임들 간에 갈등이 일어날 때도 있고 내담자가 생각하는 자기의 최선의 복지와 상담자가 생각하는 그것과 사이에 모종의 충돌이 일어날 수도 있다. 미국심리학협회는 "심리치료사는 임상치료나 상담치료관계에서 더 이상 내담자에게 유익이 없다고 합리적으로 판단되었을 때에는 그 관계를 끝내야 한다"(p. 67)고 기록하고 있다. 그러나 상담자의 판단으로는 이 상담이 더 이상 아무런 진전이 없는데 내담자는 상담을 계속하겠다고 고집할 때 상담자는 어떻게 해야 하는가?

가령 어떤 내담자는 주마다 면담시간에 오지만 실제로 면담시간에 이야기할 것이 없다고 상징적으로 보고한다. 그 내담자는 면담시간이나 면담 이외의 시간에 무엇을 자기 힘으로 기꺼이 하려고 하지 않는다. 상담자는 여러 번 내담자가 기꺼이 상담에 힘을 쓰지 않는다고 권면했고 면담에 별로 유익이 없다고 내담자와 함께 이야기를 나누었다. 상담자는 말에 동의한다. 그런데도 다시 면담하러 돌아온다. 결국 상담자는 더 단호하게 이 상담관계를 끝내는 것이 최선이라고 판단을 내렸다. 그러나 그는 반대 의사를 표명하고 자기는 면담을 끝내기를 원치 않는다고 말했다. 상담자는 어떻게 해야 하겠는가? 그가 계속 면담하기를 원했을 때 상담자는 내담자를 얼마나 오랫동안 더 상담을 계속해야 할 것인가? 비슷한 상황에서 상담자가 자기의 내담자를 더 이상 합당한 상담을 할 수 없다고 느끼든지, 그가 받아야 할 상담을 할 만한 시간적인 여유가 더 이상 없기 때문에 그 내담자를 다른 상담자에게 의뢰해야겠다고 판단했을 때에 그 상담자는 무엇을 해야 하는가? 상담자로서 더 이상 이해할 수 없는 지경에까지 이르렀다면 어떻게 할 것인가? 미국심리학협회의 지침은 다음과 같다.

내담자가 의뢰를 거절할 때에 "심리치료사는 그 관계를 계속함으로써 발생할 위해의 가능성들, 즉 내담자에게와 상담자 자신에게와 그 직종 자체에 미칠 위해의 가능성을 조심스럽게 고찰해야 한다."(p. 67) 관찰할 수 있는 바와 같이 내담자의 최선의 유익을 위해서 일하는 것과 현실적인 제한을 가지고 있는 상담자가 제공하는 도움 사이에는 분명한 한계선이 있을 때가 많이 있다.

내담자의 복지와 관계되는 또 하나의 중요한 윤리문제는 정신건강 상담소와 공공 상담소와 갱생원과 학교 등에서 약품을 사용해도 좋으냐 하는 문제이다. 일반 지침에 따르면 허용된 약품은 내담자의 최선의 이익을 위한 치유적인 목적에서 사용되어야지 스태프에게 더 용납될 수 있는 내담자로 만들기 위하여 사용해서는 안 된다. 약품이 사용되었을 때에 협조하는 의사가 그 내담자를 위해 합당한 안전조치를 마련해야 한다. 불행스럽게도 약품들은 대체로 다른 사람에게 유익을 주기 위해서 내담자의 문제행동을 가라앉히고 억압하는 데 사용되고 있고 내담자의 효과적 행동변화를 위한 목적으로 사용되지 않고 있다. 상담자는 약품의 오용의 문제를 분명히 깨닫고 있어야 하며 이 문제에 대해서 분명한 자기 입장을 가지고 상담에서 약물 사용에 임하여야 할 것이다.

2) 상담자의 능력과 한계

상담에 있어서 가장 기본적인 윤리 중 하나는 상담자가 자기의 능력의 한계와 자기 스스로의 개인적 직업적인 제한을 인식하고 있어야 한다는 것이다. 윤리적인 상담자들은 자기들의 훈련받은 한계를 넘어서는 진단이나 처치 절차를 사용하지 않으며 그러한 내담자들을 치료할 수 있는 자격요건을 갖추지 않은 한 심각한 질환을 안고 있는 내담자를 받지도 않는다. 특정한 케이스에서 자기의 능력이 미치지 않음을 인지하고 있는 상담자는 동료 상담자의 자문을 구하든지 아니면 지도자의 도움을 받든지 다른 상담자에게 의뢰할 책임을 갖는다. 자격요건을 갖추었다는 것은 무엇을 의미하는가? 높은 학위를 받았다는 것인가? 또는 능력을 구체적으로 명시한 충분한 신임장이나 자격증을 가지고 있다는 말인가? 나아가서 많은 상담자들은 문서의 자격요건은 갖추고 있으나 상담실천에 들어서면 자격이 부족하다는 사실이 드러난다. 그러나 윤리적인 상담자들은 특정한 내담자를 만날 때마다 그와 상담관계를 가질 것인지를 판단하면서 끊임없이 자기의 능력을 평가해야 한다. 가장 경험이 풍부한 상담자들도 관련된 분야에 따라서 동료들이나 전문가의 자문을 구해야 할 때가 많이 있다. 한 내담자와 상대로 오랫동안 상담해 온 상담자는 그 내담자에 대한 객관적인 시각을 잃어버릴 가능성도 있다. 때에 따라서 상담자들은 자기들이 상담하는 내담자들과 자기들 자신과 자신들과 내담자 사이에 무엇이 일어나고 있는지 하는 자기들의 지각을 동료들과 나누는 것이 현명하다. 내담자가 계속적으로 육체적 증상들을 호소해 온다면 그 내담자의 문제가 심리적인 문제라고 가정하기 전에 의사의 진단을 거쳐 그 문제가 육체적인 문제가 아님을 확인해야 한다. 그 내담자가 실제로 뇌종양을 앓고 있는데 상담자가 그 내담자를 의사에게 의뢰하여 진단을 받지 않고 있다가 사태가 악화되었다면 어찌하겠는가? 경험이 풍부한 상담자들도 때에 따라서 자문이 필요하다면 상담 초심자들에게 지도 감독과 계속적인 자문이 필요하다는 것은 두말할 여지가 없는 것이다. 그러므로 상담자 훈련과정에서 상담실천에서 경험했던 반응, 장애, 좌절, 혼란 등을 기꺼이 공개적으로 토의하는 것은 매우 중요하다. 내담자들이 가지고 오는 문제들을 효과적으로 상담하는 기술이 필요하다는 사실을 깨닫고 그들은 경험한 상담실습을 토의할 기회를 구하고 있다. 그러므로 초심자들에게 합당한 감독을 주는 것은 내담자의 복지와 초심자들의 전문적인 성장을 위해서도 반드시 필요한 것이다. 이것은 윤리적인 필요일 뿐 아니라 실천적인 관심도 되는 것이다. 문제는 상담 초심자가 공공기관에서 실습을 할 때 그를 지도 감독해야 할 전문가가 세심한 지도 감독을 솔선하여 시행하지 않는다면 초심자는 세심한 감독을 받기 위하여 자기가 무엇을 해야 하는지를 감독자에게 끊임없이 요구하여 기회를 만들어야 한다.

3) 내담자와 상담자의 관계

미국심리학협회는 "심리 치유자는 내담자가 상담관계에 들어오는 결정에 영향을 미칠 수 있는 중요한 관계의 요소들을 내담자에게 전달해 주어야 한다."고 기술하고 있다. 내담자가 그 관계에 들어오는 결정에 영향을 줄 수 있는 요소들은 많이 있다. 예를 들면 오디오-비디오테이프에 수록하든지 녹음기에 의한 면담의 기록은 내담자에게 영향을 미칠 수 있다. 상담자와 내담자 외에 다른 사람들이 녹음을 들거나 그 테이프를 볼 수 있다. 감독자나 수련 상담원들이 그 면담을 청취하기 위하여 면담 장면을 한쪽 면에서만 볼 수 있는 유리창을 통해서 볼 수 있다. 미국의 경우 어떤 교육구청에서는 상담 중에 학생 내담자가 마약을 사용하고 있다는 사실을 드러내면 그 학생의 이름을 교장에게 보고하도록 규정이 있다. 또한 여학생이 상담자에게 임신하고 있다는 사실을 드러내든지 상담자에게서 피임기구 사용이나 임신중절에 대한 정보를 얻고자 원할 때에 상담자는 학교에 근무하는 간호원에게 반드시 알려야 하고 그 간호원은 그 학생의 부모에게 알려야 하도록 규정이 있다. 이 모든 경우에 어떤 정책이나 조건들이 그 내담자가 상담관계에 들어오는 결정하는 데 영향을 미치고 있다는 사실이 분명하다. 그러므로 상담을 받으려는 내담자에게 상담관계의 제한을 분명하게 알게 해주는 것이 상담자의 윤리 실천이다. 상담관계에 영향을 주는 상담실천의 이슈들을 검토해 보기로 하자.

첫째는 면담내용을 녹음하거나 한쪽에서만 볼 수 있는 유리를 통해서 면담 상황을 관찰하는 데는 일정한 윤리가 있다. 이 중 어느 절차를 사용하든지 하나의 분명한 지침은 내담자의 허락을 미리 받아야 한다는 것이다. 내담자 모르게 또는 내담자의 허락 없이 이러한 일을 하는 것은 비윤리적인 일로 간주하고 있다. 감독자의 지시를 받기 위해서 녹음하는 것은 상담교육에서 일반적인 절차로 보고 있다. 이것은 상담자나 내담자 모두에게 중요하다. 내담자는 상담이 진행되어 가는 과정에서 처음에 면담했던 내용들을 듣고 싶어 할 수 있다. 관찰자들이 단지 면담 중에 상담자의 움직임에 초점을 맞추고자 한다는 사실을 내담자에게 알게 한다면 내담자의 불안은 감소될 수 있다. 그러나 이 경우 내담자의 불안은 감소되나 상담자의 불안은 그대로 남아 있을 수 있다. 그 불안과 불신이 누구에게 있는 것인가? 내담자에게 있는 것인가 아니면 상담자 자신에게 있는 것인가? 학생 상담자들이 비록 불안해할지라도 자문을 위해 자발적으로 자기의 면담을 녹음할 수 있도록 감독자들이 분위기를 조성해 주는 것이 감독자들의 중요한 역할이다. 만약 감독자가 엄격하고 비판적이며 지배적인 스타일이라면 상담 초신자들은 불확실한 것을 감추려고 할 것이다. 그러나 상담초심자와 감독자가 서로 그 경험을 통해서 배우려는 자세로 임하며 초심자가 완전하기를 요구하지 않는다면 학습하기 위해 자기를 노출시키는 기회는 극대화될 수 있을 것이다.

내담자가 상담관계에 들어오는 결정을 하는 데 영향을 미칠 수 있는 두 번째 이슈로 어떤 학교들이 위기에 있는 학생들을 도우려고 하기보다는 그 지역의 법을 지키는 것을 우선하는 정책을 가지고 있다는 것이다. 예를 들면 어떤 학교는 임신한 여학생을 상담하는 경우에 먼저 부모에게 알려서 부모가 함께 참여하지 않고는 어떤 대책을 조사할 수 없게 금지한다. 이런 정책은 가끔 유익할 때도 있을 것이다. 그러나 겁에 질린 그 여학생이 자기가 임신한 사실을 자기만의 이유로 부모에게 알릴 수도 없고 알리지 않겠다고 느끼고 있다면 어떻게 할 것인가? 상담자는 그 여자가 자기의 공포스러운 느낌이라도 이야기하고자 상담을 요구할 때에 그 여자를 만나기를 거절해야 하는가? 고등학교의 상담실에서 상담해야 하는 대부분의 내담자들은 말썽을 부려 학교를 그만두려는 학생이든지 마약 복용자일 경우, 상담자들이 학교의 정책을 그대로 따라야 한다면 얼마나 실제적인 상담이 일어나겠는가? 윤리의 요점은 처음 시작할 때부터 상담자는 내담자에게 비밀 보장에도 한계가 있음을 알려 주어야 할 의무를 진다. 그래서 내담자가 상담하는 동안 얼마나 자세히 자신을 노출할 것인지 또는 상담관계를 시작할 것인지를 스스로 결정할 수 있게 해주어야 한다.

여기에서 검토해야 할 세 번째 이슈는 상담이 강제적인 조건들 하에서도 일어날 수 있는가 하는 점이다. '강제적인 상담'이란 말 자체가 용어상 모순이 아닌가? 자기가 상담하는 대상들이 자기에게 찾아와 상담을 요구하기는 하지만 상담에 적극적으로 참여하기 싫어하는 사람들이라면 상담자는 무엇을 할 수 있을까? 자기는 어떤 형태의 상담도 원치 않고 분명히 반대 의사를 표시하는데 다른 사람에 의하여 강제로 상담상황에 끌려오는 경우의 윤리문제는 어떠한가?

상담자로서 다음의 네 가지 상황에서 당신은 어떤 입장을 취할 것인지 생각해 보라.① 보호감호의 한 가지 조건으로 보호감호위원회에서 한 사람의 내담자를 당신의 사설 상담소에 보내었다. 그는 상담을 받고 싶은 마음이 거의 없다. 그는 보호감호에서 풀려나는 것에만 관심을 두고 있다. ② 당신은 청소년 갱생원에서 일하고 있으며 당신은 거기에 수용되어 있는 많은 청소년들을 당신의 내담자로 당신의 사무실에서 상담해야 한다. 그러나 그 내담자들에게 상담받을 생각은 별로 없고 정기적으로 상담자에게 보고해야 하기 때문에 찾아오고 있다. ③ 부모가 그 지역 상담소에서 일하는 당신에게 사춘기 딸을 보내어 상담을 받게 했다. 그러나 그녀는 기꺼이 상담을 받으려고 하지 않는다. ④ 학점을 받지 못한 학생이 상담을 위해 당신의 사무소를 찾았다. 그러나 그 이유는 학교가 F학점을 받은 학생은 반드시 상담소에서 상담자와 면담해야 한다는 정책을 가지고 있기 때문이다. 그 학생은 결코 당신의 상담 사무실에 오고 싶어 하는 학생이 아니다. 상담은 내담자가 기꺼이 상담자와 협조하여 상호 간에 수용한 목표들을 위하여 노력할 때에만 효과적이 될 수 있다. 저항하는 내담자와 상담해야 하는 상담자에게 열려져 있는 한 가지 길은 상담이 제공할 수 있는 몇 가지 가능성들을 내담자에게 제시하는 것이다. 예를 들면 상담자는 3회 동안 사춘기 소녀를 면담하면서 관계의 가능성을 탐구해 보고 3주 후에도 계속 상담을 원치 않는다면 상담을 그만두기로 그녀와 약속할 수 있을 것이다. 그 학교 상담자는 F학점 때문에 온 학생을 한 번 만나고 자기가 그 학생과 면담하면서 앞으로 무엇을 해줄 수 있는가를 설명하고 그가 계속 상담을 받을 것인지의 여부는 학생 자신이 결정할 수 있게 제의할 수 있다.

4) 비밀 보장(Confidentiality)

상담자마다 정보자료의 비밀 보장의 제한과 지침이라는 괴로운 이슈를 만난다. 분명히 내담자가 사사로이 노출시킨 것들에 대해서 상담자를 신뢰하지 못한다면 순수한 상담은 일어날 수 없을 것이다. 어떠한 약속을 내담자와 할 수 있는지 하는 비밀 보장의 정도를 결정하는 것을 포함해서 비밀 보장의 파라미터를 규정하는 것은 상담자의 책임이다. 비밀 보장의 결정을 할 때에 상담자는 그가 담당하고 고객들이 봉사를 받는 자기 직장의 요구도 고려해야 한다. 대부분의 상담자들은 비밀 보장의 본질적인 가치에 동의하지만 그들은 이것이 절대적인 기준이라고 생각지는 않는다. 약속한 커뮤니케이션 내용이 누설될 때가 있고 비밀 보장의 약속을 지키는 것이 옳은지, 깨뜨리는 것이 옳은지 판단하기 어려운 경우도 많이 있다. 미국심리학협회(1967)는 다음과 같은 일반적인 원리를 제시하고 있다.

"상담하면서 얻은 정보는 가장 조심스럽게 고려한 후에, 그리고 개인과 사회에 분명하고 임박한 위험이 예견될 때, 그리고 합당한 전문인들이나 공공질서를 책임진 관리들에게만 노출되어야 한다."(p. 66). 상담자들은 내담자 이외에도 사회와 다른 사람들에게도 책임을 지고 있다. 만약 내담자가 다른 사람에게 해를 끼칠 것이 명백하다면 그때 상담자는 관련된 사람들에게와 합당한 관리들에게 알게 하는 위험을 감수해야 한다. 그러나 아직도 비밀 보장의 제한성을 내담자에게 알리는 것은 상담자의 책임이다. 정보가 내담자에게 반대해서 사용되고 비밀 누설이 상담관계에 부정적인 영향을 준다고 할지라도 내담자는 미리 이런 사실을 경고받아 알고 있어야 한다.

가령 당신의 내담자는 15세 소녀로 그녀의 부모가 그녀를 당신에게 보냈다. 어느 날 그녀의 부모가 자녀의 딸의 진전 상태를 의논하고 싶다고 면담을 요청했다. 그들도 무엇을 도와야 할 것인지 알고 싶어 한다. 당신은 그녀의 부모님과 어떤 종류의 정보를 함께 나눌 수 있다고 생각하는가? 어떤 것들을 노출시킬 수 없는가? 그녀의 부모와 만나기 전에 당신은 그녀와 무엇을 함께 이야기해야 하는가? 그녀가 당신이 그녀의 부모와 만나는 것을 원치 않고 어떠한 정보도 주어서는 안 된다고 말한다면 당신은 어떻게 하겠는가? 내담자의 허락을 받지 않고서는 상담자가 내담자의 가족이나 친구와 직업적인 접촉을 할 수 없다는 사실은 일반적으로 받아들여지고 있다. 여기에 첨가해서 상담관계로부터 얻은 정보는 직업적인 목적을 위해서만 다른 사람과 토의할 수 있고 그 케이스에 분명히 관계있는 사람들과만 이야기할 수 있다. 당신이 상담관계 중 어떤 부분을 상세히 당신 감독자나 동료 상담자와 토의할 것이라는 사실을 내담자와의 관계에서 미리 내담자에게 알려주는 것이 좋을 것이다. 이런 방법은 녹음기 사용에도 같이 적용할 수 있을 것이다. 상담자는 그 상담관계의 역동성에 관한 다른 사람의 견해를 들음으로 상담자 자신의 시각을 재확인하려는 단순한 이유로 특정한 면담의 녹음테이프를 동료 상담자와 나누고 싶을 때가 있다. 자문의 가능성은 내담자와 먼저 의논이 되어서 그 일이 일어났을 때에 내담자가 알고 있어야 한다. 녹음기와 비디오의 사용은 내담자의 정보의 비밀 보장에 관한 이슈 가운데 하나이다. 이런 방법을 사용하는 것이 상담자가 늘 하는 것이라면 테이프를 만들기 전에 상담자는 내담자의 허락을 받아야 한다. 물론 그러한 테이프의 목적과 가능한 사용 용도를 내담자와 의논해야 하며 그 테이프들은 그 케이스와 관련된 전문인들과만 나눌 것이요, 또는 그의 실습을 감독하는 감독자나 상담자와 자문하기 위해서만 사용되어야 할 것이다.

비밀 보장에 관련된 매우 중요한 하나의 분야는 집단 상담에의 적용이다. 치유집단이나 집단상담 상황에서 상담자나 그룹지도자는 비밀 보장의 중요성을 지적해 줄 책임이 있다. 비밀 보장은 최초에 그룹이 형성될 때에 소개되고 토의되어야 할 토픽 중의 하나이며 집단상담이 진행되어 가는 과정에서도 토의되어야 한다. 분명히 그룹원들은 그룹원이 노출시킨 사사로운 일들에 대한 비밀을 지켜야 할 책임이 있다. 만약 비밀 보장이 잘 안되면 집단은 곧 와해되고 만다. 사람들은 자기의 사사로운 일들이 노출되어 대중이 알게 되는 것을 좋아하지 않기 때문이다. 그룹상담의 비밀이 새어나가는 것은 악의에 찬 험담(Gossip) 때문이 아니라 그룹원들의 조심성 없는 행동 때문이다. 한 사람이 조심 없이 어떤 사실이나 사건을 흘릴 수 있다. 그것이 험담이 되어 사람들 사이에 돌아다니면서 왜곡이 일어난다. 그러므로 그룹 지도자는 집단상담 시간의 비밀을 지키도록 그룹원들에게 할 수 있는 모든 주의와 노력을 강구해야 한다.

5) 상담자의 가치체계

상담자는 가치에 중립을 지켜야 하며 자기의 가치판단을 내담자에게 전달하지 말아야 하며 상담자 자신의 가치체계와 삶의 철학을 상담관계로부터 분리시켜야 한다. 우리가 일상적이고 기계적인 상담을 하지 않은 한에서는 우리가 내담자와 맺고 있는 관계로부터 우리의 가치와 신념들을 배제시킬 수 없다. 우리는 우리의 가치를 내담자에게 알게 해야 하며 상담에서 가치의 이슈를 공개적으로 기꺼이 토의해야 한다는 것이 내게는 의미 있게 들린다. 그렇게 하는 것은 때에 따라서 상담자가 자기의 편견들과 철학과 중심 가치들을 노출한다는 것을 암시한다. 우리는 우리 자신의 가치를 드러낼 의무가 있는 반면에 그것을 내담자 위에 주입시키지 말아야 할 윤리적 의무도 지고 있다. 상담이 내담자에게 강의하고 내담자를 조작하여 '바르게' 행동하고 느끼도록 하는 교화의 한 형태라고 보지 않는다. 불행히도 수많은 선한 의도를 가진 상담자들이 사람들을 도와 문제를 해결하는 데 지나치게 열심을 내는 경우가 많다. 그들은 생각하기를 자기들이 가지고 있는 더 큰 지혜를 활용하여 괴로움을 당하는 내담자에게 해답을 제공하려고 노력한다. 그러나 상담이 설교나 교육과 동의어로 사용될 수는 없다. 그렇다고 상담이 무관심이나 중립을 지키거나 수동적인 역할만을 견지하고 침묵 가운데 조용히 경청하며 내담자가 보고하는 모든 것을 수용하는 것이라고 말하는 것은 아니다. 오히려 상담자들이 내담자들의 가치에 도전하고 내담자들이 그 도전에 응하여, 그들 자신의 어떤 행동들이 파괴적이라는 사실을 감지할 때에 상담자는 내담자들을 권면하여 그들 행동의 결과와 결말을 스스로 검토하도록 도전하게 해야 한다고 제의하는 것이다. 상담에서 핵심적인 이슈는 상담자의 가치가 상담관계에 어느 정도 깊이 들어가야 하는 것인가 하는 문제이다. 상담자는 내담자를 위해서 목표를 세울 수는 없다. 그러나 내담자에 대한 가치판단을 완전히 피할 수도 없다. 왜냐하면 목표들은 우리의 가치에 기초하기 때문이다.

상담에서 가치의 역할에 관해서 당신 자신의 실험적인 대답들을 발견하는 데 도움을 줄 수 있는 일련의 질문들을 열거해 보고자 한다. 첫째는 상담자가 상담을 받고 있는 내담자의 행동과 선택에 관련해서 가치판단을 내담자에게 전달하지 않은 것이 바람직한가? 상담자가 자기의 개인적인 삶에 영향을 주는 사건들에만 가치판단을 내리고 내담자에게 어떤 가치판단도 전달하지 않은 것은 가능한 일인가?

둘째로 자기의 내담자의 어떤 행동들에 관해서 전혀 가치판단을 내리지 않겠다고 주장하는 상담자는 어떤 종류의 인간인가? 상담자는 자기에게 속한 많은 부분을 건전하고 중립적으로 남아 있을 수 있을까?

셋째로 상담자는 어떻게 자기 자신의 가치개념을 그대로 유지하면서 자기에게 충실하면서도 동시에 내담자로 하여금 상담자의 가치와 아주 다른 내담자 자신의 가치와 행동을 선택하는 자유를 가지게 만들 수 있을까?

넷째로 합당할 때에 자기의 핵심 가치들을 솔직하게 노출시키는 상담자와 애매한 방법으로 상담자 자신의 가치를 받아들이도록 내담자를 인도하거나 내담자에게 유익하다고 생각되는 가치들을 내담자에게 전하는 상담자와의 근본적인 차이가 무엇일까?

다섯째로 모든 상담의 핵심에 가치의 이슈는 어떤 형태로 존재하는가? 가치의 역할을 상담으로부터 분리시키는 것은 가능한가?

여섯째로. 당신의 내담자가 당신과 엄격하게 다른 가치체계를 가지고 있다면 당신은 어떻게 하겠는가? 당신의 내담자의 가치가 그 자신과 타인에게 파괴적이라고 솔직하게 느낀다면 당신은 어찌하겠는가?

상담자의 가치를 내담자 위에 주입시키는 문제는 상담자의 상담목표와 상담방법이 자기의 삶의 철학의 표현이 되어버릴 때에 윤리적인 문제를 야기한다. 비록 상담자가 직접적으로 내담자를 가르치거나 특정한 가치들을 내담자 위에 주입시키지 아니하더라도 상담자는 상담의 철학, 실제로는 자기의 삶의 철학을 실행할 수가 있다. 윤리적으로 민감한 상담자는 자기 자신의 가치를 충분히 인지하면서도 내담자에게 자신의 가치를 개발하도록 용기를 불어넣는 자이다. 그의 임무는 내담자의 가치를 대면하여 직시하고 도전하여 내담자가 진실로 자기 자신의 가치를 살아가고 있는지 아무런 비평 없이 부모나 사회의 가치를 받아들여 살아가고 있는지 결정하게 돕는 것이다. 이때 상담자는 자기의 가치를 도매금으로 받아들이도록 내담자를 조작할 가능성을 조심하여야 한다. 왜냐하면 이렇게 하는 것은 단순히 내담자의 부모의 자리를 상담자가 대치하여 들어서는 것에 불과하기 때문이다. 상담자의 삶의 철학이 어떻게 내담자에게 영향을 미칠 수 있는지 그리고 내담자와 상담자의 가치들이 어떻게 상호 충돌 될 수 있는지 내담자의 생각과 당신의 가치가 서로 충돌할 때에 당신은 어떤 상담을 할 수 있겠는가?

6) 내담자의 동의

누가 상담에 있어서 유능한가? 제이 E. 아담스(Jay E. Adams)는 많은 토론과 논쟁의 여지가 있는 그의 책에서 목회자가 가장 유능한 상담자임을 주장하고 있다. 그의 강의와 논문에서 이러한 메시지는 자주 반복된다. 의과대학이나 임상심리학의 학위보다 오히려 훌륭한 신학교 교육이 상담자를 위한 가장 적합한 배경이 된다. 사람들이 상담자에게 가지고 오는 문제는 다양하다. 그리고 매우 잘 훈련받은 목회자를 포함하여 어떤 사람도 모든 문제를 다 해결할 만큼 유능하지는 못하다.

윤리적인 규범은 어떤 상담자도 자신의 전문 분야를 벗어난 봉사를 하려고 해서는 안 된다는 것에 동의한다. 이와 같은 행위를 한다거나 또는 잘 숙달되지 않은 영역에서 우리가 전문가임을 주장한다는 것은 스스로를 어렵게 만드는 것이다. 유능함에 대한 거짓된 주장은 우리로 하여금 상담을 어떻게 이끌어 갈 것인가에 대한 불확실 속에 남겨 놓을 수도 있다. 또한 우리는 호전되지 않는 사람들이 때때로 교회 안의 상담자들에게까지도 무능함에 대한 책임을 요구하거나 법적 소송을 거는 경향이 있다는 사실에 직면한다. 이와 같은 이유 때문에 만약 어떤 사람이 학문적인 학위를 가지고 있지 않거나 상담을 하도록 주에서 인정한 자격증을 가지고 있지 않다면 그 사람은 결코 전문상담자라느니 전문 심리학자라느니 하는 용어를 결코 사용해서는 안 된다. 이러한 잘못된 선전은 사실상 우리가 소유하지도 않은, 학문적인 유능함이나 합법적으로 인정받은 유능함을 소유하고 있다고 암시하는 것과 같다. 한 개인은 훈련과 경험 그리고 합법적으로 인정된 전문 영역 범위 안에 머무는 것이 더 안전하고 현명하며 정직하고 더 윤리적이다.

대부분의 사람들은 상담을 하기 위해 자발적으로 찾아왔지만 이것이 상담자가 완전히 자유롭게 내담자의 소망이나 가치들에 역행하여 진행할 수 있는 상담접근법을 사용할 수 있다는 것을 의미하지는 않는다. 자격 있는 상담자들은 그들의 내담자를 교묘히 조정하려 하지 않는다. 왜냐하면 교묘히 조종하는 것은 존경스럽지 못한 행위이며 부분적으로 이것은 거의 지속적인 변화를 결코 가져올 수도 없기 때문이다. 내담자를 진정으로 배려하고 진실로 정직하기 위해서 상담자들은 그들의 가치와 신념, 그리고 치료를 위한 접근법에 대한 명확하고 쉽게 이해할 수 있는 정보를 제공할 필요가 있다. 이것은 기독교상담자가 상담을 시작할 때 자신의 신념과 영적인 목표를 분명히 하는 윤리적인 의무를 지니고 있음을 암시한다.

내담자의 동의는 지식에 기초해야 하고 자발적이어야 하며 합리적이어야 한다. 그리고 내담자는 언제든지 동의를 취소할 수 있다. 상담자가 부모의 승낙 없이 상담하기를 원하는 미성년자와 접근하게 된다면 상담자는 어떻게 해야 할까? 내담자가 감정적으로 너무 혼란스러워서 동의를 할 수 없다면 어떻게 하겠는가? 상담자는 내담자의 동의 없이 실험된 정보나 진단 결과를 보류할 수 있는가? 이러한 질문들은 책에서 볼 때는 그다지 흥밋거리가 아니지만 이들이 상담실에서 다루어진다면 중요한 논쟁을 일으킬 수 있다. 기독교 심리학자인 다렐 스미스(Darrell Smith)는 다음과 같이 '동의 진술서'를 제시하였다.[25]

▣ 내담자의 동의 ▣

① **사역에 대한 설명**: 상담심리학은 인간의 행동을 이해하고 개선하려는 특수화된 학문의 하나입니다. 상담 심리학자(때때로 상담자, 치료자, 또는 심리치료자라고도 불린다)인 나는 훈련받고 자격을 갖춘 전문가로서 나의 특별한 기술을 사용하여 사람들로 하여금 스스로의 노력으로 효과적이고 만족스러운 삶을 영위하도록 돕는 사람입니다. 나는 개인, 부부, 단체, 그리고 가족 전체를 대상으로 일할 준비가 되어 있습니다. 나는 내담자들이 그들의 문제나 또는 관심을 제시할 때에 그들을 위해 지침을 제공해 주며 상담과정에서의 목표를 제시합니다. 그리고 나는 그들이 목표에 도달하도록 도와줍니다. 나는 나의 사무실에서 다양한 상담의 방법과 전략을 사용하며 나의 내담자들이 어떻게 그들 자신을 도우며 그들 자신의 삶을 성공적으로 영위할 수 있는가를 배우도록 돕기 위하여 적합한 활동 과제들을 할당해 줍니다.

② **신뢰성**: 상담 기간 중에 당신이 나와의 관계에서 말하고 행동한 것은 신뢰성이 엄격히

25) Darrell Smith, *Integrative Therapy: A Comprehensive Approach to the Methods and Principles of counseling and Psychotherapy* (Grand Rapids: Baker Book House, 1990), Appendix C.

보장될 것입니다. 당신에 관한 정보는 당신의 허락이 없이는 다른 사람들에게 공개되지 않을 것입니다. 또한 당신과 당신의 행동을 묘사하는 데 사용된 진단상의 용어나 부호 역시 당신의 동의가 없이는 보험회사와 같은 제3의 단체에 공개하지 않을 것입니다. 그러나 만약 당신이 당신 자신이나 또는 다른 사람에게 피해를 입힐 것이라고 믿을 만한 이유가 나에게 있게 될 경우에는 그와 관계된 사람 또는 기관에 알리는 것이 저의 책임입니다

③ **상담의 길이, 빈도수, 횟수**: 개인의 경우에는 일반적으로 상담 기간 중 일주일에 한 번 만나며 그 시간은 성인의 경우 50분이며 어린이의 경우 30분입니다. 부부를 대상으로 하는 상담은 역시 매주 1회 실시하며 그 시간은 60분입니다. 단체와 가족도 역시 보통 주 1회씩 상담하며 상담 시간은 30분입니다. 경우에 따라 매주나 3주마다 한 번씩으로 상담시간을 정하는 것도 가능합니다. 상담의 횟수는 개인에 따라 그리고 그들의 특별한 문제의 성격에 따라 다릅니다. 그러나 최소한 10~12회 정도가 필요합니다.

④ **내담자의 자유와 의무**: 나는 당신의 가치를 존중하며 그러므로 당신에게 당신 자신을 불쾌하게 느끼게 하는 어떠한 일도 하도록 요구하지 않습니다. 또한 나는 당신으로 하여금 당신의 의지와 선한 판단에 반해서 강제로 어떠한 일을 하도록 하지 않을 것입니다. 비록 당신이 당신의 목표에 성공적으로 도달할 때까지 상담을 계속하는 것이 요구되지만 상담을 중단할 수 있는 권리는 시작부터 당신에게 있습니다. 나는 당신의 적극적인 노력 없이 당신의 삶을 변화시키고 당신의 문제를 해결할 수 있는 마술이나 능력을 갖고 있지 않습니다. 그러므로 당신이 당신의 치료를 위하여 세운 계획들을 수행함에 있어서 저와 협력하는 것이 매우 중요합니다. 당신은 상담과 치료에 있어서 당신이 만들어 내는 변화와 성장에 대하여 궁극적인 책임을 가지고 있습니다.

⑤ **상담료**: 내가 제공하는 모든 봉사는 매 상담 시마다 ___달러의 비율로 계산될 것입니다. 보험에 가입된 고객의 경우에는 보험금이 납부된 상황에서 상담 비용 전체를 지불하고 나중에 보험회사로부터 반제 받을 수도 있고 또는 자신의 부담금만을 지불하고 나머지의 보험의 부분은 저에게 직접 지불되도록 하실 수도 있습니다. 정신건강에 관한 보험에 가입하지 않은 고객의 경우에는 상담비용 전체를 지불하셔야만 합니다. 보험에 가입하지 않거나 어려운 재정 형편에 있는 고객을 위해서 상담 비용이 특별히 조정될 수 있습니다.

⑥ **상담료의 지급**: 봉사를 받으셨을 때에 당신은 상담료 전체를 지불하시거나 또는 자신의 부담금만을 지불할 수도 있습니다. 당신은 지불 시에 당신의 기록을 위하여 영수증을 받으실 것입니다. 만약 당신이 보험에 가입되어 있고 심리 상담에 대한 전체 비용에서 반제받기 원하

신다면 나는 당신의 반제 절차를 돕기 위하여 항목화된 설명서를 준비해 드리겠습니다. 만약 당신이 자신의 부담금만을 지불하고 나머지 보험의 부분이 저에게 직접 지불되도록 하시려면 당신은 그 지불이 저에게 이루어진다는 것을 지시하며 당신이나 또는 당국자의 필체로 기록된 날짜와 서명이 기입되어 있는 공식적 보험 문서가 저에게 제출되어야만 합니다.

⑦ **약속의 취소**: 상담료는 모든 예정된 약속에 부과됩니다. 당신은 24시간 이전에 통보됨이 없이 취소되거나 파기된 모든 약속에 대하여 전 상담료를 지불하시게 됩니다. 그러나 질병이나 가족의 사망과 같이 위급한 상황의 경우는 예외가 될 것입니다.

⑧ **다른 봉사들**: 나의 상담 심리사역은 이 사회 내에서 정신건강을 위한 여러 가지 전문적인 사역들 중 하나입니다. 나는 당신이 지금 이것을 완전히 이해하고 만약 당신 또는 내가 당신의 최선의 유익을 위하여 다른 사역에 위탁함이 필요하다고 생각하게 될 때에 당신이 다른 돕는 기관을 찾도록 제가 도울 것임을 확실히 알기를 바랍니다. 또한 당신이 나와 함께 치료과정을 시작하기 이전에 다른 사역들에 대하여서도 아는 것이 바람직합니다.

⑨ **질문들**: 만약 당신이 상담 프로그램에 대하여 어떠한 문제점이나 염려스러운 점이 있다면 언제든지 저와 공개적이며 자유롭게 토론해 주시기 바랍니다.

⑩ **동의**: 나는 이 글을 읽고 심리학자인 당신과 토론하였고 또한 당신에 의해서 제공되는 상담 또는 치료 프로그램으로부터 무엇을 기대할 수 있는지 이해하였습니다. 그러므로 나는 이러한 이해와 함께 심리 상담프로그램에 들어가는 것을 동의합니다. 나는 각각의 예정된 약속에 대하여 ___달러를 지불할 것을 동의합니다. 나는 이 서류에 서명하는 것이 계약을 체결하는 것이 아니며 당신과 함께 치료를 시작하는 것에 대하여 동의함을 표시한다는 것을 이해하고 있습니다.

_______________________ _______________________

서명 날짜

7) 상담자의 성격과 필요

상담자들은 자기들의 가치를 상담관계에서 배제시킬 수 없듯이 그들의 성격과 필요들도 상담관계에서 배제시킬 수 없다. 왜냐하면 이러한 것들은 내담자에게 영향을 줄 수밖에 없기 때문이다. 윤리적으로 민감한 상담자들이란 상담관계에서 자기 자신들의 필요들과 자기들 안에 남아 있는 미결사항들과 인격적인 갈등들과 자아방어수단들과 유약성(Vulnerability)들을 스스로 깨달아 아는 것이 얼마나 중요한가를 깨닫고 이러한 상담자의 요소들이 내담자 자신의 어떤 차원들을 자유롭게 그리고 완전히 탐구하는 데 얼마나 큰 장애요인이 되는지를 지각하는 자들이다. 상담자들이 이러한 것들에 대한 충분한 자기인식을 발전시키지 못한다면 상담자가 내담자의 긍정적인 변화를 가로막을 수도 있고 상담자 자신의 만족을 위해서 내담자를 여러 가지 방법으로 이용할 수 있다. 그때에 상담은 내담자의 만족이라는 목표에서 상담자의 만족으로 넘어 갈 것이다.

어떤 종류의 인식이 가장 중요한가? 우리는 모두 실제에 대한 모종의 맹점들과 왜곡들을 가지고 산다. 자기 자신에 대한 인식을 적극적으로 확장시키고 자기들이 가지고 있는 왜곡과 편견과 유약성들을 심도 있게 깨달아 아는 것은 자기 자신과 자기의 내담자에게 향하여 가지는 상담자의 책임이라고 생각한다. 상담자는 적어도 상담관계에서 작동될 수 있다고 생각되는 미결사항(Unfinished business)들을 바로 인식해야 한다. 상담자는 자기가 가지고 있는 충족되지 못한 필요들에 민감하여, 그러한 필요들을 충족시키는 수단으로 상담관계를 사용하지 않게 하여야 한다. 자기 자신들 속에 있는 성격적인 문제들을 인식하고 그에 대처하려고 노력할 때에 상담자들이 자기들의 문제들을 내담자에게 투사하려는 시도는 적어질 것이다. 만약 어떤 부분의 갈등들이 표면화되고 과거의 미결 사항들이 다시 활성화될 때에 상담자 자신이 다시 상담을 받는 것이 윤리적인 책임이라고 생각하며 그래야 상담자들은 비슷한 문제로 갈등하고 있는 내담자를 도와 그와 같은 문제를 탐구할 수 있을 것이다. 미국심리학협회(APA)는 상담자의 자기인식에 대한 지침을 제시하고 있다. 상담자는 자기의 상담능력이 건전한 상담관계 유지를 크게 좌우하면 자기가 가지고 있는 성격의 문제들이 이 관계를 조성하는 데 중대한 장애요인이 된다는 사실을 깨닫고 있어야 한다. 상담자의 정신건강과 자기인식과 통합의 수준이 해로운 관계가 아닌 건전한 상담관계의 개발과 유지의 능력과 크게 관련이 있다는 것은 아주 분명한 것 같다.

미국심리학협회 지침에 따르면 “상담자는 자기의 성격 문제들이 좋지 못한 상담 결과를 가져오거나 상담자에게 해롭게 될 때 그 상담활동을 그만두어야 하며 상담자가 그러한 사실을 발견했을 때에는 전문상담가의 도움을 받아 그 상담을 계속할 것인지 그만둘 것인지 여부를 결정해야 한다.”(p. 65) 상담자가 내담자와의 치유적인 상담관계를 맺고자 한다면 반드시 검토하여야 할 또 다른 성격 요인들이 있다. 여기에는 지배와 권력에의 욕구들이 있다. 그리고 양육받고 도움을 받고자 하는 욕구, 자기의 가치기준에 따라서 다른 사람들을 지도하고자 하는 욕구, 가르치고 설교하고 설득하고 암시하고자 하는 욕구들, 존중받고 감사를 받고자 하는 욕구, 자기가 유능한 상담자로 대우받고자 하는 욕구 등이 여기에 속한다. 특히 자기가 유능한 상담자라고 인정받고 싶은 욕구는 내담자가 상담자의 능력을 확인하고 싶어 할 때에 더욱 중요한 의미를 갖는다. 이러한 욕구들이 신경증적이거나 꼭 파괴적이라고 평가하는 것이 아니다. 오히려 상담자가 다른 사람들의 삶에 참여하여 그들의 삶의 만족을 찾아 주고자 한다면 상담자 자신의 욕구 충족도 본질적이라고 믿는다. 또한 도움을 주는 사람들이 도움을 주는 그 일을 하면서 자기의 개인적인 만족을 얻는 것은 하등의 잘못이 아니라고 생각한다. 사실 자기가 중요하고 가치가 있으며 존중받으며 유능한 사람이라고 하는 자신감의 욕구는 다른 사람의 삶에 참여하여 도움을 주는 자가 그 일로부터 얻을 수 있는 중요한 보상이라고 생각된다. 그러나 문제는 다음과 같은 질문 속에서 볼 수 있을 것이다. 상담자는 이러한 확인을 받기 위하여 우선적으로 내담자에게 의지할 것인가? 상담자는 상담관계를 자기의 영광을 높이며 자기의 유익을 증진시키는 목적으로 사용할 수 있는가? 상담자는 내담자의 복지를 최우선 순위로 삼을 수 있는가? 이러한 질문들은 단순한 것이 아니다. 자기기만을 쉽게 할 수 있는 위험이 있는 질문들이다. 다른 사람을 위해 상담과 정신치유에 참여하는 모든 사람들은 자기가 하고 있는 상담을 계속하여 검토하는 용기와 윤리적 민감성을 가져야 한다고 믿는다. 그래서 상담자는 상담을 하면서 직접적이요, 건전한 방법으로 자기완성을 시도하고 있는지 아니면 자기의 좌절을 보상하기 위하여 다른 사람의 삶의 경험을 통하여 대리적인 삶(Vicarious living)을 추구하고 있는지를 잘 구별할 수 있어야 한다. 다른 사람의 삶을 간섭하려 들기 전에 친밀관계 가운데서 상담이나 정신치유의 방법으로 그와 함께 노력하는 것이 모든 상담자들의 윤리적 책임이라는 것이다. 상담자 자신이 자기가 가지고 있는 죽음의 공포에서 도망가고자 한다면 그가 어떻게 내담자들을 도와 죽음의 공포에 맞서서 대처해나가도록 상담할 수 있겠는가? 자기 자신이 가지고 있는 성적인 욕구들을 인식하지 못하고 자기의 성적인 욕구의 동기와 역동성을 검토하지 못하는 상담자가 내담자를 도와 성적으로 성숙하게 상담할 수 있을까? 상담자 자신이 친밀 관계를 멀리하고 자기의 우울증세, 불안, 죄책, 불확실, 무기력 등의 감정의 심층의 경험을 두려워한다면 그와 같은 감정의 경험에 임박한 내담자들 곁에 있으면서 어떻게 그들을 상담할 수 있겠는가? 또는 무지한 상담자가 자기의 불안의 감정 때문에 내담자가 경험하고 있는 감정 갈등의 과정들을 무시해버리지 않겠는가? 만약 상담자가 자기 안에 있는 이러한 삶의 차원들을 주시하지 않는다면 상담자와 내담자에게 동시에 불안을 일으키는 미지의 영역을 탐구하도록 내담자를 격려하기가 매우 어려울 것이라고 생각한다. 그러므로 윤리적인 상담자들은 내담자에게 어떠한 것을 제의할 때 그 가치들이 내담자에게 유익한지를 알고 있어야 하며 자기의 인격성장의 경험을 토대로 하여 내담자들에게 해를 끼칠 수 있는 가능성을 충분히 판별하는 지혜를 가져야 한다.

내담자들에게 영향을 미치는 상담자들의 구체적인 성격의 분야들을 검토하기로 하자. 첫째로는 내담자의 능력과 지배의 문제를 검토하자. 능력(Power)은 건설적인 상담의 중대한 결정요소이다. 내담자들은 상담자의 능력을 함께 나눌 때 많은 도움을 받는다. 상담자들은 모델이 되어야 하며 모델링의 한 가지 요인은 상담자가 능력 있는 사람 즉 자기가 원하는 것을 자기의 삶 속에서 발견하며 자기가 원하는 종류의 삶을 달성하는 법을 알고 있는 사람이라는 데에 있다고 본다. 순수하게 능력이 있다고 느끼는 사람은 다른 사람의 삶을 지배하지 않으며 다른 사람을 위축된 상태에 머물러 있게 하므로 자기가 우월한 입장에 서려고 하지 않는다. 그들은 다른 사람 위에 독재하며 지배하는 방법으로 자기의 힘을 과시하려고 하지 않는다. 오히려, 다른 사람들의 가능성과 재능들을 존중할 뿐 아니라 자기의 가능성도 신뢰한다. 내담자가 어떤 성취를 이루고 힘을 얻고 가능성을 새로 개발했을 때에 상담자는 이것을 두려워하지 않고 즐거워한다. 내담자를 이용하여 자기의 가능성을 성취하려는 상담자들은 무능한 상담자들이다. 분명히 내담자에게 반대해서 힘(Power)을 사용할 수 있다는 사실은 윤리적 관심의 하나이다. 예를 들어 개인적인 위협과 불안을 감소시키는 한 가지 방법으로 상담자의 지배력의 사용을 생각해 보라. 상담자가 내담자와 그와의 관계의 지배를 유지하려는 욕구 때문에 지배력을 잃을까 두려워한다면 그는 무의식적으로 그리고 의식적으로 모든 종류의 작전을 생각해 낼 것이다. 그래서 만일 여자 내담자가 유혹적인 행동을 하고 남성 상담자가 자기의 성적인 욕구를 감지하지 못한다면 상담자는 그 여자와 상담을 하면서 추상적이요 지성적인 해석에 몰두하거나 또는 먼 거리를 유지해야 한다는 직업의식을 내세워 그녀와의 관계에 일정한 거리를 유지하려고 할 것이다. 그녀가 성적으로 성숙한 여인이 되기를 갈망하며 남자상담자가 강력한 여인의 면전에서 불안을 느낀다면 상담자는 위협을 받지 않고 그 관계의 지배를 유지할 수 있게 하려는 목적으로 그녀를 종속적이요 어린 소녀 같은 상태에 머물러 있도록 권고할 가능성이 있다.

둘째로는 상담자의 양육하고자 하는 욕구이다. 많은 사람들이 다른 사람을 도와주고 선한 삶을 사는 방법을 가르쳐 주며 사람들의 문제를 해결해 주며 문제해결에 도움을 주고자 하는 욕망 때문에 도움을 주는 직업에 매력을 느낀다. 과거에 자기들이 비참한 지경에 빠진 경험이 있었거나 적어도 자기들의 삶에 기본적인 변화가 있어야겠다고 느끼고 드디어 결단하여 선한 결과를 얻고 자기탐구의 여정을 시작해 본 경험이 있는 사람들에게 그러한 동기가 많다. 이제 이러한 사람들은 다른 사람들을 도와 그들도 그들 자신의 길을 발견하게 만드는 도구가 되어

보려고 갈망한다. 그러는 동안에 그들은 자기가 의미 있는 존재이며 중대한 인간임을 확인하려고 한다. 다른 사람을 양육하고자 하는 상담자의 욕구의 하나의 측면은 자기 자신이 원조를 받고자 하는 욕망 때문이다. 즉 다른 사람들도 존중과 찬양과 인정과 감사와 애정과 돌봄 등의 방법으로 자기를 양육해 주기를 바라는 욕망이 다른 사람을 양육하려는 욕구 뒤에 숨어 있다. 도움을 주는 사람들은 다른 사람들을 양육하는 데 대한 보상은 풍성하다는 사실을 빨리 배워야 할 것이다. 다시 한번 나는 양육을 받으려는 상담자의 욕구에 하등 문제가 없음을 지적하고자 한다. 심지어 상담자가 내담자에게 베푸는 행위들로부터 얻는 보상들도 문제 있는 것은 아니다. 다만 여기에 포함된 다음과 같은 윤리적 질문은 깊이 고려되어야 할 것이다. 상담자가 내담자의 양육을 받고자 하는 병적인 욕구들을 가질 때에 내담자의 복지에 어떤 위험이 있을 것인가? 상담자는 내담자의 유익을 위한 상담과 자기 자신의 유익을 위한 상담을 구별할 수 있을 것인가? 상담자는 인정받고 감사받으려는 자신의 욕구를 충분히 인식하고 있는가? 그들은 자기의 적합성의 인식을 순전히 내담자의 피드백에 의존하고 있는가? 상담자가 자기들의 적합성, 값어치, 상담자와 한 인간으로서의 가치 등을 내담자 인정에 지나치게 의지할 때에 오는 위험은 무엇인가?

많은 사람들이 힘을 얻고자 하는 욕구와 자기들이 유익하고 중요한 존재라는 감정을 가지려는 욕망과 적합감을 높이려는 목적으로 도움의 직을 택하려는 동기를 부여받는다고 생각한다. 상담자들이 상대적이기는 하지만 통합되고 완성된 인격자로 상담관계에 들어서는 것은 매우 중대하다고 본다. 도움을 주는 사람들이 자기들의 자아를 양육하기 위하여 다른 사람들을 사용하며 자기의 능력과 유능함을 강화시키려고 계속 노력한다면 도움을 주는 자는 타인을 종속적인 상태에 계속 머물러 있게 매어두는 것이다. 그래서 도움을 주는 자는 내담자와의 관계를 자기의 지배하에 두려고 애를 쓴다. 자기들이 갖고 있는 정서적인 갈망과 심리적으로 도움을 받고 양육을 받으려는 욕구 때문에 도움을 주는 자들은 고객들의 상실과 관심들에 순수하게 관심을 집중할 수 없는 것이다. 이러한 이유로 윤리적인 실천은 도움을 주는 사람들이 자기들의 성격이 고객들에게 어떠한 영향을 미치고 있는지-덕을 세우고 있는지 아니면 정체시키고 있는지-그 방향을 판단하는 자기 검토의 과정에 계속 참여하는 것이 얼마나 중요한가를 깨닫기를 요구한다.

8) 윤리적인 위반

만일 다른 상담자가 비윤리적인 행위를 하고 있다는 것을 상담자가 알게 된다면 그 상담자는 어떻게 반응할 것인가? 만약에 우리가 그 상황을 무시한다면 그 비윤리적인 상담자의 내담자는 아마 심각하게 상처를 입을 수 있을 것이다. 대신에 만일 우리가 그 윤리적인 위반을 고발한다면 우리는 한 동료의 경력에 심각한 손상을 입힐 위험이 있다. 특히 우리가 잘못된 정보의 기반 위에서 행동한다면 더욱 그러하다. 우리가 그 상황에 대해 소문을 퍼뜨리고 한두 친구에게 말한다면 모든 사람이 상처를 받게 될 것이고 우리는 성경에서 옳지 않다고 말하는 행위를 하게 되는 것이다(잠 16:28, 롬 1:23, 약 3:5-10).

심리학자들은 다른 심리학자가 행한 윤리적 위반에 관해 알았을 때 그 심리학자의 주의를 끌만한 행동을 함으로써 문제를 해결하려는 비공식적인 시도를 한다. 그리고 이렇게 하는 것이 적절하게 보인다. 만일 잘못된 행위가 사소한 것이거나 민감성이나 지식, 경험 등의 부족 때문에 나타났다면 이와 같은 비공식적인 해결 방법이 적절한 것이다. 비공식적으로 바로 잡으려는 이러한 노력은 비밀이 보장되어야 할 권리가 있다는 사실에 민감함으로써 이루어진다. 만약 그 윤리적 위반이 비공식적인 해결을 볼 것 같지 않다거나 심각한 본질을 지닌 문제라면 심리학자들은 이것을 직업윤리와 행위를 다루는 국가위원회가 관심을 가지도록 그들 앞에 내놓아야 한다.

그러나 기독교상담자들이 윤리적인 것 이상의 문제로 서로 다투게 될 때는, 그 문제를 상담윤리에 관해 이해가 부족한 지역 교회보다는 교회의 대표적인 그룹인 상담윤리에 친숙한 기독교상담자들의 동료 그룹에게 가져가는 것이 바람직할 것이다. 어떤 저자들은 윤리적인 위반을 무시한 결정 그 자체가 바로 윤리적인 위반이라고 제의했다. 직업윤리위원회로부터 나온 여러 가지 불만 중 1/4 정도가 동료 상담자들에 대한 불만인 것으로 나타났다. 이와 같이 불만이 있는 자들은 직업윤리위원회나 위반자라고 추정된 자들이 출석한 자리에서 자신의 불만에 대해 입증할 수 있어야 한다. 이 모든 것은 다른 활동에 전념할 수 있는 시간과 에너지를 빼앗아 갈 수 있다. 때로 불만을 만들어 준 사람들은 그 불만자를 괴롭게 하는 것으로 대응한다. 이 모든 것들은 분노와 고소, 또 맞고소 등을 일으키고 자신이 불만스럽게 생각하는 이유들을 지지해 줄 만한 증거를 확보하는 데 힘을 낭비할 수밖에 없는 상황으로 치닫게 한다. 만일 이 모든 것을 피할 수만 있다면 분명 이것은 최상의 것이 될 것이다.

Ⅱ. 상담자의 인격

1. 진실성(Authenticity)

상담자는 성격이론과 정신병리 이론에 관한 지식을 얻어야 하며 진단기술, 면담기술, 그리고 광범위한 테크닉들을 배울 수 있다. 그러나 상담자가 궁극적으로 상담실천에 가지고 들어오는 것은 한 인격자로서의 인간이다. 상담자는 자기의 삶의 경험을 상담자와의 상담관계에 가지고 온다. 사람들은 상담의 이론과 실제에 익숙하면서도 상담에 적합한 인격을 갖추지 못하면 부적합한 상담자로 남을 수 있다. 상담에 적합한 인간이 된다는 것은 기꺼이 자신의 삶의 모든 면들을 검토하며 자기에게 가능성이 있는 그 인격이 되기 위하여 열심히 노력하며 내담자가 스스로 할 수 있는 것은 내담자 스스로 하도록 그를 격려하는 것을 암시한다. 그렇다고 상담자는 상담자 자신 외에 상담관계에서 아무것도 제공할 것이 없다는 말은 아니다. 행동의 역동성에 관한 상담자의 지식과 구체적인 상담기술들도 필수적이다. 그러나 지식과 기술만 가지고는 안 된다는 말이다. 자기 자신의 필요와 동인들을 이해하는 데 관심을 가지고 자기의 인격성장을 위해 헌신할 수 있는 사람들은 꼭 필요한 상담기술들을 언제나 얻을 수 있는 사람들이다. 사실 상담자가 실제로 상담자와 함께 상담을 시작할 때만큼 상담자 자신의 인격개발이 그처럼 내담자를 돕는 데 효과적이요 중요하다는 사실을 실제로 깨달을 시간이 없을 것이다.

상담은 깊은 친밀 관계를 요하는 학습의 일종이기 때문에 통상적인 역할을 탈피하고 진정한 인간으로 관계에 임하고자 기꺼이 헌신하는 사람을 요구한다. 내담자가 성장을 경험하는 것은 정확히 인간 대 인간의 관계의 맥락 안에서이다. 만일 상담자가 일정한 역할을 선택하여 기대되는 역할을 실천하고 상담자가 해야 할 그 일만 행하고 기계적인 방법으로 테크닉을 사용한다면 우리는 내담자의 변화를 거의 기대할 수 없을 뿐 아니라, 내담자의 성장을 더 억압시킬 수 있을 것이다. 내담자의 인격적 성장의 근원은 한 인간으로서 자기감정과 신념들을 가지고 상담관계에 필요하다고 생각될 때에는 내담자와 자기의 반응을 함께 나누는 상담자와의 진실한 관계(Authentic relationship)에서 발견된다. 만약 상담자가 단순히 감정을 반영하거나, 객관적인 해석과 평가를 내리는 초연한 관찰자로 남거나, 또는 예견된 역할의 안전장치 뒤에 숨어서 기계적인 기술을 실천하는 인간이라면 어찌 내담자가 자기의 진실성을 향상시키기 위해 노력하기를 기대하겠는가? 상담자가 내담자를 도와 그의 진실한 존재에 접촉할 수 있게 하려면 상담자 자신이 마땅히 자기의 진실한 존재와 접촉하고 있어야 한다. 상담자는 내담자와의 자아 대 자아의 교류에서 진실한 인간이 되려고 기꺼이 헌신하여야 한다. 상담자가 만일 불일치의 행동모델을 보이고 위험을 감수하려고 하지 않으며 애매모호한 태도로 남아 자신을 위장하려고 한다면 그는 내담자에게서도 폐쇄적이요, 불신의 태도를 기대할 수밖에 없을 것이다. 만약 상담자가 열려지고 합당하게 그리고 촉진적으로 자기 노출에 참여하므로 그 순간의 자기를 있는 그대로 보여주어 진실성의 모델이 된다면 상담자는 내담자도 그가 보여준 대로 더욱더 그러한 성품들을 자기 속에 내면화시키고 통합시켜 나갈 것을 기대할 수 있을 것이다. 상담자는 다음의 질문들을 자기 자신에게 물으면서 검토하기를 바란다.

① 상담자는 자기를 내담자가 본받아야 할 하나의 모델이라고 암시하여야 하는가?
② 상담을 받으려는 내담자에게 상담자를 본받아야 할 것이라고 미리 언급하는 것이 현명한가? 어떤 행동들을 본받아야 하는가? 어떤 것들은 본받지 말아야 하는가?
③ 모델로서 봉사해야 할 상담자의 책임은 무엇인가? 살아 있는 모델이 되기 위해 상담자는 무엇을 해야 하는가? 모델의 개념은 상담자가 완전해야 한다는 것을 의미하는가? 상담자 자신도 갈등을 갖고 있으며 미결사항을 가지고 있는 존재임을 기꺼이 보여주려는 것을 의미하는가?
④ 어느 정도까지 상담자는 내담자에게 자기 자신을 노출해야 하는가? '진실해야 한다'는 것은 무엇을 의미하는가? 그것은 상담의 수단인가 아니면 목적인가? 상담자는 내담자에게 진실해야 하는 것처럼 일상생활에서 다른 사람들과도 진실해야 하는가?
⑤ 상담자는 완전히 열려지고 진실하여 그 순간순간에 지나가는 모든 기분과 감정들을 이야기해야 하는가?
⑥ 합당하고 적합하며 촉진적인 노출과 교묘한 하나의 수단이나 조작적으로 사용되는 노출 또는 상담자 자신의 성장에 더 크게 치중하는 노출과 어떻게 구별할 수 있을까? 언제, 어느 정도로 하는 노출이 촉진적인 노출이라고 판정하게 우리를 도와주는 지침들은 무엇인가?
⑦ 상담자의 진실성과 인간성과 솔직한 노출의 정도는 내담자에게 영향을 미쳐서 내담자에게도 그와 비례한 행동의 향상이 분명히 일어나는가?
⑧ 상담자로 불성실하고 자기 역할에만 치중하게 하는 게임들은 어떤 것들이 있는가? 상담자가 자기의 직업의식 뒤에 숨어 자신을 안전하게 지키고 내담자의 삶에 참여하지 않고 그대로 남는 방법들에는 어떤 것들이 있는가? 상담자가 수행하는 역할들은 그의 인격성을 가리는 역할을 하는가?

⑨ 상담자는 자기가 해야 할 기능들을 바로 받아들일 때에 고정된 역할 대신에 인격적인 가능성까지도 개발할 수 있을까? 상담자가 자기의 삶의 스타일과 불일치하는 역할들을 거절할 때에 어떤 일이 일어날 것인가? 내담자는 가끔 상담자가 진실로 진정한 인간인지를 의심하고 있는가?

2. 자기 노출

상담자는 개인상담의 내담자들과 집단상담에 참여한 그룹원들의 성장을 촉진하는 촉매로서 자기 노출을 어느 정도 하여야 하며 어떻게 노출하는 것이 적합한가? 다음 몇 가지의 지침들이 언제 자기 노출을 하는 것이 촉진적인가를 결정하는 데 유익하다는 사실을 발견하게 된다.

첫째로 현재 진행 중인 교류와 직접적으로 연관된 상담자의 현재의 감정을 노출하는 것이 유익하다. 상담자가 만일 면담시간에 계속 권태감을 느끼며 짜증이 난다면 그러한 감정을 노출하는 것은 필수적이다. 다른 한편 상담자가 경험하는 지나가는 모든 환상들과 느낌들을 나누는 것은 현명하지 못하다. 그것을 나누기 위해서는 타이밍이 아주 중요하다.

둘째로 과거사를 이야기하는 노출과 상담자가 현재 경험하고 있는 것을 그대로 표현하는 노출을 구별하는 것이 상담자에게 도움을 준다. 상담자가 기계적으로 과거의 사건들을 보고하는 것은 유사노출이라는 감을 가진다. 만약 그것이 너무 쉽게 연결되고 상담자에게 연습과 같고 기계적으로 보인다면 그것은 상담자가 너무 지나치게 열심이어서 진실이 아닌 것같이 보인다는 사실을 암시한다. 그러나 만약 상담자의 노출이 그 순간에 상담자에게 일어나는 어떤 감정의 자연적인 발로요 그 감정을 나눌 때에 상담자의 표현에 신선감이 있다고 하면 그 노출은 촉진적이라는 사실을 확신할 수 있다.

셋째로 상담자는 자신을 어느 정도 노출하는 것이 합당한가? 상담자는 자기의 감정을 탐구하기 위하여 상담 이외의 장소가 필요할지도 모른다. 그러나 자기의 감정탐구를 위해 자기가 지도자로 있으면서 사람들의 문제를 처리하는 그룹을 계속 사용하는 것은 합당치 않다. '나는 내 자신이 인간적이라는 사실을 증명하려고 애쓰는 것이 아닌가?', '내가 이것 혹은 저것을 노출하는 것은 내가 열린 상담자임을 보이고자 하는 욕망 때문이 아닌가?', '나는 교묘한 수단을 부리고 있지 않는가?'

넷째로 상담자의 노출이 내담자에게 또는 집단상담의 그룹원들에게 미치는 영향을 고려한다. 우리는 자기 노출이 사사로운 인격을 지닐 수 없다는 사실을 의미하는 것은 아님을 알아야 한다. 상담자는 사사로운 개인의 인격을 가질 권리가 있다. 그러므로 자기 노출에서 무엇을 노출해야 할 것인지, 언제 노출할 것인지를 결정하는 것은 결정적으로 중요하다. 환언하면 자기 노출은 그 목적 자체가 아니라 나에게 중대하다고 판단되는 것을 합당할 때에 진실하게 노출시키는 것을 의미한다.

3. 상담자의 교육

한 인간으로서 상담자에 관한 논의는 상담자 교육에서 또 다른 논쟁적인 이슈를 제기한다. 즉 효과적인 목회상담자가 되고자 하는 사람들에게 상담이론이 얼마나 중요한가? 왜 사람들은 이론이 그렇게 중요하다고 생각하는가? 목회상담자들은 내담자들의 삶의 경력과 개인적 가치 및 기능, 다른 사람들과의 상호 관련성, 희망, 그리고 미래에 대한 두려움을 포함한 매우 복잡하게 얽혀 있는 문제들을 풀어 주기 위해 내담자를 돕는 직무이기 때문이다. 그들의 문제는 매우 복잡해서 한 목회상담자의 짧은 지식으로는 그들이 말할 때마다 영향을 미치는 다각적인 요소를 다 이해할 수 없습니다. 이 복잡성을 풀어가는 실마리를 얻기 위해서 목회상담자는 성경적 패러다임으로 내담자의 문제와 세상 모든 것을 보기를 원한다. 기독교인의 삶의 역할은 성경적 패러다임을 이해하고 다른 사람들이 그들의 삶 속에서 발생하는 사건에 대한 패러다임을 변화시키도록 조력하는 것이다. 그러나 종종 기독교상담자들은 성경적 패러다임으로 세상을 보기 원하지만 실제로는 인본주의적 관점에서 보다 많은 상담을 하고 있다. 그들은 신실한 기독교인일지는 모르지만 그들의 상담에는 죄의식, 영적 전쟁, 성령의 변화 능력, 기도의 영향 또는 좌우에 날선 어떤 검보다 예리한 하나님의 말씀에 대한 것은 보이지 않는다(히 4:12). 아마도 우리는 상담에서 많은 부분이 관례적 정신치료 패러다임이나 과학적 치료자의 상담교육 형태를 고수하며 머물고 있을 것이다. 만일 우리가 더욱 효과적인 목회상담자가 되기를 원한다면 우리의 상담 패러다임이나 방법, 목표, 그리고 이론에 대하여 새로운 시각을 가져야 한다.[26]

---

26) Gary R. Collins, *Excellence and Ethics in Counseling: vol.30 of the Resources for Christian Counseling Series* 오윤선 역, *기독교와 상담윤리* (서울: 도서출판 두란노, 1995), 121-27.

1) 상담이론의 영향

(1) 상담이론이 내담자에게 미치는 영향

내담자가 목회상담자를 찾아 왔을 때, 그들은 문제와 좌절을 가지고 들어온다. 또한 내담자는 어떤 것을 해줄 것이며 상담이 도움이 될지 어떨지에 대한 기대를 가지고 온다. 내담자는 세상을 보고 사람들을 보는 방법에서 그들 나름대로의 패러다임을 가지고 있고 모든 상담자들에 대한 선입견을 가지고 있을 것이다. 다시 말하면 내담자는 각자가 상담에 대한 그들 자신의 이론을 가지고 당신 앞에 오는 것이다. 하지만 이러한 이론적 기대는 적어도 처음에 내담자가 어떻게 행동하리라는 것을 결정해 버린다. 만일 내담자의 기대가 상담자의 기대와 서로 다르다면 거기에는 어려운 관계가 형성되고 그 상담은 적어도 그런 견해 차이가 가시화되고 서로 이야기되기 전까지는 순조롭지 못할 것이다. 따라서 내담자의 이론은 내담자 자신의 행동에 영향을 주고 치유과정에 작용한다. 만일 상담자가 내담자의 기대를 인식하지 못한다거나 이러한 기대를 바꾸려고 너무 지시적으로 시도하고 또 내담자의 견해를 수용하기를 꺼려한다면 그 상담은 실패하고 말 것이다. 어떤 한 사람의 상담에 대한 기대는 그 사람의 문화, 나이 관점, 그리고 상담자들에게서 겪은 경험을 포함한 과거의 경험에 의존하게 된다. 이러한 영향은 내담자가 상담자 방으로 가져오는 이론 형성에 공헌하게 된다.

(2) 상담이론이 상담자들에게 미치는 영향

정신분석학, 내담자중심 치료, 이성적-정서적 치료를 포함한 통찰적 접근 즉 통찰 치료들(Insight therapies)은 사람으로 하여금 다르게 생각하도록 돕는다. 종종 상담자는 내면에 깔린 사고와 무의식적인 가정들, 표출되지 않은 감정 또는 증상을 유발하는 숨어 있는 원동력을 찾기 위해 과거의 증세들을 살핀다. 또한 행동 치료와 같은 활동 치료(Action therapies)는 접근방법을 개발하고 권면적 상담을 하며 사람들로 하여금 그들의 행동을 변화하게 돕고 다른 식으로 행동하도록 하는 데 목적을 둔다.

그러나 통찰적 접근과 활동적 접근 대신에 코리(Corey)와 그의 동료들은 상담이론은 도덕과 보상, 의학 또는 교화적 접근으로 분류될 수 있다고 제안했다. 각각의 사항은 내담자가 신뢰할 수 있고 문제에 대해 책임을 지게 할 수 있는지 어떤지에 대한 한 가설을 만든다. 또한 각 접근들은 문제를 다루기 위한 조처를 취하고 해결점들을 찾는 데 누가 가장 신뢰할 만할지에 대한 가설을 만든다. 이는 다음의 4가지 이론적 모델에 설명되어 있다.

■ 네 가지 이론적 모델이 상담자에게 미치는 영향 ■

		해 결 (누가 문제해결에 대한 책임이 있는가?)	
		내담자에게 책임이 **있다**	내담자에게 책임이 **없다**
문 제 (누가 문제발생 책임자인가?)	내담자에게 책임이 **있다**	도덕적 모델	교화 모델
	내담자에게 책임이 **없다**	보상 모델	의학적 모델

① 도덕적 모델 안에서는 내담자가 그들의 문제를 만들고 해결하는 데 책임이 있다고 가정한다. 상담자는 내담자에게 책임을 갖도록 자극하며 내담자가 변화할 때 용기를 주고 안내를 제공한다. 현실 치료, 이성적-정서적 치료, 인간중심 치료 및 권면적 상담은 모두 이 모델의 기초가 된다.

② 보상모델에서는 내담자가 그들의 문제를 유발하는 책임을 가지고 있지 않지만 그들은 상황을 변화시키기 위한 무언가를 하고 또 노력을 해야 된다고 기대된다. 이것은 학대받는 가정에서 자라 왔거나 아니면 파탄된 가정에서 생활해 온 사람들을 포함한다. 이런 사람들은 과거에는 희생자였지만 그들은 변화하기 위하여 어떤 것을 할 수가 있다.

③ 의학적 모델은 사람들을 처방에 대해 책임지는 전문가에 의해 치료 받은, 질병과 다른 환경들에 의한 희생자로 본다. 이러한 접근은 의존성을 키우고 내담자를 다른 사람의 보호 아래 두는 경향이 있지만 내담자가 부모들에 대해 불만을 쌓는 경우는 드물다. 이러한 예는 화학적인 불균형 때문에 고통을 받고 있거나 정신과 의사에 의해 처방된 약으로 치료를 받는 사람들에게서 볼 수 있다.

④ 교화 모델은 중독증을 가지고 있거나 과거의 현명하지 못한 결정과 실수로 인해 발생한 어떤 다른 문제들을 가지고 있는 사람에게 적용될 수 있다. 이러한 사람들은 종종 강박관념에 사로잡혀 있으며 자신이 만들어 낸 문제로부터 자유로워지고 싶어 다른 사람의 도움을 필요로 한다.

이상 네 가지 모델 중에서 어느 것이 당신의 상담 접근방법을 잘 표현하고 있다고 생각하는가? 내담자와 문제에 관련하여 언제나 한 가지 방법만을 고수하지는 말아야 한다. 그러나 일반적으로 당신의 상담은 이러한 네 가지 범주 중 하나에 속해 있을 것이다. 상담자 당신은 어디에 위치하는가 하는 것은 당신이 상담과정 중에 무엇을 묻고 찾고 가정하고 실행하는가와 밀접한 관련이 있다. 이러한 문제에 대한 지각은 상담자가 그들의 임무를 보다 잘 이해하는 데 도움이 된다. 비록 내담자가 우리에게 다른 모델을 사용해 주기를 기대한다 할지라도 이것은 상담자가 보다 훌륭한 역할을 해 내도록 돕는다.

(3) 상담이론이 상담자 교육에 미치는 영향

상담에 대한 지식의 많은 부분에 대해 상담 지도자들은 상담이 어떻게 행하여져야 하는가! 뿐만 아니라 상담이 어떻게 가르쳐지고 잘 훈련된 학생들이 어떻게 상담을 해야 되는가에 관한 가치와 관점을 가지고 있다. 상담지도자는 학생들의 행동을 형성하고 실수를 지적해 주고 좋은 치료는 강화시켜 주면서 또 효과적인 상담자의 모델 역할로 자리한다. 상담 지도자는 상담프로그램에서 무엇을 가르쳐야 할지를 결정하고 상담자교육이 표현적이 될지 수단적이 될지를 결정한다. 표현적인(Expressive) 접근은 학생들로 하여금 그들 자신과 교류하도록 격려하거나 자신들의 케케묵은 심리학적 인습을 처리하게 함으로써 보다 나은 조력자가 될 수 있도록 한다. 그러한 훈련은 기술적인 면이나 특성적인 면에는 깊은 강조를 하지 않을 것이다. 반대로 수단적 접근은 방법과 상담자가 무엇을 하는지에 초점이 맞추어져 있다. 누가 상담자가 되며 상담자의 관심이 상담에 어떻게 영향을 미칠지에 대하여는 보다 적은 관심을 둔다. 이 모든 것은 학생이 그들의 지도자를 조심스럽게 선택하고 지도자는 그들의 개인적 이론이 학생들에게 어떻게 영향을 미치는가를 알아야 한다는 것을 나타낸다.

(4) 상담이론이 연구에 미치는 영향

각 연구자들은 연구할 문제와 조사해야 할 질문, 그리고 사용될 방법을 주로 결정하게 되는 이론적 관점에 의해 영향을 받는다. 예를 들어 행동이론은 행동변화를 탐구하는 이론이므로 연구자가 언제 어떻게 과거의 습관이 새로운 행동변이에 의해서 재정립되는지를 결정하는 이론을 다루는 것은 그리 놀랄 만한 일이 아니다. 행동이론은 다분히 경험적인 것을 요하므로 연구는 주의 깊게 설계되어야 하며 정밀한 측정도구가 사용되어야 한다. 반대로 정신분석학적 연구는 측정을 요하거나 통계를 전혀 적용시킬 필요가 없는 주로 임상 관찰이 많이 사용되는 연구이다. 스터플레어(Stefflre)와 마티니(Matheny)는 "상담의 향상은 상담이론 향상에 달려 있고 연구조사는 이것으로부터 도출한 이론보다 더 나을 수 없다"고 말했다.

2) 무엇이 좋은 이론을 만드는가!

만일 우리가 시행하는 상담의 많은 부분이 패러다임과 이론에 의해서 인도된다면 우리가 이론을 조심스럽게 선택하고 가장 적절한 이론을 찾는다는 것은 매우 중요하다. 그렇다면 무엇이 좋은 이론을 만드는가? 콜린스(Collins)에 의하면 좋은 이론이란 명백하고 뚜렷한 언어로 되어야만 하고 인간 행동에 대하여 기술과 설명을 줄 수 있어야 하며 연구자와 실행자에게 지표로서 실질적인 기술들을 제공해야 하며 인간 행동에 대하여 예견할 수 있어야 한다고 말한다. 좋은 이론은 명확하게 개발된 철학적 전제 위에, 전문상담 서적에 익숙함으로부터 나온 결론 위에, 실제적 경험의 진실성 위에 그리고 이론 정립에 대한 건전한 자아 위에 세워진다.

효과적인 기독교 이론은 거기에다 기독교적 교리 위에 세워지며 건전한 성경 해석학을 기초로 한다. 심리학자 다렐 스미스(Darrell Smith)는 상담과 심리치료에 대한 포괄적인 접근은 성경적 개념들과 심리치료의 많은 이론과 방법에서 도출된 독특하고 보충적 요소를 가진 원리를 통합해 준다는 의견을 제시했다. 이론이란 지도와 같다. 그것은 유용한 도구로 사용되지만 모든 것을 설명해 줄 수는 없고 우리가 알고자 하는 모든 것을 말해 줄 수도 없다. 이론은 제한된 구성 요소를 가지고 있지만 상담에 대한 이론은 적어도 남을 도와준다는 생각의 기초 아래 다루어져야 한다. 이러한 기초는 하나님의 본질과 존재에 대한 우리의 전제, 우주의 본질, 인간의 본질 즉, 인간 개인적·상호적 문제의 원인, 치유의 목적 및 방법, 치료자의 역할, 그리고 상담자와 내담자 간의 관계성의 본질, 누가 변화에 대한 책임을 갖게 되는가? 등을 포함한다. 유용한 이론은, 상담자들을 안내하고 토론을 자극하고 연구에 대한 아이디어를 시사하며 적어도 어떻게 행동이 변하는지에 대한 얼마간의 예측을 할 수 있게 해야 한다.

Ⅲ. 기독교상담자를 위한 윤리 규정

다음의 내용은 심리학과 기독교지(紙) 1986년 가을호에 게재되었던 로버트킹 2세(Robert R. King, Jr.)의 「심리학적 연구를 위한 기독교 협의회에 제안하는 윤리 규정들」이라는 논문을 편집한 것이다.[27]

---

27) Gary R. Collins, *Excellence and Ethics in Counseling: vol.30 of the Resources for Christian Counseling Series* (Nashiville, TN: Word Book Publisher, 1988), 263.

1. 기초적인 성경적 근거

주: 다음에 설명된 성경적 근거들은 하나 또는 그 이상의 관련 성경 구절을 가지고 있다. 그 관련 성경 구절은 형식적인 것이나 편리를 위한 것이 아니다. 인용된 성경은 윤리 규정의 근거를 형성하는 많은 구절들 중 대표적인 것이다. 완전한 근거는 예수그리스도의 복음 전체이다. 또한 그리스도를 믿는 모든 성도들은 하나님의 말씀의 깊이를 이해하고 매일의 삶을 위한 개인적 지침들을 발견할 수 있는 능력-심지어는 특권과 의무-을 가지고 있다고 생각한다. 이 규정은 윤리적 행위와 관련된 성경의 모든 풍부한 내용을 다 다룬 것이 아니다. 갈등, 어려움, 힘의 대결, 시련, 그리고 고난 등은 기독교인과 비기독교인 모두에게 정상적인 것이며 예견되는 것이다(요 16:33, 시 37:7, 롬 2:9). 우리는 갈등, 문제, 시련과 고난, 그리고 우리가 경험하는 훈련을 통해서 성장하고 성숙해야만 한다(약 1:2-4, 살전 5:18). 우리는 서로를 세워주며 격려해야 한다(요 15:17, 엡 4:32, 요 13:35). 우리는 서로를 권고하며 필요한 경우에는 훈련시켜야 한다. 지도자로서 신뢰받는 위치에 있는 사람의 경우에는 이 일이 더욱 필요하다. 그러나 그러한 훈련은 비판적이 아니라 건설적이어야 하며 사랑 가운데서 행해야 하며 우리 자신의 단점을 주의해야만 한다(마 18:15, 17, 고전 5:11-13, 갈 6:1). 우리는 종과 같은 지도력, 공동체 의식, 하나님의 뜻을 반영하는 삶의 방식 등에 의하여 우리의 생활에서 그리스도의 주되심을 드러내야 한다(마 20:25-28, 요 12:26, 벧전 4:8-11, 골 3:12-17). 우리는 다른 사람을 사랑과 관심으로 대해야 한다(마 25:31-40, 히 13:16, 고후 1:3-7).

2. 윤리 규정의 근본적 기준과 원리

1) 그 규정은 넓은 범위의 도덕성을 포괄하지만 또한 다양한 상황 속에서 윤리적 행동의 지침을 제공하기에 충분할 만큼 구체적이다. 그 규정은 평범하지 않으면서 보편화하는 것을 지향한다. 또한 그것은 형식적이지 않으면서 기능적인 것이다.

2) 그 규정은 우리의 돕는 직업들에 있어서 윤리적 행동에 대해 명백한 기독교적인 규정에 헌신하기를 요구하는 것이다. 그러나 그것은 윤리적 행동이 오직 기독교인들만의 특징인 것이 아니므로 다른 신앙이나 가치 체계를 가진 사람들을 판단하는 것과는 무관하다.

3) 그 규정은 CAPS의 신조나 교의적 진술이 아니다. CAPS기구의 논문 II와 단체 규약이

우리 조직체의 기본 원리를 내포하고 있다. 이 조직체의 기본 원리는 우리를 창조하시고 보존하시는 하나님 아버지와 우리를 구원하시고 통치하시는 그의 아들 예수 그리스도와 하나님의 영감된 말씀이며 신앙과 행위에 있어 오류가 없이 우리를 인도하는 성경을 통하여, 그리고 성도들의 교제를 통하여 우리를 개인적으로, 직업적으로 인도하는 성령에 대한 믿음이다.

4) 그 규정은 주요한 사회문제들에 대한 입장을 표명하는 문서가 아니다. CAPS가 사회적 문제들에 대하여 진정한 관심을 가지고 있기는 하지만 그것은 전통적으로 회원들로 하여금 하나님의 인도하심에 따라 개인적으로 대처하도록 격려하며 CAPS에서 규정한 대로 따르게 하지 않는다. 또한 CAPS는 전통적으로 회원들 사이에 자유롭게 의사를 교환하도록 격려하며 회원들에게 진리나 당파적인 시각을 정의해 주지 않는다.

5) 모든 인간은 하나님의 형상으로 지음을 받았다. 우리는 우리의 존재에 있어서 영육 상관적이며 마음, 육체, 영혼, 정신, 인격, 또는 그 밖의 우리의 여러 부분들을 묘사하는 대부분의 말들은 우선적으로 우리의 본성을 토론하고 평가하기 쉽게 만들어 준다. 피조물의 많은 부분이 하나님의 형상을 따라 창조되었다는 것은 우리에게 있어 신비한 일이다. 그러나 그것은 우리와 우리가 섬기는 사람들이 근본적인 존엄성과 가치, 그리고 근본적인 권리와 필수적 책임성을 가지고 있다는 것을 의미한다.

6) 가정은 문화의 기초 단위이다. 가정은 존경, 격려, 그리고 보호가 있는 곳이다. 나아가서 기독교인에게 있어서 가정은 이웃을 포함한다(눅 10:23-37). 그러므로 우리의 사랑의 범위는 하나님, 이웃, 그리고 자신을 포괄하는 것이다(눅 10:27). 뿐만 아니라 우리는 원수까지도 사랑해야 한다(마 5:43). 또한 우리의 영향력 우리의 돕는 직업에서의 활동은 이 세상에서 빛과 소금이 되어야 한다(마 5:13, 14)

7) 돕는 직업에 있어서 과학적이고 인간적인 활동은 선한 것이며 탁월한 것이지만 완전히 선한 것은 아니다. 전문적 기술이 없는 사랑은 단순히 감상적인 것이 되며 사랑과 신적인 윤리가 없는 과학적 관찰과 전문적 기술은 단순한 치료적 행위에 불과하다. 그러므로 기독교인은 기도를 포함한 다양한 기독교적 헌신을 통합함과 전문적 교육, 훈련, 그리고 필요하다면 자격을 취득함에 있어서 최대한으로 타인을 돕는 일이 요구된다.

8) 우리가 아는 대로 세계는 인간존재에 있어 임시적 장소이며 거기에는 선과 악, 질서와 무질서, 기쁨과 슬픔, 자비와 이기심, 사랑과 무관심, 풍부와 결핍 등의 대조적이고 극단적인 것이 항상 존재한다. 더구나 우리는 어떤 특정한 상황이나 사건, 관계 등이 나타나는 이유를 잘 알지 못한다.

9) 우리 자신이나 다른 어떤 사람의 즐거움과 번영을 위하여 타인을 착취하고 조작하는 행위는 비윤리적이며 죄악된 것이다.

10) 우리의 능력 이상으로 전문적인 지식을 가진 체하며 우리에게 허락된 고유의 영역을 넘어서 활동하는 것은 비윤리적이며 불법적이고 도움을 필요로 하는 이들에게 가치 있는 것도 되지 못하며 하나님께 영광이 될 수도 없다.

11) 다른 사람이 할 수 있고 또 해야 할 책임이 있는데도 그의 일을 도우려 하는 것은 특별히 상담을 요청하는 사람들의 경우에서 의존성을 키워 줄 우려가 있으므로 비윤리적이다.

12) 어떤 사람들은, 예를 들면 어린아이들은 다른 사람에 비하여 보다 의존적 상태에 있으며 그러므로 생각 없이 또는 이기적인 동기에서 그들을 착취하거나 조작하려는 사람들로부터 더욱 보호를 받아야만 한다.

13) 우리 각자는, 돕는 자이든지 또는 도움을 받는 자이든지, 유한하며 본성적으로 결점을 가진 존재이며 동시에 각자의 내부에 장엄하고 숭고한 가치를 가진 존재이다.

14) 돕는 직업은 기술인 동시에 과학으로서 배워야 할 것이 많이 있다. 또한 섬기는 우리 각자는 전문인이건 비전문인이건 우리가 행하는 일에 유능하며 충분한 인격적 안정성과 통합성을 가질 필요가 있고 그러므로 무질서와 해로움 대신 치료를 증진시킬 수 있어야 한다.

3. 윤리적 규정에 관한 논문들

주: 우리가 섬기는 사람들에 대한 어색하고 긴 표현을 피하기 위하여 '내담자'라는 다소 중립적인 표현이 사용되었다. 상담자들의 시각에 따라 '동포', '소교구민', '상담대상자', '환자', '도움을 받는 사람', '내담자' 또는 '수감자'와 같은 표현이 상용될 수도 있다. 또한 그 규정에는 우리가 하는 일을 묘사하기 위해 '섬김' 또는 '섬기는 것'이라는 표현이 사용되었다. 이 경우에도 역시 상담자들의 시각에 따라 '돕는 사역', '돕는 직업', '상담', '사역', 또는 '목회' 등의 표현이 사용될 수 있다. 그러나 어떤 표현도 중립적인 것이 아니다. 왜냐하면 언어는 우리의 실체를 형성하며 반영하기 때문이다. 그러므로 '섬김' 또는 그것의 파생어들은 예수께서 그가 섬김을 받기 위해서가 아니라 섬기기 위해 오셨다고 하신 그 말씀을 반영하기 위한 표현이다.

1) 기독교인으로서 개인적인 헌신

(1) 나는 이 규정에서 앞서 인용하였고 단체의 규칙에 전술되어 있는 CAPS의 원리들에 동의한다.
(2) 나는 전문인으로서든지 비전문인으로서든지 나의 섬기는 일을 특별한 소명으로서 하나님께 의탁한다.
(3) 내가 섬기는 일에서 하는 모든 것을 기독교적인 가치, 원리, 기준에 따라서 통합할 것을 맹세한다.
(4) 나는 내 자신을 주인이시며 구주이신 그리스도께 헌신한다. 그러므로 하나님께로부터 지혜와 인도를 구할 것이며 동시에 내 자신의 행동과 말에 대하여 책임을 질 것이다.
(5) 나는 나의 몸을 성령의 전으로 알고 그것을 사랑과 존경심을 가지고 대할 것이다. 나의 우선권에 있어서의 균형을 기도하는 가운데 찾을 것이다.

2) 내담자에 대한 사랑과 관심

(1) 나는 종족, 종교, 성, 수입, 교육, 인종적 배경, 가치 체계 등과 무관하게 고객을 상대할 것이며 그렇지 않을 경우 그러한 요소들이 섬기는 일에 있어서의 나의 능력을 방해하게 될 것이다.
(2) 나는 인간의 생명, 인격의 거룩성, 개인적 자유와 책임, 그리고 신앙과 행동에 있어서의 자유로운 선택의 권리 등의 가치를 존중한다.
(3) 나는 내 자신의 필요를 만족시키기 위해서 내담자를 착취하고 조작하는 행위를 피할 것이다
(4) 나는 개인의 사적 권리를 부당하게 침해하지 않을 것이다.
(5) 나는 생존과 행복에 있어서 상대적으로 다른 이들에게 의존적인 상태에 있는 사람들을 돕고 나아가 보호하기 위하여 적합한 행동을 취할 것이다.
(6) 어떠한 내담자와도 성적으로 친밀한 행동은 신중하게 피할 것이다.

3) 신뢰성

(1) 나는 내담자와 그와 관계된 다른 사람의 비밀에 대하여 최고의 경의를 나타낼 것이다.
(2) 시민법이나 규정들, 사법적 조례 등에 근거한 신뢰성의 제한 범위는 고객에게 설명될

것이다.

(3) 나는 내담자의 신원과 그의 문제를 주의 깊게 보호할 것이다. 그러므로 나는 말로써 서면으로 내담자에 의해 동의를 받은 경우가 아니고서는 공적으로든지 사적으로든지 내담자에 대한 정보를 누설하지 않을 것이다. 그리고 그와 같은 정보를 밝히는 것은 상황에 적합해야 할 것이다.

(4) 상담의 모든 기록은 내담자와 문제의 내용이 누설되지 않도록 보호되는 방법으로 다루어질 것이다.

4) 유능한 사역자

(1) 나는 섬기는 사역을 함에 있어서 잘 훈련되고 유능한 사역자가 될 것을 맹세한다.

(2) 나는 실제로는 그렇지 않으면서도 내가 자격과 경험과 능력을 가지고 있는 것처럼 행동하는 일을 하지 않겠다.

(3) 나는 돕는 직업에 관한 정부나 지방 정부의 법률에 적용이 되는 경우 그 법률을 따를 것이다

(4) 나는 특정 주정부에서 교회와 기타 비영리적 단체에게 제공하는 상담에서의 법적인 면세 혜택을 내가 전문적으로 훈련받은 분야 이상의 서비스를 제공하기 위한 수단으로 사용하지 않을 것이다.

(5) 나는 약한 사람을 섬김에 있어 효율성을 증대하기 위하여 계속적인 교육과 경험, 토론, 그리고 영적인 성장을 추구할 것이다.

5) 인간적 제한성

(1) 나는 나의 인간적 제한성과 편견을 인식하기 위하여 최선을 다할 것이며 나의 주관적 견해가 인정하는 한 내가 과학적 객관성과 영적 성숙성을 소유하지 못했다는 것을 공개적으로 인정할 것이다.

(2) 나는 내담자가 나에 대하여 내가 전능하다거나 내가 모든 해답을 가지고 있다는 잘못된 개념을 소유하도록 유도하는 일을 피하겠다.

(3) 나는 시간 또는 전문적 기술의 부족이든지 아니면 주관적이고 개인적인 이유에서든지 상담을 할 수 없는 고객은 위탁을 할 것이다. 그 위탁은 가능한 한 동정적이며 명백하

고 완전한 것이 될 것이다.

(4) 나는 어떠한 내담자 또는 동료가 나의 자격 범위와 또는 가능한 사역 시간을 넘어서는 섬김을 요구할 때, 그리고 나의 가족과 나와의 관계에 부당하게 부과될 수 있는 섬김을 요구할 때 나는 그것을 거부할 것이다.

6) 광고와 촉진 행위

(1) 나는 상업적인 기준보다는 기독교적이고 전문적인 기준에 의해서 나의 섬기는 일을 홍보하고 촉진할 것이다.

(2) 광고와 촉진 행위에 있어서 개인적 선전은 배제될 것이다.

7) 조　사

모든 조사 행위는 공개적으로 시행될 것이며 조사의 대상이 되는 어떤 사람들을 위험에 빠뜨리지 않을 것이다. 나아가서 고객들은 공개적으로 신원이 밝혀진 상태에서 시험의 주체로 사용되지 않을 것이다.

8) 비윤리적 행위, 대면 직무상 과오

(1) 만약 CAPS에 속한 한 기독교인 동료가 내담자와 또는 돕는 사역에 피해를 끼칠 수 있는 방법으로 사역을 한다고 믿을 만한 충분한 이유가 나에게 있다면 나는 그 사람을 대면할 것이다. 비윤리적으로 행동하는 것으로 보이는 사람을 대면함에 있어 마태복음 18:15 ~ 17절에 구체화되어 있는 원리와 절차에 따를 것이다. 나아가서 디모데전서 5:19-20에 구체화되어 있는 목회자에 대한 엄격한 조치도 필요하다면 고려될 수 있을 것이다.

(2) 성경적 지침에 근거한다면 절차뿐만 아니라 만약 적합하거나 타당할 경우에는 시민법에도 따라야 할 것이다.

(3) 만약 CAPS에서 그 회원이 비윤리적 행동으로 고소되었다는 사실을 알게 되었을 때에는 윤리위원회에서 그 상황을 조사하고 윤리적 훈련을 권고할 것이며 필요한 경우에는 회원권을 박탈할 것이다.

(4) 윤리위원회는 또한 조직체로서의 CAPS에게나 또는 윤리적 난관에 봉착해 있어서 어떤 도움을 원하는 개인적 회원에게 상담 기회를 제공할 것이다.

(5) 윤리적 문제들은 복잡하며 법적인 내용을 포함할 수 있으므로 상담은 그 사건에 대해 책임성을 가정함이 없이 우선적으로 상황을 통하여 생각을 돕는 것이 되어야 한다.
(6) 직무상 과오에 관한 보험의 가치는 신중히 고려되어야 하며 특별히 만약 법적 소송이 정당한 것이든 아니든 간에 내가 관계되어 있는 사역 단체나 또는 나의 가정의 재정을 고갈시킬 수 있는 경우에는 더욱 그러하다.

9) 일반적이고 세심한 규칙

어떠한 윤리 규정도 완전하지 않다는 것을 인식하면서, 나는 이 규정의 첫 부분에 진술되어 있는 기준과 원리에 근거를 두고 경우에 따라서 결정을 내릴 것이다. 뿐만 아니라 나는 이 규정의 근본적 원리들과 기독교인으로서의 신앙에 일치하는 방식으로 섬기며 살기 위하여 최선을 다할 것이다.

Ⅳ. 한국목회상담협회 윤리 강령

1. 총 론

우리는 한국목회상담협회(Korean Association of Pastoral Counselors)의 회원으로서 각 회원의 신앙전통이나 가치관을 존중한다. 우리는 전문가로서의 품위를 지키고 상담자로서의 능력을 지속적으로 개발한다. 우리는 협회의 윤리 강령의 원칙들과 절차들을 준수할 책임을 진다. 우리는 협회 회원의 자격을 유지하기 위해서 다음의 윤리 강령 조항들을 지킬 것을 서약한다.

1) 본 회원은 신앙공동체와의 연계 하에서 회원으로서의 책임을 수행한다.
2) 본 회원 혹은 기관들은 종교, 인종, 성, 국적이나 교육의 기회 그리고 전문적인 도움을 주는 데 차별을 두지 않는다.
3) 본 회원은 본 협회의 교육 프로그램에 계속 적극적으로 참여하여 자기 발전을 꾀한다.
4) 본 회원은 감독과 동료들과의 관계를 계속 유지하며 단독적인 활동에서 올 수 있는 통찰력과 판단력의 저하를 막아야 한다.
5) 본 회원은 건전한 사생활을 유지하며 자신에게 발생하는 문제나 고민에 대해서도 겸손하

게 적절한 도움을 청한다.

6) 본 회원은 본인의 능력 범위 내에 있는 문제만을 상담한다.

2. 전문적인 업무들

1) 본 회원은 목회 · 기독교상담사로서 활동할 때 상담사로서의 전문성을 이용하여 부당한 이익을 취하지 않는다.
2) 본 회원은 협회에서 인정하는 자격의 수준을 내담자에게 분명히 밝히며 그 자격에 합당한 활동만을 한다.
3) 본 회원은 전문가로서 상담료에 대하여 내담자와 분명하게 의논한다.
4) 본 회원의 활동은 협회가 제시한 업무 및 회계 절차에 따라 수행한다.
5) 본 회원은 동료나 다른 전문가에 대하여 공개적으로 비방하지 않는다.

3. 내담자와의 관계

본 회원은 내담자와의 관계에서 다음에 제시하는 사항들을 준수하여야 한다.

1) 특별한 사유로 전문적인 도움이나 관계를 유지할 수 없을 경우 즉시 다른 전문가에게 소개 및 의뢰한다.
2) 내담자와 그가 속해 있는 공동체의 도덕적, 사회적, 종교적 표준들에 대해 세심한 배려를 기울인다. 우리의 신앙을 다른 사람에게 강요하지 않는다.
3) 내담자가 상담으로부터 도움을 분명히 받는다면 판단이 섰을 경우에만 상담자 · 내담자 관계를 유지한다.
4) 내담자가 원하였거나 동의를 한 경우에라도 내담자와 성적으로 부적절한 행위를 하지 않는다.

4. 비밀 보장

본 회원은 상대하는 모든 사람들의 존엄성과 안녕을 존중하고 상담과정을 통해 획득한 내담자에 대한 정보를 보호할 의무가 있다.

1) 내담자에 대한 기록은 비밀 유지와 보안이 보장되는 방법으로 보관하거나 처분한다.

2) 강의나 공개 발표 시 내담자에 대한 내용을 언급할 경우에는 반드시 그의 신분을 철저히 보호한다.

3) 윤리에 관한 협회의 내용, 자료, 조사 보고서 및 관련 기록 등에 대해 철저하게 비밀을 유지하여야 한다. 이들 자료를 법정에서 다른 회원을 상대로 사용할 경우에는 조직의 비밀 유지 조항을 위반하였으므로 대상이 된다.

5. 피감독자, 학생 및 피고용자와의 관계(생략)

6. 타 전문가들과의 관계

본 회원은 건강을 돌보는 모든 전문가들과 전문가로서의 상호교류 및 학문적 상호교류를 통하여 서로의 발전을 꾀한다.

1) 우리는 내담자의 동의 하에 내담자가 치료를 받고 있는 다른 전문가와 사전 동의와 협의를 하지 않고서는 다른 상담자에게 치료를 받고 있는 내담자를 동시에 상담하지 않는다.

2) 타 전문가와의 관계를 비정상적으로 종료한 상담자를 대할 때 타 전문가에 대한 예의를 지킨다.

7. 홍 보

본 협회 혹은 회원 차원에서의 광고 공적인 발표 혹은 홍보활동 등을 포함한 광고활동은 대중의 판단 및 선택을 돕기 위한 목적에서만 행한다.

1) 타 기관과의 결연 및 조직의 기능을 허위로 홍보하지 않으며 타 기관으로부터의 지원 및 보증을 허위로 작성하여 홍보하지 않는다.

2) KAPC의 이름을 학위로 기재할 수 없다.

3) 다음의 내용을 담은 공고는 할 수 없다.

(1) 내담자의 두려움이나 불안함을 이용하거나 감정에 호소할 목적으로 사용된 내용

(2) 제공되는 서비스에 타 기관과의 비교를 통해 관심을 갖게 하는 내용
(3) 내담자를 현혹하여 끌어들이려는 내용
(4) 라디오나 텔레비전 등의 매체를 통해 대중에게 실시하는 광고의 경우 반드시 사전에 녹음 및 녹화하여 협회의 심의를 통과해야 하며 실제 방송된 내용은 녹음 및 녹화한 것을 제출하도록 한다.

8. 윤리 강령 실시 절차

본 회원이 윤리적 문제에 저촉될 시는 다음과 같은 절차를 따른다.

1) 일반 절차

(1) 본회의 회원은 윤리 강령 위반사례에 접했을 시는 이를 윤리위원회에 통보할 의무가 있다.
(2) 모든 윤리 강령 위반 시에는 윤리위원회가 해당 회원이나 다른 사람에게 직접적인 문제가 되지 않을 경우에는 해당 회원에게 해명을 듣거나 주의를 주도록 한다.
(3) 본인에 대한 윤리 문제가 제기되었을 경우에는 윤리위원회에 신고한다.
(4) 윤리위원회는 문제 제기 신고를 받는 즉시 협회의 임원진이나 위원회에 자문을 구한다. 본 협회 회장에게는 문제 제기 사항에 대해 보고하도록 한다.
(5) 윤리 문제는 사건이 발생한 날로부터 7년간 유효하다.
(6) 윤리위원회는 아래 각 항의 수집된 정보에 근거해서 조사에 착수할 수 있다.
  ① 타 전문기관 혹은 소속된 종교 단체로부터의 회원 자격 박탈 통보
  ② 대중매체
  ③ 목회상담가로서의 자격 및 활동에 관련하여 유죄 판결을 받을 수 있는 행위를 했거나 유죄 판결을 받았다는 사실을 알았을 경우
  ④ 과거에 전문직 증명서나 자격증을 박탈당한 사례가 있다는 사실을 알았을 경우
  ⑤ 신체적, 정신적 사유로, 혹은 알코올 등의 물질에 대한 중독으로 인해 목회상담활동을 계속할 능력이 부족하다는 사실을 알았을 경우
(7) 윤리위원회는 주요 당사자로부터 윤리적 문제 제기가 접수되는 대로 즉시 조사에 착수한다. 그리고 문제 제기 내용의 복사본 한 부를 해당 회원에게 발송한다.

(8) 윤리위원회가 자체적인 동기로 조사를 실시할 경우, 해당 회원의 위반 사항에 대한 문서를 작성하여 한 부를 해당 회원에게 발송한다.
(9) 상담자는 내담자가 다른 목회상담자 혹은 기독교상담자로부터 비윤리적(성적 접촉 혹은 금전)요구를 당했다는 사실을 알았을 경우 곧 윤리위원회에 이 사실을 보고하여야 하며 윤리위원회는 보고된 사항을 즉시 처리하되, 반드시 내담자의 비밀을 유지하여야 한다.
(10) 윤리위원회는 문제를 제기한 자, 문제 제기의 대상자 그리고 정보 수집을 위해 진술이 필요한 자들을 대상으로 개별적인 면담을 실시한다. 모든 당사자들을 보호하되 불필요한 정보나 약속을 제공하지 않는다.
(11) 모든 전화 통화나 접촉에 대한 날짜와 대화 내용 요약을 기록으로 남긴다.
(12) 윤리위원회 위원장의 판단에 따라 조사 절차의 적절한 진행을 위해 법적 자문을 구할 수도 있다. 해당 회원 역시 자비로 변호사를 고용할 수는 있으나 윤리위원회 회의나 조사 면담 시 참석시킬 수는 없다.
(13) 조사 대상 회원과 평소 개인적인 친분이 있거나 동창 관계 등이 있는 윤리위원회의 위원은 조사 및 협의 과정으로부터 제외된다. 위원장이 이에 해당된다면 위원장 대행을 선출하도록 한다.
(14) 비밀 보장은 필수적이다. 그러나 본 협회의 회원이나 일반인으로부터 문의가 있을 때 일반인과 협회 및 그 회원들을 보호하기 위해 반드시 필요한 상황이라면 윤리위원회의 위원장 혹은 위원은 ① 현재 위반사항에 대한 조사가 진행 중이거나 ② 해당 회원이 처벌을 받았거나 자격 박탈을 당할 것이라는 사실을 공개할 수 있다. 그 밖의 세부 사항은 공개할 수 없다.
(15) 사건 조사와 징계처분은 윤리 강령 위반이라고 추정되는 행위를 범한 사람이 당시 회원일 경우에만 실행될 수 있다. 만약 회원이 위반 행위 도중이나 그 이후, 또는 사건 조사가 진행되는 도중 회원 자격을 포기할 경우에는 윤리 절차를 마무리한다.

2) 실행 조처

사건 조사가 완결된 후에는 윤리위원회가 다음과 같은 네 가지 조처를 취할 수 있다.
(1) 문제 제기가 근거 없다는 권고
(2) 경고 처분
(3) 견책 처분

(4) 면직 또는 복권

3) 항소 절차

위에 명시된 네 가지 조처가 취해질 경우, 원고와 해당 회원에게 배달증명 우편으로 이 사실을 통보하고 이를 받았다는 사실을 확인해야 한다.

(1) 조처 2, 3, 4는 협회 회장을 통해 항소심사위원회에 상소 청구할 수 있다. 항소심사위원은 윤리위원회 위원장, KAPC회원으로 구성된다.

(2) 심사위원회가 항소에 대해 내리는 결정은 최종적이다.

4) 통 보

(1) 회원이 견책 처분을 받을 경우 이를 현재의 또는 예정된 고용자, 감독, 고문 등에게 서면으로 보고해야 한다. 윤리위원회 위원장은 견책 처분에 대한 통보를 회원이 소속된 종파, 관련된 정부기구, 회원이 속해 있는 모든 전문기관 등에 보낸다.

(2) 항소 기간이나 절차가 완결된 후에는 견책 또는 면직 처분에 대한 결정 내용이 추후 발행되는 KAPC 소식지에 공개된다. 이 내용은 회원의 이름, 최종 학위, 활동 지역, 견책 또는 면직사유와 날짜, 윤리 강령 위반 내용 등에 국한된다. 윤리적 조사에 불응하거나 협조를 거부한 이유로 면직되었을 경우, 이 내용과 더불어 그 외에 위반한 다른 내용도 공개한다.

5) 부적절한 성적 행위

부적절한 성적 행위에 대한 고소 혹은 보고가 있을 경우 다음과 같은 절차를 밟는다.

(1) 문제 제기가 접수된 후 윤리위원회 위원장은 즉각 협회 임원진에게 이를 통보하고 제반 정보를 제출한다.

(2) 윤리위원회 위원장은 3명의 윤리위원회 위원들로 구성된 소위원회를 편성하여 이들로 하여금 사건 조사 결과 내용을 검토하고 윤리위원회 기능을 수행하게 한다.

(3) 윤리위원회의 기능을 수행하는 동안 소위원회는 윤리위원회를 대신하여 사건 조사 결과 내용을 검토하고 필요할 경우 추가 조사를 지시하거나 처벌에 대한 결론을 내릴 수 있다. 윤리위원회의 심의는 비밀회의를 통해 이루어지며 해당 회원, 원고 그들의 변호인

등이 회의에 초청될 수 있다.

(4) 윤리위원회의 판결이 견책 또는 면직 처분과 관련될 경우에만 회원은 이에 대해 항소할 수 있다. 항소는 최종 재판권을 갖는 윤리위원회에 접수될 수 있다. 항소는 윤리위원회의 통보가 이루어진 후 30일 이내에 접수되어야 한다. 소송이 계류 중일 경우에는 윤리위원회가 소송에 대한 판결을 연기할 수 있고 잠정적으로 불항소 또는 징계 처분 약정을 부과할 수 있다. 윤리위원회의 판결이 이루어진 후 30일 이내에 새로운 물증이 발견될 경우 해당 회원 또는 원고는 윤리위원회에 재심리를 요청할 수 있다. 단, 이는 이전에 항소한 적이 없었을 경우에 한한다. 재심리에 대한 결정권은 윤리위원회가 전적으로 갖는다.

6) 비상윤리위원회

(1) 공공복지, 협회 회원의 권리, 협회의 이익 등을 보호하기 위해 비상윤리위원회를 둔다. 이는 협회 회장, 부회장, 총무, 임원 혹은 관련 위원회 위원장 등으로 구성된다. 비상윤리위원회가 필요 조처를 취할 경우 법률자문을 출석시킨다.

(2) 회원의 행위가 정도에 지나쳐 정상적인 위원회 절차를 통해 수습하기에는 공공복지, 해당 회원, 협회 등을 위협할 수 있다고 결론이 내려지는 경우 비상윤리위원회를 소집한다. 본회가 진상을 검토하고 사건 조사를 진행하는 동안 회원의 모든 자격을 임시로 박탈할 수 있다.

(3) 회원은 비상윤리위원회가 판결한 모든 내용을 서면으로 통보받는다. 또한 동시에 윤리위원회에도 통보한다. 비상윤리위원회의 회원 자격 박탈이 최종 유죄 판결이 아니고 최종적으로는 윤리위원회가 이 사건을 충분히 조사한 후 판결을 내리고 사건을 최종 처리해야 할 의무가 있다.

제9장

목회상담의 적용

제9장 목회상담의 적용

Ⅰ. 약물중독 상담

1. 약물중독의 개념

1) 약물이란 무엇인가?

약물이란 신체의 화학작용 또는 내부 구조의 일부에 변화를 가져올 수 있는 화학물질을 일컫는다. 사실 우리는 날마다 '약물'을 복용하고 있지만 그것을 모르고 있을 뿐이다. 예를 들어 우리가 먹는 음식 속에는 천연 화학물질인 비타민이 들어 있는데 이는 우리 몸이 제 기능을 다하려면 반드시 필요한 것이다. 비타민이 없으면 결국 심각한 질병에 걸리게 되고 때로는 치명적인 상태에 이를 수도 있다. 이 경우에 '약물'이란 꼭 필요한 것이며 유익한 것이다. 우리는 또한 당뇨병, 전염병, 심장병 등과 같은 여러 질병을 치료할 때에도 의사의 처방에 따라 약물을 복용한다. 세계 각국에서 평균 수명이 연장되고 있는 것도 항생제의 광범위한 보급이 큰 원인으로 작용하고 있다. 전염병 때문에 오래 살지 못하게 된 사람들이 항생제 때문에 목숨을 건지는 경우가 허다한 것이다. 안타깝게도 이와 거꾸로 된 현상이 하나 있는데 바로 최근 들어 15세부터 24세까지의 특정 연령 집단만은 평균 수명이 줄어들고 있다는 사실이다. 주요 사인은 각종 사고 즉 교통사고 자살, 피살, 약물 복용, 특히 알코올 복용이다. 이처럼 본래의 의도와 다른 목적으로 사용하거나 혹은 사용 방식이 틀렸을 경우 약물은 유해 물질이 되며 심하면 목숨을 앗아갈 수도 있다. 약물남용이란 바로 이를 두고 하는 말이다.

2) 약물남용이란 무엇인가?

약물남용이란 감정 상태를 바꾸려는 목적으로 기분 전환용 약물을 복용하는 것을 말한다. 복용 방법으로는 입으로 들이마시는 방법, 코로 들이마시는 방법, 입에 넣고 삼키는 방법, 주사기로 투입하는 방법 등이 있다. 약물 복용을 법으로 허용하는 곳도 있고 불법으로 명시한 곳도 있지만 어쨌든 이것은 정당한 이유로 혹은 의학적 이유로 사용하는 것은 아니다.

약물이 그렇게 효력이 강하고 위험한 것이라면 도대체 약물남용 문제는 왜 존재하는 것일까? 왜 우리는 약물을 멀리하지 않는 것일까? 이유는 약물을 복용하면 기분이 달라진다는 데 있다. 약물이 가져다주는 기분이 너무나 강렬하고 너무나 짜릿하기 때문에 일단 한 번 손을 댄 사람은 다시 등을 돌리기가 너무나 어려운 것이다.

약물은 종류를 불문하고 뇌에 영향을 미친다. 흔히 약물을 정신 활성(Psycho active)약물이라고 부르는 이유가 바로 여기에 있다. 약물은 뇌의 변연계(Limbic system)라고 하는 영역에서 주로 활동하면서 사람의 기분을 기분 전환 작용을 한다. 변연계란 뇌중에서 감정이 유발되는 부분을 말한다. 뇌에는 신경전달물질(Neurotransmitters)이라고 하는 천연 화학물질이 있는데 약물은 그 물질 사이에 끼어들어 방해를 놓거나 아니면 그 물질 대신 자기가 자리를 차지하고 들어서 세력을 형성하게 된다. 신경전달물질은 뇌의 세포와 세포 사이에 신호를 전달하는 역할을 하는 화학물질이다. 사람이 '기분 좋은' 상태가 되었다는 것은 곧 뇌의 세포들이 '소정의' 신경전달물질을 방출했다는 얘기이다. 그 물질이 목표 지점인 수용 기관(즉 다른 뇌세포)에 도달하게 됨으로써 사람의 기분이 좋아지기 시작하는 것이다. 이것은 지극히 정상적이고 자연스러운 일이다.

정신 활성 약물이 기분 좋은 감정을 유발하는 데는 여러 가지 방법이 있다. 즉 신경전달물질이 하는 일을 그대로 따라 할 수도 있고 신경전달물질의 방출 속도를 자극할 수도 있는가하면 신경전달물질의 작용 시간을 연장시킬 수도 있는 것이다. 소위 '흥분'에 도달하는 과정이란 바로 이를 두고 하는 말이다. 뇌에서 약물이 사라지면 그 영향도 같이 없어진다. 그러나 약물을 지속적으로 복용하게 되면 약물로 인해 뇌의 화학구조가 바뀌어 약물은 정상적인 뇌 기능의 일부가 되고 만다. 약물 복용량이 많아질수록 뇌의 화학구조가 그만큼 더 바뀌게 되고 약물에 대한 갈증이 점점 커져 결국 약물 복용량은 더 많아지게 된다. 악순환이 시작되는 것이다. 지금까지 알려진 바에 따르면 뇌의 화학구조는 약물을 끊은 뒤에도 정상으로 돌아오지 않을 수 있다.

이 증상에 걸리게 되면 집중력과 주의력이 떨어지고 한 직장에서 오래 일하지 못하며 인간관계를 잘 유지하지 못하고 재정적인 안정을 이루지 못하며 스트레스를 제대로 처리하지 못하고 한곳에 오래 머물러 있지 못하는 등의 특징을 보이게 된다. 심하면 성질이 폭발하거나 반사회적 행동이 나타날 수도 있다.

3) 약물중독이란 무엇인가

약물중독이란 의학적, 경제적, 법적으로 안 좋은 결과가 뒤따름에도 불구하고 현실의 고통을 피하기 위해 혹은 약물의 효능을 맛보기 위해 지속적으로 약물을 복용하고자 하는 강박적인 욕망을 말한다. 사람의 뇌의 화학구조가 약물이 있어야만 제 기능을 다하게 되면 이미 약물중독이 시작된 것이다. 약물 복용자의 체내에 약물이 떨어지게 되면 신경전달물질 체계에 기능장애가 일어난다. 그렇게 되면 좋았던 기분이 사라지면서 다시 약물에 대한 강렬한 갈증을 느끼게 된다. 이때 약물을 복용하지 않으면 그런 증상이 더욱 강해지면서 몸에 철회 증상이 나타나기 시작한다. 실제적인 관점에서 볼 때 약물중독이란 현실의 고통에 대응하는 방식이되 자기를 파괴해 가면서 대응하는 방식이라 할 수 있다. 처음부터 중독자가 될 생각으로 약물을 복용하는 사람은 없다. 중독은 쾌락의 수단으로 혹은 현실 대응 방편으로 약물에 손을 대기로 하는 건강치 못한 선택에서 시작되는 것이다. 알코올이든 불법 약물이든 처방 약물이든 처방 없이 살 수 있는 약물이든 가릴 것 없이 사람이 맨 처음 약물에 손을 댈 때는 약물을 통해 당면한 필요를 채울 수 있거나 혹은 감정적, 신체적 고통을 잊을 수 있기 때문이다.

4) 금단증상이란 무엇인가

금단증상이란 약물에 중독된 사람의 체내에 대뇌의 화학구조가 요구하는 충분한 약물이 없을 때 신체에 나타나는 불쾌한 증상을 말한다. 약물 복용자는 철회 증상이 있기 때문에 더 많은 약물을 찾아 나서게 된다. 이제 '정상 기분' 유지에 약물이 반드시 있어야만 하는 것이다. 금단증상은 언제나 불쾌한 증세로 나타난다. 약물의 종류에 따라 다르기는 하지만 대개 우울, 피로, 근육통, 구토, 불면, 짜증 등이 수반된다. 물론 이런 것들은 인간이라면 누구나 경험하는 것들이다. 하지만 중독자의 경우는 뇌의 화학구조가 달라졌기 때문에 강도가 훨씬 심하다. 중독자는 이 증상에서 벗어나고자 더 많은 약물을 구할 수만 있다면 어떤 일이든 가리지 않게 되는 것이다. 금단증상에도 한 가지 유익한 점은 있으니 곧 중독자가 치료를 찾아 나설 수 있는 좋은 동기가 된다는 사실이다. 분명한 것은 약물 복용과 남용이 아주 위험한 일이라는 사실이다. 일단 약물에 손을 대기 시작하면 그 사람은 언제 중독에 빠지게 될지 모른다. 중독에 빠지지 않을 수 있는 확실한 길은 하나뿐이다. 아예 처음부터 약물에 손을 대지 않는 것이다.[1]

---

1) 월터 버드, *약물이 신체에 미치는 영향*, 『상담과 선교』 제30호 (서울: 한국상담연구원, 2000), 7-13.

2. 약물의 종류

정신활성 약물은 뇌에 주로 어떤 영향을 미치느냐에 따라 크게 세 종류로 나눌 수 있다. 이 분류는 전체적인 영향을 기준으로 한 것으로 반드시 흥분의 종류와 상관이 있는 것은 아니다.

1) 진정제

진정제(Depressants)종류에는 정신의 기능과 환경에 대한 인식을 진정시키는 성질이 있다 하여 붙여진 이름이다. 여기에 해당되는 약물로는 알코올, 진정제(Sedatives), 안정제, 수면제, 마취제 등을 들 수 있다. 이것은 우리가 임의로 내린 분류로 책마다 분류 방식이 다를 수도 있다.

2) 흥분제

흥분제(Stimulants)는 정신 작용과 활동을 자극하는 역할을 한다. 이 범주에는 크게 두 가지 약물이 있다. 바로 암페타민과 코카인이다. 카페인도 흥분 효과는 약하지만 중독성이 있기는 마찬가지이다.

3) 환각제

환각제(Psychedelics 또는 Hallucinogens)라고 하는 것으로 이것을 복용하면 환경에 대한 인식이 달라진다. 여기 해당하는 약물로는 LSD(Lysergic acid diethylamide의 준말로 환각제의 한 종류이며 흔히 LSD라 부름), PCP(phencycledine, 역시 환각제로 사용됨), '엑스타시'(Ecstasy, 본래 '황홀경'을 뜻하는 말로 최근에 환각제의 한 종류에 붙여진 이름), 메스칼린(Mescaline, mescal에서 뽑은 알칼로이드로 역시 환각제로 쓰임), 페이오티(Peyote, 멕시코산 선인장으로 만든 환각제) 등이 있다.

대마초(Marijuana)는 이 세 부류 중 어디에도 해당되지 않는다. 지각에 변화를 가져온다는 점에서 때로 환각제로 분류되는 경우가 있지만 그렇다고 환각을 유발하지는 않는다. 끝으로 빠뜨려서는 안 될 약물 종류가 두 가지 더 있다. 바로 흡입제(Inhalants)와 니코틴인데 이 둘은 흔히 주요 약물로 간주되고 있지는 않지만 역시 중독성이 있으며 유해성도 아주 높다.[2)]

---

2) *Ibid.*, 14.

3. 약물남용자에 대한 상담

1) 약물남용자의 특성

일반적으로 약물남용자들의 삶은 대체로 부정과 죄책감에 지배를 받게 된다. 그러므로 약물남용자들은 자신의 건강과 자존감의 파멸이라는 대가를 치르게 된다. 그러므로 정서적으로, 영적으로 그리고 때로는 신체적으로 벗어나야 바른 치유가 가능하므로 이 문제부터 관심을 가지고 접근할 필요가 있다. 이것은 약물남용자의 심리적 특성이기 때문이다.

(1) 부 정

부정이란 반증의 결과가 있음에도 불구하고 문제를 인정하거나 시인하지 않는 태도를 말한다. 부정은 어디서나 쉽게 찾아볼 수 있는 행동으로서 약물남용자들이 불쾌한 실상을 외면하는 데 사용하는 방법이다. 약물남용자들은 논리적인 사고의 차원에서는 자신이 스스로와 다른 사람에게 해를 입히고 있다는 사실을 잘 알고 있다. 그러나 도취감 또는 약물 흥분을 학습하는 곳은 뇌의 논리적 사고 부위가 아니라 감정 부위이다. 즉 약물이나 알코올 남용을 중단해야 하는 이유를 알고 있을지라도 뇌의 감정 부위에서 나오는 충동에 못 이겨 다시 약물을 찾지 않으면 안 되고 그리하여 계속해서 약물에 빠지게 된다. 뇌의 논리 부위에는 약물을 갈구하는 강력한 심리적, 생리적 욕구에 대한 통제력이 거의 없다. 어느 기간 동안 뇌의 사고 부위와 감정 부위 사이에는 극심한 갈등이 생기게 마련이다. 결국은 내면의 총체적인 감정 혼돈을 막기 위해 마음속에 심리적 방어체계가 생겨나게 되는데 그것이 바로 부정이다. 이러한 부정은 여러 가지 형태로 나타나는데 이것을 가리켜 약물남용자의 부정 체제(denial system)라고 하며 그 중요한 것은 다음과 같다.

① 합리화(Rationalization): 합리화란, 어떤 바람직하지 않는 행동에 대해 그 이유를 사실대로 인정할 경우 자신의 약점과 결함이 그대로 드러나게 될까봐 사회적으로 받아들여질 수는 있지만 진실과는 다른 내용으로 해명하는 것을 말한다.

② 투사(Projection): 투사란 자신의 실패와 결함을 다른 사람 탓으로 돌리는 것을 말한다. 약물남용으로 인하여 실직되었을 경우에도 그 이유를 다르게 말하는 경우이다. 이런 경우에 실패를 겪고 나면 강한 분노와 적대감을 가지고 이것을 가족과 주변 사람에게 나타낸다.

③ 억압(Repression): 억압이란 참기 어려운 생각이나 경험이나 감정을 자신의 의식 세계 밖으로 몰아내는 것을 말한다. 약물남용과 관련된 불쾌한 사건이나 활동을 '망각하게' 만드는 것이다.

④ 억제(Suppression): 억제란 불쾌한 감정이나 사건을 의식적으로 속에다 묻어두는 것을 말한다. 억압과 달리 이렇게 묻어둔 감정이나 사건은 마음만 먹으면 언제든지 다시 끄집어 낼 수가 있다.

⑤ 철회(Withdrawal): 철회란 주변 사람들과의 관계나 대화를 고의적으로 회피하는 것을 말한다. 약물중독자는 철회를 통하여 타인에 대한 통제력을 계속 가지고 있음과 동시에 자신의 약물 복용 행동에 대한 다른 사람들의 지적을 보다 쉽게 피할 수 있다.

⑥ 퇴행(Regression): 퇴행은 감정의 성숙도가 인생의 전단계로 되돌아가는 것을 말한다. 성인 약물남용자들 가운데 많은 사람들이 사춘기의 행동 수준으로 퇴행하는 경우가 있다.

⑦ 전환(Conversion): 전환이란 정서상의 갈등과 감정이 신체적인 증상으로 나타나는 것을 말한다. 약물남용자는 약물 복용에서 비롯되는 여러 가지 신체적 증상으로 어려움을 겪는다. 고통은 실제로 있는 것이며 본인도 그것을 느낀다. 이때 고통은 전환 작용으로 인해 실제보다 크게 느껴진다. 그러다 보니 약물 복용자는 근본 원인인 약물 복용은 뒤로 하고 증상에만 신경을 쓰게 된다. 이러한 부정 체제는 약물남용의 가장 큰 후원자 노릇을 하며 약물남용을 통해 인간 마음의 기본적 심리 통제 기제의 붕괴가 시작된다.[3)]

(2) 마스크

약물남용자들은 자신의 동기를 숨기고 비정상 행위를 합리화하며 변화의 책임을 부정하기 위해 특정 태도 혹은 마스크를 만들어 낸다. 약물남용자들은 이런 마스크를 사용하여 주변 사람에 대한 통제력을 장악하려고 한다. 약물남용자들이 사용하는 마스크 가운데 중요한 것은 다음과 같다.

① 대화의 단절: 다른 사람에게 자신을 열어 보이지도 못하고 다른 사람들의 비난도 수용하지 못한다. 그러면서도 남들을 조작하거나 속이려는 목적으로 자기 자신을 비난한다.

---

3) Stephen Van Cleave and others, *Counseling for Substance Abuse and Addiction*(Waco, TX: Word Books publisher, 1987) 정정숙, 약물남용자 상담, 『상담과 선교』, 제30호 (서울: 한국상담연구원, 2000) 58-59.

② 과소평가: 책임에 대한 부담을 느낄 때마다 자기 자신을 과소평가하여 '나는 안돼'라고 한다. 그러나 이들에게는 감당할 수 있는 능력이 있고 하고 싶은 일도 있지만 자신을 과소평가한다.

③ 피해의식: 약물남용자들이 자기 행동의 책임을 부정하기 위하여 사용하는 자기 연민이다. 자기 자신도 어쩔 수 없는 약물의 '피해자'라고 주장한다.

④ 장래에 대한 인식부족: 약물남용자들은 미래에 대한 관심이 거의 없으며 특히 현재의 행동에 좋지 않은 결과가 올 수 있다는 것을 부정한다. 이들은 즉각적인 결과를 기대하며 따라서 즉각적인 성공이나 만족이 없는 일은 포기하고 만다.

⑤ 자기중심적 사고: 약물남용자들은 자신의 행동이 다른 사람에게 해를 줄 수 있다는 사실을 무시한 채 자기중심적인 태도를 취한다. 자기 행동의 정당화를 주장하며 다른 사람의 필요나 유익에 관심이 없고 배려하는 마음이 없다. 또 다른 사람에 대한 책임을 회피하고 남을 속이거나 조작하는 데는 능동적이지만 다른 사람에 대한 책임에는 수동적이다.

⑥ 무리한 소유의식: 약물남용자들은 자기가 원하는 것은 무엇이든지 자기 것이라고 생각한다. 이들은 자기가 의존하고 있거나 혹은 애정을 품고 있는 사람을 향해 소유욕을 보이고 남들이 자신을 위하여 무엇을 해주기를 바란다. 불법적 행위를 하고서도 원래의 자기 것을 찾은 것으로 생각한다.

⑦ 의존 거부: 약물남용자들은 자신의 속을 보이거나 남을 믿고 의지하는 일을 하지 않는다. 다른 사람을 의존하는 것같이 보이기는 하지만 이것은 다른 사람을 이용 혹은 조작하기 위해서 하는 것일 뿐이다.

(3) 죄책감

약물남용자들은 마스크를 통하여 자신의 실체를 가리고 약물 복용으로 인하여 이러한 마스크를 쓰는 일을 계속 한다. 그러나 이것이 무한히 계속될 수 없고 방어 기재가 벗겨지고 나면 자신에 대해 분노를 느끼게 된다. 이러한 분노는 자기 자신에게만이 아니라 이웃과 친지, 나아가서 하나님께로 까지 확산된다. 여기서 생기는 감정 중의 하나가 죄책감이다. 약물남용자는 자신의 통제능력을 상실하였기 때문에 죄책감에 대한 해결책을 찾지 못하고 계속하여 약물을 복용하게 된다. 죄책감에서 해방되기 위해서는 심리적, 영적 노력이 있어야 하는데 약물남용자의 경우는 그렇지 못한 것이 큰 문제이다.[4)]

---

4) *Ibid.*, 60.

2) 약물남용 가정의 상담

약물남용은 당사자의 문제만이 아니라 가족 전체에게 매우 심각한 영향을 준다. 내담자가 약물남용자라고 할지라도 넓은 의미에서는 가족 전체가 내담자가 된다. 이러한 상황에서 약물남용 가정의 상담을 어떻게 할 것인지를 살펴보자.

(1) 상담 개입에 대한 주의

상담자가 약물남용자를 상담할 때에 건강한 반응보다도 위계에 의한 '술책'이 나올 가능성이 많다. 상담자들은 이러한 문제에 대하여 바른 이해를 해야 하고 적절한 대응을 해야 한다. 상담자가 개입에 주의해야 할 중요한 상황은 다음과 같다.

① 위협적 자세

내담자 즉 약물남용자나 가족이 상담자를 향해 위협적 자세로 나오는 것을 말한다. 정면으로 위협하는 경우도 있으나 뒤에서 미묘한 방법으로 하는 경우가 많다. 예를 들면 '당신이 무엇을 안다고 상담을 하는가'라는 태도를 취한다. 또 상담자의 능력이나 동기에 대하여 문제를 제기하는 등의 자세를 갖는다. 이런 과정을 통하여 내담자는 상담자의 불안 수준을 고조시킴으로써 상담자에 대한 일시적 우월감을 갖게 된다. 내담자는 이와 같은 상황에서 내담자로 하여금 상담자를 찾아온 이유를 다시 한번 확인시키고 그의 행동이 옳지 아니함을 지적해야 한다.

② 전적 의지

내담자가 상담자의 가르침이 없이는 아무 것도 할 수 없음을 나타내 보이는 자세이다. 예를 들면 '어떻게 해야 할지 말씀해 주십시오'라는 식으로 내담자의 행동 하나하나를 지시해 주기를 바라는 경우이다. 그러나 이러한 자세는 그의 진심이라기보다는 '위장된 행동'이라고 할 수 있는데 여기에 대한 상담자의 분별이 필요하다. 이와 같은 행동을 통하여 내담자는 상담자가 가르치는 모든 것을 할 수 없으니 '나는 어쩔 수 없다'는 부정적 신념 체계를 강화하게 된다. 이런 자세를 가진 내담자에 대해서 상담자는 선택과 변화를 통한 치유가 가능토록 바로 가르쳐야 한다.

③ 혼란 조장

어떤 가족들은 상담하여 치료하기보다 '차라리 벌을 주라'는 식의 태도를 취한다. 이렇게 하여 상담자가 상담을 중단하고 이 문제에서 손을 떼기를 바라지만 이것을 통하여 자기들은 변화할 수 없는 존재라는 잘못된 신념을 강화한다. 이런 상황에서, 상담자는 친절하고 확고한 입장을 취해야 하고 가정의 힘이 분배되고 있는 양상을 살펴야 한다.

④ 지나친 아부

내담자의 가정은 이 세상에서 어느 누구든 상담자만큼 자기들을 도와줄 수 있는 사람이 없다고 하면서 지나친 아부를 하는 경우도 있다. 그리하여 치료를 위한 모임이나, 중독자 주변의 상호 의존자들의 모임에 참여하기를 거부한다. 뿐만 아니라 다른 전문가나 다른 클리닉에 의뢰하는 것을 거부한다. 이와 같은 행동으로 내담자는 부정 체제를 그대로 유지하며 다른 전문인과 부딪치지 않는 한 자기 행동의 변화의 필요성을 인식하지 못한다. 이런 가정에 개입할 때는 상담자를 그렇게 신뢰한다면 상담자가 추천하는 것도 믿어야 한다고 분명히 말해야 한다.

⑤ 전문적 용어 사용

내담자 가운데는 자기의 전문적 지식을 내어놓으려고 하는 경우도 있다. 프로이드나 아들러를 말하고 융의 심리학에 대한 고도의 지적 표현을 한다. 그러나 이들은 자신의 진심을 토로하지 않는다. 이런 상황에서 상담자는 자신의 입장을 분명히 해야 하며 그의 진심 즉 문제의 핵심을 파헤쳐야 한다.

(2) 상호 의존에서의 탈피

상호 의존이 무엇인가라는 것에 대해 상담학자들에 따라서 의견을 달리하고 있다. 그러나 분명한 것은 정의를 어떻게 하든지 간에 상호 의존이 있는 경우 그 가정이 역기능을 나타내며 관찰 가능한 특정 행동 유형을 보인다. 약물남용자와 유대를 맺고 있는 사람이라면 누구를 막론하고 상호 의존 행동이 나타날 수 있다. 그 대상은 가족, 성도, 직장 동료 등 다양한 사람들이다. 상호 의존 가정은 역기능 가정이기 때문에 많은 경우에 집안의 비밀 사항이 많고 건강하지 못한 가정 역동을 유지하는 데 필요한 역할 분담이 있으며 또 조건적 사랑이 나타난다. 이런 가정에 나타나는 감정은 수치심과 죄책감이다. 수치심이란, 자신의 모습(존재)에 관한 것이고 죄책감이란 자신의 언행(행위)에 관한 것이다. 이러한 두 가지 감점은 사람을 그리스도와 다른 사람의 사랑으로부터 격리시킨다. 상호 의존에 빠진 사람은 정서적으로나 영적으로나 건강을 잃은 사람이다. 정서적인 사고 과정에 장애를 입은 사람들은 자신의 영적인 힘과 그리스도 안에서 얻을 수 있는 영적인 힘을 거부하게 된다.

이들을 치유하는 데는 오랜 시간이 걸린다. 그 치유에는 적어도 몇 가지 사항들이 있어야 하는데 ① 사고 장애에 대한 대면 ② 안전한 환경 내에서 행해지는 억압된 감정의 치유적 표출 ③ 상실된 관계 혹은 상실된 유년기에 대한 비애 과정 ④ 내면의 '아이'의 발견 및 양육 ⑤ '보다 큰 힘'이신 예수 그리스도의 은혜의 수용 등이다.

이러한 문제들이 해결될 때에 상호 의존에 빠진 사람이 하나님께서 주신 자신의 모습으로 돌아갈 수 있다. 과거의 행동은 바꿀 수 없으나 과거를 보는 시각은 바꿀 수 있다. 즉 회개를 통하여 죄책감에서 해방될 수 있다. 약물남용 가정을 상담함에 있어서 이러한 원리를 분명히 해야 한다.

(3) 예방과 가족 관계

약물남용자를 위한 가장 좋은 길은 예방이다. 어릴 때부터 약물을 사용하지 않으면 되는데 우리들의 현실은 그렇지 못한 경우가 있다. 상담자는 약물남용을 예방하기 위한 노력을 해야 하는 데 중요한 몇 가지는 다음과 같다.

① 건강한 성격

어릴 때부터 건강한 성격을 가지게 해야 한다. 성격 형성에는 여러 가지 요인들이 있으나 중요한 것은 긍정적 자아형상(Self-image)을 가지는 것이다. 또한 책임감도 건강한 성격의 하나이다. 어릴 때부터 자신의 행동에 책임을 지는 자세는 자신의 일만이 아니라 다른 사람을 존경하는 태도를 가지는 계기가 된다. 약물남용을 예방하는 방법으로 건강한 성격을 형성토록 해야 한다. 이것은 건강한 자아 형상과 책임감 그리고 다른 사람을 배려하는 자세 등으로 구체화되어야 한다.

② 건강한 대인관계

약물중독과 같은 현상에서 벗어나고 싶어도 동료 집단의 압력으로 인하여 그렇게 하지 못하는 경우가 많은데 이것은 많은 가정들이 부모 자녀의 관계보다 동료 관계가 훨씬 강하고 중요한 것이 되도록 놓아두었기 때문이다. 동료 집단과의 관계는 유치원에서부터 형성되고 청소년기와 장년기에 이르기까지 하나의 틀로 자신의 생활의 중요한 규제가 된다. 그러므로 어릴 때부터 건강한 대인관계를 가지게 해야 한다. 인간은 하나님의 형상으로 지음을 받았으며 하나님으로부터 받은 존귀성으로 인하여 더 귀한 존재라는 사실을 인식하고 이것을 키워 나가야 한다.

③ 건강한 가족관계

건강한 가족관계 즉 가족들 간에 사이가 좋고 유대감이 깊은 가정은 동료 집단 문화의 압력을 이겨내는 힘이 된다. 가족관계와 커뮤니케이션은 이러한 측면에서 매우 중요한 의미를 가진다. 일반적으로 건강한 가정의 특성이 무엇인지를 살펴보면 우리들이 추구해야 할 자세가 무엇인지 알 수 있다. 돌로레스 커랜(Dolores Curran)은 건강한 가정의 특성을 다음과 같이 제시하였다.

① 대화하고 경청한다: 건강한 가정은 비언어적인 메시지를 소중히 여기고 개인의 감정과 독립적인 사고를 존중하며 상대를 무시하거나 깎아 내리는 표현을 용납하지 않는다.

② 서로 인정하고 지지한다: 서로 서로 칭찬하고 부탁받지 않아도 도와주고 성취의 공로를 모두가 공유하는 가정이 건강한 가정이다. 이런 가정은 팀을 이루어 함께 일하는 것에 커다란 비중을 둔다.

③ 남을 존중하는 태도를 가르친다: 이런 가정은 배경, 인종, 종교 등에 상관없이 모든 인간을 존중하는 태도를 가르친다. 또한 가족들 서로를 하나님의 피조물로 소중히 여기며 남을 이용하거나 남의 재산을 오용하는 행동은 하지 않는다.

④ 신뢰감을 키운다: 건강한 가정에는 신뢰가 있다. 그러므로 건강한 가정에는 부부의 외도란 거의 없다. 건강한 가정은 신뢰의 대상이며 서로를 있는 그대로의 모습으로 받아들여야 한다는 사실에 대해 좋은 실례가 된다. 서로 속이는 태도는 가정 윤리의 심각한 위반으로 간주한다.

⑤ 즐길 줄 알며 유머 감각이 있다: 건강한 가정은 함께 즐거운 일을 창출해 내며 쉬면서 함께 있는 것만으로도 커다란 즐거움을 얻는다.

⑥ 책임 공유 의식이 있다: 책임이란 할당된 임무를 완수하고 명시된 요구를 수행하는 데 그치는 것이 아니다. 다른 사람의 기분에 맞추어 눈에 띄지 않는 작은 일들을 찾아서 하는 것도 엄연히 책임의 일부이다. 이런 태도가 있을 때 가정은 더욱 행복해진다.

⑦ 옳고 그른 기준을 가르친다: 건강한 가정은 자녀에게 기초가 튼튼한 믿을 수 있는 가치관을 심어준다. 이러한 가치관은 부모의 훈계를 '듣고서 배우는' 것은 10퍼센트에 불과하고 나머지 90퍼센트는 부모의 삶 속의 가치관을 '보고서 배우는' 것이다.

⑧ 풍부한 의식과 전통을 근거로 하는 건강한 가족 의식이 있다: 건강한 가정에는 특별한 날짜나 기념이 될 만한 사건이나 기타 가족들이 함께 나누었던 뜻 깊은 시간을 중심으로 한 그 가족만의 독특한 전통이 많이 있다. 셜리 돕슨(Shirley Dobson)과 글로리아 게이더(Gloria Gaither)의 「추억을 만들자」*(Let's Make a Memory)*라는 책을 보면 가족의 정서를 하나로 묶어주어 해마다 유대감 형성의 기점으로 남을 만한 추억들을 만드는 방법이 아주 잘 나와 있다.

⑨ 가족들 간의 관계에 균형이 있다: 건강한 가정에는 어떤 한 사람이 모든 관심을 끌려 하거나 온 집안을 자기 혼자 지배하는 일이 없다. 누구나 의견을 나눌 수 있으며 누구나 남의 인정을 받을 가치를 가지고 있다.

⑩ 공통의 신앙이 있다: 건강한 가정은 같은 신앙을 가지고 있으며 교회의 여러 활동에 정기적으로 참여한다. 하나님과의 관계는 단순히 교회에 나가는 차원보다 깊다. 가정의 힘의 기초는 하나님과의 관계에 있다.

⑪ 가족의 프라이버시를 존중한다: 건강한 가정은 가족 간에 서로를 함부로 대하지 않는다. 이런 가정은 서로의 소유, 감정, 기호를 존중하는 자세를 가지고 있다.

⑫ 봉사를 소중히 여긴다: 건강한 가정은 다른 사람의 가치를 존중하며 남을 섬기려는 자세를 갖는다. 늘 모든 가정을 함께 생각하기 때문에 다른 가정의 고통이나 필요에 힘닿는대로 손길을 내민다.

⑬ 가족 식사시간을 소중히 여긴다: 훌륭한 대화가 있는 가정은 저녁식사를 하루 일과의 중요한 부분으로 삼는다. 가족이 함께 식탁에 둘러앉을 때 거기엔 단순히 함께 먹는 것 이상의 의미를 가지고 있다. 이 시간은 가족들이 그 날의 중요한 사건과 생각과 감정을 함께 나누는 시간이다.

⑭ 여가 시간을 함께 보낸다: 함께 기도하는 가정은 깨어지지 않는 것처럼 함께 노는 가정은 깨어지지 않는다. 순경의 시기에 함께 놀며 즐길 수 없는 가정은 역경의 시기에 함께 대화하기 어렵다.

⑮ 문제를 인정하며 도움을 구한다: 건강한 가족은 방어적인 태도를 취하지 않으며 정직한 충고나 제안을 외면하지 않는다. 이들은 문제가 있을 때 터놓고 얘기할 수 있다. 문제를 가정생활의 정상적인 한 부분으로 간주하며 해결 방안을 찾아낸다.[5] 이와 같은 특성을 가진 가정이 되는 것이 약물남용을 예방하는 가장 귀한 지름길이다.

---

5) 정정숙, *약물남용자 상담*, 『상담과 선교』 제30호 (서울: 한국상담선교연구원, 2000), 61-68.

3) 약물남용의 치유와 회복

구체적으로 어떻게 해야 이러한 치유와 회복이 있을 것인가에 대해서 여러 가지 해석들이 나올 수 있다. 여기서는 몇 가지 원리적 문제들을 다루려고 한다.

(1) 중독에서의 해방을 위한 12단계

약물남용자가 중독에서 벗어나기 위해서는 자신의 삶을 하나님께 드려야 하며 하나님의 치유를 받아야 한다. 그러나 이것은 쉽게 되는 것이 아니라 한 계단씩 고통의 길을 넘어서야 한다. 회복의 방안에 대한 여러 가지 모델 중 알코올 중독방지회(AA)가 제시한 '12단계' 방안은 우리들이 주목할 만한 가치가 있다.

① 우리는 자신이 알코올에 무력하다는 사실, 즉 자신의 삶이 이미 통제 수준을 넘어섰다는 사실을 인정했다.
② 우리는 자신보다 더 큰 어떤 힘이 있어야 정상 회복이 가능하다고 믿게 되었다.
③ 우리는 자신의 의지와 삶을 각자가 이해하고 있는 하나님의 보호에 내맡기기로 결심했다.
④ 우리는 자신의 도덕적 상태를 두려운 마음 없이 철저히 파악했다.
⑤ 우리는 자신의 과오의 본질을 하나님과 자신과 타인들 앞에 있는 그대로 정확히 시인했다.
⑥ 우리는 하나님께서 우리의 모든 성격적 결함을 제거하실 수 있도록 자신을 준비하는 일에 만전을 기했다.
⑦ 우리는 자신의 결점을 제거해 달라고 하나님에 겸손히 도움을 청했다.
⑧ 우리는 자신이 해를 입혔던 사람들을 모두 목록으로 작성했고 일일이 보상하겠다는 각오를 다졌다.
⑨ 우리는 보상이 오히려 주변의 다른 사람들에게 해를 입힐 경우를 제외하고는 어디에 있는 사람이든 찾아가 직접 보상을 시행했다.
⑩ 우리는 자기 성찰을 계속하면서 혹시 잘못된 점이 있을 때는 즉각 인정했다.
⑪ 우리는 기도와 묵상을 통해 각자가 이해하고 있는 하나님과의 의식적인 만남에 깊이를 더하려 했으며 이때 우리의 기도 제목은 우리를 향한 하나님의 뜻을 알고 그 뜻대로 행할 수 있는 힘을 달라는 것을 벗어나지 않았다.
⑫ 우리는 위의 단계들의 결과로 영적으로 각성하게 됨에 따라 이런 메시지를 알코올 중독자들에게 전해 주는 일에 힘썼으며 아울러 위의 '12 단계'가 전적으로 성경적인 것은 아

니지만 변화와 성장을 위한 중요한 모델이 되고 있다. 약물중독에서 해방되어 회복으로 가는 데는 중요한 7단계들이 있다.

ⓐ 1단계: 무력함을 인정함(AA 1단계): 약물 복용자의 문제 중 가장 큰 것은 자신의 중독 현상을 사실대로 인정하지 않는 점이다. 자신이 마음만 먹으면 언제든지 약물에서 해방될 수 있다고 착각하고 있다. 회복을 위해서는 문제가 있다는 것과 스스로의 힘으로는 어쩔 수 없다는 사실을 인정해야 한다. 스스로의 힘으로는 회복할 수 없음을 인정해야 한다(롬 7:19-20).

ⓑ 2단계: 자신의 삶을 하나님께 헌신함(AA 2, 3단계): 자신의 무력함을 인정하였으면 그 해답으로 문제의 해결자이신 하나님을 의뢰해야 한다. 즉 자신의 삶의 통제권을 하나님께 드려야 한다.(롬 5:8)

ⓒ 3단계: 자기성찰(AA 4, 5단계): 자기 자신을 되돌아보고 자신의 잘못을 고백하며 하나님의 용서하심을 바라는 자세가 필요하다.(시 139:23-24, 요일 1:8-9)

ⓓ 4단계: 자신의 변화를 하나님께 맡김(AA 6, 7단계): 스스로는 변화할 수 없어도 하나님께서는 변화시킬 수 있음을 믿고(시 30:2), 하나님의 고치심을 소망해야 한다.(고후 5:17) 이것은 하루아침에 되는 것이 아니라 평생을 통하여 지속적으로 이루어야 할 일이다.

ⓔ 5단계: 책임 있게 살아감(AA 8, 9, 10단계): 약물 복용자들은 무책임한 삶을 사는 경우가 많다. 거짓말을 하고 남에게 책임을 전가하는데 그리스도께서 주신 변화를 통하여 새롭게 되어야 한다. 즉 옛사람을 벗고 새사람을 입는 변화가 있고 새로운 삶의 스타일이 구체화되어야 한다.(엡 4:25-32)

ⓕ 6단계: 영적으로 성장함(AA 11단계): 약물 복용자는 영적으로 계속해서 성장해야 한다. 영적 성장은 하나님을 찾는 데서 이루어진다.(잠 8:17) 그래서 상담자는 예배, 기도, 성경공부 등을 통하여 내담자가 성장하고 자기중심에서 그리스도 중심으로 삶의 원리를 바꾸게 해야 한다.

ⓖ 7단계: 다른 사람을 도와줌(AA 12단계): 자신이 받은 은혜를 혼자서 소유할 것이 아니라 자기와 같이 고통당하는 사람을 돕도록 해야 한다. 도움을 통해서 자기 회복과 성장이 올 수 있다.

(2) 가정의 치유와 회복

약물남용자의 가정이 겪는 많은 어려움 가운데 상실은 매우 크고 심각한 문제이다. 이러한 상실을 넘어서 회복의 길을 가게 하는 것이 상담자의 임무이다.

① 상 실

약물남용을 통하여 생기는 상실은 사람에 따라 다르지만 중요한 몇 가지를 살펴보면 다음과 같다. 첫째, 사랑하는 사람의 상실이다. 약물중독으로 인한 상실감은 그 사람이 실제로 죽은 것만큼이나 강하다. 약물 복용자가 항상 곁에 있고 계속 고통과 슬픔을 안겨주기 때문에 죽음의 상실보다 더 강하다. 사랑하는 사람의 상실은 비애를 낳는데 이 비애는 사별했을 때에 겪는 비애와 같은 종류의 것이다. 일반적으로 이런 비애를 겪는 사람은 부정, 분노, 협상, 우울, 수용 등의 단계를 겪는다. 문제는 이 단계를 어떻게 극복하느냐 하는 것이다.

둘째, 신뢰의 상실이다. 약물남용자와 함께 살다보면 그 사람을 믿으면 안 된다는 사실을 터득하게 된다. 그들은 약속 파기, 거짓말, 변명, 자기 합리화를 계속하기 때문에 믿을 수 없는 경우가 많다. 이런 상황이 계속될 때에 가족들은 분노하게 되는데 이 분노를 해결하는 지혜가 필요하다. 분노를 처리하는 과정을 배워야 하고 고통스럽고 어려울지라도 용서하는 법을 배워야 한다.

셋째, 정상의 상실이다. 약물남용자의 경우 자신의 문제만이 아니라 부모나 가족들에게서 복합적인 문제가 제기될 수 있다. 이 가정들의 특성은 정상을 상실한 점이다. 특히 어릴 때의 상처는 성인이 되어도 매우 심각하게 나타난다. 여기에서 어떻게 벗어나느냐가 중요하다.

② 회 복

약물남용자나 그 가족들은 남들이 알지 못하는 고통을 겪는다. 여기서 벗어나도록 치유해야 하는 데 중요한 몇 가지를 살펴보자. 첫째, 방어기제 혹은 부정 체제를 버린다. 어린 시절의 상한 감정을 치유하기 위하여 그때 생겨났던 방어기제를 인정하고 적절히 처리해야 한다. 이러한 방어기제를 계속 붙들고 있으면 성인 생활의 실패가 분명하기에 빨리 이것을 버리도록 도와야 한다. 둘째, 부정적 감정을 없애도록 도와야 한다. 방어기제를 버리고 나면 많은 종류의 부정적 감정들이 표면에 떠오른다. 울분, 상처, 염려, 불쾌감, 분노, 죄의식 등등의 감정들을 처리해야 한다. 셋째, 건강하게 사는 법을 배우도록 한다. 옛사람을 벗고 새사람을 입듯이 부정적 감정을 버리고 긍정적 감정을 채우는 노력을 해야 한다. 감사와 사랑의 삶을 영위하는 것이 매우 중요하다. 넷째, 상호의존의 주기를 깨뜨려야 한다. '중독 가정'에서 자란 아이들은 가정의 영향을 받는다. 이런 가족들은 부정, 왜곡된 사고 강박 행위 등의 기능장애를 가져오고 여기서 수치심, 부적절감 등의 무력감이 오고 거기서 죄의식과 적개심을 수반한 분노가 생기며 이것이 계속되면 우울과 절망이 온다. 이런 주기를 깨도록 해야 한다. 다섯째, 회복 프로그램에 참여케 한다. 자신의 상황에 맞는 회복 프로그램에 참여하여 지속적인 성장을 도모하게 해야 한다. 약물남용자는 자신만이 아니라 가족들과 주변에 심각한 영향을 미친다. 문제는 약물남용자의 개인적 의지로는 이런 상황에서 벗어날 수 없다는 점이다. 상담자는 상담을 통하여 '치유하시는 하나님'을 제시해야 한다. 또 성령과 말씀으로 진정한 변화가 오도록 노력해야 한다. 약물남용자를 치유하기 위한 다양한 방법이 있으나 이것들은 매우 제한적인 경우가 많다. 우리들은 성령께서 그 사람을 근본적으로 변화시켜 주시기를 기도하며 상담해야 한다.[6]

Ⅱ. 우울증 상담

1. 우울증의 정의

우울증은 사회문화적 요인에 의해 그 증상 표현이 예민하게 변화하는 정신질환의 하나이다. 일반적으로 우리가 우울 기분을 의미할 때에는 슬픔, 절망 그리고 의기소침과 같은 느낌을 말한다. 이런 우울 기분에만 그친다면 정상적인 범위 내에서도 일어날 수가 있으며 또 이러한 우울기분이 표면화되는 양상은 문화권에 따라 특수성을 지니고 있다. 그러나 우울증은 여러 가지 종류의 정신장애, 또는 신체장애에서 나타나는 증상이기도 하며 기본적인 장애 또는 특수한 정신장애에서 부수적 증상으로 나타나는 서로 연결성을 가지고 있는 증상들로 이루어지는 증후군이다. 생각하는 것이 느려지고 신체 활동이 감소되며 죄악감과 절망감에 사로잡히고 음식 섭취 장애와 수면장애 등이 우울증후군에서 흔히 볼 수 있는 증상들이다. 우울증으로 인하여 인격 기능이나 기타 인간으로서의 기능에 심한 장애가 일어나서 흔히 현실 평가 능력을 상실하는 정도까지 될 때에는 정신병적 우울증이라고 한다. 반면에 그 원인이 정신 내적 갈등에 있거나 또는 확인할 수 있는 사건에 의한 경우, 그리고 현실 평가 능력이 건전할 때에는

---

6) *Ibid.*, 69-75.

신경증적 우울증이라고 한다. 그리고 유발인자의 유무에 또는 증상 집단의 양상에 근거를 두고 반응성 우울증과 내인성 우울증으로 구분하고 있다.[7)]

1) 내인성 우울증(Endogenous depression)

Endogen이란 근원을 의미하고 인간에 대하여 내인적이라고 할 때는 인간의 근원적인 존재양식이 어떻게 되어 있는가를 가리키는 것으로서 내성은 상황에 따라 움직이고 인간존재가 외부의 상황적인 것에 의하여 요동될 때, 즉 위기적 상황에 처할 때 내성의 변동이 일어나 절망상태에 빠지게 되는 것을 내인성 우울증의 발단으로 봤다. "즉 정신 내부에서 일어나는 우울증을 말한다. 무의식적 차원에서 작용하는 양극성 또는 적개적 충동 등에 기인하는 우울증을 말한다. 이런 충동들은 죄악감과 죄책감을 일으키는데 이런 병적 감정들은 내인성 우울증에서 흔히 볼 수 있다.

2) 반응성 우울증(Reactive depression)

사랑하던 사람의 상실, 직업의 상실 또는 경제적 손실 등과 같은 심하게 괴로운 사건에 의하여 유발되는 일시적이며 재발하지 않는 우울증을 말한다. 반응성 우울증은 대개 항우울제로 치료되며 외인성 우울증(Exogenous depression), 신경증적 우울반응(Neurotic depressive reaction) 또는 우울반응(Depressive reaction)이라고도 한다. 이에 반하여 정상적인 반응으로서 애도(Mourning)는 사랑하는 사람의 상실에 기인하는 비탄 반응이며 낙담, 외부 세계에 대한 관심 상실, 그리고 활동과 자발성의 감소 등이 특징적으로 나타난다. 이들 반응은 우울증이나 멜랑코리아와 유사하지만 덜 지속적이고 또한 병적이라고는 볼 수 없다.

2. 우울증의 임상 양상 및 분류

1) 우울증의 양상

(1) 경한 우울증

정서적으로 우울하며 슬픈 느낌을 가진다. 환자는 자신감이 없고 생의 의욕이 없고 피곤해

7) 권영재, *우울증에 대한 정신의학적 이해*, 『상담과 선교』 (서울: 한국상담선교연구원, 1999), 12-13.

하고 일하기를 싫어하며 혼자만 있으려 하고 평소 해 오던 일을 수행하는 데 어려움을 느낀다. 생활의 재미나 즐거움을 느낄 수가 없고 매사가 짐이 되는 듯 여기며 평소 해오던 직업을 포기하려고 한다. 사고는 몇몇 주제에 국한되며 질문에 대한 답변이 매우 느리다. 가능한 한 최대로 압축하여 대답한다. 많은 경우 미래의 실패에 대한 불안, 거절, 보복에 대한 우려 때문에 무슨 일이든 결정을 못하고 우유부단해진다. 신체 증상이 현저하게 나타나기도 한다. 체중 감소, 식욕부진, 소화 장애, 쇠약 상태, 변비, 답답한 두통, 수면 장애 등을 호소한다. 건강 염려증이 생기고 자신은 신체장애 때문에 우울하다고 믿는다.

(2) 심한 우울증

경한 상태에서와 비슷하지만 정서적 고통이 훨씬 심각하게 된다. 고개를 숙이고 몸을 구부리고 얼굴에 표정이 없거나 고통스럽고 이마에 주름이 패여 있으며 아래만 내려다보고 있다. 눈썹 사이와 코와 구순 사이에 주름이 잡혀 있다. 체중이 빠지고 땀이나 다른 분비물은 감소되어 있다. 근육의 힘이 감퇴되어 있고 변비가 생기고. 성적 욕구도 감소되며 남자 환자의 경우 흔히 성불능이 된다. 수면장애는 대단히 특징적이다. 잠이 얼른 들지 않고 훨씬 빨리 깨게 된다. 흔히 우울증은 아침에 일어났을 때가 가장 심하고 오후가 되어 해가 저물어 가면서 덜해지는 낮 동안의 변화(Diurnal variation)가 나타난다. 사고 진행에 억제가 나타나 말은 느리고 대답은 간단하고 대개 단음절이며 낮은 목소리이다. 행동은 점차 지연되고 억제되어 시작할 때나 수행할 때에 매우 느리다. 심할 때는 혼수상태로 빠진다. 이를 지연성 우울(Retarded depression)이라 한다. 때때로 환자들은 자신이 아무런 느낌이 없다고 말한다.

반대로 격정성 우울(Agitated depression)은 지속적인 불안, 걱정, 긴장, 장래의 위해에 대한 느낌과 어쩔 줄 몰라 하는 격정과 초조감, 불안 등이 동반된 우울증을 말한다. 무력감, 고립감, 분노와 공격의 감정, 죄책감, 자기 징벌의 욕구 또는 망상 등의 이유로 자살을 시도하거나 자해하는 수가 있다. 또한 폭력에 의한 범죄가 발생하는 수가 있는데 살인을 저지르는 경우도 있다. 자살이 자신에 대한 공격성의 발휘라면 살인은 자신뿐만 아니라 자신에게 가장 가까운 사람에게 포함된 공격성의 연장으로 간주된다. 예를 들어 우울증에 걸린 어머니가 자식과 함께 동반 자살을 한 경우에서 이러한 정신병리가 나타난다. 우울상태 중 가장 심한 혼수성 우울증이 되면 자발적인 운동 행위는 없어지고 외부 자극에 대해 최소한의 반응밖에 없다. 환자는 말이 없고 함묵(含默)상태이며 의식이 혼미하다. 죽음에 대한 생각에 강하게 집착하고 꿈 같은 환각에 사로잡혀 있다. 이때는 강제 급식을 해야 한다. 대소변을 가리지 못하게 되는 때도 있다.

(3) 멜랑코리아(Melancholic features)

명백한 우울 기분, 정신운동 지연 또는 격정, 일찍 잠이 깸, 오전에 악화, 반응의 감퇴, 쾌락이 없음, 즐거운 자극에 반응이 없음, 심한 식욕 감소와 체중 감소, 심한 죄책감 등이 특징이면서 원인적으로 반응성이 아닐 때 이를 멜랑코리아라 부른다. 이는 우울증의 약 50%에서 나타난다. 대체로 내인성 우울과 같다.

(4) 정신병적 양상(Psychotic feature)

자신의 내적 감정을 투사한 결과로 무가치감, 자기 비난, 죄책감, 건강 염려증, 우울망상 등을 나타낸다. 의심하고 피해의식에 차 있고 불평하고 편집적이다. 환각은 다를 수가 있으나 현저하지 않다. 착각 때문에 잘못 해석하는 경우는 흔한데 예를 들면 지하실에서 나는 소리를 자기의 관을 짜고 있다고 해석하는 것 등이다. 이와 같이 망상, 환각, 착란, 기억장애, 사회적 위축, 자살 우려 등의 증상이 있을 때 이를 정신병적 양상이라 한다.

(5) 가면우울(Masked depression)

우울증상이 연령층에 따라 다른 모습으로 나타날 수도 있다. 이들을 모두 우울 기분을 감추기 위한 가면이라는 뜻에서 가면우울이라 한다.

① 소아기: 이변 불안, 학교 공포증, 애착 행동, 행동 과잉, 성적 저하 등을 보인다.
② 사춘기: 반사회적 행동, 가출, 무단결석 등
③ 성인기: 알코올 남용, 약물남용, 성적 문란, 행동화(Acting out), 도박 등
④ 노인: 가성치매(Pseudodementia)－자기의 정신능력을 정상적으로 발전시켰던 환자가 아무런 신체적이거나 기질적인 장애 없이 갑자기 정신능력을 상실하고 마치 바보같이 행동하는 경우를 말한다. 간단한 질문에도 제대로 답변을 하지 못하게 되고 또 자기 자신의 문제를 조리 있게 설명하지도 못하게 된다.

(6) 비전형적 양상(Atypical feature)

과식과 과수면 사지의 무거운 마비감, 대인관계에서 거부에 대한 예민성과 그에 따른 심각한

사회적, 직업적 장애를 동반하는 경우이다. 한때 히스테리양 불쾌감(Hysteroid dysphoria)이라 불렸다.

(7) 긴장성 양상(Catatonic feature)

강경증(Catalepsy), 납굴증(Waxy flexibility), 멍하고 감정이 둔하되고 거부증, 함묵증, 상동증, 찡그림 등의 증상이 우울장애나 양극성 장애 때 나타날 수 있다.

(8) 갱년기 우울증(Involutional depression)

이는 40~50대, 즉 갱년기에 발병하는 것으로 대체로 격정형 우울증이다. 주요 우울장애 증상 이외에 초조, 격정, 심한 건강 염려증, 후회, 죄책감, 절망감, 편집성 경향, 우울망상이 뚜렷하다. 병적 성격으로 강박적, 양심적이며 융통성이 적고 책임감이 강하고 급하고 예민하다. 대개 이별, 자녀의 떠남, 경제적 손실, 좌절, 폐경으로 대변되는 젊음의 상실 등 상실이라는 유발인자가 뚜렷한 경우가 많다. 그 외 우울증에 흔히 동반되는 양상으로 불안, 알코올 의존, 물질남용(환각제, 정신자극제), 및 신체장애를 일으키기도 한다.[8]

2) 경과에 따른 임상 양상

(1) 계절성 양상(Seasonal pattern)

이는 기분 장애의 발생과 회복이 1년의 특정시기와 관련될 때이다. 햇빛이 적고 실직이 많은 겨울철에 흔히 발병한다. 우울증과 더불어 수면 과다, 무기력, 과식, 체중 증가 등의 증상이 특징적이다. 초봄이 되면 우울증이 끝난다. 원인으로 멜라토닌 조절(Melatonin regulation) 장애와 관련이 있는 연구가 있다.

(2) 급속 순환형(Rapid cycling)

조증이나 우울증이 1년에 4회 이상 나타나는 경우로 여성에게 많다. 빠른 주기성의 원인적 요인으로 스트레스, 기분 고양적 기질, 갑상선 기능 저하증, 항우울제 약물 등이다.

---

8) *Ibid.*, 14-17.

(3) 산후 발생(Postpartum onset)

산후 4주 이내 발생할 때를 말하며 정신병적 증상을 동반한다.

3) 임상 유형

(1) 주요 우울장애(Major depressive disorder)

과거에 주요 우울증으로 불렀다. 그 증상은 앞에서 기술된 우울증의 임상 양상이다. 정신병적 양상을 보이면 상태가 심함을 의미한다.

(2) 양극설 장애(Bipolar disorder)

조증과 우울증이 교대로 또는 조증이 반복적으로 나타나는 장애로 I형 양극성 장애라 한다. 조증의 정도가 심하지 않아 경조증의 수준일 때는 II형 양극성 장애라 한다.

(3) 감정 부전 장애(Dysthymic disorder)

주요 우울장애의 한 상태로 보기도 하나 증상이 만성적이다. 이전에 우울신경증(Depressive neurosis)이라고 불렀다. Dysthymia라는 용어는 선천적인 기질적 불쾌감의 요소가 강하다. 이에 비해 우울신경증은 비적응적 내지 반응성의 의미가 있다. 우울기분이 지속된다는 것과 조증의 삽화가 없다는 것이 다른 기분장애와 구별이 된다. 25세 전에 서서히 발병하며 만성적이다. 일부는 나중에 주요 우울장애나 양극성 장애로 발전하기도 한다.

(4) 순환성 장애(Cyclothymic disorder)

이전에는 순환기질이라고 불리었다. II형 양극성 장애의 경한 상태에 해당된다. 즉 경조증과 경우울증의 삽화가 교대로 나타나는 것이다. 경계형 인격 장애 등이 동반되는 경우가 많아 인격 장애로 보는 견해도 있다. 15~25세 사이에 발병한다. 자주 옮겨 다니며 살고 유사종교 집단이나 예술애호가 집단에 관계되는 수가 많다.

(5) 기타 기분 장애

증상이 심하지 않고 기간이 길지 않지만 사회적 기능에 지장이 있으며 고통이 있는 기분장애를 가진 사람이 적지 않다.

① 기타 우울장애

ⓐ 경우울장애(Minor depressive disorder): 일반 인구의 약 5%에서 발견된다. 모든 연령층에서 발견되나 여자에 많다. 경과는 주요 우울장애와 비슷하다.

ⓑ 반복성 단기 우울장애(Recurrent brief depressive disorder): 주요 우울장애의 증상만큼 심하나 삽화가 2주 이내로서 반복된다. 젊은 층에 많다.

ⓒ 월경 전 불쾌장애(Premenstrual disorder): 이전에 월경전증후군으로 불렸다. 증상은 우울과 심한 감정 변동, 불안, 흥미 감퇴, 주의집중 장애, 식습관 변화, 수면장애, 두통, 유방통, 부종 등으로 월경 중에 나타난다. 여성의 40%에서 다소간의 이러한 증상이 있으며 2~10%는 심하다.

② 기타 양극성 장애

ⓐ II형 양극성 장애(Bipolar II disorder): 우울증과 경조증이 교대로 나타나는 경우이다. I형보다 젊은 나이에 발생하고 결혼생활에 장애가 더 심하고 자살 위험도 더욱 크다.

ⓑ 기타 양극성 장애: I형 양극성 장애와 유사하나 꼭 맞지는 않는 장애를 말한다.

③ 일반적 의학적 상태에 의한 기분 장애

내분비계 장애(Cushing 증후군), 신경계 장애(뇌암, 뇌염, 간질, 뇌혈관계 장애) 등은 조증이나 우울증상을 야기하는 수가 많다. 망상이나 환각을 동반하기도 하고 다소간의 인지장애도 있을 수 있다. 경과와 예후는 원래의 신체 질병에 따라 결정된다.

④ 물질 유도성 기분 장애(Substance induced mood disorder)

어떤 질병을 치료하기 위한 약물(고혈압 치료제, 호르몬제, 항정신성 약물), 쾌락 목적으로 의도적으로 사용한 물질(마약, 환각제) 등에 의해 기분 장애가 나타날 수 있다.

(6) 우울증의 빈도, 경과 및 예후

주요 우울장애는 성인에게 흔한 정신과적 장애이다. 평생유병률은 약 15%이고 여자에게서는 25%정도이다. 전체적으로 여자가 남자보다 2배나 많다. 전 연령층에서 발생하나 30대에 가장 많다. 주요 우울장애는 40대에 가장 많다. 여성의 단극성 장애는 40~50대에 가장 많다. 환자 중에 이혼이나 별거 중에 있는 사람이 많다. 감정부전 장애의 평생 유병률은 약 3%로서 역시 여자에 많다. 순환성 장애의 평생 유병률은 1%로서 여성이 남성보다 3:2로 많다. 대부분 장기간의 장애로 재발 경향이 크다. 첫 발병 때는 사회심리적 스트레스가 원인적으로 관계되는 경우가 많으나 이후 재발은 뇌의 장기적 변화 때문으로 보이는 수가 많다.

우울증은 빠르게 또는 서서히 발생한다. 주요 우울장애의 삽화(Episode)기간은 약 6~13개월이나, 치료하면 3개월 정도로 짧아진다. 주요 우울장애의 재발 빈도는 대개 20년에 5~6회이다. 첫 번 우울증 발병 후 2~4회 재발 후 약 5~10%에서 조증이 나타난다. 양극성의 경우 대개 우울증으로 장애가 시작되는 것 같다. 첫 번 주요 우울장애 이후 25%에서 6개월 내에 두 번째 삽화가 나타난다. 주요 우울장애의 발병 시기가 어릴수록 예후는 더 좋지 않다. 그러나 가족 지지가 있을 때, 사춘기 시절 친구가 있을 때, 인격 장애가 없을 때, 증상이 경할 때, 정신병적 양상이 없을 때, 입원 기간이 짧을 때는 예후가 좋다.[9]

3. 우울증 환자의 상담

1) 상담의 준비

우울증은 일상사와 자존감 저하, 인간관계의 단절이나 상실 등에서 오는 일상적인 기분저하, 의기소침, 낙담 등의 정상적인 감정반응이 아닌 병적인 증상으로 수주에서 수개월, 또는 수년간 계속되는 기분 장애인 점을 감안하여 상담자는 상담을 위해서는 여러 가지 준비들이 필요하다.

(1) 상담자의 규칙

상담자가 우울증 환자의 상담사역에서 지켜야 할 규칙들이 있다. 이것은 다른 상담사역에서도 필요한 것이지만 우울증 환자를 위한 상담에서는 더욱 유의해야 할 주제이다. 이것을 몇 가지 각도로 분석해 본다. 첫째, 상담자가 우울증 환자 상담에서 하지 말아야 할 것들이 있다. 내담자로 하여금 무조건 안심시키려고 하지 말아야 한다. '모든 일이 잘될 것이다', '우울해 할 일은 아무것도 없다'는 식으로 말함으로써 상담자가 문제의 핵심을 바로 이해하지 못하는 듯한 모습을 보이

9) *Ibid.*, 18-21.

지 말아야 한다. 우울증의 원인이 영적인 문제라는 확실한 증거가 있기까지는 문제를 영적인 것으로 속단하지 말아야 한다. 모든 것을 영적인 것으로 보는 관점보다 문제의 핵심을 바로 보는 자세를 가지도록 해야 한다. 상담자는 모든 것을 속단함으로써 명쾌한 답을 얻으려고 하는 유혹을 받기 쉬운데 여기서 벗어나야 한다.

둘째, 해야 할 것으로 우울한 사람들은 자신의 현재 감정에 관심을 가지고 있고 그것을 탐색할 것을 원하고 있다. 상처받고 슬퍼하며 낙심한 자리에 있는 그들의 고통을 이해한다는 것을 보여주어야 한다. 그러므로 경청에 유의해야 하고 그들의 의존적 욕구를 이해해야 한다.

셋째, 반드시 지켜야 할 중요한 것은 우울증 환자가 자살 충동, 자기 부정, 자기를 돌보지 않으려는 상태 등을 예의 주시하고 만약 이러한 징후가 있다면 생명 보전을 위한 적절한 조처를 해야 한다. 환자의 병력을 조사하고 그들이 가지고 있는 문제의 핵심을 바로 진단하는 노력이 필요하다. 또한 우울증의 원인이 무엇인지 규명하기 위하여 심리학자나 의사의 자문을 구할 필요가 있다.

2) 상담의 계획

우울증 환자 상담을 위해서는 치밀한 상담 계획이 필요하다. 이것은 상담방법론에 따라서 여러 가지 형태로 나타나지만 여기서는 중요한 두 가지만을 고찰하려고 한다.

첫째, 상담목표의 설정이다. 상담 계획을 수립할 때에 우울증 상담에서는 징후를 제거하고 사기를 높이기 위해서 격려하며 신뢰관계를 형성하는 일차적 목표 외에 궁극적으로 원인의 제거, 통찰의 개발, 커뮤니케이션 기법의 개발 등을 이루어야 한다. 상담자는 내담자가 가지고 있는 부정적인 생각이 변하는 것과 변하지 않는 것을 정리하여 효과적으로 접근하는 지혜가 있어야 한다. 이것은 상담자로 하여금 지혜롭게 내담자를 대하게 하는 계기를 만들어 준다.

둘째, 상담 전략을 수립해야 한다. 이것은 상담과정의 구조화라고도 할 수 있는데 상담을 어떻게 할 것이냐를 명확하게 제시해 준다. 상담 전략의 수립을 통하여 문제의 본질이 무엇이며 상담자가 해야 할 일과 내담자가 해야 할 일을 보다 구체적으로 구분할 수 있다. 상담 전략의 수립은 단순한 계획의 수립이 아니다. 성경적 상담의 원리에 따라 단계적으로 이루어져야 한다. 이것은 상담을 효과적으로 진행하는 계기가 되며 나아가서 상담의 목표 성취의 중요한 계기가 되기도 한다.

3) 우울증 상담의 실제

우울증 상담을 구체적으로 어떻게 할 것이냐에 대해서는 내담자의 상황이 다를 수 있지만 여기서는 중요한 몇 가지의 실제 방안을 살펴보려고 한다.

(1) 상담의 단계

우울증 상담에 대하여 오랜 연구를 한 아치볼드 하트(Archbald D. Hart)는 우울증 상담의 단계를 열 가지로 나누어 제시하였다.

① 모든 상실들을 확인하라.

인간이 체험하는 상실은 다양하다. 어떤 것은 인식하고 측정이 가능하지만 다른 어떤 것은 그것을 정확하게 잡아내기에 어려움이 있다. 그것은 단지 모호한 감정일 수 있다. 상실은 다양한 측면을 가지고 있다.

② 각 상실의 모든 측면을 이해하라.

상담의 두 번째 단계에서는 고통받는 삶이 각각의 상실에 대하여 전체적인 복잡성을 더 잘 이해하도록 도와야 한다. 사람들은 같은 상실이라도 다르게 경험한다. 어떤 삶은 사회적 가치에 비중을 두고 다른 사람은 물질적인 것에 더 비중을 두기도 한다. 그러므로 상실의 여러 측면을 이해하게 해야 한다.

③ 구체적 상실과 추상적 상실을 구별하라.

상실의 모든 측면은 구체적인 것과 추상적인 것의 두 범주로 나눌 수 있다. 구체적인 상실은 될 수 있고 만질 수 있고 측정될 수 있고 명확히 정의될 수 있는 대상을 말한다. 예를 들면 물질이나 특별한 권리의 상실이다. 추상적 상실이란 물질적 존재 양식을 갖지 않는 생각이나 개념을 말한다. 즉 사랑, 야망, 믿음 등과 같은 것이다.

④ 실제 상실, 상상의 상실, 위협받는 상실을 구별해야 한다.

구체적 상실과 추상적 상실에 실제 상실, 상상의 상실, 위협받는 상실이라는 몇 가지 범주가 있다. 상담자는 내담자의 상실이 실제의 것인지, 상상인지를 결정하도록 도와야 한다.

⑤ 상상의 상실을 실제의 상실로 전환하라: 상상의 상실이란 과장과 왜곡의 산물이다. 우리는 두려움과 불안으로 인하여 모든 종류의 결과들을 다 상상하는 경우가 있다. 이러한 상상은 아주 작은 상실을 경험하면서도 마음속에서는 아주 큰 상실로 바꾸어 생각하게 된다. 이런 생각들을 실제의 상실로 바꾸어야 한다.

⑥ 위협받는 상실을 실제의 상실로 바꾸라.

잠재적 상실이 실제가 될 수도 있으나 그렇지 않은 경우도 있다. 우리들의 삶은 이러한 상실에 대한 잠재성으로 가득해 있다. 내담자가 위협받는 상실에 직면하였을 때에 적응하지 못하여 당황하는 경우가 있다. 이 상실이 실제가 되어야 하거나 하나의 상실로 버려야만 하는데 이렇게 되도록 도와야 한다.

⑦ 슬퍼하는 과정을 도와주라.

상실을 통하여 우울의 감정은 더하여진다. 우울증의 감정이 강해질수록 슬픔이 더하여진다. 그러므로 내담자가 고통의 느낌을 통하여 슬퍼하는 과정이 쉬워지도록 도와주어야 한다.

⑧ 상실의 현실을 직시하라.

이 단계에서는 내담자가 그 상실의 현실을 직시하도록 하는 것이다. 상실을 부정하는 것이 아니라 있는 현실을 그대로 수용하고 그 고통에서 떠나게 해야 한다.

⑨ 상실에 대한 새로운 관점을 가지도록 도우라.

내담자로 하여금 상실에 대한 관점을 바꾸게 해야 한다. 상실은 삶의 더 큰 관점의 맥락에서 다루어져야 한다. 상실을 믿음의 눈으로 바라보고 문제를 믿음으로 극복하는 자세를 가지게 해야 한다.

⑩ 부정적 틀을 바꾸라.

우울의 고통을 겪고 있는 사람들은 모든 사물을 부정의 눈으로 바라보는 경우가 많다. 부정적 사고에서 벗어나 긍정적인 자아형성을 가지도록 도와주어야 한다.[10)]

---

10) Archibald D. Hart, *Counseling the Depressed* (Waco, TX: Word Books, 1987) 정정숙, 우울증 환자를 위한 상담, 『상담과 선교』 제25호 (서울: 한국상담선교연구원, 1999), 69-71.

우리는 하트가 말한 열 가지 단계를 간략하게 살펴보았다. 여기서 우리들이 관심을 가져야 할 것은 '관점의 변화'이다. 여기에 대한 연구들은 이른바 '생각 바꾸기'라는 측면에서 추진되고 있다.

(2) 연령별 우울증 상담

우울증의 증상은 각 연령층에 따라 다양한 양상으로 나타난다. 우울증은 아동기부터 노년기까지 각자 다른 형태로 나타나는데 그중 중요한 몇 가지를 살펴보려고 한다.

① 아동기의 우울증

아동기 우울증에 대해서 여러 가지 연구 결과들이 나오고 있는데 공통적 증상은 우울증에 걸린 아동들은 슬프고 불행해 보이며 사교적 고립을 느낀다. 신체적으로도 아픈 부분이 많고 심리적으로도 사랑받지 못하고 거절된 존재로 느끼고 있다. 우울증이 있는 아동들은 보호와 사랑받기를 거부하고 공격적 행동을 하며 불면증과 식욕의 변화가 일어나 다식하거나 거식증의 증세를 보이기도 한다. 아동기의 우울증은 다른 증상에 의해 숨겨지기 때문에 상담자들은 그 증상을 바로 알아야 한다. 이들은 손톱 물어뜯기, 머리 쥐어 뽑기, 근육 경련, 흥분 등의 증상과 함께 고의적인 파괴적 행동을 나타내기도 한다. 또 과잉 활동 장애도 우울증의 한 형태일 수 있다. 아동기 우울증의 상담은 부모에 의하여 의뢰되기 때문에 상담자들은 부모와 면담하고 마는 경우도 있다. 그러나 아동과 면담해야 그 어린이의 증상을 정확하게 진단할 수 있다.

② 청소년기의 우울증

청소년기는 발달 심리학의 관점에서 볼 때에 매우 복잡한 시기이다. 인생의 단계에서 해결해야 할 문제가 많은 시기이기도 하다. 청소년들은 자신이 미칠지도 모른다고 자주 생각하고 두려움을 가진다. 청소년들은 우울증을 포함한 정서적 고통을 자주 당한다. 이러한 고통은 심리적 요인으로 말미암기도 하고 대규모의 호르몬 변화로 인한 성적 성숙도 중요한 요인이 된다. 청소년들은 여러 가지 스트레스를 받는다. 몸은 성인이지만 정신은 아직 어린이 상태에 있는 경우가 많다. 이것은 경제적 성장으로 인하여 정신적인 면보다 신체적인 성장이 빨리 이루어지기 때문이다. 청소년기 우울증이 일반적 현상이냐 라는 문제가 제기된다. 그러나 여러 가지 연구 결과들을 보면 청소년기 우울증이 생각보다 널리 퍼져 있음을 알 수 있다. 그러나 정상적인 정서 변화와 실제의 임상적 우울증을 분명하게 구분할 필요가 있다. 청소년들의 우울증은 남자보다 여자가 더 많이 경험하고 있다. 거식증(Anorexia nervous)이 여성에게서 많이 나타나고 있으며 자살의 시도도 여성들에게 더 많다. 청소년기의 우울증은 급성 우울증과 만성 우울증으로 구분하지만 이런 것에 속하지 않는 숨겨진 우울증도 있다. 이러한 청소년들을 상담하기 위해서는 세심한 준비와 주의가 필요하다. 가벼운 경우에는 부모만을 상담하면 되지만 청소년들의 문제에 대하여 바른 접근을 해야만 한다. 청소년 우울증은 자존감과 밀접한 관련을 가지고 있다. 바른 자아형성을 가지도록 해야 하며 성경이 가르치는 자아형상을 가르쳐야 한다. 또 실제 상담에서 상담자의 수준에서 문제를 접근하는 것이 아니라 청소년의 수준에서 판단해야 한다. 또 창조적 사고를 가지도록 이끌고 바른 성장을 하게 해야 한다.

③ 성인기 우울증

성인기는 매우 폭넓은 시기이기 때문에 어느 한 부분을 단정적으로 규정하기에 어려움이 있다. 여성의 문제나 중년기 위기 문제 등이 매우 심각하게 제기되기도 하지만 여기서는 노년기를 중심으로 다루려고 한다. 노령화 사회가 형성되어 가는 오늘날 노인기 우울증은 매우 심각한 문제가 되고 있다. 노인들에게는 신체적, 정신적 장애가 많으며 이것이 복합적 상실과 역할 변화를 가지고 오며 그 결과로 우울증의 증상이 나타나기도 한다. 노년기 우울증의 증상은 여러 가지이지만 중요한 것을 보면 울적한 기분과 슬픔, 식욕의 상실, 수면의 불편, 잦은 흥분, 졸기, 불만 등이다. 그러나 이런 증상은 노인성 치매와 혼돈되는 경우가 많다. 우울증은 노인성 치매와 같이 나타나기도 하고 그것을 촉발시킬 수도 있다. 상담자는 노인들에게 나타나는 증상이 심리적인 것인지, 기관 상의 문제에서 오는 것인지, 아니면 두 가지가 상호 작용하여 일어나는 것인지를 정확하게 분석해야 한다. 이러한 증상들을 바로 알고 상담을 해야 하는데 다음과 같은 유의해야 할 사항들이 있다. 먼저 신체 검진을 받게 해야 한다. 초기의 심리적 변화는 신체의 질병과 상호관계가 깊다. 감염으로 인한 중독 상태, 영양실조 혹은 약물이나 술의 오용 등이 우울증 증상을 발생시킬 수 있기 때문이다. 노년기 우울증 상담에서는 가능하면 가족 구성원을 개입시키는 것이 좋다. 병이란 개인의 문제만이 아니라 가족 전체에게 영향을 미치는 것이기에 가족들이 용기와 지지를 주고 우울증을 완화시키는 데 필요한 자원을 제공해야 한다. 우울증이 있는 노인을 대하는 상담자는 융통성이 있고 항우울제 약물을 포함한 갖가지 치료 접근을 하도록 노력해야 한다. 노인들의 심리 변화나 우울증의 증세가 다양하기 때문에 거기에 대응하는 방안도 다양해야 한다. 이렇게 유아기부터 노년기까지 각 연령층은 나름대로의 특성을 가지고 있다. 그 특성에 따라 우울증 역시 다양한 모습으로 나타나고 있는데 그들을 상담하기 위해서는 우울증의 실체와 연령별 특성을 바로 이해해야 한다.

(3) 특수하고 빈번한 우울증

① 여성 우울증

여성이 남성보다 우울증에 더 많이 걸리는 이유는 성차와 유전적 기질, 호르몬의 영향 등의 생물학적 요인, 사회적 지위 등과 같은 심리 사회학적 요인들도 관련이 있다. 여성의 우울증은 사회적 변화와 밀접한 관계를 가지고 있다. 여성들의 사회적 역할이 다양화되었음에도 불구하고 우울증에 대한 여러 가지 취약점들이 있음을 부인할 수 없다. 여성 우울증의 원인은 매우 다양하다. 그중 중요한 것을 보면 첫째, 독신 문제이다. 미혼, 이혼, 사별 등의 다양한 이유로 인하여 독신 여성들이 늘어나고 있지만 이것은 남성 위주의 사회 구조 속에서 여성의 역할에 대한 제한을 하고 있다. 둘째, 성적 매력이다. 여성들이 성적 매력을 상실해 가고 있다는 점을 자각할 때에 우울증에 걸리기 쉽다. 셋째, 자녀문제이다. 자녀들과의 문제는 여성으로 하여금 좌절과 우울에 빠지게 하는 경우가 많다. 넷째, 건강 문제이다. 여성의 건강이 약화될 때에 우울증에 빠지기 쉽다. 이러한 이유들 외에도 여성의 우울증은 다양한 양상으로 나타나고 있으며 이것을 통해서 더 큰 고통을 겪는 경우도 있다.

② 중년 위기의 우울증

인생의 각 단계에서 많은 위기들이 있는데 그중에서 중년기 위기는 매우 심각하다. 중년기 위기는 여러 가지 요인으로 인해서 일어난다. 그중 몇 가지를 살펴보면 첫째, 가치관의 위기이다. 지금까지 가지고 있던 가치관에 혼돈이 오는 경우가 있다. 이것은 새로운 자아형상을 정립하는 계기가 되기도 하고 반대로 깊은 우울증에 빠지게 하기도 한다. 둘째, 배우자와의 관계에서 오는 위기이다. 사별이나 이혼 등의 극단적 사례 외에도 배우자와의 사이에 심각한 문제가 등장하는 경우가 많고 결혼생활에 위기가 올 수도 있다. 셋째, 자녀와 부모에 대한 위기이다. 자녀들이 자라고 자기 세계를 구축하며 여기서 부모와 자녀 사이의 갈등이 생기는 경우가 있다. 이러한 양상이 우울증의 원인이 되기도 한다. 또 노부모를 모시고 있는 경우에 이것은 매우 심각한 문제를 제기하는 경우도 있다. 넷째, 직업의 위기이다. 이것은 경제상의 안정만이 아니라 사회적 지위, 자존감 등과 같은 복합적 측면을 가지고 있다. 이러한 직업을 상실하거나 전망이 투명하지 못할 때에 심각한 문제가 생길 수 있다. 다섯째, 신앙의 위기이다. 지금까지 가지고 있던 신앙에 대한 회의나 번민이 오는 경우가 있다. 이것은 상실과 연결되어 매우 심각한 문제가 되는 경우가 있다. 이러한 중년기 위기들을 바로 극복하기 위하여 가치에 관한 갈등을 해결하고 신앙을 강화시키는 프로그램을 찾기 위한 노력이 있어야 한다.

③ 배우자의 사별로 인한 우울증

배우자의 사별은 남아 있는 사람에게 매우 심각한 문제가 된다. 여기서 비애의 반응이 나타난다. 이것이 발전되어 우울증이 되는 경우가 있는데 이것을 극복하는 노력이 있어야 한다. 배우자의 사별로 인한 우울증을 상담하기 위해서는 상담자는 인내와 부드러움을 가져야 한다. 그녀가 안고 있는 슬픔을 이해해야 하고 이것을 통하여 새로운 삶을 모색하도록 도와야 한다. 이러한 상담에서 상투적인 말은 도움이 되지 못한다. 상담자는 사별의 고통을 겪는 사람에게 이런 일은 '하나님의 뜻에 따라 생긴 것입니다'라는 식의 표현은 가급적 피하는 것이 좋다. 중요한 것은 '함께 함'을 통한 위로이다. 사별자의 슬픔의 과정이 정상적으로 이루어지지 않은 경우에는 상담자는 우울증에 초점을 맞추어 문제에 접근해야 한다. 그래서 그들로 하여금 죽음을 바로 이해하고 현실보다 영원한 것에 초점을 맞추도록 해야 한다.[11]

4) 우울증 상담의 유의 사항

(1) 지켜야 할 사항들

모든 상담에서 그러하듯이 상담자는 우울증 상담에서 지켜야 할 사항들이 많이 있다. 이것은 상담자 개인적 미숙을 예방하는 측면에서 고려되어야 하지만 내담자가 가지고 있는 문제에서 나타나기도 한다. 하트(A. N. Ham)는 이것을 몇 가지로 지적하고 있다.[12]

① 자신의 제한점을 알라.

상담자는 완벽한 사람이 아니다. 그러기에 자신의 제한점을 알고 또 이것을 인정해야 한다. 자신의 한계 밖의 문제에 대해서는 스스로 부족을 인정하고 전문가의 협조를 받아야 한다. 교육을 받으면 받을수록 자기의 한계점을 알게 되고 그 안에서 상담을 하게 된다.

② 감독을 받으라.

훈련된 상담자라도 경험이 풍부한 상담자의 감독 없이는 상담하기에 어려움이 있다. 감독을

11) 정정숙, *우울증 환자를 위한 상담*, 『상담과 선교』 제25호 (서울: 한국상담선교연구원, 1999), 72-76.
12) Achibald D. Hart, *op.cit.*, ch. 17.

통하여 상담의 바른 방향을 제시받고 교정할 것을 교정하는 지혜를 얻어야 한다.

③ 전문가의 자문을 활용하라.

상담자는 혼자서 문제를 해결하는 것이 아니라 팀(Team)상담을 통하여 문제해결을 시도해야 한다. 그래서 의사나 법률가 등의 전문적 자문이 필요할 때는 이들의 자문을 받아야 한다.

④ 비밀을 보장하라.

상담의 비밀 보장은 상담 윤리의 기본이다. 상담자는 내담자와의 상담 내용을 누구에게도 제공해서는 안 된다. 상담 내용의 기록은 자신의 상담사역을 위한 것이어야 한다.

⑤ 지속적 훈련을 모색하라.

상담자는 스스로의 발전을 위하여 계속적인 교육과 훈련을 해야 한다. 자신의 한계를 깨닫고 이것들을 보완하기 위하여 계속적인 훈련이 필요하다.

(2) 돕는 방법

우울증에 빠진 사람을 구체적으로 어떻게 도울 것인가라는 문제가 제기된다. 여기에 대하여 여러 가지 방안들이 제시되고 있으나 아담스(Jay E. Adams)와 아론 벡(Aaron T. Beck)과 마크 맥민(Mark R. McMiinn)의 인지 치료 모델을 중심으로 그 방안을 소개한다.[13] 아담스는 경미한 우울증을 호소하는 의기소침한 내담자들을 다음과 같이 도와야 한다고 주장한다.

첫째, 상담자들은 마땅히 복잡한 문제들(자질구레한 일들, 다리미질, 집안 살림, 직장에서의 과업 등)을 체크해야만 하며 내담자가 하나님의 방법으로 이러한 일들을 해 나가도록 도와야만 한다. 이렇게 하는 것은 적어도 의기소침을 제거하고 하향식 나선형을 상향식 나선형으로 바꾸기 시작하는 것이다.

둘째, 그 다음에 상담자는 제일 먼저 일어난 최초의 문제에 대해서 죄악된 반응으로 인도했던 모든 요인들(사건 등)과 삶의 유형(Life pattern)을 점검해야만 하며 이러한 유형에서 성경적 유형으로 대치시키도록(Put off / put on) 성령의 능력 안에서 성경적 행동을 하도록 격려하고 도와주어야만 한다. 상담자는 또한 내담자가 과거의 죄악된 유형을 반복함으로 미개에 동일한 실패를 하지 않도록 도와주어야만 한다.

---

13) 정정숙, *op. cit.*, 78-79.

셋째, 상담자는 내담자에게 의기소침의 역동성들(Dynamics of depression)을 분명하게 설명해 주어야만 하며 그녀를 위하여 크리스천의 책임의 길(Path of Christian responsibility)을 따르기보다는 감정에 굴복하는 인간의 마음의 죄악된 경향을 공격하는 계획을 세워야만 한다.

아담스는 또한 조울병적 반응을 나타내는 양극성 우울증(Bipolar depression)의 경우에도 유기체적인 원인에 기인되었다는 결정적인 근거를 찾을 수 없다고 본다. 그러므로 상담자들은 원인에 관한 여러 가지 가능성들을 잘 살펴보아야 하며 내담자가 가지고 있는 감정의 기복의 배후에 있는 특별한 역동성이나 역동성의 결합을 발견하도록 해야 한다. 상담자는 내담자가 가장 행복해 하는 순간에도 필연적으로 드러나는 절망과 의기소침의 실타래를 끌어당겨서 성경적인 방법으로 문제를 해결해야 한다고 주장한다.

인지치료(Cognitive therapy)를 주장하는 학자들은 상담의 실제에서 소개한 A. D. 하트의 상담의 10가지 단계 중에서 9단계와 10단계인 부정적인 사고와 관점을 바꾸는 데에 초점을 맞추고 있다. 그들은 우울증 환자들이 가지고 있는 부정적인 사고와 관점을 바꾸기 위하여 다음과 같은 6단계 모델을 제시하고 있다.

① 제1단계는 우울증환자가 가지고 있는 문제가 되는 사고와 감정을 파악하는 것이다.

② 제2단계는 부정적인 자동적 사고를 찾아내는 것이다. 자동적 사고는 자동적이고 반복적으로 의식 속에서 떠나지 않는 사고이다.

③ 제3단계는 자동적 사고에 대한 논박이다. 상담자는 내담자들이 가지고 있는 부정적인 자동적 사고를 논박하여 합리적인 사고로 바꾸어 가도록 도와야 한다.

④ 제4단계는 상담자가 우울증을 가지고 있는 내담자들이 가지고 있는 핵심이 되는 사고를 찾아내야 한다. 그들은 자신의 경험과 신념이 일치하지 않을 때는 그 신념을 바꾸기보다는 흔히 자신의 경험을 잘못 해석하는 경향이 있다.

⑤ 제5단계는 상담자가 우울증을 가지고 있는 내담자들의 핵심이 되는 잘못되고 왜곡된 사고를 신앙적 사고로 바꾸어 주어야 한다. 상담자는 그들이 가지고 있는 비신앙적이고 잘못된 사고나 신념을 신앙적인 관점에서 바로 보고 생각할 수 있도록 기도하면서 도와주어야 한다.

⑥ 제6단계는 내담자의 변화된 사고를 그대로 유지하도록 돕는 것이다. 상담자는 이 일을 위해서 지속적인 상담을 통하여 신앙적 사고를 습관화하도록 하나님과 인격적인 관계를 유지하고 경건을 연습하는 훈련을 시켜야 한다.

우울증 상담은 단순한 심리적 치료로 해결되는 것이 아니라 모든 것을 새롭게 하시는 하나님의 능력을 힘입어야 한다. 모든 벽을 허무는 예수님의 사랑만이 새롭게 하시는 코이노니아 공동체를 이루게 하실 수 있다. 우울증 환자를 만나는 목회자는 상담자로서 영적 자질과 능력을 사모하고 준비하여야 할 것이다.

Ⅲ. 치매 상담

1. 치매의 개념

1) 치매의 정의

인생의 황혼기에 찾아드는 인지장애인 치매는 혼자 개인만이 아니라 가족 모두를 큰 고통에 몰아넣는 질병이다. 치매는, 어리석을 '치'와 '매'로 이루어져 있듯이 어리석은 바보나 멍청이가 되는 질병을 의미한다. 치매를 뜻하는 영어인 Dementia 역시 *de*와 *mentia*의 합성어로 '바보가 되는 병'이란 뜻을 지니고 있다. 과거에 '노망' 또는 '망령'이라는 용어로 불리기도 했던 치매는 현대사회에 들어서 수명의 연장과 노인 인구의 증가와 더불어 사회적 문제로 크게 주목받고 있다.

치매는 본래 정신박약이 아닌 사람이 점차적으로 지적 기능이 현저하게 손상되어 일상적인 생활의 적응에 심각한 문제를 초래하는 정신장애이다. 처음에는 기억력과 언어 기능의 저하에서 시작하여 이해력, 판단력, 추상적 사고력, 문제해결 능력 등 전반적인 인지 기능에 심각한 손상이 나타나게 된다. 정서 조절 능력에도 손상이 나타나 부적절하고 충동적인 행동을 하게 될 뿐만 아니라 신체운동 기능에 결함이 나타나 일상적인 활동은 물론 가장 기본적인 자기관리마저도 불가능해진다. 때로는 환각이나 망상과 같은 정신병적 증상이 나타나기도 한다. 이러한 증상들로 인해 말기에는 거의 모든 심리적 기능이 와해되고 인격의 황폐화가 나타나 매우 비참한 상태로 전락하게 된다. 이러한 치매는 흔히 노년기에 찾아드는데 원인에 따라 차이가 있지만 대체로 인생의 후반기에 발병하며 85세 이상에서는 유병률이 급격하게 증가한다. 이런 점에서 치매는 주요한 노년기 정신장애로 간주되고 있다.

치매는 기본적으로 중추신경계통의 손상, 즉 뇌세포의 손상에서 비롯된다. 그러나 뇌세포의 손상이 일어나는 원인은 다양하며 또한 치매의 증상과 발병 과정도 다양하다. 따라서 원인과 증상에 따라 몇 가지 유형으로 나누어지는데 가장 대표적인 것이 알츠하이머형 치매이다. 알츠하이머형 치매는 뇌세포의 점진적 파괴로 인해 치매 증상이 서서히 진행되는 것이 주된 특징이다. 그러나 뇌세포가 점진적으로 파괴되는 근본적인 원인은 아직 밝혀지지 않았으며 효과적인 치료방법도 알려져 있지 않다.

두 번째 유형은 혈관성 치매로서 뇌졸중이나 뇌출혈 등으로 뇌혈관이 파열되어 뇌세포가 손상된 경우이다. 혈관성 치매는 일반적으로 뇌혈관 장애와 더불어 급격하게 증상이 나타나며 뇌혈관 장애의 치료와 더불어 호전될 수도 있다. 이 밖에도 뇌세포의 손상을 가져오는 신체 질병에 따라 파킨슨병으로 인한 치매, 헌팅턴병으로 인한 치매, 두부 손상으로 인한 치매 등으로 구분된다.[14]

2. 치매의 증상

치매는 뇌신경세포의 손상으로 인해 나타나는 다양한 일련의 증상들을 뜻한다. 치매환자를 이해하기 위해서는 치매의 증상 내용을 잘 이해하는 것이 중요하다. 그러나 치매의 증상은 그 원인과 유형에 따라 차이가 있을 뿐만 아니라 상당한 개인차가 있어 간단하게 소개하기 어렵다. 여기에서는 치매의 증상을 크게 주요 증상과 부수적 증상으로 나누어 소개하고자 한다.[15]

1) 치매의 주요 증상

치매는 기억력, 언어능력, 판단력 등 인지 기능의 손상이 특징적인 핵심 증상이다. 정신장애 분류체계인 DSM-IV에는 다섯 가지 인지장애, 즉 기억장애, 실어증, 실행 기능의 장애가 치매의 주요한 진단 기준으로 제시되어 있다. 특히 치매로 진단되기 위해서는 기억장애가 반드시 존재해야 하며 실어증, 실행증, 실인증, 실행기능장애의 네 가지 장애 중 한 개 이상이 존재해야 한다. 이러한 치매의 주요 증상들을 좀 더 자세하게 살펴보기로 한다.

(1) 기억장애

인지적 기능의 손상 중에서 가장 먼저 그리고 가장 흔히 나타나는 증상이 기억장애(Memory

---

14) 권석만, *치매의 특성과 증상*, 『상담과 선교』 제34호 2001 가을호, 7-8.
15) *Ibid.*, 9-17.

impairment)이다. 기억장애는 치매의 진단에 있어서 필수적이니 증상이다. 기억장애가 나타나는 초기에는 주로 단기 기억의 저하가 나타나 최근에 있었던 일을 잘 잊어버리고 조금 전에 들은 말도 잘 기억나지 않는 등 건망증이 심해지는 것처럼 느껴진다. 이러한 기억 감퇴는 흔히 노년기에서 나타나는 정상인의 건망증과 비슷하여 대수롭지 않게 여겨지는 것이 일반적이다. 그러나 이들은 시간이 지날수록 거의 감퇴 점차 광범위하게 나타나 지갑이나 열쇠 등 중요한 물건을 잘 잃어버리거나, 가스레인지에서 음식을 요리하고 있는 중임을 잊어버리거나, 낯선 동네에서 길을 잘 잃어버리기도 한다. 치매가 진행됨에 따라 오래전에 있었던 일에 대해서도 기억을 못하는 등 장기 기억에도 장애가 나타난다. 이러한 기억장애가 더욱 진행되면 자녀나 친척은 이름을 제대로 기억하지 못할 뿐 아니라 심지어 자신의 이름과 생년월일, 주소, 과거의 직업까지도 망각하게 된다.

(2) 언어장애

언어장애는 치매의 주된 증상 중의 하나이다. 치매의 초기에는 언어 기능에 대한 미묘한 손상이 나타나서 다른 사람이 인식하기 어렵다. 일반적으로 초기에는 단어 유창성이 떨어지고 복잡한 언어의 이해력이 저하된다. 또한 사물의 이름을 지칭하는 명명 과제에서 어려움을 겪게 되며 사물의 정확한 이름을 찾지 못하여 사물을 대명사로 설명하거나 모호하고 장황하게 용도를 표현하는 경향이 증가한다. 이처럼 사람과 사물의 이름을 말하는 데 특히 어려움이 있는 것을 실어증(Aphasia)이라고 한다. 실어증이 있는 사람의 말은 모호하고 공허하며 장황하고 빙빙 돌려 말하는 어투와 '그것'이나 '그런 일' 등의 대명사를 지나치게 자주 사용한다. 이처럼 치매 초기에는 표현성 언어 기능에 장애가 두드러지는 반면 언어를 이해하는 수용적 언어 기능에서는 상대적으로 감퇴가 적다. 치매의 중기 이후에는 점차 언어장애가 심해져서 부적절한 언어표현이 많아지며 특히 발음이나 뜻은 유사하지만 용도가 전혀 다른 언어를 부적절하게 사용하는 경우가 자주 나타난다. 뿐만 아니라 서서히 언어 이해 기능에도 손상이 나타나 상대방의 말을 잘 알아듣지 못하여 동문서답하거나 엉뚱하게 반응하는 일이 나타난다. 치매의 말기에는 전혀 말을 하지 않는 무언증 같은 말을 계속 반복하는 동어반복증, 상대방의 말을 그대로 따라하는 반향언어증 등의 특징적인 증상이 나타난다.

(3) 실인증

실인증(*Agnosia*)이란 감각 기능에는 이상이 없음에도 불구하고 사물을 인지하지 못하거나 그 의미를 파악하지 못하는 증상을 뜻한다. 즉 제시한 사물의 모양이나 색깔은 파악할 수 있지만 그 사물이 무엇인지 그리고 어디에 사용되는 것인지를 인식하지 못하는 것이다. 예를 들어 시력이 정상임에도 불구하고 책상이나 신발 등의 사물을 구별하지 못하고 심지어 가족이나 거울에 비치는 자신의 모습도 인식하지 못하게 된다. 또한 촉각 기능이 정상임에도 불구하고 손바닥에 놓인 사물(예: 동전이나 열쇠)을 감촉만으로는 구별하지 못한다.

(4) 실행증

치매환자들은 대부분 일상생활을 영위하는 데 필요한 빗질하기, 옷 입기, 목욕하기, 요리하기, 그림 그리기 같은 일상적인 과제를 수행하는 데 어려움을 겪고 크고 작은 실수를 자주 하게 된다. 그 이유 중 하나는 치매환자들이 흔히 실행증을 지니고 있기 때문이다. 실행증*(Apraxia)*이란 운동 기능, 감각 기능, 그리고 지시 이해 기능이 정상임에도 불구하고 동작을 통해 어떤 일을 실행하는 능력에 장애가 있는 것을 뜻한다. 실행증이 있는 사람은 이 닦기, 인사하기, 그림 그리기, 성냥개비를 특정한 형태로 배열하는 일 같은 행동을 흉내 내거나 따라 하는 데에 현저한 어려움을 겪는다.

(5) 실행 기능의 장애

치매환자가 일상적인 과제를 잘 수행하지 못하는 또 다른 이유는 실행 기능의 장애 때문이다. 실행 기능(Executive function)이란 과제 수행에 필요한 여러 가지 인지 기능들로 과제를 하위 과제로 쪼개기, 순서별로 배열하기, 계획하기, 시작하기, 결과 점검하기, 중단하기 등의 기능을 뜻한다. 이러한 실행 기능은 뇌의 전두엽 기능에 해당하는 것으로서 치매환자의 전두엽에 손상이 있음을 시사하는 것이다. 이렇게 치매환자들은 실인증과 실행 기능의 장애로 인해 일상생활에서 많은 어려움을 겪게 된다.

2) 치매의 부수적 증상

치매환자는 인지장애 외에도 즉 정서적 변화, 행동장애, 시공간 판단 능력, 성격 변화와 더불어 환각이나 망상과 같은 정신병적 증상 등의 부수적인 증상을 나타낸다.

(1) 정서적 증상

치매는 인지적 장애뿐만 아니라 정서적 변화도 유발한다. 치매의 초기에는 말수가 줄어들 뿐만 아니라 우울하고 침울한 모습을 자주 나타낸다. 이러한 치매 증상이 때로는 노년기에 나타나는 우울증과 혼동될 수 있다. 특히 혈관성 치매의 경우는 흔히 우울증이 동반되기도 한다. 치매에서 나타나는 우울 증상은 인지적 장애를 수반하게 되며 무표정하고 무감동한 정서반응과 밀접한 관련을 맺고 있다. 이러한 우울 증상과는 달리 치매환자는 때로 정서적으로 불안정해져서 기분이 심한 굴곡을 나타내기도 하고 사소한 좌절에도 예민해져서 화를 잘 내고 공격적인 행동을 나타내기도 한다. 또한 이들은 신체적 스트레스(예: 질병이나 작은 수술)와 심리사회적 스트레스(예: 사별이나 가족 간 갈등)에 매우 민감하게 반응한다. 치매가 진행되면 흔히 피해의식이나 망상을 지니게 되고 이러한 생각이 공격 행동을 유발하기도 한다.

(2) 행동적 증상

치매환자는 행동에서도 많은 변화를 나타낸다. 치매 초기에는 행동거지와 걸음걸이가 느려지는 경향이 있다. 행동과 움직임이 둔화되어 물건을 떨어뜨리고 깨뜨리거나 길을 걷다가 잘 넘어지는 등의 실수가 자주 나타난다. 치매가 점차 진행되면 불안하고 초조한 듯이 행동하며 목표가 불분명한 산만한 행동을 나타내거나 때로는 똑같은 행동을 지속적으로 장시간 반복하기도 한다. 아울러 치매환자들이 나타내는 흔한 문제 행동 중에는 공격행동이 있다. 이러한 공격행동은 화를 다소 심하게 내는 정도에서 그치기도 하지만 심각한 경우에는 타인에게 위해를 가하거나 자해 행동으로 나타날 수도 있다. 이러한 심한 공격적 행동은 피해의식이나 망상과 같은 정신병적 증상과 관련되어 있는 경우가 많다. 특히 자살 행동은 계획적으로 어떤 행동을 실행할 수 있는 초기 단계에서 나타날 수 있다. 이 밖에도 치매환자들은 자신의 능력을 과대평가하여 무모한 일을 하거나 어떤 활동에 수반되는 위험을 과소평가 하여 크고 작은 사고를 유발하기도 한다. 또한 부적절한 농담을 하고 개인위생을 소홀히 하며 모르는 사람에게 지나친 친근감을 나타내거나 일상적인 관습과 사회적 행동을 고려하지 않는 등 행동을 자제하지 못한다.

(3) 시·공간 판단 능력의 장애

치매가 진행됨에 따라 시·공간 판단 능력에도 장애가 나타난다. 치매 초기에는 시간에 대한 판단 능력이 먼저 서서히 감퇴하게 되고 점차 장소와 사람에 대한 판단 능력까지 손상받게 된다. 그 결과 심한 치매환자는 자신이 현재 어디에 있는지, 몇 시인지, 주위에 있는 사람들이 누구인지조차 모르게 된다. 아울러 시・공간 판단 능력에 장애가 생기게 되면 거리를 측정하는 능력이 떨어져 길을 제대로 찾지 못하고 길을 잃고 헤매는 일이 자주 일어나게 된다. 정신병적 증상 치매 과정이 상당히 진행되면 다양한 정신병적 증상이 나타나기도 한다. 가장 대표적인 것은 환각 증상이다. 감각 기능의 이상으로 인하여 환시, 환청, 환촉을 경험하게 되며 이러한 환각 경험이 망상으로 발전될 수 있다. 이 경우 체계적이고 복잡한 내용의 망상보다는 단편적이고 산만한 내용의 망상인 경우가 많다. 이러한 피해의식적 망상에 근거하여 매우 공격적이고 충동적인 행동을 나타낼 수도 있다.

3) 치매와 유사 증상의 구분

노년기에는 정상적인 노화 과정으로 인해 신체적, 심리적 쇠퇴 현상이 나타난다. 즉 시각과 청각을 비롯한 감각기능이 감퇴되고 기억력, 집중력 등의 인지 기능도 저하된다. 아울러 주변 자극에 대한 반응이 둔화되고 운동 능력이 저하되어 민첩한 행동을 하기 어려워진다. 이와 같이 노년기에 흔히 나타나는 자연스러운 노화 증세가 치매 증상과 혼동되어 불필요한 걱정과 우려를 낳을 수 있다. 뿐만 아니라 치매는 따른 노년기 장애와 혼동되는 경우가 있다. 따라서 치매 증상과 흔히 혼동하기 쉬운 유사 증상들의 차이점을 살펴보기로 한다.

(1) 감각 기능의 감퇴

노년기에 접어들면 시력, 청력을 비롯한 감각 기능이 현저하게 감퇴된다. 따라서 주변의 자극을 잘 알아보지 못하거나 착각을 하여 엉뚱한 실수를 자주 하게 된다. 또한 귀가 어두워지게 되면 다른 사람의 말을 쉽게 알아듣지 못하여 자꾸 되묻게 되거나 적절하게 반응하지 못하게 된다. 젊은 사람의 입장에서 보면 이러한 노인의 행동은 '말귀'를 못 알아듣는 것으로 여겨져 지적 기능이 저하되는 치매로 잘못 판단할 수 있다. 이런 경우에는 안경이나 보청기를 사용하거나 적절한 수술을 통해 감각 기능이 회복되면 언어 이해나 행동 수행의 문제가 사라지게 된다.

(2) 기억력의 감퇴

노인이 되면 누구나 기억력과 아울러 학습 능력이 저하된다. 특히 새로운 학습에 중요한 단기 기억 능력이 현저하게 저하된다. 일반적으로 학습 능력은 20대에 절정에 이르러 나이가 들면서 점차 감소되어 노년기에는 10세 이하로 떨어진다고 한다. 따라서 금방 들은 것을 잊어버리고 새로운 것을 배우는 데에 어려움을 겪게 된다. 이런 체험을 하게 되는 노인들은 스스로 바보가 되어가는 것처럼 느껴져 치매가 아닌가 의심하게 된다. 이렇게 정상적인 노화로 인한 기억력 저하와 치매 증상은 구별되어야 한다. 또한 치매는 기억력이 현저하게 저하되는 인지 장애인 기억상실증과 혼동되기 쉽다. 왜냐하면 치매의 주된 증상이 기억장애이기 때문이다. 그러나 기억상실증은 다른 인지 기능의 장애(즉 실어증, 실인증, 실행증)는 없으면서 단지 심한 기억장애만을 나타내지만 치매는 기억장애뿐만 아니라 다른 여러 가지 증상이 함께 동반된다는 점에서 기억상실증과는 다르다.

(3) 섬 망

섬망(Delirium)은 노년기에 흔히 나타나는 인지장애의 하나로 갑자기 의식이 혼미해져 주위를 알아듣지 못하고 헛소리를 하거나 손발을 떠는 증상들이 나타난다. 이처럼 인지 기능에 전반적인 혼란이 나타나는 섬망 증상은 흔히 치매로 오인되기 쉽다. 그러나 섬망은 과도한 약물 복용이나 신체적 질환(예: 간질환, 당뇨, 뇌수막염)에 의해서 발생할 수도 있으며 치매와는 다른 장애이다. 섬망은 치매와는 달리 의식의 장애를 동반해서 의식이 혼미해지고 현실감각이 급격히 혼란되어 시간과 장소에 대한 인식에 장애가 나타난다. 또한 섬망 증상은 시간에 따른 기복이 심하고 흔히 낮보다 밤에 심해지는 경향이 있는 반면 치매는 증상이 안정되어 있으며 서서히 악화되는 경향이 있다. 또한 섬망은 일련의 증상이 급격하게 나타났다가 그 원인을 제거하면 증상도 갑자기 사라지는 경우가 많다.

(4) 노년기 우울증

노인들은 주변 자극에 대한 정서적 반응성이 저하되어 감정이 둔화되고 무감각하며 때로는 침울하게 보일 수 있다. 뿐만 아니라 노년기에는 신체적 쇠약과 질병, 은퇴로 인한 사회적 경제적 능력의 약화, 배우자나 친구의 사망 등과 같이 상실 경험을 많이 하게 되어 노년기에 우울증을 나타낼 소지가 많다. 노년기 우울증은 판단과 행동이 느려지고 매사에 무관심한 양상으로 나타날 수도 있고 안절부절 못 하는 불안정한 모습을 보이며 슬픔을 부적절하게 호소하는 양상으로 나타날 수도 있다. 이러한 우울 증상이 때로는 치매로 혼동되기 쉽다.

4) 치매의 경과와 예후

치매 증상의 변화 과정은 치매의 유형과 환자의 특성에 따라 다양하다. 그러나 치매의 일반적인 경과를 살펴보면 흔히 50~60대에 처음 발병하여 5~10년에 걸쳐 증상이 점차 악화되다가 결국에는 죽음에 이르게 된다. 그러나 발병 연령과 증상의 악화 속도는 치매의 유형에 따라 상당한 차이가 있다. 치매 증상이 나타나더라도 조속하게 원인을 규명하고 적절한 치료를 받으면 증상이 현저하게 호전될 수 있다. 이렇게 치료 가능한 가역적 치매는 전체 치매환자의 약 10~15%에 해당한다. 그러나 불행하게도 치매는 증상이 점진적으로 악화되며 병전 상태로의 회복이 거의 불가능한 비가역적 치매가 대부분이다. 물론 치매 증상의 심한 정도와 악화 속도는 환자의 병전 지능, 교육 수준, 발병 양상, 다른 정신병리의 존재 유무에 따라 달라질 수 있다. 흔히 알츠하이머형 치매는 인지 기능의 장애가 서서히 나타나서 점점 악화되는 반면 혈관성 치매는 증상이 갑자기 나타나고 계단식으로 악화되는 것이 일반적이다. 가장 흔한 유형인 알츠하이머형 치매는 초기에는 최근 기억의 장애가 나타나고 이어서 실어증과 실행증이 나타나고 몇 년 후에는 실인증이 나타나게 된다. 어떤 환자는 치매의 초기에 인격의 변화가 일어나서 정서적으로 불안정해지고 자기 통제력이 약화되어 평소와 달리 충동적이고 부적절한 행동을 나타내기도 한다. 일반적으로 치매의 신체적 장애는 비교적 후기에 나타나는 경향이 있다. 치매의 경과가 어느 정도 진행되면 환자는 보행 장애를 나타내게 되고 그 결과 주로 의자와 침대에서만 지내야 하는 상태로 악화된다. 이렇게 움직임이 자유롭지 못하게 되면 전신의 근육이 경직되게 되고 대소변을 가리지 못하는 일이 빈번해진다. 치매 말기에는 거의 말을 하지 못하고 수족을 움직이지 못하는 식물인간 상태에서 사망에 이르게 된다. 치매환자는 치매 증상 자체보다는 치매에 수반되는 신체적 질병으로 인해 사망하게 된다. 사망의 직접적인 원인은 폐렴, 요로감염증, 욕창성궤양 등과 같이 감염으로 인한 패혈증인 경우가 많다. 치매의 발병에서부터 사망에 이르기까지 평균적으로 약 8~10년이 걸리는 것으로 알려져 있으나 최근에는 15~20년까지도 지속되는 것으로 보고 있다.

3. 치매의 치료와 예방

1) 치매의 치료법

우리 사회에서는 치매 현상을 나이가 들면 당연하게 생기는 노화 과정의 일부로 여기는 경향이 있다. 특히 치매 초기에 나타나는 미세한 증상들은 정상적인 노화 현상과 쉽게 구분이 되지 않아 질병으로 간주하지 않는 경우가 많다. 따라서 치매 현상을 무관심하게 방치하거나 적극적으로 치료하려는 노력을 기울이지 않는다. 그러나 치매는 정상적인 노화 현상과 구별해야 할 병적인 현상이며 모든 노인에게 치매 현상이 나타나는 것은 아니기 때문에 노년기 질병으로 이해해야 한다. 따라서 치매 증세를 보일 때는 가능한 한 빨리 치매 전문병원을 찾는 것이 필요하다. 특히 초기에 치료해야 치매의 악화를 막을 수 있기 때문이다.

치매는 불치병이라고 오해되고 있다. 치매는 원인에 따라 치료 여부와 치료 방법이 달라진다. 치매를 치료하기 위해서는 우선 치매의 원인을 밝히는 일이 중요하다. 일부 혈관성 치매나 다른 신체질환으로 인한 치매의 경우에는 그 원인을 제거하면 증세가 크게 호전될 수 있는 가역성 치매(Reversible dementia)로 여겨지고 있다. 즉 뇌졸중으로 인한 혈관성 치매는 뇌수술을 통해 뇌손상을 제거하면 인지적 손상이 현저하게 호전될 수 있다. 또한 알코올 남용, 파킨슨병, 헌팅턴병 등으로 인한 치매는 그 질병이 호전되거나 치료되면 치매 증상도 호전되는 경우가 많다. 현재까지 알려진 치매의 원인 중 치료가 가능한 경우는 약 20~25% 정도이다. 알츠하이머형 치매나 다발성 경색치매는 병전 상태로 회복시키기 어려운 비가역성 치매(Irreversible dementia)로서 치료가 어려운 것으로 알려져 있다. 최근에 치매를 유발하는 발생기제가 조금씩 규명되고 있고 이를 고려한 치료 약물이 개발되면서 치료 가능성이 높아지고 있으나 아직 효과가 뚜렷하게 입증된 약물은 없다.

알츠하이머형 치매의 경우, 뇌세포가 손상되고 뇌가 위축되는 원인에 대한 연구가 진전되어 뇌세포를 파괴하는 주범으로 독성 신경전달물질인 베타아밀로이드라는 단백질이 주목받고 있다. 따라서 대뇌에 축적된 베타아밀로이드를 제거하거나 생성 자체를 억제하는 치료약물이 개발되고 있다. 이와 같이 뇌세포의 손상을 막거나 지연시키는 약물들을 사용한 약물치료 외에도 베타아밀로이드를 마구 양산해 내는 잘못된 유전자를 찾아내 교정하는 유전자 치료가 연구되고 있다. 또한 치매의 인지장애 증상이 대뇌 기저부의 콜린성 신경의 손상에 의해 기인한다는 가설에 근거하여 콜린성 약물이 개발되어 치료에 사용되어 왔다. 이것의 대표적인 약물인 타크린의 초·중기 알츠하이머형 치매환자의 일부에서 인지기능의 호전을 보였으나 간에 부작용이 나타나는 문제점이 있다. 최근에는 도네페질이라는 새로운 약물이 사용되고 있으나 치료효과는 그다지 만족스럽게 나타나지 않았다.

치매환자들이 흔히 나타내는 심리적 증상을 치료하기 위해 항정신병 약물이 사용되기도 한다. 예컨대, 치매환자들이 나타나는 환각이나 망상과 같은 정신병적 증상은 항정신병 약물에 의해서 치료될 수 있다. 이 밖에도 항우울제, 항불안제, 항경련제와 같은 약물이 증상에 따라 사용될 수 있다. 이러한 약물치료는 치매의 부수적인 증상인 심리적 증상을 호전시킴으로써 환자의 보호와 간병에 도움을 주었다. 치매환자들이 나타내는 인지적 손상의 속도는 환경 자극에 따라 달라질 수 있다. 환경 자극이 차단되고 사회적으로 고립된 상태에서는 인지적 손상이 가속화되는 반면 적절한 지적 자극을 통해 인지 기능을 반복적으로 사용하게 되면 인지적 손상이 지연되거나 완화된다는 연구 보고가 많다. 따라서 체계적인 지적 활동 프로그램을 통해 치매환자의 인지적 손상을 방지할 수 있다. 예를 들어, 일상생활에 중요한 정보를 잊지 않도록 반복하여 암기하기, 간단한 지적 과제나 게임하기, 과거 경험을 구체적으로 기억해 보기, 가족이나 친척의 이름 외우기, 날짜 확인하기 등과 같은 다양한 지적 활동에 참여하게 하는 일은 증상을 완화시키는 데 도움이 된다.

가족이나 주변 사람들과 친밀한 관계를 유지하고 긍정적인 감정을 교류하는 것도 커다란 도움이 된다. 즉 지속적인 정서적 자극과 다양한 감정 체험은 치매 증상의 악화를 방지하는 효과를 지닐 수 있다. 따라서 치매환자가 주변 사람들과 원만한 관계를 유지하도록 도울 뿐만 아니라 주변 사람들이 치매환자를 잘 이해하고 지지적인 태도를 지니도록 유도하는 것이 필요하다.

2) 치매의 예방

치료될 수 있는 가역성 치매의 경우도 대부분 치매 증상을 일부 개선시키거나 증상의 악화를 늦추는 것일 뿐 증상의 완전한 제거는 어렵다. 그리고 상당한 비율의 치매는 치료가 매우 어려운 비가역성 치매이다. 따라서 치매는 무엇보다도 예방이 중요하다. 먼저 노인이 스스로 행할 수 있는 치매 예방 방법을 살펴본다. 치매예방의 기본 원칙은 사회적 은퇴와 더불어 무료하고 고립된 삶이되기 쉬운 노후에도 적절한 신체적, 심리적 활동을 지속하는 것이다. 따라서 신체적 활동뿐만 아니라 지적, 정서적, 사회적 활동이 지나치게 축소되지 않도록 노력하는 것이 중요하다. 치매 예방을 위한 몇 가지 일반적인 사항은 다음과 같다.

첫째, 은퇴 이전부터 미리 노후 생활에 대한 계획과 준비를 하는 것이 필요하다. 은퇴로 인한 생활 변화가 커다란 충격으로 다가오지 않도록 노년기 생활에 대한 사전 지식을 습득하고 구체적인 계획을 세워 미리부터 준비하는 것이 좋다.

둘째, 체력과 건강의 유지를 위해 적절한 운동과 신체적 활동을 하는 것이 중요하다. 신체 기능이 급속히 노쇠하지 않도록 산책, 등산, 가벼운 운동 등을 규칙적으로 하는 것이 좋다. 또한 다양한 영양소를 균형 있게 섭취하는 식생활도 중요하다. 과도한 음주와 흡연을 삼가고 특히 난청과 시력장애가 있는 사람은 치매로 오인 받지 않도록 적절한 치료를 받는 것이 필요하다.

셋째, 인지적 기능을 유지할 수 있도록 적절한 지적 활동을 해야 한다. 새로운 정보나 지식을 자주 접하면서 지적인 대화를 나누는 기회를 자주 가지며 일상생활에 활용하도록 노력하는 것이 중요하다. 독서, 바둑, 장기와 같은 지적인 취미활동을 하는 것도 좋다.

넷째, 즐겁고 유쾌한 정서적 체험을 하도록 노력한다. 이를 위해서는 가족, 친척, 친구들을 비롯한 주변 사람들과 긍정적인 감정을 교류할 수 있는 좋은 인간관계를 유지하는 것이 중요하다.

마지막으로, 적절한 사회적 활동을 유지하는 것이 중요하다. 이를 위해서 노후에도 절친하게 지낼 수 있는 친구들을 만들어 둘 필요가 있다. 이러한 친구 집단이나 동호회 또는 신앙적 모임 등에 참여하여 활동함으로써 다양한 주제의 대화와 정서적 교류를 할 수 있는 기회를 갖게 된다.

(1) 알츠하이머형 치매와 혈관성 치매의 예방법

치매는 원인이 다양하기 때문에 치료법뿐만 아니라 예방법도 그 원인에 따라 달라져야 한다는 주장이 있다. 이에 따라 치매 유형에 따른 구체적 예방법이 제안되고 있다. 알츠하이머형 치매를 예방하기 위해서는 우선 취미생활을 하는 것이 중요하다. 은퇴 후에도 두뇌 활동에 지속적 자극을 줄 수 있는 독서, 바둑, 장기, 그림 그리기 등의 취미를 젊은 시절부터 익혀둘 필요가 있다.

둘째, 비타민 A, C, E를 많이 섭취한다. 이러한 비타민은 세포의 산화를 방지하는 효과가 있어 치매의 진행을 늦추는 것으로 알려져 있다.

셋째, 흡연자는 담배를 끊어야 한다. 1997년 미국신경학회에서 보고된 내용에 따르면 담배를 피운 경험이 있는 집단의 알츠하이머형 치매 발생률이 그렇지 않은 집단에 비해 1.5배나 높았다고 한다. 혈관성 치매를 예방하기 위해서는 뇌동맥경화나 고혈압을 일으킬 수 있는 생활습관을 고치는 것이 중요하다. 특히 부모에게 고혈압 증세가 있는 경우에는 젊을 때부터 주의해야 한다. 고혈압의 원인이 되는 소금의 섭취를 줄이고 동물성 지방, 특히 콜레스테롤이 많은 음식을 피하는 등 식생활을 개선할 필요가 있다. 또한 스트레스를 줄이는 것이 중요하다. 스트레스는 고혈압과 뇌혈관 장애에 영향을 미칠 수 있기 때문이다. 이를 위해서 과도한 업무와 정서적 흥분을 피하는 것이 좋다. 근본적으로 지나치게 경쟁적이고 공격적인 삶의 태도를 좀 더 여유 있고 긍정적인 태도로 바꾸는 것이 중요하다.

(2) 부모님을 위한 치매 예방법

노인들은 치매에 대한 위험성을 잘 모르고 있을 뿐만 아니라 스스로 치매 예방 노력을 기울이지 않는 경우가 많다. 따라서 이런 경우에는 자녀들이 부모님을 위해 할 수 있는 예방법은 다음과 같다.

첫째, 사회적으로 고립되지 않고 적절한 대인관계를 유지하도록 돕는다. 가족 간의 대화와 정서적 교류가 소원해지지 않도록 노력해야 한다. 특히 부모와 분가해서 사는 경우에는 자녀들을 자주 만나 즐거움을 나눌 수 있도록 하는 것이 중요하다. 또한 부모가 친척, 친구, 주변 사람들과 교류할 수 있는 기회를 만들도록 노력한다.

둘째, 여러 가지 지적인 자극을 제공해 줄 필요가 있다. 예컨대, 재미있는 소설책이나 수필집을 읽도록 권유하거나 가족들과 함께 지적인 게임을 할 수 있는 기회를 갖는 것도 좋다. 무엇보다도 부모와의 잦은 대화를 통해 다양한 주제에 대한 기억과 지적 활동을 유지하도록 돕는 것이 중요하다.

셋째, 유쾌하고 즐거운 정서적 경험을 할 수 있는 기회를 자주 만드는 것이 좋다. 자칫 위축되기 쉬운 부모에게 따뜻한 정서적 지지를 통해 편안한 삶이 되도록 노력한다. 특히 손자녀의 재롱을 보며 즐겁고 유쾌한 감정을 체험할 수 있도록 손자 손녀와 접촉할 수 있는 기회를 자주 만들 필요가 있다.

마지막으로 부모가 체력을 유지하도록 적절한 운동과 영양 공급에 신경을 써야 한다. 이를 위해 적당히 움직이거나 운동을 할 수 있는 여건과 자극을 제공해야 하고 균형 있는 영양 공급이 이루어질 수 있는 식생활이 되도록 노력해야 한다.[16)]

(3) 알츠하이머병의 예방법

알츠하이머병을 예방하려면 어떻게 해야 할까? 우선 알츠하이머병의 원인을 막고 또한 원인이 되는 요인을 제거하거나 멀리해야 한다. 그러나 아직 알츠하이머병의 원인을 모르고 있기 때문에 앞으로 의학이 발달해 원인을 밝힐 때까지 기다리는 수밖에 없다. 따라서 위험 인자라고 지목되는 요인을 멀리하는 것이 곧 알츠하이머병을 예방하는 것이 된다. 알츠하이머병을 예방하기 위해

---

16) 민경배, *치매의 원인, 치료 그리고 예방*, 『상담과 선교』 제34호 2001년 겨울호, 26-30.

서 65세 이상 된 노년층이 일상생활에서 주의해야 할 조건들은 다음과 같다.

① 노년이 되어서 생활 방식을 급격하게 바꾸지 말자

생활환경이 갑자기 변화하면서 알츠하이머성 치매 증세가 나타나는 경우가 많다는 통계가 있다. 60대 후반 또는 70대가 되어 직장을 은퇴하여 집에 머무르는 경우, 은퇴를 하여 시골에서 서울에 있는 아들집에서 같이 살게 되는 경우, 70대에 부인이 사망하여서 혼자서 살게 되는 늙은 홀아비의 경우 등과 같은 사례에서 치매 증세가 나타날 가능성이 높다. 연령적으로 치매가 발생하기 쉬운 70세에서 80세에 이르는 연령층에서도 자신이 오래 살던 자기 집이나 자기 동네 자기 나라에서 친척이나 친지와 함께 생활하고 있으면 갑자기 치매 증세가 일어나는 경우는 거의 없다.

② 조건이 허락하는 데까지 직업이나 부업을 계속 갖자

노후에 직업을 갖는 것 특히 자기가 흥미를 가지고 있는 직업이라면 오래 계속할수록 뇌 활동에 자극을 주어서 질병 예방에 효능이 크다. 골프나 조깅과 같은 스포츠나 바둑, 장기, 독서, 그림 그리기와 같은 취미생활은 노년기에 많이 갖게 되는 고독감이나 우울증을 해소하고 방지하는 데 큰 효과가 있다. 치매환자 중에서도 심리적으로 안정되어 있는 경우에는 치매의 진행속도가 지연된다는 보고가 있다. 반대로 심리적으로 불안정한 치매환자는 치매 증세가 급속하게 진행되어 문제 행동도 많아지며 나아가 가정 문제가 되고 집에서 치료를 못하고 양로원 시설로 가야 되는 불행한 상황이 오게 된다.

③ 신체적인 건강을 유지하자

신체적으로 건강이 유지되면 대체로 정신적으로도 건강하여 치매 증상이 나타나지 않는다. 특히 감각 기관인 눈과 귀가 건강하면 외부 정보를 정확히 취득하고 이를 종합하여 정신적으로도 자극이 된다. 또한 밖에 나가서 외부의 환경 특히 사람들과 접촉하여 견문을 넓히는 것이 좋은데 밖에 나가려면 단거리 정도면 걸어 다닐 수 있을 정도의 신체적인 건강을 유지하여야 한다. 운동 중에는 골프나 조깅이 좋으나 이것이 불가능하면 하루에 30분씩 아침이나 저녁에 동네를 산보하는 것도 좋다. 이러한 가벼운 운동은 혈압 조절에 좋고 식욕을 증진시켜서 식사도 맛있게 하게 된다.

④ 머리는 쓰되 스트레스는 갖지 말자

여러 가지 사물에 관심을 갖고 젊은 사람처럼 호기심을 갖고 공부하는 태도를 갖는 것이 좋다. 그러나 너무 신경을 써서 정서적으로 관여하게 되면 심리적으로 불안정해지고 심지어 스트레스가 많아지게 된다. 우울, 불만, 불면증과 같은 스트레스가 축적하게 되면 뇌신경의 신경회로가 원만히 움직이지 않는다. 심리적 스트레스를 어떻게 처리하는가 하는 것이 치매 예방의 커다란 과제 중의 하나이다. 자기의 불만이나 스트레스를 털어버릴 수 있는 친구나 카운셀러가 있는 것이 가장 이상적이다.

⑤ 의식주는 되도록 독립심을 갖고 자신이 처리하자

먹고 입는 것은 일상생활에서 반드시 필요한 부분이므로 자신이 해결할 수 있는 것은 혼자서 처리하도록 하자. 할일 없이 텔레비전 앞에서 시간을 보내는 무료한 일상생활을 하면 치매의 발병 시기가 빨리 오고 증세의 진행도 빨라진다. 한 역학 조사에 따르면 혼자 사는 노인들이 식사, 빨래, 쇼핑을 모두 자기가 하는 경우 치매의 발병이나 진행이 가족과 함께 살며 남에게 의존하고 있는 노인이나 혹은 요양원에 수용된 노인보다 훨씬 늦게 일어난다.

⑥ 뇌에 대한 외상이 알츠하이머병의 위험 인자로 알려져 있다

노년기에 접어들어 권투나 축구와 같은 머리를 다칠 위험이 있는 과격한 운동을 하지는 않겠으나 젊었을 때부터 알츠하이머병을 예방하기 위해서는 되도록 이러한 과격한 운동은 피하는 것이 좋다. 자전거를 타는 경우에도 헬멧을 반드시 쓰도록 하고 자동차를 타면 안전벨트를 반드시 착용하도록 해야 한다.

⑦ 최근 알츠하이머병의 위험 인자로 주목받고 있는 알루미늄에 대해서 몇 가지 알아두자

알루미늄이 뇌에 축적되면 이것이 신경독이 되어 신경세포를 죽이고 신경세포가 많이 죽으면 치매를 일으키는 한편 그 밖에 다른 신경질환을 일으키는 것은 분명한 사실이다. 그러나 지금까지 연구 결과에 따르면 수돗물 속에 녹아 있는 알루미늄이나 각종 약제에 포함된 알루미늄 화합물이 알츠하이머병 발병과는 직접적인 관계가 없다고 한다. 그러므로 최근 미국이나 유럽에서 알루미늄 냄비나 식기를 사용하지 않고 버린다고 하는데 이 점은 아직 정확하게 확인된 사실은 아니다. 1988년 노르웨이에서 개최된 '알루미늄과 건강에 대한 국제회의'에서 다음과 같은 결의가 채택되었다. 결의 사항은 다음과 같다. ① 신장투석액, 항위산제, 진통제에

들어 있는 알루미늄 농도를 저하시키고 이러한 약제를 사용하는 그룹에서 계속 감시하여 치매의 경향이 나타나는지 유의할 것, 특히 어린이는 신장 기능이 아직 완전하지 않으므로 알루미늄의 영향에 대하여 감시를 계속 할 것. ② 각종 식품 첨가물 속에 들어 있는 알루미늄의 농도가 높은 경우에는 이를 제거하든가 감소시킬 것이다.

Ⅳ. 가정폭력 상담

1. 가정폭력의 개념

가정폭력은 가족구성원 중의 한 사람이 다른 가족에게 계획적이고 반복적이며 의도적으로 물리적인 힘을 사용하거나 정신적 학대를 통하여 심각한 신체적, 정신적 손상과 고통을 주는 행위를 말한다. '가정폭력범죄의 처벌 등에 관한 특별법안'에 의하면 가정폭력이란 가정 구성원 사이의 신체적, 정신적, 또는 재산적 피해를 수반하는 행위를 말한다. 가정폭력을 분류하면, 폭력의 양상에 따른 분류로는 신체적 폭력, 성폭력, 정서적 확대 그리고 유기(태만, 의무불이행)이며, 피해자에 따른 분류로는 소아 및 청소년, 배우지 그리고 노인으로 분류한다. 가정폭력은 가해자와 피해자뿐만 아니라 가족구성원 모두가 행복하고 건강한 가정생활을 영위하지 못하게 한다.

1) 가정폭력의 유형

가정폭력의 피해자는 대부분 여성과 아동이었으나 남성 피해자의 숫자가 늘어나는 추세이다. 특히 아내 학대 행위는 모든 시대 모든 문화권에서 존재하고 있었으나 그 나라의 가부장적 문화 규범에 의해 은폐되거나 묵인되어 왔다. 그러나 한국은 1998년에 '가정폭력범죄의 처벌에 관한 특례법'과 '가정폭력 방지 및 피해자 보호에 관한 법률'이 제정되었으며, 미국을 비롯한 여러 선진국들이 이미 가정폭력 방지법이 마련되어 시행되고 있으며 미국의 뉴욕 주에서는 다음과 같은 5가지의 가정폭력 유형을 적용하고 있다.

첫째, 신체적(Physical) 학대의 유형: 신체적 학대의 유형에는 세 가지 범주가 포함된다.

① 신체적으로 상처를 입히거나 시도하는 행위로서 예를 들면 움켜잡는다, 꼬집는다, 떠밀어

붙인다, 빰을 때린다, 발길로 찬다, 머리카락을 잡아당긴다, 물어뜯는다, 팔을 비튼다, 주먹으로 때린다, 무딘 물체로 때린다, 칼로 찌른다, 총으로 쏜다 등의 행위. ② 건강 유지에 필요한 자원을 억제시키는 행위로서 예를 들면 약품, 치료 중단, 휠체어, 음식, 물, 수면, 산소 공급 중단 등의 행위. ③ 강제로 술을 먹이거나 기타 약물 강요 등의 행위 등이다.

둘째, 성적(Sexual) 학대의 유형: 성적 학대의 유형에는 두 가지 범주가 있다.

① 상대방의 동의 없이 성관계를 강요하거나 시도하는 행위로서 예를 들면 배우자 강간, 친지 강간. 구타 후 성폭행, 신체의 성적 부분을 공격, 짐승 같은 행위, 매춘 강요, 불법적인 성행위, 성희롱, 타인과 성행위 강요, 음란물 사용 등의 행위. ② 피해자의 성(Sexuality)에 상처를 주겠다고 시도하는 행위로서 예를 들면 상대방의 성적인 면을 훼손시키는 행위나 바람직한 성행위에 대한 비난, 그리고 잦은 부정한 행위, 성을 억제시키는 행위 등이다.

셋째, 정신적(Psychological) 학대의 유형: 정신적 학대의 유형에는 두 가지의 범주가 있다. ① 점진적으로 공포를 주거나 시도하는 행위로서 예를 들면 신체적인 상처를 입히겠다고 협박, 공포를 주는 일, 아이를 유괴하겠다거나, 위협, 갈취, 괴롭힘, 애완동물이나 기물 파괴 등의 행위 ② 피해자를 가족, 친구, 학교, 직장으로부터 고립 혹은 고립시키겠다고 시도하는 일로서 예를 들면 전화나 교통수단 피해자의 개인적인 측근자들로부터 억제시키는 행위, 타인에게 피해를 입히는 일, 지속적인 감시, 따라 다님, 감금하겠다고 위협하는 행위 등이다.

넷째, 정서적(Emotional) 학대의 유형, 정서적 학대의 유형은 피해자의 자존감에 상처를 주거나 주겠다고 시도하는 행위로서 예를 들면 지속적인 비난, 상대방의 능력을 깔보거나 비교하는 행위, 이름을 부르거나 모욕, 비하, 말없이 따돌리고 피해자의 느낌을 농간하고 죄의식을 느끼게 하며 피해자와 자녀 사이의 유대 관계를 파괴, 지속적으로 약속을 어기는 행위 등이다.

다섯째, 경제적(Economic)학대의 유형: 경제적 학대의 유형은 피해자를 경제적으로 의존하게 하거나 시도하는 행위로서 예를 들면 모든 경제 즉 상대방이 밖에서 벌어들인 수입이나 사회보장 수입까지도 통제하고 억제하는 행위, 학교를 못 가게 하거나, 취직도 못하게 하고 직업을 방해하거나, 모든 지출을 일일이 보고하게 하고 가족의 재정에 대한 정보를 억제시키고 지출해야 될 모든 항목에 대한 책임을 피해자에게 전가시키는 행위 등이다.[17]

2) 가정폭력의 원인

가정폭력의 원인을 크게 생물학적 요인, 심리적 요인, 그리고 사회적 요인으로 구분할 수 있

17) 이승렬, *교회와 가정폭력방지*, 『상담과 선교』 제18호 1997년 겨울호, 32-33.

다. 첫째, 유전적인 폭력성, 뇌졸중, 사고로 인한 두부손상, 약물중독, 그리고 금단상태 등 생물학적 요인으로 인해 공격적 성향을 증가시키고 충돌을 조절하는 능력에 문제가 초래하는 경우 폭력행동이 증가할 수 있다는 것이다. 둘째, 심리적 요인으로 반사회적 인격 장애, 충돌조절 장애, 가학적이고 의존적이며 미숙한 성격, 분노처리가 행동화되는 성격, 그리고 내면적인 정신역동에는 공격자의 동일시, 시험적 행동, 남성다움을 표현하고자 하는 비뚤어진 요구, 여성의 비인간화 등이 포함되어 있다. 셋째, 왜곡된 가부장적 가정윤리와 가족구조가 가족갈등과 가정폭력을 심화시키는 요인으로 작용하고 있다.

2. 가정폭력의 특성

1) 가정폭력의 심리적 특성

가정폭력에 대한 심리학적 접근은 부부간의 역할 관계와 관련이 있다. 1975년 이후에 구타당하는 아내에 대한 연구가 활기를 띠기 시작하였고 특히 여성신학적 입장에서의 연구들이 많아졌다. 이 분야에서의 획기적 연구는 여성문제를 여성 해방론적 입장에서 해석한 것으로서 전통적인 여성관에 대한 새로운 도전을 던져주었던 르노르 월커(Lenore E. Walker)의 저서「구타당하는 아내」*(The battered women)*이다. 월커는 여성들의 이야기를 통해서 폭행에는 삼단계 주기가 있다고 하였다. 월커는 왜 구타당하는 여성이 피해자이며 어떻게 이런 과정이 영속화되는지를 설명하는 심리학적 논거를 발전시켰다 그는 마틴 셀리그만(Martin Seligman)이 발전시킨 사회학습 이론인 '학습된 무기력'*(Learned helplessness)*이론에 근거를 두었다.

셀리그만의 이론에 의하면 환경을 계속 변화시키려는 노력이 계속적으로 실패하게 되면 무기력을 배우게 된다고 하였다. 이 무기력 상태는 어떤 외적 힘이 그 환경을 변화시킬 때까지 계속될 수 있다. 이러한 상황은 굉장한 걱정과 우울증(Depression)에 빠지게 한다고 하였다. '학습된 무기력'이라는 개념을 가정폭력에 적용해 보면 구타당하는 여성이 어떻게 희생되어 가고 있는가를 알 수 있다. 구타당하는 여성은 소극적이고 사고 개념이 바뀌어 자기는 아무것도 할 수 없다고 믿게 된다. 그녀는 남편과의 관계에서 생긴 무기력 상태를 일반화하여 '무슨 일을 해도 아무 소용이 없다'고 믿게 된다. 그렇게 됨으로써 정서적 불안정과 우울감에 빠지게 된다. 가정폭력에 대한 심리학적 요인은 여러 가지이지만 중요한 몇 가지를 보면 다음과 같다.

첫째, 자존감(Self-Esteem) 문제이다. 구타당하는 아내의 경우, 자신의 능력을 낮게 평가하고 특히 자기가 살림을 제대로 살지 못한다고 생각한다. 또 자신의 능력과 가정 밖에서의 활동을 연결시켜 평가하는 경우가 많다. 그녀는 남편으로부터 계속적으로 비판을 받아 왔기 때문에 자기 가치 특히 아내의 역할로서의 가치가 파괴되었다.

둘째, 질투심이다. 질투심은 폭행자의 자아의 힘이 약한 데서 시작된다. 질투심은 처음에는 아내에 대한 관심과 사랑으로 나타나다가 차츰 그녀를 소유하며 행동 하나하나를 지켜보고 참견하게 된다.

셋째, 스트레스이다. 폭행자들은 자신의 스트레스를 효과적으로 풀지 못하는 특성이 있다. 어떤 규범 속에서 살아가는 그들은 정서적으로 어려움이 생길 때에 부정(Denial), 투사(Projection), 공격성(Aggression) 등과 같은 일차적 방어기제를 사용하려고 한다. 폭행하는 남편은 자기 아내를 때릴 권리가 있다고 믿기 때문에 자신의 어려움과 분노와 좌절을 아내에게 투사한다. 폭행자 가운데 스트레스를 없애기 위하여 술과 마약을 사용하는 경우에는 이것을 계기로 하여 아내를 폭행하는 경우도 있다. 가정폭력의 심리적 특성은 매우 다양하다. 신체적 폭행 외에도 심리적 폭행이 있는데 가정생활에서 눈에 보이지 않는 경우도 있다. 그러므로 가정폭력에 대한 심리적 특성을 바로 분석하는 것이 이들을 치유하는 데 매우 중요한 의미를 가진다.

2) 가정폭력의 부부의 심리적 특성

구타하는 사람과 구타당하는 부부들에 대해서 우리는 관심을 가져야 한다. 이것은 그들의 성장 배경과 결혼생활의 배경 등과 연결된다. 가정폭력을 행하는 남성은 인종, 지위, 직업에 관계없이 매우 폭넓게 나타난다. 이들의 특성은 사람에 따라서 다양하게 나타나지만 중요한 것을 보면 다음과 같다. 첫째, 심리적 특성이다. 이들의 심리적 특성 가운데 먼저 생각해야 할 것은 분노 조절 능력의 결핍이다. 어려서 폭력과 학대를 경험한 사람은 성인이 된 후에도 자녀 학대나 배우자 학대를 하는 경향이 있다. 가정폭력을 하는 사람들은 성장 과정에서 폭력이나 학대를 경험한 경우가 많고 또 자신의 분노를 조절할 수 없거나 배우자의 분노 감정과 행동에 대처할 수 없게 된다. 가정폭력을 하는 남성들은 대뇌 좌반구 언어영역의 발달 지연과 문화적 조건 형성 등으로 인한 표현 능력의 결핍이 있다고 보고된다. 이들은 폭력적 환경 때문에 분노 이외의 다른 감정들을 인식하고 표현하는 것이 매우 힘들다. 이들은 불안, 공포, 좌절 때로는 사랑의 표현도 한 가지 방식인 폭력적 분노로 표현하는 경향이 있다. 폭력을 행하는 남성들은 대부분 배우자나 친밀한 상대방에게 정서적으로 크게 의존한다. 이들의 극도의 의존성은 보호, 안전, 끊임없는 확인을 요구하는 것으로 표현된다. 그들은 마음속 깊이 아내를 잃을지도 모른다는 두려움을 품고 있기 때문에 자신감을 잃게 된다. 가정폭력자들은 자신이 그렇게 의존적인 데 대해 마음속으로 분노하고 결과적으로 힘을 과시하며 자신의 약함을 부정하기 위해서 폭력을 행사하고 질투와 소유욕을 나타낸다. 일반적으로 폭력을 행사하는 남성은 자존감이 저하되고 자기주장이 부족하다. 또 전통적 관념을 중요시하고 약물이나 알코올에 의존하는 경향이 있다.

둘째, 사회적 요소이다. 폭력을 행사하는 남성들은 성격적 특성 외에도 사회적 요소를 안고 있다. 그중 대표적인 것은 경제적 문제이다. 실직, 직업에 대한 불만 등의 스트레스 자극은 가정폭력으로 연결되는 경우가 많다. 경제적 능력이 남편으로서의 능력과 직결될 때에 이러한 문제는 더욱 심각해진다. 또 사회적 고립이 가정폭력을 더욱 유발시킨다. 사회적으로 소외되고 고립될 때에 여기서 생기는 문제는 매우 심각하고 이것이 규범과 연결되면 더 큰 문제로 발전한다.

3) 가정폭력의 단계

가정폭력에는 폭력의 주기 또는 단계가 있다. 르노르 웰커(Lenore E. Walker)는 폭력의 단계를 제시하였는데, 그의 이론을 중심으로 이 문제를 살펴보려고 한다.

(1) 긴장의 고조 단계

이 단계는 스트레스 자극과 긴장이 고조되는 시기이다. 돈이나 자녀문제 같은 것에 대해서 지속적인 사건이 점차 증진된다. 어떤 형태로든지 불안의 표현이 나타나지만 그 좌절감은 안으로 축적이 되어 강도가 심해진다. 부부간에 의사소통이 줄어들고 협조가 이루어지지 않는다. 구타자 편에서 불만과 적대감을 표현하지만 극단적인 형태는 아니다. 아내는 남편을 달래려 하고 기쁘게 하려하고 진정시키려 하며 더 이상의 직면은 피하려고 노력한다. 그녀는 분노를 가라앉히려고 노력하는데 이러한 노력이 잠시 동안은 효과가 있다. 이러한 적대감의 일시적 감소는 아내로 하여금 자기가 남편을 통제할 수도 있고 악화되는 것을 막을 수도 있다는 확신을 강화시킨다. 그러나 긴장은 계속 증가하고 아내는 남편의 분노를 더 이상 통제할 수 없다는 사실을 알게 된다. 이렇게 되면 대부분의 아내는 더 이상 관계가 악화되는 것을 원치 않기 때문에 남편으로부터 물러난다. 남편은 아내의 철수를 보고는 더욱 심한 분노로 반응한다. 여기서 아무런 개입이 없을 때는 불가피하게 제2단계로 넘어간다. 때때로 아내는 불가피한 폭발을 촉진시키는데 적어도 폭발 장소와 시간은 통제할 수 있다. 그렇게 하면 아내는 자신이 받는 상처와 고통을 사전에 최소화할 수 있게 된다. 남편은 폭력적 대립을 예상하기 때문에 술에 취할 것이다. 이러한 단계는 1시간에서부터 수개월까지 지속될 수 있다.

(2) 격렬한 폭력적 구타 단계

이번 단계의 특징은 1단계에서 축적되었던 긴장이 통제할 수 없을 정도로 폭발하는 것이다. 감정 폭발이 불가피하다는 느낌이 먼저 든 다음에 이 단계의 폭력적 증상이 일어난다. 이렇게 되면 사태가 통제 불가능하다는 것을 쌍방이 모두 느끼게 된다. 바로 이때 남편은 아내에게 공격적 행동을 가하게 된다. 상해는 바로 이 단계에서 일어난다. 경찰의 개입이 필요하다면 그것도 바로 이 단계에서 일어난다. 이 단계는 구타가 멈추면서 끝나게 된다. 이와 함께 긴장도 감소하게 된다. 긴장과 불안의 일시적인 감소는 강화 효과를 나타낸다. 폭력적인 행동이 강화되고 앞으로도 폭력 사용의 가능성이 증가하는 것은 그만큼 효과가 있기 때문이다. 어떤 때는 폭력이 일어나기 직전에 남편이 철수해서 대화를 거부하기도 한다. 남편이 종종 이렇게 나오는 것은 말로는 아내를 대할 수가 없기 때문이다. 그의 철수는 좌절감에서 오기도 한다. 그 다음에 그는 자기가 싸움에서 패배할 것 같으니까 아내에게 '뒤로 물러서도록' 요구하는 신호를 보내기도 한다. 그러면 아내는 목소리를 높이거나 가까이 다가가서, 또는 남편이 멀리 가지 못하게 함으로써 싸움을 더 부추긴다. 이것은 상황을 더욱 악화시키고 폭발을 야기한다. 이럴 때는 남편과 아내 모두 자신이 희생자라고 생각한다. 남편은 자기가 그렇게 보복할 수밖에 없도록 아내가 자극했다고 생각한다. 아내는 마침내 신체적으로도 언어적으로도 확실한 희생자가 된다. 많은 경우, 객관적인 제삼자의 눈으로 볼 때는 구타를 유발하지 않은 것이지만 남편의 눈으로 보면 '모든 게 저 여자 때문'인 것으로 생각하게 된다.

(3) 후회 단계

격렬한 폭발 후에는 비교적 진정된 시기가 온다. 적어도 폭력이 재발할 때까지는 긴장이 풀어진다. 학대자인 남편은 아내에게 수없이 사과를 하고, 아내를 도와주려고 애쓰며 친절하고 가책을 느끼는 태도를 보이며 선물 보따리를 안겨주고 다시는 그런 일이 없을 것이라고 약속하고 또 약속한다. 이 행동은 종종 아내를 잃어 버릴까봐 두려운 마음뿐 아니라 아내에게 입힌 상처에 대한 죄의식을 느끼고 진실한 마음으로 한다. 그때 남편은 다시는 폭력을 휘두르지 않겠다는 자신의 다짐을 스스로 믿을지도 모른다. 아내는 남편의 그런 태도를 믿고 싶어 하며 잠시 남편에게 변화의 능력이 있으리라는 희망을 새롭게 한다. 이 화해하는 기간 동안 친밀감의 수준은 부부생활에서 다른 어떤 시기보다 더 높다. 그들은 죄책감과 관계된 감정 표현을 하며 평소에는 잘 드러내지 않던 상처받기 쉬운 약점들을 가지고 서로 대화를 나눈다. 이 단계에서는 힘의 이동이 있을 수도 있다. 아내는 후회하는 남편을 보호해야 한다고 느끼게 된다. 이때 두 사람 중에 강자는 아내이다. 비교적 약한 존재에서 강한 존재로 변모하게 된다. 만일 안 살겠다는 말을 하거나 그런 태도를 보이면 힘의 균형은 더욱 확실하게 된다. 아내는 남편을 벌을 주려 하든지 양보나 특권을 얻는다. 이것은 아내에게 잠시 동안의 만족을 가져다 줄 수 있다. 그러나 아내가 자기를 떠나지 않을 것이라는 확신으로 안정을 얻고 또 다시 스트레스 자극이 축적되면 그는 힘의 상실을 불평하면서 악순환은 처음부터 다시 시작된다.

3단계 초기에는 경찰, 가족, 목회자 또는 정신건강 관련 전문가들이 개입하게 되면 그들은 저항을 받게 될 가능성이 있다. 부부가 서로 친밀함을 나누고 보호의 감정을 느낄 때는 그들은 만사가 형통한 것으로 믿는다. 문제는 해결되었고 폭력은 다시 나타나지 않을 것이라고 생각한다. 이러한 한 줄기 희망과 '사랑이 충만하다' 하는 확신은 부부로 하여금 외부로부터 아무런 도움도 필요 없다는 생각을 하게 만든다. 목회자나 상담자는 폭력적인 부부들의 이러한 잠재적인 가능성을 이해하고 있어야 한다. 처음에는 두 사람이 모두 도움을 거부하지만 계속해서 후회와 죄의식을 보이고 며칠 또는 몇 주일이 지나면 개입할 기회가 다시 열리게 된다.[18)]

3. 가정폭력의 대책

1) 피해자의 대책

첫째, 폭력 분위기가 조성되면 일단 자리를 피하고 이웃이나 친척, 전문상담기관이나 쉼터, 여성단체 경찰에 도움을 청한다. 둘째, 두려움은 또 다른 폭력을 부를 수 있다. 초기에 당당한 태도와 자세로 냉철하게 대화를 나누고 재발방지를 약속받는다. 셋째, 당신에게 잘못이 있더라도 그 잘못과 폭력은 별개의 문제임을 명심한다. 넷째, 구타에 대한 증거를 확보한다. 반드시 진단서나 치료 확인서, 사진을 준비한다. 다섯째, 배우자가 상습적인 폭력일 때는 이환과 고소를 포함한 강경한 태도를 보인다. 여섯째, 자신의 잠재력을 개발하여 적성에 맞는 각종 교육이나 자격증을 준비하여 경제적 독립을 위해 노력한다. 일곱째, 전문가와 상담을 하거나 변호사

---

18) 정정숙, *가정폭력상담*, 『상담과 선교』 제18호 1997년 겨울호, 49-55.

의 자문을 받아 새로운 결혼 설계를 고려해 본다.

2) 사회적 대책

(1) 법제도 개선

아내 구타를 사회문제와 범죄행위로 인식하게 된 미국은 1973~1983년 사이에 아내 구타에 대한 법제도가 서서히 개선되기 시작하였다. 현재 아내 구타에 대한 법적 대응 방법으로는 복지적인 치료 접근방법에서 형법으로 제재하는 방법에까지 적용되고 있다. 즉 체포, 기소 등의 형사적 절차와 보호 명령, 구타자 프로그램 같은 민사적 절차들이 서로 긴밀히 연계되어 있다. 한국은 1998년 7월 1일부터 '가정폭력 범죄처벌 등에 관한 특례법 및 가정 폭력 방지 및 피해자 보호 등에 관한 법률'이 시행되었다. 이 법은 가정폭력 범죄의 형사처벌에 관한 특례절차를 통해 가정폭력 범죄자를 교정하고 그 피해자를 보호함으로써 가정의 평화와 안정을 회복하여 궁극적으로 건강한 가정을 육성함을 목적으로 하고 있다. 이 법의 주요 내용은 다음과 같다.

첫째, 가정폭력 범죄 사실을 알고 있는 사람은 누구든지 신고할 수 있으며 신고인에 대한 비밀이 보장된다. 가정폭력의 예방 및 근절시키기 위하여 피해자가 신고를 못할 때는 주변에서 신고를 할 수 있도록 법적 근거를 마련하였다.

둘째, 가정폭력 범죄로 신고되더라도 모두 형사처벌을 받아 전과자가 되는 것이 아니고, 법원의 판단에 따라 가정보호사건으로 처리되는 경우에는 보호처분이나 불처분 결정을 받게 됨으로 전과기록이 남지 않는다.

셋째, 사법 경찰기관에 신고하면 경찰이 곧바로 출동하여 위험으로부터 보호하고 학대의 증거가 있는 현장을 발견하고 피해를 목격했다면 가해자를 경고 없이 체포할 수 있다. 또한 경찰의 보고서는 폭력의 중요한 근거가 된다.

(2) 쉼터를 통한 프로그램 운영

쉼터는 구타로 인해 대피하는 피해 여성들과 그 자녀들에게 폭력 때문에 상실된 신체적 정신적 고통을 치료해 주고 안정과 휴식을 제공하며 미래에 대한 새로운 삶을 회복할 수 있는 효과적인 서비스와 프로그램들이 제공되어야 하는 장소이다. 현재의 쉼터들은 피해 여성들에게 장소를 제공하여 안정과 휴식을 제공하고 법률 자문과 개인 및 집단 상담, 직업훈련 및 알선 등의 서비스가 제공되고 있다. 쉼터의 시설과 서비스 프로그램이 좋을수록 구타당한 아내와 그 자녀들에게 효과적인 문제해결을 줄 수 있으며 쉼터가 가정 폭력을 감소 및 예방하는데 가장 큰 도움을 주는 기관이라는 선행 연구 결과들을 보아서도 우리나라 쉼터들은 향상이 필요하다(Saunders, & Azar, 1989, Bowker 1985, Walker, 1991).

(3) 바람직한 쉼터

첫째, 쉼터는 피해 여성 및 동반 자녀들에게 필요한 안정과 휴식을 제공할 수 있는 공간이 있어야 한다. 미국의 쉼터들은 가족 단위로 이용할 수 있는 공간이 마련되어 있다.

둘째, 필요한 교통수단과 탁아 시설, 의료 및 법률 서비스가 제공되어야 한다. 미국의 쉼터들은 벤(Van)서비스가 되고 있어서 위기 전화가 걸려오면 즉시 출동하여 피해자를 쉼터로 안내한다. 특별히 피해자의 상처가 심하여 얼굴에 멍이 들고 눈두덩이 터지고 부은 경우, 다리나 팔의 골절, 갈비뼈가 부러진 경우, 대중 교통수단을 이용한다는 것은 무리가 되므로 이런 경우에는 교통수단을 제공하여 의료기관과 연계시켜 주어야 한다.

셋째, 자녀교육과 제반 문제에 대한 상담과 치료 프로그램이 마련되어야 한다. 폭력가정의 자녀들은 부모의 폭력 및 폭언 등으로 인한 공포와 불안, 우울 증세, 열등감 등이 조성되어 있으므로 전문가의 치료가 필요하다. 미국의 쉼터들은 자체 자녀교육 시설을 마련하고 있거나 인근 학교로 보내며 치료 프로그램도 제공되고 있다. 그러나 현재 우리나라의 쉼터들의 가장 큰 과제는 자녀 문제해결책이다. 시설이 미흡하여 자녀 동반이 불가능한 쉼터에는 정부 차원에서 지원이 필요하다.

넷째, 더 이상 구타 상황이 반복되지 않도록 상담자와 함께 적절한 계획을 의논하고 체류 기간 동안 개인 및 집단 상담에 참여할 수 있도록 하며 원하면 가해자도 치료받을 수 있도록 기회를 부여한다. 쉼터 이용자들에게 의식 향상 교육 등의 상담 교육을 통하여 상실되었던 자신의 능력이 회복되도록 도와주고 문제를 스스로 해결하는 방법과 결단력을 회복하도록 도와준다.

다섯째, 직업이 없고 경제적으로 곤란한 자에게 직업훈련 및 알선해 주거나 생계 보호를 받을 수 있도록 연계시켜 준다. 피해 여성들이 아무리 상태가 심각하더라도 미래에 대한 생계 보장이 없을 때 구타 가정으로 다시 돌아가 폭력을 재생산하게 된다.

여섯째, 독립을 원하는 자들에게 임시 주택 및 공공 주택에 입주할 수 있도록 한다. 현재 미국의 쉼터들은 18~24개월 정도의 임시 주택 입주가 가능하다. 그러나 한국의 쉼터들은 현재 일정한 체류 기간이 정해져 있으며 형편 따라 연장이 가능하나 독립을 원하는 자들을 위한 주택 제공은 하지 못하고 있다.

일곱째, 24시간 위기 전화와 소규모의 쉼터들이 지역마다 설립되어 구타 및 성폭력으로 고통당하는 여성들이 쉽게 찾아 올 수 있어야 한다. 피해 여성들이 동일 동시에 찾아오지는 않으므로 대규모보다는 소규모로서 질 높은 시설 및 프로그램을 갖춘 여러 개의 쉼터 시설이 더 바람직하다.[19)]

4. 가정폭력에 대한 상담

가정폭력에 휩싸여서 고통당하는 사람들 특히 아내들을 어떻게 지원하고 상담할 것인가라는 문제가 제기된다. 이것을 어느 개인의 문제로 외면하는 것이 아니라 구체적으로 개입하여 문제를 풀어 나가야 하는 것이 상담자의 임무이다. 『여성의 전화』와 같은 전문기관이 생겨서 구타당하는 여성들을 지원하고 있으나 비공식적인 상담을 통하여 이루어지는 경우도 많다. 가정폭력과 상담의 문제는 상담의 기본적 원리 아래서 이루어져야 한다.

1) 여성 상담

가정폭력 상담은 신체적 폭행 등에 따른 법적인 문제가 따르는 만큼 가정폭력에 대한 상담 훈련을 받지 않은 목회자보다 전문적 상담자나 상담 기관에 의뢰하는 것이 좋다. 사람과 상황에 따라 상담 진행의 과정이 다를 수 있지만 중요한 원리는 다음과 같다. 이 원리는 하워드 스톤(Howard W. Stone)이 주장한 것인데 이것을 정리하면 다음과 같다.[20)]

(1) 상담자는 구타당하는 내담자의 이야기를 잘 경청해야 한다. 그리고 그녀의 상황을 이해해야 한다. 자녀가 폭행당한 것을 털어놓게 하며 그녀의 공포와 두려움을 인식해야 한다. 그녀의 생명을 위협하는 상황임을 심각하게 받아들이고 남편의 폭행으로 인한 위험이 항상 있음을 받아들여야 한다. 그녀가 떠나면 남편이 자신을 죽일는지 모른다고 두려워한다거나, 만약 그대로 머물러 있으면 언젠가는 죽음으로 끝장날 것이라고 생각하는 그녀의 두려움을 경청해야 한다.

(2) 누구의 잘못이라고 탓하지 말고 상담자에게 이야기를 하고 있다는 것이 그녀에게는 고통스러운 것이며 과장할 가능성은 거의 없다는 것을 명심해야 한다.

---

19) *Ibid.*, 37-42.
20) 정정숙, *op.cit.*, 57-60.

(3) 상담자들은 그 남편의 폭행을 멈추게 할 수 없다는 현실을 똑바로 직면하도록 해야 한다.
(4) 신체적으로 위협이 있다면 그녀 자신을 위한 안전한 장소나, 친구, 친척, 피신처 혹은 쉼터 등을 발견하도록 충고해야 한다.
(5) 그녀에게 상담을 받을 수도 있고 직업상담, 후원그룹, 교육, 폭행자를 위한 도움 등을 받을 수 있다는 것을 알려줘야 한다.
(6) 진행과정이 느리더라도 그녀가 선택한 행동이나 결단을 지지해 주고 그녀를 도우려는 당신의 의도를 알려줘야 한다.
(7) 그녀가 가지고 있는 자원을 개발하고 발전시키도록 도와야 한다. 그녀가 가지고 있는 경제력, 친구, 친척, 직장이나 스트레스 해소 방법 등을 활용하고 그녀가 살고 있는 곳에서 가장 가까운 피신처와 접촉할 수 있도록 도와주어야 한다.
(8) 이런 상황 속에서 자녀들은 아무 이상이 없는지 그들에게 무슨 일이 일어나고 있는지 알아보아야 한다. 남편과 그녀에 의해 학대받고 있는 것은 아닌지? 아이들을 학대받는 상태에 그냥 내버려둘 것인지를 알아보아야 한다.
(9) 그녀를 여성 상담가나 그녀의 문제를 해결하는 데 필요한 지원을 위해서 가능한 한 빨리 여성그룹에 의뢰해야 한다.
(10) 좀 더 많은 정보와 자원을 공급해 주고 그녀가 잘 지내고 있는지 알아보기 위해서 정기적으로 점검하고 접촉해야 하며 그녀를 위해 계속적으로 기도하고 말씀으로 권면해야 한다.

2) 위기상담

가정폭력 상담은 위기상담이라고도 할 수 있다. 특히 가정폭력은 상담자가 직접적으로 개입하기에 주저되는 요소들이 있기는 하지만 이것을 바로 이해하고 그 위기 상황을 극복하게 하는 것이 중요하다.

(1) 위기에의 개입

상담자가 가정폭력의 위기상황에 개입하는 경우는 여러 가지 경로들로 이루어진다. 이미 상처받은 사람들의 요청에 의하여 상담이 이루어지고 있지만 개입을 통해서 구체적으로 해야 할 것은 위기의 성질을 결정하고 상해와 위험의 가능성을 평가하며 위기를 겪는 사람을 지원하면서 진정시켜야 한다. 또 적절한 방안을 모색하고 가족, 친구, 친척들을 통해서 대안을 찾게 해야 한다.

(2) 위기에 대한 대처

실제로 어려움을 겪고 있는 사람에게 어떻게 대처해야 하느냐는 문제는 매우 심각하고 중요하다. 학대를 당하는 사람은 공포에 떨고 있기 쉽다. 그들을 안심시키고 진정시키는 것이 중요하다. 상담자는 위기에 대한 대처 능력을 가지고 있어야 한다. 당면한 문제에 대하여 바르게 대처해야 한다. 이들에게 위로와 권면의 말씀과 기도로 도와야 한다. 말씀으로 권면하고 기도를 통하여 자신의 문제를 하나님께 아뢰도록 해야 한다. 왜냐하면 기도는 모든 것을 변화시키는 원동력이기 때문이다. 상담자는 또한 이들을 보호하는 기관들 예를 들면 「여성의 전화」나 「가정폭력 상담소」, 「쉼터」 등과 같은 기관에서 보호할 수 있는 방안을 찾아주어야 한다.

(3) 실제적 대응

가정폭력의 위기에 처한 여성으로부터 도움을 요청하는 전화를 받았을 경우에 어떻게 대응해야 할지를 살펴보자 리타 루 클라크(Clarke)는 다음과 같은 대처 방안을 제기하는데 우리나라의 경우에도 고려해 볼만 하다.

첫째, 폭행이 벌어지고 있는 그 집에 가는 것은 매우 위험한 일이므로 경찰에 전화해서 신고하게 하는 것이 좋다.

둘째, 폭행이 끝난 상태라면 지금 그녀의 상태가 어떠한지 묻는다. 병원에 갈 필요가 있는지? 아이들은 어디에 있는지? 언제 돌아올 것인지? 신체적으로 위협을 당하면 그녀 자신의 안전을 위해 갈 피신처나 안전한 장소를 찾도록 도와준다.

셋째, 그 집을 떠나기를 원하는지? 그렇다면 어디로 갈 것인지? 친척, 친구, 교회에서 만든 보호소 혹은 쉼터(피신처) 등 가능성이 있는 곳을 말해 준다. 피신처 밖에는 갈 곳이 없다면 그곳의 핫라인 전화번호를 알려준다.

넷째, 그녀의 집에서 가장 가까운 쉼터(피신처)와 연락하여 지원을 받도록 돕는다. 어떤 결정을 하든지 상관없이 피신처와 연결을 갖는 것은 중요하다.

3) 부부상담

가정폭력은 부부 어느 한편의 상담으로 해결되는 것이 아니라 부부 모두가 개인적으로 또는 집단적으로 상담을 받아서 원인을 치료해야 한다. 그렇게 해야만 가정의 치유가 가능하고 주변 사람들과의 실제적인 사귐을 가질 수 있다. 가정폭력에서 부부상담의 실제적 방안을 찾아보자.

상담자들은 다음과 같은 점에 유의해서 상담을 하는 것이 좋다.

첫째 상담자는 폭행자의 폭행의 원인을 규명해서 치료해야 하며 폭행자의 변명을 너무 쉽게 수용하는 것을 조심해야 한다. 그가 성도며 존경할 만한 사람이라면 특히 그대로 그렇게 수용하기가 너무 쉽기 때문이다. 둘째 신체적이든 심리적이든 간에 폭행문제를 외면해서는 안 된다. 부부관계가 치료되려면 폭행은 계속되어서는 안 된다. 셋째, 남편과 아내가 자신의 분노에 대해서 책임을 지며 그것을 인식하도록 돕는다. 넷째, 폭행을 더 자극해 주는 것들 즉 술, 마약, 스트레스 혹은 잘못된 신념체계 등의 문제를 가지고 있는지를 알아보고 상담한다. 다섯째, 부부에게 각자의 인생의 목적과 목표를 갖도록 돕는다. 여섯째, 새로운 결혼 설계를 해 보도록 그 부부를 돕는다. 서로 공평하게 미래의 발전을 위한 기회를 갖고 있는지? 개인적인 자유시간을 갖고 있는지? 집안일이나 아이들을 돌보는 것을 서로 분담해서 하고 있는지? 주로 이런 일들을 아내가 하고 있다면 그렇게 해도 괜찮은 것인지? 돈은 서로 어떻게 소비하고 있는지 등을 알아본다. 일곱째, 비폭력적이고 직선적인 방법으로 그들의 감정, 희망과 꿈 그리고 상처받은 것을 표현하는 것을 배우도록 돕는다. 여덟째, 부부 중 한 사람이나 두 사람 모두 부부상담을 받기보다는 개인적으로 따로 상담받기를 원하고 있는지를 잘 관찰하고 도와준다. 아홉째 그 부부들로 하여금 교회 안에서 다른 부부들과 사귀도록 돕는다. 그렇게 되면 그들을 위해서 도움이 될 공동체가 생기게 될 것이다.

이상과 같이 가정폭력의 해결은 반드시 법제도의 개선과 치료 프로그램, 그리고 각종 대중매체들이 다 함께 관심을 가지고 공동으로 협력해야 할 것이다. 나아가서 교회는 가정폭력 방지를 위해 앞장서는 공동체가 되어야 할 것이다.

V. 호스피스 사역

1. 죽음의 개념

1) 사망의 의학적인 기준

(1) 의학적인 견해

의학적으로는 적어도 세 가지 수준의 죽음을 말한다. 첫째, 임상사로서 이것은 심장 박동과 호흡이 멈췄을 때(기기에 의존하지 않고 임상적 관찰로 판단한 죽음) 둘째, 뇌사로서 뇌파 검사기에 뇌파가 잡히지 않을 때 셋째, 세포사로서 몸의 여러 부분들이 기능을 멈추기 시작하고 세포들이 죽을 때를 각각 죽음이라고 말한다. 그러나 동서양을 막론하고 오랜 옛날부터 '의학적인 죽음'은 심장박동 정지, 동공산대, 광반사 소실 등을 통해 심장, 폐, 뇌의 기능이 회복 불가능한 '불가역적 정지'(不可逆的 停止)임을 확인한 후 사망선언을 해 왔다. 그중에서도 심장박동 정지를 사망으로 보아 왔다. 그 이유는 인체 각 기관, 세포에 피가 공급되지 못하면 그 기능들이 소멸되기 때문이다. 그러나 이 같은 죽음 결정은 지금까지의 관습일 뿐이며 어떤 실정법에 명시돼 있지 않다고 한다. 심장박동이 정지되어 혈액순환이 완전히 멎은 후에도 머리카락, 손톱, 일부 피하조직의 세포는 살아 있을 수 있고 적당한 보조 장치로 영양을 공급하면 부분적으로 독자적인 삶을 유지할 수 있게 의술이 발달되어 있다고 한다. 또 오늘날의 첨단기술은 죽음이 확인된 후에도 동물의 장기나 난자를 채취, 수정시켜 새로운 생명체를 탄생시킬 수 있게 됐다고 한다.

이러한 상황의 변화로 '죽음의 시점'에 대한 논의가 활발하게 진행되고 있었다. 일찍이 1959년 프랑스의 의학자 몰라레와 굴룽이 뇌사(腦死)를 사망 혼수로 세계 의학계에 임상보고 함으로써 뇌사와 사망과의 관계에 대한 연구가 시작되었다고 한다.

(2) 국제의학협회의 견해

1968년에 시드니에서 모인 세계의학협회 제22년차 총회에서 '사망결정에 관한 성명'에서 사망시기를 뇌사로 하자는 제안을 하였다. 그 이래 여러 나라에서 이 문제를 활발히 연구하여 일부 선진국에서는 뇌사를 죽음으로 인정한 나라들이 있다.(알젠틴, 오스트렐리아, 오스트리아, 캐나다, 핀란드, 불란서, 이탈리아, 멕시코, 이탈리아, 스페인 등은 의학적으로 법률적으로 인정받고 있다. 그러나 부분적으로 인정받는 나라도 상당수 있다고 한다) 우리나라에서도 근래에 와서 의학적으로는 인정되어 있으나 법제화가 입법 예고되어 있는 상태이다. 뇌사를 인정하게 되는 경우 몇 가지 문제가 발생할 수 있다. 뇌사와 식물인간의 식별문제이다. 물론 이것의 식별은 의학적으로 규명할 수 있는 기준이 분명히 있다고 한다. 그러나 양심의 문제, 착오의 문제 등에는 논의의 여지가 있는 이러한 문제점들이 있음에 불구하고 의학계에서 죽음의 시점을 뇌사로 공론화하고 법제화하려고 하는 데에는 분명한 의도가 있다. 그것은 장기 이식과 관련된 것으로서 결국 인간 생명의 연장, 양질의 삶에 그 초점을 두고 있다.

뇌사(腦死)와 식물인간과의 구분은 뇌사란 뇌에는 크게 대뇌(大腦), 소뇌(小腦), 뇌간(腦幹)

등이 있는데 이들 뇌 구조물의 조직 전부가 손상을 입어 회생 불가능한 상태를 말한다. 또한 식물인간이란 뇌의 3부분의 구조물 가운데 대뇌와 소뇌의 기능은 죽었으나 뇌간(腦幹=생명유지를 시켜주는 延髓-숨골이 있는 곳)이 살아 있어서 인공호흡기를 부착하지 않고 영양공급만으로도 생체징후가 지속되는 경우이다.

국제의학협회는 1968년 적어도 다섯 가지 증상이 나타나야만 의사는 환자의 죽음을 선언할 수 있다고 결정했다. 첫째, 환경에 대한 반응이 없다 둘째, 반사작용이나 근육의 움직임이 없다 셋째, 자발적인 호흡이 없다. 넷째, 갑작스런 혈압 강하, 다섯째, 뇌파 검사기에 뇌파가 잡히지 않는다. 그렇지만 의료진이 얼마나 오랫동안 환자를 지켜보면서 이러한 증상들을 살펴야 하느냐가 논쟁거리다. 어떤 사람들은 적어도 24시간이라고 말하며 다른 사람들은 그보다 짧은 시간을 말한다.

2) 사전인지 여부에 따른 분류

예견된 죽음은 현대의학으로 완전하게 정복하지 못하는 불치의 병이나 사람의 수명이 다하여 당하는 죽음 등으로 환자나 주위 사람들이 어느 정도 죽음의 시기를 예견할 수 있는 경우다. 예견할 수 없는 죽음은 돌연사증후군에 의한 어린아이의 죽음(생후 1주에서 5세까지의 유아사망 중 첫 번째 원인), 자살(자살에 대한 원인과 동기는 다양하다), 폭력과 범죄로 타인에 의한 강제적인 죽음인 피살, 그리고 기타 여러 가지 사고로 인한 죽음 등은 죽음의 당사자나 주위 사람들이 알 수 없는 시기에 발생하는 대표적인 것들이다.

3) 성경적 죽음의 이해

(1) 성경적 죽음의 견해

성경적 사망관은 육체적, 영적, 영원적 죽음을 포함한다. 육체적 죽음은 영혼의 신체적 신체로부터의 분리요, 영적 죽음은 영혼의 하나님으로부터의 분리요(사 59:2, 롬 7:24, 엡 2:1), 영원적 죽음은 악자(惡者)의 재연합한 영혼과 육체가 하나님으로부터의 추방과 최종적 고초이다(계 1:18, 20:14, 21:8).[21]

성경은 육체적 죽음의 성질에 관하여 중요한 광명을 비추어 준다. 구약은 죽음을 묘사하여 조상에게로 돌아가는 것(왕하 22:20), 혹은 음부에 내려가는 것(전 9:10, 시 6:5)이라 하였다. 즉

21) 박형론, *교의신학: 내세론* (서울: 한국기독교교육연구원, 1977), 51.

영혼이 육체를 떠난다는 뜻이 함의되어 있다. 신약은 성도의 죽음을 육체적 생명, 생활의 종결, 또는 상실로 묘사되었다(마 2:20, 막 3:4, 눅 6:9, 요 12:25, 행 20:24). 그리고 최종에 죽음은 신체와 영혼의 분리로 제시되었다(전 12:7). 이 귀절들을 근거하여 육체적 죽음이란 신체와 영혼의 분리에 의한 육체적 생명의 종결이라고 말할 수 있다(Louis Berkhof). 혹은 사망은 무엇인가? 신체와 영혼의 인격적 연합의 정지에 뒤따라 신체는 그것의 화학적 원소들로 분해되고 영혼은 그것의 창조주와 재판주가 지정하시는 따로 된 존재의 상태에 소개됨이다(A. A. Hodge, Outline of Theology, p.548).

(2) 성도의 죽음의 의의

성경은 육체적 죽음을 형벌(창 2:17) 즉 죄의 값으로 증거한다. 그럼 성도들의 죄로 인한 형벌은 그리스도께서 십자가에서 대속의 죽음으로 이미 담당하셨음으로 모든 죄는 충분히 용서되고 형벌 받을 본무는 완전히 해소되었다. 그렇다면 하나님은 어찌하여 성도들을 사망의 공포스러운 경험을 통과시킴이 필요하다고 인정하시는가?

첫째, 죄에 대한 형벌이 아니라 훈련과 징계의 정점이다.

성도의 수난과 사망은 죄에 대한 형벌로 부과되는 것이 아니다(롬 8:2). 완전한 성화에는 신체의 파멸이 필요한 때문에 성도들도 사망의 경험을 통과하기로 하나님이 정명하신 것이다. 그럼 하나님께서 어찌하여 그 같은 해방의 방법으로 경험하기 힘든 사망을 선택하셨을까? 성도의 죽음은 하나님이 정하신 훈련과 징계의 정점인 것이다(히 12:6, 시 116:15). 이는 성도에게 사망이 가까이 온다는 사실은 교만한 자를 겸손하게 하고 육욕을 억제하게 하며 속념을 단념을 방지하게 하고 그리고 영적 성장을 촉진하는 것이다. 그러므로 우리가 확신하는 것은 그리스도께서 우리 받을 형벌을 담당하셨으므로 그 안에서 칭의된 자들에게는 어떤 종류의 수난이든지 부친적 징계(父親的 懲戒)의 성질을 가진 것이며 결코 법정적 보응(法廷的 報應)의 성질을 가진 것이 아니다.

둘째, 각 사람의 생의 완성이며 광명한 천당으로 들어감이다.

영적 진보를 위한 징계는 성도의 육체적 죽음의 독특한 의의를 가진다. 모든 성도들의 죽음은 그 연수에 관계없이 신적인 관점에서 모두가 다 그 특수한 목적으로 세상에 출생했다가 그 시간에 관계없이 그 목적을 완수하고 가는 것이다. 그러므로 성도의 죽음은 영혼이 죄의 최종 흔적을 청소하고 광명한 천당에로 들어감을 의미한다(웨스트민스터 소요리문답 제39문). 또한 하늘의 영원한 집으로 돌아감이다(전 12:5, 고후 5:8). 따라서 우리는 사후 그 영광계의 순간들은 이 세상에서 경험한 무엇보다도 훨씬 더 놀라운 경험을 하게 될 것이다. 그 영혼은 먼저 구주 그리스도를 볼 것이요, 앞서 가서 그리스도와 함께 있다가 맞이하는 그의 사랑하는 이들을 만날 것이다(요 14:2, 3). 그러므로 성도들은 죽은 자들을 위해 기도하는 것은 아무런 효능이 없다고 믿는다. 죽은 자를 위한 기도는 그들의 상태가 이미 고장되어 있음을 알지 못하는 무지한 소치이다. 성경은 현세만이 구원의 기회라는 것, 죽음 이후에는 운명이 이미 고정되어 만회될 수 없는 것이다. 성경에는 죽은 자를 위한 기도에 관해서는 침묵함은 그것이 소용없는 일인 때문이 아니고 무엇이랴? [22]

2. 임종환자에 대한 이해

1) 임종환자의 심리적 단계

E. 퀴블러 로스 박사는 그의 저서 『On Death and Dying』에서 임종환자의 5단계 심리변화를 다음과 같이 말하고 있다. 1단계-부정(Denial), 2단계-분노(Anger), 3단계-타협(Bargaining), 4단계-우울(Depression), 5단계-수용(Acceptance)라고 하였다. 죽음 준비(Hospice)에 있어서의 최후의 목표는 수용(Acceptance)이다. 수용에는 두 측면이 있다. 자포자기(Giving up)와 항복(Surrender)이다. Hospice가 추구하는 수용은 임종해 가는 환자가 자기에게 다가오는 죽음을 받아들이고 생명의 주인이신 하나님의 일하심 앞에 두 손 들고 항복하는 것을 뜻한다. 즉 생명을 다스리는 하나님의 우주적인 섭리 앞에서 '아멘'하는 자세를 말한다.[23]

(1) 부정과 고립의 단계

임종기의 환자는 비록 병원 직원이나 그의 가족으로부터 직접 들은 바 없다 할지라도 흔히 자신의 상태를 자각하게 된다. 그러나 스스로의 자각에도 불구하고 환자에게 그의 건강상태가 악화되었다는 사실이 일단 알려지면 일시적으로 충격을 받고 서서히 충격에서 벗어나면서 거부반응으로 부정하기 시작한다. 죽을병이라는 통지를 받은 사람의 최초의 반응은 "뭐라구요? 난 아냐! 뭔가 잘못 되었을 거야"라는 거부 또는 부정이다. 이러한 환자 측의 부정반응은 이름 있는 병원, 새 의사를 찾아가 재진 받음으로써 처음 진단이 틀리기를 바라는 노력으로 나타난다. 또한 자기

---

22) *Ibid*, 60-67.
23) E. Kubler-Ross, *On Death And Dying*, 성염 역 (서울: 분도출판사, 1980), 80.

가 죽는다는 사실을 생각했다가도 즉각 떨쳐버린다. 이러한 거부와 부정은 절박한 상태에 놓인 환자들에게 괴롭고 소름끼치는 상황을 견디어 나가는 건전한 방법이라고 한다. 즉 거부는 뜻밖의 충격적 소식을 받은 뒤 완충작용을 하며 환자로 하여금 자신을 가다듬게 만들고 시간이 흐르면서 다른 방어수단으로 대체할 여유를 준다. 거부 또는 부정은 일시적인 방어수단이며 조금 있으면 부분적 수용으로 대체된다. 환자의 부정반응은 가족과 병원으로부터 스스로를 격리시키는 고립형태로 변형될 수 있다. 그들 중 누구도 자신의 부정욕구를 이해하지 못할 것이기 때문에 심리적인 거리를 두게 된다. 이 심리적 거리는 고립을 느끼게 되며 고독이 증가하고 두려움을 갖게 되어 죽음을 올바로 직면하지 못하게 한다.

(2) 분노의 단계

1단계의 부정을 더 이상 유지할 수 없게 될 때 환자는 그것을 분노와 사나움, 시샘과 원망의 감정으로 대체시킨다. '왜 하필이면 내가 죽어?', '왜 저 사람한테는 이런 일이 안 생기는 거야'라는 분노반응을 환자는 가족 및 병원 직원들에게 표현한다. 분노는 좀 더 오래 살기를 기대했으나 현재 속임을 당하고 있다고 느끼는 환자에게 더욱 심각하다. 이 분노의 단계는 가족과 의료진이 감당하기 대단히 힘들다. 닥치는 대로 분노가 폭발하기 때문이다. 이때쯤이면 환자의 건강상태는 쇠약해져서 단순한 기능조차 못하게 된다. 계속해서 도움을 받아야 하기 때문에 그런 신체조건이나 통제력의 약화가 고민과 분노의 감정을 일으키게 한다. 환자는 자립능력이 있는 사람에 대하여 둘러싸여 있다는 것이 노여운 것이다. 이 단계에서는 신에게 저주를 퍼붓는 사람도 있다. 가족이 찾아와도 퉁명스럽고 반가워하지 않기 때문에 면회가 고통스럽다. 가족은 침울하고 환자에게 죄 지은 듯하며 부끄러움을 느낀다.

(3) 타협의 단계

타협의 단계는 짧다. 1단계에서는 현실을 도저히 마주 대할 수 없고 2단계에서는 사람들과 하나님에게 노골적으로 분노를 표시하고 나면 환자는 타협을 시도한다. "하나님이 나를 이 땅에서 데려가시기로 작정하셨고 내 간절한 애원에도 대꾸가 없었다. 그러나 내가 잘만 기도하면 내게 은혜를 베푸실지도 모른다"는 애원의 단계로 넘어가는 것이다. 타협은 대개 하나님과 하는 것이다. 환자는 하나님에게 어떤 형태의 선행조건을 약속하면서 삶의 최후 단계에서 할 수 있는 최소한의 시간, 혹은 지나간 그의 생애를 돌이켜 볼 수 있는 한 치의 시간이라도 연장시켜 줄 것을 애원한다. 그 조건들은 '평생을 하나님께 드리기로', '평생을 봉사하기로' 맹세한다. 이것은 분노의 변형단계이다.

(4) 우울의 단계

회복 가능성이 없는 환자가 자기 병을 더 이상 부인하지 못할 때나 증상이 더 뚜렷해지고 몸이 현저하게 쇠약해질 때 임박해 오는 죽음을 더 이상 부정하려 들지 않고 우울상태로 빠져든다. 환자는 죽음을 실감하고 있기 때문에 수용의 단계에 대비될 수 있는 비탄의 상태로 접어든다. 이 단계에서 환자는 극도의 상실감으로 자기 감정적 애도와 비판을 느낀다. 환자가 겪는 비탄의 과정을 반동적 우울과 예비적 우울로 구분할 수 있다.

① 반동적 우울: 환자가 배우자나 자녀를 부득이 남겨놓고 떠나는 상황에서 죄책감과 밀접하게 관련된다. 가족에게 경제적 부담을 주고 있으며 자신의 과거 이미지가 훼손당하게 될까 봐 두려워한다. 환자가 그의 생애를 돌아보고 가족의 기대에 맞게 성취해온 것이 무엇인가 평가해 보는 시간이다. 그와 관련된 사람들에게 감정을 표현하면서 충분한 의사소통을 해야 한다. 그렇지 않으면 환자는 죽음을 받아들이지 못하고 갈등으로 괴로워할 수 있다. 이때 상담자는 환자와 충분한 의사소통을 하고 감정을 받아주어야 한다. 평가에 대하여 긍정적이고 편한 마음을 갖게 한다.

② 예비적 우울: 다가오는 미래의 상실에서 초래하는 것이다. 모든 것을 잃게 된다는 것에서 오는 우울로 최후의 운명을 받아들이기 위한 예비적 수단이다. 격려나 위안이 아무 소용없다. 환자는 할 말이 많고 많은 사람들과의 대화를 요구하며 자기의 일에 개입해 줄 것을 요구한다. 이때 환자는 기도를 요청하고 앞일을 걱정하기 시작한다. 삶과 가족들로부터 유리하기 시작한다. 환자가 죽을 준비가 되어 있는 반면에 가족이 그것을 인식하지 못하면 환자는 가족과의 갈등으로 심한 비판에 빠진다. 상담자는 이 시기에 말이 필요 없다. 손을 토닥거려 준다거나 머리를 쓸어주고 조용히 곁에 앉아 있는 등 이심전심의 신체언어가 필요하다.

(5) 순응의 단계

환자는 지치고 극도로 쇠약해진다. 자주 졸며 선잠을 자고 깨어있는 시간도 짧다. 이때의 수면은 점차 쇠약해지고 있는 신체적인 상태에서 기인된다. 환자는 분노하거나 우울해 하지도 않는다. 감정의 공백상태다.

2) 임종자들의 반응 유형

(1) '안 죽어' 형

평생 동안 죽음을 거의 생각하지 않고 살아온 사람들이다. 죽음이 본인과는 전혀 상관이 없는 것으로 여겼던 무감각한 사람들이다. 죽음이 자신의 턱 앞에 다가와 있는데도 병이 나으면 무엇을 할 것인가를 생각한다. '나는 절대로 죽지 않는다'라는 확신 속에 사는 사람들은 임종을 건강하게 맞이하지 못한다. 임종을 아름답게 맞이하지 못한다는 것은 삶의 마무리를 잘 맺지 못하는 것과 같다.

(2) '왜 죽어' 형

분노를 터뜨리며 죽어 가는 사람들이다. 이런 사람들은 자기의 죽음에 대해 억울해 하는 심리를 가지고 있다. 죽음이 자기의 잘못이라기보다는 다른 사람이 잘못해서 자신이 죽는 것으로 생각한다. 이런 사람들은 살아오는 동안에 마음에 상처를 많이 받고 그것을 정리하지 못한 사람들이다.

(3) 간청형

죽음 앞에서 자신의 잘못을 뉘우치는 사람들이다. 그것은 순수한 것이 아니라 자기의 생명을 조금 더 연장해 보고 싶은 욕구일 가능성이 크다.

(4) 절망형

죽음 앞에서 충격을 너무 크게 받고 정신을 잃어버리는 사람들이다. 이들은 큰 어려움 없이 죽음과도 비교적 상관없이 살아온 사람들이다. 갑자기 부닥쳐오는 죽음 앞에 어떤 것도 객관적으로 바라볼 수 없게 된다. 맥이 풀려 버리면서 모든 것이 끝났다는 생각에 휩싸인다. 이런 사람들은 상처가 너무 심해서 위기 상황에서 긍정적으로 대처하지 못한다.

(5) 승리형

임종 앞에서 두려워하지 않는 사람들이다. 이들은 마지막 순간에도 여유가 있다. 이런 사람들의 마음에는 언제든지 죽을 수 있다는 용기가 자리잡고 있다. 무엇보다도 이들은 하나님앞에서 부끄러움 없는 삶을 살기 위해 노력한다. 삶을 진실하게 살아가려는 용기도 있다.

3) 임종환자의 우울감 극복 방법

환자의 우울감을 극복시킬 수 있는 방법은 다음과 같다. 첫째, 원한을 풀 수 있도록 배려하며 둘째, 오랫동안 관계가 단절되었던 사람에게 편지를 쓰게 하며 셋째, 자녀나 손자 손녀에게 편지를 쓰고 넷째, 손을 이용하여 작은 물건을 만들게 한다. 이와 같은 일을 함으로써 작은 일이지만 성취감을 얻을 수 있으며 성취감은 자신의 가치를 새롭게 느끼게 한다. 성취감은 우울감을 극복하는 가장 좋은 방법이다.

4) 유가족의 반응

사람들이 사별의 위기를 당할 때 보이는 반응은 경우에 따라 크게 다르다. 예를 들면 죽은 자와의 관계에 있어서의 질과 시간, 사망의 적시성, 죽음의 성격 등에 의해 반응의 정도가 다르다. 그러므로 상담자는 사별에 대한 유가족의 반응을 다방면에서 이해해야 한다. 슬픔의 반응을 연구해 온 심리학자나 상담자들은 상(喪)을 당한 유족의 체험 가운데에는 다음과 같은 여덟 가지 단계가 예상된다고 한다.

(1) 충 격

사랑하는 사람이 죽었다는 말을 들었을 때 우선 정서적인 마비상태에 이른다. 이것은 신체의 신경계에 의하여 야기되는 정상적인 반응이다. 이것은 그가 죽음의 실재를 직면하고 다가올 어려움에 대처할 수 있도록 그 사람을 마비시키는 하나님의 방식이다. 물론 이 상태가 너무 오래 지속된다면 그것은 비정상이며 더 많은 문제들을 야기할 수 있다.

(2) 강렬한 감정

하나님께서는 우리를 울도록 만드셨기 때문에 슬플 때에는 언제나 눈물이 나오기 마련이다. '자, 울지 말아요!'라는 어리석은 조언은 그릇된 심리학과 그릇된 신학에 기초를 둔 것이다. 예수님께서도 우셨으며 또한 성경에 나오는 하나님의 성도들도 울었다(창 23:2, 50:1). 슬퍼하는 것 자체가 잘못된 것은 아니다. 그러나 우리의 슬픔이 아무 소망 없는 세상적인 슬픔이어서는 안 된다(살전 4:13).

(3) 우 울

이것은 때때로 숨 막힐 것 같은 고독의 감정을 수반한다. 즉 사랑하는 사람 특히 부모나 배우자 등을 잃음으로써 사람들은 자신의 전 인생을 생각하게 된다. 관계는 깨어지고 안정감은 사라져 버린다. 헌신된 성도라 할지라도 자신이 이러한 정상적인 슬픔의 표현들을 초월해 있다고 생각해서는 안 된다. 때때로 신체적인 징후들마저 나타난다. 만약 슬픔이 충분하게 걸러지지 못한다면 그것은 실제로 신체적인 문제들을 야기할 수 있다.

(4) 두려움

유족은 생각하거나 정신을 집중하기가 어려우며 또한 두려워하고 당황하게 된다. 생활이 외부적으로나 내면적으로 무너져 내리는 것처럼 보인다. 때때로 호의적인 사람들조차 슬픔의 충격을 받은 사람의 말이나 행동을 오해하는데, 이것은 오직 더 큰 두려움과 혼돈에 이르게 한다.

(5) 죄책감

유족들은 사랑하는 사람의 죽음에 대하여 책임을 자신에게 돌리는 경향이 나타난다. 자살인 경우 이것은 특히 그러하다. 슬픔은 지나간 상처들과 지나간 기억들을 되살린다. 또한 죽은 사람을 이상화시키고 오직 그의 장점들만을 보는 경향이 있다. 따라서 이것은 슬퍼하는 자신의 단점들을 과장되게 부각시킨다. '다른 의사에게 가봤더라면……' 등의 한탄이 특징적인 반응이다. '다른 길로 갔어야 했는데', '만일…… 했다면' 등의 반응은 슬픔의 정상적인 표현이다. 즉 유족들은 모든 책임을 자신에게 돌린다.

(6) 분 노

슬픔에 처한 사람은 자신을 비난할 뿐 아니라 동시에 고인을 포함한 다른 사람들도 비난하게 된다. '왜 그는 지금 나와 자녀들을 떠나야만 했는가?' 사람들은 지나간 원한들과 부정적인 경험들을 기억하는데 그런 것들은 상한 감정의 혼란스런 일부분이 된다. 우리는 사랑하는 사람을 잃은 것에 대하여 속수무책일 수밖에 없으며 그런 좌절로 인하여 더 많은 적개심이 일어나기도 한다. 때때로 사람들은 하나님을 비난하고 심지어 온갖 종류의 신성 모독적인 말을 함으로써 이러한 적개심을 나타낸다. 종종 장례식에 잇달아 가정불화가 일어나는 것도 바로 이러한 죄책감과 분노의 감정이 그 발로가 된다. 죽음은 문제들을 야기할 뿐 아니라 그것들을 드러내기도 한다.

(7) 냉 담

적개심이 냉담함으로 대치될 수 있음은 이상한 일로 보이지만 이러한 경우가 종종 있다. "아무도 나의 감정을 이해하지 못해! 그렇기 때문에 그들이 말하는 행동에 아무런 의미가 없어. 인생은 살 만한 가치가 없어." 유족은 일상생활에 다시 뛰어드는 것이 고통스러운 일임을 발견하고 침묵하며 홀로 있기를 원한다. 상처를 입은 사람은 홀로 있기를 원한다. 하지만 이러한 일이 오래 지속된다면 위험하다.

(8) 적 응

유족은 점차로 그 상실을 받아들이고 자신의 생활을 재정비하며 또한 현실을 파악하게 된다. 이것은 슬픔, 외로움, 또는 당혹감이 전적으로 제거되었음을 의미하지 않는다. 단지 유족이 일어나고 있는 일이 무엇인가를 인식하고 그것에 대처할 수 있음을 의미한다. 사람들은 죽지만 관계는 결코 죽지 않는다. 우리 각자는 세상을 떠나버린 이와의 새로운 관계에 순응하는데 힘써야 한다. 이와 같은 순응이 일어날 때 분명한 징조들이 나타난다. 즉 유족은 사랑하는 고인에 대하여 자연스럽게 그리고 담담히 이야기할 수 있게 된다. 나아가 과거에 일어났던 일들을 회상하며 웃을 수도 있다. 그 유족은 더 이상 적개심을 나타내지 않고 오히려 다른 사람들이 사별의 고통을 당할 때 그들을 돌보고자 한다.

3. 임종환자에 대한 상담

목회자의 중요 임무 중의 하나는 위기에 처해 있는 사람을 돕고 슬픔을 경험하고 있는 사람에게 참된 친구가 되어주며 그들이 위로와 소망을 얻도록 해주어야 한다는 것이다. 이웃의 아픔을 깊이 느끼고 고통당하는 인간에게 치유와 화해를 일으키도록 해야 한다. 죽음은 누구라도 생의 마지막에 직면하는 가장 괴롭고 고독한 경험이다. 죽는 자와 슬퍼하는 유족들을 위한 목회가 어느 때보다도 절실히 요구된다.

1) 임종환자의 단계

(1) 부정의 단계

목회상담자는 환자에게 당신은 확실히 무서운 병에 들었으니 의사의 진단을 믿어야 한다고 강요하지 말고 환자가 느끼는 심한 충격을 이해해야 한다. "다른 병원에는 가 보셨습니까?", "다른 의사의 진단은 어떻습니까?" 등 그 문제에 관해서 관심만 표해야 한다. 환자가 비협조적인 행동으로 스스로를 격리시키는 것은 환자의 부정욕구가 충족되지 못하기 때문이다. 목회상담자는 환자로 하여금 어떻게 더 건강을 유지할 수 있는가에 관심을 갖도록 하고 임종환자의 마음의 준비가 되기까지 기다려 주는 배려가 있어야 한다.

(2) 분노의 단계

환자가 '왜 하필이면 내가 죽어'라는 분노의 감정을 표현하게 됨으로 가족이나 의료진들이 환자를 만나기를 꺼려한다. 목회상담자는 이때 환자에게 더욱 접근해야 한다. 환자에게 이해와 존경심을 전달하면 짧은 시간 내에 분노의 반응이 중단되며 설득하려고 하지 말고 분노를 발산시키도록 하며 심지어는 하나님께 분노반응을 보여도 받아 주어야 한다. 목회상담자 자신부터 죽음의 공포에서 어느 정도 벗어나고 방어적인 태도를 버려야만 임종환자를 무난히 대할 수 있다. 여기서 목회상담자가 주의할 점은 환자가 맺었던 인간관계와 환자가 실제로 느끼는 분노의 대상은 자기 자신이며 자신의 삶 속에서 맺었던 인간관계와 삶의 의미라는 것을 깨닫고 관용과 이해를 보여주어야 한다.

(3) 타협의 단계

환자는 불가피한 기정사실을 어떻게 해서든지 연기하려고 한다. 이때 타협반응으로는 어떤 선행을 자진해서 행하겠다고 하나님께 흥정한다. '이번에 나를 살려 주시면 하나님을 위해 일생을 바치겠습니다'라는 식으로 죽음의 사실을 놓고 흥정하는 것이다. 목회상담자는 환자가 타협하는 것은 심리적으로 언약이라는 것과 죄의식과 관계가 있으므로 따라서 환자의 그런 말들을 묵살하지 않는 것이 좋다. 그럼으로써 환자의 무리한 공포심을 풀어주고 죄벌을 받겠다는 식의 태도를 수정할 수 있게 된다. 목회상담자는 환자에게 심한 충격을 주지 않는 범위 안에서 죄책감을 느끼는가를 부드럽게 알아본 후 예수 그리스도를 통하여 죄사함을 받고 마음을 편안하게 하도록 인도해야 한다.

(4) 우울의 단계

이 단계는 회복 가능성이 없는 환자가 깊은 침체에 들어가 말도 잘 안하고 자기 혼자 씨름하는 때이므로 이때 목회상담자는 환자에게 발생하는 우울의 원인을 규명하고 그 비현실적인 죄책감이나 수치심을 완화시켜 주어야 한다. 대부분의 우울은 환자와 가족 간의 갈등을 해결하지 못한 상황에서 발생한다. 이때는 무조건적인 지나친 확신은 피해야 하며 언어적 의사소통은 별 의미가 없기 때문에 그의 곁에 오래 있어주며 손을 꼭 잡아주고 앞일을 위해 기도해 주는 것이 바람직하다. 또한 환자들에게 내키는 대로 울부짖고 소리치도록 거들어준다. 다만 영원한 이별과 결별의 시간을 '인간답지 못하고 비굴하게' 처신하지 않도록 도와주며 환자가 싫어하면 방문객을 제한하고 병리검사를 최대한으로 축소하며 인간적으로 가능하다면 병원 같은 기관이 아니라 환자의 집에서 임종할 수 있도록 배려한다.

(5) 수용의 단계

환자는 그의 운명에 대하여 우울이나 분노 반응 같은 것을 일으키지 않는다. 환자는 최선을 다하여 최후를 맞게 되는데 이 수용의 단계에 도달하도록 돕는 일이 중요하다. 여기에 무난하게 도달하는 길은 대개 노인 환자들의 경우 말없이 이해심만 보여주고 지나친 참견만 하지 않으면 주위로부터 별로 도움이 없어도 도달한다. 그보다 못한 환자들은 죽음을 맞이하기 위해 준비할 시간이 상당히 있어야만 이 단계에 도달하기 때문에 보다 많은 이해와 도움이 필요하다. 죽음을 앞둔 환자에게는 곁에 말없이 앉아서 귀를 기울여줄 사람이 필요하므로 목회상담자는 계속 심방하여 환자의 유언을 들어주고 하나님의 사랑에서 우리를 끊을 수 없다는 말씀(로마서 8장)을 들려주어서 공포와 절망을 초월한 상태에서 죽음에 임하게 해야 한다. 동시에 죄사함의 문제는 영광과 생명의 근본이라는 것을 설명해 주어야 한다.

죽음에 임박한 사람들에게 보여줄 것은 우리의 큰 관심이다. 관심의 가장 큰 표현은 환자 옆에서 기도하는 것이고 또 환자와 같이 기도하는 것이다. 기도함으로써 가라앉지 않았던 마음이 평온하게 되고 죽음을 순수하게 받아들인다. 기도의 은총은 무한하다. 목회상담자의 정성 여하에 따라서 기적과 같은 결과를 내는 것도 기도의 힘이 아닐 수 없다.

목회상담자는 환자에 대한 잘못된 위안을 버리고 환자로 하여금 죽음을 위해 준비하도록 도와주어야 한다. 목회상담자는 환자가 죽음의 어두운 골짜기에서도 버림을 받지 않는다는 것을 믿게 해주어야 한다. 예수 그리스도는 선한 목자가 되시며 죽음이라 할지라도 그리스도의 손에서 그를 갈라놓을 수 없다는 것을 환자에게 확신시켜 주어야 한다. 이 경우 모든 것은 목회상담자 자신이 부활과 영원한 생명에 대한 확신으로 가득 차 있는가, 그렇지 못한가에 달려 있다. 목회상담자는 죽음의 위기로부터 구원에 대한 희망을 늘 고수해야 한다.

2) 사별자를 위한 상담의 자세

사랑하던 사람이 죽었을 때 유가족은 죄책감에 사로잡히기 쉽다. '만일 그랬더라면……'라는 말을 자주하게 되고 후회와 아쉬움 속에서 죄책감에 빠지는 경우가 많다. 죄책에는 두 종류가 있는데 본질적 죄책과 정서적 죄책이다. 본질적 죄책이란 우리가 하나님의 계명에 불복종하고 그의 규범을 어겼다는 것을 느끼고 알게 될 때 오는 것이며 정서적 죄책은 어떤 사람이 그가 통제할 수 없는 것에 대해서 죄책을 느낄 때 나타나는 슬픔의 정상적인 정서 중의 하나이다. 인간은 슬픔의 정서를 가지고 있다. 슬픔의 정서는 여러 가지 형태로 표현된다. 첫째는 신체적 증상이다. 눈물이 나고 목이 메는 증상이 나타난다. 하나님은 우리에게 유익을 주시기 위하여 눈물샘을 주셨다. 눈물을 통하여 새로운 용기를 주셨다. 둘째는 돌연한 공포이다. 극도의 두려움과 슬픔에 빠져서 집중력을 상실하는 일종의 정서적 마비현상을 일으키는 경우가 있다. 상담자는 이러한 고통 속에 있는 유가족을 위로해야 하는데 도우시는 하나님의 손길이 함께 하셔야 슬픔과 고통 그리고 두려움을 극복할 수 있다. 그러면 이것을 구체적으로 어떻게 실천할 것인가? 하나님은 우리에게 '내 백성을 위로하라'(사 40:1)고 명령하신다. 하나님의 명령에 순종하며 헌신하기를 원하는 자들은 자신이 가진 모든 것을 드려 하나님의 뜻을 이루기를 원한다. 다음은 빌리 그래함이 제시한 유가족들을 돌보는 몇 가지 방안이다.

(1) 마음을 소유할 수 있도록 하나님께 구해야 한다

다윗은 하나님께 "내 속에 정한 마음을 창조하소서"(시 51:10)라고 기도하였다. 우리는 슬픔을 당한 유가족을 돌보기 위하여 '이해하는 마음', '아파하는 마음', '사려 깊은 마음'을 주시기를 기도해야 한다. 우리가 형제를 돌볼 수 있다는 것 자체가 하나님의 은혜로만이 가능하다는 사실을 기억하고 형제 사랑의 마음을 주시기를 구해야 한다. 베드로는 우리에게 "마지막으로 말하노니 너희가 다 마음을 같이하여 체휼하며 형제를 사랑하며 불쌍히 여기며 겸손하며"(벧후 3:8)라고 교훈하고 있다. 하나님의 사역의 출발은 하나님의 은혜로 인한 부드러운 마음이다. 이것을 위해서 기도해야 한다.

(2) 경청하는 자세를 가져야 한다

우리들은 말하기는 쉬워도 남의 이야기를 끝가지 듣기란 어렵다. 우리 자신의 의견을 제시하는 것은 자신에게 치료가 될 수 있으나 고통을 받고 슬퍼하는 사람들에게는 반드시 그런 것이 아니다. 일반적으로 사람들은 충격을 받게 되면 자신의 이야기를 거듭 반복해서 말하기를 원한다. 경청은 상담에 있어서도 매우 중요하다. 여러 상담학자들은 상담의 현장에서 경청의 중요성을 강조하고 있다.

(3) 영적인 지원을 하라

슬픔을 당한 사람은 영적으로 심한 갈등을 하는 경우가 많다. 그에게 영적 지원이 필요하며 "내가 당신과 함께 기도하기를 원하십니까?"라는 짧은 질문으로 그를 도울 수 있다. 긴 시간의 기도가 아니라 마음이 통하는 짧은 시간의 기도가 그에게 새로운 힘을 줄 수 있다.

(4) 필요한 것을 배려하라

슬픔을 당한 사람은 처리하여야 할 일이 많지만 실제로 이것을 감당할 만한 경황이 없다. 수없이 걸려오는 전화, 장례식 준비 등에 도움의 손길이 필요하다. 이것을 위한 배려가 있어야 한다.

(5) 위로자의 역할을 계속하라

시간이 지나면 슬퍼하는 이의 상처가 서서히 나아가는 것같이 보인다. 그러나 상담자는 계속하여 그의 위로자가 되어야 한다. 기념일, 생일, 추도일 등 마음의 아픔이 되살아나기 쉬운 날에는 특별히 위로자의 손길이 필요하다. 성경에서 소망의 하나님을 발견하고 이 하나님께 가까이 나아가도록 인도하여야 한다. 성도들은 다른 사람에게 대한 상담자로서의 책임이 있다. 상담자는 "너희가 짐을 서로 지라 그리하여 그리스도의 법을 성취하라. 그러므로 우리는 기회 있는 대로 모든 이에게 착한 일을 하되 더욱 믿음의 가정들에게 할지니라"(갈 6:2, 10)라는 말씀을 기억하며 슬픔을 당한 유가족을 그리스도의 사랑으로 포용하는 사랑의 역사를 이루어야 한다.

3) 사별자를 위한 격려

(1) 신앙을 통한 자립

사별자가 회한에 잠겨 있는 것이 아니라 생사를 주장하시는 하나님의 섭리를 바로 믿고 신앙으로 자립하는 자세를 가지게 해야 한다. 새로운 삶을 살아가는 방법을 신앙 안에서 찾도록 해야만 내담자의 자립이 가능하다.

(2) 현실 문제에 대한 대응

사별자의 경우에는 정서적인 문제만이 아니라 경제적 문제 등 여러 가지 현실적인 문제들이 제기될 때가 많다. 이러한 문제들을 지혜롭게 처리할 수 있도록 상담해야 한다. 독신자들은 각자 나름대로 문제를 가지고 있으며 피해의식이 강하게 작용하는 경우도 있다. 이들의 상황이 모두 다르기 때문에 상담의 방법도 다를 수 있다. 그러나 그 원리는 성경의 가르침대로여야 하고 문제에 직면했을 때에 이 문제에 대해서 성경은 무엇이라고 하는 지를 규명하게 해야 한다.[24)]

4. 죽음의 준비(Hospice)사역

그러면 어떻게 해야 할 것인가? 최근에 우리나라에도 폭발적 관심으로 소개된 분야가 있는데 바로 죽음준비교육(Death Education) 혹은 호스피스(Hospice)라는 것이다. 그것의 중심 목표는 '누구에게나 언젠가 다가오는 죽음을 존엄하고 품위 있게 맞이할 수 있게 하는 준비교육'이다. 과거에는 환자에게 죽음 진단이 내려지면 의학적으로는 속수무책, 죽음으로 직행할 수밖에 없었다. 의학은 더 이상 무력한 존재였던 것이다. 그래서 곧바로 그 환자는 종교적 영역으로 그 바통이 넘겨졌다. 그런데 현대에 와서는 의술의 발달로 인하여 임종의 시간이 연장되었다. 그래서 '죽어 가는 환자'(Dying patient)라는 새로운 환자군(患者群)이 생겨나게 되었다. 그들도 생명이 붙어 있는 동안만은 하나님의 백성으로서 그분의 사랑을 받아야 할 존재이다. 그들도 그들에게 주어진 삶에 대해 양질의 삶(Quality of Life)을 누릴 권리가 주어져 있다. 그리고 조만간에 몰아닥칠 죽음에 대한 공포를 극복하고 '아름답고 품위 있는 죽음'을 맞이할 수 있어야 한다. 그러한 하나님의 선한 뜻을 따라 살기에 자력으로는 어려우니 옆에서 누군가

---

24) *Ibid.*, 78-81.

가 보살펴 주어야 한다는 취지에서 호스피스 프로그램이 개발되었다. 이러한 임종을 앞둔 환자들 주변에서 끝까지 지켜보는 사람들은 의료인들, 환자가족들, 종성도 그리고 자원봉사자들이다. 이분들에게는 우선 임종환자들을 돌보는 데 필요한 기본적인 것들, 즉 봉사자의 자세, 죽음에 관련된 자료 그리고 방법 등이 포함된 호스피스 교육을 시켜야 했다. 그래서 이와 같은 새로운 상황을 만나게 되면서 이 분야에 대한 새로운 관심과 연구가 구체적이고 조직적으로 진행되어 오늘에 이르렀다.

1) Hospice의 역사

Hospice는 라틴어 Hospitium에서 유래된 말로서 영어의 Hospital의 어원이기도 하다. 그래서 중세기 전반에는 Hospital, Hostel, Hospice란 용어들을 혼용했다고 한다. 순례자나 여행자가 그들이 피곤한 여로에서 쉬어 갈 수 있는 장소를 수도원에 마련한 것이 발단이 되어 십자군원정 때에는 여행자들을 위한 피난처(Place of shelter)로서 음식, 옷 등을 제공하기도 했다. 그 당시에는 성지 순례 도중 죽어가는 사람들에 대해 세심한 간호를 제공하며 천국 문이 크게 열려 있음을 믿게 해주는 일을 하였다. 이런 돌봄은 1815년 Ireland 수도 더블린의 자선수녀회가 최초로 시작하게 되었고, 그 후 영국 런던에 St. Joseph's 병원에서 오갈 데 없는 어려운 임종환자들을 위하여 돌봄의 활동을 펴왔다. 그러던 중 영국 여의사인 Dr. Cicely Saunders가 그 요양소에서 Hospice에 대한 아이디어와 원칙을 만들어 1967년 런던에 St. Christopher's Hospice를 설립한 것이 시작이 되었다. 그 후 미국으로 소개되어 오늘날 1,500개소 이상의 Hospice Center가 활동하고 있다. 우리나라의 경우 1981년 카톨릭 의대와 성모병원에서 시작되었고 신촌 세브란스병원 암센터의 '삶과 죽음을 생각하는 회' 등에서 본격적으로 이 프로그램을 위해서 크게 공여하고 있다. 현재는 전국적으로 수십 개의 호스피스 센터가 운영되고 있다.

2) Hospice의 목적

의학적인 도움이 한계에 이르렀다고 판단될 때 말기 환자에 대한 남은 삶의 기간 동안을 보다 평온하고 고통스럽지 않고 하루하루를 의미 있고 풍성한 삶을 살고 또한 아름답고 존엄한 죽음을 맞이할 수 있도록 하기 위하여 그 질병에 수반되는 통증관리와 그 외의 신체적 증상조절과 정서적 그리고 영적 지지를 하여 주는 것이다. 그렇게 하여 그들의 생명이 붙어 있는 동안 양질의 삶(Quality of Life)을 살아가도록 돌보는 것이다. 아울러 사별한 가족을 위로하고 격려하여 그 슬픔의 수렁에서 하루 빨리 헤어 나와 그들의 일상으로 복귀할 수 있도록 돌본다.

3) Hospice Team 구성

의사: 호스피스 대상자를 선정하고 환자의 통증 치료를 비롯하여 Hospice Team운영을 조직적으로 할 수 있도록 한다.

간호사: 환자와 가족들에게 기본적인 신체적 간호를 제공하고 병상생활 중에 투병의 자세 및 감정적인 변화 등을 관찰하여 투병에 좋은 조건을 제시하는 일을 한다.

원목: 환자의 영적인 측면 죽음의 의미와 부활 신앙을 심어 주어서 죽음에 대한 공포에 사로잡히지 않고 담대하고 존엄한 죽음을 맞이할 수 있게끔 돌봐 준다.

사회 사업사: 때때로 환자의 고통과 불안이 가족문제에서 비롯되는 경우도 많고 그 밖에 법적인 문제, 보험관계 등의 문제에 기인되는 경우, 이를 도와준다.

영양사: 환자들의 영양에 대한 요구를 보조하며 식욕 감퇴의 상황을 미리 알아서 적절한 영양섭취를 돕는다.

물리치료사: 환자의 신체적 활동제한에 적응할 수 있도록 환자의 자세 변형이나 운동을 통해서 통증이나 불편을 경감시켜 준다.

자원봉사자: 간호사의 일이나 사무적인 일을 도울 수도 있다. 그러나 주로 환자의 곁에 함께 있어 주면서 환자의 이야기 상대역이 되어 그의 마음을 편하게 해준다.

4) Team Member로서의 목회자의 역할

임종환자들은 예외 없이 그들의 인생의 마지막 돌아가는 골목길에서 '평안한 생의 마감'을 원하고 있다. 그러나 그것을 방해하는 여러 가지 장해 요인이 있다. 그 장해 요인들은 무엇인가. 통계에 의하면 '두려움'이 70%로서 최다를 차지하고 있다고 한다(전우택, 『죽음의 과정 및 임종, 중병환자 상담』, 삶과 죽음, 삶과 죽음을 생각하는 회, 간행물. p. 4-5). '두려움'의 내용은 '미지에 대한 두려움', '단절', '가족', '친구들과 헤어짐', '신체를 잃음', '신체의 고통', '주체성 상실', '과거에 대한 죄책감' 등이라고 한다. 환자의 이러한 '두려움'의 문제들이 해결이 될 수만 있다면 그들의 가장 큰 '두려움'의 대상인 '죽음'도 자연스럽게 수용할 수 있게 된다. 이러한 문제들에 대한 영적 돌봄은 아래와 같은 내용이 될 것이다.

환자들의 바람이 성취될 수 있는 길은 환자 자신이 '오직 하나님 안에 있음을 발견케 하고 그분과 함께 임종의 시간들을 살도록 돕는 일'이다. 왜냐하면 '하나님 안에 있는 사람은 두려움이 없다'는 사실 때문이다.(요한1서 4:18, "사랑 안에 두려움이 없고 온전한 사랑이 두려움을 내어 좇나니……") 그분 안에 있으면 모든 두려움을 내어 좇기 때문에 죽음이 다가와도 아무런 두려움 없이 그것을 수용할 수 있게 된다는 것이다. 이것을 우리는 신앙이라고 한다.

그런데 문제는 하나님 안에 있다는 것이 무엇인가? 하는 것이다. 손에 잡히지 않는 말이다. 일반인들에게는 더욱 그렇다. 이 말을 우리에게 실감나게 설명해 주는 분이 있다. 미국 서남침례교 신학대학 목회상담학 교수인 브리스터 박사는 말하길 "기독교 신앙은 삶의 스타일(Life-style)이며 실존적 자세이지 단순한 신조체계(Belief-system)가 아니다"(C. W. Brister, The promise of the pastoral counseling, Harper & Row, 1978, p. 12)라고 하였다. 여기에서 신앙은 긍정적인 삶의 스타일을 말한다. 따라서 영적 돌봄의 시작은 바로 불신앙의 상태인 부정적인 삶의 스타일을 신앙의 상태인 긍정적인 삶의 스타일로 바꾸어 놓는 작업이라고 할 수 있다. 일반적으로 환자들은 부정적인 마음 밭의 상태이다. 그래서 그들은 우선 자기 질환에 대해 절망, 좌절하며 과거 건강했을 때를 회상하며 발병의 책임을 조상 탓, 혹은 다른 사람의 잘못으로 돌리고 짜증과 불평불만, 그래서 어떤 경우에는 치료 거부 상태로까지 간다. 그리고 통증을 느끼는 감각에 있어서도 삶의 스타일에 따라 차이가 있다. 객관적으로 측정된 동일한 통증이지만 긍정적 스타일의 사람에게는 덜 고통스럽게 느껴지고 반면 부정적 스타일의 사람에게는 큰 고통으로 느껴진다는 사실이다. 그래서 부정적(불신앙)인 마음 밭을 긍정적(신앙)인 스타일로 바꾸어 놓는 작업은 영적 돌봄의 결정적인 분야라고 할 수 있다.

5) 영적 돌봄의 전략과 지침

영적 돌봄의 자세는 먼저 신앙적으로 무장이 되어 있어야 한다. 자신의 전 존재가 하나님 안에 거하고 있음을 자기 자신이 스스로 확인하고 그 확신이 자신의 몸에 배어 있어야 한다. 그러한 자신의 신앙적인 삶이 환자에게 전달되어야 한다. 그것의 표현방법은 영적 돌봄의 제공자가 '하고자 하는 바'를 '말'로서가 아니라 '자신이 몸으로 풍겨 낼 수 있어야' 한다. 자기의 믿는 바를 몸으로 풍겨내야 하고 하고자 하는 의견을 '몸 말'로 표현되어야 하고 사랑과 용서와 용기 등 종교가 가지고 있는 기능을 영적 돌봄 제공자 자신이 몸으로 살아 내야 한다. 좀 더 구체적으로는 말하자면 첫째, 그는 환자 곁에 가능한 한 늘 함께 있어 주는 분이라는 인상을 심어 주어야 한다. 그래서 죽음으로 예상되는 '관계의 단절', 즉 '이별에 대한 두려움'을 가지고 있는 환자 곁에 그가 '함께 있어 줌'으로써 위로와 격려를 주는 것이다. 이것이 임종환자의 장해 요인을 제거해 주는 일 중에 하나이다.

둘째, 순례길의 동반자가 되어주는 것이다. 순례길이란 주님께서 정하시고 걸어가신 목표 즉 십자가를 향해 가신 여정을 뜻한다. 우리 크리스천들은 그 고난의 길을 명상하며 그분과 함께 동행하는 순례의 길 위에 있다. 환자는 지금 고통과 죽음의 위협을 받으며 순례의 길을 가고 있다. 그 앞에서 그들은 삶의 방향을 잃고 실의에 빠질 때도 있을 것이다. 이때 그는 그들의 순례길을 함께 가는 동반자이다. 환자의 방황과 좌절의 고통을 함께 짊어지고 주께서 세우신 목표 지점을 눈을 들어 바라보도록 돕고 그 목표를 향한 순례길을 계속하도록 격려하는 것이다.

셋째, 영적 관심이다. 환자가 질병으로 인해 갖고 있는 고통과 갈등에 대해 구속사역에 비추어 이해하고 하나님과의 관계 속에서 아픔들을 받아들이고 대처해 나가도록 돕는다. 또한 영적 돌봄은 죽음과 고통의 의미를 발견하고 그것을 받아들이고 극복해 나가게 하는 것이다.

이상의 것들을 말로서가 아니라 몸으로 말하는 일이 매우 중요한 것이다. 이러한 '몸 말'은 곧 자신의 삶의 자세에서 표현되는 것이며 그것은 환자 자신의 삶의 자세와 삶의 스타일 형성에 결정적 계기가 될 것이다. 이것은 바로 신앙의 문제에 직결되어 있기 때문이다. 이러한 돌봄은 어떤 특정 종교인이 자기가 믿는 종교의 교리를 열심히 설명하여 전도하려는 정열과 전혀 다르다. 교리를 잘 익혀서 '죽어서 천국 가게 하려는 노력'은 무익하다. 다만 환자의 삶이 그 기본자세에서부터 변화하여야 한다. 그렇지 않고서는 임종환자가 가지고 괴로워하는 문제들을 해결할 수도 없다. 삶의 변화 곧 부정적인 마음이 긍정적인 삶으로 변화될 때에만 임종환자가 가지고 있는 문제들 즉 '육체적인 통증'과 '관계들의 깨어짐에 대한 불안감'과 '죽음 혹은 그 이후에 대한 두려움' 등은 사라지게 된다. 그래서 환자는 평온을 찾을 수 있고 죽음을 향한 당당한 발걸음을 옮길 수 있을 것이다. 더 나아가 자기 스스로의 마음속에 이미 자생적인 치유력을 강화한 상태가 되어 있음으로 인해서 치유 혹은 투병에 속도가 붙게 될 것이다. 그렇게 되면 투병 속에서 일어 날 수 있는 임종환자의 제반 문제들을 대부분 완화시킬 수 있다. 따라서 생명이 붙어 있는 동안 '양질의 삶', '평온하고 존엄한 죽음 맞이'를 할 수 있을 것이다.

5. 유족에 대한 상담

1) 임종부터 장례식 이전

(1) 빠른 심방

병원에서든 집에서든 가족이 죽으면 유족들은 대체로 목회자에게 알리고 심방을 요청한다. 목회자는 언제나 유족의 편의를 고려하면서 가능한 한 빨리 심방한다. 간단하게 중단하거나 미룰 수 없는 사역을 하고 있는 중이 아니라면 목회자는 설령 오래 머물러 있을 수 없는 상황이라 하더라도 유족의 집을 서둘러 심방해야 한다.

(2) 목회자의 일정관리

죽음은 언제나 침입자이며 장례는 언제나 생활의 리듬을 끊어 놓는다. 이 경우 목회자는 도움이 필요한 사람들을 위해 사역할 수 있도록 자신의 스케줄을 기꺼이 바꾸어야 한다. 목회자는 유족들이 심한 혼란과 저항할 수 없는 변화의 시간을 겪고 있음을 기억해야 한다. 목회자는 단순히 자신의 일정을 조정하면 그만이지만 유족들은 그들의 삶 전체를 재조정해야 하기 때문이다.

2) 장례식 이후

(1) 하나님의 위로를 상기시킴

유족에게 목회자의 존재는 하나님께서 슬픔을 당하는 그들과 함께 계시고 그들에게 관심을 가지고 계시다는 것을 상기시켜 준다. 이것은 또한 유족들이 혼자가 아니며 교회가 그들 곁에서 그들을 위해 기도하고 있다는 확신도 심어준다. 목회자가 개인적인 관심을 보일 때 그들은 그의 공적인 말에도 당연히 귀를 기울일 것이다.

(2) 공감하며 들어줌

공감하는 마음으로 귀를 기울이는 것이 가장 중요하다. 죽음이 생각지 못하게 갑작스런 것이었든 고통스런 시간의 마지막이었든 간에 관련된 사람들은 이런 저런 물음을 던지고 심지어

격한 감정들(충격, 슬픔, 당혹스러움, 적대감과 분노)까지 표현할 것이다. 목회자는 사람들이 자신을 숨김없이 표현할 수 있도록 열려 있고 받아들이는 분위기를 조성해야 한다. 목회자는 적대감의 대상이 될 수도 있다. 그렇다고 해서 그 적대감에 똑같이 반응해서는 안 된다. 상처받은 사람들은 때때로 하나님을 원망하고 싶어 하며 그 대신에 하나님의 종을 원망하고 비난하기 때문이다.

(3) 함께 있어줌

사랑하는 사람을 떠나보낸 유가족에게 위로의 사역이 필요하다. 슬픔에 잠긴 사람들이 혼자 있고 싶어 할 때가 있으며 이것은 지극히 정상적인 일이다. 그렇지만 이들이 곁에 있는 크리스천 친구들로부터 힘을 얻어야 할 때도 있다. 교회가 서로 섬기는 참된 교제의 공동체가 되길 원한다면 위로의 사역을 펼쳐야 한다. '우는 자들과 함께 울라(롬 12:15)' 이것은 교회의 지극히 중요한 사역이다. 교회의 하나 됨은 함께 일하고 증거 할 때뿐만 아니라 함께 울 때 더욱 견고해진다. 마음이 찢긴 사람들과의 교제는 훌륭한 교제이며 매우 값진 것이다.

(4) 지속적인 돌봄

장례 이후의 사역은 쉽지 않지만 꼭 필요하다. 대부분의 유족이 목회자의 격려를 필요하다고 느낀다. 따라서 유족에게는 장례나 추도예식이 끝나고 몇 주 동안은 교제와 격려가 필요하다. 목회자는 유족과의 접촉을 계속해야 한다. 유족에게 불편하지 않다면 목회자는 장례식 이후에 가능한 한 빨리 심방을 해야 한다. 그리고 슬픔이 잘 아물고 있으며 모든 가족이 성숙하고 창의적으로 상실을 견디며 사는 법을 배우고 있다는 확신이 들 때까지 정기적으로 심방을 계속해야 한다. 목회자는 성도들에게도 유족들을 보살피도록 가르쳐야 한다. 유족이 교회에 돌아오는 첫 주일에 목회자는 이 사실을 염두에 두고 회중에게 이에 대하여 언급하며 유족을 위해 기도해 주어야 한다. 유족이 일상생활로 돌아오도록 돕는 지속적인 지원 사역은 반드시 있어야 한다.

(5) 사랑의 목회

목회자는 유족들에게 있는 문제의 징후를 민감하게 알아차려야 한다. 이들에게는 목회자와 나누는 사랑의 상담이 필요하다. 유족이 상황을 파악하지 못하고 성숙하고 정상적인 방법으로 일상생활로 돌아오지 못할 때 슬픔은 더 커진다. 이런 사람은 거의 무기력하며 다른 사람들에게 점점 더 의존하게 된다. 이런 경우에는 전문가의 도움을 받도록 해야 하고 목회자 자신도 최선을 다해 도와야 한다. 사랑하는 이를 잃은 사람 중에는 달력에 매달려 기념일만 계산하는 사람들이 많다. 목회자는 고인이 죽은 날짜, 생일, 각종 기념일 등을 기록해 두는 것이 좋다. 위기가 지난 후에도 절기만 돌아오면 슬픔은 다시 솟구친다. 성탄절이나 감사절, 생일, 결혼기념일 등이 오면 또다시 깊은 슬픔과 우울함에 빠진다. 이처럼 특별한 날에는 관심을 보여주는 것이 좋다. 위기를 넘겼다고 해서 목회자의 임무가 끝난 것은 아니다. 사랑하는 사람을 갑자기 잃은 가족이 특별한 기념일이나 절기를 어떻게 보내려고 하는지 알아보고 도울 것이 있으면 도와주는 것이 좋다. 특히 사후 첫 번째 추도일, 생일, 크리스마스 등은 가장 힘든 시기이므로 반드시 보살펴 주어야 한다. 성도들이 기억해 주는 것이 좋다. 유족은 사랑하는 사람의 추도일에 교회에 헌화하는 경우도 있다. 이것은 성도들에게는 유족에 대한 그들의 사랑을 확인시켜 주며 고인이 된 형제나 자매를 기억하면서 그의 삶과 사역을 하나님께 감사할 수 있는 기회를 제공한다. 목회자는 그 꽃에 대하여 강단에서 잠깐 언급할 수 있다.

우리가 살고 있는 사회는 점차 다원화되고 산업화되어 간다. 점차 메말라 가는 사람들 간의 관계에서 우리의 관심과 손길을 요구하는 분야는 너무나 많다. 그중에서도 모든 사람들에게 있어서 피할 수 없는 죽음의 문제야말로 우리가 함께 공감해야 할 분야이다. 수많은 죽음이 이어지고 죽음에 이르게 하는 다양한 상황이 존재한다. 그러나 정작 아끼고 사랑하는 사람과의 사별로 유족들이 당하는 문제는 사람들의 상상을 뛰어넘는 것이다. 단지 죽은 자의 개인의 문제와 상황으로 끝나는 것이 아니다. 죽음 이후 유족들이 느끼는 상실감은 어느 것보다 더할 수 있다. 갑자기 달라진 환경, 직면하게 되는 삶의 문제, 존재의 허무함, 육체의 건강문제, 정신적인 공동화 등 이루 말할 수 없이 많은 문제들을 그 후유증으로 남게 된다. 이러한 죽음의 문제들을 극복하는 데에는 목회적 차원의 돌봄이 그 무엇보다도 절실하게 요구된다. 목회자가 슬퍼하는 자들과 공감을 느끼며 함께 있어주고 공동체의 모든 사람들이 관심과 사랑으로 위로할 때 궁극적으로 하나님의 말씀으로 그들에게 위로할 수 있는 길이 열리게 된다. 임종과 장례식, 그리고 사후의 유족들을 돌보는 일들을 통하여서 목회상담이 추구하는 것이 분명하게 드러난다. 목회자와 공동체, 그리고 고통을 당한 유족들이 하나로 일치됨을 목표로 한다. 그리고 이러한 목회 돌봄의 과정을 통하여 우리의 아픔에 함께 있어주시고 울어주시는 진정한 위로자가 되시는 하나님을 만나는 것이다. 위로의 모든 행위를 통해 하나님께 영광을 돌리는 것이다.

참고문헌

참고문헌

영문 서적

Adams, Jay E. *Christian Living in the Home,* Phillipsburg, NJ: Presbyterian and Reformed Publishing Co., 1976.

Adams, Jay E. *Pastoral Counseling,* Grand Rapids: Baker Book House, 1975.

Adams, Jay E. *The Use of the Scriptures in Counseling,* Nutley, NJ: Presbyterian and Reformed Publishing Co., 1975.

Adams, Jay E. *The Christian Counselor's New Testament*, Nutley, NJ: Presbyterian and Reformed Publishing, Co., 1977.

Adams, Jay E. *More Than Redemption: A Theology of Christian Counseling,* Phillipsburg, NJ: Presbyterian and Reformed Publishing Co., 1979.

Adams, Jay E. *Competent to Counsel,* Nutley, NJ: Presbyterian and Reformed Publishing Co., 1970.

Adams, Jay E. *Godliness Through Discipline,* Nutly, NJ: Presbyterian and Reformed Publishing Co., 1972.

Adams, Jay E. *How to Help People Change,* Grand Rapids: Zondervan, 1986.

Adams, Jay, E. *Language of Counseling*, Grand Rapids: Baker Book, 1981.

Adams, Jay E. *What About Neuthetic Counseling?,* Nutley, NJ: Presbyterian and Reformed Publishing Co., 1976.

Adler, A. *What Life should Mean to You.* New York: Putnam's, 1931.

Adler, A. *The Science of Living*, New York: Doubleday, 1969.

Adrich, Joseph D. *Life-Style Evangelism,* Protland: Multnomah Press, 1981.

Allport, G. W. *Personality: A Psychological Interpretation,* New York: Holt, Rinehart & Winston, 1937.

Allport, G. W. *The Individual and His Religion*, New York: Macmillan, 1950.

Allport, G. W. *The Nature of Prejudice*, Cambridge, Mass: Addison-Wesley, 1954.

Allport, G. W. *Becoming: Basic Considerations for a Psychology of Personality*. New Heaven: Yale University Press, 1955.

Allport, G. W. *Personality and Social Encounter: Selected Essays*, Boston: Beacon Press, 1960.

Anderson, N. H. *Integration Theory and Attitude Change*, Psychological Review, 78, 1971.

Altman, I. & Tayler, D. A. *Social Penetration: The Development of Interpersonal Relation- ships*, New York: Holt, Rinehart, & Winston, 1973.

Arbuckle, D. *Counseling & Psychotherapy*, Boston: Allyn & Bacon, 1975. Baldwin, Carol L. *Friendship Counseling*, Grand Rapids: Zondervan Publishing House, 1988.

Bandura, A. *Principles of Behavior Modification*. New York: Hot, Rinehart & Winston, 1969.

Bandura, A. *Aggression: A Social-learning Analysis*. Englewood Clifts, NJ: Prencice-Hall, 1973.

Bandura, A. *Social Learning Theory*, Englewood Clifts, NJ: Prentice-Hall, Inc., 1977.

Bazelon, D. L. *Veils, Values and Social Responsibility American Psychologist*, 1982.

Berkouwer, G. C. *Man: The Image of God*, Grand Rapids: Wm. B. Eerdamans Publishing Co., 1962.

Berne, Eric. *Transactional Analysis in Psychotherapy*, New Yok: Grove Press, 1961.

Berkhof, L. *Systematic Theology*, Grand Rapids: Wm. B. Eerdmans, 1941.

Berscheid and Walster, E. H. *Interpersonal Attraction*, 2nd ed., Reading, MA: Addison- Wesley, 1978.

Bettinghaus, Erwin P. *Persuasive Communication*, New York: Holt, Rinehart and Winston, 1968.

Bowen, Murray, *Family Therapy and Clinical Practice*, New York: Jason Aronson, 1978.

Boyer, Bryce, *Approaching Cross-Cultural Psychotherapy*, Journal of Psychoanalytic An Thropology 6(3), 1983.

Brislen, Richard W. *Cross-Cultural Encounters*, New York: Pergamon Press, 1981.

Brislen, Richard W. et al, *Cross-Cultural Methods*, New York: John Wiley & Sons, 1973.

Brister C. W. *The Promise of Counseling*, New York: Harper & Row, 1978.

Browman, David L. & Ronald A. Schwa. eds. *Spirits, Shaman, and Stars*, New York: Mouton Publishers, 1979.

Brown, P., and Levinson, S. *Universals in Language Usage*, In B. Goody, Question and Politeness. Cambridge: Cambridge University Press, 1978.

Browning, Dons S. *Atonement and Psychotherapy*, Philadelphia: Westminster Press, 1966.

Browning, Don. S. *The Moral Contest of Pastoral Care*. Philadelphla: Westminster Press, 1976.

Bruner, E. M. Mandan, In Deward H. Spicer, ed, *Perspectives in American Indian Culture Change*, Chicago: University or Chicago Press, 1961.

Buss, Arnold. and Robert Plomin. *A Temperament Theory of Personality Development*, New York: John Wiley & Sons, 1975.

Buchanan, Duncan. *The Counseling of Jesus*, Downers Grove III: Inter Varsity Press, 1985.

Burks, H. M. and Steffire, B. *Theories of Counseling*, New York: McGraw-Hill, 1981.

Byrne, H. W. *A Christian Approach to Education*, Milford: Mott Media Press, 1981.

Castle, E. B. *Ancient Education and Today*, Baltimore: Pengain Books, 1961.

Calvin, John, *Institutes of The Christian Religion*, Vol. I. II, Grand Rapids: Eerdmans, 1971.

Capps, Donald, *Biblical Approaches to Pastoral Counseling*, Philadelphia: Westminster, 1981.

Carlsons, David E. *Jesus Style of Relations: The Search for Biblical View of Counseling*, Psychology and Christianity: Integrative Readings, ed., J. R. Fleck and J. Carter, Nashiville: Abingdon Press, 1981.

Chung, K. H. and Megginson, L. C. *Organizational Behavior: Developing Managerial Skills*, New York: Harper & Row Press, 1981.

Clore, G. L, and Byrne, D. *A Reinforcement-Affect Model of Attraction*, in T. L. Huston, ed., *Foundation of Interpersonal Attraction*, New York: Academic Press, 1974.

Clinebell, Charlotte H. *Counseling for Liberation*. Philadelphia: Fortress Press, 1976.

Clinebell, Howard, *Basic Types of Pastoral Care and Counseling*, Nashville: Abingdon Press, 1984.

Clowney, Edmund P. *Preaching and Biblical Theology*, Nutley, NJ: Presbyterian and Reformed Publishing Co., 1975.

Cohen, Rosalie, Conceptual Style, *Cultural Conflict and Nonverbal Tests of Intelligence*, American Anthropologist 71, 1969.

Cole, Michael, *Culture and Thought: A Psychological Introduction*, New York: John Wiley & Sons, 1974.

Coller, Helen, *Counseling Women: A Guide for Therapists*, New York: Free Press, 1982.

Collins, B. E. *Social Psychology, Reading*, Mass.: Addison-Wesley Publishing Co., 1970.

Corey, Gerald. *Theory and Practice of Counseling and Psychotherapy*, 3rd ed, Monterey, CA: Brooks/Cole Publishing Co., 1986.

Crapanzano, V and Garrison, V. *Case Studies in Spirit Possession*, New York: John Wiley & Sons, 1977.

Crabb, Lawrence J. Jr. *Basic Principles of Biblical Counseling*, Grand Rapids: Zondervan, 1975.

Crabb Lawrence J. Jr. *Effective Biblical Counseling*, Grand Rapids: Zondervan Publishing House, 1977.

Crabb, Lawrence J, Jr. and Allender Dan B. *Encouragement: The Key to Caring*, Grand Rapids: Zondervan, 1984.

Cremer, Hermann, *Biblio-Theological Lexicon of New Testament Greek*, Edinburgh: T. and T. Clark, 1895.

Crites, J. O. *Career Counseling: Models, Methods and Materials*, New York: McGraw-Hill., 1981.

Cummings, David B. ed. *The Purpose of A Christian School*, Phillipsburg, NJ: Presbyterian and Reformed Publishing Company, 1979.

Davis, John J. *Evangelical Ethics*, Phillipsburg, NJ: Presbyterian and Reformed Publishing

Co., 1985.

Davis, Keith. *Human Relation in Business*, New York: Irwin Press, 1983.

Davis K. E. and Todd, M. J. *Assessing Friendship*: Prototypes, Paradigm Cases and Relationship Description, in S. W. Duck and E. Perlman, ed., Understanding Personal Relationships: An Interdisciplinary Approach, London: Sage, 1985.

Dawson, P. *Fundamentals of Organizational Behavior*, Englewood Clifts, NJ: Prencice-Hall Press, 1985.

Dicks, Russell, *Pastoral Work and Personal Counseling*, NY: MacMillian, 1945.

Dodd, C. H. *The Apostolic Preaching and Its Developments*, New York: Harper and Row Publishers Inc., 1936.

Douglas, J. D. ed. *The Lausanne Covenant, Let the Earth Hear His Voice*, Minneapolis: World Wide Publications, 1975.

Downing, L. N, *Counseling Theories and Techniques*, Chicago: Nelson-Hall Inc., 1975.

Drane, J. F. *Ethics and Psychotherapy: A Philosophical Perspective*, in M. Rosenbaun, ed., Ethics and Values in Psychotherapy, New York: Free Press, 1982.

Dreikurs, R. *Psychodynamic, Psychotherapy and Counseling*, Chicago: Alfred Adler Institute, 1967.

Dubrin, A. J. *Foundation of Organizational Behavior*, Englewood Clifts, NJ: Prencice-Hall Press, 1984.

Duck, S. W. *Theory and Practice in Interpersonal Attraction*, London: Academic, 1977.

Duke, James, *Conflict and Power in Social Life*, Provo, Utah: Brigham Young University Press, 1976.

Dumont, Louis, *Home Hierachicus* Chicago: University of Chicago Press, 1970.

Dumont, Louis. *Religion, Politics and Society in the Individualistic Universe*, Proceedings of The Royal Anthropological Institute, 1971.

Dunne, John S. *The Way of All the Earth: Experiments in Truth and Religion*. New York: Macmillan Publishing Co., 1972.

Durkheim, Emile. *The Division of labor in Society*. New York: Free Press of Glencoe, 1966.

Eberhard, Wolfram. *Guilt and Sin in Traditional China*, Berkeley, Califs: University of California Press, 1967.

Ellenberger, Henri. *The Discovery of the Unconscious*. New York: Basic Books, 1970.

Ellis, Albert. *The Theory or Rational-Emotive Therapy*, in A Ellis & J. Whitely, eds., Theoretical and Empirical Foundation of Rational-Emotive Therapy, Montery, CA: Books/Cole, 1979.

Engel, James F. *Contemporary Christian Communication It's Theory and Practice*, Nashville Thomas Nelson, 1979.

Erickson, Milton and Lawrence, Kubie. *The Permanent Relief of an Obsessional Phobia by Means of Communications with and Unsuspected Eual Personality*, Psychoanalytic Quarterly 8, 1939.

Erikson, Erik. *Childhood and Society*, New York: W. W. Norton & Co., 1963.

Erikson, Erik, *Insight and Responsibility*, New York: W. W. Norton & Co., 1979.

Fallaw, Wesner. *Church Education for Tomorrow*, Philadelphia: Westminster Press, 1960.

Ferguson, Sinclair. *Know Your Christian Life?*, Downers Grove, III: Inter Vanity Press, 1981.

Feucht, Oscar E. *The Christian Family in Today's World, Adult Education in the Church*, edited by Roy B. Zuch and Gene A. Getz, Chicago: Moody Press, 1970.

Fosdick, Harry E. *Living Under Tension*, New York: Harper, 1941.

Fotheringham, W. C. *Perspectives on Persuasion*, Boston: Allyn and Bacon, 1966.

Frame, John M. *Doctrine of the Knowledge of God*, Phillipsburg, NJ: Presbyterian and Reformed Publishing Co., 1987.

Frame, John M. *Medical Ethics*, Phillpshburg, NJ: Presbyterian and Reformed Publishing Co., 1988.

Freud, A. *The Ago and the Mechanisms of Defense*, New York : International Universities Press, 1936.

Freud, S. *The Interpretation of Dreams, In The Standard Edition of the Complete Psycholo- gical*

Works of Sigmund Freud, London: Hogarth Press, 1953.

Freud, S. *Beyond the Pleasure principle*. In The Standard Edition(Vol.18). London: Hogarth Press, 1955.

Freud, S. *On the History of the Psychoanallytic Movement*. in The Standard Edition(Vol.14), London: Hogarth Press, 1957.

Freud, S. *On Beginning the Treatment*. In The Standard Edition(Vol.12), London: Hogarth, 1958.

Freud, S. *The Psychopathelogy of Everyday Life*. In the Standard Edition(Vol.6), London: Hogarth, 1960.

Freud, S. *Jokes and their Relation to the Unconscious*, In The Standard Edition(Vol. 8), London: Hogarch, 1960.

Freud, S. *Civilization and its Discontents*. In The Standard Edition(Vol.21), London: Hogarth, 1961.

Freytag, walter, *The Gospel and the Regions*, London: SCM Press, 1958.

Freiedl, Ernestine. Women and Men, on Anthropologist's View. New York: Holt, Rinehart & Winscon, 1975.

Fromm, Erich, *Man for Himself*, New York: Rinehart & Co., 1947.

Fromm, Erich. *Psychoanalysis and Religion*, New Heaven Conn.: Yale University Press, 1972.

Garbelein, Frank E. *Christian Education in a Democracy*, New York: Oxford University Press, 1951.

Gardner, John W, *Self-Renewal: The Individual and the Innovative Society*, New York: Harper & Row, 1964.

Garin, Eugenio. *Science and Civil Life in the Italian Renaissance*, trans. Peter Munz, Garden City, NY: Doubleday, 1969.

Garretce, A. *Interviewing its Principles and Method?*, Family Walfare Association of America, 1942.

Gaw, Albert, ed. *Cross-Cultural Psychiatry*, Littleton, Mass. John Wright, 1982.

George, R. L. and Christian, T. S. *Theory, Methods, Process of Counseling and Psychotherapy*, Englewood Clifts, NJ: Prencice-Hall, 1951.

Geertz, Clifford. *The Interpretation of Cultures*, New York: Random House, 1973.

Gorgon, Kenneth, and Mary Gergen. *Social Psychology*, New York: Harcourt Brace Javanovich, 1981.

Gerkin, Charles. *The Living Human Document*, Nashville: Abingdon Press, 1984.

Gilligan, Carol. *In a Difference Voice, Cambridge*, Mass.: Harvard University Press, 1982.

Gilmore, S. K. *The Counselor in Training*, Englewood Clifts, NJ: Prentice-Hall, 1973.

Glanz, E. C. Guidance: *Foundation, Principles and Techniques*, 2nd ed., Boscon: Allyn and Bacon, 1974.

Glenn, Edmund, *Man and Mankind: Conflict and Communication Between Cultures*, Norwood, NJ: Ablex Publishing Co., 1981.

Goldschmidt, Walter. *Comparative Functionalism*, Berkeley, Calif.: University of California Press, 1966.

Goldschmidt, Walter. *Exploring the Ways of Making*, New York: Holt, Rinehart & Winston., 1971.

Grant, C. David. *God the Center of Value*, Worth, Texas: Christian University Press, 1984.

Grirfen, David. *God, Power, and Evil*, Philadelphia Westminster Press, 1976.

Greenwald, A. G. Brock, T. C. and Ostrom T. M. eds. *Psychological Foundation of Attitude Change*, New York: Academic Press, 1968.

Gross, M. L. *The Psychological Society*, New York: Simon and Schuster, 1978.

Hall, C. S. *A Primer of Freudian Psychology*, Cleveland: World Publishing, 1954.

Hall, C. S. & Lindzey, G. *Theories of Personality* (3rd ed., New York: Wiley), 1978.

Hamilton, James, *The Ministry of Pastoral Counseling*, Grand Rapids: Baker Book, 1975.

Handrickson William, *I Thessalonians, New Testament Commentary*, Grand Rapids: Baker

Book House, 1955.

Hansen, J. C. Stevie R. R., Warner R. W., Jr. *Counseling Theory and Process*, 2nd ed., Boscon, Allyn and Boston, 1980.

Harper, Norman E. *Making Disciples The Challenge of Christian Education at the End of the 20th Century*, Memphis Christian Studies Center, 1981.

Hart, Archibald D. *Mastering Pastoral Counseling*, Portland, OR: Multnomah, 1992.

Havighurst, R. J. *Human Development and Education*, New York Longmans Green Co. 1953.

Havighurst, R. J. *Developmental Tasks and Education*, 3rd ed., New York: David Mckay, 1972.

Hawton, H. *Philosophy for Pleasure*. London: Watts & Co., 1948.

Heider, F. *The Psychology of Interpersonal Relations*, New York: Wiley, 1958.

Hersey, P. and Blanchard, K. H. *Management of Organizational Behavior*, Englewood Clifts: Prentice-Hall Press, 1982.

Hergenhann, B. R. *An Introduction to Theories of Learning*, 2nd ed., Englewood Clifts, NJ: Prencice-Hall, Inc, 1982.

Hergenhahn, B. R. *An Introduction to Theories of Personality*, 2nd ed., Englewood Clifts, NJ: Prentice-Hall, Inc., 1984.

Hergenhahn, B. R. *Shaping Your Child's Personality*. Englewood Clifts, NJ: Prencice-Hall, 1972.

Hergenhahn, B. R. *A Self-directing Introduction to Psychological Experimentation* (2nd ed.), Monterey, Calif.: Brooks/Cole Publishing Co., 1974.

Hierbt, Paul G. *Cultural Anthropology*, Grand Rapids: Baker Book House, 1983.

Hiltner, Seward, *The Counselor in Counseling*, New York . Abingdon Press, 1957.

Holdstock, T. L., & Pogers, C. R, *Person-centered Theory*, In R. J. Corsini(ed.). Current Personality Theories, Itasca, III.: Peacock Publishers, 1977.

Horney, K. *The Neurotic Personality of Our Time*, New York: Norton, 1937.

Horney, K. *New Ways in Psychoanalysis*, New York: Norton, 1939.

Horney, K. *Self-analysis*, New York: Norton, 1942.

Horney, K. *Our Inner Conflicts*, New York: Norton, 1945.

Horney, K. *Neurosis and Human Growth*, New York: Norton, 1950.

Horney, K. *Feminine Psychology*, New York: Norton, 1967.

Hovland, Carl I. Jams, Irving, and Kelly, Harold H. *Communication and Persuasion*, New Haven: Yale University Press, 1953.

Hull, C. L. *Principles of Behavior*, New York: Appleton-Century Crofts, 1943.

Huse E. F. and Bowdicch J. L. *Behavior in Organization: A System Approach to Managing*, 2nd ed., Boston Addison-Weseley Co., 1977.

Huston, T. I. ed. *Foundation of Interpersonal Attract*, New York: Academic, 1974.

Jaassma, Cornelius. *The Educational Philosophy of Herman Bavink*, Grand Rapids: Eerdmans, 1935.

Jaassma, Cornelius. *Fundamentals in Christian Education*, Grand Rapids Eerdmans, 1953.

Jackson, Gordon, *Pastoral Care and Process Theology*, Washington, D. C.: University Press of America, 1981.

Jahoda, Gustav. *Psychology and Anthropology*, London Academic Press, 1982.

John, Paul, *Psychology of Pastoral Care*, Nashville, TN: Abingdon, 1953.

Johnes, Warren L. *The ABC Method of Crisis Management*, Mental Hygiene, Jan. 1969.

Johnson B. J. *Child Psychology*, New York: McGraw Hill Press, 1982.

Jung, C. G. *Contributions to Analytical Psychology*, New York: Harcourt Brace Jovanovich, 1928.

Jung, C. G. *The Psychology of the Unconscious*, In The Jung, Collected Works of C. G. Jung(Vol.7), Princeton: Princeton University Press, 1953.

Jung, C. G. *The Relations Between the Ego and the Unconscious*, In The Collected Works of C. G. Jung(Vol.7), Princeton: Princeton University Press, 1953.

Jung, C. G. *Two Essays on Analytical Psychology*, In The Collected Works of C. G.

Jung(Vol.7), Princeton: Princeton University Press, 1953.

Jung, C. G. *The Psychology of Dementia Praecox*, In The Collected Works of C. G, Jung(Vol.3), Princeton: Princeton University Press, 1960.

Jung, C. G, *Memories, Dreams, Reflections*, New York: Random House, 1961.

Jung, C. G. *The Theory or Psychoanalysis*, In The Collected Works of C. G. Jung(Vol.4), Princeton, NJ: Princeton University Press, 1961.

Jung, C. G. *Man and His Symbols*, New York: Doubleday, 1964.

Jung, C. G. *Analytical Psychology: Its Theory and Practice*, New York: Pantheon, 1968.

Jung, C. G. *Psychological Types*. In The Collected Works of C. G. Jung(Vol. VI), Princeton: Princeton University Press, 1971.

Jung, C. G. *On the Doctrine of Complexes*, In The Collected Works of C. G, Jung(Vol. II), Princeton: Princeton University Press, 1973.

Jung, C. G. *The Psychological Diagnosis or Evidence*, In The Collected Works of C. G. Jung(Vol. II), Princeton: Princeton University Press, 1973.

Jung, C. G. *Understanding Human Motivation: A Cognitive Approach*, New York: Macmillan Co., 1978.

Katz, E. and Lazarsfeld, F. F. *Personal Influence: The Part Played by People in the Flow of Mass Communication*, Glencoe III. The Free Press, 1955.

Katz, R. L. *Skills of Effective Administration*, HBR, 1955.

Keil, C. F. and Deliczsch, F. *Commentary on the Old Testament, Psalms*, Grand Rapids: Eerdmans Publishing Co., 1972.

Kelley H. H. and Thibaut, J. W. *Interpersonal Relations: A Theory of Interdependence*, New York: Wiley, 1978.

Kirwan, William T. *Biblical Concepts for Christian Counseling*, Grand Rapids, Baker Book, 1984.

Klapper, Joseph T, *The Effects of Mass Communication*, New York: The Free Press of Glencoe, 1960.

Kirwan, William T. *Biblical Concepts for Christian Counsel*, Grand Rapids: Baker Book House, 1984.

Kistmaker, Simon. *The Parables of Jesus*, Grand Rapids: Baker Book House, 1980.

Kitchener, K. S. *Intuition Critical Evaluation and Ethical Principles: The Foundation for Ethical Decisions in Counseling Psychology*, The Consoling Psychologist, 1984.

Kittel, *Theological Dictionary of the New Testament*, Vol. IV, Grand Rapids: William B. Eerdmans, 1967.

Kraft, Charles H. *Communicating The Gospel God's Way*, Pasadena, CA: William Carey Library, 1983.

Krart, Charles H. *Communication Theory for Christian Witness*, Nashville: Abingdon Press, 1983.

Kraft, Charles H. *Jesus, God's Model For Christian Communication*, Pasadena: Fuller Theological Seminary, 1980.

Kuyper, Abraham. *Christianity as a Life-System: The Witness of a Worldview*, Memphis: Christian Studies Center, 1981.

Krech, D. Crutchfield R. S., and Ballachey E. L. *Individual in Society*, New York: McGraw-Hill, 1962.

Krumboltz J. D. and Theresen C. E., eds. *Counseling Methods*, New York: Holt: Rinehart & Winston, 1976.

Lake, Frank. *Clinical Theology*, Darton: Longman and Todd, 1966.

Lasagna, L. *Life Death and the Doctor*, New York: Alfred A Knopff, 1968.

Lasswell, Harold D. *Propaganda Technique in the World War*, New York: Peter Smith, 1927.

Lawler, E. E. *Pay and Organizational Effectiveness, A Psychological View*, New York: McGraw-Hill Press, 1971.

LeBar, Lois E. *Education That is Christian*, Old Tappan, NJ: Revell Co., 1958.

Levinger, G. *Toward the Analysis or Close Relationships*, Journal of Experimental Social

Psychology, 16, 1938.

Levinger, G, and Snoek, D. J. *Attraction in Relationships: A New Look at Interpersonal Attraction*, Morristown, NJ: General Learning Press, 1971.

Lindzey, G. W., Allport, G. and Aronson E., ed Handbook of Social Psychology, Vol.1, Reading, Mass.: Addison-Wesley, 1968.

Lott, A. J. and Lott, B. E. *The Role of Reward in Formulation of Positive Interpersonal Attitudes*, in T. L. Huston, ed, Foundations of Interpersonal Attraction, New York: Academic, 1974.

Lott, B. E. and Lott, A. J. *The Formation of Positive Attitudes Toward Group Members*, Journal of Abnormal and Social Psychology, 62.

Lovelace, Richard F. *Dynamics of Spiritual Life-An Evangelical Theology of Renewal*, Downers Grove, III: Inter Varsity Press, 1979.

Luthans F. and Marcico M. J. *The Practice of Supervision and Management*, New York : McGraw-Hill Press, 1979.

Maslow, Abraham H. *Toward a Psychology of Being*, New York: Van Nostrand Reinhold, 1968.

Mason, Harold C. *The History or Christian Education, An Introduction to Evangelical Christian Education*, ed. J Edward Hakes, Chicago: Moody Press, 1964.

Mackinon, James. *Calvin and Reformation*, New York: Rusell & Rusell Inc., 1962.

McDougall, W. *An Introduction to Social Psychology*, New York: Barnes and Noble, 1960.

McGuire, William J. *The Nature of Attitude and Attitude Change*, in G. L. Lindzey and E. Aronson, eds. The Handbook of Social Psychology, Vol. 3, 2nd ed., Reading, Mass: Addison Wesley, 1969.

Meng, Heinrich and Freud, Ernst. eds. *Psychoanalysis and Faith*, New York: Basic Books, Inc., 1963.

Minick, W. C. *The Art of Persuasion*, New York: Houghton Mifflin, 1957.

Monsma, Stephen V. ed. *Responsible Thechnology: A Christian Perspective*, Grand Rapids:

Eerdmans, 1985.

Morgan, C. T. and King, R. A. *Introduction to Psychology*, New York: McGraw-Hill Press, 1971.

Murstein, B. I. *A Theory or Marital Choice and Its Applicability to Marriage Adjustment*, in B. I. Murstein, ed., Theories of Attraction and Love, New York Springer, 1971.

Newcomb, T. M. *Individual Systems of Orientation*, in S. Koch, ed., Psychology: A Student of a Science, Vol.3, New York: McGraw-Hill, 1959.

Oden, Thomas C. *Pastoral Theology*, San Francisco: Harper & Row, 1983.

Oden, Thomas C. *Kerygma and Counseling*, New York: Harper and Row Publishers Inc. 1978.

Odder Thomas C. *The Structure of Awareness*. Nashville: Abandon Press, 1969.

Odder, Thomas C. and Others, des. *After Therapy what?*, Springfield, III: Charles C. Thomas, 1974.

Odder, Thomas, C. *Contemporary Theology & Psychology*, Philadelphia: Westminster, 1967.

Oesterreich, T. K. *Possession, Demonical and Other*, Secaucus, NJ: Citadel Press, 1974.

Ohlsen M. M. *Group Counseling*, Holt; Rinehart and Winston, 1970.

Olney James. *Metaphors of Self: The Meaning of Autobiography*, Princeton, NJ: Princeton University Press, 1972.

Opler, Marvin, ed. *Culture and Mental Health*. New York: Macmillan Co., 1959.

Packer, James I. *Evangelism and The Sovereignty of God*, London Inter Varsity Fellowship, 1967.

Patterson, C. H. *Theories of Counseling and Psychotherapy*, 3rd ed., New York: Harper & Row Publishers, 1980.

Payne, Franklin. *Biblical Medical Ethics*, Milford, Mich: Mott Media, 1985.

Pervln, L. A. *Personality: Theory, Assessment*, and Research(3rd ed.), New York: Wiley, 1980.

Peterson, D. R. *The Clinical Study of Social Behavior,* New York: Appleton Century Crofts, 1968.

Peters, R. S. *Ethics and Education,* London: George Irwin Press, 1965.

Plummer, Alfred. *A Critical and Exegetical Commentary on the Second Epistle of St. Paul's to the Corinthians,* International Critical Commentary, Edinburgh: T. & T. Clark, 1951.

Pratt, Richard L., Jr. *Pray with Your Eyes Open,* Phillipsburg, NJ: Presbyterian and Reformed Publishing Co., 1987.

Pulmer, R. M. *Practical Human Relations,* New York: Irwin Press, 1983.

Ramsey, P. *The Patients as Person,* New Haven: Yale University Press, 1970.

Rian, Edwin H. *Christianity and American Education,* SC. Antonio: Naylor Co., 1949.

Richards, Lawrence O. *A Practical Theology of Spirituality,* Grand Rapids: Zondervan Publishing House, 1987.

Robbins, S. P. *Organizational Behavior,* Englewood Cliffs, NJ: Prentice-Hall Press, 1986.

Robbins, S. P. *Essentials of Organizational Behavior,* Englewood Cliffs, NJ: Prentice-Hall Press, 1984.

Rogers, C. R. *The Clinical Treatment of the Problem Child,* Boston: Houghton Mifflin, 1939.

Rogers, C. R. *Counseling and Psychotherapy: Newer Concepts in Practice,* Boston. Houghcon Mifrlin, 1942.

Rogers, C. R. *Client-centered Therapy: Its Current Practice, Implications, and Theory,* Boston: Houghton Mirflin, 1951.

Rogers, C. R. *Some Directions and End Points Therapy,* In O. H. Mowrer(ed.), Psychotherapy: Theory and Research. New York: Ronald Press, 1953.

Rychiak, Joseph F. *Introduction to Personality and Psychotherapy,* 2nd ed., Boston: Houghton Mifrlin Co., 1951.

Sharrer, L. F. and Shoben. *The Psychology of Adjustment,* Boston: Houghton Mirflin Co., 1956.

Sherif, C. W. and Nebergall, R. E. *Attitude and Attitude Change*, Philadelphia: Saunders, 1965.

Shertzer, B, and Scone, S. C. *Fundamentals of Counseling*, 3rd ed., Boston: Houghton Mifflin, 1980.

Skinner, B. F. *Science and Human Behavior*, New York: Macmillan, 1953.

Skinner, B. F. *Verbal behavior*, Englewood Clifts, NJ: Prentice-Hall, 1957.

Skinner, B. F. *A Case History in Scientific Method*, In 5. Koch, Psychology: A Study of a Science(Vol.2), New York: McGraw-Hill, 1959.

Skinner, B. F. Autobiography. In E. G. Boring & G. Lindzey (Eds.). *A History of Psychology in Autobiography*(Vol.5), New York: Apleton Century-Crofts, 1967.

Skinner, B. F. *Reflections on Behaviorism and Society*, Englewood Clifts, NJ: Prentice-Hall, 1978.

Thomson, M. K. *Motivation and Learning, Educational Psychology*, ed. by Skinner, 1945.

Thronton, E. E. *Professional Education for Ministry: A History of Clinical Pastoral Education*, Nashiville: Abingdon, 1970.

Van Til, Cornelius. *Christian Theistic Ethics*, Vol. Ⅲ, Nutley, NJ: Presbyterian and Reformed Publishing Co., 1980.

Van Til, Cornelius. *Dewey and Modern Education Critique*, Phillipsbury, NJ: Presbyterian and Reformed Publishing Co., 1979.

Vitz, Paul C. *Psychology As Religion: The Cult of Self-worship*, Grand Rapids: Eerdmans, 1977.

Weatherhead, Leslie W. *Psychology and Life*, New York: Ablngdon-Cokebury, 1935.

Williamson, E. G. and Foley, S. D. *Counseling and Disciple*, New York: McGraw-Hill, 1949.

Williamson, E. G. *How to Counsel Students*, New York: McGraw-Hill, 1939.

Williamson, E. G. & Darley, J. G. *Student Personal Work*, New York: McGraw-Hill, 1937.

Williamson, E. G. *Counseling Adolescents*, New York: McGraw-Hill, 1950.

Wise, Carrall, *Psychiatry & the Bible*, Harper & Brothers, 1956.

Wolpe, J, *The Practice of Behavior Therapy*(2nd ed.), New York: Pergamon Press, 1973.

Wolpe, J. *Psychotherapy by Reciprocal Inhibition*, Stanford, CA: Stanford University Press, 1958.

Woodworth, R. S. *Psychology*, New York: Henry Holt and Co., 1947.

Wurch, G. Brillenburg. *Christian Counseling*, Philadelphia: The Presbyterian and Reformed Publishing Co., 1962.

Yoder, O. *Personal Management and Industrial Relations*, Englewood Clifts, NJ: Prentice-Hall Press, 1962.

Young, Warren C. *A Christian Approach to Philosophy*, Grand Rapids: Baker Book House, 1954.

번역서

Adams, Jay E. *Competent to Counsel*, 정정숙 역, 「목회상담학」, 서울: 총신대학출판부, 1985.

______, *A Theology of Christian Counselling*, 전동식 역, 「상담신학」, 서울: 기독신보출판부, 1990.

______, *The Christian Counselor's Manual*, 정정숙 역, 「상담학개론」, 서울: 도서출판 베다니, 1994.

Albers, Gregg R. *Counseling and AIDS*, 윤종석 역, 「에이즈 상담」, 서울: 도서출판 두란노, 1997.

Benner, David G. *Strategic Pastoral Counseling*, 전요섭 역, 「전략적 목회상담학」, 서울: 은혜출판사, 1997.

Brammer, Lawrence M. 「상담관계의 이론과 진행」, 이춘실 역, 서울: 목양사, 1978.

Buchanan, Duncan, *The Counselling of Jesus*, 천정웅 역, 「예수님은 어떻게 상담하셨는가?」, 서울: 아가페출판사, 1997.

Bufford, Rodger K. *Counseling and the Demonic*, 오성춘 역, 「귀신들림과 상담」, 서울: 도서출판 두란노, 1997.

Carter, John D., & Bruce Narramore, *The Integration of Theology and Psychology*, 전요섭

역, 「신학과 심리학의 통합과 갈등」, 서울: 도서출판 하늘사다리, 1997.

Capps, Donald E. *Pastoral Counseling and Preaching*, 전요섭 역, 「목회상담과 설교」, 서울: 솔로몬출판사, 1996.

Collins, Gary R. *Christian Counseling: A Comprehensive Guide*, 차현희, 이혜련 역, 「크리스천 카운셀링」, 서울: 도서출판 두란노, 1995.

_____, *Innovative Approaches to Counseling*, 정동섭 역, 「창의적 상담접근법」, 서울: 도서출판 두란노, 1997.

_____, *Excellence and Ethics in Counseling*, 오윤선 역, 「기독교와 상담윤리」, 서울: 도서출판 두란노, 1997.

_____, *Case Studies in Christian Counseling*, 정태기 역, 「기독교상담 사례연구」, 서울: 도서출판 두란노, 1997.

_____, *How to Be a People Helper*, 정동섭 역, 「훌륭한 상담자」, 서울: 생명의 말씀사, 1994.

_____, *Psychology and Theology-Prospects for Integration*, 이종일 역, 「심리학과 신학의 통합전망」, 서울: 도서출판 솔로몬, 1992.

_____, *Effective Counseling*, 정동섭 역, 「효과적인 상담」, 서울: 도서출판 두란노, 1996.

_____, *The Rebuilding of Psychology-An Integration of Psychology and Christianity*, 문희경 역, 「크리스천 심리학」, 서울: 요단출판사, 1996.

_____, *The Biblical of Christian Counselling for People Helpers*, 안보헌 역, 「기독교상담의 성경적 기초」, 서울: 생명의 말씀사, 1996.

Cliebell, Howard, J. 「목회상담이론」, 박근원 역, 서울: 대한예수교장로회총회교육부, 1987.

_____, 「효과적인 상담」, 정동섭 역, 서울: 도서출판 두란노, 1984.

_____, *Basic Types of Pastoral Care & Counselling*, 박근원 역, 「목회상담신론」, 서울: 한국장로교출판사, 1994.

_____, *Growth Counseling*, 이종헌 역, 「성장상담」, 서울: 성장상담연구소, 1994.

_____, *Contemporary Growth Therapies*, 이종헌 역, 「현대 성장상담요법」, 서울: 한국장로교출판사, 1995.

_____, *Growth Groups*, 이종헌 역, 「성장 그룹」, 서울: 한국장로교출판사, 1993.

_____, 민병길 역, 「효과적인 목회상담」, 서울: 대한 예수교 장로회 총회교육부, 1971.

Cook, Rosemarie S. *Counseling Families of Children with Disabilities*, 전해룡 역 「장애자녀 가족상담」, 서울: 도서출판 두란노, 1997.

Cosgrove, Mark P. *Counseling for Anger*, 김만풍 역, 「분노와 적대감」, 서울: 도서출판 두란노, 1997.

Cleave, Stephen Van, *Counseling for Substance Abuse and Addiction*, 윤종석 역, 「약물중독 상담」, 서울: 도서출판 두란노, 1997.

Corey, Gerald, *Theory and Practice of Counseling and Psychotherapy*, 오성춘 역, 「상담학 개론」, 서울: 장로회신학대학교 출판부, 1995.

Crabb, Lawrence J., & Allender, D. B. 오현미.이용복 역, 「격려를 통한 상담」, 서울: 나침반 출판사, 1986.

_____, *Effective Biblical Counseling*, 정정숙 역, 「성경적 상담학」, 서울: 총신대학 출판부, 1996.

_____, *Basic Principle of Biblical Counseling*, 전요섭 역, 「성경적 상담학 개론」, 서울: 아가페 문화사, 1995.

_____, *Understanding People*, 오현미 역, 「기독교상담심리학」, 서울: 나침반출판사, 1996.

_____, & Allender, Dan B. *Encouragement-The Key of Caring*, 오현미 외 공역, 「격려를 통한 상담」, 서울: 나침반출판사, 1991.

Cramer, Raymond L. *The Psychology of Jesus and Mental Health*, 정동섭 역, 「예수님의 심리학과 정신건강」, 생명의 말씀사, 1992.

Friesen, Deloss D., and Friesen, Ruby M. *Counseling and Marriage*, 김만풍 역, 「결혼 상담」, 서울: 도서출판 두란노, 1997.

Hart, Archibald D., Gray L. Gulbranson, and Jim Smith, *Mastering Pastoral Counselling*, 김진우 역, 「목회상담 어떻게 할 것인가?」, 서울: 도서출판 횃불, 1995.

Hiltner, Seward, *Preface to Pastoral Theology*, 민경배 역, 「목회신학원론」, 서울: 대한기독교서회, 1996.

_____, *Pastoral Counseling*, 마경일 역, 「목회카운셀링」, 서울: 대한기독교서회, 1996.

Louis, McBurney, *Counseling Christian Workers*, 윤종석 역, 「사역자 상담」, 서울: 도서출판 두란노, 1997.

McMinn, Mark R. *Cognitive Therapy Techniques in Christian Counseling*, 정동섭 역, 「기독교상담과 인지요법」, 서울: 도서출판 두란노, 1997.

Myers, David G., & Jeves, Malcolm A. *Psychology Through The Eyes of Faith*, 박원기 역, 「심리학」, 서울: 한국기독학생회출판부, 1995.

Penner, Joyce J., and Clifford, Penner, *Counseling for Sexual Disorders*, 김의식 역, 「성 상담」, 서울: 도서출판 두란노, 1997.

Randolph, Lowry L., & Meyers, Richard W. *Conflict Management and Counseling*, 전해룡 역, 「갈등해소와 상담」, 서울: 도서출판 두란노, 1997.

Rekers, George A. *Counseling Families*, 오성춘 역, 「가정상담」, 서울: 도서출판 두란노, 1997.

Sala, Harold, *Coffee Cup Counseling*, 이영란 역, 「편안한 상담자가 되는 비결」, 서울: 나침반출판사, 1997.

Sall, Millard, Faith, *Psychology & Christian Maturity*, 김양순 역, 「성경과 심리학의 조화」,서울: 생명의 말씀사, 1994.

Swihart, Judson J., Richarddson, Gerald C. *Counseling in Time Crisis*, 정태기 역, 「위기 상담」, 서울: 도서출판 두란노, 1997.

Thompson, David A. *Counseling and Divorce*, 남상인 역, 「이혼 상담」, 서울: 도서출판 두란노, 1997.

Wise, Carrall A. 김태묵 역, 「목회상담학」, 서울: 대한예수교장로회 총회교육부, 1965.

Wilson, Earl D. *Counseling and Homosexuality*, 남상인 역, 「동성연애 상담」, 서울: 도서출판 두란노, 1997.

Evans, Stephen C. *Wisdom and Humanness in Psychology*, 이창국 역, 「기독교심리학입문」, 서울: CLC, 1993.

Albers, Gregg R. *Counseling the Sick and Terminally*, 정태기 역, 「신체질환자 상담」, 서울: 도서출판 두란노, 1997.

Worthington, Everett L. *Counseling Before Marriage*, 김창대 역, 「결혼예비 상담」, 서울: 도

서출판 두란노, 1997.

Vath, Raymond E. *Counseling Those With Eating Disorders*, 김혜숙 역, 「거식증과 대식증」, 서울: 도서출판 두란노, 1997.

Hart, Archibald D. *Counseling the Depressed*, 심상권 역, 「우울증 상담」, 서울: 도서출판 두란노, 1997.

Wilson, Sandra D. *Counseling Adult Children of Alcoholics*, 이관직 역, 「알콜중독 상담」, 서울: 도서출판 두란노, 1997.

Byrd, Walter, & Warren, Paul, *Counseling and Children*, 김혜숙 역, 「아동상담」, 서울: 도서출판 두란노, 1997.

W. Brister C. *Pastoral Care in the Church*, 「카운셀링과 정신의학과의 대화」, 민병소 역, 서울: 성광문화사, 1981.

Tournier, Paul, 황찬규 역, 「인간치유의 심리학」, 서울: 보이스사, 1993.

Schakiem, William. S. 서봉연. 이관용 역, 「심리치료와 카운셀링」, 서울: 중앙적성출판부, 1987.

Koteskey, Ronald L. *Psychology From Christian Perspective*, 한기태 역, 「 심리학의 기독교적 이해」, 소망사, 1990.

Buchanan, Duncan, 박형중 역, 「예수의 상담」, 서울: 요단출판사, 1992.

Oden, Thomas C, 이기춘. 김성민 역, 「케리그마와 상담」, 서울: 전망사, 1983.

Collins, Gary. R. 정석환 역, 「카운셀링 가이드」, 서울: 기독지혜사, 1989.

Egan, Gerard, 오성춘 역, 「상담의 실제: 효과적인 상담기술」, 서울: 대한예수교장로회총회출판국, 1991.

May, Rollo, 이봉우 역, 「카운셀링의 기술」, 왜관: 분도출판사, 1991.

Mclemore, Clinton. W. 차호원 역, 「목회상담 임상 핸드북」, 서울: 성광문화사, 1986.

Corey, Gerald, 김충기.김현옥 공역, 「상담과 심리치료의 원리와 실제」, 서울: 성현사, 1991.

Hodges, B. H. 정장섭, 최혜란 공역, 「심리학: 기독교적 학문의 실제」, 대구: 기독교대학설립동역회출판부, 1989.

Jones, Stanton L. & Butman, Richard E. *Modern Psychotherapies*, 이관직 역, 「현대심리치료법」, 서울: 총신대학출판부, 1996.

Rich Van Pelt, 오성춘, 오규훈 공역, 「사춘기 청소년들의 위기상담」, 서울: 한국장로교출판사, 1997.

Stone, Howard W. 신은아 역, 「목회 성공을 위한 위기상담」, 서울: 도서출판 들소리, 1984.

국내 서적

기독교사상 편집부, 「목회상담학」, 서울: 대한기독교서회, 1997.

민병근, 「최신목회 정신의학」, 울산: 울산대학교 출판부, 1996.

반피득, 「목회상담개론」, 서울: 대한기독교 출판사, 1978.

오성춘, 「목회상담학」, 서울: 한국장로교 출판사, 1993.

_____, 「목회상담 사례분석」, 서울: 대한예수교장로회총회 출판국, 1987.

유형심, 「목회심리학」, 서울: 대한 기독교문학 연구소, 1979.

임종렬, 「심리치료 상담론」, 서울: 홍익제출판사, 1990.

정정숙, 「기독교상담학」, 서울: 도서출판 베다니, 1994.

_____, 「인간발달과 상담(1)」, 서울: 도서출판 베다니. 1995.

_____, 「인간발달과 상담(2)」, 서울: 도거출판 베다니. 1995.

정태기, 「위기 목회상담」, 서울: 대한기독교서회, 1992.

황의영, 「목회상담원리」, 서울: 생명의 말씀사, 1971.

학술논문

기독상담 정신의학연구회, 「기독교와 심리학의 만남: 진단과 치유」, 『목회와 신학』, (1990. 11)

_____, 「신앙문제와 결부된 정신질환: 진단과 치유」, 『목회와 신학』, (1990. 12)

_____, 「영적 체험과 정신병리」, 『목회와 신학』, (1990. 10)

_____, 「정신병인가 귀신들림인가」, 『목회와 신학』, (1990. 7)

_____, 「성경적 상담, 그 원리와 실제: 진단과 치유」, 『목회와 신학』, (1991. 1)

김만풍, 「상담설교의 주제와 내용」, 『그 말씀』, (1994. 11)

박혜숙, 「효과적인 상담의 이론과 실제」, 『기독교 교육』, (1986. 2)

백선욱, 「여성상담에서의 새로운 접근을 위한 연구」, 『이화여자대학교 생활연구』, (1985. 9)

송길원, 「상담설교의 필요성」, 『그 말씀』, (1994. 11)

심상권, 「설교와 목회상담」, 『그 말씀』, (1994. 11)

안석모, 「토착문화와 목회상담」, 『기독교사상』398 (1992. 2)

______, 「현대 목회상담의 새 조류들(3, 4)-목회상담과 성경」, 『기독교사상』400-401 (1992. 4-5)

오성춘, 「치유와 상담설교」, 『그 말씀』, (1994. 11)

______, 「목회상담의 독특성: 목회와 상담」, 『기독교사상』, (1985)

윤남중, 「목회상담과 심리학」, 『월간목회』, (1989. 1)

이관직, 「청소년 약물남용에 대한 목회적 대책」, 『신학지남 통권 247호』, 서울: 총신대학교 출판부, (1996)

이만홍. 이우석, 「정신과 현장에서 본 정신질환과 귀신들림」, 『목회와 신학』, (1993. 12)

이석철, 「목회상담학에서 본 노인 이해와 삶 관리」, 『목회와 신학』, (1994. 5)

이재훈, 「상담설교의 실제」, 『그 말씀』, (1994. 11)

정태기, 「상담설교의 가능성과 전망」, 『그 말씀』, (1994. 11)

______, 「상담과 인격개발」, 『기도』, (1990. 11-12)

______, 「노인문제와 상담」, 『기독교사상』, (1985. 4)

정정숙, 「기독교상담의 신학적 이해」, 『신학지남』232 (1992 여름)

______, 「기독교상담의 역사적 이해」, 『신학지남』233 (1992 가을)

______, 「상담과 설득 커뮤니케이션」, 『신학지남』229 (1991 가을)

천해룡, 「신경증 환자 이렇게 상담한다」, 『목회와 신학』, (1993. 12)

최영민, 「현대의 정신질환 왜 발생하는가」, 『목회와 신학』, (1993. 12)

• 저자 •

이홍찬

• 약 력 •

이홍찬(李洪贊)교수는 고신대학교 및 총신대학교신학대학원을 졸업하고 도미하여 미국센추럴주립대학교(BA, MA)와 미국칼빈대학교신학대학원(Th.M)에서 기독교교육학을 전공하였으며, 미국비브리칼신학대학원 및 미국리폼드신학대원(D.Min)에서 설교학을 전공하였으며 미국컬럼비아대학교대학원(Ph.D.cand)에서 교육심리학을 전공하였으며, 훼이스크리스천대학교(Ph.D)에서 심리학을 전공하여 철학박사학위를 받았다. 서울창신교회에서 부목사, 뉴욕새순교회 부목사, 동뉴욕교회 담임목사, 뉴욕총신대학교신학대학원 전임강사, 미국피더먼트대학교 교수, 서울중앙교회 담임목사로 섬겼다. 현재 서울성경신학대학원대학교 전임교수로 재직 중이며, 서울왕성교회 협동목사로 섬기고 있다.

• 주요논저 •

「삼위일체론에 대한 교리사적 고찰」(M.Div/ 목회학석사)

「The relationship between student participation rates in New York public school extracurricular activity programs and related factors of academic achievement.」(MA / 문학석사)

「An Action Research Approach to Strategic Planning in the Context of a Christian Organization.」(Th. M / 신학석사)

「An Analysis of Problems in Preaching to a korean congregation from the Expository Preacher's View」(D. Min / 목회학박사)

「A Study of the Therapeutic Framework and Family Evaluation for A Systemic Integration of Family Therapy in Christian Psychological Approach」(Ph. D / 철학박사)

『기독교교육사』

『언약과 이스라엘』

『기독교상담학개론』

『개혁주의 구원론』

『개혁주의 설교학』

외 다수

개혁주의 목회상담학

• 초판 인쇄 2007년 4월 10일
• 초판 발행 2007년 4월 10일
• 지 은 이 이홍찬
• 펴 낸 이 채종준
• 펴 낸 곳 한국학술정보㈜
경기도 파주시 교하읍 문발리 526-2
파주출판문화정보산업단지
전화 031) 908-3181(대표) · 팩스 031) 908-3189
홈페이지 http://www.kstudy.com
e-mail(출판사업부) publish@kstudy.com
• 등 록 제일산-115호(2000. 6. 19)
• 가 격 35,000원

ISBN 978-89-534-6234-2 93230 (Paper Book)
978-89-534-6235-9 98230 (e-Book)